노주집

이 책은 2019 · 2020 · 2021년도 정부(교육부)의 재원으로 한국고전번역원의 지원을 받아 수행된 '권역별거점연구소협동번역사업'의 결과물임.

This work was supported by Institute for the Translation of Korean Classics-Grant funded by the Korean Government.

한국고전번역원 한국문집번역총서/성신여자대학교 고전연구소·(사)해동경사연구소

노주집 7

老洲集

오희상 지음
吳熙常

이영준 옮김
이정은
신상후

일러두기

1. 이 책의 번역 대본은 한국고전번역원에서 간행한 한국문집총간 제280집에 실린《노주집(老洲集)》으로 하였다. 번역 대본의 원문 텍스트와 원문 이미지는 한국고전종합DB(http://db.itkc.or.kr)에서 확인할 수 있다.
2. 내용이 간단한 역주는 간주(間註)로, 긴 역주는 각주(脚註)로 처리하였다.
3. 한자는 필요한 경우 이해를 돕기 위하여 넣었으며, 운문(韻文)은 원문을 병기하였다.
4. 맞춤법과 띄어쓰기는 한글 맞춤법과 표준어 규정을 따랐다.
5. 이 책에서 사용한 부호는 다음과 같다.
   ( ) : 번역문과 음이 같은 한자를 묶는다.
   〔 〕 : 번역문과 뜻은 같으나 음이 다른 한자를 묶는다.
   " " : 대화 등의 인용문을 묶는다.
   ' ' : " " 안의 재인용 또는 강조 문구를 묶는다.
   「 」 : ' ' 안의 재인용을 묶는다.
   『 』 : 「 」 안의 재인용을 묶는다.
   《 》 : 책명 및 각주의 전거(典據)를 묶는다.
   〈 〉 : 책의 편명 및 운문·산문의 제목을 묶는다.

차례

노주집

제25권

잡지 雜識

잡지 3

雜識 三

지(知)가 행(行)보다 선행하여서 행(行)의 시작이 되니, 그렇다면 자시(資始)[1]의 뜻이 있고, 행(行)이 지(知)보다 후행하여서 지(知)의 완성이 되니, 그렇다면 성물(成物)[2]의 뜻이 있다. 지(知)로 말하면 원만하여 체(體)가 없어서 두루 널리 흘러 다녀 정체한 바가 없으니, '계지지선(繼之之善)'[3]과 유사한 점이 있어서 양(陽)의 동(動)에 속하고, 행(行)으로 말하면 방정하여 체(體)가 있어서 일을 따라 형(形)을

1 자시(資始) : 이 말은《주역》〈건괘(乾卦) 단전(彖傳)〉에 "위대하다, 건(乾)의 원(元)이여! 만물이 자뢰하여 시작한다.〔大哉乾元, 萬物資始.〕"라고 한 데에 보인다.

2 성물(成物) : 이는 본래 '만물을 양육해 이루어 준다'라는 뜻으로, '땅'을 가리키는 말인데,《주역》〈계사 상(繫辭上)〉 제1장에 "건(乾)은 만물을 맨 처음으로 만드는 '큰 시작'을 주장하고, 곤(坤)은 만물을 만들어 완성한다.〔乾知大始, 坤作成物.〕"라고 한 데에 보인다. 또한 '자신 이외의 일체 모든 것이 성취하는 바가 있게 한다'라는 뜻으로,《중용장구》제25장에 "성(誠)이란 스스로 자기를 성취할 뿐만이 아니라 남도 성취해 주는 것이니, 자기를 성취함은 인(仁)이고, 남을 성취해 줌은 지(智)이다.〔誠者, 非自成己而已也, 所以成物也, 成己, 仁也, 成物, 知也.〕"라고 한 자사의 말에 보인다.

3 계지지선(繼之之善) : 이 말은《주역》〈계사 상(繫辭上)〉 제5장에 "한 번 음(陰)하고 한 번 양(陽)하게 하는 것을 도(道)라 이르니, 이를 계속 이어가는 것은 선(善)이고, 이를 이루어 갖추어 놓은 것은 성(性)이다.〔一陰一陽之謂道, 繼之者善也, 成之者性也.〕"라고 한 부분에 보인다. 이에 대한 주자의《본의(本義)》에는 "계(繼)는 그 발(發)함을 말하고, 선(善)은 화육(化育)의 공(功)을 이르니, 양(陽)의 일이다. 성(成)은 그 갖춤을 말하고, 성(性)은 물(物)이 받은 것을 이르니, 물(物)이 생(生)하면 성(性)이 있어서 각각 이 도(道)를 갖춤을 말하는바, 음(陰)의 일이다."라고 설명하였다.

정하니, '성지지성(成之之性)'[4]과 유사한 점이 있어서 음(陰)의 정(靜)에 속한다. 그렇다면 '지(知)'와 '행(行)'이라는 두 글자는 천지 음양의 자연(自然)의 이(理)에서 나온 것이지 성현들이 안배하여서 있게 된 것은 아니다.

지(知)와 행(行)을 기(氣)와 질(質)에다 나누어 소속시키는 것은 주자(朱子)가 혹자의 물음에 답할 적에도 벌써 이러한 뜻이 있었는데, 기(氣)는 양(陽)이고 질(質)은 음(陰)이다. 그러므로 기분(氣分)이 청명(淸明)한 자는 지(知)가 남음이 있고 질분(質分)이 순후(淳厚)한 자는 행(行)이 남음이 있으니, 《중용》에서 삼지(三知)가 지(智)가 되고 삼행(三行)이 인(仁)이 되는 것[5]에 대하여 마땅히 생각해 헤아려 보아야 할 것이다.

《주자어류(朱子語類)》에 이르기를, "선(先)과 후(後)에 대하여 논하면 지(知)가 선(先)이 되고, 경(輕)과 중(重)에 대하여 논하면 행(行)이 중(重)이 된다."[6]라고 하였으니, 이는 바로 배우는 자가 공부하는

4 성지지성(成之之性) : 위의 주3 참조.

5 중용에서……것 : '삼지'란 세 등급의 앎으로, 태어나면서 앎〔生而知之〕, 배워서 앎〔學而知之〕, 애를 써서 앎〔困而知之〕이며, '삼행'이란 세 등급의 행함으로, 편안히 행함〔安而行之〕, 이롭게 여겨서 행함〔利而行之〕, 억지로 힘써서 행함〔勉强而行之〕이다. 앎과 행함의 대상은 '달도(達道)'로, 주자는 "삼지가 지(智)가 되고, 삼행이 인(仁)이 된다.〔三知爲知, 三行爲仁.〕"라고 설명하였다. 《中庸章句 第20章》

6 선(先)과……된다 : 이 말은 《주자어류(朱子語類)》 권9 〈학(學)3 논지행(論知行)〉의 이굉조(李閎祖)의 기록에 보인다.

측면을 가지고 말한 것이다. 무릇 지(知)의 최종 낙착은 결국에는 행처(行處)에 있으니, 이것이 행(行)이 중(重)이 된 까닭이다. 그러나 만약 지(知)와 행(行)의 전체(全體)에 대하여 논하면, 건(乾)은 비록 자시(資始)[7]하더라도 곤(坤)이 성물(成物)[8]할 수가 없으면 진실로 자시를 귀하게 여길 바가 없으나 또한 자시하지 않고서 성물할 수 있었던 경우는 아직 있지 않았다. 이를 근거로 하여 말한다면, 어찌 경(輕)과 중(重)을 나눌 수가 있겠는가. 그러므로 나는 삼가 생각하기를, "지(知)에서 그 큼을 보고 행(行)에서 그 중함을 본다면 주자가 '한쪽으로 치우치게 되면 다른 한쪽에 문제가 생기게 된다.'[9]라고 말씀한 폐단을 거의 면하게 될 것이다."라고 하였다.

지(知)와 행(行)이 궁극처(窮極處)에 이르게 되면 그저 매한가지일

7 자시(資始) : 이 말은《주역》〈건괘(乾卦) 단전(彖傳)〉에 "위대하다, 건(乾)의 원(元)이여! 만물이 자뢰하여 시작한다.〔大哉乾元, 萬物資始.〕"라고 한 데에 보인다.

8 성물(成物) : 이는 본래 '만물을 양육해 이루어 준다'라는 뜻으로, '땅'을 가리키는 말인데,《주역》〈계사 상(繫辭上)〉 제1장에 "건(乾)은 만물을 맨 처음으로 만드는 '큰 시작'을 주장하고, 곤(坤)은 만물을 만들어 완성한다.〔乾知大始, 坤作成物.〕"라고 한 데에 보인다. 또한 '자신 이외의 일체 모든 것이 성취하는 바가 있게 한다'라는 뜻으로,《중용장구》 제25장에 "성(誠)이란 스스로 자기를 성취할 뿐만이 아니라 남도 성취해 주는 것이니, 자기를 성취함은 인(仁)이고, 남을 성취해 줌은 지(智)이다.〔誠者, 非自成己而已也, 所以成物也, 成己, 仁也, 成物, 知也.〕"라고 한 자사의 말에 보인다.

9 한쪽으로……된다 : 이 말은《주자어류(朱子語類)》 권9 〈학(學)3 논지행(論知行)〉에 "치지와 역행은 어느 한쪽으로만 치우치게 공부해서는 안 된다. 한쪽으로 치우치게 되면 다른 한쪽에 문제가 생기게 된다.〔致知力行, 用功不可偏, 偏過一邊, 則一邊受病.〕"라고 한 정단몽(程端蒙)의 기록에 보인다.

뿐이다. 그러나 왕신건(王新建)[10]은 지행합일(知行合一)을 말하기를 좋아하는 바람에 결국에는 성인(聖人)의 문하에 죄를 얻었으니, 그가 어긋나 잘못되게 된 부분에 대하여 마땅히 주의 깊이 생각해 보아야 할 것이다.

아주 충분하게 제대로 알게 되면 자연히 실행해 나가 그만두고자 하여도 그렇게 할 수가 없다. 알면서도 행할 수가 없는 것은 끝내 앎〔知〕에 있어서 다소간 미진한 바가 있는 것이다.

알면서도 행할 수가 없는 경우는 앵무새가 말만 잘하는 격[11]이니, 이 지(知)는 참된 지(知)가 아니고, 행하면서도 알 수가 없는 경우는 백성이 날로 쓰는 것[12]이니, 이 행(行)은 참된 행(行)이 아니다. 그러므

10 왕신건(王新建) : 명나라 때 여요(餘姚) 사람 왕수인(王守仁, 1472~1528)으로, 자는 백안(伯安), 호는 양명(陽明), 시호는 문성(文成)이다. 진사 출신으로 귀주 용장역승(貴州龍場驛丞)·노릉 지현(盧陵知縣)·우첨도어사(右僉都御史) 등을 거쳐 남경병부상서(南京兵部尙書)에 오르고 신건백(新建伯)에 봉해졌다. 학문은 묵좌징심(默坐澄心)으로 주본을 삼고 만년에는 치양지설(致良知說)을 제창하여 요강학파(姚江學派)를 이루었으며, 저서에는 《왕문성전서(王文成全書)》가 있다. 《明史 卷195 王守仁列傳》《明儒學案 卷10》

11 앵무새가……격 : 이 말은 《예기》 〈곡례 상(曲禮上)〉에 "앵무새가 말을 잘하나 나는 새를 벗어나지 못한다.〔鸚鵡能言, 不離飛鳥.〕"라고 한 부분과 《심경(心經)》 권4 〈맹자 계명이기 장(雞鳴而起章)〉에, 사양좌(謝良佐)가 "명리(名利)의 관문을 통과하여야 비로소 조금 쉴 수 있는 곳이니, 지금 사대부들은 어찌 굳이 말할 것이 있겠는가. 말만 잘하는 것이 참으로 앵무새와 같다.〔透得名利關, 方是小歇處, 今之士大夫, 何足道? 能言眞如鸚鵡也.〕"라고 한 부분에 보인다.

12 백성이……것 : 일반 백성이 도(道)에 대하여 무지함을 뜻하는 것으로, 이 말은

로 지(知)와 행(行)이 함께 영쇄(零碎)와 전체(全體)의 구분이 있으니, 영쇄에 나아가서 말하면 비록 행(行)이 중하다고 하지만, 전체에 나아가서 말하면 나누어서 두 가지로 만들 수 없다. 그러니 오히려 어찌 경(輕)과 중(重)에 대하여 논할 수 있겠는가.

지(知)는 허(虛)하나 행(行)은 실(實)하니, 허(虛)와 실(實)의 나뉨에 쉬움과 어려움이 존재한다. 그러므로 "아는 것이 어려운 것이 아니라 행하는 것이 어렵다.〔非知之艱 行之惟艱〕"[13]라고 하였으니, 이 뜻을 또 반드시 깊이 체인(體認)하여서 잃어버리지 말아야만 할 것이다.

인(仁)이 비록 사덕(四德)[14]의 하나이지만 바로 천지가 물(物)을 낳아 살아가게 하는 이(理)이다. 진실로 인(仁)의 체(體)와 용(用)에서 성(性)과 명(命)의 실체(實體)를 체인(體認)해 낼 수 있으면 거의 이를 통해 투철하게 깨달을 수가 있게 될 것이다. 그러나 정자(程子)가 말

《주역》〈계사 상(繫辭上)〉 제5장에 "인자는 이를 보고 인(仁)이라 이르고, 지자는 이를 보고 지(智)라 이르며, 백성은 날마다 쓰면서도 알지 못한다. 그러므로 군자의 도(道)가 드문 것이다.〔仁者見之, 謂之仁, 知者見之, 謂之知, 百姓日用而不知, 故君子之道鮮矣.〕"라고 한 데에 보인다.

13 아는……어렵다 : 이는 《서경》〈상서(商書) 열명 중(說命中)〉에 부열(傅說)이 고종(高宗)에게 아뢴 말에 보인다.

14 사덕(四德) : 인(仁), 의(義), 예(禮), 지(智)를 말한다. 이는 본래는 건괘(乾卦) 사덕(四德)인 원(元)·형(亨)·이(利)·정(貞)으로, 원은 생물(生物)의 처음이므로 사시(四時)에 있어서는 봄이 되고 사람에 있어서는 인(仁)이 되며, 형은 생물의 형통(亨通)이므로 여름과 예(禮)가 되며, 이는 생물의 수(遂 추수)이므로 가을과 의(義)가 되며, 정은 생물의 성(成 갈무리)이므로 겨울과 지(智)가 된다. 《程氏易傳 卷1 乾卦》

씀하기를, "마땅히 공자와 맹자가 인(仁)을 말씀한 곳을 합하여 연구해야 하니, 2・3년이 지난 뒤에 터득하더라도 늦지 않을 것이다."[15]라고 하였으니, 인(仁)이라는 것이 어찌 쉽게 말할 수 있는 것이겠는가.

연평(延平)[16]의 학문이 비록 양(楊)[17]과 나(羅)[18]로부터 나왔으나 그가

15 마땅히……것이다 : 이는 《근사록(近思錄)》 권1 〈도체(道體)〉에 "'의(義)'는 '마땅함〔宜〕'이라 훈(訓)하고 '예(禮)'는 '분별〔別〕'이라 훈하고 '지(智)'는 '앎〔知〕'이라 훈할 수 있지만 '인(仁)'은 마땅히 무엇이라고 훈해야 하는가? 해설하는 자들이 '깨달음〔覺〕'으로 훈하고 '사람〔人〕'으로 훈해야 한다고 하는데, 모두 잘못이다. 마땅히 공자와 맹자가 인(仁)을 말씀한 곳을 합하여 대체를 연구해야 하니, 2・3년이 지난 뒤에 터득하더라도 늦지 않을 것이다.〔義訓宜, 禮訓別, 智訓知, 仁當何訓? 說者謂訓覺訓人, 皆非也. 當合孔孟言仁處, 大概硏究之, 二三歲得之, 未晩也.〕"라고 한 정이(程頤)의 말에 보인다. '훈(訓)'은 뜻을 밝히기 어려운 글자에 대해 다른 한 글자를 빌어서 해석하는 것이다.

16 연평(延平) : 남송 초기의 도학자인 이통(李侗, 1093~1163)으로, '연평'은 그의 호이고 자는 원중(愿中), 시호는 문정(文靖)이며 주자의 스승이다. 벼슬에 나아가지 않고 나종언(羅從彦)에게 수학하여 정자(程子)의 이학(理學)을 전심(專心)으로 연구하고 이를 주자에게 전수하였다.

17 양(楊) : 송나라의 유학자 양시(楊時, 1053~1135)로, 호는 구산(龜山), 자는 중립(中立), 시호는 문정(文靖)이다. 정호(程顥)・정이(程頤) 형제에게 수학하면서 10년 동안 두문불출하고 학문에 정진하였다. 용도각 직학사(龍圖閣直學士)로 치사(致仕)한 뒤에 구산에 은거하면서 저술과 강학에 전념하였다. 그의 학술은 후대에 정자(程子)의 정종(正宗)으로 추대되었으며, 정자의 학문은 양시를 거쳐서 나종언(羅從彦)에게 전해지고, 다시 이동(李侗)을 거쳐서 주희(朱熹)에게 전해졌다. 《宋史 卷428 道學列傳 楊時》 《宋元學案 卷25 龜山學案》

18 나(羅) : 송나라의 유학자 나종언(羅從彦, 1072~1135)으로, 자는 중소(仲素), 시호는 문질(文質)이다. 복건성(福建省) 남검(南劍) 출신으로, 동향의 선배 구산(龜山) 양시(楊時)의 가르침을 받았으며 흔히 예장선생(豫章先生)이라 일컬어진다. 1130

인(仁)의 체(體)를 보아 낸 것이 무엇보다도 바르고 분명하니, 정자(程子) 문하의 제자들 가운데에서 그와 함께 견주어질 자가 거의 없다. 그가 입언(立言)한 바를 살펴보면 거의 대부분 체인(體認)해 얻어서 곧장 진수〔眞蘊〕에 나아갔기에 한쪽으로 기울어져 있거나 새거나 스며 나오는 것이 전혀 없다. 또한 자기 자신을 성찰하고 사욕을 이겨 다스림에 반드시 본원(本源)의 측면으로부터 하기 시작하였다. 그러므로 그 학문이 고명(高明)하고 쇄락(灑落)하며 간이(簡易)하고 평실(平實)하여서 '성인 문하의 정통(正統)〔聖門正脈〕'이라고 이를 만하겠으니, 이것이 주자(朱子)를 환하게 열어주어서 공(功)이 만대(萬代)에 이르도록 입혀지게 된 까닭이다.

《대학(大學)》의 '명덕(明德)'과 《맹자(孟子)》의 '진심(盡心)'은 모두 심(心 마음)인데, 이에 대한 주자의 훈석(訓釋)이 서로 조금 다르니,[19]

년 박라 주부(博羅主簿)로 임명되었으나 관직에서 물러난 뒤로는 나부산(羅浮山)에 들어가 온종일 단정히 앉아 학문에 정진하여 마침내 구산 문하의 일인자가 되었다. 정자(程子)의 학문이 바로 양시를 거쳐 나종언에게 전해지고 다시 연평(延平) 이동(李侗)을 거쳐 주자(朱子)에게로 이어져 이학(理學)의 형성과 발전에 중요한 영향을 끼쳤다. 저서에 《예장문집(豫章文集)》, 《준요록(遵堯錄)》 등이 있다.

19 대학(大學)의……다르니 : 《대학》 경1장에서 "대학의 도는 명덕을 밝힘에 있으며 백성을 새롭게 함에 있으며 지선에 그침에 있다.〔大學之道, 在明明德, 在親民, 在止於至善.〕"라고 하였는데, 이에 대한 주자의 《장구》에서 '명덕'에 대해 "사람이 하늘에서 얻은 것으로 허령하고 어둡지 않아서 중리(衆理)를 갖추고 만사(萬事)에 응하는 것이다.〔人之所得乎天而虛靈不昧, 以具衆理而應萬事者也.〕"라고 설명하였다. 또한 《맹자》 〈진심 상(盡心上)〉 제1장에 "심을 다하는 자는 성을 안다.〔盡其心者, 知其性也.〕"라고 하였는데, 이에 대한 주자의 《집주》에서 심(心)에 대해 "사람의 신명으로 중리를 갖추고서 만사에 응하는 것이다.〔人之神明, 所以具衆理而應萬事者也.〕"라고 설명하였다.

견주어 보아서 체찰(體察)해 고구(考究)하기가 딱 좋다고 하겠다. 대체로 명덕은 심(心)의 본래의 체단(體段)을 드러내어 게시한 것이다. 그러므로 '하늘에서 얻었다.〔得乎天〕'를 가지고 '덕(德)' 자를 풀이하였고, '허령하고 어둡지 않다.〔虛靈不昧〕'를 가지고 '명(明)' 자를 풀이하였다. 진심의 심(心)은 곧바로 본래의 부위(部位)를 가리킨 것이다. 그러므로 '사람의 신명〔人之神明〕'-심(心)은 신(神)의 부위이다.- 을 가지고 풀이하였다. 글에 따라서 해석을 달리함에 각각 마땅한 바가 있으니, 참으로 이른바 "금(金)을 재는 저울로 달아낸 듯 호(毫)와 이(釐)도 어긋나지 않는다."라고 한 것에 해당한다. 이 두 가지 훈석을 합하여 살펴보면 그 명확하고 완비됨을 더욱 깨닫겠다.

근재(近齋) 박장(朴丈)[20]이 일찍이 김미호(金渼湖)[21]가 명덕(明德)에

20 근재(近齋) 박장(朴丈) : 박윤원(朴胤源, 1734~1799)으로, 본관은 반남(潘南), 자는 영숙(永叔), 호는 근재이다. 1792년 학행으로 천거되어 선공감역으로 임명되었으나 사퇴하였으며, 1798년 원자를 위하여 강학청이 설치되자 서연관으로 임명되었으나 역시 거절하여, 평생 벼슬하지 않고 학문 연구에 전념하였다. 그는 김창협(金昌協), 이재(李縡), 김원행의 학통을 계승하였으며, 다시 문하의 홍직필에게 전수해 신응조(申應朝), 임헌회(任憲晦), 조병덕(趙秉德) 등으로 이어지는 조선 후기 성리학의 중요한 학파를 형성하였다. 죽은 뒤에 대사헌에 추증되었으며, 저서로 《근재집》과 《근재예설(近齋禮說)》이 있다.

21 김미호(金渼湖) : 김원행(金元行, 1702~1772)으로, 본관은 안동, 자는 백춘(伯春), 호는 미호, 또 다른 호는 운루(雲樓)이다. 김창협(金昌協)의 손자로 입양되었으며, 이재(李縡)의 문인이다. 1719년 진사시에 합격하였으나 신임사화 때 할아버지 김창집(金昌集) 및 아버지와 형들이 죽임을 당하자, 벼슬을 포기하고 학문에 전념하였다. 당시 호론(湖論)과 낙론(洛論)의 대립 속에서 할아버지 김창협의 학설을 이어받아 낙론을 지지하였다. 심(心)을 이(理)라고도 하지 않고 기(氣)라고도 하지 않으며, 이와

대하여 심(心)의 표덕(表德)이라고 한 것[22]을 일컬었으니, 그 말이 비록 새로 만든 것이지만 취하여 비유로 삼은 것이 적절하고 타당하여 세속의 유학자가 명덕을 가지고 성(性)으로 여기는 병폐[23]에 대해 그 정곡을 깊이 들어 맞춘 것을 남몰래 기뻐하였다. 근자에 설경헌(薛敬軒)[24]의 《독서록(讀書錄)》을 죽 훑어보았는데 "태극은 성(性)의 표덕

기의 중간에 처하여 이기(理氣)를 겸하는 의미를 지닌 것으로 여겨, 주리(主理)와 주기(主氣)의 절충적인 태도를 보였다. 산림(山林)으로 추앙받으면서 박윤원(朴胤源)・오윤상(吳允常)・홍대용(洪大容) 등 많은 학자를 길러냈다. 저서에 《미호집(渼湖集)》이 있으며, 시호는 문경(文敬)이다.

22 명덕(明德)에……것 : 이는 《근재집(近齋集)》 권32 〈미호김선생어록(渼湖金先生語錄)〉에 "대체로 명덕이란 것은 심의 존칭으로, 자가 덕을 드러내는 것과 같다.〔蓋明德者, 心之尊稱, 如字之表德也.〕"라고 한 김원행의 말을 가리킨다. '표덕(表德)'은 자(字)를 이른다. 《안씨가훈(顏氏家訓)》에, "옛날에는 이름으로써 몸을 바르게 하고, 자로써 덕을 표출하였다.〔古者, 名以德命, 字以表德.〕"라고 하였는데, 이로 인하여 후대에는 자나 별호(別號)를 뜻하는 말로 쓰이게 되었다.

23 세속의……병폐 : 이와 관련된 내용은 《근재집(近齋集)》 권32 〈미호김선생어록(渼湖金先生語錄)〉에 "윤병계는 언제나 명덕을 가지고 성(性)으로 여겼는데, 명덕은 실제로 성(性)이 아니다. 심(心)은 바로 기(器)이고 성(性)은 바로 이(理)이니, 기(器)는 이(理)를 갖출 수 있지만 이(理)는 이(理)를 갖출 수 없다.〔尹屛溪每以明德爲性, 而明德實非性也. 心卽器也, 性卽理也. 器可以具理, 理不可以具理.〕"라고 보인다. 윤병계는 윤봉구(尹鳳九)이다.

24 설경헌(薛敬軒) : 명(明)나라 학자 설선(薛瑄, 1389~1464)으로, 자는 덕온(德溫), 호는 경헌, 시호는 문청(文淸)이다. 산서성(山西省) 하진(河津) 출신으로, 영종(英宗) 때 예부우시랑 겸 한림원학사(禮部右侍郎兼翰林院學士)로 입각하여 기무(機務)에 참여하였다. 그의 학술은 정주(程朱)의 학문을 종주로 삼아 복성(復性)에 힘쓰면서 함양(涵養)을 위주로 하였는데, 주자(朱子)가 나온 이후로 사도(斯道)가 크게 밝아졌으니 굳이 저작(著作)할 필요가 없다고 말하기까지 하였다. 저서에 《독서록(讀書錄)》, 《설문청집(薛文淸集)》, 《종정명언(從政名言)》 등이 있다. 《明史 卷282 薛瑄列

이다.〔太極 性之表德〕[25]"라고 한 말이 있으니, '표덕'이라고 운운한 것은 이미 전대의 사람이 이렇게 말한 것이 있는데 이것이 또한 성(性)과 태극을 나누어서 두 가지로 삼는 의론을 깨뜨릴 수가 있다는 것을 비로소 알게 되었다.-나중에 《주자어류(朱子語類)》를 보니, 거기에도 역시 "태극은 표덕이다."[26]라는 말이 있었다.-

〈정몽(正蒙)〉에 이르기를, "떠돌아다니는 기운이 어지럽게 뒤섞여서 합하여 형질(形質)을 이루는 것은 사람과 물(物)이 만 가지로 다름을 낳고, 음(陰)과 양(陽) 두 가지가 순환하여 그치지 않는 것은 천지의 대의(大義)를 세운다.〔游氣紛擾 合而成質者 生人物之萬殊 其陰陽兩端 循環不已者 立天地之大義〕"[27]라고 하였는데, 이 말이 도리어 앞뒤를 서

傳》

25 태극은 성(性)의 표덕이다 : 이 말은 《독서록(讀書錄)》 권8에 보인다.

26 태극은 표덕이다 : 이는 《주자어류(朱子語類)》 권94 〈주자지서(周子之書) 태극도(太極圖)〉에 "어떤 이가 태극에 대하여 여쭙자, 다음과 같이 말씀하셨다. '태극이란 그저 한 개의 지극히 좋고 더할 나위 없이 선한 도리일 뿐이니, 사람마다 각각 하나의 태극을 가지고 있고 물(物)마다 각각 하나의 태극을 가지고 있다. 주자(周子)께서 말씀하신 태극이란 천지와 사람과 물(物)의 온갖 선(善)과 더할 나위 없이 좋음의 표덕인 것이다.'〔或問太極, 曰 : 太極只是箇極好至善底道理, 人人有一太極, 物物有一太極. 周子所謂太極, 是天地人物萬善至好底表德.〕"라고 한 요겸(廖謙)의 기록과 "장원진이 말하기를, '예컨대 군주의 인(仁)과 신하의 경(敬)이 바로 극(極)입니다.'라고 하자, 다음과 같이 말씀하셨다. '이는 일사일물의 극(極)이니, 천지와 만물의 이(理)를 통섭(통괄)하는 것은 바로 태극이다. 태극은 본래 이러한 이름이 없으니, 이는 그저 일개 표덕일 뿐인 것이다.'〔蔣元進曰 : 如君之仁臣之敬, 便是極. 曰 : 此是一事一物之極, 統天地萬物之理, 便是太極. 太極本無此名, 只是箇表德.〕"라고 한 공개경(龔盖卿)의 기록을 가리킨 것이다.

로 바꾸어 말한 듯하다. 대체로 음(陰)과 양(陽)이 순환하는 것은 기(氣)의 본(本)이고, 떠돌아다니는 기운이 어지럽게 뒤섞이는 것은 기(氣)의 용(用)이니, 애당초 두 가지의 기(氣)가 있는 것은 아니다. 《주자어류(朱子語類)》에 이르기를, "떠돌아다니는 기운이 어지럽게 뒤섞이는 것은 음(陰)과 양(陽)의 서여(緖餘 나머지)이다."[28]라고 하였으니, 그렇다면 사람과 물(物)이 비록 흩어져 달라져서 만 가지가 되지만 천지의 대의는 어느 곳이든지 막론하고 통관(通貫)하지 않은 적이 없는 것이다.

《주자어류(朱子語類)》에 다음과 같은 내용이 보인다. "여쭙기를, '이(理)는 도리(道理)이고, 심(心)은 주재(主宰)의 뜻입니까?'라고 하자, 다음과 같이 말씀하셨다. '심(心)은 진실로 주재의 뜻이다. 그러나 이른바 주재라는 것은 바로 이(理)이다.'"[29]

27 떠돌아다니는……세운다 : 이 말은 《장자전서(張子全書)》 권2 〈정몽(正蒙)1〉과 《근사록(近思錄)》 권1 〈도체(道體)〉에 보인다.

28 떠돌아다니는……서여(緖餘)이다 : 이 말은 《주자어류(朱子語類)》 권98 〈장자서(張子書)1〉에 황순(균)(黃䇹)의 기록에 보인다.

29 여쭙기를……이(理)이다 : 이 내용은 《주자어류(朱子語類)》 권1 〈이기 상(理氣上) 태극천지 상(太極天地上)〉에 "여쭙기를, '천지의 심(心)과 천지의 이(理)에서 이(理)는 도리이고, 심(心)은 주재의 뜻입니까?'라고 하자, 다음과 같이 말씀하셨다. '심(心)은 진실로 주재의 뜻이다. 그러나 이른바 주재라는 것은 바로 이(理)이니, 심(心) 밖에 별도로 한 개의 이(理)가 있고 이(理) 밖에 별도로 한 개의 심(心)이 있는 것이 아니다.'〔問 : 天地之心, 天地之理, 理是道理, 心是主宰底意否? 曰 : 心固是主宰底意. 然所謂主宰者, 卽是理也. 不是心外別有箇理, 理外別有箇心.〕"라고 한 임기손(林夔孫)의 기록에 보인다.

무릇 이(理)의 작위함이 없음〔無爲〕은 주재를 가지고 말할 수 없을 것 같다. 그러나 심(心)이 활발하고 변화하여 헤아릴 수 없으나 절로 일정하여서 바뀌지 않는 체(體)가 있고, 작위함이 없으나 언제나 작위함이 있는 것〔有爲者〕의 주(主)가 되니,[30] 이것이 없으면 그저 영각(靈覺)[31]의 작용일 뿐인 것이다. 이것은 바로 불씨(佛氏)가 정혼(精魂 정신과 혼백)을 희롱한 것일 뿐이다.

심(心)과 혼(魂)·백(魄)은 함께 기(氣)의 영(靈 영활(靈活), 영명(靈明))한 측면에 속하는데, 편체(偏體) -혼(魂)은 가볍고 맑은 것으로 양(陽)에 속하고, 백(魄)은 엉기고 굳은 것으로 음(陰)에 속한다.- 와 전체(全體) -심(心)은 음(陰)과 양(陽)을 총괄해 모아서 주재(主宰)가 된다.- 의 구분이 있으니, 편체인 것에는 영(羸 넉넉함)과 핍(乏 부족함)이 있지만, 전체인 것에는 영

30 작위함이……되니 : '작위함이 있는 것'은 '기(氣)'를 가리키는 것으로, 이는 이(理)가 기(氣)의 주(主)가 된다는 말이다. 이는 본래 이(理)와 기(氣)에 관한 이이(李珥)의 설명으로, 《율곡전서(栗谷全書)》 권10 〈답성호원(答成浩原)〉에 "무형과 무위이면서 유형과 유위의 주(主)가 되는 것은 이(理)이고, 유형과 유위이면서 무형과 무위의 기(器)가 되는 것은 기(氣)이다.〔無形無爲而爲有形有爲之主者, 理也, 有形有爲而爲無形無爲之器者, 氣也.〕"라고 한 데에 보이는 말이다.

31 영각(靈覺) : '허령지각(虛靈知覺)'을 축약한 말로, 곧 심(心)을 가리킨다. 주자의 〈중용장구서(中庸章句序)〉에서 "심(心)의 허령지각은 하나일 뿐이다.〔心之虛靈知覺, 一而已矣.〕"라고 한 것에 대하여 물재(勿齋) 정약용(程若庸)이 말하기를, "허령은 심(心)의 체(體)이고, 지각은 심(心)의 용(用)이다.〔虛靈, 心之體; 知覺, 心之用.〕"라고 하였다. 이 내용은 《중용장구》 대전본(大全本) 소주(小註)에 보인다. 참고로 '허령지각'의 체용(體用)에 관한 문제는 논란이 많아 학자마다 주장이 다르며, 또한 불교 용어로서의 '영각'은 중생이 본래 갖추고 있는 영명하게 깨닫는 성(性)을 가리키는바, 사물에 대하여 깨닫고 이해하는 사람의 지능을 의미한다.

(贏)과 핍(乏)이 없다.

정자(程子)가 말씀하기를, "공용(功用)으로써 말하면 귀신(鬼神)이라 이르고, 묘용(妙用)으로써 말하면 신(神)이라 이른다."[32]라고 하였는데, 이는 천도(天道)를 가지고 말씀한 것이다. 시험 삼아 한번 사람에게 있는 것을 가지고 확인해 보자면, 혼(魂)과 백(魄)은 바로 공용의 귀신이고 심(心)은 바로 묘용의 신(神)이니, 나누어서 말해 보자면 비록 이와 같지만 오로지 귀신만을 말하자면 신(神)이 그 가운데에 포함되어 있다. 그러므로 옛사람이 무릇 귀신에 대해 말할 적에 시간과 공간을 아울러 다방면으로 말하여 한가지 뜻에만 구애되지 않았으니, 이러한 부분에 대해서는 마땅히 지경(地境)을 따라서 주된 뜻을 탐구해 보아야 할 것이고, 지나치게 국한하여 말해서는 안 될 것이다.

《주자어류(朱子語類)》에 이르기를, "기질(氣質)은 실(實)한 것이고, 혼백(魂魄)은 절반은 실(實)하고 절반은 허(虛)한 것이며, 귀신(鬼神)은 허(虛)한 정도가 높고 실(實)한 정도가 낮은 것이다."[33]라고 하

32 공용(功用)으로써……이른다 : 이는 《주역(周易)》 〈건(乾)〉의 단사(彖辭)에 대한 정이(程頤)의 《역전(易傳)》에 "하늘을 오로지(총체) 말하면 도(道)이니 하늘도 어기지 않는다는 것이 이것이요, 나누어 말할 경우 형체로써 말하면 천이라 이르고 주재로써 말하면 상제라 이르고 공용으로써 말하면 귀신이라 이르고 묘용으로써 말하면 신이라 이르고 성정으로써 말하면 건이라 이른다.〔夫天, 專言之則道也, 天且弗違是也. 分而言之, 則以形體謂之天, 以主宰謂之帝, 以功用謂之鬼神, 以妙用謂之神, 以性情謂之乾.〕"라고 한 데에 보이는 말로, 《근사록(近思錄)》 권1 〈도체(道體)〉에도 실려 있다.

33 기질(氣質)은……것이다 : 이 말은 《주자어류(朱子語類)》 권3 〈귀신(鬼神)〉의 임사(林賜)의 기록에 보인다.

였다. 혼백이 절반은 실(實)하고 절반은 허(虛)한 것은 결국 기질에 속한다. 그러므로 《대학혹문(大學或問)》에서 '혼백·오장(五臟)·백해(百骸)로 이루어진 몸'을 가지고 말씀한 것이다.[34]

귀신(鬼神)은 다름 아닌 음(陰)과 양(陽) 두 가지로 천지(天地)의 대의(大義)를 세운 것[35]이니, 이(理)와 함께 간격이 없다.

신(神)이란 그 무엇보다도 알기가 어렵다. 진실로 신(神)이 신(神)이 된 소이(所以)에 대하여 본 바가 있으면, 이 이(理)가 형체도 없고 작위함도 없으면서 형체도 있고 작위함도 있는 것의 주(主)가 되는 것[36]에 대하여 이를 통해 미루어 나아가 궁구할 수가 있다. 그러므로

34 대학혹문(大學或問)에서……것이다 : 이는 《대학혹문》에 "사람과 만물이 태어나는 것은 반드시 이 이(理)를 얻은 뒤에 건순인의예지(健順仁義禮智)의 본성이 있게 되고, 반드시 이 기(氣)를 얻은 뒤에 혼백(魂魄)·오장(五臟)·백해(百骸)로 이루어진 몸이 있게 되니, 주자(周子)께서 '무극의 진리와 이기·오행의 정기가 묘하게 합하고 엉긴다.'라고 말씀하신 것이 바로 이것을 이른 것이다.〔人物之生, 必得是理, 然後有以爲健順仁義禮智之性; 必得是氣, 然後有以爲魂魄五臟百骸之身. 周子所謂無極之眞二五之精妙合而凝者, 正謂是也.〕"라고 한 내용을 가리킨다.

35 음(陰)과……것 : 천지(天地)의 대경(大經)이 확립되는 것은 음과 양이라는 두 기(氣)가 부단히 순환하기 때문이라는 뜻으로, 이는 장재(張載)의 《장자전서(張子全書)》 권2 〈정몽(正蒙) 1〉에 "떠돌아다니는 기운이 어지럽게 뒤섞여서 합하여 형질을 이루는 것은 사람과 물(物)이 만 가지로 다름을 낳고, 음과 양 두 가지가 순환하여 그치지 않는 것은 천지의 대의를 세운다.〔游氣紛擾, 合而成質者, 生人物之萬殊, 其陰陽兩端, 循環不已者, 立天地之大義.〕"라고 한 데에 보이는바, 이 말은 《근사록(近思錄)》 권1 〈도체(道體)〉에도 실려 있다.

36 이……것 : 이는 본래 이(理)와 기(氣)에 관한 이이(李珥)의 설명으로, 《율곡전서

《중용(中庸)》에서 귀신(鬼神)을 가지고 실리(實理)를 덮어 가릴 수가 없음에 대하여 밝힌 것[37]은 그 뜻이 은미하다. 만약 이것을 도외시한 채 이(理)를 구한다면 도(道)와 기(器)를 나누어 서로 떨어지게 하여 장차 이(理)가 아무런 근거할 바도 없어서 독자적으로 존재하게 될 것이다.

(栗谷全書)》 권10 〈답성호원(答成浩原)〉에 "이(理)와 기(氣)는 원래 서로 떨어지지 않아 한 물건인 것 같으나 다르게 된 까닭은 이(理)는 무형이고 기(氣)는 유형이며, 이(理)는 무위이고 기(氣)는 유위이기 때문이다. 무형과 무위이면서 유형과 유위의 주(主)가 되는 것은 이(理)이고, 유형과 유위이면서 무형과 무위의 기(器)가 되는 것은 기(氣)이다. 이(理)는 무형이고 기(氣)는 유형이므로 이(理)는 통하고 기(氣)는 국한되는 것이며, 이(理)는 무위이고 기(氣)는 유위이므로 기(氣)가 발하여 이(理)가 타는 것이다.〔理氣元不相離, 似是一物, 而其所以異者, 理無形也, 氣有形也, 理無爲也, 氣有爲也. 無形無爲而爲有形有爲之主者, 理也, 有形有爲而爲無形無爲之器者, 氣也. 理無形而氣有形, 故理通而氣局, 理無爲而氣有爲, 故氣發而理乘.〕"라고 한 데에 보이는 말이다.

37 중용(中庸)에서……것 : 이는《중용장구(中庸章句)》 제16장에 "귀신(鬼神)의 덕(德)이 성대하구나! 보아도 보이지 않으며 들어도 들리지 않으나, 물(物)의 체(근간)가 되어서 물(物)이 그것을 빠뜨릴 수 없다. 천하 사람들로 하여금 재계(齋戒)하고 깨끗이 하며, 의복을 차려입고서 제사를 받들게 하고, 양양(洋洋)하게 위에 있는 듯하며 좌우(左右)에 있는 듯하다.《시경》〈대아(大雅) 억편(抑篇)〉에, '신(神)이 강림하는 것을 헤아릴 수도 없는데, 하물며 싫증 낼 수 있겠는가.'라고 하였다. 은미한 것이 나타나니 성(誠)을 덮어 가릴 수 없음이 이와 같구나!〔鬼神之爲德, 其盛矣乎! 視之而弗見, 聽之而弗聞, 體物而不可遺, 使天下之人齊明盛服, 以承祭祀, 洋洋乎如在其上, 如在其左右.《詩》曰 : '神之格思, 不可度思, 矧可射思!' 夫微之顯, 誠之不可掩如此夫!〕"라고 한 것을 가리킨다. 여기서 '귀신'이란 음(陰)의 영활처(靈活處)인 '귀'와 양(陽)의 영활처인 '신'을 합하여 말한 것이며, '실리(實理)'란 귀신의 덕(德)인 '천명의 실제 이치〔天命之實理〕'로, 진실하여 거짓됨이 없는〔眞實無妄〕 '성(誠)'을 가리킨다.

이를 근거로 하여 말해 보자면 사람과 물(物)은 이 신(神)과 이(理)를 동일하게 취하지 않을 수가 없고, 동일하지 않은 것은 형(形)과 기(氣)일 뿐이다.

정암(整庵)[38]이 '이일분수(理一分殊)'[39]라는 말을 가지고 천하(天下)의 모든 이(理)에 대해 개괄하였으니, 정심(精深)하고도 미묘(微妙)하다고 이를 만하겠다. 그러나 이는 오히려 동(動)·정(靜)과 체(體)·용(用)을 가지고 구하는 것이 더욱더 평이(平易)하고 간약(簡約)한 것만 못하다.

정암(整庵 나흠순(羅欽順))과 녹문(鹿門)[40]은 모두 똑같이 '이(理)와 기

38 정암(整庵) : 명대(明代) 중기의 문신이자 학자인 나흠순(羅欽順, 1465~1547)으로 '정암'은 그의 호이며, 자는 윤승(允升), 시호는 문장(文莊)이다. 효종(孝宗) 홍치(弘治) 6년(1493)에 진사가 되어 출사하고, 세종(世宗) 때 남경 이부상서(南京吏部尚書)와 예부상서(禮部尚書)에 임명되었으나 모두 사양하고 향리에 은거하여 정주학(程朱學) 연구에 전념하였다. 처음에는 선학(禪學)을 연구하다가 나중에 정주학으로 전향하였는데, 기(氣)를 떠나 별도로 이(理)가 존재할 수 없다고 보아 이(理)와 기(氣)가 하나라는 이기일체론(理氣一體論)을 제창하며 주자의 이분법적 이기론을 수정하였다. 저서로는《곤지기(困知記)》,《정암존고(整庵存稿)》,《정암속고(整庵續稿)》등이 있다.

39 이일분수(理一分殊) : '이일'이란 우주의 근원은 이(理) 한 가지라는 뜻이고, '분수'란 이 이(理)가 나뉘어서 천만 가지의 각각 다른 형태와 성질을 갖게 된다는 뜻이다.《朱子語類 卷1 理氣上 太極天地上》《性理大全 卷26 理氣 總論》

40 녹문(鹿門) : 임성주(任聖周, 1711~1788)로 자는 경중(敬仲)·중사(仲思), 호는 녹문, 본관은 풍천(豐川)이다. 도암(陶庵) 이재(李縡)의 문인으로, 1733년(영조9) 사마시에 합격하고, 1750년 세자익위사 세마(洗馬)가 되고 시직(侍直)으로 승진하였

(氣)는 한 가지 물건이다〔理氣一物〕'라는 의론을 내세웠다. 그러나 정암은 '이일(理一)'에 대하여 중요하게 보았고, 녹문은 '분수(分殊)'에 대하여 중요하게 보았다. 이일을 중요하게 보았으니, 그렇다면 자연히 이(理)가 주(主)가 될 것이고, 분수를 중요하게 보았으니, 그렇다면 결국에는 기(氣)가 주(主)가 되기 마련이다. 이것을 가지고 비교하여 잘잘못을 논해 보자면, 정암이 거의 문제가 적다고 하겠다.

'이일분수(理一分殊)'라는 네 글자는 정자(程子)로부터 나온 것이니,[41] 《연평답문(延平答問)》을 살펴보면 구산(龜山 양시(楊時))의 문하(門下)에서 서로 전해 온 지결(旨訣 중요한 말씀)이 됨을 알 수가 있다. 대체로 '이일분수'라고 한 것은 나누어 잘라서 두 가지의 일로 만들어 볼 수가 없으니, '이일(理一)'에 나아가 '분수(分殊)'를 보고 '분수'에 나아가 '이일'을 보아야 비로소 그 묘함을 남김없이 다할 수 있다. 만약

으나 곧 사직하고, 1758년 공주의 녹문(鹿門)에 은거하였다. 1776년 정조가 즉위한 뒤에 동궁을 보도(輔導)하고 지방관을 지내다가 다시 녹문에 은거하여 학문연구로 여생을 보냈다. 처음 스승을 따라 낙론(洛論)을 주장하다가 중년에 이르러 낙론과 호론(湖論)을 모두 비판하고, 화담(花潭) 서경덕(徐敬德)의 기일원론(氣一元論)을 계승 발전시켜 기일분수설(氣一分殊說)을 주장하여서 한 학맥(學脈)을 이루었다.

41 이일분수(理一分殊)라는……것이니 : '이일분수'는 본래 정이(程頤)가 장재(張載)의 〈서명(西銘)〉에 대하여 논한 말로, 《근사록(近思錄)》 권2 〈위학(爲學)〉에 "〈서명〉은 이(理)는 하나이지만 분(分)이 다름을 밝혔다.〔西銘, 明理一而分殊.〕"라고 한 데에 보인다. '분(分)'이란 '나뉨', '분수'로, 〈서명〉의 내용 중 천지(天地)를 부모로 여기고 만물을 동체로 여긴 부분은 '이(理)가 하나인 것'이며, 귀천과 친소와 상하 등의 등급에 따라 각각 마땅하게 품절(品節)함이 있는 것은 '분(分)이 다른 것'이다. 이 말은 정자의 제자인 양시(楊時, 1053~1135)가 편찬한 《이정수어(二程粹言)》 권상 〈논서편(論書篇)〉에도 실려 있다.

이를 나누고서 한쪽으로 기울게 되면 비록 어긋나지 않고자 하더라도 그렇게 되기가 어려울 것이다.

이(理)라는 것은 더할 나위 없이 허(虛)하면서도 실(實)하니, 이는 어째서인가. 그 체(體)가 더할 나위 없이 허(虛)하고 그 용(用)이 더할 나위 없이 실(實)하여서 그러한 것이다. 한갓 그 허(虛)함만 볼 뿐이고 그 실(實)함을 알지 못하는 것으로 말하자면 이른바 '이(理)'라는 것이 텅 비고 쓸쓸한 데로 귀결하기에 십상이고, 한갓 그 실(實)함만 볼 뿐이고 그 허(虛)함을 알지 못하는 것으로 말하자면 이른바 '이(理)'라는 것이 별도로 어떤 한 가지 물건이 되는 데로 침륜하기에 십상이다. 근세에 "사람과 물(物)의 성(性)이 다르다.〔人物性異〕"라고 주장하는 의론도 역시 그 용(用)의 실(實)함으로부터 미루어 나아간 것이 너무 지나침으로 말미암아서 생겨난 것이다. 만약 어떤 한 가지 물건이 기(氣)의 밖에 존재하여서 마치 형체가 있는 것처럼 대(大)·소(小)와 편(偏)·전(全)을 가지고 구할 수 있다면 이것이 어찌 이(理)의 본색(本色)이라고 할 수 있겠는가.

정자(程子)와 주자가 귀신(鬼神)에 대하여 논한 것은 오로지 조화(造化)와 공용(功用)의 측면에 나아가서 체물(體物)의 뜻을 드러내어 밝혔을 뿐이고[42] 신기(神祇)의 귀신에 대해서는 언급하지 않았으니, 경

42 정자(程子)와……뿐이고 : 《중용》 제16장은 이른바 '귀신 장(鬼神章)'으로 '귀신(鬼神)의 덕(德)'에 대해 설명하고 있다. 이에 대해 주자의 《장구》는, "귀신(鬼神)은 천지의 공용(功用)이요, 조화(造化)의 자취이다.〔鬼神, 天地之功用, 而造化之迹也.〕"

전(經傳)에서 귀신에 대해 말한 것을 가지고 헤아려 보자면 전부 다 들어맞지는 못한다는 의심이 간혹 들게 된다. 일찍이 《삼연집(三淵集)》을 본 적이 있었는데, 거기에는 "'귀신'은 세 가지가 있으니, 기기(氣機)와 교단(郊壇)과 물화(物化)이다. 기기는 바로 한(寒)·서(暑)와 주(晝)·야(夜)가 쇠하여 사라짐과 성하여 자라남이고, 물화는 바로 양(陽)인 혼(魂)과 음(陰)인 백(魄)이 모이고 흩어짐이며, 교단은 바로 산(山)·천(川)과 성(星)·신(辰)이 오르고 내림이다."[43]라고 한 말이 있었다. 이처럼 말하면 빠뜨린 바가 거의 없게 될 것이고 명의(名義 명칭과 함의)에 대해서도 역시 이를 통해 자세한 곳까지 빠짐없이 두루 통달할 수가 있다. 그러나 나누어서 말하면 비록 세 가지이지만 결국에는 음(陰)·양(陽) 두 기(氣)의 양능(良能)에서 벗어나지 않으니, 세밀하게 미루어 보면 통달할 수가 있다.

라고 한 정자(程子)의 말과 "귀신은 음(陰)·양(陽) 두 기(氣)의 양능(良能)이다.〔鬼神者, 二氣之良能也.〕"라고 한 장자(張子)의 말을 인용하여 해석한 다음 "내가 생각건대, 두 기운으로써 말하면 귀(鬼)는 음(陰)의 영(靈)이요, 신(神)은 양(陽)의 영(靈)이며, 한 기운으로써 말하면 이르러 펴짐은 신(神)이 되고, 되돌아감은 귀(鬼)가 되니, 그 실제는 한 물건일 뿐이다. '위덕(爲德)'은 성정(性情), 공효(功效)라는 말과 같다.〔愚謂：以二氣言, 則鬼者, 陰之靈也；神者, 陽之靈也. 以一氣言, 則至而伸者爲神, 反而歸者爲鬼, 其實一物而已. 爲德, 猶言性情功效.〕"라고 해설하였다. 그리고 '체물(體物)'에 대해서는 "《주역(周易)》 〈건괘(乾卦) 문언전(文言傳)〉에 이른바 '일에 근간이 된다.'는 말과 같다.〔猶《易》所謂幹事.〕"라고 해설하였다. '체물'이란 물(物)의 체(體)가 된다는 뜻으로, 귀신이 사물의 본체, 즉 근간이 되어서 사물이 이를 빠뜨릴 수 없음을 말한다.

43 귀신은……내림이다 : 이 내용은 《삼연집(三淵集)》 권34 〈일록(日錄) -경자(庚子)-〉의 '2월 초8일' 조에 보인다.

정암(整庵 나흠순(羅欽順))이 말하기를, "귀신(鬼神)이란 바로 음(陰)・양(陽) 두 기(氣)의 양능(良能)이니, 바름이 아님이 없다. 혹 바르지 않은 것이 있기도 하니, 이는 예컨대 음혼(淫昏)의 귀(鬼)와 요얼(妖孽)의 따위인데, 이것도 역시 언제나 음(陰)・양(陽) 두 기(氣)가 작위한 것이다. 다만 양기가 성하면 양(陽)이 그 주(主)가 되고 음(陰)이 보좌가 되어서 바르고 곧은 귀신이 되는 반면에 음기가 성하면 음(陰)이 그 주(主)가 되고 미약한 양(陽)이 도리어 음(陰)에게 부림을 받아서 바르지 못한 요얼이 되고 만다. 요얼이 비록 여기(戾氣 어그러진 나쁜 기운)이긴 하지만 양(陽)이 없으면 이것도 역시 이루어질 수가 없다."[44]라고 하였다. 이는 바로 신기(神祇)의 귀신을 위주로 말한 것인데, 상당히 시원스러워서 기뻐할 만하다. 이것으로 말미암아 생각해 보건대, 인심(人心)의 기기(氣機)[45]에서 음(陰)과 양(陽)이 이기고 져서 선(善)과 악(惡)이 이에 나타나는 이(理)를 또한 이것을 가지고서 미루어 볼 수 있겠다.

주자가 이르기를, "이르러서 펴는 것이 신(神)이 되고 되돌아가는 것이 귀(鬼)가 된다.〔至而伸者爲神 反而歸者爲鬼〕"[46]라고 하였으니, 이

44 귀신(鬼神)이란……없다 : 이 말은《곤지기(困知記)》권 상에 보인다.

45 인심(人心)의 기기(氣機) : 예측할 수 없는 사람의 마음을 가리키는 것으로,《회암집(晦庵集)》권4 〈재거감흥이십수(齋居感興二十首)〉에 "인심은 오묘하여 헤아릴 수가 없으니, 드나들 적에 기기를 탄다네.〔人心妙不測, 出入乘氣機.〕"라고 한 데에 보인다. '기기'란 '기(氣)의 기틀'로, 규칙적으로 운행하는 천지의 자연적 기능(機能)이다.

46 이르러……된다 : 이는 '귀신(鬼神)'에 대한 주자의 해석으로,《중용장구》제16장에 보인다.

는 대체로 음(陰)과 양(陽)의 모임과 흩어짐을 가지고 말한 것이다. 그러나 진실로 세밀하게 미루어 보자면, 펴는 것 가운데에 또 굽힘이 있고 굽히는 것 가운데에 또 폄이 있어서 착종(錯綜)하여 무궁무진한 것이다. -예컨대, 사람이 밤에 잠자는 것은 펴는 것 가운데에 있는 굽힘이고, 귀신이 흠향하며 이르는 것은 굽히는 것 가운데 있는 폄이다.-

정자(程子)가 말씀하기를, "하늘과 사람이 하나여서 다시 구별되지 않는다."[47]라고 하였으니, 시험 삼아 한번 하늘과 사람을 합하여 한 개의 물건으로 삼아서 살펴보자면 하늘은 사람의 체(體)이고 사람은 하늘의 용(用)이다.

사람이 천지의 사이에 있음에 이 몸의 밖과 안이 하늘이 아님이 없으니, 비유하자면 물고기가 물에 있음에 배의 밖과 배의 안이 물이 아님이 없는 것과 같다.

백씨(伯氏)[48]가 일찍이 말씀하기를, "기(氣)의 통(通)·색(塞)과 수

47 하늘과……않는다 : 이 말은 《맹자집주》 〈공손추 상(公孫丑上)〉의 이른바 '호연지기 장(浩然之氣章)'과 《심경부주》 권1 〈경이직내 장(敬以直內章)〉에 "도가 있고 이치가 있으면 하늘과 사람이 하나여서 다시 구별되지 않으니, 호연지기가 바로 나의 기이다.〔有道有理, 天人一也. 更不分別, 浩然之氣, 乃吾氣也.〕"라고 한 데에 보인다.

48 백씨(伯氏) : 오윤상(吳允常, 1746~1783)으로, 자는 사집(士執), 호는 영재(寧齋), 본관은 해주(海州)이다. 김원행(金元行)의 문하에서 배웠으며 박윤원(朴胤源) 등과 교류하였다. 문인으로는 동생인 오희상(吳熙常)과 김종선(金宗善)이 있다. 향년 38세를 일기로 별세하였다. 저서에 《영재유고(寧齋遺稿)》가 있다.

(粹)·박(駁)으로 인하여 편(偏)·전(全)과 선(善)·악(惡)이 있게 되는데, 편(偏)·전(全)과 선(善)·악(惡)은 한가지이다."[49]라고 하였다. 이제 사람과 물(物)의 편(偏)·전(全)을 가지고 품부(稟賦)의 본연(本然)이라고 이른다면 사람의 선(善)·악(惡)도 역시 저절로 품부의 본연으로 귀결되고 만다. 이 설(說)이 행해지면 성선(性善)의 의론에 크게 해됨이 있게 되니, 어찌 작은 근심이라고 하겠는가.

성(性)은 정(情)의 체(體)이고 정(情)은 성(性)의 용(用)이니, 정(靜)하여 체(體)가 확립되고 동(動)하여 용(用)이 행해지는 것이 실제에 있어서는 한가지이다. 그러므로 예로부터 성현들이 성(性)에 대하여 논할 적에 일찍이 지나치게 구애받은 적이 없었고 대부분 발처(發處 발한 곳)와 관련지어서 그 진수〔眞蘊〕를 밝혔으니, 여기에서 동(動)과 정(靜)이 하나의 이(理)이고 체(體)와 용(用)이 하나의 근원임을 알 수 있겠다. 〈악기(樂記)〉에 이른바 "사람이 태어나서 정(靜)한 상태는 하늘의 성(性)이다."[50]라고 한 것으로 말해 보자면, 이는 다만 동(動)하면 선(善)도 있고 악(惡)도 있지만 정(靜)하면 선(善)만 있고 악(惡)은 없기 때문에 오직 정(靜)할 때만 성(性)의 본체(本體)를 볼 수가 있다는 것이다. 만약 여기에 대하여 활간(活看)하지 못하고 성(性)이 정(靜)을 위주로 하면서 동(動)을 포괄하는 묘함을

49 기(氣)의……한가지이다 : 이와 관련된 구체적인 내용은 《영재유고(寧齋遺稿)》 권4 〈잡저(雜著) 맹자생지위성장설(孟子生之謂性章說)〉에 자세히 보인다.

50 사람이……성(性)이다 : 이 말은 《예기》 〈악기(樂記)〉에 "사람이 태어나서 정(靜)한 상태는 하늘의 성(性)이고, 물(物)에 감동하여서 동(動)하는 것은 성(性)의 욕(欲)이다.〔人生而靜, 天之性也, 感於物而動, 性之欲也.〕"라고 한 데에 보인다.

궁구하지 않고 편벽되이 정(靜) 한쪽에만 소속시킨다면 이것도 역시 견해의 국한됨에서 벗어나지 못한 것이다.

체(體)와 용(用)에는 몇 가지의 뜻이 있어서 본(本)과 말(末)을 가지고 말한 경우가 있고, 동(動)과 정(靜)을 가지고 말한 경우가 있고, 분(分)과 합(合)을 가지고 말한 경우가 있고, 주(主)와 객(客)을 가지고 말한 경우가 있으니, 마땅히 그 입언(立言)한 본래의 뜻을 따라서 다르게 보아야만 할 것이다.

녹문(鹿門 임성주(任聖周))이 만년에 견해를 바꾼 자신의 설(說)들에 대하여 비록 스스로 "도(道)의 오묘함에 깊이 계합하여 물을 담아도 새지 않을 정도이다."라고 생각하였겠지만, 나의 입장에서 보자면, 이는 행랑의 기둥을 다시 세어보는 격[51]이라고 이를 만하겠다. 그가 초년에 김미호(金渼湖)에게 준 서신[52]에서 '능(能)' 자에 대하여 말하기를

51 행랑의……격 : 공연히 의심하면 더욱더 어긋나 틀리게 됨을 비유한 말로, 《근사록(近思錄)》 권4 〈존양(存養)〉에 "정명도(程明道)가 일찍이 장안의 창고 안에 한가로이 앉아서 긴 행랑의 기둥을 보고 마음속으로 세었다. 이미 의심이 없었으나 다시 세어보니 부합하지 않으므로 사람으로 하여금 일일이 소리 내 세게 함을 면치 못하였더니, 마침내 처음 세었던 것과 차이가 없었다. 이에 더욱 마음을 두어 잡고 있으면 더욱 안정되지 못한다는 것을 알게 되었다〔伯淳昔在長安倉中閑坐, 見長廊柱, 以意數之, 已尙不疑, 再數之, 不合. 不免令人一一聲言數之, 乃與初數者無差, 則知越著心把捉, 越不定.〕"라고 한 데에 보인다. 이 이야기는 《이정유서(二程遺書)》 권2상 〈원풍기미여여숙동현이선생어(元豐己未呂與叔東見二先生語)〉에도 실려 있다.

52 그가……서신 : 이는 《녹문집(鹿門集)》 권2 〈답미호김공(答渼湖金公) -무오 추(戊午秋)-〉를 가리킨다. 이 편지는 1738(영조14)년에 써진 것으로 임성주는 당시 28세

잘하여 더할 나위 없이 영롱하였으니, 비록 이를 일러 "속에 쌓여 있는 것을 남김없이 다하였다.〔竭盡底蘊〕"라고 하더라도 괜찮을 것이다. 다만 이(理)와 구별이 없는 데에 가깝게 되었으니, 이것이 바로 그 정도가 보통보다 지나친 부분이다.

그가 견해를 바꾼 뒤에 미쳐서는 이(理)에 대하여 말한 것이 초년에 '능(能)' 자에 대하여 말한 것의 그림자에 지나지 않을 뿐이어서 기(氣)를 이(理)라고 인식한 견해가 분명하니, 참으로 이른바 식견이 지극한 곳이 도리어 문제가 있게 된 격이라고 하겠다. 염락관민(濂洛關閩)[53]이 이(理)에 대하여 말씀할 적에 구상(構想)하고 입언(立言)한 것이 어찌 일찍이 이와 같았겠는가.

대체로 녹문이 기(氣)의 본일처(本一處)에 먼저 본 바가 있었으므로 한결같이 기(氣) 측면으로부터 이(理)에 대하여 미루어 나아감에 도리어 모방하여 근거할 만한 것이 있어서 건건(件件)이 부합하고 촌촌(寸寸)이 막힘없이 통함을 보고는 마침내 한 물건〔一物〕이라고 인식하여 이를 몹시도 견고하게 잡아 지키게 된 것이다.

그러나 한 물건의 가운데에 바르면서도 정해져서 떳떳한 바가 있고 바꿀 수 없는 체(體)가 절로 있어서 비록 형체도 없고 동작·행위도 없으나 기(氣)의 근간이 되어 혹 빠뜨리는 바도 없고 또한 혹 혼란한 바도 없어서 조화(造化)의 기강(紀綱)이 되고 고금(古今)에 유행(流

였다.

53 염락관민(濂洛關閩) : 염계(濂溪)의 주돈이(周敦頤), 낙수(洛水)가 있는 하남(河南)의 정호(程顥)·정이(程頤) 형제, 관중(關中)의 장재(張載), 민중(閩中)의 주희(朱熹) 등을 합하여 일컫는 말로, 이들에 의하여 제창된 송나라의 이학(理學) 자체를 가리키기도 한다.

行)하니,[54] 천지가 뒤집히지 않는 까닭과 만사가 정해지지 않음이 없는 것은 다른 이유가 없고 오직 이로 말미암은 것일 뿐임을 전혀 살펴보지 못하였다.

주자가 말씀하기를, "오직 도(道)는 상대가 없다고 하였으나 형이상과 형이하를 가지고 말한다면 상대가 있지 않은 적이 없었다."[55]라고 하였으니, 진실로 이 말씀에 대하여 깊이 생각해서 깨달아 알아낼 수 있다면, 이(理)와 기(氣)의 나뉘고 합함에 대하여 거의 이르는 곳마다 미루어 나아가 알 수 있을 것이다.

진실로 기(氣)의 본선처(本善處)를 찾아본다면 신(神)보다 더한 것이 없는데 끝내 이(理)와 간격(間隔)이 있지 않을 수가 없는 것은, 이(理)로 말하자면 한번 정해져서 바뀌지 않지만 신(神)으로 말하자면 갖가지로 변화하여 헤아리지 못하기 때문에 그러한 것이다. 그러므로 예로부터 성현들이 기(氣)가 선(善)하다고 말씀하지 않고 다만 이(理)가 선(善)하다고 말씀하였을 뿐이다. 또한 기(氣)는 보기 쉽고 이(理)는

54 조화(造化)의……유행(流行)하니 : 이는 주자의 말로 《근사록집해(近思錄集解)》 권1 〈도체(道體)〉에 보인다.

55 오직……없었다 : 이 말은 《근사록집해(近思錄集解)》 권1 〈도체(道體)〉에 "음은 양과 대가 되고 동은 정과 대가 되니, 굴신과 소장, 좌우와 상하에 이르기까지 혹은 같은 유끼리 대가 되고 혹은 반대로 대가 된다. 반복하여 미루어 보면 홀로 우뚝하여 상대가 없어 고립된 것은 있지 않다. 정자가 말씀하기를 '오직 도는 상대가 없다.'라고 하였으나 형이상과 형이하를 가지고 논한다면 또한 상대가 있지 않은 적이 없었다.〔陰與陽對, 動與靜對, 以至屈信消長左右上下, 或以類而對, 或以反而對, 反覆推之, 未有兀然無對而孤立者. 程子謂惟道無對, 然以形而上下論之, 亦未嘗不有對也.〕"라고 한 데에 보인다.

실제로 미루어 알기 어려워서 미루어 알기 어려운 것은 언제나 보기 쉬운 것에 가려지기 마련이니, 그렇다면 마땅히 강구(講求)하여 밝혀야만 하는 것은 이(理)에 해당하는 일이지 기(氣)에 해당하는 일은 아니다.

이 이(理)가 발용(發用 운용)해 널리 퍼져 베풀어지는 것은 오로지 신(神)에 의지한다. 그러므로 《주역(周易)》 가운데에서 무릇 이(理)의 용처(用處)에 대하여 말할 적에 거의 대부분 '신(神)' 자를 가지고 해당시켰다. 그러나 마땅히 얽매이지 않고 융통성 있게 보아야 할 것이고, 이 때문에 곧장 신(神)을 가지고 이(理)로 삼아서는 안 된다.

성현들이 후세에 남겨 전해주기 위하여 훌륭한 말씀을 한 까닭은 이 도(道)를 드러내어 떨쳐서 사람들이 이것을 알고 이것을 행하기를 바란 것에 지나지 않을 따름이다. 이른바 '이 도(道)'란 무엇인가. 공자 문하의 인(仁)과 맹자의 성선(性善)과 《대학(大學)》의 명덕(明德)과 자사(子思)의 성(性)·도(道)와 같은 것이 바로 여기에 해당한다. 이것은 다만 거짓됨이 없고 바꿀 수 없는 형이상의 도리일 뿐이다. 아무리 심오한 부분을 궁구하고 은미한 부분을 자세히 살펴보더라도[56] 이것을 드러내어 밝히는 것에 지나지 않으니, 모두 실제로 귀결하는 부분이 있다. 저 도(道)에 대하여 담론하면서 반드시 기(氣)를 위주로

56 심오한……살펴보더라도 : 이 말은 《주역》 〈계사 상(繫辭上)〉의 "《주역》은 성인께서 심오한 부분을 남김없이 다하여 은미한 부분을 자세히 살펴보는 것이다.〔夫易, 聖人之所以極深而研幾也.〕"라는 구절을 원용한 것이다.

하여 장황하게 설명하는-"이(理)와 기(氣)가 한 물건이다.〔理氣一物〕"라고 주장하는 의론은 절로 기(氣)를 주로 삼는 데로 귀결된다.- 자는 그 말이 비록 지극히 높고도 묘하더라도 결국에는 보탬이 되는 바가 도대체 무슨 일이란 말인가.

사람과 물(物)의 성(性)이 다르다는 의론을 주장하는 자들은 언제나 《중용(中庸)》의 '진물지성(盡物之性)'[57]이라는 한 구절을 가지고 말하기를, "만약 '사람과 물(物)의 성(性)이 똑같다.'라고 말한다면 물(物)을 사람으로 변화시키기 전에는 '진(盡)' 자가 말이 되지 않는다."라고 한다. 만약 그렇다면 사람의 성(性)을 다하는 것도 역시 장차 천하의 모든 사람으로 하여금 그 성(性)을 다하게 하기를 마치 자기의 성(性)을 다하는 것처럼 하려는 것인가. 이는 요임금과 순임금도 역시 할 수 없는 바가 있는 것이다. 요컨대 앎이 밝지 않음이 없고 처함이 마땅하지 않음이 없음을 '진(盡)'이라고 이르니,[58] 이것이 바로 올바른 뜻이 된다.

57 진물지성(盡物之性) : 이는 《중용장구(中庸章句)》 제22장에 "오직 천하에 지극히 성(誠)한 분이라야 그 성(性)을 다할 수 있다. 그 성(性)을 다하면 사람의 성(性)을 다할 수 있고, 사람의 성(性)을 다하면 사물의 성(性)을 다할 수 있고, 사물의 성(性)을 다하면 천지(天地)의 화육(化育)을 도울 수 있고, 천지의 화육을 도우면 천지와 함께 나란히 설 수 있게 된다.〔惟天下至誠, 爲能盡其性. 能盡其性, 則能盡人之性, 能盡人之性, 則能盡物之性, 能盡物之性, 則可以贊天地之化育, 可以贊天地之化育, 則可以與天地參矣.〕"라고 한 데에 보인다.

58 앎이……이르니 : 이는 《중용장구(中庸章句)》 제22장에 "능히 다한다는 것은 앎이 밝지 않음이 없고 처함이 마땅하지 않음이 없음을 이른다.〔能盡之者, 謂知之無不明而處之無不當也.〕"라고 한 주자의 설명을 원용한 것이다.

한(漢)나라 초기에 효제(孝悌)와 역전(力田)을 가지고 인재를 선발하였는데[59] 오로지 돈독하고 착실하며 근본에 힘써서 진실하지 못한 것이 일호도 없으니, 삼대(三代) 이후로 이와 같은 훌륭한 제도는 있지 않았다. 무제(武帝) 때에 현량방정(賢良方正)[60]으로 인재를 선발하게 되자 다시 허다한 문채를 첨가하여서 진정한 의도가 곧 훼손되고 말았다.

효제(孝悌)와 역전(力田)을 가지고 인재를 선발하는 것은 왕도(王道) 정치에 가깝다고 하겠다. 열심히 농사를 지으면 백성의 전지(田地)와 산업(産業)이 제정될 것이고, 부모에게 효성스럽고 어른에게 공손하면 백성의 올바른 행실이 흥기하게 될 것인바, 이는 애당초 비길 데 없이 뛰어나거나 보통과는 같지 않은 일이 아니라 다만 인생의 본분에 있어서 마땅히 해야 할 바일 뿐이니, 그 규모와 기상이 농후(濃厚)하고 굉대(宏大)하여 이를 봄에 몹시도 좋다. 가령 이 백성이 여기에 부지런히 힘쓰고 어김없이 지켜서 따른다면 잃어버린 삼고(三古)의 순박함을 만회할 수 없음을 어찌 걱정하겠는가. 당대에 한 번 시험해

59 한(漢)나라……선발하였는데 : 부모에게 효성스럽고 어른에게 공손한〔孝悌〕 사람과 열심히 농사를 짓는〔力田〕 사람을 선발하여 직책을 주는 한(漢)나라 문제(文帝) 때의 제도로서, 과거(科擧)를 통하지 않고 조정에서 직접 뽑아 등용하는 인재 선발법이다.

60 현량방정(賢良方正) : 한 무제(漢武帝) 때 시작된 시험으로, 덕행이 높은 사람을 천거하여 정치의 득실(得失)에 관한 대책(對策)이 우수한 사람에게 관직을 내리던 제도이다. 시기에 따라 '현량(賢良)'·'현량문학(賢良文學)'·'문학(文學)' 등 명칭에 차이가 있었다.

볼 수 없는 것이 한스러울 따름이다.

한번 사우(師友)의 도(道)가 사라지게 되자 그 이후로는 오직 책을 읽고서 그 뜻을 구하는[61] 한 가지 길이 있을 뿐이다. 다만 책이란 결국에는 묵은 자취일 뿐이니, 사람에게 소리와 기운으로 서로 감응함이 있는 것만 못하다.

사우(師友)의 강론(講論)함이란 그저 하나의 감응(感應)함일 뿐인 것이다.

성(性)이란 형체도 없고 소리나 빛깔도 없으며 냄새나 맛도 없으니, 그 무엇보다도 물(物)을 가지고 비유할 수가 없다. 정자(程子)와 주자가 비록 물을 가지고 성(性)을 비유한 가르침이 있었지만, 이는 다만 그 근원은 맑은데 말류는 흐리다〔源淸流濁〕는 한 가지 뜻을 취하였을 뿐이다. 후대에 유학을 공부하는 선비들이 도리어 여기에 가려진 바가 되어서 결국에는 물의 징청(澄淸)함을 가지고서 성(性)이라고 인식해 버리게 되고 말았다. 물이란 형체를 이룬 물건이고 보면 징청함은 다름 아닌 그 기상(氣象)인 것이니, 어찌 이로써 이 이(理)의 본체를 비유할 수 있겠는가.

61 그 뜻을 구하는 : 해당 원문은 '구지(求志)'로, 의지를 보전하여 훗날 자신이 행할 도(道)를 지켜 낸다는 뜻이다. 《논어》 〈계씨(季氏)〉에 "숨어 살면서 그 뜻을 구하고, 의를 행하여서 그 도를 행하는 것에 대해서는 나는 그러한 사람이 있다는 말만 들었고 그렇게 하는 사람은 보지 못하였노라.〔隱居以求其志、行義以達其道, 吾聞其語矣、未見其人也.〕"라고 하였다.

도암(陶庵)[62]이 이 심(心)의 본체에 대하여 논할 적에 잠일(湛一)과 정영(精英)을 구분하여 두 가지로 삼은 것[63]에 대해서는 의심이 없을 수가 없다. 나중에 녹문(鹿門 임성주(任聖周))의 심설(心說)이 너무 지나치게 미루어 나아간 것도 역시 이것을 근본으로 삼아 그대로 이어받은 것인 듯하다.

김포음(金圃陰)[64]이 《대학(大學)》의 명덕(明德)에 관한 《장구(章句)》

62 도암(陶庵) : 이재(李縡, 1680~1746)로, 본관은 우봉(牛峰), 자는 희경(熙卿), 호는 도암·한천(寒泉), 시호는 문정(文正)이다. 1702년(숙종28) 알성 문과에 병과로 급제해 가주서·승문원부정자를 거쳐 예문관검열이 되어 《단종실록》 부록 편찬에 참여하였고 홍문관 수찬·부교리·응교·필선·보덕 등을 지냈다. 부제학으로 있을 때 《가례원류(家禮源流)》의 편찬자를 둘러싸고 시비가 일자 노론의 입장에서 소론을 공격하였고 이후 노론의 중심인물로 활약하였다가 임인옥사 때 중부(仲父) 이만성(李晩成)이 옥사하자 은퇴하고, 인제에 들어가 성리학 연구에 전념하였다. 영조가 즉위한 뒤 부제학에 복직해 대제학·이조참판 등을 역임하였으나 정미환국으로 소론 중심의 정국이 되자 문외출송(門外黜送)되었다. 이후 용인의 한천(寒泉)에 거주하면서 많은 학자를 길러냈다. 의리론(義理論)을 들어 영조의 탕평책을 부정한 노론 가운데 준론(峻論)의 대표적 인물로, 윤봉구(尹鳳九)·송명흠(宋命欽)·김양행(金亮行) 등과 함께 당시의 정국 전개에 많은 영향을 미쳤으며, 호락논쟁(湖洛論爭)에서는 이간(李柬)의 학설을 계승해 한원진(韓元震) 등의 심성설(心性說)을 반박하는 낙론의 입장에 섰다. 저서로는 《도암집(陶菴集)》·《도암과시(陶菴科詩)》·《사례편람(四禮便覽)》·《어류초절(語類抄節)》등이 있다.

63 잠일(湛一)과……것 : 이는 이재가 심(心)에 대하여 '기(氣)의 정상(精爽)'이라고 정의하고 기(氣)의 근본은 '잠일(湛一)' 뿐이라고 언급하여 '정상'과 '잠일'을 구분해 사용한 것을 가리킨다. 《陶菴集 卷10 答尹瑞膺心說辨問-乙卯-, 卷20 答李道三-癸亥-》 '정상'은 사물에 있어서 가장 정수·정화가 되는 것을 가리키는바, '정영(精英)'과 그 의미가 같다.

중 "그 발하는 바를 인하여 마침내 밝힌다."[65]라는 한 구(句)에 대하여 지(知)·의(意)·정(情)을 '발하는 바〔所發〕'에 해당시키고 치(致)·성(誠)·정(正)을 '밝히는 공부'에 해당시킨 것[66]은 보아낸 것이 매우 적확하고, 또 '명덕(明德)은 심(心)을 주로 삼아 말한 것〔明德主心〕'이라는 뜻에 있어서 더욱더 드러내어 밝힌 바가 있다.

《대학혹문》에 "이 덕의 밝음이 날로 더욱더 어두워져서 이 심(心)의 신령함이 아는 바라고는 정욕과 이해의 사사로움에 지나지 않을 따름이다.〔此德之明 日益昏昧 而此心之靈 其所知者不過情欲利害之私而已〕"[67]라고 한 내용이 보이니, 덕(德)과 심(心)이 두 가지로 나뉘어

64 김포음(金圃陰) : 김창집(金昌緝, 1662~1713)으로, 본관은 안동(安東), 자는 경명(敬明), 호는 포음이다. 아버지는 영의정 김수항(金壽恒)이다. 1682년(숙종8) 20세로 《징회록(澄懷錄)》을 편집하였고, 1684년 생원시에 합격하여 교관으로 임명되었으나 나가지 않았다. 1689년 기사환국으로 김수항이 사사되자 벼슬을 그만두고 학문에 전념하였다. 문장과 훈고(訓詁)에 능하고 성리학에도 조예가 깊었다.

65 그……밝힌다 : 이는 《대학장구》 경1장에 대한 주자의 주에서 "명덕은 사람이 하늘에서 얻은 것으로 허령하고 어둡지 않아서 중리(衆理)를 갖추고 만사(萬事)에 응하는 것이다. 다만 기품(氣稟)에 구애되고 인욕(人慾)에 가려지면 때로 어두울 경우가 있으나, 그 본체의 밝음은 일찍이 그친 적이 없었다. 그러므로 배우는 자가 마땅히 그 발하는 바를 인하여 마침내 밝혀서 그 처음을 회복하여야 한다.〔明德者, 人之所得乎天, 而虛靈不昧, 以具衆理而應萬事者也. 但爲氣稟所拘, 人欲所蔽, 則有時而昏, 然其本體之明, 則有未嘗息者, 故學者當因其所發而遂明之, 以復其初也.〕"라고 한 데에 보인다.

66 지(知)·의(意)·정(情)을……것 : 이와 관련된 내용은 《포음집(圃陰集)》 권5 〈잡저(雜著) 대학명덕장변(大學明德章辨)〉에 자세히 보인다.

67 이……따름이다 : 이 말은 《사서혹문(四書或問)》 권1 〈대학(大學) 경일장(經一

있는 것이 아니다. 덕(德)이란 본체(本體)를 주로 삼아서 말한 것이고, 심(心)이란 영각(靈覺)을 주로 삼아서 말한 것이다.

《대학(大學)》에서 가장 처음으로 시작하는 노정(路程 단계)을 격물(格物)로부터 끊은 것은 언뜻 보기에 그것만 홀로 우뚝 높이 솟아 허공 가운데에 매달려 있는 물건과 같은 점이 있다. 그러므로 왕백안(王伯安)[68]이 격물에 대하여 "그 뜻 가운데의 물건을 바로잡는다.〔格其意中之物〕"라고 여긴 것은 다만 저것에 대하여 분명하게 알기만 하면 곧바로 이것에 대하여 밝게 이해하게 되는 오묘함[69]이 있음을 알지 못하였

章)〉에 보이는바, 《회암집(晦菴集)》 권15 〈경연강의(經筵講義) 대학(大學)〉의 '경일장'에도 실려 있다.

68 왕백안(王伯安) : 명나라의 왕수인(王守仁, 1472~1529)으로, 자는 백안, 호는 양명(陽明)이다. 1499년 전시(殿試)에 합격하여 진사가 되었으며, 공부 주사(工部主事)・형부 주사(刑部主事) 등을 역임하였다. 육구연(陸九淵)이 처음 주장한 심성론(心性論)을 완성하였는데, 실재하는 사물에서 이(理)를 찾아야 한다는 주자의 이론에 대립하여 '양지(良知)가 바로 천리'이므로 자기 자신의 마음속에서 천리를 찾아야 한다고 주장하였다. 또 '지행합일설(知行合一說)'을 제창하여 사람은 실제로 효도를 행하고 있을 때에만 비로소 효도에 대해 알고 있다고 할 수 있으며, 바른 앎이 있어야만 바른 행위를 할 수 있다고 하였다. 시호는 문성(文成)이며, 저서로 《왕문성전서(王文成全書)》가 있다.

69 저것에……오묘함 : 이는 "물(物)과 내가 한 이치이다. 저것에 대하여 분명하게 알기만 하면 곧바로 이것에 대하여 밝게 이해하게 되니, 이것이 내・외를 합하는 방법이다.〔物我一理, 纔明彼, 卽曉此, 此合內外之道也.〕"라고 한 정이(程頤)의 말을 원용한 것으로, 《근사록(近思錄)》 권3 〈치지(致知)〉와 《이정유서(二程遺書)》 권18 〈유원승수편(劉元承手編)〉에 보인다. 섭채(葉采)의 《집해(集解)》에 의하면, '피(彼)'・'차(此)'는 물(物)의 이치와 내 마음의 이치이다.

을 뿐만 아니라 대체로 또한 일찍이 이에 대하여 의심하였던 것이다. 그러나 주자가 《혹문(或問)》에서 소학(小學)을 가지고 함양(涵養)의 공부로 삼아 대학(大學)의 기본으로 삼은 것[70]은 더할 나위 없이 정성스럽고도 간절하여 배우는 자들이 학문을 하는 차서를 헷갈리지 않도록 할 수가 있다. 내가 삼가 일찍이 생각해 보건대, 소학은 다만 함양이 될 뿐만 아니라 실제로는 지(知)와 행(行)을 겸할 수가 있으니, 이는 어째서인가. 대체로 사람이 태어난 지 여덟 살에 소학에 들어가게 하여 '물 뿌리고 소제하며, 어른에게 응대하고, 어른 앞에서 나아가고 물러나는 예절〔灑掃應對進退之節〕'과 '어버이를 잘 섬기고 어른을 공경하며 스승을 높이고 붕우를 친히 하는 도〔事親敬長隆師親友之道〕'를 가지고 가르쳐서 그로 하여금 그 가운데에서 행하고 있으면서도 왜 그렇게 해야 하는지 밝게 알고, 습관적으로 익숙하게 하고 있으면서도

70 혹문(或問)에서……것 : 이는 《대학혹문》 경 1장에 "학문의 크고 작음이 진실로 다르기는 하지만 그 도는 하나일 따름이다. 이 때문에 어렸을 적에 소학을 익히지 않으면 잃어버린 마음을 수습하고 덕성을 길러 대학의 기본으로 삼을 수가 없다. 그리고 장성하여 대학에 나아가지 않으면 의리를 살펴 사업에 시행하여 소학의 성공을 거둘 수 없다.……대체로 내가 듣건대, '경(敬)'이라는 한 글자가 성학의 시작을 이루고 끝을 이루는 것이니, 소학을 하는 자가 이것으로 말미암지 않으면 진실로 본원을 함양하여서 쇄소응대진퇴의 예절과 육예의 가르침을 신중히 할 방법이 없고, 대학을 하는 자가 이것으로 말미암지 않으면 또한 총명함을 열고 틔워 덕을 진전시키고 업을 닦아서 명덕과 신민의 공을 지극히 할 방법이 없다.〔學之大小, 固有不同, 然其爲道則一而已. 是以方其幼也, 不習之於小學, 則無以收其放心, 養其德性, 而爲大學之基本. 及其長也, 不進之於大學, 則無以察夫義理, 措諸事業, 而收小學之成功.……蓋吾聞之, 敬之一字, 聖學之所以成始而成終者也. 爲小學者, 不由乎此, 固無以涵養本原, 而謹夫洒掃應對進退之節與夫六藝之敎, 爲大學者, 不由乎此, 亦無以開發聰明進德修業, 而致夫明德新民之功也.〕"라고 한 부분을 가리킨다.

그 이유를 정밀히 살펴서 알게 하면[71] 어디에 간들 치지(致知)의 일이 아님이 없으나 다만 대학이 각각의 사(事)와 각각의 물(物)에서 그 이(理)에 대하여 궁구해 이르러서[72] 위로 천리(天理)를 통달하기[73]를 추구하는 것만 못하다. 그러므로 〈보망전(補亡傳)〉에서 "이미 알고 있는 이치로 인한다."라고 이른 것[74]을 소학(小學)의 지(知) -양지(良知)도 역시 그 가운데에 포함되어 있다.- 라고 간주하여 단서를 찾아보아 공부하기를 반드시 이로부터 시작한다면 격물치지(格物致知)에 비로소 내력과 의거할 바가 있게 되고, 또한 아무런 근거도 없이 모색하는 폐단이 없게 될 것이다.

71 행하고……하면 : 멀리서 이치를 구하지 말고 자신의 모든 행위에서 구하라는 뜻으로, 《맹자(孟子)》 〈진심 상(盡心上)〉에 "행하고 있으면서도 왜 그렇게 해야 하는지 밝게 알지 못하고, 습관적으로 익숙하게 하고 있으면서도 그 이유를 알지 못한다. 그리하여 종신토록 행하면서도 그 도(道)를 모르는 자가 많은 것이다.〔行之而不著焉, 習矣而不察焉, 終身由之而不知其道者衆也.〕"라고 한 맹자의 말을 원용하였다.

72 각각의……이르러서 : 명나라 설선(薛瑄)의 《독서속록(讀書續錄)》 권3에 "'물격'이란 각각의 물과 각각의 사에서 그 이(理)에 대하여 궁구해 이르는 것이다.〔物格, 是逐物逐事上窮至其理.〕"라고 한 내용이 보인다.

73 위로 천리(天理)를 통달하기 : 이 말은 《논어》 〈헌문(憲問)〉에 "하늘을 원망하지 않고, 다른 사람을 탓하지 않으며, 아래로 인사(人事)를 배워서 위로 천리(天理)를 통달하노니, 나를 알아주는 자는 오직 하늘이다.〔子曰, 不怨天, 不尤人, 下學而上達, 知我者, 其天乎.〕"라고 한 공자의 말에 보인다.

74 보망전(補亡傳)에서……것 : '보망전'이란 《대학장구》 중의 전(傳)이 아니라 주자가 전 5장에 보충하여 붙인 내용인 소위 '보망장(補亡章)'을 가리키는 것으로, 거기에 "대학(大學)에서 처음 가르칠 때 반드시 배우는 자들로 하여금 모든 천하의 사물에 나아가서 이미 알고 있는 이치로 인하여 더욱 궁구해서 그 극(極)에 도달함을 구하지 않음이 없게 하는 것이다.〔大學始敎, 必使學者, 卽凡天下之物, 莫不因其已知之理, 而益窮之, 以求至乎其極.〕"라고 한 내용이 보인다.

어떤 이가 이르기를, "《대학(大學)》에는 '경(敬)'의 의사(意思)가 매우 적하다. 그러므로 주자가 《장구(章句)》와 《혹문(或問)》에서 '경(敬)'을 말씀한 것은 바로 부대(附帶)하여 보충한 것이다."라고 하니, 이 말이 근사하다. 그러나 나의 입장에서 보건대, 《대학》에서 '경(敬)'을 말한 것이 절로 부족하지 않다. 예컨대 전삼장(傳三章) 〈문왕(文王)〉 시의 경지(敬止)[75]와 〈기욱(淇澳)〉 시의 준률(恂慄)[76]은 깊고도 절실하다고 이를 만하다. 더구나 그 〈지선전(至善傳)〉[77]에 보이는 것이 더욱 좋아서 그것이 팔조목(八條目)을 관통함을 볼 수 있으니, 어찌 적다고 하여서 소홀히 할 수 있겠는가.

녹문(鹿門 임성주(任聖周))의 〈잡지(雜識)〉는 "기(器)도 또한 도(道)이고 도(道)도 또한 기(器)인 것이다."[78]라고 한 정자(程子)의 말씀을

75 문왕(文王) 시의 경지(敬止) : 《대학장구》 전3장에 "《시경》 〈문왕편(文王篇)〉에 다음과 같이 말하였다. '거룩하신 문왕이여, 아! 계속하여 밝혀서 공경하여 그쳤다.'〔詩云 : 穆穆文王, 於! 緝熙敬止.〕"라고 한 부분의 '경지(敬止)'를 말한다.

76 기욱(淇澳) 시의 준률(恂慄) : 《대학장구》 전3장에 "《시경》 〈위풍(衛風) 기욱편(淇澳篇)〉에 다음과 같이 말하였다. '저 기수(淇水) 모퉁이를 보니 푸른 대나무가 무성하도다! 문채 나는 군자(君子)여! 잘라놓은 듯하고 간 듯하며 쪼아놓은 듯하고 간 듯하다. 엄밀하고 굳세며 빛나고 점잖으니, 문채 나는 군자(君子)여! 끝내 잊을 수 없다. '……엄밀하고 굳세다는 것은 마음이 두려워하는 것이다.〔詩云: 瞻彼淇澳, 菉竹猗猗. 有斐君子, 如切如磋, 如琢如磨. 瑟兮僩兮, 赫兮喧兮. 有斐君子, 終不可諠兮.……瑟兮僩兮者, 恂慄也.〕"라고 한 부분의 '준률(恂慄)'을 말한다.

77 지선전(至善傳) : 《대학장구》 전3장 전체를 가리킨 것으로, 이 장이 '지어지선(止於至善)'을 해석한 부분이기 때문에 이렇게 말한 것이다.

78 기(器)도……것이다 : 《주역》 〈계사 상(繫辭上)〉의 "형이상의 것을 도라고 하고 형이하의 것을 기라고 한다.〔形而上者謂之道, 形而下者謂之器.〕"라는 말을 명도 정호

힘껏 주장하여 이것을 가지고 도(道)와 기(器)가 한가지 물건이라는 것의 증거로 삼았다. 그러나 내가 삼가 살펴보건대, 이러한 뜻은 성현의 말씀을 가지고 자기의 설(說)에 부려지도록 하는 것을 면하지 못한 듯하다. 주자가 말씀하기를, "만약 유형(有形)과 무형(無形)을 가지고서 말하면 바로 물(物)과 이(理)가 서로 간단(間斷)하고 만다. 그러므로 명도(明道)께서 '분명하게 잘라 내었다.'라고 말씀하신 것은 그저 상(上)·하(下)의 사이에 하나의 경계를 분명하게 분별해 낸 것일 뿐이니, '기(器)도 또한 도(道)이고 도(道)도 또한 기(器)인 것이다.'라는 말씀은 분별이 있으나 서로 떨어지지 않은 것이다."[79]라고 하였다. 그렇다면 이는 마땅히 서로 떨어지지도 않고 서로 뒤섞이지도 않는다는 뜻-"형이상(形而上)은 도(道)가 되고 형이하(形而下)는 기(器)가 된다."라고 한 것은 서로 뒤섞이지 않음을 위주로 한 것이고, "기(器)도 또한 도(道)이고 도(道)도 또한 기(器)인 것이다."라고 한 것은 서로 떨어지지 않음을 위주로 한 것이다.- 을 가지고서 개괄해야만 하는 것이다. 또한 보건대, '역(亦)' 자에는 절로 피차(彼此 저것도 이것도)의 뜻이 있어서 '즉(卽)' 자와는 간격이 있으니, 진실로 녹문의 견해와 같다면, 마땅히 "기(器)가 바로 도(道)이고 도(道)가 바로 기(器)인 것이다."라고 말하기를 "성은 바로 이이다.〔性卽

(程顥)가 해설하면서 "기가 또한 도이고 도가 또한 기이다.〔器亦道, 道亦器.〕"라고 하고, 또 "원래 다만 이것이 바로 도이다.〔元來只此是道.〕"라고 해설하였다.《二程遺書 卷1, 卷11》 도(道)는 무형(無形)의 추상적인 도리를 뜻하고, 기(器)는 유형(有形)의 구체적인 사물을 뜻하는데, 여기서는 도와 기, 즉 이(理)와 기(氣)가 서로 분리되지 않는다는 뜻으로 정호가 해석한 것이다.

79 만약……것이다 : 이 말은《주자어류(朱子語類)》권75〈역(易)11 상계 하(上繫下)〉'제12장'의 주모(周謨)의 기록에 보인다.

理也〕"라고 한 가르침과 똑같이 해야 할 것이고 마땅히 '역(亦)' 자를 놓아서는 안 될 것이다. 대체로 기(器)와 섞어서 도(道)를 말하면 도(道)가 유(有)에 정체되고 기(器)를 떠나서 도(道)를 말하면 도(道)가 무(無)에 빠지고 만다. 그러니 모름지기 유(有)·무(無)와 허(虛)·실(實)의 사이에 마음을 깨끗이 씻어내고 깊이 생각하여 하나이면서 하나가 아니고 둘이면서 둘이 아닌 오묘한 이치를 제대로 보아내어야 할 것이고, 도(道)와 기(器)를 뒤섞어서 한가지로 여겨서는 안 되는 것이다.

우리나라의 유현(儒賢)들 가운데에 성명(性命)의 근원에 대한 참된 견해가 있는 분은 율곡(栗谷 이이(李珥)) 이후로 농암(農巖 김창협(金昌協))이 응당 으뜸일 것이다. 그렇지만 삼연(三淵 김창흡(金昌翕))도 거의 난형난제라 하기에 부끄러운 것이 없다. 지금 그분들의 논저에 나타난 것을 대상으로 삼아 나의 부족한 소견으로 헤아려 본다면 농암은 정밀하며 깊고 치밀하여 논리 전개에 착오가 없고, 삼연은 통창하고 비범하여 옛사람의 말씀을 답습하지 않았으니, 비록 중국에 두더라도 역시 그 짝이 될 만한 자가 드물 것이다. 그러나 농암의 아름답고 한아한 위의가 셀 수 없이 많은 점[80]은 아마도 삼연이 미칠 수 있는 바가 아닌 듯하다.

80 아름답고……점 : 이는 《시경》 〈패풍(邶風) 백주(柏舟)〉의 "내 마음은 돌이 아니라서 굴릴 수도 없고, 내 마음은 돗자리가 아니라서 걷어치울 수도 없다오. 위의가 성대히 갖추어져서 특별히 고를 것이 없다오.〔我心匪石, 不可轉也. 我心匪席, 不可卷也. 威儀棣棣, 不可選也.〕"라고 한 부분에서 발췌해 원용한 것으로, 본래 몸가짐에 예의가 제대로 갖추어져서 어느 것 하나 골라서 버리고 취할 것이 없다는 뜻이다.

음(陰)과 양(陽)이 비록 상대하여 양립하지만 그 근본에 대하여 끝까지 궁구해 본다면 도리어 한 기(氣)이다. 그러므로 또한 일찍이 각자 칼로 자르듯이 분명하게 끊어진 적이 있지 않았다. 이제 저 수(水)로 말하자면 양(陽)에서 생겨나서 음(陰)에서 이루어졌다.[81] 그러므로 그 안이 밝은 것은 양(陽)을 성(性)으로 삼은 것이고 밖이 어두운 것은 음(陰)을 질(質)로 삼은 것이다. 화(火)로 말하자면 음(陰)에서 생겨나서 양(陽)에서 이루어졌다. 그러므로 그 안이 어두운 것은 음(陰)을 성(性)으로 삼은 것이고 밖이 밝은 것은 양(陽)을 질(質)로 삼은 것이다. 목(木)으로 말하자면 양(陽)에서 생겨나서 음(陰)에서 이루어졌다. 그러므로 그 봄과 여름에 꽃이 피어나는 것은 양(陽)을 성(性)으로 삼은 것이고 흙에 붙어서 옮기지 않는 것은 음(陰)을 질(質)로 삼은 것이다. 금(金)으로 말하자면 음(陰)에서 생겨나서 양(陽)에서 이루어졌다. 그러므로 사람의 뜻에 따라 바뀌는 것[82]은 음(陰)을 성(性)으

81 수(水)로……이루어졌다 : 수(水)는 양(陽)인 일(一)에서 생겨나 음(陰)인 육(六)에서 이루어진다는 뜻이다. 《주역》의 수리(數理)에 근거하면 하늘은 양(陽)인 홀수이고 땅은 음(陰)인 짝수인바, 여기에서 오행이 태어나고 이루어지게 된다. 오행이 태어나는 수는 1, 2, 3, 4, 5로, 하늘은 일(一)로 수(水)를 낳고, 땅은 이(二)로 화(火)를 낳고, 하늘은 삼(三)으로 목(木)을 낳고, 땅은 사(四)로 금(金)을 낳고, 하늘은 오(五)로 토(土)를 낳는다. 오행이 이루어지는 수는 6, 7, 8, 9, 10으로 땅은 육(六)로 수(水)를 이루어 주고, 하늘은 칠(七)로 화(火)를 이루어 주고, 땅은 팔(八)로 목(木)을 이루어 주고, 하늘은 구(九)로 금(金)을 이루어 주고, 땅은 십(十)으로 토(土)를 이루어 준다. 본문에서 언급된 화(火), 목(木), 금(金), 토(土)도 각각 수(水)처럼 음(陰)과 양(陽)의 수(數)에 의해서 생겨나 이루어진다.

82 사람의……것 : 이는 쇠붙이가 주조됨에 쓰는 사람의 뜻에 따라서 그 형상이 바뀔 수 있음을 뜻하는 것으로, 《서경(書經)》 〈주서(周書) 홍범(洪範)〉의 '오행(五行)'에 "금(金)은 따라서 또 바뀌는 것이다.〔金曰從革.〕"라고 한 데에 보인다.

로 삼은 것이고 강단(剛斷)에 쓰이는 것은 양(陽)을 질(質)로 삼은 것이다. 토(土)로 말하자면 양(陽)에서 생겨나서 음(陰)에서 이루어졌다. 그러므로 만물이 이것을 자뢰하여서 생겨나는 것은 양(陽)을 성(性)으로 삼은 것이고 덩그러니 아래에 처하는 것은 음(陰)을 질(質)로 삼은 것이다. 이것이 바로 음(陰)과 양(陽)이 낳아서 이루어지게 하는 오묘함이니, 인(仁)의 체(體)가 굳세고 용(用)이 부드러우며 의(義)의 체(體)가 부드럽고 용(用)이 굳셈으로 말하자면 역시 이것과 더불어 한가지 이치이다.

오행(五行)의 질(質)은 서로 넘나들 수가 없으나 기(氣)는 서로 관통한다. 그러므로 그중의 하나를 차지하면서 나머지 넷을 간직하고 있다.[83]

수(水)와 화(火)는 오행(五行)에 있어서 무엇보다도 큰 것이 되니, 그 체(體)가 텅 비어서 변화하고 움직여 머무르지 않아 그 용(用)이 무궁무진하다. 목(木)과 금(金)은 그 체(體)가 충실하여서 일정하여 변하지 않아 그 용(用)이 유한한데, 또 동(動)과 정(靜)이 기(氣)를 달리하여 각각 부류로써 따르니, 금(金)의 가라앉아 떨어짐은 정(靜)

83 그중의……있다 : 이는 주희(朱熹)가 엮은《이정유서(二程遺書)》권15〈입관어록(入關語錄)〉에 보이는 정자(程子)의 말로, "하늘에 오행의 기(氣)가 있기 때문에 모든 생물이 오성을 갖추고 있지 않은 것이 없으니, 그중의 하나를 차지하면서 나머지 넷을 간직하고 있다. 초목으로 말하자면, 색이 누런 것은 토(土)의 성(性)을 얻은 것이 많고, 색이 흰 것은 금(金)의 성(性)을 얻은 것이 많다.〔天有五氣, 故凡生物, 莫不具有五性, 居其一而有其四. 至如草木也, 其黃者, 得土之性多; 其白者, 得金之性多.〕"라고 하였다.

에 속하여 수(水)의 젖어 들어 아래로 내려감이 이와 닮았고, 목(木)의 떠서 흩어짐은 동(動)에 속하여 화(火)의 불타오름이 이와 닮았다. 또한 금(金)의 이면이 빛남은 수(水)의 한기(寒氣)를 얻어서 그 안이 밝은 수(水)의 성(性)을 닮았고, 목(木)의 밖으로 꽃이 피어남은 화(火)의 난기(煖氣)를 얻어서 그 표면이 밝은 화(火)의 상(象)을 닮았다.

양(陽)은 밝고 음(陰)은 어둡다. 그러므로 화(火)가 외면은 밝은데 내면은 어두운 것은 양(陽)이 외면에 성하고 음(陰)이 내면에 잠복해 있기 때문이고, 수(水)가 외면은 어두운데 내면은 밝은 것은 음(陰)이 외면에 성하고 양(陽)이 내면에 잠복해 있기 때문이다.

우주의 안에는 다만 '중(中)'이라는 도리가 있을 뿐이니, 다소간의 성현들도 역시 다만 이 하나의 '중(中)' 자를 붙들어 잡아 확고하게 세운 것일 뿐이다.

옛적 성대한 시절에는 사람들이 모두 심상하게 도리를 볼 수가 있었다. 그러므로 하나의 도철(塗轍)[84]을 함께하여 사람들이 학문을 달리함이

84 도철(塗轍) : 수레바퀴 자국에 따라 행하는 길〔軌道〕이라는 의미로, 아버지의 사랑이나 자식의 효도처럼 드러나지 않아도 이미 그 이치가 갖춰져 있는 도리나 법칙, 혹은 규범 등을 비유한다. 《근사록집해(近思錄集解)》 권1 〈도체(道體)〉에 "충막하여 조짐이 없을 때도 만상이 삼연히 이미 갖추어져 있어서 응하지 않았을 때가 먼저가 아니고 이미 응했을 때가 뒤가 아니니, 마치 백 척의 나무가 뿌리로부터 지엽에 이르기까지 모두 일관된 것과 같다. 상면에 한 가지 일이 형체도 없고 조짐도 없다가 도리어

없었고 학문함에 스승을 달리함이 없었는데, 후대로 내려오게 되면 이것을 가지고 별다른 일〔別事〕로 삼아서 표방(標榜)을 수립하고 문호(門戶)를 설립하게 되었다. 이에 의지(意志)에 정체되고 견문(見聞)에 구애되어서 이단(異端)이 일어나고 바르지 못한 학설이 흥기하는 바람에 대도(大道)가 드러나지 못하게 되었다.

옛사람은 이단(異端)이 도(道)를 해치는 것에 대하여 근심하였는데, 오늘날에는 유속(流俗)의 해로움이 이단보다도 더 심하게 되어서 적은 사람으로는 진실로 많은 사람을 대적할 수 없으니,[85] 이 도(道)의 비색(否塞)함이 이에 지극한 것이 되고 말았다.

공자가 돌아가신 이후에 우주 안의 도리는 주자에 이르러서 또 한 번

사람이 곧바로 안배하여 끌어들이기를 기다려서 도철로 들어오게 한다고 말할 수는 없으니, 이미 이것이 도철이면 도리어 하나의 도철일 뿐이다.〔沖漠無朕, 萬象森然已具, 未應不是先, 已應不是後, 如百尺之木, 自根本至枝葉, 皆是一貫. 不可道上面一段事, 無形無兆, 却待人旋安排引入來, 敎入塗轍, 旣是塗轍, 却只是一塗轍.〕"라고 한 데서 온 말이다.

85 적은……없으니 : 이는 본래 전국 시대에 추나라는 약소국이고 초나라는 강대국이므로 둘의 강약을 무조건 맞비교하기는 어렵다는 의미이다. 여기서는 유학의 세력이 결국 유속의 해로움에 대적할 수는 없다는 뜻이다. 맹자가 제 선왕에게 "추나라와 초나라가 싸운다면 왕께서는 누가 이길 것으로 생각하십니까?〔鄒人與楚人戰, 則王以爲孰勝?〕"라고 묻자, 제 선왕이 초나라가 이긴다고 하였다. 그러자 맹자가 이 말을 받아 "그렇다면 작은 나라는 진실로 큰 나라를 대적할 수 없으며, 적은 사람은 진실로 많은 사람을 대적할 수 없으며, 약한 자는 진실로 강한 자를 대적할 수 없는 것입니다.〔然則小固不可以敵大, 寡固不可以敵衆, 弱固不可以敵强.〕"라고 대답하였는데, 이것을 원용한 표현이다.《孟子 梁惠王上》

정돈되었다. 김하서(金河西)[86]의 시에 "천지의 사이에 두 분이 계시니, 공자가 원기라면 주자는 진수라네.〔天地中間有二人 仲尼元氣紫陽眞〕"[87]라고 하였으니, '진(眞)' 자가 잘 놓였다고 하겠다.

주자가 말씀하기를, "나는 경(經)을 해석할 적에 그저 성현들이 말씀한 본래 의도를 그대로 따라서 그 혈맥이 관통하는 곳을 보아 해석할 뿐이고, 감히 스스로 자기의 뜻을 가지고 도리에 대하여 말하지 않았다."[88]라고 하였고, 또 말씀하기를, "경(經)을 해석할 적에 굳이 글을 지을 필요는 없고, 그저 응당 문장의 뜻이 통하도록 제대로 해석하기만 하면 그만이다."[89]라고 하였다. 내가 삼가 일찍이 이 몇 마디의 말씀을 가지고 미루어 헤아려 보았는데, 무릇 경전(經傳)에 대한 주석에 있어서 크고 작음과 얕고 깊음을 막론하고 일찍이 그사이에 아주 조금

86 김하서(金河西) : 김인후(金麟厚, 1510~1560)로, 본관은 울산(蔚山), 자는 후지(厚之), 호는 하서·담재(湛齋)이다. 1519년 김안국(金安國)에게서 《소학》을 배웠다. 1531년 사마시에 합격하고 성균관에 입학하였으며, 이때 이황(李滉)과 교우 관계를 맺고 함께 학문을 닦았다. 1540년 별시 문과에 급제한 뒤 호당(湖堂)에 들어가 사가독서(賜暇讀書)를 하였다. 1545년(인종1) 인종이 죽고 곧이어 을사사화(乙巳士禍)가 일어나자, 병을 이유로 고향인 장성(長城)에 돌아가 성리학 연구에 전념하였다.

87 천지의……진수라네 : 이 구절은 《하서집(河西集)》 권7 〈칠언절구(七言絶句) 시문인(示門人)〉에 보인다.

88 나는……않았다 : 이 말은 《주자어류(朱子語類)》 권52 〈맹자(孟子)2 공손추 상(公孫丑上) 문부자당로어제 장(問夫子當路於齊章)〉에 있는 만인걸(萬人傑)의 기록에 보인다.

89 경(經)을……그만이다 : 이 말은 《주자어류(朱子語類)》 권103 〈호씨문인(胡氏門人) 장경부(張敬夫)〉에 있는 황간(黃榦)의 기록에 보인다.

이라도 힘을 소비한 적이 없어서 사물을 각기 사물에 맡겨두는[物各付物] 의사(意思)가 있으니, 이것이 바로 주자가 이른바 위대한 '주자'가 된 까닭이다. 세상의 속된 유자들이 자기의 학설을 내세우기 좋아하여 남보다 뛰어나기를 구하는 것은 그저 사사로운 뜻이 과중해서 그러할 뿐이다. 애써서 번쇄하고도 산만함을 찾고 두루 구멍들을 뚫어서 심지어는 성인의 말씀을 가지고 내몰아 으르고 속박하여서 자기의 뜻을 따르도록 만드니, 성현에게 죄를 얻고 후대에 해악을 끼치지 않는 경우가 거의 드물다고 하겠다.

주자가 경서(經書)에 대하여 전주(箋註)를 달 적에 그 본래의 뜻을 제대로 알지 못하면 '의심나는 것은 제쳐둔다'[90]라는 뜻에 따라 곧장 '미상(未詳)'으로 결단을 내리고 구애받지 않았다. 반면에 채구봉(蔡九峰)의 《상서집전(尙書集傳)》[91]은 그렇지 않아 삼반(三盤)과 오고(五

90 의심나는 것은 제쳐둔다 : 이는 《논어》 〈위정(爲政)〉에 "많이 듣고서 의심나는 것은 제쳐두고 그 나머지를 삼가서 말하면 허물이 적어진다.[多聞闕疑, 愼言其餘則寡尤.]"라고 한 공자의 말에서 원용한 것이다.

91 채구봉(蔡九峰)의 상서집전(尙書集傳) : '채구봉'은 채침(蔡沈, 1167~1230)으로, 자는 중묵(仲默), 시호는 문정(文正)이다. 남송 건주(建州) 건양(建陽) 사람이며 학자들 사이에서는 구봉선생(九峰先生)으로 불렸다. 채원정(蔡元定)의 아들이고 주희(朱熹)의 제자이다. 경원당금(慶元黨禁) 때 아버지를 따라 도주(道州)로 유배를 갔고 아버지가 죽은 뒤 구봉에 은거하면서 주희의 명령으로 《상서(尙書)》에 주를 달았는데 10여 년의 세월이 걸려 《서집전(書集傳)》을 완성했다. 여러 학설을 종합하고 주석이 명석하여 원나라 이후 과거 시험을 준비하는 선비들에게 필독서가 되었다. 그 밖의 저서로 《홍범황극(洪範皇極)》과 《채구봉서법(蔡九峰筮法)》 등이 있다. '상서집전'은 바로 《서집전》을 가리킨다.

誥)[92]의 따위에서 문의(文義)가 통하지 않는 곳에 대하여 거의 대부분 말을 많이 써서 억지로 해석하여 다만 그 마음 씀이 지리멸렬함을 보였을 뿐이니, 이것이 바로 주자에게 현격히 미치지 못하는 까닭이라고 하겠다.

주(周)나라 말기에 문승(文勝)의 폐단[93]이 발생함을 보고서 노자(老子)의 도(道)가 흥기하게 되었고, 진(秦)나라와 한(漢)나라에서 공명(功名)과 이욕(利慾)만을 추구하는 폐단이 발생함을 보고서 불교(佛教)가 흥기하게 되었으며, 주자 문하에서 말학(末學 깊이가 얕고 근본이 없으며 천박한 학문)의 폐단이 발생함을 보고서 육학(陸學)[94]이 흥기하게 되었으니, 이것이 비록 정(正)과 사(邪)가 쇠하고 성하며 사라지고

92 삼반(三盤)과 오고(五誥) : '삼반'은 《서경》 〈상서(商書)〉에 들어 있는 〈반경(盤庚)〉 상 · 중 · 하 세 편을, '오고'는 〈주서(周書)〉에 들어 있는 〈대고(大誥)〉 · 〈강고(康誥)〉 · 〈주고(酒誥)〉 · 〈소고(召誥)〉 · 〈낙고(洛誥)〉 다섯 편을 말한다. 이를 '삼반오고(三盤五誥)'라고 하여 《서경》 중에서 가장 어려운 편으로 꼽는데, 대개는 읽기 어렵고 이해하기 까다로운 글을 비유하는 말로 쓰인다.

93 문승(文勝)의 폐단 : 본질보다 형식이 뛰어난 것을 말한다. 《논어》 〈옹야(雍也)〉에 "바탕이 문채를 압도하면 촌스럽게 되고, 문채가 바탕을 압도하면 겉치레에 흐르게 되나니, 문채와 바탕이 조화를 이룬 뒤에야 군자라고 할 수 있다.〔質勝文則野, 文勝質則史, 文質彬彬然後君子.〕"라고 한 공자의 말이 실려 있다.

94 육학(陸學) : 남송의 철학자 상산(象山) 육구연(陸九淵, 1139~1192)의 학문으로 주자의 객관적 유심론(唯心論)인 '성즉리(性卽理)'와 천리인욕설(天理人欲說)에 반대하여 '심즉리(心卽理)'의 주관적 유심론(主觀的唯心論)을 주창하여 "우주가 바로 내 마음이고, 내 마음이 바로 우주이다."라고 하고 "배움에 진실로 도를 알면 육경(六經)이 모두 내 마음의 주각(註脚)임을 깨닫는다."라고 하였다. 육상산의 학문은 후대의 왕양명(王陽明)에게 계승되어 흔히 양명학(陽明學), 육왕학(陸王學)이라고도 불린다.

자라나는 기(機 기틀)이지만 반드시 폐단이 발생한 뒤에야 이단의 학설이 비로소 이를 통해 때를 엿보다가 기회를 타서 갑자기 일어날 수가 있게 되는 것이니, 사도(斯道)의 책임을 담당한 자는 마땅히 이러한 부분에 대하여 눈여겨보아야만 할 것이다.

주자가 말씀하기를, "성현들이 말씀한 학문하는 차서란 으레 모름지기 먼저 외면의 형상(形象)이 있는 곳으로부터 단단히 다잡아 붙들어 세우기 시작해야만 하는 것이다."[95]라고 하였다. 일찍이 이로 말미암아서 생각해 보았는데, 안자(顏子)의 사물(四勿)[96]과 증자(曾子)의 삼성(三省)[97]과 같은 것으로부터 정자(程子)의 정제엄숙(整齊嚴肅)[98]에 이르

95 성현들이……것이다 : 이 말은《회암집(晦庵集)》권47 〈답여자약(答呂子約)〉에 보인다. "'주충신(主忠信)'이라는 말이 '부중즉불위(不重則不威)'보다 뒤에 있으니, 그 뜻이 어떠합니까.〔主忠信之言, 後於不重則不威, 其意如何?〕"라는 여자약의 물음에 대하여 주자는 "성현들이 말씀한 학문하는 차서가 으레 이와 같으니, 모름지기 먼저 외면의 분명하게 형상이 있는 곳으로부터 단단히 다잡아 붙들어 세우기 시작해야만 하는 것이다. 오늘날 사람들이 걸핏하면 곧 정심이니 성의이니 말하면서 도리어 형영도 없고 계고할 바도 없는 곳에 들어가는 것과는 똑같지 않다.〔聖賢所言爲學之序, 例如此, 須先自外面分明有形象處, 把捉扶竪起來. 不如今人動便說正心誠意, 却打入無形影無稽考處去也.〕"라고 대답하였다. 여자약(呂子約)은 송(宋)의 학자 여조검(呂祖儉, 1146~1200)으로, 자약은 그의 자(字)이다.

96 안자(顏子)의 사물(四勿) : '사물'은 네 가지의 하지 말라는 것으로, 곧 "예(禮)가 아니면 보지 말고 예가 아니면 듣지 말고 예가 아니면 말하지 말고 예가 아니면 동하지 말라.〔非禮勿視, 非禮勿聽, 非禮勿言, 非禮勿動.〕"는 것을 가리키는바, 공자(孔子)는 인(仁)을 묻는 안연에게 사욕(私欲)을 이겨 예로 돌아갈 것〔克己復禮〕을 강조하고 그 조목으로 이 네 가지를 행할 것을 당부하였다.《論語 顏淵》

97 증자(曾子)의 삼성(三省) : 증자(曾子)는 "나는 하루에 세 가지 일로 자신을 반성

기까지 어느 것 할 것 없이 모두 형상(形象)이 있는 곳에 온 힘을 쏟아붓는데, 스스로 돌아보자면 평소 외면을 검속하는 데에 있어서 공부가 부족하다. 설령 옛 종이 더미 가운데에서 이러한 약간의 도리를 알게 되더라도 제대로 받아들여 싣지 못하여 마치 깨진 독에다 물을 부어 채우는 것 같으니, 어떻게 장족의 진보를 얻을 수가 있겠는가. 때로 나 자신을 스스로 살펴봄에 애통하고도 부끄러운 마음을 견딜 수가 없다.

배우는 자는 다만 마땅히 성인(聖人)을 반드시 배울 수가 있다는 것을 참으로 알아서 "온갖 것을 제대로 하지 못하고 온갖 것을 이해하지 못한다."[99]라는 마음을 지닌 채로 힘쓰고 힘쓰며 부지런히 하고 부지런

하니, '다른 사람과 도모하면서 충실하지 못했던가? 벗과 사귀면서 미덥지 못했던가? 스승에게 배운 것을 익히지 않았던가?' 하는 것이다.〔吾日三省吾身, 爲人謀而不忠乎? 與朋友交而不信乎? 傳不習乎?〕"라고 하였다. 《論語 學而》

98 정자(程子)의 정제엄숙(整齊嚴肅) : 이는 몸가짐을 단정하고 엄숙히 함을 가리키는 것으로, 정이(程頤)가 말하기를, "다만 외면을 정제하고 엄숙히 하면 마음이 곧 전일해지니, 전일해지면 저절로 사악함이 침범하는 일이 없게 된다.〔只整齊嚴肅, 則心便一, 一則自無非辟之干.〕"라고 하였다. 이 말은 《이정유서(二程遺書)》 권15 〈입관어록(入關語錄)〉, 《소학(小學)》 권5 〈가언(嘉言)〉, 《근사록(近思錄)》 권4 〈존양(存養)〉 등에 실려 있다.

99 온갖……못한다 : 이 말은 《회암집(晦庵集)》 권46 〈답방경도(答方耕道)〉에 "지금 마땅히 조금 과정을 세워서 독실함으로 이를 지키고 사물의 이치를 널리 궁구하여서 점차함으로써 나아가 언제나 온갖 것을 제대로 하지 못하고 온갖 것을 이해하지 못한다는 마음을 보존하여 다른 사람에게서 취하여서 선으로 삼으면 덕의 진전함을 막을 수가 없을 것이다.〔今當小立課程而守之以篤, 博窮物理而進之以漸, 常存百不能百不解之心, 而取諸人以爲善, 則德之進也, 不可禦矣.〕"라고 한 데에 보인다. 방경도(方耕道)는 방

히 하여[100] 성공과 실패를 헤아려 따지지 않고 이 목숨이 다할 때까지 따라서[101] 힘써 배워서 그 경지에 이르기를 구해야만 할 뿐이니, 그러면 자연 이르는 곳이 있게 된다. 자기의 사사로운 뜻을 써서 안배하고 모의(模擬)하고 가차(假借)하여 곧장 스스로 눈에 띄게 높이 내걸어서는 안 되니, 이와 같이 하는 자는 오직 아무것도 이루지 못하는 데에서 끝마칠 뿐만 아니라 이치를 어기고 덕(德)을 해쳐서 성인의 문하에 죄를 얻어 자기가 지은 죄로부터 도저히 회피할 수가 없을 것이다.

우리나라가 신라와 고려의 뒤를 이어받아서 유학(儒學)으로 나라를 세우자 제현(諸賢)이 서로 이어서 일어나 사도(斯道)를 제창(提唱)하고 천명(闡明)하되 한결같이 정자(程子)와 주자(朱子)의 궤철(軌轍)을 준수하여서 그 사이에 이단(異端)과 부정한 학설이 뒤섞이는 바가 없었기에 외관과 내용이 고루 갖추어져 찬란하여 추로(鄒魯)[102]와 관민(關閩)[103]의 풍모가 있게 되었다. 후대로 내려와 근일에 이르러서

뢰(方耒)이다.

100 힘쓰고……하여 : 이 말은 《예기(禮記)》 〈표기(表記)〉에 "힘써 날마다 부지런히 하고 부지런히 하여 죽은 뒤에야 그만둔다.〔俛焉日有孳孳, 斃而後已.〕"라고 한 데에서 원용하였다.

101 이……따라서 : 해당 원문은 '몰신찬앙(沒身鑽仰)'으로, '찬앙(鑽仰)'은 안자(顔子)가 일찍이 공자의 위대한 도에 대해 깊이 감탄하여 말한 것이다. 《논어》 〈자한(子罕)〉에 "안연이 크게 탄식하며 말하였다. '우러러볼수록 더욱더 높고, 뚫을수록 더욱더 견고하며, 바라봄에 앞에 있더니 홀연히 뒤에 있도다.'〔顔淵喟然歎曰仰之彌高, 鑽之彌堅, 瞻之在前, 忽焉在後.〕"라고 한 데에 보이는 말이다.

102 추로(鄒魯) : 공자는 노나라 사람이고 맹자는 추나라 사람이라는 뜻으로, 공자와 맹자를 아울러 이르는 말이다.

교화가 쇠하고 풍속이 야박하게 바뀌어 질(質 바탕, 질박)은 사라지고 위(僞 거짓)는 불어나 혼란하고 파괴되어 각양각색으로 조짐이 되어 나타나는 것이 또 천진(天津)의 두견(杜鵑)[104]일 뿐만이 아니다. 기수(氣數)를 살펴보고 인사(人事)를 가지고 참조해 봄에 지금으로부터 이후로 수많은 해를 넘지 않아서 틀림없이 이단(異端)이 기회를 타서 발동해 일어나는 바람에 생민(生民)을 도탄(塗炭)에 빠뜨리고 관상(冠裳)과 예악(禮樂)의 훌륭한 문명과 문화가 금수나 분양(糞壤)과 같은 지경으로 침륜하고야 말 것이니, 생각이 여기에 미치게 되자 오싹할 정도로 마음이 떨리고 소름이 끼친다.

예로부터 이단(異端)치고 어느 하나도 기(氣)를 위주로 하여서 어긋난 것이 아님이 없다. 근일에 이른바 '양학(洋學)'과 같은 것으로 말하더라도 결국에는 역시 그저 기(氣)를 위주로 한 것일 뿐인데 뒤에 나온

103 관민(關閩) : 염락관민(濂洛關閩)의 준말이다. 염(濂)은 염계(濂溪)로 송학(宋學)의 비조(鼻祖)인 주돈이(周敦頤)가 거주하던 곳이며, 낙(洛)은 낙양(洛陽)으로 정호(程顥)·정이(程頤)가, 관(關)은 관중(關中)으로 장재(張載)가, 민(閩)은 민중(閩中)으로 주희(朱熹)가 거주하던 곳인데, 곧 정주학(程朱學) 또는 도학(道學)을 가리킨다.

104 천진(天津)의 두견(杜鵑) : 일찍이 낙양(洛陽)의 천진교에서 두견새 울음소리가 들리자, 소옹(邵雍)이 몹시 안 좋은 기색으로 말하기를 "2년이 못 가서 남쪽 선비가 재상이 되겠으니, 천하가 이때부터 일이 많아질 것이다."라고 하였다. 이에 혹자가 그 연유를 묻자, 대답하기를, "천하가 다스려지려면 지기(地氣)가 북에서 남으로 가는 것이고, 천하가 혼란해지려면 지기가 남에서 북으로 가는 것인데, 지금 남방에 지기가 이르렀기 때문이다."라고 하였는데, 과연 뒤에 남쪽 사람인 여혜경(呂惠卿)이 재상이 되자 그때부터 천하가 크게 혼란해졌던 고사에서 온 말이다. 《聞見錄 卷19》《宋元學案 卷9》

것이 더욱더 참혹하니, 안목이 있는 자라면 마땅히 이러한 점을 알 것이다.

일찍이 이헌경(李獻慶)[105]의 《간옹집(艮翁集)》을 본 적이 있었는데 거기에는 〈천학문답(天學問答)〉[106]이 있으니, 이는 바로 양학(洋學)에 대하여 공파(攻破)하는 글로 몹시도 근거가 있어서 볼 만한데 이마두(利瑪竇)[107]에 대하여 논하면서 그의 추보지술(推步之術)까지도 배척한 것[108]은 더할 나위 없이 깊은 의의가 있다고 하겠다.

105 이헌경(李獻慶) : 1719~1791. 본관은 전주(全州), 초명은 성경(星慶), 자는 몽서, 호는 간옹(艮翁)이다. 1743년(영조19) 채제공과 함께 정시 문과에 병과로 급제하였다. 1751년 정언이 된 뒤 사헌부와 사간원, 홍문관의 직책을 두루 맡았다. 그 뒤 동부승지, 대사간, 한성부 판윤 등을 역임하고 1790년(정조14) 기로소(耆老所)에 들어갔다. 저서로는 《간옹집(艮翁集)》이 있다.

106 천학문답(天學問答) : 문답의 형식을 빌어서 천주교를 배척하기 위한 목적으로 지은 일종의 논(論)으로, 현재 《간옹집(艮翁集)》 권23 〈잡저(雜著)〉에 실려 있다.

107 이마두(利瑪竇) : 즉 마테오 리치(Matteo Ricci, 1532~1610)를 가리킨다. 리서태(利西泰)라고도 한다. 이탈리아 예수회 소속의 선교사로 1582년 마카오를 거쳐 북경에 들어가 천주교회를 건립하였다. 그는 중국에서 선교하기 위해서는 독서인층의 신임을 얻어야 한다고 믿고 서양의 학술을 중국어로 번역하였는데, 그중에서도 가장 유명한 것이 유클리드 기하학의 역서인 《기하원본(幾何原本)》, 세계지도 위에 각종 천문학적 지리학적 설명을 덧붙인 《곤여만국전도(坤輿萬國全圖)》이다. 그 밖에 세계지도인 《산해여지전도(山海輿地全圖)》가 있다. 이러한 학문은 중국 지식인층의 관심을 끌어 서광계(徐光啓), 이지조(李之藻) 등의 유력한 관료도 개종(改宗)하여 그의 선교에 큰 도움을 주었다. 저서에 《천주실의(天主實義)》, 《교우론(交友論)》 등이 있는데, 《천주실의》는 한국의 천주교 성립에 결정적인 영향을 끼쳤다.

108 그의……것 : '추보지술(推步之術)'이란 역법에 근거하여 각종 천체의 운행 현상을 관측하여 계산하는 일이다. 이와 관련된 내용은 《간옹집(艮翁集)》 권23 〈잡저(雜

'양지(良知)'라는 두 글자는 본래 맹자(孟子)가 한 말씀인데[109] 상산(象

著) 천학문답(天學問答)〉에 "천문역법 및 추보하는 학문은 선기옥형으로부터 추론해 연역한 것이다.……객이 말하기를, '서양의 추보하는 학문은 매우 뛰어나서 천하의 역법가들이 모두 그 법을 사용하는데, 이러한 부분까지도 장차 전부 다 배척해야 하는 것인가?'라고 하자, 주인이 다음과 같이 말하였다. '그렇지 않다. 성인의 지혜가 으뜸으로 나옴에 만물의 도리를 분명하게 깨닫고서 이 도리에 따라 일을 행하여 성공하는 것으로는 복희, 황제, 요임금, 순임금보다 더한 경우가 없다. 서양 사람이 아무리 추보를 잘 한다고 하지만 복희, 황제, 요임금, 순임금의 옛 법으로 말미암아서 부연하여서 설(說)을 만들고 허탄하고 경망하며 요사스럽고 허깨비 같은 궤변을 가지고 뒤섞어 놓은 것에 지나지 않을 따름이다. 만약 희씨와 화씨의 윤달을 넣는 법과 제순의 선기옥형이 없었다면 그들이 어떻게 천지를 범위하여서 해와 달에 대하여 역상(曆象)할 수가 있었겠는가. 서양이 중국에 통하기 전에 사마천과 호수 등이 대초력을 지었고 당나라 일행이 세차법을 확립하였다. 그 뒤로 수백 년 동안 모두 달력을 만들고서 반삭(頒朔)하였으니, 일찍이 서양에 통하지 못하면 역법가들이 다시는 손을 둘 수가 없고 천자는 다시 반삭을 할 수가 없다고 이를 텐가. 닭을 싫어하고 집오리를 아끼는 격이니, 이것이 참으로 또한 가소롭다. 게다가 만이의 외국은 풍기가 편벽되어서 큰 도리에 대하여 어두운데 혹 기이하고 공교함과 정도를 지나치는 기술에 뛰어나기도 하니, 옛적에 이른바 만이의 사람은 조수의 소리에 대하여 이해하는 자가 많다고 한 것은 이러하기 때문이다.……설사 서양의 추보하는 학문이 중국보다 뛰어나다고 하더라도 겨우 일부분에만 밝은 것일 뿐이어서 진실로 귀하게 여길 만하지 못한데, 하물며 그 학문이 본래 중국 역법의 밖으로 나오지 못한 것임에랴. 이와 같음을 보고서 마침내 그 도를 알면 또한 심하게 미혹된다는 것을 믿게 되었다.'〔星曆推步之學, 推演於璇衡.……客曰西洋推步之學竗, 天下曆家皆用其法, 此等處其將盡斥之乎, 主人曰不然, 聖智首出, 開物成務, 莫尙於羲黃堯舜, 西洋人雖善推步, 不過因羲黃堯舜之舊法, 敷衍爲說, 雜之以誕妄妖幻之辯而已, 若無羲和閏法, 帝舜璇衡, 則渠安能範圍天地, 曆象日月乎, 西洋未通中國之前, 司馬遷壺遂等作大初曆, 唐一行立歲差法, 其後屢百年, 皆能造曆頒朔, 曾謂不通西洋則曆家更不得措手, 天子更不得頒朔乎? 厭雞愛鶩, 良亦可笑, 且蠻夷外國, 風氣偏僻, 暗於大道, 而或能奇巧淫技, 古所謂蠻夷之人, 多解鳥獸之音者, 以此故也, 人不能夜視而鵂鶹夜撮蚤, 人不識風雨而鵶鵲知風, 狐狸知雨, 外夷之人或明於一曲, 亦鵂鶹鵶鵲狐狸之類而已, 設使西洋推步之學, 賢於中國, 僅明一曲, 固不足貴, 況其學本不出於中國曆

山 육구연(陸九淵))이 이 말씀을 집어내어 화두(話頭)로 삼고 양명(陽明 왕수인(王守仁))에게 이르러서야 비로소 《대학(大學)》의 치지(致知)에다 붙어 넣고 날조하여 문호(門戶)를 건립하고 사설(辭說)을 벌여 놓아 크게 하여 이것을 가지고 정자(程子)와 주자(朱子)가 남겨준 격치(格致)의 가르침을 남김없이 쓸어버려서 천하를 바꾸려고 생각하였으니, 그 말한 바가 괴이하고 허탄하며 애매모호하여서 그 얕고도 비루함을 그럴싸하게 꾸며댔지만 실제로는 사리(事理)를 이루지 못한다. 대체로 맹자가 한 이 말씀은 다만 '생각하지 않고도 아는 것'을 가지고 본연(本然)의 선(善)이 마음에 그 뿌리를 내리고 있음을 밝히려는 것일 뿐이다. 본연(本然)의 선(善)이 비록 천리(天理)이긴 하나 '생각하지 않고도 아는 것'에 나아가서 그 능소(能所)[110]를 보면 분별이 없음을 용납하지 못하는 점이 있다. 농암(農巖 김창협(金昌協))이 이에 대해서

法之外乎, 見其如此, 遂信其知道則其亦惑之甚矣.〕"라고 한 부분에 보인다.

109 양지(良知)라는……말씀인데 : '양지'는 《맹자(孟子)》〈진심 상(盡心上)〉에 "사람이 배우지 않고도 능한 것이 양능(良能)이요, 생각하지 않고도 아는 것이 양지이다. 어린아이치고 자기 어버이를 사랑할 줄 모르는 이가 없으며, 장성하여서 자기 형을 공경할 줄 모르는 이가 없다. 어버이를 사랑하는 것이 인(仁)이요, 어른을 공경하는 것이 의(義)인데, 이는 다른 것이 아니라 천하 어디에서나 통하는 똑같은 이치이다.〔人之所不學而能者, 其良能也; 所不慮而知者, 其良知也. 孩提之童無不知愛其親也, 及其長也, 無不知敬其兄也. 親親, 仁也; 敬長, 義也, 無他, 達之天下也.〕"라고 한 부분에 보인다.

110 능소(能所) : 이는 불교 용어로 주객(主客)의 상대적 대립 관계를 나타내는 말이다. '능(能)'은 능동적인 주체(主體)로서 인식하는 주관(主觀)을 뜻하는바 사람이 하는 행위를 가리키고, '소(所)'는 '소능(所能)'과 같은 말로서 인식과 행위의 대상(對象)이 되는 피동적인 객체(客體)를 가리킨다.

매우 명쾌한 말을 남겼는데, "어버이를 사랑하고 어른을 공경하는 것은 바로 당연한 천리이며, 사랑할 줄 알고 공경할 줄 아는 것은 바로 인심(人心)의 영각(靈覺)이다."[111] - 농암의 설(說)은 여기까지이다. - 라고 하였다. 이제 "양지가 곧 천리이다."라고 하는 것은 사실 '천리' 두 글자를 몰래 빌려서 영각의 위에 끌어다 놓으려고 한 것이니, 상산이 심즉리(心卽理)의 설(說)을 만들어 내어 암암리에 명심견성(明心見性)의 학문[112]을 받들어 따른 것과 함께 삼매(三昧)를 서로 전하였다[113]고 할

111 어버이를……영각(靈覺)이다 : 이 말은《농암집(農巖集)》 권31〈잡지(雜識) 내편(內篇)2〉에 "정암 나흠순이 주장한 양지는 천리가 아니라는 설(說)에 대하여 사람들이 간혹 의심하기도 하는데 이는 모름지기 그 입언한 주된 의도를 자세히 살펴보아야만 할 것이다. 대체로 천리와 인욕을 가지고 상대하여 말하면 양지는 진실로 천리에 속하여 인욕이 아닐 것이다. 만약 천리라는 한 측면에만 나아가서 보게 되면 어버이를 사랑하고 어른을 공경하는 것은 바로 당연한 천리이며, 사랑할 줄 알고 공경할 줄 아는 것은 바로 인심(人心)의 영각(靈覺)이니, 이 두 가지의 것에 어찌 분별이 없을 수가 있겠는가. 양명의 학문은 곧 양지를 천리로 삼고 말았으니, 그렇다면 심과 성이 뒤섞이게 될 것이다. 심과 성의 뒤섞임은 유학과 석씨가 뒤섞여 혼란하게 된 까닭이니, 이는 정암이 온 힘을 기울여서 분명하게 변별한 바인 것이다.〔整菴良知非天理之說, 人或疑之, 此須詳其立言主意, 蓋以天理人欲相對言, 則良知固屬天理, 而非人欲矣, 若只就天理一邊看, 則愛親敬長者, 乃天理之當然, 知愛知敬者, 乃人心之靈覺, 二者豈得無別, 陽明之學, 直以良知爲天理, 則心與性混矣, 心性之混, 儒釋之所以亂也, 此整菴之所以極力明辨也.〕"라고 한 부분에 보인다.

112 명심견성(明心見性)의 학문 : 불교의 선학(禪學)을 가리킨다. '명심견성'이란 선종의 용어로, 세속의 일체 잡념을 떨쳐 버리고 돈오(頓悟)를 통해서 자신의 청정무구(淸淨無垢)한 불성(佛性)을 철저히 깨닫는 것을 뜻하는데, 육조(六祖)인 혜능(慧能)의 교설에서 비롯되었다.《壇經 般若品》

113 삼매(三昧)를 서로 전하였다 : 이는 육구연과 왕수인이 그 학설을 만들어 내세우는 양태가 흡사함에 대하여 불교의 용어를 빌려서 비판한 것이다. '삼매'는 본래 흐트러

수 있다. 요컨대 모두 천명(天命)의 실체를 제대로 보지 못하고 제멋대로 꾀를 쓰다가 이렇게 된 것일 뿐이다.

양명(陽明 왕수인(王守仁))은 훌륭한 풍채와 장대한 기백(氣魄)을 지니고 있었는데 게다가 또 웅변(雄辯)까지 겸비하여 이루었다. 그러므로 당시 온 세상 사람들이 바람에 풀이 쏠리듯 그를 추종하게 된 것이었다. 하지만 진실로 그의 학술이 도달한 바에 대하여 논해 보자면 바람을 잡고 그림자를 매어 놓는 것과 같은 점이 있어서 도리어 그 거칠고 소략하여 추저분하고 저열함을 가려서 덮지 못함을 보겠다. 아무리 드높이 우뚝 솟아 신화(神化)[114] 이상의 사람으로 자처하더라도 상산(象山 육구연(陸九淵))에 견주어 보면 몇 가(駕)나 더 뒤처지는지 알지 못하겠다.[115]

짐 없이 한곳에 집중한다는 의미의 불교의 용어로, 여기서는 오묘한 이치 또는 비결을 뜻한다. 《회암집(晦庵集)》 권59 〈답왕숙경(答汪叔耕)〉에서 "〈태극도(太極圖)〉를 단전밀부(單傳密付)의 삼매(三昧)로 여기는 것은 또한 근세 학자들이 형체를 등지고 그림자를 쫓으며 거짓을 가리켜 진짜라고 하는 폐단입니다.〔以太極圖爲有單傳密付之三昧, 則又近世學者, 背形逐影指妄爲眞之弊也.〕"라고 하였다. '단전밀부'는 비밀스러운 불법의 요체를 한 사람에게만 전수한다는 뜻으로 역시 불교의 용어이다.

114 신화(神化) : 신묘하게 모르는 사이에 영향을 받아 감화되는 것을 뜻하는 말로, 《주역(周易)》 〈계사 하(繫辭下)〉의 "변(變)을 통(通)하여 백성들로 하여금 게으르지 않게 하며 신묘하게 교화(教化)하여 백성으로 하여금 마땅하게 한다.〔通其變, 使民不倦, 神而化之, 使民宜之.〕"라는 구절에서 나왔다. 여기에서 인신하여 신묘한 조화 자체를 뜻하기도 한다.

115 상산(象山)에……못하겠다 : 왕수인은 그 학문 수준이 매우 천박하여 육상산에 비해 훨씬 뒤처진다는 말이다. '가(駕)'는 양사로, 말이 하루 동안 가는 노정(路程)을 1가(駕)라고 한다. 《순자(荀子)》 〈권학(勸學)〉에 "천리마가 한 번 뛰어도 열 걸음을

양명(陽明 왕수인(王守仁))이 입을 열기만 하면 곧 지행합일(知行合一)과 동정합일(動靜合一)을 말하였는데, 이는 모두 격치(格致)와 성찰(省察) 등의 허다한 공정(功程 공부 과정)을 제거해 버리고 간편하면서도 민첩하며 고명하면서도 교묘한 경지에 곧장 나아가는 사사로운 뜻에서 나온 것일 뿐이다. 천지의 화(化 조화, 화육)는 또한 점진적인 것으로써 한다. 그러므로 우리 성인의 문하에도 역시 자연 합일(合一)의 묘함이 있어서 이는 절로 상면(上面)의 일에 속하니, 일찍이 이처럼 등급을 훌쩍 뛰어넘어서 설(說)로 삼은 적이 없었고, 다만 사람이 이렇게 순서를 따라 한 걸음 한 걸음씩 해 나아가서 진실을 온축함이 오래되면 자연히 합일처(合一處)에 도달하게 되도록 하였을 뿐이다. 그런데 이제 연구하고 학문하는 초기에 곧장 이것을 가지고서 화두(話頭)로 삼고 제목(題目)으로 만들어서 상상하고 생각하며 헤아려서 아주 짧은 사이에 그 기이하고 특별함을 보고자 하니, 그 허황하고 망령스러움이 심하다고 하겠다. 그 스스로 다스리고 남을 가르친 것이 그저 스스로 속이고 다른 사람을 속일 만할 뿐이었으니, 결국에는 불가에서 말하는 돈오(頓悟 단번에 깨달음)의 기미(氣味)와 다를 바가 없는 것이다.

상산(象山 육구연(陸九淵))의 학문이 한번 전하여서 양명(陽明 왕수인(王

가지 못하나, 노둔한 말은 열흘을 달리니 쉬지 않는 효과이다.〔騏驥一躍, 不能十步, 駑馬十駕, 功在不舍.〕"라고 한 내용과 동서 〈수신(修身)〉에 "천리마가 하루에 천 리를 달리지만, 노둔한 말도 열흘을 달리면 역시 그 거리를 따라잡을 수 있다.〔夫驥一日而千里, 駑馬十駕, 則亦及之矣.〕"라고 한 내용이 보인다.

守仁))의 학문이 되었는데 인(仁)과 의(義)에 대하여 화(禍)를 끼친 것을 돌아보면 왕양명이 육상산보다 심할 것이다. 주자(朱子)가 육씨(陸氏)의 학술이 어긋난 것에 대하여 적확하게 보시고 사정없이 배척하셨던 것은 실로 이상(履霜)의 경계[116]를 보존하신 것이다. 요사이 청(淸)나라 유자(儒者)의 글을 보니, "백안(伯安)이 있기 때문에 주자께서 상산에 대하여 쟁변하셨던 것이 지나친 것이 아니었다는 것을 알게 되었다."[117]라고 말한 것이 있었는데, 이 말이 참으로 딱 들어맞는다고 하겠다.

대명(大明)의 정덕(正德)과 가정(嘉靖)[118] 연간에 학술이 분열되어서 왕수인(王守仁)과 진헌장(陳獻章)[119]의 무리가 괴이하고 요사스러운

116 이상(履霜)의 경계 : 조짐이 처음에는 미약하지만 곧바로 경계하여 막지 않으면 나중에는 감당할 수 없는 상태에 이르게 됨을 말한다. 《주역》〈곤괘(坤卦)〉에 이르기를, "초륙(初六)은 서리를 밟으면 굳은 얼음이 이른다.〔初六, 履霜, 堅氷至.〕"라고 한 데에 보인다.

117 백안(伯安)이……되었다 : '백안'은 왕수인의 자이다. 이 말은 청나라 이광지(李光地)의 문집인 《용촌집(榕村集)》 권1 〈관란록(觀瀾錄) 제유(諸儒)〉에 "'백안은 상산의 전함인가?'라고 하였는데, 이에 대하여 다음과 같이 말하였다. '그 근원을 찾아보면 그렇다고 이르겠지만 백안의 잘못이 크다. 비록 그러하나 백안이 있기 때문에 주자께서 상산에 대하여 쟁변하신 것이 지나침이 아니라는 것을 알게 되었으니, 학술에 있어서 거듭 전해지고서 더욱 잘못되지 않았던 경우는 지금까지 있지 않았다.'〔伯安其象山之傳與? 曰 : 尋其源則云爾, 而伯安之失大. 雖然有伯安, 故知朱子斷斷於象山非過也. 術未有不再傳而益誤者.〕"라고 한 데에 보인다.

118 정덕(正德)과 가정(嘉靖) : '정덕'은 중국 명나라 무종(武宗) 때의 연호로 1506년부터 1521년까지이며, '가정'은 중국 명나라 세종(世宗) 때의 연호로 1522년부터 1566년까지이다.

설(說)을 날조해 내자 온 천하 사람들이 바람에 풀이 쏠리듯 따르게 되었다. 이에 정암(整庵 나흠순(羅欽順))이 가장 먼저 앞장서서 정학(正學)을 제창하여 밝히는 것을 자기의 임무로 삼아 옳은 것 같아 보이지만 실제로는 그른 것과 아주 미세한 어긋남에 나아가 깊이 궁구해 헤아림을 가하여 온 힘을 다해 밀쳐 물리치고 미루어 나아가서 선교(禪敎)까지 거슬러 올라가 배척하기를 마치 사사(士師)가 옥사에 대하여 처결하는 것 같이하여 낱낱이 연구하고 조사하여 뼈를 찌르고 골수까지 꿰뚫어서 거의 남은 바가 없었으니, 그 공(功)이 속일 수 없는 점이 있다. 다만 이(理)와 기(氣)에 관한 그의 설(說)들에 실제로 과(過)한 부분이 있어서 의심할 만한 점이 몹시도 많으니, 비록 깊이 나아가 이르러 홀로 터득하여서 요컨대 그저 입과 귀로만 그대로 이어받는 세상의 속된 유자들의 행위가 견주어질 만한 바는 아니라곤 하지만 그의 의사가 '합일(合一)'에만 치우쳐서 자신하는 데에 지나치는 바람에 간혹 주자의 설(說)과 어긋나 달라지는 바가 있어서 혹 후대에 주자의 문하에 주자의 견해와 다른 자신의 주장을 강력하게 내세우는 자가

119 진헌장(陳獻章) : 1428~1500. 자는 공보(公甫), 별호는 석재(石齋)이다. 백사(白沙)에서 살았기 때문에 백사 선생(白沙先生)이라고도 한다. 왕수인(王守仁)보다 44년 선배로 그의 학풍은 유교 경전의 해석에만 몰두하는 당대의 주자학에 반발하고, 육상산의 심학을 계승하여 실천성을 중시했으며, 정좌(靜坐)에 의해 마음을 깨끗이 하여 천리(天理)를 체인(體認)할 것을 주장하였다. 그의 제자는 감천(甘泉) 담약수(湛若水), 의려(醫閭) 하흠(賀欽) 등인데, 담약수는 "수처(隨處)에서 천리를 체인하라."고 하여 왕양명과 더불어 천하의 강단(講壇)을 주름잡던 인물이었고, 하흠은 요동(遼東)에서 역시 심학의 중심이 되었다. 그의 학문은 가정(嘉靖) 12년에 간행된《백사자집(白沙子集)》9권 10책과 황종희의《명유학안(明儒學案)》권5 백사학안(白沙學案)에 요약되었다.

구실로 삼는 것이 되기도 하니, 이 점이 진실로 매우 타당하지 못하다. 하지만 그의 마음에 대하여 궁구해 보면 또한 일부러 배반한 것은 아니고, 거의 대부분 자기의 의견을 굳게 잡아 지켜 참된 본지에 대하여 헷갈리는 바람에 추구함이 마땅함을 잃고 말함이 지나치게 명쾌한 데에서 잘못되었던 것이다. 하지만 돌아보건대, 그가 주자를 존숭하고 흠앙하는 마음에 대해서는 거의 흠 잡을 것이 없다고 하겠으니, 그가 글에서 드러낸 것을 가지고 보면 그가 겉으로만 주자를 존숭하고 속으로 몰래 배척한 것이 아님을 알 수 있다. 만약 이에 그 의론의 본말에 대하여 제대로 궁구해 보지도 않은 채 대번에 이로써 "주자와 다른 의견을 확립하였다."라고 이르고서 진헌장과 왕수인의 죄과(罪科)에다 뒤섞어 두거나 혹은 또 곧장 선학(禪學)이라고 배척하게 된다면 더욱더 맞지 않다고 하겠으니, 어떻게 저이의 마음을 복종시키겠는가.

정암(整庵 나흠순(羅欽順))이 과제출신(科第出身)으로서[120] 높은 지위에 이르고 대질(大耋)를 누렸는데[121] 그가 조정에서 벼슬한 시종(始終)을 살펴보면 출사(出仕)와 처가(處家)가 구차하지 않아서 결점이나 과실

120 정암(整庵)이 과제출신(科第出身)으로서 : '과제출신'은 '과갑출신(科甲出身)'과 같은 말로, 과거 급제를 통하여 입사(入仕)의 자격을 취득함 또는 과거제 중에 등제(等第) 자격을 가리키기도 한다. 나흠순은 홍치(弘治) 5년(1492)에 향시 제일(鄕試第一), 즉 해원(解元)이 되었고 이듬해 회시(會試), 전시(殿試)의 일갑(一甲) 제3명(第三名), 즉 탐화(探花)의 성적을 거두었다. 당시 해당 과거에서는 도합 진사 298인을 뽑았다.

121 대질(大耋)를 누렸는데 : '대질'은 보통 80세를 가리킨다. 나흠순이 가정(嘉靖) 26년(1547)에 83세를 일기로 졸하였기 때문에 이렇게 말한 것이다.

이 한 점도 없으니, 명조(明朝)의 인물들을 낱낱이 헤아려 봄에 이처럼 훌륭한 본령(本領)이 있는 경우는 드물다고 하겠다.

명나라 말엽 고경양(顧涇陽)[122]과 고량계(高梁溪)[123]는 이름난 유자(儒者)라고 일컬을 만하겠으나 도리어 돈후하고 관대하며 질박하고 성실한 뜻이 부족하고, 견해가 또 한쪽으로 치우침을 면하지 못하였으니, 요컨대 학문이 끝내는 지기(志氣)·절조(節操)와 비교해 부족하다고 하겠다.

선유(先儒)가 "주자 문하의 제자 중에 오직 진북계(陳北溪)[124]가 이

122 고경양(顧涇陽) : 중국 명(明)나라 말의 문신·학자인 고헌성(顧憲成, 1550~1612)으로, 자는 숙시(叔時), 호는 경양이다. 1580년(만력8) 진사가 되어 호부 주사·이부 낭중 등을 지냈으며, 장거정(張居正)에게 반대한 청의파(淸議派) 관료에 속하였다. 신종(神宗)이 정귀비(鄭貴妃)의 소생인 셋째 아들 주상순(朱常洵)을 편애하여 장자 주상락(朱常洛)의 태자 책봉을 미루는 처사에 반대하다가 면직되어 고향인 무석(無錫)으로 내려갔다. 송나라 때 양시(楊時)가 강학하던 동림서원(東林書院)을 수리하여 고반룡(高攀龍)·전일본(錢一本) 등과 함께 강학하였고, 이때 성립된 것이 동림당(東林黨)이다. 동림당의 지도자가 되어 뒤에 붕당의 화를 입었다. 주자학으로 양명학 말류의 폐단을 바로잡으려 하였으며, 저술로《사서강의(四書講義)》·《환경록(還經錄)》 등이 있다. 시호는 단문(端文)이다.

123 고량계(高梁溪) : 고반룡(高攀龍, 1562~1626)으로, 자는 운종(雲從)·존지(存之), 호는 경일(景逸)이다. 당시에 송나라 때 양시(楊時, 1053~1135)가 강학하던 동림서원(東林書院)을 수복(修復)하고 이곳에서 고헌성과 함께 강학하였다.

124 진북계(陳北溪) : 진순(陳淳, 1159~1223)으로, 자는 안경(安卿), 호는 북계(北溪), 시호는 문안(文安)이다. 남송 때 경학가로, 적공랑(迪功郎)을 지냈다. 황간(黃榦)과 함께 주희의 고제로 일컬어진다. 평생 육구연의 심학을 배척하고 주자학을 선양하는

(理)에 대하여 말하기를 가장 잘하였다."라고 일컬은 바가 있다. 그러나 돌아보건대, 부석(剖析)하는 데에 뛰어나 더할 나위 없이 정미하고 주밀하였으나 안목을 높이 붙일 수가 없어서 문자에 정체되는 바람에 결국에는 황면재(黃勉齋)의 '형기신리(形氣神理)'라는 한 단락의 말씀[125]이 견해가 탁월하고 입언(立言)이 정밀하고도 확실하여 스며들어 새어 나오거나 한쪽만 마비되지 않아서 크게 발휘(發揮)한 공(功)이 있는 것만 못하니, 면재에 대해서 말하자면 거의 "주자의 문하에 있어

데 힘썼다. 저술로 《북계자의(北溪字義)》, 《엄릉강의(嚴陵講義)》, 《논맹학용구의(論孟學庸口義)》, 《북계집(北溪集)》 등이 있다.

125 황면재(黃勉齋)의……말씀 : '황면재'는 송대의 학자 황간(黃榦, 1152~1221)으로, 자는 직경(直卿), 호는 면재, 시호는 문숙(文肅)이며 민현(閩縣) 사람이다. 주희와 유청지(劉淸之)에게 수학하였는데, 주희가 그를 인정하여 학문을 전수하고 사위로 삼았다. 백록동서원(白鹿洞書院)에서 강학하였으며, 저서에 《육경강의(六經講義)》, 《예기집주(禮記集注)》 등이 있다. 또한 주희의 《의례경전통해(儀禮經傳通解)》를 이어서 완성하였다. 여기에서 언급된 내용은 《면재집(勉齋集)》 권13 〈복양지인서(復楊志仁書)〉에 "지난날 소싯적에 항상 네 개의 글자를 가지고서 이 몸을 형용하였으니, 이 몸은 다만 형(形)과 기(氣)와 신(神)과 이(理)일 뿐이다. 이(理)는 신(神)보다 더 정미하고, 신(神)은 기(氣)보다 더 정미하고 기(氣)는 형(形)보다 더 정미하다. 형(形)은 일정하고, 기(氣)는 호흡할 수 있으며 차갑고 덥게 할 수 있고, 신(神)은 지각이 있으며 운용할 수 있고, 이(理)는 지각 운용에 있어서의 허다한 도리이다. 그러나 형(形)이 있으면 이에 기(氣)가 있고 기(氣)가 있으면 이에 신(神)이 있고 신(神)이 있으면 이에 이(理)가 있으니, 다만 한 물건이 허다한 명자를 나누어 낸 것일 뿐으로 이것을 알면 심(心)·성(性)·정(情)의 따위에 대해서 모두 알 수가 있을 것이다.〔昨少年日, 常將四箇字形容此身, 只是形氣神理. 理精於神, 神精於氣, 氣精於形. 形則一定, 氣能呼吸能冷煖, 神則有知覺能運用, 理則知覺運用上許多道理. 然有形則斯有氣, 有氣斯有神, 有神斯有理, 只是一物分出許多名字, 知此則心性情之類, 皆可見矣.〕"라고 보인다.

서 그 적전(嫡傳)이 되기에 부끄러움이 없다."라고 이를 만할 것이다. 내가 일찍이 이것을 가지고서 민원리(閔元履)[126]에게 말하였는데, 원리가 말하기를, "나도 역시 종숙(從叔) -공저 장(公著丈)[127]이다.- 에게 전해 받은 바가 있어서 면재의 이 말씀이 바꿀 수가 없다는 것을 깊이 알게 되었다."라고 하였으니, 이 어른께서 평소 이(理)을 보심이 정밀함을 이에 알 수가 있다. 그 서언(緖言 남긴 말씀이나 가르침)이 쓸쓸하게 전해지지 않은 것이 애석하도다.

부자(夫子)께서 비록 성(性)과 천도(天道)에 대해 드물게 말씀하셨으나[128] 오직 《주역》 〈계사전(繫辭傳)〉에서 온축된 심오한 이치를 드러내어 밝히셨으니, 자사(子思)의 《중용(中庸)》과 염옹(濂翁 주돈이(周敦頤))의 〈태극도설(太極圖說)〉과 《통서(通書)》가 모두 여기에 그 근원

126 민원리(閔元履) : 민치복(閔致福, 1766~1814)으로, 본관은 여흥(驪興), 자는 원리(元履), 호는 확재(擴齋)이다. 대사헌 민우수(閔遇洙)의 증손으로, 할아버지는 민백겸(閔百兼)이고, 아버지는 이조판서 민종현(閔鍾顯)이다. 김양행(金亮行)·이직보(李直輔)의 문인이다. 1789년(정조13) 사마시에 합격하고, 1803년에 원릉 참봉(元陵參奉)이 되었으나 잘못으로 인하여 파직되었다. 1805년에 동몽교관(童蒙教官)을 지낸 뒤 빙고 별제(氷庫別提)와 호조·공조·형조의 낭관(郎官)을 거쳐 남평 현감에 이르렀으나 병으로 관직을 물러났다.

127 공저 장(公著丈) : 민이현(閔彝顯)으로 민치복(閔致福)의 5촌 종숙(從叔)이 된다.

128 부자(夫子)께서……말씀하셨으나 : 이는 《논어》 〈공야장(公冶長)〉에 "부자(夫子)의 문장은 얻어 들을 수 있으나 부자께서 성(性)과 천도(天道)를 말씀하심은 얻어 들을 수 없다.〔夫子之文章, 可得而聞也, 夫子之言性與天道, 不可得而聞也.〕"라고 한 자공(子貢)의 말과 〈자한(子罕)〉에 "공자께서는 이와 명과 인을 드물게 말씀하셨다.〔子罕言利與命與仁〕"라고 한 부분을 아울러 말한 것이다.

을 두고 있다. 후대의 배우는 자가 진실로 성명(性命)에 관한 설(說)에 대하여 알고자 한다면 마땅히 여기에서 찾아보아야 하되 언어를 쓰지 않고 묵묵히 계합하고 깊이 인정하여 세심하게 체득하고 이해해 내어야만 하니, 이와 같이 하면 스스로 터득함의 얕고 깊음이 비록 그 사람의 민첩함과 노둔함에 관계되었다고 하더라도 진실로 혹 한 곳이라도 깨달은 바가 있으면 오히려 차례차례 순조롭고 손쉽게 풀릴 수가 있을 것이다.[129] 만약 한갓 후대 유자들의 많은 설(說)에 얽매여 방해받을 뿐이라면 비록 한평생을 끝마치도록 부지런히 애쓴다고 하더라도 어찌 원두(原頭)에 통투하게 이를 수 있겠는가. 그러나 모름지기 하학(下學)으로 말미암아서 상달(上達)해야만 할 것이니,[130] 그렇지 않으면 가령 보배로운 꽃이 난무하며 떨어지듯 현란하게 말을 하더라도 결코 진실하게 보아낸 것이 아니다.

《주역》 건괘(乾卦)의 〈단전(彖傳)〉[131]에 "건도(乾道)가 변(變)하여

129 차례차례……것이다 : 해당 원문은 '영인이해(迎刃而解)'로, '영인'이란 칼날을 받는다는 의미이다. 《진서(晉書)》 권34 〈두예열전(杜預列傳)〉에 "대나무를 자를 때 몇 개의 마디만 지나가면 모두 칼을 들이대는 대로 똑바르게 잘려 나간다.〔破竹, 數節之後, 皆迎刃而解.〕"라는 말이 있고, 《장자(莊子)》 〈양생주(養生主)〉에 포정(庖丁)이 소를 잡을 때 능란한 솜씨로 칼을 놀려〔遊刃〕 부위별로 해부한다는 이야기가 있다. 여기에서는 배우는 과정에 따라 순조롭게 익혀 어떤 문제든지 손쉽게 해결하는 것을 비유하는 말로 사용되었다.

130 모름지기……것이니 : 《논어》 〈헌문(憲問)〉에 "하늘을 원망하지 않고 사람을 탓하지 않으며, 아래로 사람의 일을 배워 위로 천리(天理)를 통달하였으니, 나를 알아주는 것은 하늘일 것이다.〔不怨天, 不尤人, 下學而上達, 知我者, 其天乎!〕"라고 한 공자의 말을 원용한 것이다.

화(化)함에 각각 성명을 바룬다.〔乾道變化 各正性命〕"라고 하였는데, 건도는 태극(太極)이고, 변(變)·화(化)는 음양(陰陽)이며 "각각 성명을 바룬다."라고 한 것은 오행(五行)이 생겨남에 각기 그 성(性)을 하나씩 간직한 것[132]이다.

〈태극도(太極圖)〉 한 그림은 모두가 생의(生意 생기)이니, 또한 인(仁)의 체(體)를 볼 수가 있다.

심관(心官)[133]은 그 무엇보다도 응당 광폐(曠廢)함을 두려워해야만 하니, 광폐하면 신식(神識 정신과 의식)이 어둡고 막히는 바람에 채워서 미루어 나아갈 수 있는 길이 없게 된다. 그러나 생각함은 반드시 물(物)로 말미암고 물(物)에는 반드시 이(理)가 있기 마련인데, 이(理)에는 안팎의 구분이 없어서 저것에 대하여 분명하게 알기만 하면 곧바로 이것에 대하여 밝게 이해하게 되어[134] 사물(事物)이 아무리 많더라

131 단전(彖傳) : 원문에는 '문언(文言)'으로 되어 있는바, 《주역》에 근거하여 바로잡아 번역하였다.

132 오행(五行)이……것 : 이 말은 주돈이(周敦頤)의 〈태극도설(太極圖說)〉에 보인다.

133 심관(心官) : '관(官)'은 담당·기능의 뜻으로, '심관'은 마음의 기능인 생각을 가리킨다. 《맹자》 〈고자 상(告子上)〉에 "마음의 기능은 생각하는 것이니, 생각하면 얻고, 생각하지 못하면 얻지 못한다.〔心之官則思, 思則得之, 不思則不得也.〕"라고 한 데에 보인다.

134 저것에……되어 : 이는 "물(物)과 내가 한 이치이다. 저것에 대하여 분명하게 알기만 하면 곧바로 이것에 대하여 밝게 이해하게 되니, 이것이 내·외를 합하는 방법이다.〔物我一理, 纔明彼, 卽曉此, 此合內外之道也.〕"라고 한 정이(程頤)의 말을 원용한

도 내 마음의 용(用)이 꿰뚫지 못하는 바가 없다. 불가(佛家)에서 사물을 버려두고 모든 생각을 단절하는 것은 다만 이러한 부분에 대하여 제대로 본 바가 없는 것일 뿐이다. 부자(夫子)께서 "무엇을 생각하며 무엇을 염려하겠는가."[135]라고 말씀하신 것으로 말하자면 바로 사의(私意)와 객감(客感 외물과의 감촉, 객쩍은 느낌)을 가리켜서 말씀하신 것이다.

사색(思索)의 공부는 먼저 요컨대 기욕(嗜欲 기호와 욕망)을 얕게 하여 마음을 텅 비고 맑은 데로 내려놓아야 하니, 그러한 뒤에야 비로소 지나치게 긴박하지도 않고 지나치게 태만하지도 않은 공부를 하여서 그저 이어지게 하고 무젖어 흡족하게 하여야 이에 의리의 진정한 지취(旨趣)를 볼 수가 있다. 주자가 "사색이란 비유하자면 우물을 파는 것과 같으니, 먼저 반드시 그 물이 흐릴 것인데 이것을 점점 파서 나아

것으로 《근사록(近思錄)》 권3 〈치지(致知)〉와 《이정유서(二程遺書)》 권18 〈유원승수편(劉元承手編)〉에 보인다. 섭채(葉采)의 《집해(集解)》에 의하면, '피(彼)'·'차(此)'는 물(物)의 이치와 내 마음의 이치이다.

135 무엇을……염려하겠는가 : 《주역》 〈계사 하〉 제5장에 "《역》에 '자주 왕래하면 벗만이 네 생각을 따를 것이다.'라고 하였는데, 이에 대해 공자가 다음과 같이 말씀하였다. '천하가 무엇을 생각하며 무엇을 염려하겠는가. 천하가 돌아감은 같으나 길은 다르며, 이치는 하나이지만 생각은 백 가지이다. 천하가 무엇을 생각하고 무엇을 염려하겠는가?'〔易曰 : 憧憧往來, 朋從爾思. 子曰 : 天下何思何慮? 天下同歸而殊塗, 一致而百慮, 天下何思何慮?〕"라고 하였다. 이를 두고 주자의 《본의》에서 "이는 〈함괘(咸卦) 구사(九四)〉의 말을 인용하고 해석한 것이다. 이치는 본래 두 가지가 없다. 그러나 길이 다르고 생각이 백 가지인 것은 모두 자연스러운 것이니, 어찌 생각하고 염려할 것이 있겠는가. 반드시 생각하고서 따른다면 따르는 바가 또한 좁은 것이다."라고 설명하였다.

가면 도리어 절로 맑은 물을 만나게 된다."[136]라고 말씀하신 것이 참으로 훌륭한 비유이다. 그러나 별안간에 맑음을 만날 것을 기필하여 조급한 마음을 지닌 채로 찾아보아서는 안 될 것이다.

사색(思索)은 모름지기 하나의 노경(路逕 길)을 찾아야 하니, 처음에 힘써 노둔하게 공부하여 차서를 따라 익숙하게 익혀 이를 오랫동안 하면 절로 한 가닥의 통하는 곳이 생기는바, 바로 이것이 노경인 것이다. 이 노경에 나아가서 생각하며 가고 생각하며 옴에 반복해서 하고 무젖어들면 옛것을 잊지 않고 충분히 익힌 뒤에 새로운 것을 또 알아[137] 의미가 서로 관통하니, 간단(間斷)하고 모색(茅塞)하도록 하지 말면 총명하여 슬기로움이 절로 생겨나서 거의 점차 융회(融會)하는 경지를 이룰 수가 있을 것이다.

사색(思索)은 먼저 그 단서(端緖 실마리)를 찾아내야만 하고 다음으로 그 조리(條理 가닥)를 살펴야만 한다. 이는 비유하자면 명주실을 잣는 것과 같아서 단서를 먼저 찾아내지 않을 수가 없고, 이미 단서를 찾아

136 사색이란……된다 : 이 말은 《주자어류(朱子語類)》 권9 〈학(學)3 논지행(論知行)〉에 실린 섭하손(葉賀孫)의 기록에 보인다.

137 옛것을……알아 : 이는 《논어》 〈위정(爲政)〉에 "옛것을 잊지 않고 충분히 익힌 뒤에 새로운 것을 또 아는 사람이라면 남의 스승이 될 자격이 있다.〔溫故而知新, 可以爲人師矣.〕"라고 한 공자의 말과 《중용장구(中庸章句)》 제27장에 "그러므로 군자는 덕성을 높이고 학문을 말미암으니, 광대함을 지극히 하고 정미함을 다하며, 고명함을 다하고 중용을 따르며, 옛것을 잊지 않고 충분히 익힌 뒤에 새로운 것을 또 알며, 후함을 돈독히 하고 예를 높이는 것이다.〔故君子尊德性而道問學, 致廣大而盡精微, 極高明而道中庸, 溫故而知新, 敦厚以崇禮.〕"라고 한 내용을 인용한 것이다.

냈으면 또 모름지기 그 조리를 분별하여서 다스려야만 하니, 비록 동이에 가득 찬 명주실이라고 하더라도 손길을 따라서 나누어 풀 수가 있을 것이다.

녹문(鹿門 임성주(任聖周))이 다음과 같이 말하였다.[138] "이른바 '원기(元氣)'라는 것은 바로 장자(張子)가 말씀한 태허(太虛)와 태화(太和)[139]이고 맹자(孟子)가 말씀한 호연지기(浩然之氣)[140]이니, 온 천지에 빠짐없이 가득 차서 예나 지금이나 할 것 없이 두루 흘러 퍼져서 음양(陰陽)에 있으면 음양을 가득 채우고 오행(五行)에 있으면 오행을 가득

138 녹문(鹿門)이……말하였다 : 이 말은《녹문집(鹿門集)》권19〈잡저(雜著) 녹려잡지(鹿廬雜識) -이기심성(理氣心性)○기묘경진(己卯庚辰)-〉에 보인다.

139 태허(太虛)와 태화(太和) : 장재(張載)는 "세상의 사물은 모두 태허(太虛)의 기(氣)가 응집되어 만들어지고 사물이 소멸한 뒤에는 다시 태허로 돌아간다."는 기일원론(氣一元論)을 주창하였다. '태화'와 '태허' 모두 우주 만물의 근원적 실체인 원기(元氣)를 가리키는데, 이에 관한 내용이《장재전서(張子全書)》권2〈정몽(正蒙)1 태화편(太和篇)〉에 다수 보이는바, 대표적인 예로 "태화는 이른바 도(道) 가운데에 부침·승강·동정이 서로 감응함을 포함한 성(性)이니, 인온해 서로 동탕함과 승부와 굴신을 만들어내는 시작이다.〔太和, 所謂道中涵浮沉升降動靜相感之性, 是生絪縕相盪勝負屈伸之始.〕"라고 한 것과 "태허는 형체가 없으니, 기(氣)의 본체이고, 모이고 흩어지는 것은 변화하는 겉으로 드러난 형태일 뿐이다.〔太虛無形, 氣之本體. 其聚其散, 變化之客形爾.〕"라고 한 것을 들 수 있다. 참고로 김창집(金昌緝)의 설에 의하면 '태화'는 도(道)의 체(體)라고 한다.《圃陰集 卷5 雜著 正蒙解》

140 호연지기(浩然之氣) : 천지(天地) 사이에 성대히 유행(流行)하는 정기(正氣)를 말하는데,《맹자》〈공손추 상(公孫丑上)〉에 호연지기를 설명하면서 "그 기운 됨이 지극히 크고 지극히 강하니, 곧음으로 길러서 해치지 않으면 천지 사이에 꽉 차게 된다.〔其爲氣也, 至大至剛, 以直養而無害, 則塞乎天地之間.〕"라고 하였다.

채우고 사람과 물(物)에 있으면 사람과 물(物)을 가득 채우니, 이는 비유하자면 물고기가 물속에 있으면 그 뱃속이 모두 이 물로 가득 차 있는 것과 똑같다. 율곡 선생이 일찍이 이르기를, '잠일청허의 기(氣)는 있지 않은 데가 흔히 있다.〔湛一淸虛之氣 多有不在〕'[141]라고 하였는데, 내가 삼가 생각건대 이는 아마도 옳지 않은 듯하다. 대체로 아무리 편(偏)・색(塞)・악(惡)・탁(濁)한 곳이라고 하더라도 이 기(氣)로 말하자면 통투(通透)하지 않음이 없는데 다만 형기(形氣)에 의해 국한되고 막히는 바람에 나타나서 분명히 운행할 수 없는 것일 뿐이다."

이 어른은 기(氣)의 원두(原頭)에 대하여 철저하게 보아냈다고 이를 만하겠으나 어찌 이를 미루어 나아가 성(性)을 보는 데에 있어서 유추하지 않았단 말인가. 녹문이 '체전용부달(體全用不達)'이라고 한 삼연(三淵)의 설(說)에 대하여 깊이 의심한 것[142]도 역시 이상하게 여길

141 잠일청허의……있다 : 이 말은 《율곡전서(栗谷全書)》 권10 〈답성호원(答成浩原)〉에 보이는바, 화담(花潭) 서경덕(徐敬德, 1489~1546)을 비판한 것인데, 녹문은 율곡이 기의 잠일(湛一)을 제대로 이해하지 못하였다고 보았다.

142 녹문이……것 : 이현익(李顯益)이 어유봉(魚有鳳)과 편지를 주고받으면서 금수의 오상과 미발일 때에 기질의 선악에 대하여 논하였는데, 이것을 가지고 김창흡에게 질정하였다. 이에 김창흡이 첨론(籤論)을 가하였는데, 그 내용이 《삼연집(三淵集)》 권21 〈답현익(答李顯益)〉에 "체(體)는 온전하나 용(用)은 통달하지 못할 뿐이다. 천하에 있는 만물이 체(體)는 보존되어 있으면서 용(用)이 드러나지 않은 경우가 어찌 한량이 있겠는가. 귀와 눈이 갖추어졌으나 보고 들음이 혹 명철하지 못하기도 하고 손과 발이 완전하나 손과 발이 마비되어 운동이 온전하지 못한 경우가 있기도 하니, 이것을 가지고 견주어 헤아려 보면 물(物)의 성(性)이 진실로 전혀 없는 것과 매우 흡사한 점이 있음을 알 수 있다.〔體全而用不達已矣, 天下之物, 體存而用不現者何限? 耳目具矣, 而視聽或不徹, 手足完矣, 而運動或不仁者有之, 以此比量, 可知物性之固有一似都無者耳.〕"라고 보인다. 이에 대하여 임성주는 "김삼연이 금수의 성에 관한 어떤 이의

만하다.

녹문(鹿門 임성주(任聖周))의 〈인물성도(人物性圖)〉[143]에 각각 권자(圈

물음에 답하기를 '체는 온전하나 용이 통달하지 못한 것이다.'라고 하였는데, 매우 명쾌하게 말하여서 언뜻 볼 적에 기쁘게 여길 만한 것 같으나 자세히 사리를 가지고서 미루어 보자면 그저 그 소루함을 보일 뿐이다. 대체로 범과 이리의 부자간, 벌과 개미의 군신간 같은 따위는 그래도 오히려 이와 같이 말할 수 있거니와 소가 밭을 갈고 말이 짐을 싣고 닭이 울고 개가 짖고 솔개와 물고기가 날고 뛰고 풀과 나무가 꽃이 무성히 피었다가 시드는 것과 같은 따위처럼 당장에 사람과 다른 것은 또 무슨 설로써 통하게 할 것인가. 무릇 도라는 것은 성을 따르는 것일 뿐이다. 이미 밭을 갈고 짐을 싣고 울고 짖고 날고 뛰고 번성하고 시드는 도가 있고 보면 이는 반드시 그 성이 이와 같은 것이다. 이미 그 성이 사람과 똑같다고 말하였으면 이러한 사람과 다른 곳들은 장차 부득불 기질로 귀결시킬 수밖에 없는데 기질의 성이 또한 따를 만한 것인가. 그리고 선유가 금수와 초목의 도에 대해 논할 적에 번번이 기질의 성을 따르는 것을 가지고서 말하였는가. 만약 '성은 사람과 똑같지만 성으로부터 도는 형기에 드러나기 때문에 부득불 이와 같이 이를 수밖에 없다.'라고 한다면 이는 성이 기에서 떨어지는 것이고 도가 형에 국한되는 것으로 성이 성이 아니고 도가 도가 아니어서 옳은 것이 하나도 없다. 삼연이 이에 대하여 전혀 깊이 궁구하지 않고 거칠게나마 대충 범과 이리의 부자간 따위가 체에 갖추어졌으나 용에 막힌 것과 같은 것을 보고서 마침내 이와 같이 설을 세워서 자사의 본지와 배치될 뿐만이 아니니, 진실로 탄식할 만하다.〔金三淵答人禽獸性道之問曰, 體全而用不達已矣. 說得甚快, 乍看似可喜, 而細以事理推之, 多見其踈矣. 盖如虎狼父子, 蜂蟻君臣之屬, 猶可如此說, 如牛耕馬載, 雞鳴犬吠, 鳶魚飛躍, 草木榮悴之類, 合下與人異者, 其又何說以通乎? 夫道者, 率性而已, 旣有耕載鳴吠飛躍榮悴之道, 則是必其性如此者也. 旣曰其性與人同則此等與人異處, 將不得不歸之氣質, 氣質之性, 亦可率乎? 而先儒論禽獸草木之道, 每每以率氣質之性者言之乎? 若曰性則與人同, 而自性而道也, 著於形氣, 故不得不如此云爾, 則是性外於氣, 道局於形, 性非性而道非道矣, 無一可者也. 三淵於此, 都不深究, 略綽見虎狼父子之類, 似乎具於體而闕於用者, 遂如是立說, 與子思之旨不翅背馳, 良可歎也.〕"라고 비판하였다. 《鹿門集 卷19 雜著 鹿廬雜識》

143 인물성도(人物性圖) : 이는 《녹문집(鹿門集)》 권20 〈잡저(雜著) 인물성도병설

子 동그라미)가 있는데, 인(人)의 권자에는 그 안에다 오상(五常)과 태극(太極)을 갖추어 적어놓았고 물(物)의 권자에는 그저 태극을 적어놓았을 뿐 오상을 적지 않았으니, 그렇다면 태극과 오상이 나뉘어 두 가지가 되는 것이다. 사람은 오상의 태극을 갖춘 것이고 물(物)은 오상의 태극을 갖추지 못한 것이면 태극이 장차 두 가지를 이룰 것이니, 만물(萬物)의 일원(一原)이 된다는 것이 도대체 어디에 있다는 말인가. -태극은 오상의 총괄한 칭호이고 오상은 태극의 분화한 칭호이다. 분화한 칭호에 나아가서 그중의 하나를 차지하면서 나머지 넷을 간직하고 있음[144]의 오묘함을 제대로 본다면 어디로 간들 태극의 전체(全體)가 아닌 것이 없다.- 남당(南塘 한원진(韓元震))이 "태극이란 형기(形器)를 뛰어넘은 칭호이고 오상이란 기질(氣質)로 인한 명칭이다."[145]라고 말한 것은, 이 어른이 매우 배척한 바인

〈人物性圖竝說〉 -신미(辛未)-〉에 있는 그림으로, 다음과 같다.

144 그중의……있음 : 이는 주희(朱熹)가 엮은 《이정유서(二程遺書)》 권15 〈입관어록(入關語錄)〉에 보이는 정자(程子)의 말로, "하늘에 오행의 기(氣)가 있기 때문에 모든 생물이 오성을 갖추고 있지 않은 것이 없으니, 그중의 하나를 차지하면서 나머지 넷을 간직하고 있다. 초목으로 말하자면, 색이 누런 것은 토(土)의 성(性)을 얻은 것이 많고, 색이 흰 것은 금(金)의 성(性)을 얻은 것이 많다.〔天有五氣, 故凡生物, 莫不具有五性, 居其一而有其四. 至如草木也, 其黃者, 得土之性多 ; 其白者, 得金之性多.〕"라고 하였다.

데, 지금 이 그림을 가지고 보면 결국에는 그 귀착점이 애매모호하게 이어받아서 씀을 면하지 못하였으니, 진실로 이상하게 여길 만하다. 대체로 일원(一原)과 본연(本然)은 동일한 지두(地頭 지경, 방면)이고 분수(分殊)와 기질(氣質)도 역시 동일한 지두이다. 그러나 분수는 일찍이 일원이 없던 적이 없었고, 기질은 일찍이 본연이 없던 적이 없었다. 다만 동(動)·정(靜)과 체(體)·용(用) 및 이(理)를 위주로 함과 기(氣)를 위주로 함에 따라 상대하여 그 이름을 달리하였을 뿐이니, 진실로 지경을 따라서 합하고 나누어 착종하여 통하게 할 수 있으면 거의 서로 증명하여 이해할 수 있을 것[146]이다.

145 태극이란……명칭이다 : 여기에서 언급된 한원진(韓元震)의 주장은《남당집(南塘集)》에 여러 번 보이는데, 대표적인 예로, 권11 〈의답이공거(擬答李公擧)〉에 "이(理)는 본래 하나인데 형기(形氣)를 뛰어넘은 것을 가지고 말한 것이 있고, 기질(氣質)로 인한 것을 가지고 이름한 것이 있으며, 기질과 뒤섞인 것을 가지고 말한 것이 있습니다. 형기를 뛰어넘은 것으로 말한 것은 태극이라는 칭호가 바로 이것으로 만물의 이(理)가 똑같고, 기질로 인한 것으로 이름한 것은 건순(健順)과 오상(五常)이라는 이름이 바로 이것으로 사람과 사물의 성(性)이 똑같지 않으며, 기질과 뒤섞인 것으로 말한 것은 선(善)·악(惡)의 성(性)이 바로 이것으로 사람마다 사물마다 각각 또 똑같지 않습니다.〔理本一也, 而有以超形氣而言者, 有以因氣質而名者, 有以雜氣質而言者, 超形氣而言, 則太極之稱是也, 而萬物之理同矣, 因氣質而名, 則健順五常之名是也, 而人物之性不同矣, 雜氣質而言, 則善惡之性是也, 而人人物物又不同矣.〕"라고 한 부분과 권15 〈답심신부삼연집차변(答沈信夫三淵集箚辨)〉에 "대체로 태극은 형기를 뛰어넘은 것으로 일컬은 것이고, 오상은 기질로 인한 것으로 이름한 것이며, 선악은 기질과 뒤섞인 것으로 말한 것이니, 이 세 가지 설이 구비되어야 비로소 아무런 구애 없이 성(性)에 대해 말할 수 있습니다.〔蓋太極超形氣而稱之也, 五常因氣質而名之也, 善惡雜氣質而言之也, 三說備具, 方可以說性無礙矣.〕"라고 한 부분을 들 수 있다. 원문의 '형기(形器)'는 《남당집》에 '형기(形氣)'로 되어 있다.

146 서로……것 : 해당 원문은 '상설이해(相說而解)'로, 이는 본래《예기(禮記)》〈학

녹문(鹿門 임성주(任聖周))이 일찍이 기질(氣質)을 가지고 '발한 뒤〔發後〕'에다 소속시켰으니, 이 의론이 매우 타당하다. 분수(分殊)가 기(氣)에서 나왔으니, 그렇다면 이것 역시 응당 발한 뒤에다 소속시켜야 할 것인데, 이 그림[147]에서 분수는 동그라미 안에 적혀져 있고 기질은 동그라미 밖에 적혀져 있어서 동그라미의 안팎을 가지고 발함과 발하지 않음을 나누었으니, 어쩌면 발한 뒤의 분수로는 사람과 물(物)의 편(偏 치우침)과 전(全 온전함)에 대해 말할 만하지 못하다고 여겼기 때문에 이러한 천착이 있게 된 것인가. 그러나 편(偏)·전(全)과 선(善)·악(惡)은 끝까지 궁구해 보면 한가지인데, 하나는 미발(未發)에 소속시키고 하나는 이발(已發)에 소속시킨 것은 명리(名理 명칭과 도리)에 있어서 몹시도 어긋나는 점이 있을까 두렵고 만약 미발의 본체에서 분수를 갈라내면 곧 대본(大本)에다 기질을 안착시키는 것이니 일원(一原)을 찾을 곳이 다시는 없게 된다. 이른바 '일원'이라는 것에 대해 그 체면(體面)의 소재가 격식만을 갖춤에 지나지 않는다고 하면

기(學記)〉에 "묻기를 잘하는 자는 마치 단단한 나무를 치는 것과 같아서 쉬운 것을 먼저 하고 그 절목을 뒤에 하며, 그 오래됨에 미쳐서 앞뒤의 내용이 서로 뜻을 밝혀주어 이해하게 된다.〔善問者如攻堅木, 先其易者, 後其節目, 及其久也, 相說以解.〕"라고 한 데에 보인다. 이에 대하여 주자는 "'설(說)' 자를 사람들은 열(悅)이라고 말하나 나는 단지 '설' 자일 뿐인 듯하다. 그 쉬운 것을 먼저 하고 어려운 것은 우선 놓아두어서 얼마 후 본 것이 많아지면 저절로 서로 증명이 되어서 이해가 된다. 남을 이해시키는 것도 해(解)가 되고 자기 스스로 해석되는 것도 해가 되니, 이것은 서로 증명하여 이해되는 것인 듯하다.〔說字, 人以爲悅, 恐只是說字. 先其易者, 難處且放下, 少間見多了, 自然相證而解. 解物爲解, 自解釋爲解, 恐是相證而曉解也.〕"라고 설명하였다.《朱子語類 卷87 禮4 小戴禮 學記》

147 이 그림 : 75쪽 주143 참조.

이는 이름만 있고 실상은 없는 것이다.

형체를 부여받은 이후로 사람과 물(物)의 성(性)은 비록 분수(分殊)에 속해야 마땅하지만 발하기 전에는 확인해 볼 길이 없고 발한 뒤에야 비로소 말할 만한 분수가 있게 되니, 사람의 인(仁)·의(義)와 물(物)의 지킴과 순종함[148]이 바로 이것이다. 발하여 기(氣)가 이(理)를 따르는 것은 절로 본연(本然)이라고 이를 만하고, 발하여 기(氣)가 이(理)를 가린 것은 절로 기질(氣質)이라고 이를 만하니, 본연은 일원(一原)의 이(理)이고 기질은 분수의 기(氣)이다. 또한 이(理)가 일원이면 기(氣)도 역시 일원이고 기(氣)가 분수이면 이(理)도 역시 분수이니, 이를 둘로 구분하면 곧 옳지 못하다. 다만 기(氣)는 유형이고 이(理)는 무형이기에 절로 통(通)·국(局)의 분별이 있는 것이다.[149]

148 물(物)의 지킴과 순종함 : 이는 성(性)이 편벽되어 단지 한길만 통하는 금수(禽獸)의 경우를 말한 것으로, 개가 물건을 잘 지킴과 소가 사람에게 잘 순종함을 말한다.

149 기(氣)는……것이다 : 이(理)는 무형(無形)이기 때문에 만물에 두루 통하며, 기(氣)는 유형(有形)이기 때문에 개체에 국한된다는 이이(李珥)의 학설로, 《율곡전서(栗谷全書)》 권10 〈답성호원(答成浩原)〉에 "이(理)와 기(氣)는 원래 서로 떨어지지 않아 한 물건인 것 같지만 다른 까닭은 이(理)는 무형이고 기(氣)는 유형이며, 이(理)는 무위이고 기(氣)는 유위이기 때문이다. 무형과 무위이면서 유형과 유위의 주(主)가 되는 것은 이(理)이고, 유형과 유위이면서 무형과 무위의 기(器)가 되는 것은 기(氣)이다. 이(理)는 무형이고 기(氣)는 유형이기 때문에 이(理)는 통하고 기(氣)는 국한되는 것이며, 이(理)는 무위이고 기는 유위이기 때문에 기(氣)가 발하면 이(理)가 타는 것이다.〔理氣元不相離, 似是一物, 而其所以異者, 理無形也, 氣有形也, 理無爲也, 氣有爲也. 無形無爲而爲有形有爲之主者, 理也, 有形有爲而爲無形無爲之器者, 氣也. 理無形而氣有形, 故理通而氣局, 理無爲而氣有爲, 故氣發而理乘.〕"라고 한 데에 보인다.

분수(分殊)는 보기 쉽고 일원(一原)은 알기 어려우니, 이는 제자(諸子)가 어긋나 잘못된 까닭이다.

민원리(閔元履 민치복(閔致福))가 말하기를, "예로부터 학문이 어긋나 잘못되는 것은 모두 '성(性)' 자를 오인한 데에서 연유한 것이다. 이제 군이 다 말할 필요는 없고, 우선 배우는 자로 하여금 '성(性)' 자를 낮게 보지 말아서 언제나 천명(天命)인 대본(大本)의 소재로 인식하게 하되 또한 '성(性)' 자를 높게 보지 말아서 도리어 귀와 눈과 손과 발과 입과 코의 동(動)·정(靜)의 이(理)를 가지고 합하여 사람의 성(性)으로 삼도록 한다면 체용일원(體用一原)의 묘함에 있어서 거의 어긋나 잘못되지는 않을 것이다."라고 하였다. 이 말이 비록 심상하게 한 것 같으나 성명(性命)의 이(理)에 대하여 크게 본 바가 있다.

민원리(閔元履 민치복(閔致福))가 또 말하기를, "자사(子思)께서 '하늘이 명(命)하신 것을 성(性)이라 이른다.'[150]라고 말씀하신 것은 바로 대역(大易)의 순곤(純坤)의 뜻이고, 맹자(孟子)께서 성(性)에 대하여 논하신 것은 대체로 복(復)으로 말미암아서 천지의 마음을 보신 것[151]

150 하늘이……이른다 : 이 말은 《중용》 제1장에 "하늘이 명하신 것을 성(性)이라 이르고, 성(性)을 따르는 것을 도(道)라 이르고, 도(道)를 품절(品節)한 것을 교(敎)라 이른다.〔天命之謂性, 率性之謂道, 修道之謂敎.〕"라고 한 부분에 보인다.

151 복(復)으로……것 : 《주역》 복괘(復卦)의 괘사(卦辭)에 "그 도를 반복하여 7일 만에 회복한다.〔反復其道, 七日來復.〕"라고 하였고, 단전(彖傳)에 "복에서 천지의 마음을 본다.〔復, 其見天地之心乎!〕"라고 하였다. 여기서 '천지의 마음'이란 양(陽)이 소멸하지 않아 끊임없이 만물을 생성하는 것을 말한다. 이에 대하여 정이(程頤)는 "한 양

이니, 지혜로운 자는 묵묵히 깨우칠 수 있다."라고 하였다.

농암(農巖 김창협(金昌協)) 선생은 도(道)의 근원을 정확하게 꿰뚫어 보아 그 경지로 깊이 들어가고 혼자서 깨달았으니, 율곡(栗谷 이이(李珥)) 이후의 유일한 사람이다. 삼연(三淵 김창흡(金昌翕))이 이른바 '주자의 충신'이라고 한 것이 지나친 말이 아니다. 우리나라의 유현(儒賢)들에 대해서는 어느 분이나 할 것 없이 아버지와 스승의 의리가 있으니, 그분들을 평가하는 것은 참으로 감히 할 수 없는 일이다. 그렇지만 회옹(晦翁 주희(朱熹))도 송나라의 유현들에게 의론이 미치면 구차하게 피하지 않았으니, 진실로 존경하고 두려워하는 의리와 그 행적을 공정하게 논하는 문제는 서로 혼동해서는 안 된다. 그러므로 비록 참람하고 망령된 일인 줄 몹시도 잘 알지만, 나의 좁은 소견으로 또한 일찍이 멋대로 헤아려 본 적이 있다. 내가 삼가 생각건대, 우리나라 400년 동안 유현들이 배출되어 매우 많았으니, 송나라 이후로 없던 일이다. 그러나 사도(斯道)를 앞장서서 밝히고 학문이 순수하고 덕(德)을 갖추었으며 성현의 깊고 은미한 뜻을 드러내어 옛 성인들의 가르침을 이어받아서 후세의 학자들에게 가르쳐 전한 공으로 말하자면 정암(靜庵 조광조(趙光祖)), 퇴계(退溪 이황(李滉)), 율곡, 농암보다 더 훌륭한

(陽)이 아래에서 회복함은 바로 천지가 물건을 낳는 마음이다. 선유(先儒)는 모두 정(靜)에서 천지의 마음을 볼 수 있다 하였으니, 동(動)의 단서가 바로 천지의 마음임을 알지 못한 것이다. 도(道)를 아는 자가 아니면 누가 이것을 알겠는가.〔一陽復於下, 乃天地生物之心也. 先儒皆以靜爲見天地之心, 蓋不知動之端乃天地之心也. 非知道者, 孰能識之?〕"라고 설명하였다. 정이의 이 말은 《근사록집해(近思錄集解)》 권1 〈도체(道體)〉에도 실려 있다.

사람이 없다. 그러나 정암, 퇴계, 율곡에 대해서는 이미 옛 선비들 사이에 정해진 의론이 있지만, 지금 농암의 시대와는 그다지 멀지 않은데도 그의 덕을 제대로 아는 사람이 드물다. 아아, 공론은 시간이 지날수록 더욱 드러나게 될 것이니, 백대가 지난 뒤에 만일 진정한 선비가 나온다면 거의 나의 이 말에서 취할 점이 있을 것이다.

오늘날 사람들은 항상 삼연(三淵 김창흡(金昌翕))의 '체전용부달(體全用不達)'의 의론[152]에 대해 의심하여 "천하에 어찌 체(體)만 있고 용(用)은 없는 물(物)이 있겠는가."라고 하니, 이 말이 헤아려 생각해 보기가 참으로 좋다고 하겠다. 그러나 한 가지 비유가 있으니, 이제 저 물이 흐름을 타면 흘러서 가고 험함을 만나면 그치지만 그 성(性)으로 말하자면 적시고 내려감〔潤下〕[153]이다. -한 가지 단서를 취하여 비유로 삼은 것이니, 마땅히 얽매이지 않고 융통성 있게 보아야 할 것이다.- 험함을 만나 그쳐서

152 삼연(三淵)의 체전용부달(體全用不達)의 의론 : 이현익(李顯益)이 어유봉(魚有鳳)과 편지를 주고받으면서 금수의 오상과 미발일 때에 기질의 선악에 대하여 논하였는데, 이것을 가지고 김창흡에게 질정하였다. 이에 김창흡이 첨론(籤論)을 가하였는데, 그 내용이 《삼연집(三淵集)》 권21 〈답현익(答李顯益)〉에 "체(體)는 온전하나 용(用)은 통달하지 못할 뿐이다. 천하에 있는 만물이 체(體)는 보존되어 있으면서 용(用)이 드러나지 않은 경우가 어찌 한량이 있겠는가. 귀와 눈이 갖추어졌으나 보고 들음이 혹 명철하지 못하기도 하고 손과 발이 완전하나 손과 발이 마비되어 운동이 온전하지 못한 경우가 있기도 하니, 이것을 가지고 견주어 헤아려 보면 물(物)의 성(性)이 진실로 전혀 없는 것과 매우 흡사한 점이 있음을 알 수 있다.〔體全而用不達已矣, 天下之物, 體存而用不現者何限? 耳目具矣, 而視聽或不徹, 手足完矣, 而運動或不仁者有之, 以此比量, 可知物性之固有一似都無者耳.〕"라고 보인다.

153 적시고 내려감 : 이는 《서경》 〈주서(周書) 홍범(洪範)〉에서 수(水)의 성질에 대해 규정한 것이다.

도리어 적시고 내려갈 수 없으면 또한 "체(體)만 있고 용(用)은 없다." 라고 이를 수 있겠는가. 반드시 '적시고 내려가는 성(性)'이 험함을 만나면 그침에 이르러서 전부 '험함을 만나면 그치는 성(性)'과 바꾼 뒤에야 비로소 "그 체(體)도 있고 그 용(用)도 있다."라고 이를 수 있다는 말인가. 그저 하나의 물이 흘러서 가고 험함을 만나서 그치는데 다반 그 만난 바의 동(動)과 정(靜)에 따라 통(通)과 색(塞)으로 달리 봄이 있으니, 처지를 바꾸면 험함을 만난 것이 가게 되고 흐르는 것이 그치게 될 뿐이다. 그 그침에 나아가서 그 체(體)를 인식하고 그 감에 나아가서 그 용(用)을 인식하니, 이와 같이 이(理)에 대해 말하면 한 모퉁이에 국한되지 않아서 원활하게 서로 통달할 수 있을 것이다. 정자(程子)가 말씀하기를, "무릇 혈기를 지닌 부류는 모두 오상(五常)을 갖추고 있는데, 다만 이것을 확충할 줄을 알지 못할 뿐이다.〔凡有血氣之類 皆具五常 但不知充而已矣〕"[154]라고 하였는데, 오상을 갖춘 것은 체(體)의 온전함이고 확충할 줄을 알지 못한 것은 용(用)의 통달하지 못함이니, 삼연의 이 설(說)이 어찌 전해 받은 바가 없겠는가.

정자(程子)가 일찍이 중니(仲尼)에 대하여 참으로 명쾌(明快)한 사람이라고 일컬어서[155] '명쾌'라는 두 글자를 가지고 성인(聖人)을 형상하

154 무릇……뿐이다 : 이 말은 《이정유서(二程遺書)》 권21하 〈부사설후(附師說後)〉에 보인다.

155 정자(程子)가……일컬어서 : 이는 《근사록》 권14 〈관성현(觀聖賢)〉에 "공자는 참으로 명쾌한 분이고, 안자는 참으로 화락하였으며, 맹자는 참으로 웅변이었다.〔孔子儘是明快人, 顏子儘豈弟, 孟子儘雄辨.〕"라고 한 정호(程顥)의 말에 보인다. 《이정유서

였으니, 말씀한 것이 매우 좋다. 모름지기 명쾌의 반대가 어떠한 것인가를 생각해 보아야만 할 것이다.

무릇 학문(學問)의 도(道)에 대하여 말하자면, 결국에 그것을 성취하는 것은 다만 용(勇 용감)일 뿐이다.

용(勇 용감)과 강(剛 굳셈)은 서로 가까운데 강(剛)은 내면에 보존된 것을 가지고 말하고 용(勇)은 외면에 베풀어진 것을 가지고 말하니, 내면이 강(剛)할 수 없으면 외면이 어떻게 용(勇)하겠는가.

용(勇)이란 다른 사람을 이김을 이른 것이 아니라 사사로움을 이기고 욕심을 이기는 것이 용(勇)이 된다.

몇 해 전 《중용(中庸)》을 읽을 적에 "그 보지 못한 바를 경계하고 삼가며 그 듣지 못한 바를 두려워한다.〔戒愼乎其所不睹 恐懼乎其所不聞〕"라는 구절에 대하여 비록 농암(農巖 김창협(金昌協))의 통관동정설(通貫動靜說)[156]을 위주로 이해하긴 하면서도, 내심 '미발(未發)'이니, '부도불문(不睹不聞)'이니 한 것은 비록 심(心)을 위주로 하고 지(地 처지)

(二程遺書)》 권5에도 실려 있다.

156 통관동정설(通貫動靜說) : 《중용》의 계신(戒愼)과 공구(恐懼)가 동(動)과 정(靜)을 관통해 포괄한다는 설(說)로 《농암집(農巖集)》 권25의 〈계신공구통관동정설(戒愼恐懼通貫動靜說)〉에 그 내용이 자세하다. 김창협은 계신과 공구의 공부가 비록 보거나 듣지 못하는 때에만 속하는 것처럼 보이기는 하지만, 실상은 보고 들을 수 있는 때까지 포괄하고 있다고 생각하였다.

를 위주로 한 차이가 있지만 지극히 고요한 지경의 공부라는 점에서는 똑같다고 생각하였다. 그런데 요사이 새로운 것을 알았으니, "그 보지 못함을 경계하고 삼가며 그 듣지 못함을 두려워한다.〔戒愼乎其不睹恐懼乎其不聞〕"라고 말하지 않고, 그 사이에 '소(所)' 자를 하나씩 넣은 것은 윗글의 "떠날 것이면 도가 아니다.〔可離非道〕"라는 한 구절과 연결된 것으로 가리키는 바가 조금 더 넓다. -'보지 못한 바 듣지 못한 바〔所不睹不聞〕'는 곧바로 '보지 못하고 듣지 못하고〔不睹 不聞〕'라고 한 것과는 말뜻에 차이가 있다.- 자사(子思)의 뜻은, 보고 듣는 것과 보지 못하고 듣지 못한 것을 발(發)과 미발(未發)로 구분하려 한 것이 아니라 단지 사물과 접하지 않았을 때를 가지고 말한 것일 뿐이었다. 그제야 비로소 농암이 "보지 못하고 듣지 못한다는 것은 그저 사물을 접하지 않았을 때이지, 이 마음이 지극히 고요한 지경을 말한 것은 아니다.〔不覩不聞 只是事物未接時 非此心至靜境界〕"[157]라고 말씀한 것이 참으로 변경할 수 없는 지론임을 알았다.

농암(農巖 김창협(金昌協))이 "이(理)의 명칭은 사물로 인하여 성립한다."[158]라고 말씀한 것은 숨은 뜻을 크게 드러냈다고 말할 수 있는 것으로서 후세의 유자(儒者)들이 허공중에 매달려 상을 더듬어 찾는 병통을 바로잡을 수 있다.

157 보지……아니다 : 이 말은 《농암집(農巖集)》 권12 〈답권치도(答權致道)〉에 보인다.

158 이(理)의……성립한다 : 이 말은 《농암집(農巖集)》 권32 〈잡지(雜識) 내편(內篇)2〉에 보인다.

녹문(鹿門 임성주(任聖周))이 말하기를, "〈농암잡지(農巖雜識)〉 가운데 두 단락이 있는데, 앞에서는 인성(人性)과 물성(物性)을 같다고 하는 것 같고, 뒤에는 인성과 물성이 다르다고 여기는 것 같다. 《대학연의(大學衍義)》의 '사람은 금수와 다르다.〔人之異於禽獸〕'라는 한 장(章)에 대한 논의는 매우 명백하고 통투한데, 이것이 앞 설(說)의 뒤와 뒤 설(說)의 앞에 있으니, 이는 대체로 만년에 초년의 설(說)을 바꾼 것이다."[159]라고 하였다. 내가 삼가 이 장(章)에 해당하는 《맹자집주》를 살펴보니, "사람과 물(物)이 태어날 때는 함께 천지의 이(理)를 얻어 성(性)으로 삼고, 함께 천지의 기(氣)를 얻어 형(形)으로 삼는다.〔人物之生, 同得天地之理以爲性 同得天地之氣以爲形〕"[160]라고 한 것은 일원(一原)의 측면에서 말한 것이고, "같지 않은 점은 사람은 유독 그 사이에서 올바른 형기(形氣)를 얻어 능히 그것으로써〔不同者 獨人於其間 得形氣之正 而能有以〕 -'능유이(能有以)' 세 글자를 마땅히 눈여겨보아야 한다.- 그 성을 온전히 보전할 수 있다는 점이 조금 다르다.〔全其性爲少異〕"[161]라고 한 것은 분수(分殊)의 측면에서 말한 것이다. 사람과 물(物)이 태어날 때 이미 똑같이 이 이(理)를 얻었고 또 똑같이 이 기(氣)를 얻었으니 장차 어디로 간들 똑같지 않음이 없다. 다만 형기

159 농암잡지(農巖雜識)……것이다 : 이 말은 《녹문집(鹿門集)》 권19 〈녹려잡지(鹿廬雜識) -이기심성(理氣心性)○기묘경진(己卯庚辰)-〉에 보인다.

160 사람과……삼는다 : 이는 《맹자》 〈이루 하(離婁下)〉에 "사람이 금수(禽獸)와 다른 점이 아주 적은데, 서민(庶民)들은 그것마저 버리고 군자는 그것을 보존한다.〔人之所以異於禽於獸者幾希, 庶民去之, 君子存之.〕"라고 한 맹자의 말에 대한 설명이다.

161 같지……다르다 : 이는 《맹자집주》 〈이루 하(離婁下)〉에 보인다. 위의 주160 참조.

(形氣)가 치우쳤는지 바른지, 그리고 성(性)이 온전한지 온전하지 않은지의 차이가 있을 뿐이니, 그 구분은 사소한 것일 뿐이다. 만약 처음 생명을 부여받을 때 사람과 물(物)의 성(性)이 전혀 다르다면 맹자가 어째서 "다른 점이 아주 적다."라고 말씀하였겠는가. 진서산(眞西山 진덕수(眞德秀))이 한 말의 경우는 단지 "사람과 물(物)이 똑같이 한 마음을 가지고 있다."[162]라고 하여 상세하지 않은 점이 흠이다. 게다가 사람과 물(物)이 다른 이유에 관해서는 설명하지 않고 마음이 있는지 없는지를 가지고 사람과 물(物)의 차이로 간주한 것은 글 뜻으로 헤아려 보아도 역시 매우 어긋나고 통하지 않아 《집주》의 뜻과 어긋난 결과를 초래하였다. 농암이 그르다고 한 것은 바로 이를 가리켜 말한 것이다. 녹문은 농암의 "인의예지의 마음은 금수가 태어날 때 애당초 온전히 구비하지 못하였다."[163]라고 한 말을 언뜻 보고서 자기의 견해

162 사람과……있다 : 진덕수(眞德秀)가 《맹자(孟子)》 〈이루 하(離婁下)〉의 "사람이 금수(禽獸)와 다른 점이 아주 적다.〔人之所以異於禽獸者幾希.〕"에 대하여 "사람이 물(物)에 대하여 그 거리가 또한 먼데 맹자께서 아주 적다고 말씀하신 것은 대체로 사람과 물(物)이 똑같이 한 마음을 가지고 있으나 사람은 보존할 수 있고 물(物)은 보존할 수 없으니, 똑같지 않은 것은 오직 이것일 뿐이다.〔人之與物相去亦遠矣, 而孟子以爲幾希者, 蓋人物均有一心, 然人能存而物不能存, 所不同者, 惟此而已.〕"라고 해석한 것을 가리킨다. 《大學衍義 卷12 格物致知之要1 明道術 吾道源流之正》

163 인의예지의……못하였다 : 이 말은 《농암집(農巖集)》 권32 〈잡지(雜識) 내편(內篇)2〉에 "또한 이른바 '균유일심(均有一心)'이란 것은 무슨 마음을 가리켜서 말한 것인지 알지 못하겠다. 만약 인의예지의 마음이라면 금수가 태어날 때 애당초 진실로 이 마음을 온전히 구비할 수 없으니, 사람과 똑같이 가지고 있다고 말해서는 안 된다. 만약 지각호오의 정(情)을 가리키는 것이라면 비록 금수라고 하더라도 역시 일찍이 이 마음을 없애버린 적이 없으니, 물(物)이 보존할 수 없다고 말해서는 안 된다. 이는 또 이(理)에 장애가 있으니, 따를 수 없다.〔且其所謂均有一心者, 未知指何心而言. 若是

와 비슷한 점을 기뻐하고는 마침내 만년에 견해를 바꾼 증거라고 여겼다. 이것은 편전설(偏全說)에 임시로 덧붙여 그 논변의 잘못을 분별한 것일 뿐, 근원이 하나라는 부분〔一原處〕까지 거슬러 올라가 논한 것은 아님을 전혀 살피지 못한 것이다. 그 아래에 '지각호오(知覺好惡)의 정(情)'을 대비하여 설명한 부분[164]을 보면 그와 같이 논조를 세운 뜻을 알 수 있다. 녹문은 삼연(三淵 김창흡(金昌翕))을 곧장 배척하고 농암을 힘써 따르고자 하였으나 억지로 이끌어 좌지우지함을 면하지 못하였다.

농암(農巖 김창협(金昌協))이 "인의예지의 마음은 금수가 태어날 적에 애당초 온전히 갖출 수 없다."[165]라고 한 말은 갑자기 보면 의심스러운 것 같지만 잘 생각해 보면 의심날 것이 없다. 진서산(眞西山 진덕수(眞德

仁義禮智之心, 則禽獸之生, 合下固不得全具此心, 不當說與人均有. 若指知覺好惡之情, 則雖禽獸, 亦不曾去了此心, 不當說物不能存. 此又於理有礙, 不可從也.〕"라고 한 데에 보인다.

164 그……부분 : 위의 주163 참조.

165 인의예지의……없다 : 이 말은 《농암집(農巖集)》 권32 〈잡지(雜識) 내편(內篇)2〉에 "또한 그가 말한 '사람과 물(物)이 똑같이 한 마음을 가지고 있다.'라고 한 것은 무슨 마음을 가리켜서 말한 것인지 알지 못하겠다. 만약 인의예지의 마음이라면 금수가 태어날 적에 애당초 진실로 이 마음을 온전히 갖출 수 없으니, '물이 사람과 똑같이 가지고 있다.'라고 말해서는 안 되고, 만약 지각·호오의 정(情)을 가리키면 비록 금수라도 또한 이 마음을 제거해 버린 적이 없으니, '물(物)이 보존할 수 없다.'라고 말해서는 안 된다. 이는 또 이치에 막히는 바가 있으니, 따를 수 없다.〔且其所謂均有一心者, 未知指何心而言, 若是仁義禮智之心, 則禽獸之生, 合下固不得全具此心, 不當說與人均有, 若指知覺好惡之情, 則雖禽獸, 亦不曾去了此心, 不當說物不能存, 此又於理有礙, 不可從也.〕"라고 한 데에 보인다.

秀))이 동정(動靜)을 구분하지 않고 사람과 금수가 다 같이 한 마음을 지녔다고 말한 것[166]이 매우 분명치 않기 때문에 농암의 말이 이와 같았을 뿐이다. 시험 삼아 경전을 살펴보면 일반적으로 '심(心)' 자를 말한 곳에서는 사실 대부분 이발(已發)을 붙여서 말하였다. 여기서 인의예지의 마음을 말한 것은 이 또한 분명히 발용(發用)한 것을 가지고 말한 것으로, 맹자의 이른바, "측은지심은 인이고 수오지심은 의이며 공경지심은 예이고 시비지심은 지이다.〔惻隱之心仁也 羞惡之心義也 恭敬之心禮也 是非之心智也〕"[167]라고 한 심(心)이 바로 이것이다. 금수가 태어날 때 사람과 마찬가지로 오상(五常 인의예지신)을 부여받았더라도 그것이 드러나 작용하는 부분에서 과연 어찌 이 심(心)을 온전히 갖출 수 있겠는가. 이것이 곧 이른바 "체(體)는 온전하나 용(用)은 통달하지 못한다."[168]라는 것이다. 만일 또 이것을 가지고 의심

166 사람과……것 : 진덕수(眞德秀)가 《맹자(孟子)》 〈이루 하(離婁下)〉의 "사람이 금수(禽獸)와 다른 점이 아주 적다.〔人之所以異於禽獸者幾希.〕"에 대하여 "사람이 물(物)에 대하여 그 거리가 또한 먼데 맹자께서 아주 적다고 말씀하신 것은 대체로 사람과 물(物)이 똑같이 한 마음을 가지고 있으나 사람은 보존할 수 있고 물(物)은 보존할 수 없으니, 똑같지 않은 것은 오직 이것일 뿐이다.〔人之與物相去亦遠矣, 而孟子以爲幾希者, 蓋人物均有一心, 然人能存而物不能存, 所不同者, 惟此而已.〕"라고 해석한 것을 가리킨다. 《大學衍義 卷12 格物致知之要1 明道術 吾道源流之正》

167 측은지심은……지이다 : 이 말은 《맹자(孟子)》 〈고자 상(告子上)〉 제6장에 보인다.

168 체(體)는……못한다 : 이현익(李顯益)이 어유봉(魚有鳳)과 편지를 주고받으면서 금수의 오상과 미발일 때에 기질의 선악에 대하여 논하였는데, 이것을 가지고 김창흡에게 질정하였다. 이에 김창흡이 첨론(籤論)을 가하였는데, 그 내용이 《삼연집(三淵集)》 권21 〈답현익(答李顯益)〉에 "체(體)는 온전하나 용(用)은 통달하지 못할 뿐이다. 천하에 있는 만물이 체(體)는 보존되어 있으면서 용(用)이 드러나지 않은 경우가 어찌

한다면 내가 이미 앞서 이에 대해 논변한 바가 있다.

온전히 갖추었다〔全具〕고 하는 것은 유형의 물(物)이 편(偏)・전(全)의 구별이 있음과 같은 것이 아니다. 사람은 그 마음이 허령(虛靈)하여 채워서 나아갈 수가 있으니 바로 전(全)이고, 물(物)은 어두운 바람에 다시 미루어 나아가지 못하니 바로 부전(不全)이다. 주자가 "사람과 물(物)이 똑같은 것은 이(理)이고 똑같지 않은 것은 심(心)이다.〔人物之所同者理 所不同者心〕"[169]라고 말씀한 것이 바로 이것을 이른 것이다. -주자가 물(物)의 성(性)에 대하여 매번 '혼(昏)'・'폐(蔽)' 등의 글자를 놓으셨으니, 이는 대체로 그것이 어둡기 때문에 가려져서 드러나지 못함을 가리킨 것이지 애당초 품수(稟受)하지 못한 것을 이른 것이 아니다.-

농암(農巖 김창협(金昌協))은 성(性)에 관한 설(說)에 있어서 과연 초년과 만년의 차이가 있다. 그 우재(尤齋 송시열(宋時烈))께 올린 한 편지[170]

한량이 있겠는가. 귀와 눈이 갖추어졌으나 보고 들음이 혹 명철하지 못하기도 하고 손과 발이 완전하나 손과 발이 마비되어 운동이 온전하지 못한 경우가 있기도 하니, 이것을 가지고 견주어 헤아려 보면 물(物)의 성(性)이 진실로 전혀 없는 것과 매우 흡사한 점이 있음을 알 수 있다.〔體全而用不達已矣, 天下之物, 體存而用不現者何限? 耳目具矣, 而視聽或不徹, 手足完矣, 而運動或不仁者有之, 以此比量, 可知物性之固有一似都無者耳.〕"라고 보인다.

169 사람과……심(心)이다 : 이 말은 《맹자》〈이루 하(離婁下)〉에 "사람이 금수(禽獸)와 다른 점이 아주 적은데, 서민(庶民)들은 그것마저 버리고 군자는 그것을 보존한다.〔人之所以異於禽於獸者幾希, 庶民去之, 君子存之.〕"라고 한 부분의 대전본(大全本) 소주(小註)에 보인다.

170 우재(尤齋)께……편지 : 이는 현재 《농암집(農巖集)》 권12에 실려 있는 〈상우재

는 바로 초년의 설(說)에 해당하니, 대체로 사람과 물(物)의 성(性)이 같고 다름에 대하여 깊이 의심하였고, 권유도(權有道 권상유(權尙游)) 에게 보내어 《사변록변(思辨錄辨)》에 대해 논한 편지[171]는 바로 만년의 확정된 의론에 해당한다. 거기에서 "성(性)과 도(道)는 진실로 사람과 물(物)에 공통된 것이다."라고 한 것과 또 "성(性)이라는 것은 만물의 일원이니, 사람이 홀로 얻은 것은 아니다. 그러므로 주자의 《장구》에서 천명지성을 해석할 적에 반드시 사람과 물(物)을 겸하여서 말하였다. 이제 아무개가 그저 사람에게 수여한 것을 말하고 물(物)을 버려버렸으니, 이는 천명의 성(性)을 사람만 홀로 소유하고 물(物)은 참여할 수가 없는 것이다. 이는 성명의 이(理)를 완전히 알지 못한 것이다."라고 한 것[172] 등 이 몇 마디 말씀을 살펴보면 직절(直截)하고 명백할 뿐만 아니라 더욱 의심할 만한 것이 없다. 삼연(三淵 김창흡(金昌翕))이 우재께 올린 편지를 가지고 아직 확정되지 못한 의론

중용의의문목(上尤齋中庸疑義問目)〉으로, 김창협이 28세 때인 1678에 쓴 편지이다.

171 권유도(權有道)에게……편지 : 이는 김창협이 53세 때인 1703년(숙종29)에 쓴 편지로 현재 《농암집(農巖集)》 권15에 실려 있다. 권상유는 호는 구계(癯溪), 본관은 안동(安東)으로, 권격(權格)의 아들이자 권상하(權尙夏)의 아우이다. 이해 봄에 박세당이 《사변록》을 지어 주자의 사서(四書)에 대한 《집주(集註)》와 《장구(章句)》 내용을 비판하자, 성균관 재생(齋生)들이 그를 공격하는 상소를 올렸다. 숙종은 유신(儒臣)들에게 그 책을 가져다가 조목별로 그 잘못을 가려 논파하게 하였는데, 홍문관 수찬(弘文館修撰)으로 있던 권상유가 그 일을 주관하였다. 《농암집》 연보(年譜)에는 1704년(숙종30) 2월에 이 일이 있었던 것으로 되어 있다. 《肅宗實錄 29年 6月 21日, 7月 5日》

172 거기에서……것 : 이와 관련된 내용은 《농암집(農巖集)》 권15 〈여권유도 논사변록변(與權有道論思辨錄辨)〉에 자세히 보인다.

이라고 한 것은 틀림없이 평소 강론하는 즈음에 전해 받은 바가 있는 것일 텐데 녹문(鹿門 임성주(任聖周))이 이에 대하여 "미처 자세히 살펴보지 못하였다."[173]라고 이른 것은 삼연이 살펴본 것이 자세하지 못한 것이 아니라 거의 녹문이 선입견이 주가 되어 정체하여 변화하지 못하는 바람에 의론의 본말에 대하여 자세히 함을 지극히 할 겨를이 없었던 것일 뿐이다.

정자(程子)와 주자 이후로 변론(辯論)을 잘하는 선비들이 누구라고 할 것 없이 불교를 배척하고 논박하는 것을 가지고 가계(家計 공부)로 삼아서 그들이 한 말이 매우 많다. 그러나 만약 그 근본을 하나도 남김 없이 깊이 궁구하여 기미(幾微)와 호홀(毫忽 아주 미미하고 소소함)의 즈음에서 판별해 분석하여 편언(片言)의 사이에서 옳은 듯처럼 보이지만 실제로는 그른 것을 꺾어서 그 실정으로부터 달아날 수 없도록 한 것에 대하여 논하면 농암(農巖 김창협(金昌協))과 같은 자가 드무니, 여기에서 또한 기미를 연구함[174]이 정밀하다는 것을 알 수 있다.

173 미처……못하였다 : 이 말은《녹문집(鹿門集)》권19〈녹려잡지(鹿廬雜識) -이기심성(理氣心性)○기묘경진(己卯庚辰)-〉에 "농암이 우재께 올린 한 편지에 대해 삼연이 억지로 '아직 확정되지 않은 설'로 만들어서 판단해 취하지 않았으니, 어쩌면〈잡지〉를 미처 자세히 살펴보지 못한 것인 듯하다.〔上尤翁一書, 三淵硬作未定之說而判捨之, 豈未及細考雜識歟?〕"라고 한 임성주의 자주(自註)에 보인다.

174 기미를 연구함 : 이는《주역》〈계사 상(繫辭上)〉 제10장에 "《역》이라는 것은 성인께서 사물의 심오한 부분을 깊이 탐색하고 은미한 부분을 연구한 것이다.〔夫《易》, 聖人之所以極深而研幾也.〕"라고 한 데서 온 말이다.

녹문(鹿門 임성주(任聖周))이 말하기를, "불리(不離 떨어지지 않음)와 부잡(不雜 뒤섞이지 않음)은 동이(同異)에 나누어 소속시킬 수 없다. 일원처(一原處)에도 역시 불리와 부잡이 있고 분수처(分殊處)에도 역시 불리와 부잡이 있다."[175]라고 하였으니, 이 말이 매우 타당하다. 그러나 일원(一原)은 이(理)를 위주로 하니, 이(理)를 위주로 하면 불리와 부잡의 가운데에 부잡의 의사(意思)가 중요해지고, 분수는 기(氣)를 위주로 하니, 기(氣)를 위주로 하면 불리와 부잡의 가운데에 불리의 의사가 중요해진다.

오늘날 사람들은 도리어 성명(性命)을 가지고 한 건의 일로 간주하여 귀와 눈과 입과 코의 동정(動靜)과 순식(瞬息)의 사이에 성대하고 충만하고, 두루 퍼져서 흩어져 있고 화기애애하고 넘실대서 확인해봄에 어느 것 할 것 없이 모두 이것임을 전혀 알지 못한다. 그러므로 맹자께서 "사람의 형체(形體)와 용모(容貌)는 천성(天性)이다."[176]라고 말씀하신 것이다.

175 불리(不離)와……있다 : 이 말은 《녹문집(鹿門集)》 권19 〈녹려잡지(鹿廬雜識)-이기심성(理氣心性)○기묘경진(己卯庚辰)-〉의 임성주의 자주(自註)에 보인다.

176 사람의……천성(天性)이다 : 이 말은 《맹자》 〈진심 상(盡心上)〉에 "사람의 형체(形體)와 용모(容貌)는 천성(天性)이니, 오직 성인(聖人)인 뒤에야 타고난 형체와 용모대로 실천할 수 있는 것이다.〔形色, 天性也, 惟聖人然後可以踐形.〕"라고 한 맹자의 말에 보이는데, 이에 대한 주자의 《집주》에 "사람이 가지고 있는 형체와 용모는 각각 자연의 이치가 있지 않음이 없으니, 이것이 이른바 천성이란 것이다.〔人之有形有色, 無不各有自然之理, 所謂天性也.〕"라고 한 설명하였다.

사람의 형체(形體)와 용모(容貌)가 어느 것 할 것 없이 각각 당연한 법칙을 가지고 있으니, 바로 천리(天理)의 자연(自然)인 것으로 이것을 따라서 어김이 없는 것이 바로 이른바 '천형(踐形)'[177]이다. 그러므로 하늘과 사람이 하나의 이치여서 다시는 분별이 없는데 다만 유형과 무형의 사이일 뿐인 것이다.

영묘(英廟 영조(英祖))의 치세에 유학(儒學)을 공부하는 선비들이 빈빈(彬彬)하다고 이를 만하겠는데 미호(渼湖 김원행(金元行))의 가학의 연원이 농암(農巖 김창협(金昌協))을 계승하여 문로(門路)가 매우 바르고 법도가 치우치지 않았다. 그 이(理)와 기(氣)에 대하여 논한 설(說)들은 분명하고도 창달하며 탁월하면서도 웅장하고, 문장이 굉대하면서도 구애됨이 없어서 또 이러한 것들을 발휘해 낼 만하니, 동시대의 유현(儒賢) 중에 그와 비슷한 수준이 되는 경우가 거의 드물 것이다.

《미호집(渼湖集)》에서 〈심성기질에 관한 설로 이민철에게 보여주다〔心性氣質說 示李敏哲〕〉[178]라는 한 편은 처음부터 끝까지 불과 백 글자

177 천형(踐形) : 하늘로부터 부여받은 천성(天性)을 체현(體現)한다는 뜻으로, 《맹자》 〈진심 상(盡心上)〉에 "사람의 형체(形體)와 용모(容貌)는 천성(天性)이니, 오직 성인(聖人)인 뒤에야 타고난 형체와 용모대로 실천할 수 있는 것이다.〔形色, 天性也, 惟聖人然後可以踐形.〕"라고 한 맹자의 말에 보이는데, 이에 대한 주자의 《집주》에 "중인(衆人)은 이것〔天性〕을 가지고 있으되 알지 못하고, 현인(賢人)은 실천하되 다하지 못하니, 능히 그 형체를 채우는 것은 오직 성인(聖人)뿐이다.〔衆人有之而不知, 賢人踐之而未盡, 能充其形, 惟聖人也.〕"라고 한 정자의 말이 인용되어 있다.

178 심성기질에……보여주다 : 이 글은 현재 《미호집(渼湖集)》 권14 〈잡저(雜著)〉에 실려 있다.

남짓인데 이(理)와 기(氣)에 관한 명칭의 사이에서 입론한 것이 간명하면서도 평이하고 막힘없이 환히 통하여 본말이 남김없이 다 드러났으니, 다른 사람에게 보여주기에 더할 나위 없이 좋다.

녹문(鹿門 임성주(任聖周))이 만년에 견해를 바꾸게 된 장본은 오로지 《맹자》 〈고자 상(告子上)〉의 '견우인성 장(犬牛人性章)'[179]에 있다. 녹문이 "이른바 개와 소와 사람의 성(性)에 대하여 '이는 기질지성(氣質之性)을 가리킨 것이다.'라고 이르는 자는 다만 문리(文理)를 알지 못한 것일 뿐이다."[180]라고 말한 것이 있으니, 어쩌면 이다지도 말한 것이 지나치게 쾌한 데에서 잘못되었단 말인가. 주자가 정윤부(程允夫)에게 답한 편지에 이르기를, "천명지성(天命之性)은 천하를 통틀어 한 성(性)일 뿐이니, 어찌 서로 가까움이 있겠는가. 공자께서 서로 가깝다고 말씀한 것은 기질지성을 가리켜서 말씀한 것이니, 맹자가 개와 소와 사람의 성(性)이 다르다고 말씀한 것도 역시 이것을 가리켜서 말한 것이다."[181]라고 하였고, 《주자어류》에 또 이르기를, "기질지성을

179 맹자 고자 상(告子上)의 견우인성 장(犬牛人性章) : 해당 전문(全文)은 다음과 같다. "고자가 말하였다. '생리적인 본능을 성(性)이라고 합니다.' 맹자께서 말씀하셨다. '생리적인 본능을 성이라고 하는 것은, 흰 것을 희다고 하는 것과 같은 것입니까?' '그렇습니다.' '그렇다면 흰 깃털의 흰 것이 흰 눈의 흰 것과 같고, 흰 눈의 흰 것이 흰 옥(玉)의 흰 것과 같다는 말입니까?' '그렇습니다.' '그렇다면 개의 성이 소의 성과 같으며, 소의 성이 사람의 성과 같단 말입니까?'〔告子曰 : 生之謂性. 孟子曰 : 生之謂性也, 猶白之謂白與? 曰 : 然. 白羽之白也, 猶白雪之白, 白雪之白, 猶白玉之白與? 曰 : 然. 然則犬之性, 猶牛之性, 牛之性, 猶人之性與?〕"

180 이른바……뿐이다 : 이 말은 《녹문집(鹿門集)》 권6 〈답김백고(答金伯高) -경진(庚辰)-〉에 보인다.

옛사람들이 비록 일찍이 말씀하지는 않았지만 경전을 상고해 보면 도리어 이러한 뜻이 있었다. 공자께서는 '성(性)이 서로 비슷하나 습관에 따라 서로 멀어졌다.'라고 하였고, 맹자께서 고자(告子)의 '낳는 것을 성이라고 한다.〔生之謂性〕'라는 말을 분별한 것도 역시 기질지성을 말한 것이다. 근세에 염계(濂溪 주돈이(周敦頤))가 이것을 끄집어냈고, 횡거(橫渠 장재(張載))와 두 정자(程子)께서 처음으로 기질지성에 관해 말씀하였다."[182]라고 하였다. 이에 대하여 자세히 연역해 보면 주자가 기질지성을 가지고 맹자가 말씀한 개와 소와 사람의 성(性)이 똑같지 않은 것에 대해 단정한 것이 누차 말씀하여 한 번으로 그치지 않아서 간절하고 반복하며 정성스럽고 곡진하여 후인으로 하여금 미혹되지 않도록 할 수 있었다. 녹문도 역시 틀림없이 이에 대하여 익숙하게 보았을 텐데 오히려 전언(前言)을 일소하고 고집스럽게 자기의 견해만을 주장하였으니, 이는 어째서인가. 삼가 남몰래 이 때문에 한탄하며 애석하게 여기는 바이다.

녹문(鹿門 임성주(任聖周))이 또 말하기를, "기질(氣質) 운운한 것은 수

181 천명지성(天命之性)은……것이다 : 이 말은《회암별집(晦庵別集)》권2〈서(書) 정윤부(程允夫)〉에 "하늘이 명한 것을 성(性)이라 이른다. 그렇다면 천하를 통틀어 한 성(性)일 뿐이니, 어찌 서로 가까움이 있겠는가? 공자께서 서로 가깝다고 말씀한 것은 기질지성을 가리켜서 말한 것이니, 맹자가 개와 소와 사람의 성(性)이 다르다고 말씀한 것도 역시 이를 가리켜서 말한 것이다.〔天命之謂性, 則通天下一性耳, 何相近之有? 言相近者, 是指氣質之性而言, 孟子所謂犬牛人性之殊者, 亦指此而言也.〕"라고 보인다.

182 기질지성을……말씀하였다 : 이 말은《주자어류(朱子語類)》권59〈맹자(孟子)9 고자 상(告子上) 성무선무불선 장(性無善無不善章)〉의 주모(周謨)의 기록에 보인다.

미(首尾)가 서로 연접하지 못하고 문답(問答)이 서로 걸맞지 못하여 전연 말을 이루지 못하고 전연 의리를 이루지 못한다."[183]라고 하였다. 내가 삼가 이 말의 뜻에 대하여 자세히 살펴보건대, "고자(告子)가 기(氣)를 가지고 성(性)을 말하였는데, 맹자가 만약 또 기질지성(氣質之性)을 가지고 답한다면 바로 수미가 연접하지 못한 것이고 바로 문답이 걸맞지 못한 것이다."라고 여긴 것이니, 맹자가 처음부터 끝까지 기(氣)를 놓아두고서 말하지 않은 것이 바로 고자가 기(氣)를 가지고 성(性)을 말한 것에 대답한 것으로, 이것이 곧 깊게 물리친 것임을 전혀 알지 못하였다. 대체로 고자가 잘못되고 헷갈리게 된 근본은 성(性)을 제대로 알지 못한 데에 있을 뿐만 아니라 실제로 기(氣)가 똑같지 않음이 있음을 제대로 알지 못하였던 것이다. 그러므로 먼저 삼백(三白)에 얕고 깊음과 견고하고 가벼움의 다름이 있음[184]을 가지고 따져 물었는데 고자가 미혹하여 깨달을 줄을 알지 못하자, 이에 또 삼성(三性)에 편(偏)과 전(全)이 있는 것이 기(氣)로 말미암은 것임[185]을 가지고 알려주었으니, 고자가 자기 말의 논리가 맞지 않음을 스스로

183 기질(氣質)……못한다 : 이 말은 《녹문집(鹿門集)》 권6 〈답김백고(答金伯高) -경진(庚辰)-〉에 보인다.

184 삼백(三白)에……있음 : 이는 《맹자》 〈고자 상(告子上)〉의 견우인성 장(犬牛人性章)에 "흰 깃털의 흰 것이 흰 눈의 흰 것과 같고, 흰 눈의 흰 것이 흰 옥(玉)의 흰 것과 같다는 말입니까?〔白羽之白也, 猶白雪之白, 白雪之白, 猶白玉之白與?〕"라고 한 맹자의 물음을 가리킨다.

185 삼성(三性)에……것임 : 이는 《맹자》 〈고자 상(告子上)〉의 견우인성 장(犬牛人性章)에 "그렇다면 개의 성이 소의 성과 같으며, 소의 성이 사람의 성과 같단 말입니까?〔然則犬之性, 猶牛之性, 牛之性, 猶人之性與?〕라고 한 맹자의 물음을 가리킨다.

알고서 다시 논박하여 힐난하지 못하였는데 맹자 또한 그 설(說)을 끝까지 다하지 못하였다. 대체로 기(氣)의 고르지 못함을 먼저 말한 다음에 성(性)의 편(偏)과 전(全)을 말하였으니, 그렇다면 편(偏)과 전(全)이 기(氣)로 말미암았음을 알 수 있다. 편(偏)과 전(全)이 기(氣)로 말미암았음을 이미 알았으면 일원본연(一原本然)의 성(性)을 말 밖에서 절로 볼 수 있으니, 만약 고자가 다시 말을 하여 힐난하였다면 맹자도 역시 틀림없이 일전어(一轉語)[186]를 놓아서 그 말의 논리를 꺾었을 것이다.

고자(告子)가 기(氣)를 성(性)으로 인식한 것에 대하여 맹자가 다만 이(理)를 가지고 반박했을 뿐만 아니라 반드시 기(氣)를 부대해 성(性)을 말씀하여서 변별한 것은 다만 고자가 기(氣)를 제대로 알지 못하였기 때문일 뿐만이 아니니, 여기에서 또한 맹자의 변론하기를 좋아하는 부분을 볼 수 있겠다.

만약 녹문(鹿門 임성주(任聖周))의 설(說)대로 개와 소와 사람의 성(性)의 다름을 본연(本然)으로 간주하면 일원(一原)에 소속시킬 수 없어서 장차 이것을 '각 기(氣)의 본연〔各氣本然〕'이라고 이를 수밖에 없다. '각 기(氣)의 본연'이란 이 노인이 일찍이 힘써 공격하였던 바인데, 그가 스스로 자신의 주장을 만들어 내세울 적에 도리어 이것과 일치함

186 일전어(一轉語) : 본래 선가(禪家)의 말로, 선승(禪僧)이 학인(學人)에게 깨달음의 계기를 제공해 주는 한마디의 번뜩이는 어구를 말한다. 여기서는 다른 사람의 마음을 깨우치게 해주는 말을 가리킨다.

을 면하지 못한 것은 어째서인가.

우암(尤庵 송시열(宋時烈))은 간세(間世)의 영웅호걸로서 대의(大義)를 잡아 지켜서 인륜을 부지하고 사설(邪說)을 물리쳐서 사문(斯文)을 붙들어 세웠으니 그 공(功)은 속일 수가 없다. 삼연(三淵 김창흡(金昌翕))이 말씀하기를, "이해(利害)와 화복(禍福)의 밖에다 몸을 두었고, 예의(禮義)와 염치(廉恥)의 안에다 세상을 단속하였다."[187]라고 하였으니, 참으로 좋은 평이다. 요즈음 보건대, 선비들의 추향이 바르지 못하여 이단의 말이 올바름을 해쳐서 성인(聖人)의 길이 날로 황폐해지는 데로 나아갔으나 이를 만회할 수가 없으니, 매양 이 어르신을 그리워하여 구원(九原)에서 다시 살려낼 수 없음[188]을 탄식하노라.

국조(國朝) 선유(先儒)들의 학술은 거의 대부분 자양(紫陽 주희(朱熹))의 법을 본받아서 지켰는데, 만약 전문(專門)으로 하는 공(功)에 대하여 논하면 앞에는 퇴도(退陶 이황(李滉))가 있고 뒤에는 우암(尤庵 송시열(宋時烈))이 있다. 그러나 퇴도는 학문을 논한 글에 온 힘을 다하였고

187 이해(利害)와……단속하였다 : 이 내용은 《삼연집(三淵集)》 권22 〈서(書) 의상중구(擬上仲舅)〉와 《송자대전(宋子大全)》 부록 권19 〈기술잡록(記述雜錄) 김창흡(金昌翕)〉에 보인다.

188 구원(九原)에서……없음 : '구원'이란 춘추 시대 진(晉)나라 경대부(卿大夫)의 묘지가 있던 곳으로, 일반적으로 무덤을 뜻한다. 이 말은 《예기(禮記)》 〈단궁 하(檀弓下)〉에 "조문자가 숙예와 더불어 구원을 구경하였는데, 문자가 말하였다. '죽은 이들을 만약 다시 살려낼 수 있다면 나는 누구를 따라 돌아갈까.'〔趙文子與叔譽觀乎九原, 文子曰: 死者如可作也, 吾誰與歸?〕"라고 한 부분을 원용한 것이다.

우암은 시사(時事)와 출처(出處)에 온 힘을 다하여서 각각 한 방면으로 말미암아서 성취하였으니, 이것이 다른 까닭이다.

책을 읽다가 난해한 부분에 이르러서 여러 날 동안 애태우며 힘을 다하여 생각하면 더욱 혼란하여 들어갈 곳을 찾지 못하게 된다. 이러한 때 우선 모든 것을 다 내려놓고 오래도록 흉중에 아무런 일도 없게 한 다음 혹 한밤중 베개를 베고 누워 있을 때나 길을 가는 도중 말안장 위에서 서서히 환기하여 한번 생각해 본다면, 정신과 생각이 해후할 즈음에 홀연 깨닫는 부분이 있게 되니, 이때의 의사가 매우 좋다.

치지(致知)의 공부는 '옛날 배웠던 것을 되풀이해서 다시 익히고서 새로운 것을 아는 것〔溫故而知新〕'[189]보다 더 우선하는 것은 없다. 매양 스스로 성찰해 봄에 이미 아는 바를 제대로 되풀이해서 익히지 못한 채 번번이 새로 아는 바를 토구(討究)하는 것을 기뻐함에 대하여 근심하였으니, 이는 되풀이해서 다시 익히고 깊이 무젖는 지취가 없어서 끝내 섭렵하느라 거칠고 서투르게 되는 것으로서[190] 또한 일과 행위에

189 옛날……것 : 이 말은 《논어(論語)》 〈위정(爲政)〉의 공자의 말과 《중용》 제27장에 보인다.

190 섭렵하느라……것으로서 : 해당 원문은 '섭렵로무(涉獵鹵莽)'이다. '섭렵'은 학문을 할 적에 많은 책을 널리 읽거나 여기저기 찾아다니며 경험하는 것으로 전일하고 정밀하지 못함을 말하며, '노무'는 대충대충 넘어가고 건너뛰어서 학문이 거칠고 서투른 것을 말한다. 이 말은 《회암집(晦庵集)》 권39 〈여위응중(與魏應仲)〉에 "마치 성현을 마주한 듯 단정히 정좌하면 마음이 안정되어 의리를 쉽게 궁구할 수 있다. 많이 읽기만을 탐내어 힘쓰거나 섭렵하느라 거칠고 서투르게 해서는 안 되며, 읽기를 마치자마자 곧 이미 통해야 한다.〔端莊正坐, 如對聖賢, 則心定而義理易究. 不可貪多務廣, 涉獵鹵

미루어 나아가 궁리(窮理)의 효험을 참으로 볼 수가 없다. 그런대로 한번 이를 기록하여서 스스로 경계하는 바이다.

정자(程子)가 말씀하기를, "격물(格物)은 자기 자신에게서 살피는 것만 한 것이 없으니, 그 얻음이 더욱 절실하다.〔格物莫若察之於身 其得之尤切〕"[191]라고 하였으니, 이 말씀을 외고 음미하지 않은 적이 없었다. 매양 응접하는 즈음과 사려가 발할 때 번번이 그냥 지나쳐 버려 방심해 소홀히 함을 면하지 못하니, 진실로 그 연유를 궁구하면 결국에는 본원(本原)을 함양(涵養)하는 공부[192]에 다소간 부족한 점이 있어서 그러한 것이다. 이런 식으로 계속해 나아가면 비록 종신토록 격물치지를 한들 장차 어떻게 이(理)와 사(事)가 일치하는 묘함을 보겠는가. 다만 입과 귀의 사이에서 그저 외고 말하는 학문을 성취해 낼 뿐이다.

무릇 일과 행위에 혹 천리(天理)로 시작하여 인욕(人欲)으로 끝맺는 것이 있으니, 확인해 보면 알 수 있다. 예컨대 어린아이가 우물에 들어가는 것을 보면 측은지심(惻隱之心)이 특별히 발동해 나오니, 이는 순수하게 천리인 것인데, 이미 구제하고 나서는 다시 명예를 바라고 친교(親交)를 맺으려는 마음이 생겨나니, 그렇다면 이는 인욕인 것이

莽, 纔看過了, 便爲已通.〕"라고 한 데에 보인다.

191 격물(格物)은……절실하다 : 이 말은 《주자어류(朱子語類)》 권18 〈대학(大學)5 독기소위격물치지자일단(獨其所謂格物致知者一段)〉의 서우(徐寓)와 양도부(楊道夫)의 기록 및 《대학혹문(大學或問)》에 보인다.

192 본원(本原)을 함양(涵養)하는 공부 : 이는 미발공부(未發工夫), 경공부(敬工夫), 계구공부(戒懼工夫)와 같은 뜻이다.

다.[193] 대체로 천리의 발함이 이제 막 뜻에 머물러 있기만 하면 곧 인욕의 사사로움에 가려져서 그 기미가 매우 은미하니, 마땅히 정밀히 살펴서 인욕을 이겨 나아가야 하는 것이다.

선유(先儒) 중에 《중용(中庸)》의 '귀신(鬼神)'을 오로지 이(理)로 간주하는 분이 있는데, 이에 대하여 나는 삼가 옳지 않다고 생각한다. 귀신은 진실로 이(理)와 묘하게 합하여 간단(間斷)이 없지만 결국에는 형이하(形而下)인 것이다. 그러므로 주자가 《장구》에서 '음지령양지령(陰之靈陽之靈)'을 가지고 해석하였으니,[194] 어찌 다른 말을 끼워 넣을 수 있겠는가. 또한 명덕(明德)과 비교해서 보면 상호 드러내어 밝혀주는 점이 있다. 명덕은 심(心)인데 이치를 갖추어 일에 응하는 것은 바로 그 성정(性情)과 공용(功用)이고, 귀신은 기(氣)인데 그 성정과 공용도 역시 모두 실리(實理)의 소재이다. 명덕은 바로 사

193 어린아이가……것이다 : 이는 《맹자》 〈공손추 상(公孫丑上)〉에 "사람들이 모두 사람에게 차마 해치지 못하는 마음을 가지고 있다고 말하는 까닭은 지금 사람들이 갑자기 어린아이가 우물에 들어가려는 것을 보고는 모두 깜짝 놀라고 측은해하는 마음을 가지니, 이것은 어린아이의 부모와 친교를 맺으려고 해서도 아니며, 향당과 붕우들에게 명예를 구해서도 아니며, 잔인하다는 소리를 듣기 싫어서 그렇게 한 것도 아니다.〔所以謂人皆有不忍人之心者, 今人乍見孺子將入於井, 皆有怵惕惻隱之心, 非所以內交於孺子之父母也, 非所以要譽於鄕黨朋友也, 非惡其聲而然也.〕"라고 한 부분을 원용한 것이다.

194 주자가……해석하였으니 : 《중용장구》 제16장에서 "두 기로써 말하면 귀는 음의 영(靈)이요, 신은 양의 영이며, 한 기로써 말하면 이르러 펴짐은 신이 되고, 돌아가 되돌아감은 귀가 되니, 그 실제는 한 물건일 뿐이다.〔以二氣言, 則鬼者, 陰之靈也; 神者, 陽之靈也. 以一氣言, 則至而伸者爲神, 反而歸者爲鬼, 其實一物而已.〕"라고 설명한 것을 가리킨다. 여기서 '영(靈)'은 영활(靈活), 영명(靈明)을 뜻한다.

람의 귀신이고 귀신은 바로 천지의 명덕이니, 실제로는 한가지이다. 귀신이 기(氣)를 위주로 한다는 혐의가 있다고 하여서 귀신을 이(理)라고 하는 것은 명덕이 심(心)을 위주로 한다는 혐의가 있어서 심(心)을 성(性)이라고 하는 것과 같으니, 내가 삼가 생각건대, 이는 아마도 똑같이 마땅하지 않을 듯하다. -윤병계(尹屛溪 윤봉구(尹鳳九))는 명덕을 성(性)이라고 하였고, 송역천(宋櫟泉 송명흠(宋明欽))은 귀신을 이(理)라고 하였다.-

혹 '성지불가엄(誠之不可掩)'[195] 한 구(句)를 가지고 이(理)를 위주로 함의 증거로 삼기도 하는데, 이 역시 옳지 않은 듯하다. 성(誠)은 진실로 이(理)이지만 불가엄(不可掩)이라는 것은 굴신(屈伸)과 왕래(往來)를 통하여 보게 되는 것이니, 굴신과 왕래는 바로 기(氣)의 양능(良能)이다. 《주자어류》를 살펴보면, 문인 중에 "귀신은 형이하(形而下)인 것인데, 《중용》의 말씀은 형이상(形而上)인 것이다."라고 의심하는 자가 있자, 주자가 이에 대해 말씀하기를, "지금 우선 형이하인 것을 가지고 말해 보면, 단지 저것은 모두 실리(實理)에서 발현된 것이다."라고 하였다.[196] 여기에 근거하면 이 장(章)의 귀신은 본래부터

195 성지불가엄(誠之不可掩) : 이는 《중용장구》 제16장에 "은미한 것이 나타나니 성(誠)을 가릴 수 없음이 이와 같구나!〔夫微之顯, 誠之不可揜如此夫!〕"라고 한 부분에 보인다.

196 주자어류를……하였다 : 《주자어류(朱子語類)》 권63 〈중용(中庸) 제십육장(第十六章)〉의 양도부(楊道夫)의 기록에, 황간(黃榦)이 "지난번 《중용》의 이른바 '성(誠)의 가릴 수 없음이 이와 같다.'라고 한 곳을 읽다가 적이 생각하기를, 귀신은 음양의 굴신(屈伸)이니 이는 '형이하'이고, 《중용》의 말로 말하자면 이는 '형이상'이지 싶었습니다.〔向讀中庸所謂誠之不可揜處, 竊疑謂鬼神爲陰陽屈伸, 則是形而下者, 若中庸之言, 則是形而上者矣.〕"라고 하자, 주자가 "지금 우선 '형이하'를 가지고 말해 보면, 단지

변함없이 기(氣)인 것이다. 만약 장(章)의 끝부분에서 '성(誠)'을 가지고 끝맺은 것[197]으로 말하자면 대체로 처음에는 비록 기(氣)를 말하였으나 끝에는 그 중점을 실리로 귀결시킨 것이다. 그러므로 장하주(章下註)에 역시 비은(費隱)을 가지고 이야기하였다.[198] 그러나 이것을 가지고 귀신까지 아울러서 이(理)라고 하여 그 본색을 전부 바꾸어 버려서는 안 되는 것이다.

"천하 사람들로 하여금 재계(齋戒)하고 깨끗이 하며, 의복을 차려입고서 제사를 받들게 한다.〔使天下之人 齊明盛服 以承祭祀〕"[199]라고 한 것은 바로 귀신(鬼神) 양능(良能)이다. 이에 대해 요 쌍봉(饒雙峰)[200]이

저것은 모두 실리(實理)에서 발현된 것이다. 그러므로 이 기가 있지 않아도 이 이는 있지만, 이미 이 이가 있으면 반드시 이 기가 있다.〔今且只就形而下者說來, 但只是他皆是實理處發見. 故未有此氣, 便有此理, 旣有此理, 必有此氣.〕"라고 한 내용이 보인다.

197 장(章)의……것 : 이는 《중용장구》 제16장이 "성(誠)을 가릴 수 없음이 이와 같구나!〔誠之不可揜如此夫!〕"라고 한 부분으로 마무리되는 것을 가리킨다.

198 장하주(章下註)에……이야기하였다 : 이는 《중용장구》 제16장의 끝부분에 대한 주자의 주에 "보이지 않고 들리지 않음은 은이요, 사물의 본체가 되어 존재하는 것 같음은 또한 비이다. 이 앞의 세 장은 비의 작은 것을 가지고 말씀하였고, 이 뒤의 세 장은 비의 큰 것을 가지고 말씀하였으며, 이 한 장은 비·은을 겸하고 대·소를 포함하여 말씀하였다.〔不見不聞, 隱也, 體物如在, 則亦費矣. 此前三章, 以其費之小者而言, 此後三章, 以其費之大者而言, 此一章, 兼費隱包大小而言.〕"라고 한 것을 가리킨다. '비은'이란, 《중용장구》 제12장에 "군자의 도는 비(費)하면서도 은(隱)하니라.〔君子之道 費而隱〕"라고 한 내용이 보이는데, 이에 대한 주자의 주에 의하면, '비(費)'는 도(道)의 광대한 공용(功用)이고, '은(隱)'은 도의 은미(隱微)한 본체(本體)이다.

199 천하……한다 : 이 말은 《중용장구》 제16장에 보인다.

200 요쌍봉(饒雙峰) : 남송 때 경학가 요로(饒魯, 1194~1264)이다. 자는 백여(伯

이르기를, "'사(使)' 자가 가장 보기 좋으니, 그것의 영활(靈活)한 부분을 볼 수 있다.〔使字最好看 見得他靈處〕"[201]라고 하였으니, 매우 잘 본 것이라고 이를 만하겠다.

주자는 "귀신은 형이하인 것이니 성(誠)이 아니고, 귀신의 덕(德)은 성(誠)이다.〔鬼神 形而下者 非誠也 鬼神之德則誠也〕"[202]라고 한 후씨(侯氏 후중량(侯仲良))의 설(說)을 배척하였다. 후대에 여러 유자(儒者)가 여기에 의혹을 품어 마음이 어지러워서 혹 이(理)를 위주로 하여 둘로 쪼개서 나눔을 혐의쩍게 생각하면 귀신까지도 함께 이(理)라 이르고, 혹 기(氣)를 위주로 하여 이(理)를 빠뜨림을 혐의쩍게 생각하면 '성(誠)' 자를 가지고 덕(德)에다 억지로 꿰맞춘다. 내가 삼가 자세히 살펴보건대, 주자가 후씨의 설(說)을 배척한 까닭은 바로 쪼개서 둘로 나누었기 때문이지 귀신이 형이하인 것이기 때문에 그러한 것은 아니다. 지금 주자의 《장구》[203]를 가지고 살펴보건대, 덕(德)은 진실로 이

輿)·중원(仲元), 호는 쌍봉(雙峰), 사시(私諡)는 문원(文元)이며, 요주(饒州) 여간(餘干) 사람이다. 황간(黃榦)·이번(李燔)을 사사하여 주자의 학문을 계승하였다. 저서에 《요쌍봉강의(饒雙峰講義)》가 있다.

201 사(使)……있다 : 이 말은 《중용장구》 제16장의 대전본(大全本) 소주(小註)에 보인다.

202 귀신은……성(誠)이다 : 이 말은 《사서혹문(四書或問)》 권4 〈중용(中庸) 제십이장지제이십장(第十二章至第二十章)〉에 보인다.

203 주자의 장구 : 이는 《중용》 제16장의 "공자께서 말씀하셨다. '귀신(鬼神)의 덕(德)이 성대하구나!'〔子曰: 鬼神之爲德, 其盛矣乎!〕"에 해당하는 주자의 《장구》로, "두 기로써 말하면 귀는 음의 영(靈)이요, 신은 양의 영이며, 한 기로써 말하면 이르러 펴짐은 신이 되고, 돌아가 되돌아감은 귀가 되니, 그 실제는 한 물건일 뿐이다. '위덕(爲

(理)를 가지고 말할 만하니, 그렇다면 바로 성(誠)을 가지고 해석하는 것이 간이하다고 이를 만하겠으나 이렇게 하지 않고 반드시 말하기를, "'위덕(爲德)'은 성정(性情)·공효(功效) - 주자가 말씀하기를, '성정은 정상(情狀)이라고 말하는 것과 같다.'라고 하였고, 또 말씀하기를, '성정은 바로 이기의 양능(良能)이다.'라고 하였으니,[204] 이는 모두 기(氣)를 가지고 말씀한 것이다. - 라고 말하는 것과 같다."라고 한 것은 어째서인가. 대체로 귀신이란 것은 천지의 묘용(妙用)이니, 만약 오로지 이를 일러 이(理)라고만 한다면 이는 이(理)가 절로 작용이 있는 것이다. 그러므로 성정 공효 상에서 실연(實然 진실로 그러함)의 이(理)를 제대로 인식하고자 한 것이고, 곧장 성정 공효를 가지고 이(理)로 삼고자 한 것은 아니다. 또한《혹문》에 "경문은 본래 귀신의 덕(德)의 성대함을 찬양하기를 아랫글에서 이른 바와 같이 하였는데 '성(誠)을 가릴 수 없음이 이와 같구나'를 가지고 끝을 맺었으니, 그렇다면 이는 '귀신의 덕이 성대한 까닭〔鬼神之德所以盛〕은 대체로 성(誠) 때문이다.'라고 여긴 것이다."[205] -《혹문》의 내용은 여기까지이다. - 라고 한 내용이 있는데, 여기에서 성(誠)과 귀신이 나뉘고 합하는 묘함을 볼 수 있으니, 마땅히 '소이성(所以盛)' 세 글자에 착안하여 보아야만 한다.

德)'은 성정(性情)·공효(功效)라고 말하는 것과 같다.〔以二氣言, 則鬼者, 陰之靈也; 神者, 陽之靈也. 以一氣言, 則至而伸者爲神, 反而歸者爲鬼, 其實一物而已. 爲德, 猶言性情功效.〕"라고 한 부분을 가리킨다.

204 주자가……하였으니 : 이와 관련된 내용은《중용장구》제16장의 대전본(大全本) 소주(小註)에 보인다.

205 경문은……것이다 : 이 말은《사서혹문(四書或問)》권4〈중용(中庸) 제십이장지제이십장(第十二章至第二十章)〉에 보인다.

'귀신(鬼神)'과 '덕(德)'은 일령 일진(一靈一眞)에서 떨어질 수 없다. 오직 '기성의호(其盛矣乎)'[206]에서 '성(誠)' 자의 뜻을 제대로 알 수 있다. 그러므로 '불가엄(不可掩)'[207]과 '성의호(盛矣乎)'는 실로 기두(起頭)와 결미(結尾)에서 서로 조응(照應)하고 있는 것이다.

시험 삼아 한번 보건대, 경전에서 무릇 이(理)와 기(氣)를 말한 것은 두 가지 길이 있으니, 기(氣)로부터 이(理)를 말하는 것이 있고 이(理)로부터 기(氣)를 말하는 것이 있다. 《중용》의 귀신(鬼神)은 또한 결국에는 기(氣)로부터 이(理)를 말하는 것일 뿐이다.

〈농암잡지(農巖雜識)〉[208]에 이르기를, "무릇 이미 형체도 없고 조짐도 없다고 말하였으면 이는 되레 전혀 물(物)이 없는 것이니, 어떻게 이(理)라는 명칭이 있겠는가. 만약 물(物)이 있다고 말하면 또 어떻게 형체도 없고 조짐도 없을 수 있겠는가. 이 부분이 가장 정밀하게 생각해야만 하는 곳이다."라고 하였고, 또 이르기를, "이(理)는 비록 한 개의 물건이 기(氣)의 밖에 서 있는 것은 아니지만 또한 곧장 기(氣)를 가지고 이(理)로 삼을 수 없으니, 이에 대하여 생각하고 또 생각하면 거의 세상의 속된 유자들이 아무런 생각이나 비판도 없이 승습하는

206 기성의호(其盛矣乎) : 이 말은 《중용》 제16장에 "귀신(鬼神)의 덕(德)이 성대하구나!〔鬼神之爲德, 其盛矣乎!〕"라고 한 공자의 말에 보인다.

207 불가엄(不可掩) : 이는 《중용》 제16장에 "성(誠)을 가릴 수 없음이 이와 같구나!〔誠之不可揜如此夫!〕"라고 한 공자의 말에 보인다.

208 농암잡지(農巖雜識) : 이는 《농암집(農巖集)》 권32 〈잡지(雜識) 내편(內篇) 2〉를 이른다.

견해를 면할 것이다."라고 하였다. 이 몇 단락의 입언(立言)이 정밀하고 간결하며 미묘하고 면밀하되 의사를 함축하여 그 말씀을 다하지 않아 사람으로 하여금 이해하는 부분이 있게 하니, 진실로 이미 말씀한 바에 대하여 마음을 침잠해 정밀히 생각하고 아직 말씀하지 않은 바에 대해 묵묵히 체득할 수 있으면 이른바 '그 형체가 없으면서 작위(作爲 동작과 행위)가 있고 곧 기(氣)이면서도 기(氣)가 아닌 오묘함'을 거의 터득하는 바가 있을 것이다.

이(理)에 대한 훈(訓 풀이)으로는 '조리(條理)'라는 두 글자보다 더 훌륭한 것은 없다. 나정암(羅整庵 나흠순(羅欽順))이 말하기를, "이(理)는 마땅히 기(氣)의 전절처(轉折處)에서 보아야 한다."[209]라고 하였는데, 나는 "이(理)는 마땅히 기(氣)의 조리처(條理處)에서 보아야 한다."라고 말하는 바이다. 예컨대 하늘이 만물을 덮고 땅이 만물을 받쳐 실은 것과 사시(四時)가 번갈아 운행함과 해와 달이 교대로 밝아지는 것[210]과 인(人)·물(物)의 품휘(品彙)와 오품(五品)·백행(百行)의 대소(大小)·정조(精粗)는 비록 그 전절이 천차만별이지만 어느 것 할 것

209 이(理)는……한다 : 이 말은 《곤지기(困知記)》 〈속권 상(續卷上)〉에 "이는 단지 기의 이일 뿐이니, 마땅히 기의 전절처에서 보아야 한다. 갔다가 오고 왔다가 가는 것이 바로 전절처이다.〔理只是氣之理, 當於氣之轉折處觀之. 往而來, 來而往, 便是轉折處也.〕"라고 한 데에 보인다.

210 하늘이……것 : 이 말은 《중용》 제30장에 "비유하면 하늘과 땅이 실어주지 않음이 없고, 덮어서 감싸주지 않음이 없는 것과 같으며, 비유하면 사시(四時)가 번갈아 운행함과 같고, 해와 달이 교대로 밝아지는 것과 같다.〔辟如天地之無不持載, 無不覆幬, 辟如四時之錯行, 如日月之代明.〕"라고 한 부분을 원용한 것이다.

없이 모두 조리가 있어서 문란하지 않고 바뀌지 않아 견정(堅貞)하여 일정함이 있으니, 여기에 나아가서 궁구하면 '이(理)' 자의 명의(名義 명칭과 함의)를 거의 어렴풋하게나마 알 수 있을 것이다.

정암(整庵 나흠순(羅欽順))이 말한 '기(氣)의 전절처(轉折處)'[211]라는 것은 무엇을 가리키는지 알지 못하겠다. 만약 그 묘용(妙用)을 가리킨다면 이는 바로 신(神)이지 이(理)가 아니다. 정현(鄭玄)이 인(仁)·의(義)·예(禮)·지(智)·신(信)을 금(金)·목(木)·수(水)·화(火)·토(土)의 신(神)으로 삼았는데 한대(漢代)의 유자(儒者)들은 원래 이(理)를 제대로 알지 못하였으니, 이(理)를 신(神)으로 여긴 것을 괴상하게 여길 것은 없으나 정암은 이 이(理)의 근원에 대하여 본 바가 있는데 의사가 이기일물(理氣一物)에 치우치는 바람에 그 말이 언제나 이와 같아서 끝내 기(氣) 한쪽으로 기우는 것을 스스로 깨닫지 못하였으니, 이(理)에 관하여 이야기하기가 참으로 어렵도다. - 다시 자세히 살펴보건대, 전절처에서 이(理)를 보는 것도 불가능한 것은 아니나 다만 전절처에서 '정(貞)' 자의 뜻을 제대로 보아야지만 가능할 것이다. 그렇지 않으면 결국에는 기(氣)의 작용을 이(理)로 여기는 데로 귀결하기에 십상이다. -

이(理)는 이미 형체가 없으나 터무니없는 물건이 아니라 기(氣)를 통

211 기(氣)의 전절처(轉折處) : 이 말은 《곤지기(困知記)》 〈속권 상(續卷上)〉에 "이는 단지 기의 이일 뿐이니, 마땅히 기의 전절처에서 보아야 한다. 갔다가 오고 왔다가 가는 것이 바로 전절처이다.〔理只是氣之理, 當於氣之轉折處觀之. 往而來, 來而往, 便是轉折處也.〕"라고 한 데에 보인다.

하여 보이게 되니, 기(氣)가 아니면 거의 이(理)를 말할 수가 없다. 그러므로 기(氣)의 일원(一原) -'기(氣)의 본체(本體)'라고 되어 있는 판본도 있다.- 이 바로 이(理)이고, 이(理)의 분수(分殊) -'이(理)의 유행(流行)'이라고 되어 있는 판본도 있다.- 가 바로 기(氣)이니, 간격이 없다고 이를 만하겠다. 그러나 모름지기 허(虛)·실(實)과 진(眞)·망(妄)의 사이에서 양자가 서로 뒤섞이지 않도록 자세히 연구하여 형체가 없는 것이 형체가 있는 것에 가려지지 않도록 해야 하니, 그래야 비로소 정자(程子)와 주자(朱子)의 진제(眞諦 가장 진실한 의의나 도리)에서 어긋나지 않을 수 있다.

《태극도해(太極圖解)》에 "동(動)·정(靜)은 탄 바의 기틀이다."라고 하였고, 또 "음(陰)·양(陽)은 형이하(形而下)의 기(器)이다."라고 하였다.[212] 무릇 음(陰)·양(陽)만을 말하면 동(動)·정(靜)을 포함하고 음(陰)·양(陽)과 상대하여 말하면 음(陰)·양(陽)은 형기(形器)의 부위에 속하고 동(動)·정(靜)은 귀신(鬼神)의 부위에 속한다.

212 태극도해(太極圖解)에……하였다 : 이 내용은 《근사록집해(近思錄集解)》 권1 〈도체(道體)〉와 《성리대전서(性理大全書)》 권1 〈태극도(太極圖)〉에 "태극은 본연의 묘함이요 동정은 탄 바의 기틀이니, 태극은 형이상의 도이고 음양은 형이하의 기이다. 〔蓋太極者, 本然之妙也, 動靜者, 所乘之機也. 太極, 形而上之道也; 陰陽, 形而下之器也.〕"라고 한 데에 보인다. '태극도해'란 주자의 《태극해의(太極解義)》를 가리킨다. 《태극해의》는 도(圖)의 해설인 〈태극도해〉와 도설(圖說)의 해설인 〈태극도설해(太極圖說解)〉로 구분되는데, 〈태극도해〉 또는 〈태극도설해〉만으로도 책 전체를 지칭한다. 《성리대전서》 권1 〈태극도(太極圖)〉에 수록되어 있다. 참고로 본문에 언급된 부분은 〈태극도설해〉에 해당한다.

음(陰)·양(陽)은 상(象)으로 말한 것이고 강(剛)·유(柔)는 질(質)로 말한 것이며 인(仁)·의(義)는 덕(德)으로 말한 것이니, 이는 각구(各具)[213]를 위주로 하여 말한 것으로 도(道)가 되는 소이는 하나인데 인(仁)·의(義)가 바로 그 표준이 되니, 삼재(三才) 가운데에 사람이 실로 재성 보상(裁成輔相)[214]의 공(功)이 있다는 것을 여기에서 볼 수 있다. 그러나 만약 태극의 전체를 온전히 체득한 성인(聖人)이 아니면 또한 사람의 극(極)을 세울 수가 없으니,[215] 그렇다면 성인이 또 표준의 표준이 되는 것이다.

213 각구(各具) : 이는 '각구일태극(各具一太極)'을 가리킨다. 주돈이(周敦頤)의 〈태극도설(太極圖說)〉에 "무극의 진리와 이기오행(二氣五行)의 정기가 묘하게 합하고 엉겨서 건도는 남(男)을 이루고 곤도는 여(女)를 이루어 두 기운이 교감하여 만물을 화생하니, 만물이 낳고 낳아 변화가 무궁하게 된다.〔無極之眞, 二五之精, 妙合而凝, 乾道成男, 坤道成女, 二氣交感, 化生萬物, 萬物生生而變化無窮焉.〕"라고 하였는데, 이에 대한 주자의 해설에 "합하여 말하면 만물이 한 태극을 통합하여 본체로 간직하였고, 나누어 말하면 한 물(物)이 각각 한 태극을 간직하고 있는 것이다.〔蓋合而言之, 萬物統體一太極也; 分而言之, 一物各具一太極也.〕"라고 하였다. 《近思錄集解 卷1 道體》《性理大全書 卷1 太極圖》

214 재성 보상(裁成輔相) : 이는 《주역》〈태괘(泰卦) 상(象)〉에 나오는 말로, "하늘과 땅이 사귐이 태이니, 군주가 이것을 보고서 하늘과 땅의 도를 재성하고 하늘과 땅의 마땅함을 보상하여 백성을 도와준다.〔天地交泰, 后以, 財成天地之道, 輔相天地之宜, 以左右民.〕"라고 하였는데, '재성'은 지나친 것을 억제함을 뜻하고, '보상'은 부족한 것에 보탬을 뜻한다. '재성(裁成)'은 '재성(財成)'으로도 쓴다.

215 만약……없으니 : 이는 《근사록집해(近思錄集解)》 권1 〈도체(道體)〉와 《성리대전서(性理大全書)》 권1 〈태극도(太極圖)〉에 "만일 성인이 태극의 전체를 온전히 체득하여 정함이 있지 않다면 욕심이 동하고 정이 이겨서 이해가 서로 공격하여 인극이 서지 못하여 금수와의 거리가 멀지 않을 것이다.〔自非聖人全體太極, 有以定之, 則欲動情勝, 利害相攻, 人極不立而違禽獸不遠矣.〕"라고 한 부분을 원용한 것이다.

'이기(二氣)·오행(五行)의 정기(精氣)'[216]는 기(氣)의 본(本)을 가지고 말한 것이다. 이 기(氣)는 본(本)은 하나이고 말(末)은 둘이다. 그러므로 주해(註解)에서 '불이(不二)'를 가지고 해석하였으니,[217] 둘이면 뒤섞여 어지럽고 하나이면 뒤섞이지 않아 순수하다.

'무극의 진리와 이기·오행의 정기가 묘하게 합하고 엉김〔無極之眞 二五之精 妙合而凝〕'[218]에 대해서 만일 이 '합(合)' 자를 잘 보지 못하면 참으로 두 가지 물건이 서로 합하는 것 같은 착각이 들 것이니, 이 때문에 정암(整庵 나흠순(羅欽順))과 같은 의심을 이루게 된다. 대체로 이(理)와 기(氣)는 한데 섞이어 합쳐져 간격이 없으니 '묘합(妙合)'이라고 한 것도 역시 그저 간격이 없다는 뜻을 형용한 것일 뿐이다. '합(合)' 자가 비록 흔적이 있는 것 같지만 어찌 말에 얽매여서 본래의 뜻을 왜곡할 수 있겠는가.

《태극도해(太極圖解)》에서 도체(圖體)에 대해 분석하여 이르기를,

216 이기(二氣)·오행(五行)의 정기(精氣) : 이는 주돈이(周敦頤)의 〈태극도설(太極圖說)〉에 "무극의 진리와 이기·오행의 정기가 묘하게 합하고 엉겨서 건도는 남(男)을 이루고 곤도는 여(女)를 이루어 두 기운이 교감하여 만물을 화생하니, 만물이 낳고 낳아 변화가 무궁하게 된다.〔無極之眞, 二五之精, 妙合而凝, 乾道成男, 坤道成女, 二氣交感, 化生萬物, 萬物生生而變化無窮焉.〕"라고 한 부분에 보인다.

217 주해(註解)에서……해석하였으니 : 이 내용은 《근사록집해(近思錄集解)》 권1 〈도체(道體)〉와 《성리대전서(性理大全書)》 권1 〈태극도(太極圖)〉에 "정(精)은 기(氣)로 말하였으니 둘로 하지 않음의 명칭이다.〔精, 以氣言, 不二之名也.〕"라고 한 것을 가리킨다.

218 무극의……엉김 : 이는 주돈이(周敦頤)의 〈태극도설(太極圖說)〉에 보인다.

"군자가 경계하고 삼가며 두려워하고 조심하는 것은 이것을 닦아서 길하게 되는 소이이고, 소인이 멋대로 행동하고 간사하고 분수에 넘치는 짓을 저지르는 것은 이것을 어겨서 흉하게 되는 소이이다.〔君子之戒愼恐懼 所以修此而吉也 小人之放僻邪侈 所以悖此而凶也〕"라고 하였다.[219] 삼가 살펴보건대, 반드시 《중용》의 계신공구(戒愼恐懼)[220]를 가지고 이것을 닦는 도(道)로 삼은 것은 바로 윗글의 '주정(主靜)' 두 글자[221]에 붙여서 정(靜)을 위주로 할 적에는 반드시 경(敬)을 써야 함을 보인 것이다. 대체로 다만 정(靜)을 위주로 할 줄만 알고 경(敬)을 알지 못하면 그 폐단은 이단(異端)에 빠져들기 십상이다. 그러므로 주자께서 도체에 대한 분석에서 '계신공구'를 인용하였으며, 〈태극도설〉에 대한 해석에서 또 경(敬)과 사(肆)를 가지고 수(修)와 패(悖)를 해석하고, 이어서 《통서(通書)》의 정허동직(靜虛動直)을 인용하여 끝

219 태극도해(太極圖解)에서……하였다 : '태극도해'란 주자의 《태극해의(太極解義)》를 가리킨다. 《태극해의》는 도(圖)의 해설인 〈태극도해〉와 도설(圖說)의 해설인 〈태극도설해(太極圖說解)〉로 구분되는데, 〈태극도해〉 또는 〈태극도설해〉만으로도 책 전체를 지칭한다. 참고로 본문에 언급된 부분은 〈태극도해〉에 해당한다. 《성리대전서》 권1 〈태극도(太極圖)〉에서 그림의 형태를 분석한 부분에도 실려 있다.

220 계신공구(戒愼恐懼) : 《중용(中庸)》 제1장에 "그 보지 못한 바를 경계하고 삼가며 그 듣지 못한 바를 두려워한다.〔戒愼乎其所不睹, 恐懼乎其所不聞.〕"라고 한 부분을 가리킨다.

221 윗글의……글자 : 주돈이(周敦頤)의 〈태극도설〉에 "성인이 중·정·인·의로써 정하되 정(靜)을 위주로 하여 사람의 극(極)을 세우셨다.〔聖人定之以中正仁義, 而主靜立人極焉.〕"라고 한 부분에 보인다. 이에 대하여 《태극해의(太極解義)》 〈태극도해〉에서 그림의 형태를 분석하면서 "중·정·인·의는 혼연(渾然)한 전체이지만 정이 항상 주가 된다.〔中正仁義, 渾然全體, 而靜者常爲主焉.〕"라고 해설하였다.

을 맺음[222]으로써 정(靜)과 경(敬)이 두 가지 이치가 없음을 드러내어 밝히고 주자(周子)의 언외지의(言外之意)를 보충하였으니, 읽는 자는 마땅히 깊이 생각을 기울여야 할 것이다.

〈태극도설(太極圖說)〉은 태극이 그 주가 되고 유행(流行)과 대대(對待 상대(相待))를 가지고 두 갈래로 나누어 말하여 성명(性命)의 근원과 조화(造化)의 온축을 들추어냈는데 유행 가운데에 또 대대가 있고 대대 가운데에 또 유행이 있어서 종횡으로 섞어 가며 설명하여 끝도 없고 시작도 없어서 한 마디 한 마디가 서로 조응하고 맥락이 서로 관통하여 구상(構想)과 입언(立言)이 고아하고 오묘하며 정미하고 면

222 태극도설에……맺음 : 주돈이의 〈태극도설〉에 "군자는 이것을 닦기 때문에 길하고 소인은 어기기 때문에 흉하다.〔君子修之吉, 小人悖之凶.〕"라고 하였는데, 이에 대하여 주자는 "성인은 태극을 온전히 체행하여 한 번 동하고 한 번 정함이 가는 곳마다 중정인의의 극이 아님이 없으니, 닦음을 빌리지 않고 저절로 그러한 것이다. 이에 이르지 못하여 닦는 것은 군자가 길한 이유요, 이것을 알지 못하고 어기는 것은 소인이 흉한 까닭이니, 닦고 어김은 또한 공경하고 함부로 하는 사이에 달려 있을 뿐이다. 경하면 욕심이 적어 이치가 밝아지니, 욕심을 적게 하고 또 적게 하여 없음에 이르면 정할 때는 마음이 비워지고 동할 때는 마음이 곧아져서 성인을 배울 수 있을 것이다.〔聖人, 太極之全體, 一動一靜, 無適而非中正仁義之極, 蓋不假修爲而自然也. 未至此而修之, 君子之所以吉也, 不知此而悖之, 小人之所以凶也, 修之悖之, 亦在乎敬肆之間而已矣. 敬則欲寡而理明, 寡之又寡, 以至於無, 則靜虛動直, 而聖可學矣.〕"라고 설명하였다.《近思錄集解 卷1 道體》《性理大全書 卷1 太極圖》《太極解義 太極圖說解》'정허동직(靜虛動直)'은 《통서》 권20 〈성학편(聖學篇)〉에 "욕심이 없으면 정할 때는 마음이 비워지고 동할 때는 마음이 곧아진다. 정할 때 마음이 비워지면 밝고, 밝으면 통하며, 동할 때 마음이 곧아지면 공정하고, 공정하면 넓어지니, 밝고 통하며 공정하고 넓으면 거의 배울 수 있는 것이다.〔無欲則靜虛動直. 靜虛則明, 明則通; 動直則公, 公則溥, 明通公溥, 庶矣乎!〕"라고 한 데에 보인다.

밀하여 영롱하고 살아 움직이니, 주자 '백대 도술의 연원이 달려 있는 바〔百世道術淵源之所繫〕'[223]라고 말씀한 것이 참으로 과언이 아니다. 정암(整庵 나흠순(羅欽順))이 끝내 마음에 불만을 품은 것은 이(理)와 기(氣)를 나누어 말하였기 때문이다. 그가 스스로 지은 〈태극술(太極述)〉[224]과 같은 것은 보게 되면 매우 어긋나 드러내어 밝힌 바가 없으니, 어찌 이 〈태극도〉와 더불어 잘잘못을 논할 만하겠는가. 또한 모의하고 안배한 것을 문제로 여겼는데,[225] 주자도 말씀하기를, "애당초 규모가 똑같지 않은데 태극은 끝내 선천(先天)의 범위 안에 있고, 또 저 〈선천도〉가 자연스러워 굳이 사려하고 안배할 필요가 없는 것만 못하다."[226]라고 하였으니, 안배하는 문제점에 대해서는 주자도 역시 말씀하지 않으신 적이 없었다. 그러나 〈선천도〉는 바로 복희씨(伏羲氏)가 만든 본래의 도(圖)로 도(圖)만 있고 글은 없다. 그러므로 주자

223 백대……바 : 이 말은 《회암집(晦庵集)》 권71 〈잡저(雜著) 기렴계전(記濂溪傳)〉과 《성리대전서(性理大全書)》 권1 〈태극도(太極圖) 태극도부록(太極圖附錄) 총론(總論)〉에 보인다.

224 태극술(太極述) : 《곤지기(困知記)》의 부록에 실려 있다.

225 모의하고……여겼는데 : 이는 나흠순의 〈태극술〉에서 "또한 〈태극도〉를 만들 적에 비록 극력 모의하였으나 끝내 안배함에 간섭되니, 〈선천도〉가 평이하면서도 간약하고 정미하면서도 심오하여 자연스러움에 뛰어난 것과 견주어 본다면 아마도 같은 수준에 놓고 말할 수 없을 듯하다. 어쩌면 원공이 이 도를 본 적이 없었던 것인가.〔且其圖之作, 雖極力模擬, 終涉安排, 視先天圖之易簡精深而妙於自然, 恐未可同年而語也, 豈元公未嘗見此圖耶?〕"라고 한 부분을 가리킨다.

226 애당초……못하다 : 이 말은 《회암집(晦庵集)》 권46 〈서(書) 답황직경(答黃直卿)〉과 《성리대전서(性理大全書)》 권1 〈태극도(太極圖) 태극도부록(太極圖附錄) 총론(總論)〉에 보인다.

(周子 주돈이(周敦頤))가 상(象)을 확립하고 말씀을 달아서 정심하고 미묘한 이치를 분석하여서 여러 의혹을 깨우쳐 주었으니, 이는 대체로 부득이하여 그러한 것이다. 주자가 극력 표창한 것이 또한 어찌 공연히 그러하였겠는가.

《주자어류(朱子語類)》의 '약무태극 변불번료천지(若無太極便不翻了天地)' 한 구(句)[227]는 비록 난해한 것 같지만 만약 《시경》〈대아(大雅) 문왕(文王)〉의 '유주불현(有周不顯 주나라가 어찌 드러나지 않겠는가)' -《집전》에 "'불현(不顯)'은 '기불현(豈不顯 어찌 드러나지 않겠는가)'이라고 말한 것과 같다."라고 하였다. - 의 '불(不)' 자처럼 '불(不)' 자 위에 '거불(詎不 어찌 아니)'의 뜻을 지니고 있는 것으로 본다면 글의 뜻이 통할 수 있다. 남당(南塘 한원진(韓元震))은 '불(不)' 자에 대해서 잘못된 것이라고 무리하게 단정하여 '이(已)' 자로 간주하고자 하였으니, 삼가 생각건대, 이는 옳지 못한 듯하다.

227 주자어류(朱子語類)의……구(句) : 이 말은 《주자어류(朱子語類)》 권1 〈이기 상(理氣上) 태극천지 상(太極天地上)〉의 이방자(李方子)의 기록에 보인다. '번(飜)' 자에 대해 홍직필은 '번동(飜動)'의 뜻으로 보았고, 이항로는 '개벽성조(開闢成造)'의 뜻으로 보아 "만약 태극이 없다면 천지를 개벽하지 못했을 것이다."라는 뜻으로 해석하였다. 《梅山集 卷9 書 與李子岡-己卯九月-》《華西集 卷12 書 答崔贊謙-戊申夏-, 卷22 雜著 讀語類太極說-辛亥-》 그러나 임헌회는 변불(便不)을 거불(詎不)의 뜻으로 보고, 전우는 변불(便不)이 송대의 속어로 기불(豈不)과 똑같다고 보았으며, 곽종석은 '천지(天地)' 아래에 '부(否)' 자가 있는 것으로 보아야 한다고 하여 "만약 태극이 없다면 어찌 천지가 뒤집히지 않았겠는가."라고 해석하였다. 《鼓山集 卷8 雜著 看書雜錄-戊子-》《艮齋集前編 卷2 書 答權校理-鳳熙○壬寅-》《俛宇集續 卷4 書 答李公允》

옛사람은 글자를 사용할 적에 지나치게 구애받은 적이 없었다. 그러므로 심(心)이라 하고 성(性)이라 하고 정(情)이라 할 적에 서로 바꾸어 사용한 경우가 많다. 이러한 부분은 마땅히 읽는 자의 뜻으로 작자의 뜻에 맞추어 얽매이지 않고 보아야 할 것이고, 한결같이 자의(字義)에 얽매여서 견강부회하여 말해 나아가 그 본래의 뜻을 잃어버려서는 안 될 것이다.

소자(邵子 소옹(邵雍))의 "심(心)은 성(性)의 외곽이다."라는 설(說)[228]은 잘 살펴보지 않으면 문제가 생기기 십상이다.

소자(邵子 소옹(邵雍))가 이 이(理)의 근원에 대해서 더할 나위 없이 지극한 경지에 나아가지 않은 것은 아니지만 그 언어에 드러난 것으로 말하자면 농후한 맛과 자연스러운 지취가 매우 부족하다. 또한 간혹 그 총명함을 믿고서 너무 쾌하게 말한 부분이 있으니, 이것이 두 정자(程子)께서 그를 깊이 인정하시지는 않은 까닭인 듯하다.

무릇 의리(義理)를 살펴볼 적에는 마땅히 원활하게 보도록 힘써야 할 것이니, 무엇보다도 지나치게 구애되는 것을 꺼린다.

228 소자(邵子)의……설(說) : 이는 소옹(邵雍, 1011～1077)의 시집인 《격양집(擊壤集)》 〈자서(自序)〉에 "성은 도의 형체이니, 성이 상하면 도 역시 그러하다. 심은 성의 외곽이니, 심이 상하면 성 역시 그러하다. 신은 심의 구역이니, 신이 상하면 심 역시 그러하다. 물은 신의 수레이니, 물이 상하면 신 역시 그러하다.〔性者道之形體也, 性傷則道亦從之矣; 心者性之郛郭也, 心傷則性亦從之矣; 身者心之區宇也, 身傷則心亦從之矣; 物者身之舟車也, 物傷則身亦從之矣.〕"라고 한 데에 보인다.

무릇 독서할 적에는 그 의리(義理)를 나의 마음에 옮겨서 그것과 더불어 무르녹아 한 덩어리가 되어 비록 읽던 책을 덮은 때이더라도 마음과 눈에 그것이 생생히 남아있어야 비로소 그 효과를 볼 수 있다. 만약 책을 폈을 적에는 어떤 의사(意思)가 있다가 책을 덮은 뒤에는 망연히 아무런 상관도 없게 되면 도대체 무슨 효과가 있겠는가.

독서는 치지(致知)하는 방법이고 또 이 마음을 유지할 수 있으니, 그렇다면 함양(涵養)하는 공부를 겸하지 않은 적이 없다.

무릇 독서할 적에 책을 편 초기에 모름지기 먼저 성현께서 후세를 위하여 입언(立言)하여 훈계의 말씀을 남겨주신 진정 어린 마음을 제대로 체인하여 나를 속이지 않으셨음[229]을 알아야 하고, 또 모름지기 성현의 말씀이 없으면 천지가 곧 뒤집히고 말 것임을 알아야만 한다.

사람이 천지의 사이에 존립하여 민멸되지 않는 것은 경전의 의리(義理)가 있음에 힘입은 것일 뿐이다. 사람이 이것을 강구(講求)하여 밝히지 않으면 밤만 계속되고 낮은 없는 것과 다를 바가 없어서 천리(天理)는 어두워지고 인도(人道)는 종식될 것이다. 그러니 이것을 어찌 하루라도 그냥 놔둘 수 있겠는가. 어찌 하루라도 그냥 놔둘 수 있겠는가.

229 나를 속이지 않으셨음 : 이는 성현의 가르침이란 진실한 것으로 마땅히 성현을 스승으로 삼아야 함을 뜻하는 말이다. 《맹자》 〈등문공 상(滕文公上)〉 제1장에 보이는 "주공(周公)께서 '문왕(文王)께서는 나의 스승이다.'라고 말씀하셨으니, 주공이 어찌 나를 속이셨겠는가!〔文王我師也. 周公豈欺我哉!〕"라고 한 노나라의 현인(賢人) 공명의(公明儀)의 말을 원용한 것이다.

주자가 계왕성 개래학(繼往聖開來學)[230]한 것은 오로지 《사서집주장구(四書集註章句)》에 있다. 그러므로 그 마음을 씀이 수고롭고 공력(功力)이 도저(到底)하여 금을 다는 저울과 옥을 재는 자처럼 호리(毫釐)도 어긋나지 않으니, 심상한 저술과는 비교하여 논할 수 없다. 후학이 만일 주자의 의리 중 제일가는 진리를 살펴보고자 한다면 이것보다 더 나은 것은 없으니, 《대전(大全)》과 《어류(語類)》에 보이는 내용이 비록 지극히 방대하지만 다만 그것의 서여(緖餘 나머지)일 뿐이다. 그러나 사이사이에 가지런하지 못하고 모순되는 부분이 많은 것은 다름이 아니라 만일 별도로 어떤 지두(地頭 지경, 방면)가 있는 것이 아니면 반드시 그 물음에 답함을 따라서 어떤 이유가 있거나 의도를 가지고 말하여서 그러한 것이다. 게다가 또 초년설(初年說)과 만년설(晩年說)의 구분과 기록의 오류가 있으니, 모름지기 《사서집주장구》를 가지고 하나의 저울과 자로 삼아 달아 보고 재어 보아서 취할지 버릴지를 결정해야 할 것이니, 그러면 거의 이치에 딱 들어맞지 않는다고 하더라도 그 떨어진 거리가 멀지 않을 것이다. 만약 《대전》과 《어류》의 내용을 가지고 도리어 《사서집주장구》의 내용을 의심하면 잘못되지 않는 경우가 드물 것이다. 더구나 자기의 견해에 편리하게 하고자 하

230 계왕성 개래학(繼往聖開來學) : 전대 성인의 학문을 계승하고 후대의 학자들에게 열어서 보여주는 일을 말한다. 이는 본래 주자의 〈중용장구서(中庸章句序)〉에서 요(堯), 순(舜), 우(禹), 탕왕(湯王), 문왕(文王), 무왕(武王), 주공(周公) 등의 전성(前聖)을 차례로 열거하고 나서 마지막으로 공자(孔子)를 찬양하며 "우리 부자로 말하자면 비록 그 지위를 얻지 못하셨지만, 앞에 가신 성인을 계승하고 뒤에 올 학자를 개도하신 것은 그 공이 도리어 요순보다 더 뛰어난 점이 있다.〔若吾夫子則雖不得其位, 而所以繼往聖開來學, 其功反有賢於堯舜者.〕"라고 한 데에서 유래한 말이다.

여 사사로운 뜻을 가지고 그 사이에서 좌지우지하고자 하는 자는 성현의 문하에 죄를 얻어 도피할 데가 없을 것이니, 주자의 저술을 읽을 적에는 마땅히 먼저 이러한 뜻을 잘 알아야 한다.

《녹문집(鹿門集)》의 〈녹려잡지(鹿廬雜識)〉는 바로 그가 만년에 견해를 바꾸고 난 뒤에 기술한 것으로, 구상(構想)이 높고도 뛰어나며 문사(文辭)를 운용함이 주도면밀하여 거의 대부분 깊이 생각하여 스스로 터득한 것이고 보고 들은 바를 그대로 이어받은 것은 아니어서 좋은 부분이 상당히 많다. 그러나 반복해 읽어 보고 세밀히 궁구해 보면 그 의론의 본말이 통하는 것 같으나 막힘이 많고 원만한 것 같으나 실제로는 한쪽으로 치우쳐 있다. 게다가 자신함이 매우 지나쳐서 또 더러 지나치게 통쾌한 데에서 잘못되기도 하니, 후세에 상론(尙論)하는 자가 이에 대해서 어떻게 생각할는지 모르겠다.

이(理)와 기(氣)는 뒤섞여 융화되어 있는데 그 나뉨은 다만 진(眞 참됨)과 망(妄 거짓됨)의 사이에 있을 뿐이다. 그러므로 정자(程子)와 주자 및 여러 유현(儒賢)이 몹시도 수고롭게 이 이(理)를 끄집어내어 밝힌 것은 바로 진(眞)과 망(妄)을 변별하고자 한 것인데, 녹문(鹿門 임성주(任聖周))이 기(氣)가 더 중요하다고 보아 이(理)와 기(氣)를 한 물건으로 만들어 진(眞)과 망(妄)이 구별이 없으니, 이는 삼가 생각건대, 올바른 견해에 누가 될 뿐만 아니라 오류를 유행시키고 전파하여 정자와 주자가 이(理)를 천명한 묘체(妙諦)를 가리어 버릴까 두렵다.

《주역》 건괘(乾卦)의 〈문언전(文言傳)〉에 "강건(剛健)하고 중정(中

正)함이 순수(純粹)하여 정(精)하다.〔剛健中正 純粹精也〕"라고 하였으니, 이는 비록 건원(乾元)의 덕(德)에 대하여 찬탄한 것이나 성명(性命)의 실체도 역시 여기에서 벗어나지 않는데, 우리 부자(夫子)께서 가장 먼저 이것을 드러내어 밝히셔서 분명하게 만대에 보여주신 것이다. 자사(子思)의 성(性)·도(道)와 맹자의 성선(性善)으로 말하자면 모두 성명의 근원에 대하여 논하였으나 실제로는 이 한 말씀에 뿌리를 둔 것이다.

《대학》의 지선(至善)[231]과 《중용》의 중(中)[232]은 똑같이 천명(天命)의 실체(實體)로 의리와 실제를 서로 겸하였으니, 지선은 순수(純粹)이고 중(中)은 정(精)이 된다.[233]

231 대학의 지선(至善) : '지선'이란 '지극한 선'으로, 사리에 있어서 당연한 준칙을 가리킨다. 《대학》〈경일장〉에 "대학(大學)의 도(道)는, 밝은 덕(德)을 밝히는 데에 있으며, 백성을 새롭게 하는 데에 있으며, 지극한 선(善)에 머무는 데에 있다.〔大學之道, 在明明德, 在新民, 在止於至善.〕"라고 한 부분에 보인다.

232 중용의 중(中) : 《중용》〈제일장〉에 "기뻐하고 성내고 슬퍼하고 즐거워하는 정(情)이, 일어나지 않은 상태를 중(中)이라 이르고, 기뻐하고 성내고 슬퍼하고 즐거워하는 정(情)이 일어나되, 모두 절도(節度)에 맞는 상태를 화(和)라 이르니, 중(中)이란 천하의 큰 근본이고, 화(和)란 천하에 두루 통하는 도(道)이다.〔喜怒哀樂之未發, 謂之中, 發而皆中節, 謂之和, 中也者, 天下之大本也, 和也者, 天下之達道也.〕"라고 한 부분에 보인다.

233 지선은……된다 : 이는 지선과 중(中)을 건(乾)을 형용한 순수(純粹)와 정(精)에 배속시킨 것이다. '순수'와 '정(精)'은 《주역》〈건괘(乾卦) 문언(文言)〉에 "위대하구나, 건이여! 강건(剛健)하고 중정(中正)함이 순수(純粹)하여 정(精)하다.〔大哉乾乎! 剛健中正純粹精也.〕"라고 한 데에 보인다.

태극(太極)과 음양(陰陽), 한 이(理)와 한 기(氣)가 나뉘고 합하는 즈음에 대하여 사람들은 대부분 글에 따라 해석을 만들어 내어 견해를 달리하는데, 나는 삼가 다음과 같이 생각하는 바이다. 일(一)이 태극이 되고 이(二)가 음양이 되니, 동(動)과 정(靜)이 아직 나뉘지 않았으면 그저 일(一)이어서 형상할 만한 형체가 없다. 그러므로 이(理)를 위주로 하여 태극이라는 칭호가 있게 되었는데 일찍이 음양을 벗어난 적이 없다. 동(動)과 정(靜)이 이미 나뉘게 되면 비로소 상대하여 이(二)가 되어서 형상할 만한 형체가 있게 된다. 그러므로 기(氣)를 위주로 하여 음양이라는 명칭이 있게 되었는데 일찍이 태극을 빠뜨린 적이 없다. 반드시 일(一)이 이(二)의 근본이 되어서 동(動)과 정(靜)이 바로 그 음(陰)으로 나뉘고 양(陽)으로 나뉨의 기(機 기틀)임[234]을 제대로 보아야만 하니, 그렇다면 태극과 음양이 자연 분단(分段)의 선후가 없게 된다. 그러므로 무릇 이(理)와 기(氣)에 대하여 말할 적에 '동(動)'과 '정(靜)'이라는 두 글자를 사용하지 않게 되면 그 오묘함을 다할 수가 없다.

태극(太極)이 양의(兩儀)를 낳고 양의가 사상(四象)을 낳고 사상이 팔괘(八卦)를 낳는다[235]고 하였으니, 이미 수(數)를 가지고 입언(立

234 동(動)과……기(機)임 : 이는 주돈이의 〈태극도설〉에서 "태극이 동하여 양을 낳아 동이 극에 달하면 정하고, 정하여 음을 낳아 정이 극에 달하면 다시 동하니, 한 번 동하고 한 번 정함이 서로 그 뿌리가 되어, 음으로 나뉘고 양으로 나뉨에 양의가 확립되었다〔太極動而生陽, 動極而靜, 靜而生陰, 靜極復動, 一動一靜, 互爲其根, 分陰分陽, 兩儀立焉.〕"라고 한 부분을 원용한 것이다.

235 태극(太極)이……낳는다 : 이 말은 《주역》 〈계사 상(繫辭上)〉 제11장에 "역에

言)하였는데 음(陰)과 양(陽)이 아직 나뉘지 않았을 때는 그저 일(一)일 뿐이다. 그렇다면 도가(道家)에서 이른바 '태일(太一)'이 바로 그 명칭에 꼭 부합할 만하다. 하지만 부자(夫子)께서 수(數)를 사용하지 않으시고 반드시 '극(極)' 자를 놓으셨으니, 요컨대 이러한 점에 대해서 모름지기 충분히 생각하여 헤아려야 할 것이다. -도가의 '태일'은 오로지 기(氣)를 가지고 말한 것이다.-

태극이 있으니, 이것이 양의를 낳고 양의가 사상을 낳고 사상이 팔괘를 낳는다.〔易有太極, 是生兩儀, 兩儀生四象, 四象生八卦.〕"라고 한 데에 보인다.

노주집

제26권

잡지 雜識

잡지 4

雜識 四

본말(本末)과 종시(終始)를 들어서 말하면 인(人)과 물(物)의 심(心)은 다르지 않을 수가 없으나, 일체(一體)의 가운데로 곧장 나아가 그 본연(本然)의 신묘함을 가리킨다면 인(人)과 물(物)의 심(心)은 같지 않을 수가 없다. 주자(朱子)가 이른바 "인(人)과 물(物)이 같은 것은 이(理)이고, 같지 않은 것은 심(心)이다."[1]라고 한 것은 또한 본말과 종시를 들어서 말한 심(心)을 가리킨 것이다.

정자(程子)가 말씀하기를, "심(心)은 생도(生道)이다. 이 심(心)이 있어야 이 형체를 갖추어 태어난다."[2]라고 하였다. 이른바 '생도'는 바로 천지의 만물을 낳는 심(心)을 사람이 얻어서 심(心)으로 삼은 것이다.

1 인(人)과 물(物)이……심(心)이다 : 이 말은 《맹자집주대전(孟子集註大全)》 〈이루 하(離婁下)〉에 "맹자가 말씀하였다. '사람이 금수와 다른 점이 얼마 되지 않는데, 보통 사람은 이를 버리고 군자는 보존한다.'〔孟子曰: 人之所以異於禽獸者, 幾希, 庶民去之, 君子存之.〕"라고 한 부분의 소주(小註)에 보인다.

2 심(心)은……태어난다 : 이는 정이(程頤)의 말로, 《이정유서(二程遺書)》 권21과 《근사록집해(近思錄集解)》 권1 〈도체(道體)〉 등에 보인다. "심(心)은 생도이다. 이 심(心)이 있어야 이 형체를 갖추어 태어나니, 측은지심은 사람의 생도이다.〔心, 生道也. 有是心, 斯具是形以生, 惻隱之心, 人之生道也.〕"라고 하였는데, 이에 대한 《근사록집해》의 소주(小註)에 "심(心)이 생도라는 것은 천지가 만물을 낳는 것으로 심(心)을 삼는데 사람이 이를 얻어서 심(心)으로 삼은 것을 말한다.〔心, 生道也, 謂天地以生物爲心, 而人得之以爲心者.〕"라는 주희(朱熹)의 말이 보인다.

이것에 기인하여 미루어보면 비단 사람 뿐만 아니라 비록 횡생(橫生)과 도생(倒生)[3]이라고 하더라도 이 형체를 갖춘 모든 것은 똑같이 이 생도를 가지고 있다. 감응하고 결합하는 가운데 비록 열림과 닫힘, 통함과 막힘의 구별이 있기는 하지만, 이를 두고 사람만 오직 이 심(心)이 있고 물(物)은 관계가 없다고 말할 수 없다. 선유(先儒) 중에 초목이 때에 따라 꽃 피우고 시드는 것을 두고 '영처(靈處 신령한 곳)'라고 말한 이가 있으니, '영처'가 바로 이 '심(心)'인 것이다.

다시 자세히 살펴보건대, 정자(程子)가 위에서 이미 "심(心)은 생도(生道)이다."라고 하고는 그 아래에 다시 또 "측은지심(惻隱之心)은 사람의 생도이다."라고 하였으니, 언뜻 보면 말이 중첩된 것 같지만 자세히 완미하면 실로 정밀한 뜻이 있다. 위의 '생도'는 그 체(體)를 가지고 말한 것이고, 아래의 '생도'는 그 용(用)을 가지고 말한 것이다. 체(體)를 기준으로 말하면 인(人)과 물(物)이 일체(一體)여서 똑같이 이 '생도'를 품부 받은 것이고, 용(用)을 기준으로 말하면 그 펼쳐지고 발휘됨에 있어 인(人)과 물(物)이 현격하게 다르니, 측은지심은 물

3 횡생(橫生)과 도생(倒生) : 횡생은 머리를 가로로 하여 살아간다는 뜻으로, 인간 이외의 만물, 즉 여기에서는 금수(禽獸)를 가리킨다. 《일주서(逸周書)》 〈문전해(文傳解)〉에 "그러므로 모든 횡생은 전부 종생을 기르고, 종생은 전부 한 장부를 기른다.〔故諸橫生盡以養從, 從生盡以養一丈夫.〕"라고 하였는데, 공조(孔晁)의 주(注)에 "횡생은 만물을 가리키고, 종생은 사람을 가리키고, 한 장부는 천자(天子)를 가리킨다."라고 하였다. 도생은 머리를 거꾸로 하여 살아간다는 뜻으로, 초목(草木)을 가리킨다. 《회남자(淮南子)》 〈원도훈(原道訓)〉에 "가을바람이 불고 서리가 내리면 도생은 손상된다.〔秋風下霜, 倒生挫傷.〕"라고 하였는데, 고유(高誘)의 주(注)에 "초목은 땅에 머리를 두고 생장하기 때문에 '도생'이라고 한다."라고 하였다.

(物)에 있어서 논할 수 있는 것이 아니다. 그러므로 '사람의 생도〔人之生道〕'라고 말한 것이다.-정자의 이 말씀은 비록 사람을 위주로 하여 말한 것이나 물(物)까지 겸하여 보는 것이 또한 옳다.-

정자(程子)가 말씀하기를, "심(心)은 비유하면 곡식의 종자와 같으니, 싹트게 하는 성(性)이 곧 인(仁)이고 양기(陽氣)가 발하는 곳이 바로 정(情)이다."[4]라고 하였다. 이 말씀이 가장 비유를 잘하였으니, 자세히 완미한다면 절로 다소의 묘처(妙處)가 있게 될 것이다.

의서(醫書)에서 복숭아와 살구의 씨를 '인(仁)'이라고 하니, 이 말이 매우 절묘하다. 씨가 인(仁)인 것이 아니라 씨 가운데 본래 생리(生理)가 싹트는 곳이 있는 것이니, 이것이 바로 인(仁)인 것이다. 곡식의 종자도 또한 이와 같다. 이를 살펴보면 인(仁)이 '심의 덕〔心之德〕'·'싹트게 하는 성〔生之性〕'이 되는 것[5]을 아마도 이해하게 될 것이다.

임득여(任得汝)[6]가 다음과 같이 말하였다. "녹문(鹿門 임성주(任聖周))

4 심(心)은……정(情)이다 : 이 말은 정이(程頤)의 말로, "인(仁)과 심(心)이 어떻게 다른가?"라는 질문에 답하여 말한 것이다. 《근사록(近思錄)》 권1 〈도체(道體)〉 및 《이정유서(二程遺書)》 권18 〈유원승수편(劉元承手編)〉 등에 보인다.

5 인(仁)이……것 : 《맹자집주(孟子集註)》 〈고자 상(告子上)〉에 "인(仁)은 사람의 심(心)이고, 의(義)는 사람의 길이다.〔仁, 人心也; 義, 人路也.〕"라고 하였는데, 이에 대한 해설에 "인(仁)이란 것은 심(心)의 덕(德)이니, 정자가 이른바 '심(心)은 곡식의 종자와 같고, 인(仁)은 그 싹트게 하는 성(性)이다'라고 한 것이 이것이다.〔仁者, 心之德, 程子所謂心如穀種, 仁則其生之性, 是也.〕"라고 하였다.

이 일찍이 말씀하기를, '인(人)과 물(物)의 심(心)이 같다고 할 수 없는 이상 성(性)만 어찌 홀로 같을 수 있겠는가.'라고 하였다." 이것은 만년(晩年)에 견해를 바꾼 종지(宗旨)인데, 이는 기(氣)의 본말에 대하여 전혀 구분함이 없는 것이니, 형(形)·기(氣)와 뒤섞어 심(心)·성(性)을 설명함을 면치 못한다. 성(性)을 논하면서 참된 이치에서 벗어나는 것은 대체로 기(氣)를 정밀하게 분석하지 못하는 데에서 연유한다. 이 어른이 일찍이 미호(渼湖 김원행(金元行))와 함께 이 기(氣)의 능함에 대해 논하여 말씀하기를, "일진(一塵)에서 동(動)하고 정(靜)하는 것이 바로 천지에서 생성하는 것이니 둘로 나뉜 것이 아니다. 다만 형기(形氣)에 크고 작은 차이가 있을 뿐이다."라고 하였다. 이를 가지고 말하면 그 분석해낸 것이 참으로 명쾌하다고 할 만한데, 만년에 마침내 이러한 견해를 갖게 되었으니, 매우 애석한 일이다.

대체로 그 근원을 살펴보면 이(理)와 기(氣)는 진실로 분단(分段)과 선후(先後)를 말할 만한 것이 없다. 그러나 기(氣)가 이(理)와 다른 것은 시(始)와 종(終), 참됨〔眞〕과 망령됨〔妄〕이 있기 때문이니, 그 말류(末流)에 이르러서는 각양의 차이가 없을 수가 없고 이(理) 또한 이에 따라서 나누어지게 된다. 그러므로 발용(發用)을 가지고 말하면 인(人)과 물(物)은 심(心)만 같지 않을 뿐만 아니라 성(性) 또한 같지 않으며, 본체(本體)를 가지고 말하면 비단 성(性)만 같을 뿐만 아니라 심(心) 또한 같지 않은 적이 없는 것이다.-'같다'라는 것은 '사람은 사람과

6 임득여(任得汝) : 임로(任魯, 1755~1828)로, 자는 득여, 호는 영서거사(穎西居士), 본관은 풍천(豐川)이다. 부친은 임종주(任宗周)이며, 익위사 익찬, 신녕 현감(新寧縣監), 충원 현감(忠原縣監) 등을 지냈다.

같다〔人與人同〕'와 같은 것을 말하는 것이 아니다. 이(理)의 일원(一原)은 기(氣) 또한 일원이므로 '같다'라고 하는 것이다.- 어째서 그러한가? 심(心)은 신(神)이고 성(性)은 이(理)이니, 하나는 참되고 하나는 허령하여 완전히 융화되어 원래 서로 떨어지지 않는다. 동정(動靜)과 생성(生成)이 천(天)과 인(人)에 있어서 차이가 없고 인(人)과 물(物)에 있어서 다르지 않으니, 천(天)과 인(人)의 구분은 형(形)의 유무(有無)에 달린 것이고 인(人)과 물(物)의 차이는 기(氣)의 통색(通塞)에 달린 것이다. 물(物)이 인(人)이 될 수 없는 것은 또한 인(人)이 천(天)이 될 수 없는 것과 같다. 만약 이를 가지고 천(天)과 인(人)과 물(物)은 신(神)과 이(理)가 저마다 다르다고 말한다면, 이는 결코 일원(一原)을 말할 수 있는 방법이 아니다.

지금 사람들은 인(人)과 물(物)의 성(性)이 같다는 논의에 대해서도 오히려 의혹하는 이가 많으니, 만약 심(心)이 같다는 주장을 듣는다면 또한 틀림없이 크게 놀랄 것이다. 진실로 큰 근원에서 실제로 살펴봄이 있어야 이 말이 두찬(杜撰)[7]이 아님을 이해하게 될 것이다.

이(理)는 본말이 없으므로 성(性)은 참되기만 하고 망령됨이 없는 것

7 두찬(杜撰) : 시문(詩文)이나 저술(著述)에 있어 전고(典故) 없는 말을 자기 마음대로 기술하는 것을 이르는 말인데, 전하여 사실무근의 말을 지어냄을 이르기도 한다. 송(宋)나라 때 두묵(杜默)이 거의 율(律)에 맞지 않는 시를 지었으므로 일이 격에 맞지 않는 것을 두찬이라고 하게 되었다고 하기도 하고, 도가(道家)의 5천여 서적 중《도덕경(道德經)》2권을 빼고 나면 모두 두광정(杜光庭)이 지었는데 허탄(虛誕)한 소리가 많으므로 두찬이라고 하였다고도 한다.

이고, 기(氣)는 본말이 있으므로 심(心)은 참됨도 있고 망령됨도 있는 것이다. 이 때문에 낙민(洛閩)[8]의 제현(諸賢)이 이(理)의 선함만을 말하고 기(氣)의 선함은 말하지 않았으며, 성(性)이 같은 것만을 말하고 심(心)이 같은 것은 말하지 않은 것이다. 그러나 만약 신(神)과 이(理)가 묘합(妙合)하는 곳에 곧장 나아가 그 본체를 본다면 거의 완전히 구별이 없으니, 이것이 바로 의리가 정밀하고도 미세한 곳이다. 진실로 여기에서 사색을 쌓아 스스로 터득한다면 나머지는 무엇이든 명쾌하게 될 것이다. 그러나 그 속으로 들어가 또 이(理)가 기(氣)의 근본이 되고 성(性)이 심(心)의 주재가 되는 의리를 구별해내야 비로소 이단의 견해에 빠지는 것을 면할 수 있다.-성(性)이 심(心)의 주재가 된다는 것은 비록 생경한 듯 보이나 주자(朱子) 또한 이(理)에 있어 '주재(主宰)'라는 말을 썼다.-

형(形)·기(氣)는 얕게 보아서는 안 된다. 형(形)·기(氣)는 한 번 정해지면 바뀌지 않는다. 그러므로 이것에 존재하는 신(神)·이(理) 또한 따라서 국한되는 것일 뿐이다.

녹문(鹿門 임성주(任聖周))이 말씀하기를, "예컨대 건(乾)의 건(健)이 바로 태극인데 건(健) 가운데에 원(元)·형(亨)·이(利)·정(貞)이 있고, 곤(坤)의 순(順)이 바로 태극인데 순(順) 가운데에 원(元)·형(亨)·이(利)·정(貞)이 있으니, 원(元)·형(亨)·이(利)·정(貞)

8 낙민(洛閩) : 송대(宋代) 정호(程顥)·정이(程頤) 형제가 살던 낙양(洛陽)과 주희(朱熹)가 살던 민중(閩中)의 병칭으로, 송대 성리학(性理學)을 뜻하는 말로 쓰인다.

이 바로 이른바 음양오행이다. 그러나 건(乾)의 원(元)·형(亨)·이(利)·정(貞)은 예전 그대로 건(健)이고 곤(坤)의 원(元)·형(亨)·이(利)·정(貞)은 예전 그대로 순(順)이니, 그렇다면 건(乾)·곤(坤)의 태극은 절로 똑같지 않아도 무방한 것이다."라고 하였다. 삼가 이 말씀을 자세히 살펴보건대, 다른 체(體)를 가지고 분수(分殊)를 말하기에는 괜찮지만, 일원(一原)을 말하는 방법은 아니다.

태극이라는 것은 하나의 이(理)를 가지고 본연(本然)의 묘함을 말해 내니, 동(動)하여 양(陽)이 되고 정(靜)하여 음(陰)이 되는 것은 그저 하나의 기(氣)가 유행하는 것으로, 이(理)가 실로 그 가운데에 주재(主宰)하는 것일 뿐이다. 이 기(氣)가 행하여 봄에 이르면 원(元)이 되고, 행하여 여름에 이르면 형(亨)이 되고, 행하여 가을에 이르면 이(利)가 되고, 행하여 겨울에 이르면 정(貞)이 되니, 순환하여 서로 뿌리가 되어서 끝도 없고 시작도 없다. 정(貞)이 일찍이 이(利)의 기(氣)가 아닌 적이 없고, 이(利)가 일찍이 형(亨)의 기(氣)가 아닌 적이 없고, 형(亨)이 일찍이 원(元)의 기(氣)가 아닌 적이 없으며, 원(元)·형(亨)은 동(動)이 되고 이(利)·정(貞)은 정(靜)이 되는데 정(靜)의 기(氣)가 바로 동(動)의 기(氣)이고 동(動)의 기(氣)가 바로 정(靜)의 기(氣)이니, 이(理)가 여기에서 유행하는 것은 말하지 않아도 알 수 있다. 비록 그 면모(面貌)와 정상(情狀)은 저마다 그 기(氣)를 따라서 같지 않지만, 텅 비어 조짐이 없어서 동(動)이면서도 동(動)이 아니고 정(靜)이면서도 정(靜)이 아니며 음(陰)에 있으면서도 음(陰)에 국한되지 않고 양(陽)에 있으면서도 양(陽)에 국한되지 않는다. 지금 건(乾)·곤(坤), 사덕(四德 원(元)·형(亨)·이(利)·정(貞))에 건(健)·순(順)의 다름이 있는 것을 가지고 태극이 같지 않은 것이라고 한다면,

국한된 것이 아니겠는가.

그리고 건(乾)의 이(利)·정(貞)은 건(健) 속의 순(順)이고, 곤(坤)의 원(元)·형(亨)은 순(順) 속의 건(健)이다. 그렇다면 건(健)과 순(順)은 비록 동(動)·정(靜)의 구분이 있으나 실로 자연히 서로 함양하는 묘함이 있어서 필경에는 하나의 이(理)인 것일 뿐이다. 만약 녹문의 이 주장과 같다면 이른바 태극이라는 것이 장차 물(物)에 따라 분단되어 조잡한 자취로 찾을 수 있게 될 것이니 어찌 만화(萬化)의 근원이 될 수 있겠는가.

설경헌(薛敬軒)[9]이 말하기를, "성(性)은 비단 마음에 갖추어진 것만 해당될 뿐만 아니라 귀·눈·코·입·손·발의 동(動)·정(靜)의 이(理)가 다 해당되며, 모든 천지만물의 이(理)가 다 해당된다."[10]라고 하였다. 이 말은 조어(造語)가 원활(圓活)하여 발한 바가 깊지만 나는 또 삼가 다음과 같이 생각한다. 성(性)이 깃들어 있는 곳은 어느 곳이든 신(神)이 존재하는 곳이 아니겠는가. 이른바 "서두르지 않아도 신속하고 가지 않아도 이르게 된다."[11]라는 것인데, 방촌(方寸)의 장소는

9 설경헌(薛敬軒) : 명(明)나라의 학자 설선(薛瑄, 1392~1464)으로, 자는 덕온(德溫), 호는 경헌, 시호는 문청(文淸)이다. 성조 영락(永樂) 19년(1420) 향시에 장원으로 급제하고 벼슬이 예부우시랑(禮部右侍郎) 겸 한림원학사(翰林院學士)에 이르렀다. 평생 독실하게 주자의 학문을 연구하여 명대 성리학의 종장(宗匠)으로 일컬어진다.

10 성(性)은……해당된다 : 이 말은 설선(薛瑄)의 저서인 《독서록(讀書錄)》 권1에 보인다.

11 서두르지……된다 : 이는 《주역(周易)》 〈계사전 상(繫辭傳上)〉에 보이는 말로, "오직 신묘하기 때문에 서두르지 않아도 신속하고 가지 않아도 이르게 된다.〔唯神也,

바로 그 총회(總會)한 곳을 가리켜 말한 것일 뿐이다. 그렇다면 성(性)만 이와 같이 말할 수 있을 뿐만 아니라 심(心) 또한 이와 같이 말할 수 있는 것이다. 그렇지 않다면 심(心)과 성(性)이 일치하고 이(理)와 기(氣)가 실체가 같은 묘함을 볼 수 없을 것이다.

천지의 도(道)는 본래 간이(簡易)하여 그 조화(造化)와 생성(生成)에 절로 허다한 분란이 없고 하나의 근본이 있을 뿐이다. 흩어져 만 가지로 달라진 뒤에야 바로 만물의 정(情)이 되는 것이다.

이(理)는 대소(大小)가 없다. 그러므로 일〔事〕에도 대소가 없이 이 이(理)의 전체가 없는 곳이 없는 것이다.

이(理)는 형상(形象)도 없고 방소(方所)도 없으니, 지극히 은미하고 지극히 오묘하다고 할 수 있다. 그러나 그 실제는 또한 알기 어려운 물사(物事)가 아니다. 일용(日用)의 사이에 환하게 드러나되 평상(平常)하고 간이(簡易)하여 동정(動靜)이 서로 이어져서 애초에 간단(間斷)함이 없다. 다만 이 심(心)이 인욕(人欲)에 의해 가려져서 볼 수 없을 뿐이다. 만약 그 가려진 것을 제거하면 곧바로 눈앞에 있게 된다. 사람들이 대체로 지나치게 고원한 것을 구하다가 이를 찾지 못하면 '이(理)란 끝내 알 수 없는 것이다.'라고 말하니, 통탄스럽기 그지없다.

심(心)은 경각이라도 이(理)를 떠나서는 안 된다. 비록 일상의 평범하

故不疾而速, 不行而至.〕"라고 하였다.

고 예사로운 말과 행동일지라도 간절하고 긴요하게 처한 바에 따라 살피고 단속하여 이 이(理)의 본체를 다잡아야 한다.

배우는 자는 인(仁)의 체(體)를 깊이 이해하는 것이 가장 중요하니, 이에 대하여 터득하지 못하면 상달(上達)[12]을 족히 말할 수 없다.

대체로 응접(應接)에 있어서 긍지(矜持 자신의 능력을 자부함)와 유순(流徇 남을 그대로 따름)이 똑같이 잘못이 되니, 긍지는 지나친 데에 속하고 유순은 미치지 못하는 데에 속한다. 긍지의 태도를 갖지 않고자 하면 유순의 태도로 귀결되기 쉽고, 유순의 태도를 갖지 않고자 하면 긍지의 태도에 가까워지기가 쉽다. 긍지와 유순의 사이가 바로 점검하기 좋은 부분이다.

날마다 늘 스스로 점검해야 하니, 언행의 잘못은 항상 마음이 보존되지 못한 때에 있게 된다. 방심(放心)을 수습하지 못하면 만악(萬惡)이 모여들게 되며 붙들고 놓아버리는 기미가 거의 생사(生死)의 갈림길이 됨을 이에 알 수 있으니, 두려워하지 않을 수 있겠는가.

남당(南塘 한원진(韓元震))이 주장한 '각 기(氣)의 본연〔各氣本然〕'의 설

12 상달(上達) : 천인성명(天人性命)과 같은 형이상(形而上)의 이치를 통달하는 것으로, 인간이 행해야 할 도리, 즉 형이하(形而下)의 이치를 배우는 것을 뜻하는 '하학(下學)'과 상대되는 개념이다. 《논어(論語)》 〈헌문(憲問)〉에 "하늘을 원망하지 않으며 사람을 탓하지 않고, 아래로 인간의 일을 배우면서 위로 천리를 통달한다.〔不怨天, 不尤人, 下學而上達.〕"라고 한 데서 온 말이다.

(說)은 일원(一原)을 전혀 볼 수가 없으니, 설명할 때에 잘못한 병통[13]이 아닌 것이 이미 선배에게 간파되었다. 그러나 만약 단지 발한 이후에 그 기(氣)가 이(理)를 따르는 것을 가리켜 말한 것이라면, 비록 '각 기(氣)의 본연'이라고 말하더라도 또한 불가하지 않을 것이니, 쟁점은 단지 여기에 있을 뿐이다.

남당(南塘 한원진(韓元震))의 심(心)·성(性)에 대한 설은 번번이 율곡(栗谷 이이(李珥))을 끌어와 추중하며 자신과 똑같다고 하는데, 내가 살펴보건대 꼭 그러한지 알지 못하겠다. 지금 굳이 널리 근거를 찾을 필요가 없으니, 《격몽요결(擊蒙要訣)》에 이르기를, "사람의 허령함은 품부 받은 바에 구애되지 않는다."-이것은 성인(聖人)과 범인(凡人)의 차이가 없음을 가지고 말한 것이니, 이것에 근거하면 어록(語錄)에 '허령한 것에도 우열(優劣)이 있다.'라고 한 것[14]은 기록한 자가 잘못 기록한 것임을 알 수 있다.-라고 하였는데, 이것이 남당이 말씀한 "명덕(明德)에도 분수(分數)가 있다."라는 것과 같겠는가. 《성학집요(聖學輯要)》의 '맹자왈인지소이이어금수자

13 설명할……병통 : 견해를 말로 설명할 적에 정확하게 표현해내지 못한 데에서 생기는 병통을 말한 것이다. 《주서백선(朱書百選)》 권6의 〈유계장에게 답함〔答劉季章〕〉에 "설명할 때에 잘못한 병통이 아니라, 바로 견해가 잘못된 병통이다.〔不是說時病痛, 乃是見處病痛也.〕"라고 한 것을 원용하여 말한 것이다.

14 어록(語錄)에……것 : 《율곡전서(栗谷全書)》 권31 〈어록(語錄)〉에 다음과 같은 내용이 보인다. "어떤 사람이 묻기를, '보통 사람은 기(氣)를 받은 것이 매우 탁한데 그 마음이 허령한 것은 무슨 까닭인가?' 하였다. 김진강(金振綱)이 대답하기를, '사람은 오행의 뛰어난 기(氣)를 타고났기 때문에 그 기(氣)가 매우 탁하더라도 그 가운데 맑은 분수도 있으므로 엉겨서 마음의 허령함이 된 것이다.' 하였더니, 선생이 말하기를, '옳다. 다만 허령한 것에도 우열이 있다.〔是也. 但虛靈底亦有優劣.〕' 하였다."

(孟子曰人之所以異於禽獸者)' 장(章)[15] 아래의 자주(自註)에 이르기를, "천지의 성(性)은 인(人)과 물(物)이 똑같다."라고 하였는데, 이것이 남당이 말씀한 "인(人)과 물(物)의 성(性)이 같지 않다."라는 것과 같겠는가. 율곡의 저술은 진실로 《격몽요결》과 《성학집요》 두 책보다 뛰어난 것이 없는데 여기에서 입언(立言)하여 사람들에게 보인 것이 이처럼 직절(直截)하고도 명쾌하여 어두운 거리의 지남(指南)과 같을 뿐만이 아니니, 남당이 어디에 근거하여 자신의 설의 증거로 삼은 것인지 알지 못하겠다.

내가 아는 바로는, 이 이(理)의 본체(本體)를 적실하게 본 자는 오직 민원리(閔元履)[16] 한 사람 뿐이다. 그런데 불행하게도 그 연수(年壽)

15 맹자왈인지소이이어금수자(孟子曰人之所以異於禽獸者) 장(章) : 《맹자(孟子)》 〈이루 하(離婁下)〉에 "맹자가 말씀하였다. '사람이 금수와 다른 점이 몇 가지 되지 않는데, 서민들은 그마저도 버리고 군자는 그것을 보존한다. 순 임금은 온갖 사물의 이치에 밝으셨고 인륜에 특히 더 밝으셨기 때문에, 자연스럽게 인의를 따라 행하신 것이지, 의식적으로 인의를 행하신 것은 아니다.'〔孟子曰: 人之所以異於禽獸者幾希, 庶民去之, 君子存之. 舜明於庶物, 察於人倫, 由仁義行, 非行仁義也.〕"라고 한 장(章)을 이른다.

16 민원리(閔元履) : 민치복(閔致福, 1766~1814)으로, 자는 원리, 호는 확재(擴齋), 본관은 여흥(驪興)이다. 대사헌 민우수(閔遇洙)의 증손으로, 할아버지는 민백겸(閔百兼)이고, 아버지는 이조 판서 민종현(閔鍾顯)이다. 김양행(金亮行)·이직보(李直輔)의 문인이다. 1789년(정조13) 사마시에 합격하고, 원릉 참봉(元陵參奉), 동몽교관, 호조·공조·형조의 낭관(郎官), 남평 현감(南平縣監) 등을 역임하였다. 1814년(순조14) 4월 16일 남평의 임소에서 49세의 나이로 졸하였다. 오희상(吳熙常)이 지은 제문(祭文)이 《노주집(老洲集)》 권14에 〈제민원리문(祭閔元履文)〉이라는 제목으로 실려 있고, 묘지(墓誌)가 권16에 〈확재민공묘지명(擴齋閔公墓誌銘)〉이라는 제목으로 실려 있다.

가 길지 못하여 뜻을 품은 채로 세상을 떠나서 논저를 크게 남기지 못하였으니, 응당 천고의 지사(志士)들과 이 애석함을 함께할 것이다.

낙건(洛建)[17] 이후로는 학문하는 선비들이 입만 열면 격치(格致)를 말한다. 그러나 참으로 궁리(窮理)[18]의 방도를 알아서 상달(上達)한 자를 찾아보면 대개 또한 드물다.

후세의 학문이 실용(實用)이 적은 것은 대개 육예(六藝)가 폐해진 데에서 비롯된 것이다.

송(宋)나라의 여러 현인들이 편벽된 행동을 막고 부정한 학설을 종식시켜서[19] 선현을 계승하여 후학을 개도한 공은, 그 요점이 다만 한 개의 '이(理)' 자를 발휘한 데에 있다.

무릇 천지만물 가운데 크든 작든, 높든 낮든 그려낼 만한 형상이 있고

17 낙건(洛建) : 정자(程子)와 주자(朱子)를 병칭하는 말로, 정주학(程朱學)을 뜻하기도 한다. 정자, 즉 정호(程顥)와 정이(程頤) 형제는 낙양(洛陽) 사람이었고, 주자는 복건(福建)에서 강학하였으므로 이렇게 말한 것이다.

18 궁리(窮理) : 대본에는 "竊理"로 되어 있으나, 문맥 및 일반적인 용례를 가지고 살펴 볼 때, '竊'은 '窮'의 오자(誤字)인 듯하다. 이에 바로잡아 번역하였다.

19 편벽된……종식시켜서 : '편벽된 행동을 막고 부정한 학설을 종식시킨다'는 것은 본래 《맹자(孟子)》 〈등문공 하(滕文公下)〉에 보이는 말로, "내가 또한 인심을 바로잡아 부정한 학설을 종식하며, 편벽된 행동을 막으며, 황당한 말을 추방하여 세 성인을 계승하려고 하는 것이니, 어찌 변론을 좋아하겠는가. 내 부득이해서이다.〔我亦欲正人心, 息邪說, 距詖行, 放淫辭, 以承三聖者, 豈好辯哉? 予不得已也.〕"라고 하였다.

견주어질 만한 모양이 있는 것은 그 굽혀지고 펴짐, 가고 옴, 동(動)하고 정(靜)함, 닫히고 열림이 기(氣)가 아님이 없으니, 눈을 들어 보면 모두가 이러한 사물들일 뿐이다. 그러므로 비록 뜻을 다해 이(理)를 말하더라도 끝내는 이것을 떠날 수가 없는 것이다. 이것이 명(明)나라 학자들이 기(氣)를 중하게 보아서 엉뚱한 곳으로 달려가게 된 까닭이다.

명도(明道 정호(程顥))의 혼성(渾成)[20]함은 안자(顔子)와 비슷하고 이천(伊川 정이(程頤))의 각실(慤實)함은 증자(曾子)와 비슷하고 회옹(晦翁 주희(朱熹))의 강의(剛毅)하고 굉활(宏闊)함은 맹자(孟子)와 비슷하다.

횡거(橫渠)가 예(禮)로써 사람을 가르친 것을 두고 정자(程子)가 '배우는 자들이 의지하여 지킬 것이 있게 하였다'라고 인정하였으나[21] 내 심 생각건대, 경(敬)을 위주로 하였던 정자 문하의 교법(敎法)과 비교하면 도리어 편협한 듯하니, 이 때문에 관중(關中)의 학자들이 정자

20 혼성(渾成) : '혼연천성(渾然天成)'의 준말로, 인위적인 흔적이 없이 자연스럽게 이루어졌다는 뜻이다. 주희(朱熹)의 〈육선생화상찬(六先生畫像贊)〉 중 정호(程顥)에 대한 찬(贊)에 "원기가 한데 모여, 혼연히 천연으로 이루어졌도다.〔元氣之會, 渾然天成.〕"라고 보인다.

21 횡거(橫渠)가……인정하였으나 : 횡거는 송(宋)나라 학자 장재(張載)로, 자는 자후(子厚), 호는 횡거이다. 《이정유서(二程遺書)》 권2상에 "자후가 예(禮)로써 배우는 자들을 가르친 것은 매우 잘한 일이니, 배우는 자들에게 먼저 의지하여 지킬 것이 있게 한 것이다.〔子厚以禮教學者最善, 使學者先有所據守.〕"라고 말한 내용이 보인다.

문하의 사람들에게 못 미치는 것이라고 여겼다. 그런데 근래에 점점 그 법을 알게 되었으니 또한 좋은 것이었다. 대체로 배우는 자가 입문하는 초기에 예(禮)로써 몸을 단속하면 과연 뜻을 지킴이 있게 된다. 또 더구나 세대가 내려올수록 예(禮)가 더욱 무너져서 삼백(三百)과 삼천(三千)[22]의 남은 뜻이 이미 모조리 사라져 버렸으니, 그 시대를 가지고 보면 더욱 뜻을 다하지 않을 수 없다.

거경(居敬)·궁리(窮理)·역행(力行)[23]은 바로 주자(朱子) 문하 학문의 지결(旨訣)이다. 경(敬)은 실로 동정(動靜)을 꿰뚫고 지행(知行)을 관통하지만, 여기에서 말한 '거경'은 함양(涵養)을 위주로 하여, 도리어 지행과 상대하여 동정을 구분해서 말한 것이다. 배우는 자는 초반에 각각 별도로 공부를 들여 번갈아 그 힘을 다하여야 하니, 한쪽으로 치우쳐서는 안 된다.-함양만 힘쓰고 지행은 소홀히 하는 자가 있기도 하고, 지행만 힘쓰고 함양은 소홀히 하는 자가 있기도 하다.- 공부가 완숙한 데에 이르러서는 세 가지가 융합하여 일치되니, 비로소 덕(德)을 이루었다고

22 삼백(三百)과 삼천(三千) : '삼백'은 경례(經禮), 즉 강령이 되는 예를 이르고, '삼천'은 곡례(曲禮), 즉 소소한 의절(儀節)을 이른다. 《예기(禮記)》 〈예기(禮器)〉에 "경례가 삼백 가지이고, 곡례가 삼천 가지인데, 그 이치는 하나이다.〔經禮三百, 曲禮三千, 其致一也.〕"라고 보이고, 《중용장구(中庸章句)》 제27장에도 "크고 넉넉하도다. 예의가 삼백 가지이고, 위의가 삼천 가지로다.〔優優大哉! 禮儀三百, 威儀三千.〕"라고 보인다.

23 거경(居敬)·궁리(窮理)·역행(力行) : 이이(李珥)의 《율곡전서(栗谷全書)》 〈격몽요결(擊蒙要訣) 지신장제삼(持身章第三)〉에 보이는 것으로, "경(敬)에 거하여 그 근본을 세우며, 이치를 궁구하여 선(善)을 밝히며, 힘써 행하여 실천해야 하니, 이 세 가지는 평생 해야 할 일이다.〔居敬以立其本, 窮理以明乎善, 力行以踐其實, 三者, 終身事業也.〕"라고 하였다.

말할 수 있다.

호원(胡元)의 세대는 남송(南宋)과 멀지 않아서 유자(儒者)로 일컬어지는 자들이 본래 적지 않았다. 그러나 도도(滔滔)하게 모두 지조를 잃고 오랑캐를 섬겨서 존양(尊攘)[24]의 의리가 땅에 떨어졌다. 허형(許衡)・오징(吳澄)[25]과 같은 이들은 이러한 이치를 족히 알 만한 지성이 있었음에도 오히려 이를 면치 못하였으니, 하물며 이들보다 수준이 낮은 자들은 어떠했겠는가. 오직 김인산(金仁山)과 허백운(許白雲)[26]

24 존양(尊攘) : 존주양이(尊周攘夷), 즉 천자의 나라인 주(周)나라 왕실을 존숭하고 이적(夷狄)을 배척하는 의리로, 공자(孔子)가 수찬(修纂)한 《춘추(春秋)》에서 강조한 의리이다.

25 허형(許衡)・오징(吳澄) : 허형(許衡, 1209～1281)은 원(元)나라 초기의 학자이자 문신으로, 자는 중평(仲平), 호는 노재(魯齋), 시호는 문정(文正)이다. 원나라 세조(世祖) 때 관국자좨주(官國子祭酒) 등의 벼슬을 역임하였다. 병으로 벼슬을 물러난 뒤 순수한 정주학자(程朱學者)로서 도학을 실천하는 것으로 임무를 삼았으며, 원나라 초기의 학계에 주자학(朱子學)의 기초를 닦았으며 주희(朱熹)와 육구연(陸九淵)의 학문을 조화시키려 노력했고, 공담(空談)만을 일삼는 이학(理學)을 비판하였다. 오징(吳澄, 1249～1333)은 원나라 초기의 학자이자 문신으로, 자는 유청(幼淸), 시호는 문정(文正)이다. 송(宋)나라 때 과거에 낙방한 이래 벼슬하지 않다가, 원나라 무종(武宗)의 명으로 국자감 승(國子監丞)이 되고, 이후 한림학사(翰林學士) 등의 벼슬을 역임하였다. 주희의 사전제자(四傳弟子)로, 이학(理學)을 위주로 하면서 심학(心學)을 아울러 취하여 주륙이가(朱陸二家)의 사상을 조화시켰다. 허형(許衡), 유인(劉因)과 더불어 원(元)나라의 3대 학자로 꼽힌다.

26 김인산(金仁山)과 허백운(許白雲) : 김인산은 송말원초(宋末元初)의 학자인 김이상(金履祥, 1232～1303)으로, 만년에 인산(仁山)에 은거하여 이렇게 칭한다. 자는 길보(吉甫), 호는 차농(次農), 시호는 문안(文安)이다. 하기(何基)와 왕백(王柏)에게 정주학(程朱學)을 배워 주희(朱熹)의 학통을 이었다. 송(宋)나라가 멸망하자 벼슬하

은 은거하며 도(道)를 구하여 오랑캐의 비린내가 가득한 가운데에서도 초연하게 몸을 깨끗이 하였다. 비유하자면 하나의 별이 외롭게 빛을 비추는 것과 같아서 백세(百世)의 뒤에도 나약한 이들이 뜻을 세우게 할 만하였으니, 어찌 위대하지 않은가. 당시에 중국이 오랑캐 손에 멸망함에 일맥의 정기(正氣)가 저들에게 있지 않고 도리어 주자(朱子) 문하에서 사숙(私淑)한 사람에게 있었다. 그 연원(淵源)이 비롯한 바를 속일 수 없는 점이 있으니, 아 또한 기이하다.-주자의 문인(門人)은 황간(黃榦)이고, 황간의 문인은 하기(何基)이고, 하기의 문인은 왕백(王栢)이고, 왕백의 문인은 김이상(金履祥)이고, 김이상의 문인은 허겸(許謙)이다.-

《중용(中庸)》 제12장에서 "솔개가 높이 날고 물고기가 뛰어논다.〔鳶飛魚躍〕"라는 구절의 아래에 곧바로 "군자의 도는 부부에서 단서가 시작된다.〔君子之道 造端乎夫婦〕"라는 구절이 이어지니[27] 완미하기에 매우 좋다. 위의 구절에서 솔개와 물고기로써 화육(化育)하고 유행하는

지 않고 금화산(金華山)에서 후학을 양성하다가 인산으로 옮겨 살았다. 허백운은 허겸(許謙, 1270~1337)으로, 백운은 그의 호이고, 자는 익지(益之), 시호는 문의(文懿)이다. 김이상의 문하에서 수업하여 정주학의 맥을 이었다. 과거에 응시하지 않고 팔화산(八華山)에 은거하여 강학했는데, 문인이 1천여 명에 달하였다. 하기에서 왕백, 김이상으로 이어지는 주희의 학맥을 계승하여 '금화사선생(金華四先生)'으로 일컬어졌고, 북방의 허형(許衡)과 함께 '남북이허(南北二許)'로 불렸다.

27 중용(中庸)……이어지니 : 《중용장구(中庸章句)》 제12장에 "《시경(詩經)》에 '솔개는 높이 날아 하늘에 이르는데, 물고기는 연못에서 뛰어노누나.' 하였는데, 상하에 이치가 밝게 드러나 있음을 말한 것이다. 군자의 도는 부부에서 단서가 시작되니, 그 지극한 데에 이르러서는 천지에 밝게 드러난다.〔詩云: 鳶飛戾天, 魚躍于淵. 言其上下察也. 君子之道, 造端乎夫婦, 及其至也, 察乎天地.〕"라고 하였다.

묘함을 밝히고 아래 구절에서 다시 지극히 실제적인 인사(人事)로써 이 이치를 거듭 밝혀 매듭을 지었으니, 그 긴요하게 사람들을 위하여 말한 뜻[28]이 여기에 이르러 더할 나위가 없게 된다. 인도(人道)의 은미하고 정밀함은 부부가 집에서 생활하는 범위보다 지나친 것이 없으니, 만일 부부의 이부자리 위에 인욕이 모두 사라지고 천리가 유행한다면 거의 '솔개가 높이 날고 물고기가 뛰어논다.'라는 것과 동일하게 생기가 충만한 기틀이 되어서 만화(萬化)가 모두 여기에서 비롯되어 나올 것이다. 이를 국가와 천하에까지 이르게 한다면 또한 어찌 '천지에 밝게 드러난다〔察乎天地〕'는 것이 아니겠는가.

《근사록(近思錄)》에 실린 〈태극도설(太極圖說)〉의 "각각 그 성(性)을 하나씩 간직하였다〔各一其性〕"[29]라는 구절에 대한 섭씨(葉氏 섭채(葉采))의 주(註)에서 주자(朱子)의 본래 해석을 따르지 않고 남헌(南軒)의 설[30]을 취하여 실어놓은 것은 매우 이상하게 여길 만하니, 근세에

28 긴요하게……뜻 : '긴요하게 사람을 위한다'는 것은 《중용장구(中庸章句)》 제12장 '연비어약(鳶飛魚躍)'의 구절에 대하여 정자(程子)가 풀이하며 한 말로, "이 한 구절은 자사가 긴요하게 사람들을 위하여 말한 곳으로, 생기가 충만한 곳이다.〔此一節, 子思喫緊爲人處, 活潑潑地.〕"라고 하였다.

29 각각……간직하였다 : 《근사록(近思錄)》 권1 〈도체(道體)〉에 주돈이(周敦頤)의 〈태극도설(太極圖說)〉이 실려 있는데, "오행은 하나의 음(陰)·양(陽)이고, 음(陰)·양(陽)은 하나의 태극이니, 태극은 본래 무극이다. 오행이 생겨남에 각각 그 성(性)을 하나씩 간직하였다.〔五行一陰陽也, 陰陽一太極也, 太極, 本無極也. 五行之生也, 各一其性.〕"라고 하였다.

30 남헌(南軒)의 설 : 남헌은 남송(南宋)의 학자 장식(張栻, 1133~1180)으로, 자는 경부(敬夫)·흠부(欽夫), 호는 남헌이다. 섭채(葉采)가 편찬한 《근사록집해(近思錄集

인(人)과 물(物)의 성(性)이 다르다는 주장을 하는 자들이 또한 이를 가지고 구실을 삼는 자들이 많다. 그러나 일찍이 남헌이 오회숙(吳晦叔)에게 준 편지[31]를 보건대, "물(物)이 비록 혼매하고 꽉 막혀 스스로 통하지 못하지만 태극이 극(極)이 되는 것에는 또한 어찌 흠결이 있겠는가."라고 하였고, 또 "만약 물(物)의 몸에 있어서 태극에 흠결이 있다면, 이는 태극이 하나의 물(物)이 되는 것이어서, 하늘이 사람에게는 온전한 것으로 주고 물건에게는 각각 쪼개어서 준 것이다. 이는 대본(大本)에 있어서 장애가 있는 것이다."라고 하였다. 여기에 근거해 본다면 남헌이 일원(一原)의 묘함을 발명한 것이 거의 남김이 없으니, 어찌 일찍이 주자(朱子)의 설(說)과 다른 바가 있겠는가. 그가 말한 "각각 하나씩 전담하였다〔各專其一〕"라는 것은 그저 분수(分殊)에 나아가 그 이(理)를 말한 것일 뿐이다. 다만 주자(朱子)의 본래 해석과 비교하면 도리어 완비함이 부족하다.

《근사록(近思錄)》의 체단(體段)은 경서(經書)와 함께 나란히 비교할

解)》에는 〈태극도설(太極圖說)〉의 '각각 그 성(性)을 하나씩 간직하였다〔各一其性〕'라는 구절에 대한 소주(小註)에 다음과 같은 장식(張栻)의 말이 실려 있다. "오행의 생겨남과 형질(形質)은 비록 같지 않은 것이 있으나 태극(太極)의 이(理)는 일찍이 존재하지 않은 적이 없다. 오행이 각각 그 성(性)을 하나씩 간직한다는 것은 인(仁)·의(義)·예(禮)·지(智)·신(信)의 이(理)를 오행이 각각 하나씩 전담하는 것이다.〔五行生質, 雖有不同, 然太極之理, 未嘗不存也. 五行各一其性, 則爲仁義禮智信之理而五行各專其一.〕"《近思錄集解 卷1 道體》

31 남헌이 오회숙(吳晦叔)에게 준 편지 : 오회숙은 오익(吳翌)으로, 자는 회숙, 호는 징재(澄齋), 남악처사(南嶽處士)이다. 이 편지는 장식(張栻)의 문집《남헌집(南軒集)》권28에 실려 있다.

수 있으니 마땅히 한 부의 주해(註解)가 있어야 하는데, 섭씨(葉氏)[32]의 주해는 끝내 의심할 만한 것이 많다. 비록 사계(沙溪 김장생(金長生))의 석의(釋疑)가 있기는 하지만 또한 매우 소략하니, 이는 실로 사문(斯文)의 흠결이 되는 일이다. 예전에 백씨(伯氏)[33]가 일찍이 이에 대하여 개연(慨然)한 마음이 있어서 채집하여 책을 완성하는 데에 뜻을 두었으나 미처 이루지 못하고 졸하였다. 그 범례(凡例)를 세운 것으로 말하면 내가 이미 당시에 참여하여 들은 바가 있었는데, 산퇴(山頹)[34] 이후로 그 유지(遺志)를 계술하려고 하지 않은 것은 아니나 멸렬함을 스스로 돌아보고는 감히 대번에 착수하지 못하고 식견이 다소 나아질 날을 기다리고자 하였다. 세월이 덧없이 흐르는 사이에 해질녘의 노년에 다다랐건만 학문은 진보하지 못하고 예전에 들은 것마저 모조리 잃어버리고 말았다. 이 일은 장차 천고에 한으로 남을 것이니, 모르겠

32 섭씨(葉氏) : 남송(南宋)의 학자 섭채(葉采)로, 자는 중규(仲圭), 호는 평암(平巖)이다. 주희(朱熹)의 《근사록(近思錄)》에 대한 최초의 주석서인 《근사록집해(近思錄集解)》를 저술하였다.

33 백씨(伯氏) : 오윤상(吳允常, 1746~1783)으로, 자는 사집(士執), 호는 영재(寧齋), 본관은 해주(海州)이다. 순암(醇菴) 오재순(吳載純)의 첫째 아들이며, 미호(渼湖) 김원행(金元行)의 문하에서 수학하였다. 학문에 뛰어나 두 아우인 오희상(吳熙常)과 오연상(吳淵常)을 가르치기도 하였다. 37세로 요절하였으며, 저서로는 《영재유고(寧齋遺稿)》가 있다.

34 산퇴(山頹) : 태산(泰山)이 무너졌다는 뜻으로, 스승이나 철인의 죽음을 이르는 바, 백씨(伯氏) 오윤상(吳允常)이 죽은 것을 가리켜 말한 것이다. 공자가 자신이 별세할 꿈을 꾸고 아침에 일찍 일어나 뒷짐을 지고 지팡이를 짚은 채 노래하기를 "태산이 무너지고 대들보가 쓰러지니 철인도 시드는구나.〔泰山其頹乎, 梁木其壞乎, 哲人其萎乎.〕"라고 노래하였는데, 그 후 7일 동안 병들어 누웠다가 별세한 데서 유래하였다. 《禮記 檀弓上》

다만 어느 누가 끝내 이 일을 이룰 것인가? 후래(後來)의 군자들에게 기대하는 바가 없을 수 없다.

성현의 천 마디, 만 마디 말씀은 그저 사람들이 인욕을 막고 천리를 보존하게 하려는 것이다. 그러나 만약 일에 있어서 범범하게 천리와 인욕의 기미를 확인하여 보존하거나 막고자 한다면, 거의 기준이 없어서 엉성하고 허술하기가 쉬울 것이다. 곧장 인심(人心)과 도심(道心)의 분계(分界)에 나아가 정밀하게 살펴서 한결같이 지키는 것이 가장 좋으니, 이는 긴요하면서도 간이(簡易)하여 더 이상의 별다른 법이 없다. 대순(大舜)의 한 마디 말씀[35]이 참으로 천고에 학문을 논하는 종지(宗旨)가 된다.

《중용장구(中庸章句)》에 이르기를, "대본(大本)이란 하늘이 명한 성〔天命之性〕이니, 천하의 이치가 모두 이로 말미암아 나온다."[36]라고 하였다. 여기에 근거해 보면 주자(朱子)의 뜻은 천명과 대본이 똑같이 일원(一原)을 가리킨다고 여긴 것이다. 이는 실로 자사(子思)의 뜻에

35 대순(大舜)의 한 마디 말씀 : 순(舜)임금이 우(禹)임금에게 왕위를 물려주면서 "인심은 위태롭고 도심은 은미하니, 오직 정밀하게 살피고 오직 전일하게 지켜야 진실로 중도(中道)를 잡을 수 있다.〔人心惟危, 道心惟微, 惟精惟一, 允執厥中.〕"라고 말한 것을 이른다. 《書經 大禹謨》

36 대본(大本)이란……나온다 : 《중용장구(中庸章句)》 제1장에 "중(中)이란 것은 천하의 대본(大本)이고, 화(和)란 것은 천하의 달도(達道)이다.〔中也者, 天下之大本也; 和也者, 天下之達道也.〕"라고 하였는데, 이에 대한 주희(朱熹)의 해설에 보이는 말이다.

근본을 두는데, 하늘이 명한 성〔天命之性〕은 인(人)·물(物)을 통틀어 말한 것이니, 그렇다면 정암(整庵)[37]이 이른바 "미발(未發)의 중(中)은 물(物)마다 모두 가지고 있다."라고 한 것은 비록 지나치게 단정지어 말한 듯하지만, 실로 또한 생각할 만한 점이 있다.

대본(大本)과 명덕(明德)은 모두 인(人)의 분수 위에서 말한 것이어서 비록 물(物)에서 구할 수는 없으나, 만약 이(理)와 기(氣)가 일원(一原)이라는 관점으로 나아가 살펴본다면 인(人)과 물(物)은 결국 근본이 하나인 것이지, 근본이 둘인 것이 아니다.

한번 살펴보건대, 성(性)은 바로 생(生)의 이치이고 심(心)은 바로 기(氣)의 허령함이니, 이는 실로 조화(造化)와 발육(發育)의 도구인데, 하늘이 만물을 낳는 것은 일원(一原)에 근본을 두니 그 변화하고 생성하는 자연의 기틀이 어찌 인(人)과 물(物)이라고 하여 다르겠는가. 다만 품부받은 형기(形氣)에 통색(通塞)의 차이가 있어서 분수의 차이가 생기는 것이다.

《주역(周易)》〈계사전(繫辭傳)〉에 이르기를, "한 번 음(陰)하고 한 번 양(陽)하게 함을 도(道)라고 한다."라고 하였고, 또 이르기를, "음

37 정암(整庵) : 명(明)나라의 유학자 나흠순(羅欽順, 1465~1547)으로, 자는 윤승(允升), 호는 정암, 시호는 문장(文莊)이다. 국자감 사업(國子監司業)과 이부 상서(吏部尙書) 및 예부 상서(禮部尙書) 등을 지냈으나, 사직하고 학문에 전념하였다. 처음에 불교의 선학(禪學)을 연구하였으나 후에 주자학(朱子學)으로 돌아섰다. 저서에 《곤지기(困知記)》·《속기(續記)》·《나정암집》 등이 있다.

(陰)하고 양(陽)하여 측량할 수 없음을 신(神)이라 한다."라고 하였으니,[38] 바로 이 두 가지 말에 음양의 본말이 모두 드러나 있다. 똑같은 음양이라도 그 '한 번 음(陰)하고 한 번 양(陽)하게 하는 것'의 측면에서 말하면 '도(道)'라고 하니, 도(道)는 바르고 일정하여 떳떳함이 있는 체(體)로서, 곧 형이상(形而上)인 것이다. 또 '측량할 수 없다'는 측면에서 말하면 '신(神)'이라고 하니, 신(神)은 변화하여 측량하지 못하는 용(用)으로서, 곧 형이하(形而下)인 것이다. 그러나 하나라고 하여 섞일 수도 없고 또 둘이라고 하여 떨어질 수도 없으니, 정암(整庵 나흠순(羅欽順))의 말에 "도(道)는 실체(實體)이고 신(神)은 묘(妙)가 된다."라고 한 것이 참으로 합당하다.

일월(日月)의 도(道)는 항상 밝은 것이지만[39] 때때로 박식(薄蝕)[40]하기도 한다. 항상 밝은 것도 신(神)이고 박식하는 것도 역시 신(神)이니, 신(神)이 있는 곳에 곧 이(理)가 있다. 그러나 항상 밝은 것은 이(理)가 신(神)을 주재하는 것이고 박식하는 것은 이(理)가 신(神)에 의해 옮겨지는 것인데, 박식하는 것은 일시적일 수만 있고 오래

38 주역(周易)……하였으니 : 《주역(周易)》 〈계사전 상(繫辭傳上)〉 5장의 첫 번째 절이 "한 번 음(陰)하고 한 번 양(陽)하게 함을 도(道)라고 한다.〔一陰一陽之謂道.〕"이고, 마지막 절이 "음(陰)하고 양(陽)하여 측량할 수 없음을 신(神)이라 한다.〔陰陽不測之謂神.〕"이다.

39 일월(日月)의……것이지만 : '일월의 도(道)는 항상 밝은 것이다.〔日月之道, 貞明者也.〕'라는 말은 본래 《주역(周易)》 〈계사전 하(繫辭傳下)〉에 보이는 말로, 해와 달이 운행(運行)의 법칙을 굳게 지킴으로써 항상 밝은 것을 말한다.

40 박식(薄蝕) : 일식이나 월식으로 해와 달이 서로 그 빛을 가림을 말한다.

지속될 수는 없으니, 결국에는 이 이(理)가 민멸하려야 할 수가 없어서 신(神)의 주체가 된다. 이를 자세히 궁구하면 신(神)과 이(理)의 구분을 충분히 미루어 알 수 있을 것이고 또한 이 이(理)가 중대함을 알 수 있을 것이다.

정암(整庵 나흠순(羅欽順))이 이르기를, "양(陽)은 동(動)하고 음(陰)은 정(靜)한 것은, 그 대분(大分)이 참으로 그러하다. 그러나 유행하는 측면에서 본다면 정(靜)한 것 또한 동(動)하고, 주재하는 측면에서 본다면 동(動)한 것 또한 정(靜)하다."라고 하였다. 진실로 대원(大原)에 있어 제대로 안 것이 아니라면 어찌 이와 같이 말할 수 있겠는가.

정암(整庵 나흠순(羅欽順))이 또 이르기를, "명(命)의 이(理)는 하나일 뿐이지만 음(陰)·양(陽) 두 글자를 들게 되면 곧 분수(分殊)가 되니, 이를 미루어가면 만 가지 상(象)이 되는 데에 이른다. 성(性)의 이(理)는 하나일 뿐이지만 인(仁)·의(義) 두 글자를 들게 되면 곧 분수(分殊)가 되니, 이를 미루어가면 만 가지 일이 되는 데에 이른다. 만 가지 상(象)이 비록 많으나 한 가지 상(象)에 나아가도 명(命)의 전체가 여기에 존재하고, 만 가지 일이 비록 많으나 한 가지 일에 나아가도 성(性)의 전체가 여기에 존재한다."라고 하였는데, 이 말이 또한 좋다.

백정자(伯程子 정호(程顥))가 말씀하기를, "'한 번 음(陰)하고 한 번 양(陽)하게 함을 「도(道)」라고 이른다'[41]라고 하였다. 음(陰)·양(陽)은

41 한 번 음(陰)하고……이른다 : 이는 본래 《주역(周易)》 〈계사전 상(繫辭傳上)〉에

또한 형이하(形而下)인 것인데도 '도(道)'라고 한 것은, 오직 이 말씀이 형이상(形而上)과 형이하를 가장 분명하게 나눈 것이니〔惟此語截得上下最分明〕, 원래 다만 이것이 도(道)일 뿐이다〔元來只此是道〕. 요컨대 사람들이 묵묵히 이를 아는 데에 달려있다."라고 하였다. 정암(整庵 나흠순(羅欽順))이 이르기를, "'절(截)' 자는 마땅히 '참절(斬截)'의 뜻이 되어야 한다. 여기에 나아가면 곧 형이상과 형이하가 혼연하여 간격이 없음을 볼 수 있으니, 얼마나 참절함이 분명한가. 만약 '분절(分截)'의 뜻으로 본다면 아래의 '원래 다만 이것이 도(道)이다.'라는 구절이 또 말이 되지 않는다."라고 하였다. 정암이 이(理)와 기(氣)를 하나로 인식한 것은 스스로 '명도(明道 정호)에게서 얻은 바가 있다'고 하였고, 이 말씀을 좌계(左契)처럼 보아서 한 번에 그치지 않고 여러 번 증명하였다. 그러나 삼가 자세히 보건대, '참절(斬截)'이란 글자의 면목은 끝내 '혼연하여 간격이 없다'는 뜻과는 가깝지 않으며, 더구나 '형이상과 형이하를 나눈다〔截得上下〕'라고 글을 썼으면 말의 뜻이 절로 '분절(分截)'로 귀결되는 것이다. 그리고 '다만 이것이〔只此〕'라는 두 글자를 보면 본래 힘을 주어 글자를 놓은 것이 아니고 '그밖에 다른 것이 없다'는 말에 불과할 뿐이니, 문맥에 따라서 보는 것이 옳다. 정암이 글자만 따라서 해석을 내어 이처럼 억지스러운 말을 해서 한 가지 물(物)이라는 주장의 증거로 삼은 것은, 그저 허다하게 힘을 낭비함만 볼 뿐이니 사리(辭理)가 험준하고 고집스러움을 면치 못한다.

보이는 말로, "한 번 음(陰)하고 한 번 양(陽)하게 함을 '도(道)'라고 이르니, 계속하게 함은 선(善)이고, 갖추어져 있음은 성(性)이다.〔一陰一陽之謂道, 繼之者善也, 成之者性也.〕"라고 하였다.

이 어른은 비록 신묘하게 깨닫는 데에는 뛰어났으나 도리어 그 뛰어난 점을 믿고서 마음을 비우고 이치를 살피지 못하여 일을 그르쳤다. 대체로 이 단락의 글 뜻이 비록 이해하기 어려운 듯하지만 만약 분합(分合)의 뜻을 가지고 얽매임 없이 폭넓게 본다면 아마도 의심할 만한 점이 없게 될 것이다.

"음(陰)·양(陽)은 또한 형이하(形而下)인 것인데도 '도(道)'라고 함〔陰陽亦形而下者而曰道〕"[42]이라는 말은, 음(陰)·양(陽)에 나아가 도(道)를 가리킨 것이니, 요컨대 기(器) 밖에 도(道)가 없음을 볼 수 있다. 이것이 이른바 '합(合)'이다. "형이상(形而上)과 형이하(形而下)를 분명하게 나눔〔截得上下分明〕"[43]이라는 말은, 그 가운데로 나아가 분절(分截)한 것이니, 요컨대 도(道)가 기(器)와 섞일 수 없음을 볼 수 있다. 이것이 이른바 '분(分)'이다. "다만 이것이 도(道)일 뿐이다.〔只此是道〕"[44]라는 말은, 도(道)는 다른 데에서 구할 필요가 없고 다만 도(道)와 기(器)가 분합(分合)하는 사이에 있음을 말한 것인데, 합하면〔合〕 혼연(渾然)하고 나뉘면〔分〕 절연(截然)하니, 사람들이 묵묵히 아는 데에 달려있을 뿐이다. 이와 같이 해설한다면 뜻이 통할 수 있을 것이다.

42 음(陰)·양(陽)은……함 : 정호(程顥)의 말로, 본문의 바로 앞 단락에 보인다.

43 형이상(形而上)과……나눔 : 역시 정호(程顥)의 말로, 본문의 바로 앞 단락에 보인다.

44 다만……뿐이다 : 역시 정호(程顥)의 말로, 본문의 바로 앞 단락에 보인다.

백정자(伯程子 정호(程顥))가 또 말씀하기를, "형이상(形而上)인 것을 도(道)라고 이르고, 형이하(形而下)인 것을 기(器)라고 이른다. 혹자[45]가 청허일대(淸虛一大)를 천도(天道)로 여긴 것으로 말하면, 이것은 바로 기(器)를 가지고 말한 것이지 도(道)가 아니다."라고 하였다. 이 말씀을 살펴보면 도(道)와 기(器)를 분절(分截)한 것이 어찌 명쾌하지 않겠는가. 그리고 이 단락과 전 단락은 모두 유현(劉絢)[46]이 스승의 말씀을 기록한 것으로, 서로 위아래로 연결되어 있으니, 아마도 같은 때에 하신 말씀인 듯하다. 또한 서로 참고하여 뜻을 밝힐 수 있을 것이다.

정암(整庵 나흠순(羅欽順))이 주자(朱子)의 '분리되지도 않고 섞이지도 않는다〔不離不雜〕'[47]라는 말씀을 논하여 말하기를, "'자(慈)'의 이(理)는 아버지와 분리되지 않고 '효(孝)'의 이(理)는 자식과 분리되지 않는다고 이르는 것은 이(理)와 기(氣) 사이에 빈틈이 없음을 잘 알겠지만, '자(慈)'의 이(理)가 아버지와 섞이지 않고 '효(孝)'의 이(理)가 자식과 섞이지 않는다고 이르는 것은 뜻이 통할 수 있겠는가."라고 하였다. 만약 이 말과 같다면 반드시 아버지를 가리켜 '자(慈)'라고 하고 자식

45 혹자 : 장재(張載)를 두고 말한 것이다.

46 유현(劉絢) : 송(宋)나라 때 사람으로, 자는 질부(質夫)이다. 정호(程顥)의 문인으로《춘추(春秋)》에 정통하였다. 음직으로 수안 주부(壽安主簿)가 되었고 이어 경조부 교수(京兆府敎授)·태학박사(太學博士) 등을 역임하였다.《宋史 卷428》《宋元學案 30》

47 분리되지도……않는다 : 이(理)는 기(氣)와 서로 분리되지도 않고 또한 서로 섞이지도 않음을 말한 것이다.

을 가리켜 '효(孝)'라고 한 뒤에야 그 사이에 빈틈이 없다고 할 수 있지 않겠는가. 또 무릇 '자(慈)'·'효(孝)'의 이(理)가 천명지성(天命之性)이 아니라고 한다면 그만이지만, 그렇지 않다면 '자(慈)'의 이(理)는 요(堯)임금 때문에 보존되는 것도 아니고 고수(瞽瞍)[48] 때문에 없어지는 것도 아니며, '효(孝)'의 이(理)는 순(舜)임금 때문에 보존되는 것도 아니고 단주(丹朱)[49] 때문에 없어지는 것도 아니니, 이는 또한 섞일 수 있다고 말할 수 있겠는가. 도(道)가 비록 기(器)를 벗어나지 않으나 만약 천하의 기(器)를 들어 모두 도(道)라고 이른다면 말이 되지 않는 점이 있는 듯하다. 그러므로 도(道)와 기(器)는 진실로 두 가지 물(物)로 쪼개질 수 없는 것이지만 또한 섞여서 한 가지 물(物)이 될 수도 없는 것이다. 한 가지 물(物)이 된다면 필경 기(器)가 주(主)가 되고 도(道)가 객(客)이 되어서, 방소도 없고 실체도 없지만 삼극(三極)[50]을 관철(貫徹)하는 일개의 정리(正理)가 도리어 기(器)에 의해 가려져 본연(本然)의 묘함을 알 수 있는 곳이 없게 될 것이다.

이(理)와 기(氣)는 분리되면 둘이 되고 섞이면 하나가 된다. 그러므로

48 고수(瞽瞍) : 순(舜)임금의 아버지로, 어리석고 자애함이 없는 아버지의 대명사처럼 여겨진다. 《서경(書經)》〈요전(堯典)〉에 의하면 "그의 성질이 완악(頑惡)하다." 하였고,《맹자(孟子)》〈만장 상(萬章上)〉에 의하면 "아들인 순(舜)을 죽이려고 창고(倉庫)의 지붕을 이게 하고는 사다리를 치우고 불을 질렀으며, 우물을 파게 하고는 못 나오도록 흙을 쳐넣어 메우는 등 그 처사가 불선(不善)했다." 하였다.

49 단주(丹朱) : 요(堯)임금의 아들로, 불초하여 행실이 좋지 못하였으므로 요(堯)임금은 제위(帝位)를 아들이 아닌 순(舜)에게 넘겨주었다.

50 삼극(三極) : 천(天), 지(地), 인(人)으로, 삼재(三才)라고도 한다.

이른바 '분리되지도 않고 섞이지도 않는다〔不離不雜〕'라는 것은 바로 하나도 아니고 둘도 아닌, 말로 설명하기 어려운 묘함을 형용한 것일 뿐이다. 마땅히 서로 참고하여 활간(活看)하여야 하니, 분석하여 억지로 설명해서는 안 된다.

《미호집(渼湖集)》의 김천근(金天根)에게 답한 편지[51]에 이르기를, "기질지성(氣質之性)에서 기(氣)를 제거하고〔除却〕 이(理)만 가리키는 경우에 이를 본연지성(本然之性)이라고 하고, 이(理)와 기(氣)를 섞어서〔雜〕 말하는 경우에 이를 기질지성이라고 한다."라고 하였는데, 주자(朱子)부터 이미 이와 비슷한 말씀을 하였다. 그러나 '제거하다〔除〕'라고 하고 '섞다〔雜〕'라고 한 것은 끝내 너무 무겁게 말한 듯하니, 만약 활간(活看)하지 않는다면 마치 진짜 두 가지의 물건이 각각 자리를 차지하고 있어서 제거할 수도 있고 섞일 수도 있는 것처럼 여겨진다. 비록 《중용(中庸)》의 '천명지성(天命之性)'[52]이라고 하더라도 실로 기(氣)와 분리된 적은 없으나 다만 그 체(體)에 나아가 이(理)를 위주로 하여 성(性)을 말한 것이니, 이를 본연지성이라고 하는 것이다. 비록 《맹자(孟子)》에서 말한 개와 소와 사람의 성(性)[53]이라고 하더라도

51 김천근(金天根)에게 답한 편지 : 이 편지는 김원행(金元行)의 문집인 《미호집(渼湖集)》 권8에 〈답김천근(答金天根)〉이라는 제목으로 실려 있다.

52 중용(中庸)의 천명지성(天命之性) : 《중용장구(中庸章句)》 제1장에 "하늘이 명한 것을 성(性)이라고 이르고, 성(性)을 따름을 도(道)라고 이르고, 도(道)를 품절(品節)해 놓음을 교(敎)라고 이른다.〔天命之謂性, 率性之謂道, 修道之謂教.〕"라고 한 데에 보이는 것으로, 사람과 물건이 태어나면서 하늘로부터 이(理)를 부여받아서 이로써 건순(健順)・오상(五常)의 덕(德)을 삼은 것이다.

또한 천명지성이 아닌 적이 없으나 다만 그 용(用)에 나아가 기(氣)를 위주로 하여 성(性)을 말한 것이니, 이를 기질지성(氣質之性)이라고 하는 것이다. 이와 같이 말한다면 아마도 결함이 없을 것이다.

강절(康節)[54]이 말하기를, "배우는 자의 병통은 호오(好惡)가 먼저 마음에 자리잡힌 데에 있으니, 자신의 사사로운 지혜를 가지고 도(道)를 구하면 좋아하는 바에 가려져 그 참된 것을 얻지 못하게 된다."라고 하였다. 이 말씀은 근세의 유자(儒者)들 중에 선입견을 가져서 피아(彼我)를 세우고 득실을 다투어 도술(道術)이 분열되도록 만든 자들의 병통과 깊이 맞아떨어진다. 대체로 마음이 공정하고 견식이 밝아야 참된 도(道)를 볼 수 있는데, 견식이 밝은 것은 마음이 공정한 데에서 나온다. 조금이라도 선입견이 있다면 마음이 이미 공정하지 못한 것이니, 견식이 어찌 밝을 수 있겠는가. 오당(吾黨)의 선비들이 진실로

53 맹자(孟子)에서……성(性) : 고자(告子)가 생(生)의 본능을 성(性)이라고 한다고 하자 맹자(孟子)가 반론을 제기하며 말한 내용에 보이는 것으로, 《맹자》 〈고자 상(告子上)〉에 보인다. 고자가 "생(生)의 본능을 성(性)이라고 한다."라고 하자 맹자가 "생(生)의 본능을 성(性)이라고 함은 백색을 백색이라고 이르는 것과 같은 것인가?"라고 물었는데, 고자가 "그러하다."라고 답하였다. 이어서 맹자가 "그렇다면 백우(白羽)의 백색이 백설(白雪)의 백색과 같으며, 백설의 백색이 백옥(白玉)의 백색과 같은 것인가?"라고 묻자, 고자가 "그러하다."라고 답하였다. 그러자 맹자가 반문하기를, "그렇다면 개의 성(性)이 소의 성(性)과 같으며, 소의 성(性)이 사람의 성(性)과 같단 말인가. 〔然則犬之性, 猶牛之性, 牛之性, 猶人之性與?〕"라고 하였다.

54 강절(康節) : 송(宋)나라 학자 소옹(邵雍, 1011~1077)으로, 자는 요부(堯夫), 호는 안락와(安樂窩), 시호는 강절이며, 《주역(周易)》의 상수학(象數學)에 능통하였다. 저서로는 《격양집(擊壤集)》, 《황극경세서(皇極經世書)》 등이 있다.

도(道)를 듣는 데에 뜻이 있다면 마땅히 먼저 이 점을 경계할 줄 알아야 할 것이다.

경전의 의리는 심오하고 광대하여 사체(事體)가 지극히 크지만 정자(程子)와 주자(朱子) 이후로 의론이 크게 갖추어졌으니, 명리(名理)에 뜻을 둔 선비라면 생각하고 살펴보아 섭렵해서 쉽게 설(說)을 세울 수 있다. 그러나 만약 윗단계의 도리를 알지 못하면 비록 명목(名目)에 있어서 정교하게 연찬한다고 하더라도 또한 그저 도청도설(道聽塗說)이 될 뿐이다.

예전에 민원리(閔元履 민치복(閔致福))와 함께 《대학(大學)》의 '성의(誠意)' 장(章)[55]에 대하여 논한 적이 있었다. 민원리는 이 장의 '선악(善惡)'을 사람에 소속시키고 미워하거나 흠모하는 정(情)에 나아가 성실히 하는 공부를 다하는 것을 '성의공부(誠意工夫)'라고 하였다. 나는, 이 장의 '선악'은 바로 '정(情)의 선악'을 가리키는 것이니, 이 정(情)이 발동(發動)한 곳에 나아가 그 선악을 살피되, 반드시 악(惡)을 미워하여 결단코 없애는 데에 이르고 선(善)을 좋아하여 기필코 얻는 데에 이르게 하는 것이 바로 '성의공부'라고 하였다. 대체로 정(情)이 먼저

55 대학(大學)의 성의(誠意) 장(章) : 《대학장구(大學章句)》 전(傳) 제6장에 "이른바 그 뜻을 성실히 한다는 것은 스스로 속이지 않는 것이다. 악(惡)을 미워하기를 악취(惡臭)를 미워하는 것과 같이 하며, 선(善)을 좋아하기를 호색(好色)을 좋아하는 것과 같이 하여야 하니, 이것을 일러 스스로 만족한다고 하는 것이다. 그러므로 군자는 반드시 그 홀로 있을 때를 삼가는 것이다.〔所謂誠其意者, 毋自欺也. 如惡惡臭, 如好好色, 此之謂自謙. 故君子必愼其獨也.〕"라는 말로 시작하는 장(章)을 이른다.

있고 뜻〔意〕이 뒤따르니, 정(情)이 발하더라도 뜻〔意〕에 의해 막히기 때문에 만약 정(情)을 선하게 하고자 한다면 반드시 '뜻을 성실히 함〔誠意〕'에서부터 시작해야 한다고 한 것이다. 의견이 일치되지 못한 채 논의를 그쳤는데, 근래에 우연히 《농암집(農巖集)》을 보니 이 장에 대해 논한 글이 있었다. 이 글에 이르기를, "선악은 정(情)이다. 정(情)에 불선(不善)이 있는 것은 바로 뜻〔意〕이 성실하지 않은 것이니, 뜻〔意〕이 성실하면 정(情)에 불선이 없게 된다. 다만 이 부분의 공부에는 또한 곡절(曲折)이 있다. 뜻〔意〕을 성실히 하려는 처음에는 정(情)에 진실로 불선이 없을 수가 없으니, 오직 불선이 막 발하려고 하는 곳을 막고 끊어 버려서 용납되지 못하게 해야 하는 것이다. 이것이 이른바 '스스로 속이지 않는다.〔毋自欺〕'라는 것이다."[56]라고 하였다. 나의 견해가 마침 이것과 서로 부합하니, 이를 가지고 민원리의 생전에 다시 질정하지 못한 것이 한스럽다.

본심을 속이기 때문에 '스스로 속이다〔自欺〕'라고 한 것이다. 이 장은 위의 장의 '아는 것이 지극해진다〔知至〕'는 내용을 이어서 말한 것이니, 아는 것이 이미 지극해졌다면 본심이 이미 밝아진 것인데 좋아함과 싫어함에 성실하지 못한 바가 있다면, 이를 일러 '스스로 속이다'라고 하는 것이다. 만약 아는 것이 지극하지 못하다면 '스스로 속이다'라는 것이 성립되지 않는다. 주자(朱子)가 일찍이 말씀하기를, "'성의(誠意)' 장은 모두 두 개의 '자(自)' 자에서 공부를 해야 한다."[57]라고 하였

56 선악(善惡)은……것이다 : 이 내용은 김창협(金昌協)의 문집인 《농암집(農巖集)》 권32 〈잡지(雜識) 내편2(內篇二)〉에 보인다.

으니, 이 말씀이 참으로 깊이 살펴볼 만하다.

'스스로 속이다〔自欺〕'라는 개념은 매우 정밀하니, 대강 보아서는 안 된다.

예전에 《근사록(近思錄)》에서 정자(程子 정호(程顥))의 말씀인 '생지위성(生之謂性)' 장(章)[58]을 읽고 혼자 생각해보건대, 이 장에서 성(性)을 논한 큰 뜻은 본연지성(本然之性)과 기질지성(氣質之性)을 서로 뒤섞어 말한 것이니, 정(靜)하면 본연지성이고 동(動)하면 기질지성

57 성의(誠意)……한다 : 이 말은 《주자어류(朱子語類)》 권16 〈대학3(大學三)〉에 보인다. '두 개의 자(自) 자'는 《대학장구(大學章句)》 전(傳) 제6장에 "이른바 그 뜻을 성실히 한다는 것은 스스로 속이지 않는 것이다. 악(惡)을 미워하기를 악취를 미워하는 것과 같이 하며, 선(善)을 좋아하기를 호색을 좋아하는 것과 같이 하여야 하니, 이것을 일러 스스로 만족한다고 하는 것이다. 〔所謂誠其意者, 毋自欺也. 如惡惡臭, 如好好色, 此之謂自謙.〕"라고 하였는데, 이 중에 '스스로 속이다〔自欺〕'와 '스스로 만족하다〔自謙〕'라는 말을 가리켜 말한 것이다.

58 생지위성(生之謂性) 장(章) : 《근사록(近思錄)》 권1 〈도체(道體)〉에 "태어남〔生〕을 성(性)이라고 이르니, 성(性)이 바로 기(氣)이고 기(氣)가 바로 성(性)이라는 것은 태어남〔生〕을 이른다. 사람이 태어날 때에 받은 기품(氣稟)은 이치상 선악이 있기 마련이나 성(性) 가운데에 원래 이 두 물건이 상대하여 나온 것은 아니다. 어릴 때부터 선한 사람이 있고 어릴 때부터 악한 사람이 있으니, 이는 기품에 그러함이 있어서이다. 선(善)은 진실로 성(性)이지만, 악(惡)도 성(性)이라고 하지 않을 수 없다. 대개 태어남〔生〕을 성(性)이라고 이르는 것은, 사람이 태어나서 정(靜)한 상태 이상은 말로 표현할 수가 없으니, 성(性)이라고 말하는 순간 곧 이미 성(性)이 아닌 것이다.……〔生之謂性, 性卽氣氣卽性, 生之謂也. 人生氣稟, 理有善惡, 然不是性中元有此兩物相對而生也. 有自幼而善, 自幼而惡, 是氣稟有然也. 善固性也, 然惡亦不可不謂之性也. 蓋生之謂性, 人生而靜以上不容說, 才說性時, 便已不是性也.……〕"라고 한 장(章)을 가리킨다.

이다. 반복하여 자세히 완미하면 허다한 '성(性)' 자가 맥락이 서로 꿰뚫어져 절로 회통(會通)함이 있게 된다. '사람이 태어나서 정(靜)한 상태 이상은 말로 표현할 수 없다〔人生而靜以上不容說〕'라고 한 것은 '미발(未發)'의 영역을 가리키는 듯하였는데, 주자(朱子)는 '인(人)·물(物)이 아직 태어나지 않은 때〔人物未生時〕'라고 하였기에[59] 내심 의심함이 없을 수 없었다. 그리고 진안경(陳安卿)이 "이른바 '이상(以上)'이라고 한 것은 다만 외물에 감촉되기 이전부터 생겨나게 되는 때까지를 말한 것이다."라고 한 것[60]은-주서(朱書)에 보인다.- 비록 끼워 맞추는 듯하기는 하지만 '외물에 감촉되기 이전'으로 본 것은 취할 만하다.

근래에 《곤지기(困知記)》[61]에서 이 장에 대해 논한 것을 보았는데, 이르기를, "'사람이 태어나서 정(靜)한 상태 이상은 말로 표현할 수 없다〔人生而靜以上不容說〕'라는 말에서 '사람이 태어나서 정(靜)하다

59 주자(朱子)는……하였기에 : 《근사록집해(近思錄集解)》 권1 〈도체(道體)〉에 "대개 태어남〔生〕을 성(性)이라고 이르는 것은, 사람이 태어나서 정(靜)한 상태 이상은 말로 표현할 수가 없으니, 성(性)이라고 말하는 순간 곧 이미 성(性)이 아닌 것이다.〔蓋生之謂性, 人生而靜以上不容說, 才說性時, 便已不是性也.〕"라고 한 부분의 소주(小註)에 주희(朱熹)의 말이 실려 있는데, "'인생이정이상(人生而靜以上)'은 인(人)·물(物)이 아직 태어나지 않은 때이다.〔人生而靜以上, 是人物未生時.〕"라고 하였다.

60 진안경(陳安卿)이……것 : 진안경은 진순(陳淳, 1159~1223)으로, 자는 안경, 호는 북계(北溪), 시호는 문안(文安)이며, 주희(朱熹) 만년(晩年)의 고제(高弟)이다. 이 말은 《회암집(晦庵集)》 권57 〈답진안경(答陳安卿)〉에 보인다.

61 곤지기(困知記) : 명(明)나라 중기의 문신이자 성리학자인 나흠순(羅欽順)이 지은 4권의 책으로, 그 내용은 대체적으로 주자학을 따르고 선학(禪學)을 배격하였으나 일원기론(一元氣論)을 주장하였다.

〔人生而靜〕'라는 것은 바로 '미발지중(未發之中)'[62]인 것이니, 일성(一性)의 참됨이 담연(湛然)할 뿐이어서 다시 형용하는 말을 붙일 수가 없는 것이다. 그러므로 '말로 표현할 수 없다〔不容說〕'라고 한 것이다." 라고 하였고, 또 이르기를, "'이상(以上)'이라는 두 글자는 단지 동(動)과 정(靜)의 경계를 나눈 것이니 동(動)을 기준으로 말하면 정(靜)은 '이상'이 된다. 주자가 이에 대하여 너무 지나치게 탐구하여서 도리어 '인(人)·물(物)이 아직 태어나지 않은 때〔人物未生時〕'라고 하였으니, 정자의 본래 뜻이 아닌 듯하다. 정자가 인용한 '사람이 태어나서 정(靜)하다〔人生而靜〕'라는 한 마디 말은 바로 본연지성을 가리키는 것이다. 이어서 말한 '성(性)을 말하는 순간 성(性)이 아니다〔才說性時 不是性〕'라는 것은 세상 사람들이 일상적으로 말하는 바를 말한 것이니, 바로 성(性)의 동(動)으로, 성(性)의 본체가 아닌 것이다."라고 하였다. 이 말이 명백하여 정자의 뜻을 깊이 밝혀준 바가 있는 듯하다.-뒤에 《주자대전(朱子大全)》을 보니, 황상백(黃商伯), 두인중(杜仁仲) 등에게 보낸 편지들에서 '말로 표현할 수 없다〔不容說〕'라고 한 것이 이 성(性)이 미발(未發)한 본체를 가리킨다고 분명하게 말씀한 것이 여러 번이 넘는다. 이에 진안경에게 답한 편지는 일시적인 문답이었지, 고수하였던 정론(定論)이 아니었음을 비로소 알았다. 정암(整菴 나흠순(羅欽順))이 이에 대하여 미처 자세하게 살피지 못하고 이러한 말을 하였던 것이다.-

장자(張子 장횡거(張橫渠))가 말씀한 기질지성(氣質之性)[63]은 아마도

62 미발지중(未發之中) : 《중용장구(中庸章句)》 제1장의 "희로애락이 발하기 이전을 중이라고 한다.〔喜怒哀樂之未發, 謂之中.〕"라는 말을 줄인 것이다.

63 기질지성(氣質之性) : 장재(張載)가 말하기를, "형체가 있게 된 뒤에 기질지성이

《서경(書經)》〈대우모(大禹謨)〉에서 말한 '인심(人心)'[64]에 뿌리를 두었을 것이다. 심(心)을 가지고 말하면 '인심'인 것이고 성(性)을 가지고 말하면 '기질지성'인 것이니, 모두 형기(形氣)를 가지고 말한 것이다. 입언(立言)한 것이 비록 다르지만 개념은 똑같다.

나는 성명(性命)의 설에 대하여 어려서 백씨(伯氏 오윤상(吳允常))를 종유하며 강론하였을 적에 귀동냥한 바가 있었다. 그러다가 장성한 뒤에 때때로 깊이 연구해보고자 하였으나 찾을 만한 요령이 너무 없었다. 비록 그 어려움을 알았더라도 좋아하는 바였는지라 대번에 그만둘 수가 없었다. 이에 먼저 경전(經傳)을 통해 이해하기를 구한 뒤에 낙민(洛閩)의 여러 책들을 거슬러 올라가 보았으며, 또 뻗어나가 본조 제현(諸賢)의 설까지 섭렵하고 여기에 예전에 들었던 바를 참고하였다. 그러다보니 천심(淺深)과 정추(精粗)의 사이에 대강 이해하는 바가 있게 되었다. 그러나 타고난 자질이 도리어 매우 소루한 데에다 절실하게 체인하는 공부가 없어서 그저 추측하고 짐작하는 견해일 따름이었고, 지극한 이치의 근원에 있어서는 여전히 갑갑한 바가 많아서 끝

있으니, 이를 잘 돌이키면 천지지성이 있게 된다. 그러므로 기질지성은 군자가 성(性)으로 여기지 않는 경우가 있다.〔形而後, 有氣質之性, 善反之, 則天地之性存焉. 故氣質之性, 君子有弗性者焉.〕"라고 하였는데, 주희(朱熹)는 이에 대해 "천지지성은 오로지 이(理)를 가리켜 말한 것이고, 기질지성은 이(理)가 기(氣)와 뒤섞여 있는 것을 가지고 말한 것이다."라고 하였다. 《近思錄集解 卷2 爲學》

64 인심(人心) : 《서경(書經)》〈대우모(大禹謨)〉에 "인심은 위태롭고 도심은 은미하니, 정(精)하게 살피고 한결같이 하여야 진실로 그 중도를 잡을 것이다.〔人心惟危, 道心惟微, 惟精惟一, 允執厥中.〕"라고 한 데에 보인다.

내 시원스럽게 꿰뚫어 이해하지 못하였다. 비록 마음에 스스로 만족하지는 못하였지만 마음으로 이해한 바는 손 가는 대로 책에 기록하지 않을 수가 없어서 마침내 많은 양을 이루었는데, 선배들의 득실에 대하여 간혹 또한 망령되이 논한 것들이 있으니 황공한 바를 매우 잘 알아서 마치 큰 짐을 등에 지고 있는 듯하다. 그러니 어찌 감히 입언(立言)하였다고 자처하며 선배들과 상하를 겨룰 수 있겠는가. 그런대로 잊히는 것을 대비하고 강습하는 데에 도움을 받아서 죽기 전에 혹여 조금의 진보함이라도 있어서 도(道)의 큰 근원을 엿볼 수 있기를 바라는 것이다. 지금 여생이 얼마 남지 않아서 장차 여기에 그치고 말게 될 것이니, 매번 주 선생(朱先生 주희(朱熹))의 '날은 저무는데 갈 길은 멀다'라는 말을 되뇌면서 개탄할 뿐이다.

선비가 말세에 태어났으면 더욱 의(義)와 이(利)의 구분에 있어서 엄격해야 한다.

한 생각의 진실됨과 거짓됨은 왕도(王道)와 패도(霸道)가 나뉘는 바이니, 자신을 돌아보고 남을 살필 적에 마땅히 먼저 이를 변별해야 한다.

사람이 살면서 하는 잘못 중에 오직 속이는 것이 가장 큰 잘못이다.

자신을 엄격히 다스린 뒤에야 남을 다스릴 수 있고 자신을 분명하게 안 뒤에야 남을 알 수 있다. 예전에 중주(中洲) 이장(李丈)[65]을 뵈었을 적에 차분히 학문하는 것에 대하여 언급하게 되었는데, 갑자기 탄식하며 말씀하기를, "학문하는 것이 비록 좋기는 하지만 오직 자질이 훌륭한 자만이 할 수 있고 자질이 훌륭하지 않은 자는 할 수 없으니 그저 제 몸을 망치고 세도(世道)를 해치게 될 뿐이다."라고 하였다. 나는 이 말씀을 듣고 매우 의아하였으니, 삼가 생각건대 학문의 도(道)는 사람이라면 모두 이를 할 수가 있고, 훌륭하지 않은 자질은 더욱더 이를 하여서 교도되고 변화되기를 구하지 않아서는 안 되는 것이었다. 이 어른의 이 말씀은 어쩌면 격발한 바가 있어서 하신 말씀인지라 이처럼 정도가 지나친 것이라고 생각하였다. 그런데 지금 세월이 흐르고 보니 이장(李丈)의 말씀은 비록 후세에 가르침이 될 수는 없으나 참으로 또한 생각해볼 만한 점이 있다.

학문의 도(道)는 입문하는 초기에 마땅히 먼저 길을 잘 살피는 데에 힘을 쏟아야 하니, 길이 한번 어긋나면 곧 삭남(朔南 북쪽과 남쪽)의 차이를 이루게 된다.

모름지기 심(心)과 성(性)이 두 가지 이치가 아님을 안 뒤에야 공부가 비로소 의거할 곳이 있을 수 있다.

학문을 하면서 기질(氣質)을 변화하는 데에 이른다면 거의 괜찮을 것이다. 학문의 공부가 기질의 용(用)을 이기지 못한다면 오히려 학문을

65 중주(中洲) 이장(李丈) : 이직보(李直輔, 1738~1811)로, 자는 유종(維宗), 호는 중주·돈암(遯菴), 본관은 연안(延安)이며, 시호는 문경(文敬)이다. 월사(月沙) 이정귀(李廷龜)의 후손이다.

하여 무엇 하겠는가.

도(道)를 강마하면서도 그 사이에 이기려는 마음이 있어서 자기의 의견을 치우치게 고수하기만 하고 마음을 비워 옳은 이치를 구하지 못하는 것이 바로 '나를 둔다〔有我〕'는 병통이니, 또한 기질(氣質)이 용사(用事)하는 것이다.

도(道)를 강마하고 이치를 밝힘에 있어서 마땅히 요(堯)임금과 순(舜)임금이 천하를 다스리면서도 관여하지 않았던 것[66]으로 마음을 삼아야 한다.

무릇 전배(前輩)의 글을 볼 때와 붕우와 강론할 적에 자신의 견해와 부합하지 않는 것이 있으면 모름지기 자신의 견해는 내려놓고 그 사람이 말한 본의를 자세히 궁구하여 자신의 생각을 미루어 상대의 뜻을 유추해보고 피차간에 참고하고 종합해보아서 관통하기를 구해야 한다. 결국에 이르러서도 합치되지 못하였는데 상대의 말에 과연 견해가 잘못된 곳이 있다면 비로소 변론하여 밝힐 수가 있다. 만일 잘못되었

66 요(堯)임금과……것 : 요(堯)임금과 순(舜)임금이 천자라는 높은 지위에 있었으면서도 이를 즐거움으로 삼지 않았던 것을 말한다. 《맹자(孟子)》 〈등문공 상(滕文公上)〉에 "공자가 말씀하기를, '위대하다, 요(堯)임금의 임금 노릇하심이여. 오직 하늘만이 위대한데 요(堯)임금이 이를 본받으셨다. 탕탕하여 백성들이 덕을 형용할 수가 없도다. 임금답다, 순(舜)임금이여. 외외하여 천하를 소유하고도 관여하지 않으셨다.' 하였다.〔孔子曰: 大哉, 堯之爲君! 惟天爲大, 惟堯則之, 蕩蕩乎民無能名焉. 君哉, 舜也! 巍巍乎有天下而不與焉.〕"라고 한 데에 보인다.

다는 것만 알고 그 말한 본의를 알지 못한다면 의문으로 남겨두는 것이 옳다.

주자(朱子)가 말씀하기를, "경(敬)은 위로도 통하고 아래로도 통하는 것이고, 격물(格物)·치지(致知)는 바로 그 사이에서 차례로 진보해 나가는 곳일 뿐이다."[67]라고 하였다. 스스로 생각건대, 이전부터 하학(下學)[68]하는 곳에 있어서 다소의 부실한 점이 있었고, 또 장엄함과 공경함으로 수양하는 것이 부족한 채로 그저 견문과 사려만 가지고 구하였으니, 끝내 시원스레 통달한 곳이 있음을 보지 못하였다. 늦어서야 비로소 후회할 줄을 알았으나 다시 되돌릴 수가 없다.

'존덕성(尊德性)'을 두고 주자(朱子)는 '공경하고 받들어 잡는다'라는 뜻으로 풀이하였는데,[69] 이를 완미해보니 매우 좋다. '덕성(德性)'은

67 경(敬)은……뿐이다 : 이 말은 주희(朱熹)가 임용중(林用中)에게 답한 편지에 보이는 말로, "지금 사람들은 종전에 이러한 함양(涵養) 공부가 없으면서 다만 《대학(大學)》에서 격물(格物)을 우선으로 삼은 것만 보고는 그저 사려와 지식으로만 구하려 하고 다시는 조존(操存)하는 곳에 힘을 쓰지 않으니, 비록 헤아려서 십분 터득했다고 하더라도 의거할 만한 실제가 없다. 대저 경(敬)은 위로도 통하고 아래로도 통하는 뜻이고, 격물(格物)·치지(致知)는 바로 그 사이에서 차례로 진보해나가는 곳이다.〔今人從前無此工夫, 但見大學以格物爲先, 便欲只以思慮知識求之, 更不於操存處用力. 縱使窺測得十分, 亦無實地可據. 大抵敬字是徹上徹下之意, 格物致知, 乃其間節次進步處.〕"라고 하였다. 《晦菴集 卷43 答林擇之》

68 하학(下學) : 인간이 행해야 할 도리를 배우는 것으로, 형이하(形而下)의 이치를 말한다. 천인성명(天人性命)과 같은 형이상(形而上)의 이치를 통달하는 것인 '상달(上達)'과 상대되는 개념이다.

본래 형체가 있는 물건이 아닌데 '받들어 잡는다'라고 한 것은, 형체가 없지만 마치 받들어 잡을 수 있는 형체가 있는 것처럼 여겨서 오직 이를 잃어버릴까 걱정한다는 뜻이다. 대체로 그 뜻이 '대월상제(對越上帝)'[70]와 같은 것이니, 어찌 참으로 마주할 수 있는 상제(上帝)가 있는 것이겠는가.

《서경(書經)》의 "속히 덕을 공경하소서〔疾敬德〕"[71], "왕은 공경을 처소로 삼으소서〔王敬作所〕"[72]와 같은 구절은 보면 혼후하고 완전하며 질박하고 진실하다. 삼대(三代 하(夏)·은(殷)·주(周)) 이상의 사람들은 학

69 존덕성(尊德性)을……풀이하였는데 : 《중용장구(中庸章句)》 제27장에 "군자는 덕성을 높이고 문학을 말미암는 것이다.〔君子尊德性而道問學〕"라고 하였는데, 주희(朱熹)의 주(註)에 "존(尊)은 공경하고 받들어 잡는 뜻이고, 덕성(德性)은 내가 하늘에게 받은 바의 정리(正理)이다.〔尊者, 恭敬奉持之意. 德性者, 吾所受於天之正理.〕"라고 하였다.

70 대월상제(對越上帝) : 상제(上帝)를 마주하고 있는 것처럼 경건한 자세를 유지한다는 뜻으로, 주희(朱熹)의 〈경재잠(敬齋箴)〉에 "의관을 바르게 하고, 시선을 존엄하게 하며, 마음을 고요히 가라앉혀 거처하고, 상제를 대하는 듯 경건한 자세를 가져라.〔正其衣冠, 尊其瞻視, 潛心以居, 對越上帝.〕"라고 보인다.

71 속히 덕을 공경하소서 : 《서경(書經)》 〈소고(召誥)〉에 보이는 말로, 주(周)나라가 수도를 낙읍(洛邑)으로 옮기고 성왕(成王)이 처음 정치를 시작할 때, 소공(召公)이 성왕에게 고하기를 "새 도읍에 머무시어 왕께서는 속히 덕을 공경하소서. 왕께서 덕을 씀이 하늘의 영원한 명을 비는 것입니다.〔宅新邑, 肆惟王其疾敬德. 王其德之用, 祈天永命.〕"라고 하였다.

72 왕은 공경을 처소로 삼으소서 : 《서경(書經)》 〈소고(召誥)〉에 보이는 말로, 소공(召公)이 성왕(成王)에게 고하기를, "왕은 공경을 처소로 삼아야 하니, 덕을 공경하지 않으면 안 됩니다.〔王敬作所, 不可不敬德.〕"라고 하였다.

문을 함에 오로지 '경(敬)'에 힘을 다하고 이 외에는 다시 다른 방법이 있지 않았다. 그러다가 정자(程子)와 주자(朱子)에 이르러서 또 비로소 한 차례 발휘되게 된 것이다.

외면으로 만약 오래도록 경(敬)을 잡아 지키고 따를 수 있다면 내면의 덕성(德性)도 또한 이를 따라 이루어지게 된다.

일상의 언행에 있어서 다만 일마다 내버려 두지 말아야 하니, 점점 이렇게 하는 것이 익숙하게 되면 절로 공부가 이루어질 것이다.

맹자(孟子)가 이른바 "우환 가운데에서 살고 안락 속에서 죽는다."[73]라는 것은 그 이치가 매우 좋다. 보건대 《주역(周易)》〈계사전(繫辭傳)〉의 "위태롭게 여기는 자를 평안하게 하고 안이하게 여기는 자를 넘어지게 한다."[74]라는 것과 대의가 서로 부합한다. 평소에 이를 되뇌어 가슴

73 우환……죽는다 : 이는 《맹자(孟子)》〈고자 하(告子下)〉에 보이는 말로, "안으로는 법도 있는 대신의 집안과 보필하는 선비가 없고 밖으로는 적국과 외환이 없는 경우는 나라가 항상 망한다. 그런 뒤에야 우환 가운데에서 살고 안락 속에서 죽음을 알 수 있는 것이다.〔入則無法家拂士, 出則無敵國外患者, 國恒亡. 然後知生於憂患而死於安樂也.〕"라고 하였다.

74 위태롭게……한다 : 《주역(周易)》〈계사전 하(繫辭傳下)〉에 보이는 말로, "역(易)이 일어난 것은 은(殷)나라의 말기와 주(周)나라의 덕이 성할 때였을 것이고, 문왕(文王)과 주(紂)의 일이 있었을 때였을 것이다. 이 때문에 그 말이 위태로우니, 위태롭게 여기는 자를 평안하게 하고 안이하게 여기는 자를 넘어지게 하였다.〔易之興也, 其當殷之末世周之盛德耶. 當文王與紂之事邪. 是故其辭危, 危者使平, 易者使傾.〕"라고 하였다.

속에 간직한다면 오만함을 경계하고 나태함을 바로잡을 수 있을 것이다.

천하의 대환(大患)은 모두 본분(本分)에 있어서 아는 것이 참되지 못하고 지키는 것이 일정하지 못한 데에서 말미암는다.

평소의 응접(應接)에 있어서 구차하게 따르는 것이 가장 해롭다. 바로 주재(主宰)함이 서지 못하였는데 눈이 습속에 익숙해진 채로 시일이 흐르다가 결국에는 마음을 속이고 사람을 속이는 데에 이르게 되니, 예사롭게 여겨 간과해서는 안 된다. 이에 기록하여 경계한다.

"의를 따를 뿐이다〔義之與比〕"[75]라는 한 구절은 온갖 속된 습관을 고칠 수 있다.

심기(心氣)가 막혀 변화하지 못하는 것은 모두 사의(私意)가 중한 데에서 말미암을 뿐이니, 소소한 병통이 아니다. 마땅히 점검하여 놓아버려서 본체(本體)에 누가 되지 않게 해야 한다.

마음은 관대하고자 해야 하고 앎은 진실하고자 해야 하고 행동은 과감하고자 해야 한다.

75 의를 따를 뿐이다 : 이 말은《논어(論語)》〈이인(里仁)〉에 보이는 것으로, "군자는 천하의 일에 있어서 오로지 주장함도 없으며, 그렇게 하지 않는다는 것도 없어서 의를 따를 뿐이다.〔君子之於天下也, 無適也, 無莫也, 義之與比.〕"라고 하였다.

지(知)는 생각하는 것에 힘쓰고 행(行)은 익숙히 하는 것에 힘써야 하니, 생각하면 신명(神明)에 통할 수 있고 익숙하게 되면 천성(天性)이 될 수 있다.

배우는 자가 잘못된 길로 가는 것은 대부분 《소학(小學)》에 있어서 공부가 부족한 데에서 비롯된다. 비록 늙고 장성한 뒤라도 저 〈명륜(明倫)〉과 〈경신(敬身)〉을 가지고 때에 따라 이해하고 때에 따라 실천해서 지(知)와 행(行)이 이로 말미암아 확충되어 향상되도록 한다면 성현의 문정(門庭)을 벗어나지 않게 될 것이다.

'형체를 실천함〔踐形〕'과 '인륜을 다함〔盡倫〕'[76]은 성인(聖人)의 능사인데 《소학(小學)》의 〈명륜(明倫)〉과 〈경신(敬身)〉에 모두 들어 있다. 이를 배우면서 성인(聖人)이 될 것을 스스로 기약하지 않는다면 그만이지만, 학문을 하되 《소학》을 근본으로 삼지 않는다면 또한 거짓일 뿐이다.

《논어(論語)》에 기록된 제자들의 문답은 정추(精粗)와 천심(淺深)을 막론하고 실제적이지 않은 일이 하나도 없으니, 여기에서 공자(孔子)

76 형체를……다함 : '형체를 실천함〔踐形〕'은 본래 타고난 천성대로 실천한다는 뜻으로, 《맹자(孟子)》 〈진심 상(盡心上)〉의 "형(形)과 색(色)은 천성이니, 오직 성인인 뒤에야 이를 실천할 수 있다.〔形色天性也, 惟聖人然後, 可以踐形.〕"라고 한 데에 보인다. '인륜을 다함〔盡倫〕'은 '본성을 다함〔盡性〕'과 상통하는 말인데, '본성을 다함〔盡性〕'은 《중용장구(中庸章句)》 제22장의 "오직 천하의 지극히 성실한 분이라야 능히 그 본성을 다할 수 있다.〔唯天下至誠, 爲能盡其性.〕"라고 한 데에 보인다.

문하의 교법(敎法)을 알 수 있다.

타고난 자질이 비록 훌륭하다고 하더라도 성인(聖人)의 도(道)에 뜻을 두려고 하지 않는다면 이는 또한 스스로를 버리는 것이다.

주자(朱子)가 말씀하기를, "근년에 독서할 적에는 평온하여 주해(註解)에 힘이 들지 않는 곳이 의미가 심장(深長)함을 자못 깨닫는다."[77] 라고 하였으니, 이는 바로 주자가 만년에 경험하고 한 말씀이다. 나는 젊어서 책을 볼 적에 어려운 것과 좋은 것만 가려가며 보기를 좋아하였는데, 근래에는 이러한 생각이 가장 일을 그르친다는 것을 점점 알게 되었으니, 주자의 이 말씀이 참으로 의미가 절실하다.

책을 볼 적에는 먼저 지두(地頭)를 찾는 것이 가장 중요하니, 그렇게 해야 비로소 본의(本意)를 알 수 있다. 대체로 성현의 말씀은 저마다 지두가 있어서 오직 한 가지 일, 한 가지 이치가 명확하여 본래 허다한 번잡함이 없다. 지두가 변별되지 못하고 고원한 것을 추구하고 심원한 것에 천착하여 동쪽으로 끌었다가 서쪽으로 당기는 경우로 말하면 그저 호언난설(胡言亂說)일 뿐이다.

성인(聖人)의 말씀은 천명(天命)과 진제(眞諦)가 아닌 것이 없으니, 사사로운 뜻으로 이를 탐구하고자 하는 자는 바로 하늘에 죄를 얻는

77 근년에……심장(深長)하다 : 이 말은 주희(朱熹)가 반우공(潘友恭)에게 답한 편지에 보인다. 《晦菴集 卷50 答潘恭叔》

것이다.

삼연(三淵 김창흡(金昌翕))이 일찍이 고명(高明)하게 마음을 완미하는 것에 대해 말하기를 좋아하여 매번 배우는 자들을 위하여 이를 말하였으니, 이는 세속의 유자들이 한결같이 언어문자(言語文字)에 침닉하여 끝내 내면에 얻는 바가 없음을 병통으로 여겨서 밝고 드넓은 근원의 경지[78]에 있어 본 바가 있게 하고자 한 것이다. 그러나 만약 제대로 보지 못한다면 병폐가 쉽게 생겨난다. 이는 연평(延平)이 희로애락(喜怒哀樂)이 발하기 전의 기상을 징험했던 뜻[79]과 서로 비슷한 것으로,

78 밝고 드넓은 근원의 경지 : 주희(朱熹)의 제자 석홍경(石洪慶)이 돌아가려 할 적에 주희가 말하기를, "지금 공부를 해보고자 한다면 우선 모름지기 단정하고 장엄한 자세로 존양을 하여 밝고 드넓은 근원의 경지를 홀로 보도록 하여야 할 것이요, 공부를 허비하여 종이 위의 말만 뚫어지게 쳐다보아서는 안 될 것이다.〔如今要下工夫, 且須端莊存養, 獨觀昭曠之原, 不須枉費工夫, 鑽紙上語.〕"라고 한 데에서 나온 말이다. 《性理大全 卷44》

79 연평(延平)이……뜻 : 연평은 송나라 학자 이통(李侗, 1093~1163)으로, 자는 원중(愿中), 호는 연평, 시호는 문정(文靖)이다. 남검(南劍) 사람으로, 평생을 관직에 나아가지 않고 초야에 묻혀 40여 년간 학문에 전념하였다. 양시(楊時), 나종언(羅從彦)과 함께 '남검삼선생(南劍三先生)'으로 불렸으며, 정호(程顥)와 정이(程頤)의 학문이 주희(朱熹)에게 이어지는 교량적 역할을 하였다. 저서에 주희가 편찬한 《연평답문(延平答問)》과 《이연평집(李延平集)》이 있다. 이통이 주희에게 보낸 편지에 "내가 지난날 나 선생을 따라 배울 적에 종일토록 마주하고 정좌(靜坐)하였는데, 나는 이때 아는 것이 없어서 물러나 방안에 들어가 또한 다만 정좌할 뿐이었다. 그런데 선생이 나로 하여금 '고요한 가운데에 희노애락미발지위중(喜怒哀樂未發之謂中)의 미발(未發)을 어떠한 기상으로 지어 보아야 하는가?' 하였으니, 이 뜻은 단지 학문에 나아감에 효력이 있을 뿐만 아니라 겸하여 또한 마음을 수양하는 요점이 된다."라고 하였다. 나 선생은 나종언을 가리킨다. 《心經附註 卷1 天命之謂性章》

모두 상달(上達)에 속하는 일이다. 만일 하학(下學)하는 곳에 있어서 쌓인 공부가 없으면 참으로 대번에 말할 수가 없다. 그러나 배우는 자는 또한 모름지기 이러한 경지가 있음을 알아야 하니, 그래야 비로소 진보하는 곳이 있을 수 있다.

주자(朱子)가 일찍이 배우는 자들에게 말씀하기를, "항상 도리(道理)가 가슴속에서 유전(流轉)하게 해야 한다."[80]라고 하였는데, '유전(流轉)'이라는 두 글자는 살펴보니 매우 절묘하다. 도리는 본래 죽어 있는 물건이 아닌 것이다.

주자(朱子)가 반나절 동안 정좌(靜坐)하고 반나절 동안 독서하였던 방법이 가장 좋으니, 함양(涵養)과 궁리(窮理)에 모두 그 공부를 다하였음을 볼 수 있다. 그러나 꼭 시간을 국한하여 정할 필요는 없으니, 정좌하는 것이 아니면 독서하고 독서하는 것이 아니면 정좌하여서 하루 열두 시진(時辰) 중에 이러한 의사(意思)가 생각마다 이어져서 간단(間斷)하거나 잊힘이 없게 하면 된다. 이와 같이 하는 것이 익숙해져서 습관이 되면 마침내 그 효과를 볼 수 있을 것이다. 하는 둥 마는 둥 하거나 있는 듯 없는 듯 하는 자로 말하면 함께 배움을 말할 만하지 않다. 그러므로 주 선생(朱先生)이 일찍이 말씀하기를, "성현이 사람을 가르칠 적에 다만 간단함을 바로잡게 하고자 하였다."[81]라고 하신

80 항상……한다 : 이 말은 《주자어류(朱子語類)》 권121 〈주자18(朱子十八) 훈문인9(訓門人九)〉에 보인다.

81 성현이……하였다 : 이 말은 《주자어류(朱子語類)》 권121 〈주자18(朱子十八) 훈

것이다.

정자(程子)는 문인들에게 정좌(靜坐)하도록 하였으니 이 뜻이 매우 좋다. 그러나 우두커니 앉아 있는 자세만 지키는 허정(虛靜)으로 말하면, 바로 주자(朱子)가 말씀한 '가짜 허정〔黑底虛靜〕'[82]인 것이다. 모름지기 가슴 속에 주재(主宰)가 분명하여 뚜렷하게 이어지게 해야 옳다.

배우는 자가 가장 처음에 마음을 세울 적에는 주자(朱子)가 이른바 "경(敬)은 다만 수렴하고 외구(畏懼)하여 방종하지 않는 것이고 성(誠)은 다만 솔직하고 성실히 하여 속이지 않는 것이다."[83]라는 것으로 근본을 삼아야 하니, 이렇게 해야 길이 잘못되지 않을 수 있고 기반 또한 순수하고 확고할 수 있다. 그러나 또 모름지기 치지(致知)라는 일단의 공부가 있어야 치우치지 않게 된다.

문인9(訓門人九)〉에 보인다.

82 가짜 허정 : 《주자어류(朱子語類)》 권120에 "허정해도 이 물사가 무엇인지 알아야 하고, 허정하지 않아도 이 물사가 무엇인지 알아야 한다. 만약 무엇인지 모를 때에는 소위 허정이라는 것도 가짜 허정이지 진짜 허정이 아니다. 따라서 이제 모름지기 저 가짜 허정을 타파하여 진짜 허정으로 바꿔야 할 것이니, 그렇게 하면 팔창이 영롱하여 융통하지 않음이 없게 될 것이다. 반면에 그렇게 하지 않으면 저 가짜 허정을 고수하여 종신토록 깜깜한 어둠 속에서 통효하지 못하게 될 것이다.〔虛靜也, 要識得這物事, 不虛靜也, 要識得這物事. 如未識得這物事時, 則所謂虛靜, 亦是箇黑底虛靜, 不是白底虛靜. 而今須是要打破那黑底虛靜, 換做箇白底虛靜, 則八窓玲瓏, 無不融通. 不然則守定那裏底虛靜, 終身黑淬淬地莫之通曉也.〕"라고 한 데에 보인다.

83 경(敬)은……것이다 : 이 말은 《주자어류(朱子語類)》 권113 〈주자10(朱子十) 훈문인1(訓門人一)〉에 보인다.

주자(朱子)가 말씀하기를, "맹자(孟子)는 그다지 섬세하지는 않으니, 마치 대장(大匠)이 승묵(繩墨)을 붙잡고 있으면 천문만호(千門萬戶)가 절로 있게 되는 것과 같다."[84]라고 하였다. 대체로 맹자는 규모가 굉활하고 기상이 호탕하여 섬세한 공부가 적은 것 같아 보인다. 그러나 "반드시 호연지기(浩然之氣)를 기름에 종사하는 바가 있게 하되 미리 효과를 기대하지도 말고 마음에 잊지도 말며 억지로 조장하지도 말아야 한다."[85]라는 말씀은 배우는 자들에게 보여준 것이 더할 나위 없이 정밀하고 절실한데, 이는 바로 평소에 경험하고 한 말씀이니, 이 얼마나 섬세한가.

지(知)는 높여서 하늘을 본받고 예(禮)는 낮춰서 땅을 본받는다.[86] 그러므로 뜻을 세움은 마땅히 숭고하고 원대하게 해야 하며, 공력을 씀은 마땅히 비근하고 세밀하게 해야 한다.

성현(聖賢)의 가르침은 바로 천명(天命)의 진결(眞訣)로서, 내 마음에 갖추어져 있는 바이다. 이러한 까닭에 무릇 독서할 적에 몸으로 체득해가며 궁구하지 못하고 문자를 가지고만 구하므로 이해하기가

84 맹자(孟子)는……같다 : 이 말은 《주자어류(朱子語類)》 권92 〈공맹주정(孔孟周程)〉에 보인다.

85 반드시……한다 : 이 말은 《맹자(孟子)》 〈공손추 상(公孫丑上)〉에 보인다.

86 지(知)는……본받는다 : 이는 본래 《주역(周易)》 〈계사전 상(繫辭傳上)〉에 보이는 말로, "무릇 역(易)은 성인이 덕(德)을 높이고 업(業)을 넓히려는 것이다. 지(知)는 높아야 하고 예(禮)는 낮춰야 하니, 높음은 하늘을 본받고 낮춤은 땅을 본받은 것이다. 〔夫易聖人所以崇德而廣業也. 知崇禮卑, 崇效天卑法地.〕"라고 하였다.

어려운 것이다. 비록 이해하더라도 그저 더듬어 짐작한 것일 뿐이지 참으로 이해한 것이라고 할 수 없다.

정자(程子)가 말씀하기를, "하늘과 사람은 하나여서 다시 분별되지 않는다."[87]라고 하였는데, 모름지기 이 점에 대해 항상 체험하고 관찰하여 묵묵히 계합하여야 비로소 형기(形氣)가 작은 것임을 알 수 있다.

하늘은 마음이 없으나 사람을 가지고 마음을 삼으니, 사람은 마땅히 마음을 두되 하늘을 가지고 마음을 삼아야 한다.-그 자연(自然)함을 본받는 것이다.-

기질(氣質)이 치우친 곳은 거칠고 날카로워 시종 해를 끼쳐서 사물을 응접함에 있어 갖가지 후회와 허물을 만든다는 것을 항상 생각해야 한다. 《시경(詩經)》에 이르기를, "온화하고 온화한 공손한 사람은 덕의 바탕이다.〔溫溫恭人 維德之基〕"[88]라고 하였으니 이 말을 가슴에 새긴다면 바로잡고 변화할 수 있을 것이다.

87 하늘과……않는다 : 이 말은 정이(程頤)가 한 말로, "하늘과 사람은 하나여서 다시 분별할 것이 없으니, 호연지기(浩然之氣)는 바로 나의 기(氣)이다. 따라서 이를 길러서 해침이 없게 하면 천지에 가득 차게 된다.〔天人一也, 更不分別. 浩然之氣, 乃吾氣也, 養而無害, 則塞于天地.〕"라고 하였다. 《二程遺書 卷2上 元豐己未呂與叔東見二先生語》

88 온화하고……바탕이다 : 이 말은 《시경(詩經)》 대아(大雅) 〈억(抑)〉에 보이는 것으로, "야들야들 부드러운 나무에 실을 매어 활을 만드네. 온화하고 온화한 공손한 사람은 덕의 바탕이라네.〔荏染柔木, 言緡之絲. 溫溫恭人, 維德之基.〕"라고 하였다.

정자(程子)가 말씀하기를, "보통 사람이 할 수 없는 바를 성인(聖人)은 하지 않는다."[89]라고 하였으니, 그렇다면 성인이 하는 바는 보통 사람이 모두 배워서 능히 할 수 있는 것인데, 다만 배우지 않는 것일 뿐이다.

천지의 조화가 비록 커서 무궁하지만 《중용(中庸)》의 범위를 벗어날 수가 없으니, 성인(聖人)이 《중용》의 이치를 발명(發明)한 것은 바로 참찬(參贊)[90]하고 재성(裁成)[91]하는 공을 다하는 것일 뿐이다.

삼연(三淵 김창흡(金昌翕))이 이르기를, "근저(根柢)와 추뉴(樞紐)는 모두 태극(太極)의 오묘함이지만 이를 말함에는 차제(次第)가 없을 수

89 보통……않는다 : 이 말은 《이정수언(二程粹言)》 권하(下) 〈성현편(聖賢篇)〉에 보인다.

90 참찬(參贊) : 천지의 화육(化育)을 돕고 천지와 더불어 참여한다는 뜻으로, 《중용장구(中庸章句)》 제22장에 "오직 천하에 지극히 성실한 분이어야 그 성(性)을 다할 수 있으니, 그 성(性)을 다하면 남의 성(性)을 다하게 할 수 있고, 남의 성(性)을 다하게 할 수 있으면 만물의 성(性)을 다하게 할 수 있고, 만물의 성(性)을 다하게 할 수 있으면 천지의 화육을 도울 수 있고, 천지의 화육을 도울 수 있으면 천지와 더불어 참여할 수 있다.〔惟天下至誠, 爲能盡其性. 能盡其性, 則能盡人之性; 能盡人之性, 則能盡物之性; 能盡物之性, 則可以贊天地之化育; 可以贊天地之化育, 則可以與天地參矣.〕"라고 하였다.

91 재성(裁成) : '재성보상(裁成輔相)', 곧 지나친 것을 억제하고 모자란 것을 보충해서 천지간에 조화가 이루어지도록 도움을 뜻하는 것으로, 《주역(周易)》 〈태괘(泰卦) 상(象)〉에 "천지가 사귐이 태(泰)이니, 군주가 이를 보고서 천지의 도(道)를 재성하고 천지의 마땅함을 보상하여 백성을 도와준다.〔天地交泰, 后以裁成天地之道, 輔相天地之宜, 以左右民.〕"라고 한 데에 보인다.

없다. '무극이면서 태극이다〔無極而太極〕'라는 것은 바로 첫 번째 권(圈)이니, '근저'를 위주로 하여 말한 것이고, 태극의 동정음양(動靜陰陽)은 바로 두 번째 권(圈)이니, '추뉴'를 위주로 하여 말한 것이다."[92] 라고 하였다. 삼가 생각건대 삼연이 이에 대하여 어쩌다 자세히 살피지 못한 듯하다. 과연 이 말씀과 같다면 어찌하여 '추뉴'를 먼저 말하고 '근저'를 뒤에 말하여 그 순서가 뒤바뀌게 하였겠는가. 그리고 '추뉴'와 '근저'를 첫 번째와 두 번째 권(圈)에 나누어 소속시킨 것도 또한 그 이유를 알지 못하겠다. 대개 제1장은 바로 한 편의 두뇌(頭腦)이자 강령(綱領)이다. 그러므로 주해(註解)에서 "하늘의 일은 소리도 없고 냄새도 없다〔上天之載 無聲無臭〕"라는 말로 '무극'을 풀이하고 "조화의 추뉴이고 품물의 근저이다〔造化之樞紐 品彙之根柢〕"라는 말로 '태극'을 풀이한 것이다. '조화'는 음양오행권(陰陽五行圈)을 가리키고 '품물〔品彙〕'은 남녀만물권(男女萬物圈)을 가리키니, '추뉴'와 '근저'는 바로 이른바 '본연의 오묘함〔本然之妙〕'[93]이다. 이와 같이 본다면 이치가 원만

92 근저(根柢)와……것이다 : 이 글은 김창흡(金昌翕)의 문집인 《삼연집(三淵集)》 권33 〈일록(日錄) 기해(己亥) 삼월(三月)〉에 보인다. 근저(根柢)와 추뉴(樞紐)는 주희(朱熹)의 〈태극도설해(太極圖說解)〉에 보이는 말로, '추뉴'는 중심축이라는 뜻이다. 주돈이(周敦頤)의 〈태극도설(太極圖說)〉에 "무극이면서 태극이다.〔無極而太極〕"라고 한 것에 대하여 〈태극도설해〉에서 해설하기를, "하늘의 일은 소리도 없고 냄새도 없지만 실로 조화의 추뉴이고 품물의 근저이다. 그렇기 때문에 무극이면서 태극이라고 한 것이니, 태극 이외에 다시 무극이 있는 것이 아니다.〔上天之載, 無聲無臭, 而實造化之樞紐、品彙之根柢也. 故曰: 無極而太極. 非太極之外, 復有無極也.〕"라고 하였다.

93 본연의 오묘함 : 주희(朱熹)의 〈태극도설해(太極圖說解)〉에 보이는 말로, "태극이란 본연의 오묘함이고, 동정이란 태극이 타는 바의 기틀이다.〔太極者, 本然之妙也, 動靜者, 所乘之機.〕"라고 하였다.

하고 통창하며 위아래 다섯 개의 권(圈)이 모두 빠짐없이 해당될 것이다.

또 주자(朱子)의 이 주해(註解)[94]를 자세히 살펴보면 매번 이전 장의 주(註)에서 반드시 뒤의 장의 대의(大意)를 먼저 제기하고 있다. 이를 예(例)로 삼는다면 '추뉴(樞紐)'는 동정(動靜)의 유행(流行)을 위주로 하여 말한 것이고 '근저(根柢)'는 음양(陰陽)의 대대(對待)를 위주로 하여 말한 것이다. 동(動)하는 양(陽)과 정(靜)하는 음(陰)은 바로 '추뉴'인데 '근저'가 여기에 있는 것이고, 양(陽)이 변하고 음(陰)이 합함은 바로 '근저'인데 '추뉴'가 여기에 있는 것이다. 이와 같이 보면 또한 옳을 것이다.

우연히 송(宋)나라 사람 섭소옹(葉紹翁)[95]의 《사조문견록(四朝聞見錄)》을 보니, 주자(朱子)의 문인으로, 호(號)가 정춘(靜春)인 유불(劉黻)이라는 자가 있었는데, 인성(人性)과 물성(物性)이 같지 않다는 논의를 주장하였다. 그 견해가 남당(南塘)[96]과 흡사한데 다만 《중

94 주자(朱子)의 이 주해(註解) : 주돈이(周敦頤)의 〈태극도설(太極圖說)〉에 대한 주해(註解)인 〈태극도설해(太極圖說解)〉를 이른다.

95 섭소옹(葉紹翁) : 1194~1269. 남송(南宋) 중기의 시인으로, 자는 사종(嗣宗), 호는 정일(靖逸)이다. 저서로는 《사조문견록(四朝聞見錄)》, 《정일소고(靖逸小稿)》 등이 있다.

96 남당(南塘) : 한원진(韓元震, 1682~1751)으로, 자는 덕소(德昭), 호는 남당, 본관은 청주(淸州)이며, 시호는 문순(文純)이다. 권상하(權尙夏)의 문인으로 강문팔학사(江門八學士)의 한 사람이다. 성리학에 정통하여 호락논쟁(湖洛論爭)에서 호론(湖

용(中庸)》 수장(首章)의 장구(章句)에 대하여 의문과 이견을 가진 것이다. 진서산(眞西山)[97]이 누차 함께 변론하였으나 견해가 합치되지 못하였는데, 서산은 끝내 억지로 변론하지 않고 술잔을 가져와 권하며 말하기를, "나는 한(漢)나라 유자들이 취송(聚訟)하였던 것을 내심 비웃었으니, 우리가 어찌 또 후세의 비웃음거리가 되어서야 되겠소. 우선 각자 아는 바를 행할 뿐이오."라고 하였다. 이를 통하여 옛날 유문(儒門)의 교제를 알 수 있다. 유불이 자신의 견해를 굳게 주장하고 스승의 설을 믿지 못한 것은 비록 매우 옳지 못하지만, 남당이 선현이 남긴 말씀을 끌어와서 자신의 견해에 끼워 맞췄던 것에 비하면 명백하고 솔직하다고 하기에 무방하다. 또 서산이 옹용(雍容)하여 화기(和氣)를 잃지 않은 것은 외암(巍巖)[98]이 성난 기운으로 쟁변하여 끝내 어그러지고 과격한 데에 이르렀던 것에 비하면 또한 훌륭하다고 할 만하다. 외암과 남당 두 어른이 각각 진서산과 유불만 못할 수밖에

論)의 좌장이 되어 이간(李柬)을 중심으로 한 낙론(洛論)의 인물성동론(人物性同論)의 주장에 반대하여 인성(人性)과 물성(物性)이 다르다고 주장하였다.

97 진서산(眞西山) : 남송(南宋)의 학자 진덕수(眞德秀, 1178~1235)로, 자는 경원(景元), 호는 서산, 시호는 문충(文忠)이다. 주희(朱熹)의 재전제자(再傳弟子)로 성리학에 조예가 깊어 수많은 저술을 남겼는데, 특히 성경현전(聖經賢傳)의 긴요한 내용을 뽑아 《심경(心經)》을 편찬하여 후대에 지대한 영향을 끼쳤다. 저서에 《대학연의(大學衍義)》, 《서산독서기(西山讀書記)》, 《문장정종(文章正宗)》, 《서산문집(西山文集)》 등이 있다.

98 외암(巍巖) : 이간(李柬, 1677~1727)으로, 자는 공거(公擧), 호는 외암, 본관은 예안(禮安)이다. 권상하(權尙夏)의 문인으로 강문팔학사(江門八學士)의 한 사람이다. 인물성동론(人物性同論)을 주장하여 남당(南塘) 한원진(韓元震)과 대립하여 직접 논쟁을 벌이며 낙론(洛論)을 이끌었다.

없었던 것이 안타깝다.

이(理) 밖에 물(物)이 없고 물(物) 밖에 이(理)가 없으니, 이것이 격물(格物)이 궁리(窮理)의 절도(節度)가 되는 까닭이다.

이(理)는 한 물(物)도 본체로 갖고 있지 않은 것이 없으므로 심(心) 또한 한 일〔事〕도 꿰뚫지 않는 것이 없는 것이다.

이(理)는 실로 한 순간도 쉬는 때가 없기 때문에 체행하고 궁구하는 공부도 또한 한시라도 끊기게 해서는 안 되는 것이다. 가든 멈추든, 앉든 서든 간에 한결같은 생각으로 돌아보고 살펴서 도리(道理)의 단서가 끊임없이 모여들어 점점 융석(融釋)하게 된다면 사사로운 뜻과 외물의 얽매임이 자연히 떨쳐지게 될 것이다. 횡거(橫渠)의 육유(六有)[99]는 또한 이 마음이 계속 이어져서 잠시라도 간단(間斷)함이 없게 하고자 하는 것일 뿐이다.

무릇 이(理)가 깃들어 있는 곳은 바로 명(命)이 존재하는 곳이다. 그

99 횡거(橫渠)의 육유(六有) : 횡거(橫渠)는 송(宋)나라 학자 장재(張載, 1020~1077)로, 자는 자후(子厚), 호는 횡거이며, 시호는 명공(明公)이다. 육유는 장재가 말한, 일상생활에서 마땅히 해야 하는 여섯 가지 일이다. 장재의 《정몽(正蒙)》 〈유덕(有德)〉에 "말에는 교훈이 있고, 동작에는 법도가 있고, 낮에는 하는 일이 있어야 하고, 밤에는 터득한 바가 있어야 하고, 숨 쉬는 사이에도 양성(養性)하는 공부가 있어야 하고, 잠깐 사이에도 존심(存心)하는 공부가 있어야 한다.〔言有教, 動有法, 晝有爲, 宵有得, 息有養, 瞬有存.〕"라고 하였다.

러므로 사람이 준동(蠢動)하고 호흡함은 무엇이든 천명(天命)의 유행(流行)이 아님이 없는 것이다.

예악(禮樂)은 조화(造化)에 참여할 수 있으니 예악이 무너지면 성인의 묘용(妙用)이 그치게 된다.

예악(禮樂)은 비록 무너지고 어그러지더라도 그 가득 차고 감쇄하며 나아가고 돌아오는 대의(大義)[100]는 일찍이 만사(萬事)와 만물 사이에 침잠하여 주류(周流)하지 않은 적이 없다. 오직 도(道)를 아는 자라야 종고(鐘鼓)와 옥백(玉帛)[101]의 밖에서 알아서 취할 수 있다.

100 가득……대의(大義) : 예(禮)가 감쇄함과 나아감을 주장하는 뜻과 악(樂)이 가득 참과 돌아옴을 주장하는 뜻을 말하는 것으로, 《예기(禮記)》〈악기(樂記)〉에 "악(樂)은 안에서 동하는 것이고 예(禮)는 밖에서 동하는 것이다. 그러므로 예(禮)는 감쇄함을 주장하고 악(樂)은 가득 참을 주장한다. 예(禮)는 감쇄하면 나아가도록 권면해야 하니 나아감을 아름다움으로 여기고, 악(樂)은 가득 차면 돌아와야 하니 돌아옴을 아름다움으로 여긴다. 예(禮)가 감쇄하기만 하고 나아가지 않으면 사그라지고, 악(樂)이 가득 차기만 하고 돌아오지 않으면 방탕해진다. 그러므로 예(禮)는 보답이 있고 악(樂)은 돌아옴이 있는 것이다. 예(禮)가 그 보답을 얻으면 즐겁고 악(樂)이 그 돌아옴을 얻으면 편안해지니, 예(禮)의 보답과 악(樂)의 돌아옴은 그 뜻이 똑같다.〔樂也者, 動於內者也; 禮也者, 動於外者也. 故禮主其減, 樂主其盈. 禮減而進, 以進爲文; 樂盈而反, 以反爲文. 禮減而不進則銷, 樂盈而不反則放, 故禮有報而樂有反. 禮得其報則樂, 樂得其反則安, 禮之報, 樂之反, 其義一也.〕"라고 한 데에 보인다.

101 종고(鐘鼓)와 옥백(玉帛) : 예(禮)와 악(樂)의 형식적인 면을 이른다. 《논어(論語)》〈양화(陽貨)〉에 "예(禮)라 말하고 예(禮)라 말하지만 그것이 옥백을 의미하는 것이겠는가. 악(樂)이라 말하고 악(樂)이라 말하지만 그것이 종고를 의미하는 것이겠는가.〔禮云禮云, 玉帛云乎哉? 樂云樂云, 鍾鼓云乎哉?〕"라고 하였는데, 근본인 경(敬)을 버리고 말단인 옥백만 가지고는 예가 될 수 없으며, 근본인 화(和)를 버리고 말단인

삼가 정자(程子)와 주자(朱子)가 의리(義理)에 대하여 말씀한 여러 설들을 살펴보건대, 정자는 창업(創業)하는 기상(氣象)이 있고 주자는 수문(守文)[102]하는 의사(意思)가 있다.

낙민(洛閩)이 궁리거경(窮理居敬)을 가지고 학문하는 요체로 삼은 것은 실로 공문(孔門)의 박문약례(博文約禮)[103]의 교법(教法)에 근본을 두고 있으니, 어느 한 쪽도 폐할 수가 없다. 저 육왕(陸王)[104]은 궁리(窮理)를 도외시하면서 학문을 하였으니, 떳떳함을 잃고 방종하여 점점 이단에 빠지게 된 것이 당연하다.

왕백안(王伯安)[105]의 문장(文章)과 훈업(勳業)은 한 시대의 영웅이 될

종고만 가지고는 음악이 될 수 없음을 말한 것이다.

102 수문(守文) : 선왕의 법도를 따르는 것을 말한다. 《춘추공양전(春秋公羊傳)》 문공(文公) 9년 조에, "문왕의 체제를 계승하고 문왕의 법도를 지키다.〔繼文王之體, 守文王之法度.〕"라고 한 데서 온 말로, 본래는 문왕의 법도를 따르는 것을 말했으나 후에 일반적으로 선왕의 법도를 따르는 것을 의미하게 되었다.

103 박문약례(博文約禮) : 글을 통하여 지식을 넓히고 예(禮)를 통해서 행동을 검속하는 것이다. 《논어(論語)》 〈옹야(雍也)〉에 "군자가 글을 널리 배우고 예로써 요약한다면 또한 도(道)에 어긋나지 않을 것이다.〔君子博學於文, 約之以禮, 亦可以弗畔矣夫.〕"라고 한 데서 온 말이다.

104 육왕(陸王) : 남송(南宋)의 육구연(陸九淵)과 명(明)나라의 왕수인(王守仁)을 합칭한 말로, 이들의 학문을 가리켜 육왕학(陸王學)이라고 한다. 주희(朱熹)가 경서(經書) 연구에 관심을 기울인 반면, 육구연은 마음의 실체를 깨닫는 것을 중시하여 주희의 성리학과 서로 대비되었다. 정주학파(程朱學派)에서는 도문학(道問學)을 중시하는 한편 존덕성(尊德性)도 강조하였으나, 육왕학파(陸王學派)는 존덕성(尊德性)에 치중하였다.

만하니, 명(明)나라 인물 중에서 찾아보면 이에 짝할 수 있는 이가 거의 드물다. 다만 학문을 가지고 스스로 표방한 것이 바로 그의 큰 불행이었으니, 그저 피음(詖淫)[106]에 빠지기에 족하며, 그 문장에 드러난 것을 보면 한기(閑氣 쓸데없는 기운)가 많으니, 요컨대 필경 학문하는 사람은 아닌 것이다.

《상산집(象山集)》[107]은 비록 이단의 말이지만, 살펴보면 그 학문을 논한 글 중에는 간혹 성실하고 간절하여 사람을 감동시키는 곳이 많으니, 요컨대 근리(近裏)[108]하여 자득(自得)한 말인 것이다. 왕집(王集)[109]은

105 왕백안(王伯安) : 명(明)나라의 학자 왕수인(王守仁, 1472~1529)으로, 자는 백안, 호는 양명(陽明)이며, 시호는 문성(文成)이다. 육구연(陸九淵)의 사상을 계승하고 '심즉리(心卽理)'의 심학(心學)을 주장하여 당시 주류였던 주자학(朱子學)과 대립하였는데, 이후 양명학은 주자학자들에 의하여 대표적인 이단으로 지목되었다.

106 피음(詖淫) : 피사(詖辭)와 음사(淫辭)로, 피사는 편파적인 말이고 음사는 실속이 없는 방탕한 말이다. 《맹자(孟子)》 〈공손추 상(公孫丑上)〉에 "피사에 있어서는 그의 가려진 데를 알아차리고, 음사에 있어서는 그가 빠져 있는 데를 알아차려야 한다.〔詖辭知其所蔽, 淫辭知其所陷.〕"라고 한 데서 나온 것이다.

107 상산집(象山集) : 송(宋)나라의 학자 육구연(陸九淵)의 문집이다. 육구연의 자는 자정(子靜), 호는 상산옹(象山翁)이며, 시호는 문안(文安)이다. 동시대 주희(朱熹)의 학설을 비판하면서 후에 양명학(陽明學)으로 발전하는 육학(陸學)을 정립하였다. 저서에 《상산집》, 《어록(語錄)》 등이 있다.

108 근리(近裏) : 자기 내면의 맨 밑바닥까지 깊이 파고들어 정밀하게 분석하고 연구하는 것을 말한다. 정호(程顥)의 말에 "학문이란 단지 채찍질하여 내면으로 접근해서 자기 몸에 붙게 하는 것일 뿐이다. 그러므로 간절히 묻고 가까이 생각하면 인(仁)이 그 가운데에 있다.〔學只要鞭辟近裏, 著己而已. 故切問而近思, 則仁在其中矣.〕"라고 한 데에 보인다. 《二程遺書 卷11 師訓》《近思錄 卷2 爲學》

109 왕집(王集) : 명(明)나라의 학자 왕수인(王守仁)의 문집을 가리켜 말한 것이다.

이러한 곳이 없이 문장만 빼어나서 광채가 화려하여 그저 감상하기에만 좋을 뿐이니, 여기에서 두 사람의 조예가 깊고 얕은 차이를 알 수 있다. 그러나 《주자어류(朱子語類)》에 이르기를, "육자정(陸子靜)은 사람들이 왕개보(王介甫)의 만언서(萬言書)를 읽게 만드는 것을 좋아하였다."[110]라고 하였고, 또 그의 문집 속에서 왕개보를 왕업(王業)을 보좌할 인재라고 크게 칭찬한 것을 볼 수 있다. 이는 그 자호(自好)[111]하고 집요(執拗)한 성격이 진실로 서로 비슷한 점이 있는 것이니, 그 견식이 비루하고 천근하였음을 이로써 알 수 있다.

백사(白沙)[112]와 양명(陽明 왕수인(王守仁))의 학술은 모두 잘못된 길로

110 육자정(陸子靜)은……좋아하였다 : 이 말은 《주자어류(朱子語類)》 권124 〈육씨(陸氏)〉에 보인다. 육자정(陸子靜)은 육구연(陸九淵)으로, 자정은 자(字)이다. 왕개보(王介甫)는 북송(北宋)의 정치가이자 문장가인 왕안석(王安石, 1021~1086)으로, 자는 개보, 호는 반산(半山)이며, 형국공(荊國公)에 봉해졌다. 희령(熙寧) 연간에 신종(神宗)에게 재상으로 발탁되어 전폭적인 지지를 받으며 신법(新法)에 의한 정치개혁을 도모하였으나 실패하고 정치 일선에서 물러났는데, 이 과정에서 당시의 명신들인 사마광(司馬光)·정이(程頤)·소식(蘇軾) 등과 심각한 갈등을 빚었다.

111 자호(自好) : 자신을 아끼고 중히 여김을 이른다. 《맹자(孟子)》 〈만장 상(萬章上)〉에 "자신을 팔아 그 임금을 성공시키는 것은 향리의 자호하는 자도 하지 않는데 하물며 현자가 그런 일을 했다고 할 수 있겠는가.〔自鬻以成其君, 鄕黨自好者不爲, 而謂賢者爲之乎?〕"라고 하였는데, 주희(朱熹)의 주(註)에 "'자호'는 스스로 그 몸을 아끼는 사람이다.〔自好, 自愛其身之人也.〕"라고 하였다.

112 백사(白沙) : 명(明)나라 중기의 학자인 진헌장(陳獻章, 1428~1500)으로, 자는 공보(公甫), 호는 석재(石齋)이며, 백사에서 살았기 때문에 백사선생이라고도 한다. 그의 학풍은 상산(象山) 육구연(陸九淵)의 심성론(心性論)을 이어 정좌(靜坐)하여 마음을 깨끗이 함으로써 이치를 직관(直觀)해야 한다는 것으로, 주희(朱熹)의 학풍과는

들어갔으나 그 인품을 논하자면 백사의 청고(淸苦)함은 도리어 양명보다 나았다. 양명은 본령(本領)에 이미 좋지 못한 점이 허다하였다.

정암(整庵 나흠순(羅欽順))이 기(氣)의 근원에 대하여 터득함이 있었던 것은 매우 뛰어나다고 할 수 있다. 다만 이(理)를 말할 적에 먼저 기(氣)에서부터 미루어 말하였는데 번번이 이(理)를 기(氣)에 부착시켜서 '이(理)는 다만 그 기(氣)의 이(理)일 뿐이다.'라고 하여 하나의 사물로 인식하였다. 만약 그러하다면 이 이(理)는 사물에 붙어 있는 그림자에 불과할 뿐이어서, 그 실체가 순수하고 지선(至善)하여 천지의 장수(將帥)가 됨을 볼 수가 없을 것이다. 비록 그의 설이 천인(天人)의 깊은 뜻에 신묘하게 통달했다고 하더라도 그것이 끼치는 영향에는 도리어 어찌 폐단이 없을 수 있겠는가.

학술이 분열된 것은 명(明)나라 유자들보다 심한 경우가 없었다. 그 이유를 찾아보자면 진(陳 진헌장(陳獻章))·왕(王 왕수인(王守仁))이 실로 죄수(罪首)가 되며, 정암(整庵 나흠순(羅欽順)) 등의 인물도 또한 끝내 그 책임을 면하기가 어렵다.

젊었을 때에 우연히 모기령(毛奇齡)[113]의 문집을 본 적이 있으니, 이

대치되었다.

113 모기령(毛奇齡) : 1623~1716. 명말(明末)·청초(淸初)의 학자이자 관료로, 명(明)나라가 망할 때 항청(抗淸) 투쟁에 참여하다가 패배하자 강회(江淮) 지역에 우거하였다. 강희제(康熙帝) 때 과거 시험에 응시하여 명사관 찬수관(明史館纂修官) 등의 벼슬을 지내다가 병 때문에 사직하고 평생을 저술 활동에 전념하였다. 양명학(陽明學)

사람은 명(明)나라 말기의 사람이다. 그가 주자(朱子)의 경서(經書) 전주(傳註)에 대하여 취모(吹毛)하여 트집을 잡아서 힘을 다해 비방한 것은 거의 요마(妖魔)와 비슷하니 결코 정상적인 사람의 의식이 아니다. 문장 또한 첨예하고 간사하며 부박하고 경솔하며 의론이 치우쳐서 차마 똑바로 볼 수가 없다. 참으로 귀린(鬼燐 도깨비불)을 의지하면서 일월(日月)을 헐뜯는 것이라고 할 만하니, 왕법(王法)으로 반드시 주벌해야 할 바이다.

이(理)와 기(氣)의 승부는 비단 인심(人心)의 선악(善惡)이 나뉘는 발단이 될 뿐만이 아니니, 무릇 국가의 치란(治亂)과 흥망(興亡) 또한 이를 미루어서 알 수 있다. 삼대(三代 하(夏)·은(殷)·주(周))의 성세(盛世)에는 순전하게 이(理)가 우세할 뿐이었고, 진(秦)나라와 한(漢)나라 이후로는 이(理)와 기(氣)가 서로 승부를 다투었는데 이(理)가 항상 기(氣)에게 졌으며, 오호(五胡)[114]·오계(五季)[115]의 혼란기에 이

의 영향을 받았으며 고증학에 조예가 깊었는데, 인용은 방대했지만 상세하게 확인하지 않아 오류가 많다는 비판을 받았다. 《사서개착(四書改錯)》을 지어 주희(朱熹)를 비판하였다. 저서로는 《사서개착》·《시전시설박의(詩傳詩說駁議)》·《하도낙서원천편(河圖洛書原舛編)》·《고문상서원사(古文尙書冤詞)》·《서하시화(西河詩話)》 등이 있다.

114 오호(五胡) : 후한(後漢)이 멸망한 뒤에 북방에서 이주하여 열여섯 나라를 세운 다섯 이민족(異民族) 오랑캐들, 곧 흉노(匈奴)·갈(羯)·선비(鮮卑)·저(氐)·강(羌)을 지칭한다.

115 오계(五季) : 오대(五代)라고도 하며, 중국 역사상 가장 분열이 심하고 왕조의 교체가 짧은 기간에 자주 일어난 시기로 당(唐)나라가 망하고 송(宋)나라가 들어서기 이전의 약 50년간의 시대를 말한다. 이 시기의 왕조로는 후량(後梁, 907~923), 후당

르러서는 기(氣)가 이(理)를 이겨서 이(理)가 거의 숨을 죽이게 되었다. 그렇다면 명(明)나라의 정통이 무너져 신주(神州)[116]가 오랑캐에 의해 함락되고 예악(禮樂)이 전락하여 귀매(鬼魅)가 된 것은 심상한 흥망에 비할 바가 아니고 바로 화이(華夷)의 소장(消長)이 달린 중대한 기틀이었던 것이다. 그렇다면 이때에 유술(儒術)이 기(氣)를 주장하여 어그러진 것은 거의 기수(氣數)에 관계된 것으로, 조짐이 먼저 나타난 것이다. 고인(古人)이 말하기를, "문장(文章)은 치란(治亂)에 관계한다."라고 하였으니, 더구나 학술은 어떠하겠는가.

중화(中華)를 높이고 오랑캐를 배척하는 것은 천경지의(天經地義)[117]로서, 사람의 병이(秉彝)[118]이다. 공자(孔子)는 이를 인경(麟經)[119]에

(後唐, 923~936), 후진(後晉, 936~946), 후한(後漢, 946~950), 후주(後周, 950~959)가 있다.

116 신주(神州) : 중국의 미칭(美稱)으로 '적현신주(赤縣神州)'의 줄임말이다. 《사기》의 〈맹자순경열전(孟子荀卿列傳)〉에 "중국을 적현신주라고 하는데 적현신주의 안에 구주(九州)가 있으니, 하우(夏禹)가 만든 구주가 바로 그것이다."라고 보인다. 《史記 卷74》

117 천경지의(天經地義) : 천지간의 당연한 이치로서 변할 수 없는 도리를 말한다. 《춘추좌씨전(春秋左氏傳)》 소공(昭公) 25년 조(條)에 "무릇 예(禮)라는 것은 하늘의 법칙이고, 땅의 도리이며, 사람이 행하는 길이다.〔夫禮, 天之經也, 地之義也, 民之行也.〕"라고 한 데에서 온 말이다.

118 병이(秉彝) : 인간이 하늘로부터 타고난 떳떳한 본성을 말한다. 《시경(詩經)》 대아(大雅) 〈증민(烝民)〉에 "하늘이 백성을 내시니, 사물이 있으면 법칙이 있네. 백성이 지닌 본성은 이 거룩한 덕을 좋아하네.〔天生蒸民, 有物有則, 民之秉彝, 好是懿德.〕" 라고 한 데서 온 말이다.

119 인경(麟經) : 공자(孔子)가 저술한 《춘추(春秋)》를 가리킨다. 《춘추》는 공자가

서 드러내어 밝혀서 만세에 전하였고, 주자(朱子)는 또한 일찍이 말씀하기를, "이적(夷狄)은 바로 사람과 금수의 사이에 있으니, 이 때문에 끝내 변화하기가 어렵다."라고 하였다. 그렇다면 중화와 오랑캐의 구분은 마치 높은 하늘과 깊은 연못[120]처럼 차이가 명확한 것이다. 성현(聖賢)이 불행하게도 오랑캐가 중하(中夏 중화(中華))를 어지럽히는 때에 태어났으나, 그 처신한 바는 반드시 바른 도리에 맞았다. 오징(吳澄)과 같은 무리는 공자와 주자를 칭송하고 본받으면서도 오랑캐를 섬기는 것을 달가워하여 비린내 나는 곳에 몸을 빠뜨리고도 부끄러워할 줄을 몰랐으니, 어찌 유자(儒者)라고 할 수 있겠는가. 구경산(丘瓊山)[121]은 오징이 호원(胡元)의 시대에 태어났다고 하여 허형(許衡)이 지조를 잃었던 것과는 구별하여 보고자 하였는데, 이는 참으로 오십보와 백보의 사이에서 득실을 따지는 것일 뿐이다. 회옹(晦翁 주희(朱熹))

당시의 난신적자(亂臣賊子)들을 경계하기 위해 새로 만든 역사책으로, 총 242년간을 편년체로 기록하였는데, 노(魯)나라 은공(隱公) 원년(기원전 722)에서 시작하여 애공(哀公) 14년(기원전 479) 노(魯)나라가 서쪽으로 사냥을 나갔다가 기린을 잡은 기사에서 끝난다. 기린은 상서로운 동물로 이 짐승이 나타나면 성인이 나온다고 전해지는데, 난세에 기린이 나와 사람에게 잡혔으므로 공자는 이에 눈물을 흘리고 여기에서 기록을 멈추었다고 하는바, 이 때문에 '인경'이란 별칭이 생겼다.

120 높은……연못 : "솔개는 하늘 높이 날아오르고, 물고기는 연못 속에서 뛰어 논다.〔鳶飛戾天, 魚躍于淵.〕"라는 말에서 기인하여, 하늘과 땅처럼 현격한 차이가 있음을 비유하여 말한 것이다.《詩經 大雅 旱麓》

121 구경산(丘瓊山) : 명(明)나라의 학자 구준(丘濬, 1419~1495)으로, 자는 중심(仲深), 호는 심암(深菴) 또는 경산선생(瓊山先生)이다. 문연각 대학사(文淵閣大學士)를 지냈고, 주자학(朱子學)에 정통하였다. 저서로는《가례의절(家禮義節)》,《대학연의보(大學衍義補)》,《주자학적(朱子學的)》등이 있다.《明史 卷181 丘濬列傳》

이 말씀하기를, "배우는 자는 모름지기 염우(廉隅)의 장벽이 있고자 해야 하니, 그래야 큰일을 담당할 수 있다."라고 하였다. 오징과 같은 무리는 염우의 장벽이 있다고 말할 수 있겠는가.

혹자가 말하기를, "비록 이적(夷狄)이라고 하더라도 도(道)를 중시하고 유술(儒術)을 높인다면 군자가 또한 벼슬할 수 있다."라고 하였는데, 아, 이게 무슨 말인가. 무릇 선왕(先王)의 신기(神器)를 훔쳐서 예악(禮樂)을 무너뜨리고 유민(遺民)을 치발하게 하여 그 풍속을 바꾸면서 '나는 선왕의 도(道)를 중시한다'라고 한다면, 이는 하늘을 속이고 사람을 기망하는 것이다. 그 죄가 더욱 커서 인경(麟經)의 주벌[122]에 있어 용납될 수 없으니, 어찌 군자가 헛되이 얽매여서[123] 몸을 욕되게 하여 중화(中華)와 오랑캐의 대방(大防)을 없애서야 되겠는가.

명(明)나라 왕실이 옥사(屋社)[124]한 후로 우리나라 사람이 의리를 지

122 인경(麟經)의 주벌 : 인경은 공자(孔子)가 저술한 《춘추(春秋)》를 가리킨다. 《춘추》에서는 주(周)나라를 존숭하고 오랑캐를 물리치자는 '존주양이(尊周攘夷)'의 의리를 강조하였는데, 이 의리에 입각하여 주벌함을 말한다.

123 헛되이 얽매여서 : '헛되이 얽매이다〔虛拘〕'라는 것은 공경하는 마음이 없는 형식적인 예우에 응함을 말한 것으로, 《맹자(孟子)》 〈진심 상(盡心上)〉에 "공경하는 마음은 폐백을 받들기 이전에 이미 있는 것이다. 예물로만 공경을 하되 실제가 없으면 군자는 헛되이 얽매여서는 안 된다.〔恭敬者, 幣之未將者也. 恭敬而無實, 君子不可虛拘.〕"라고 한 데에 보인다.

124 옥사(屋社) : 사(社)에 지붕을 덮는다는 뜻으로, 나라가 망한 것을 지칭하는 말이다. 《예기(禮記)》 〈교특생(郊特牲)〉에, "천자의 대사(大社)는 지붕을 덮지 않아 서리·이슬·바람·비를 직접 맞게 하는데 이것은 천지의 기운이 서로 통하게 하기 위함

켜 자정(自靖)[125]한 것은 또한 일종의 도리(道理)가 있는 것이니, 천하와 후세에 떳떳하게 할 말이 있게 되었다.

이목은(李牧隱)[126]이 호원(胡元)의 시대에 군주의 명을 받고 조회하러 간 것은 가하지만, 제과(制科)에 응시하여 급제한 것은 잘못이다. 과거(科擧)는 나와 관계된 것이지 사명(使命)과 관계된 것이 아니니, 그만둘 수 있는 방편(方便)의 길이 있었을 것이다. 그런데도 이를 하는 것을 면치 못하였으니, 아마도 《춘추(春秋)》의 의리[127]를 평소에 강구하지 않았을 것이다.

이다. 이런 까닭에 망한 나라의 사직에는 지붕을 만들어 하늘의 양기를 받지 못하게 한다.〔天子大社, 必受霜露風雨, 以達天地之氣也. 是故喪國之社屋之, 不受天陽也.〕"라고 한 데에서 나왔다.

125 자정(自靖) : 은(殷)나라 태사(太師)인 기자(箕子)가 주왕(紂王)의 서형(庶兄)인 미자(微子)에게 "스스로 의리에 편안하여 사람마다 스스로 선왕(先王)에게 뜻을 바칠 것이니, 나는 떠나가 은둔함을 돌아보지 않겠다.〔自靖, 人自獻于先王, 我不顧行遯.〕"라고 한 데서 온 말로, 본래는 스스로 의리에 맞게 처신하여 그 처지를 편안하게 여긴다는 뜻인데, 후세에는 은둔하여 지조를 지킴을 가리키는 말로 많이 사용하였다. 《書經 微子》

126 이목은(李牧隱) : 이색(李穡, 1328~1396)으로, 자는 영숙(穎叔), 호는 목은(牧隱), 본관은 한산(韓山)이며, 시호는 문정(文靖)이다. 1353년(공민왕2)에 정동성(征東省) 향시(鄕試)에 장원급제하고 서장관(書狀官)이 되어 원(元)나라에 갔는데, 이듬해 원(元)나라 회시(會試)·전시(殿試)에 급제하여 응봉한림문자 승사랑 동지제고 겸국사원편수관(應奉翰林文字承事郎同知制誥兼國史院編修官)이 되었다. 이어 고려에 돌아와 대사성·정당문학·지공거·문하시중 등 요직을 두루 역임하였다. 저서로 《목은유고》·《목은시고》 등이 있다.

127 춘추(春秋)의 의리 : 공자(孔子)가 《춘추》에서 주장한 존주양이(尊周攘夷)의 대의(大義)로, 곧 중화(中華)를 높이고 오랑캐를 배척하는 의리를 이른다.

궁리(窮理)의 공부는 진실로 한 가지가 아니니, 정자(程子)와 주자(朱子)가 자세하게 논하였다. 그러나 요컨대 마땅히 독서를 가지고 처음부터 끝까지 꿰뚫어야 하니, 처음에 입문하는 것과 끝에 참증(參證)하는 것이 모두 독서를 통해야 공효를 볼 수 있다. 생각의 선악(善惡), 일의 득실(得失), 인물의 시비(是非)와 같은 것은, 성현(聖賢)의 가르침을 살펴보지 않고 그저 총명함만 믿고서 억지로 탐구하여 자신의 마음이 가는 대로만 사유한다면, 착오하지 않는 경우가 드물다. 서화담(徐花潭)[128]이 궁리하면서 독서를 일삼지 않은 것이 바로 그가 크게 잘못한 점이다.

사물의 이치는 모두 성(性)에 갖추어져 있으니, 진실로 능히 일〔事〕과 물건〔物〕에 따라 실제에 근거하여 이해해서 축적하고 체험하는 것이 오래된다면 자연히 전체를 통달하여 꿰뚫게 될 것이다. 지금 사람들은 성(性)을 말하기만 하면 곧 별다른 현묘한 사물로 만들어서 머릿속으로만 공상하여 환히 깨닫기를 구하니, 이것이 어찌 어둠 속에서 코끼리를 더듬는 것과 다르겠는가. 틀리지 않는 경우가 드물다. 주자(朱子)가 말씀한 "성(性)은 우뚝하게 보이는 하나의 물건이 아니니, 그저 궁리(窮理)하고 격물(格物)하면 성(性)이 절로 그 가운데 있다."[129]라

128 서화담(徐花潭) : 서경덕(徐敬德, 1489~1546)으로, 자는 가구(可久), 호는 화담·복재(復齋), 본관은 당성(唐城)이며, 시호는 문강(文康)이다. 수리학(數理學)과 예학(禮學)에 밝았고 성리학을 깊이 연구하고 송(宋)나라의 주돈이(周敦頤)·소옹(邵雍) 및 장재(張載)의 철학사상을 조화시켜 독자적인 기일원론(氣一元論)의 학설을 제창하였다. 저서에 《화담집》이 있다.

129 성(性)은……있다 : 이 말은 《주자어류(朱子語類)》 권5 〈성리2(性理二)〉에 보

는 것이 참으로 지론(至論)이 된다.

정자(程子)와 주자(朱子)의 '격물(格物)'에 대한 설[130]은 천 명의 성인(聖人)이 다시 나와도 의혹하지 않을 것이라고 할 수 있다. 궁리(窮理)는 바로 학문의 첫 번째 관문이고 격물은 바로 궁리의 절도(節度)이다. 만약 궁리를 두고 성문(聖門)의 공부하는 과정이 아니라고 한다면 그만이겠지만, 그렇지 않다면 격물을 제외하고는 실로 이와 바꿀 수 있는 다른 방법이 없다. 그러므로 설령 정자와 주자의 말씀이 증자(曾子)의 뜻에 모두 부합하지는 않는다고 하더라도 진실로 그 밝히지 못한 바를 밝혀서 만세토록 성인(聖人)이 되는 길을 열어놓았다고 하기에 무방하다. 더구나 사리(事理)를 가지고 상고하고 자의(字義)를 가지고 참고해 보건대, 증자의 뜻이 또한 이를 벗어나지 않을 듯하다.

만물의 이치는 모두 나에게 갖추어져 있는 법이다.[131] 그러므로 주자

인다.

130 정자(程子)와……설 : 《대학장구(大學章句)》 전(傳) 5장에 주희(朱熹)가 '격물치지(格物致知)'에 대한 전문(傳文)을 보충하여 넣은 것을 두고 말한 것이다. 《대학》은 원래 《예기(禮記)》의 42번째 편이었는데, 주희는 이를 독립시켜 《대학장구》를 만들어서 옛날부터 전해 오던 《대학》의 본문을 교정하고 순서를 뒤바꾼 뒤에, 《대학》의 첫머리부터 205자(字)를 경문(經文)이라 하고, 그 이하는 이를 해설하는 전문(傳文)이라 하여 모두 10장(章)으로 나누었다. 그리고 '격물치지'의 경문에 대해서 해설한 전문이 망실되었다고 하여, 정자(程子)의 학설을 참조하여 그 내용을 보충해 넣었다. 이것이 이른바 '보망장(補亡章)'이다.

131 만물의……법이다 : 이는 본래 《맹자(孟子)》 〈진심 상(盡心上)〉에 보이는 말로, "만물의 이치가 모두 나에게 갖추어져 있으니, 자기 몸을 돌이켜 보아 진실하면 즐거움

(朱子)가 '격물(格物)'을 풀이할 적에 정자(程子)의 "풀 한 포기 나무 한 그루도 살피지 않아서는 안 된다."라는 말씀을 인용한 것[132]은, 다만 천하에 마음 밖의 물건이 없어서 학문하는 공부에는 빠뜨리는 바가 있어서는 안 되니 빠뜨리는 바가 있으면 그 마음을 다할 수 없게 된다는 것을 알게 하려는 것이다. 어찌 일찍이 사람들로 하여금 근본은 버려두고 지엽만 추구하여 오직 이것만 궁구해서 한만(汗漫)하기만 하고 절실하지 못하도록 만든 적이 있겠는가. 《대학혹문(大學或問)》을 살펴보면 선후(先後)와 완급(緩急)에 있어서 매우 간절하고 상세하니, 문맥과 조리를 가지고 보면 절로 알 수 있다. 그런데 명(明)나라 유자들은 이를 트집 잡아서 지리(支離)함을 문제로 삼았다. 이는 그 기국이 작고 힘이 약하여 참된 공부를 하는 데에 차마 애를 쓰지 못하고 곧장 고상하고 빠른 것으로 달려가기를 좋아해서, 우리 유가(儒家)에는 본래 하나의 축적하는 규모가 있음을 알지 못한 데에서 연유한 것이다. 수많은 병폐를 만들어 낸 것이 당연하다.

무릇 성현(聖賢)의 말씀을 볼 적에는 그 마음을 이해하고자 해야 하니,

이 이보다 클 수 없고, 서(恕)를 힘써 행하면 인(仁)을 구함이 이보다 가까운 것이 없다.〔萬物皆備於我矣, 反身而誠, 樂莫大焉, 强恕而行, 求仁莫近焉.〕"라고 하였다.

132 주자(朱子)가……것 : "치지(致知)를 먼저 사단(四端)에서 찾는 것이 어떻습니까?〔致知, 先求之四端. 如何?〕"라는 물음에 정이(程頤)가 "성정(性情)에서 찾는 것이 진실로 자신에게 간절하지만, 풀 한 포기와 나무 한 그루에도 모두 이치가 있으니, 모름지기 이것을 살펴야 한다.〔求之情性, 固是切於身. 然一草一木, 皆有理, 須察.〕"라고 대답한 바가 있는데, 주희(朱熹)가 《대학혹문(大學或問)》에서 이 내용을 인용하였다. 《二程遺書 卷18 劉元承手編》

말을 이해하지 못하면 진실로 그 마음을 이해할 수가 없다. 그러나 간혹 그 말을 이해하고도 그 마음을 이해하지 못하는 경우가 있으니, 반드시 그 말을 통하여 그 마음을 이해하는 것이 바로 참으로 이해하는 것이다. 그렇게 해야 비로소 받아들여 적용하는 곳이 있을 수 있다.

성현(聖賢)의 말씀은 본래 절로 살아있으니 죽은 것으로 보아서는 안 된다.

일원(一原)에 대하여 이해해내려면 곧 초절(超絶)함이 느껴져 늘 두터운 막이 가로막는다. 그러나 또한 하루아침에 억지로 탐구하고 힘껏 찾아서 알 수 있는 것이 아니다. 모름지기 자신에게 밀접하게 체인(體認)하여 가고 옴을 인식하되 마음을 비우고 뜻을 넓게 하여 여러 해에 걸쳐 태만하지도 않고 긴장하지도 않는 공부를 들여야 하니, 이렇게 한다면 그래도 행여 이에 가까울 수 있게 될 것이다. 일원에 대하여 참으로 본 바가 있기를 기다린 뒤에야 비로소 상달(上達)을 말할 수 있다.

정자(程子)가 경(敬)을 논한 것에 두 가지 설이 있는데 정반대가 되니, "심(心)은 주장하는 바가 있으면 가득 차고 주장하는 바가 없으면 비게 된다.〔心有主則實 無主則虛〕"라는 것과 "주장하는 바가 있으면 비고 주장하는 바가 없으면 가득 찬다.〔有主則虛 無主則實〕"라는 것이다. 위의 설은 이(理)를 가지고 말한 것이니, '가득 차다〔實〕'라는 것은 천리(天理)가 가득 찬 것이고 '비다〔虛〕'라는 것은 양성(良性)이 없어져 비게 되는 것이다. 아래의 설은 기(氣)를 가지고 말한 것이니, '비다

〔虛〕'라는 것은 본체가 허명(虛明)한 것이고 '가득 차다〔實〕'라는 것은 인욕(人慾)이 꽉 차서 가득한 것이다.

염계(濂溪)의 태극(太極)의 설[133]은 이(理)로부터 기(氣)를 미루어나간 것이고, 횡거(橫渠)의 태허(太虛)의 설[134]은 기(氣)로부터 이(理)를 미루어 나간 것인데, 그 궁극적인 뜻을 따져 보면 똑같다. 그러나 주자(朱子)가 일찍이 말씀하기를, "'태허'라는 말은 한쪽으로 치우쳐 있다."[135]라고 하였고, 또 말씀하기를, "'기화(氣化)로부터 말미암아 도(道)라는 명칭이 있게 되었다'라는 말이 좋기는 하지만 끝내 생경하고 떨떠름하니, 성인(聖人)은 이렇게 말씀하지 않는다."[136]라고 하였다. 이것이 한천(寒泉)의 편찬[137]에 채록되지 못한 이유이다.

133 염계(濂溪)의 태극(太極)의 설 : 염계는 송(宋)나라 학자 주돈이(周敦頤)의 호이다. '태극의 설'은 주돈이가 지은 〈태극도설(太極圖說)〉을 두고 말한 것이다.

134 횡거(橫渠)의 태허(太虛)의 설 : 횡거는 송(宋)나라 학자 장재(張載)의 호이다. '태허의 설'은 장재가 지은 《정몽(正蒙)》 〈태화편(太和篇)〉의 내용을 두고 말한 것이다.

135 태허(太虛)라는……있다 : 이 말은 《주자어류(朱子語類)》 권99 〈장자지서2(張子之書二)〉에 보이는 것으로, "'무극(無極)'은 허실(虛實)과 청탁(淸濁)을 아우르는 말이니, '무극'이라는 말은 중간에 자리하고 '태허'라는 말은 한쪽으로 치우쳐 있다.〔無極是該貫虛實淸濁而言, 無極字落在中間, 太虛字落在一邊了.〕"라고 하였다.

136 기화(氣化)로부터……않는다 : 이 말은 《주자어류(朱子語類)》 권99 〈장자지서2(張子之書二)〉에 보인다.

137 한천(寒泉)의 편찬 : 《근사록(近思錄)》을 가리켜 말한 것이다. 주희(朱熹)가 한천정사(寒泉精舍)에서 강학하면서 동래(東萊) 여조겸(呂祖謙)과 함께 주자(周子)·정자(程子)·장자(張子)의 글을 읽고는 초학자들을 위해 《근사록》을 편찬하였으므로 이렇게 이른 것이다.

명도(明道 정호(程顥)) 선생이 말씀하기를, "성선(性善)을 알고 충신(忠信)을 근본으로 삼는다."[138]라고 하였으니, 오직 이 말씀은 배우는 자들에게 가장 긴요하면서도 본말을 다 갖추고 있다. 도리(道理)를 안 것이 원융(圓融)하였기 때문에 입에서 나오는 대로 말을 해도 말의 뜻이 혼연(渾然)하고 이치가 심후(深厚)하였던 것이니, 참으로 보면 볼수록 더욱 좋다.

배우면서 요점을 알지 못하면 끝내 얻는 것이 없게 된다. 예컨대 공자(孔子) 문하의 자장(子張)은 성인(聖人)을 여러 해 동안 종유하면서도 외면에 힘쓰는 병통을 고치지 못하였으니, 이는 비록 그의 자질이 이와 같은 데에서 연유한 것이긴 하나 결국에는 또한 요점을 알지 못한 데에서 비롯하였을 것이다.

주자(朱子)가 말씀하기를, "선배들이 혼(魂)과 백(魄)에 대하여 말한 것이 대체로 똑같지가 않다. 《좌전(左傳)》에서 '백(魄)이 혼(魂)보다 먼저 있다.'라고 한 것은, 살펴보건대 형체를 품부 받는 초기를 가지고 말한 것이니, 반드시 먼저 이 체상(體象)이 있어야 비로소 양기(陽氣)가 와서 붙을 수 있는 것이다."[139]라고 하였다. 무릇 형체를 품부 받는 초기를 살펴보면 과연 이와 같은 점이 있는 듯하다. 그러나 진실로

138 성선(性善)을……삼는다 : 정호(程顥)가 말하기를, "성선(性善)을 알고 충신(忠信)을 근본으로 삼아야 하니, 이것이 바로 먼저 큰 것을 세우는 것이다.〔知性善, 以忠信爲本, 此先立其大者.〕"라고 하였다. 《二程外書 卷2》《近思錄 卷2 爲學》

139 선배들이……것이다 : 이 말은 《주자어류(朱子語類)》 권3 〈귀신(鬼神)〉에 보인다.

그 배태(胚胎)의 시작에 있어서 근원을 궁구해보면, 형(形)이 기(氣)와 교감함에 양(陽)이 먼저 베풀어지면 음(陰)이 이를 받으며, 건원(乾元)에서 자뢰하여 시작되고 곤원(坤元)에서 자뢰하여 생겨나며,[140] 아버지의 정기(精氣)가 혼(魂)이 되고 어머니의 정기가 백(魄)이 된다. 요컨대 먼저 양기(陽氣)가 이곳에 있어야 비로소 체상(體象)이 점점 갖추어지게 되는 것이다. 이러한 관점에서 말한다면, '백(魄)이 혼(魂)보다 먼저 있다'라고 말할 수 없을 듯하다. 그리고 한번 '시초를 고찰하고 마지막을 궁구한다'[141]라는 것으로 따져 보면, 사람이 죽을 때에는 기(氣)가 다하고 혼(魂)이 떠난 뒤에야 몸이 차가워지고 백(魄)이 떨어진다. 무릇 양(陽)이 음(陰)을 통솔하는 법이니, 그러므로 태어날 때와 죽을 때에 혼(魂)이 백(魄)보다 앞서는 것이 또한 이치에 맞을 것이다.

사람이 죽을 때에 혼(魂)이 떠나는 것과 백(魄)이 떨어지는 것은 바로 동시에 일어나는 일인데, 간혹 안광(眼光)이 먼저 지고 따뜻한 기운이 나중에 거두어지는 경우가 있다. 혹자는 이를 가지고 백(魄)이 먼저

140 건원(乾元)에서……생겨나며 : 《주역(周易)》 〈건괘(乾卦) 단사(彖辭)〉에, "위대하다, 건원(乾元)이여. 만물이 이를 자뢰하여 시작하나니, 이에 하늘을 통괄하도다.〔大哉乾元! 萬物資始, 乃統天.〕"라고 하였고, 〈곤괘(坤卦) 단사(彖辭)〉에, "지극하다, 곤원(坤元)이여. 만물이 이를 자뢰하여 생겨나나니, 이에 하늘을 순히 받드는도다.〔至哉坤元! 萬物資生, 乃順承天.〕"라고 하였는데, 이를 원용하여 말한 것이다.

141 시초를……궁구한다 : 이는 본래 《주역(周易)》 〈계사전 상(繫辭傳上)〉에 보이는 말로, "위로는 천문을 관찰하고 아래로는 지리를 살피므로 유(幽)·명(明)의 원인을 알며, 시초를 고찰하고 마지막을 궁구하므로 사(死)·생(生)의 이론을 안다.〔仰以觀於天文, 俯以察於地理, 是故知幽明之故, 原始反終, 故知死生之說.〕"라고 하였다.

떨어지는 증거로 여긴다. 그러나 이와 같은 경우는 대체로 젊은 나이에 갑자기 요절하거나 역병으로 횡사한 경우에 보이니, 사생(死生)의 일반적인 이치가 아닌 듯하다.

이를 계기로 생각해보면, 무릇 남녀가 교합하는 때에는 천지의 인온(絪縕)의 기운[142]을 감응하여 불러들여서 줄기를 만들고, 부모의 정기(精氣)가 경위(經緯)로 얽고 감싸서 응결하여 태아를 이룬다. 이것이 횡거(橫渠 장재(張載))가 이른바 "떠돌아다니는 기운〔游氣〕이 어지러이 뒤섞여서 만 가지로 다른 인(人)·물(物)을 낳는다."[143]라는 것이다. 그 줄기가 되게 하는 것으로 말하면 떠돌아다니는 기운〔游氣〕의 근본이니, 담일(湛一)[144]이 바로 이것이다.

142 천지의 인온(絪縕)의 기운 : 서로 화합하여 만물을 생성하는 하늘과 땅의 두 기운을 말한다. 《주역(周易)》 〈계사전 하(繫辭傳下)〉에 "천지의 기운이 얽히고설켜 만물이 화순(化醇)하고, 남녀가 교합하여 만물이 화생(化生)한다.〔天地絪縕, 萬物化醇, 男女構精, 萬物化生.〕"라고 한 데에 보인다.

143 떠돌아다니는……낳는다 : 장재(張載)의 《정몽(正蒙)》 〈태화(太和)〉에 보이는 말로, 《근사록(近思錄)》 〈도체(道體)〉에도 소개되어 있다. "떠돌아다니는 기운이 어지러이 뒤섞이며 합쳐서 형질(形質)을 이루는데, 이것이 만 가지로 다른 인(人)·물(物)을 낳는다.〔游氣紛擾, 合而成質者, 生人物之萬殊.〕"라고 하였다.

144 담일(湛一) : 담연(湛然)하고 순일(純一)하다는 뜻으로, 장재(張載)가 "담일은 기(氣)의 근본이고, 공취는 기(氣)의 욕구이다.〔湛一, 氣之本; 攻取, 氣之欲.〕"라고 하였는데, 주희(朱熹)가 이를 두고 "담일이란 외물에 감촉하기 전의 담연(湛然)하고 순일(純一)한 상태이니, 이것이 기(氣)의 근본이다.〔湛一, 是未感物之時, 湛然純一, 此是氣之本.〕"라고 하였다. 《張子全書 卷2 正蒙》 《朱子語類 卷98》

독서하고 궁리함에 있어서는 마음을 비우고 뜻을 넓히는 것이 가장 중요하다. 비운다는 것은 다만 자신의 견해를 먼저 세우지 않는 것이고, 넓힌다는 것은 다만 박절하게 끝마치고자 하지 않는 것이다.

주자(朱子)가 말씀하기를, "완색(玩索)과 궁구(窮究)는 하나라도 폐할 수 없다."[145]라고 하였다. 이는 비유컨대, 무언가를 달일 적에 문무화(文武火)[146]를 써야 하는 것과 같으니, 문화(文火)는 바로 완색이고 무화(武火)는 바로 궁구이다.

모름지기 항상 벽립(壁立)의 기상[147]을 이해하려고 해야 하니, 만약 말하고 행동하는 것이 남에게 꺼림을 받을 만하지 않다면, 이는 또한 향원(鄕愿)[148]일 뿐이다.

향원(鄕愿)은 바로 유속(流俗)의 자호(自好)하는 자일 뿐이니, 성인

145 완색(玩索)과……없다 : 이 말은 《주자어류(朱子語類)》 권11 〈학5(學五) 독서법 하(讀書法下)〉에 보인다.

146 문무화(文武火) : 약이나 차를 달일 때에 적당한 시간과 농도 등을 맞추기 위해 화력을 높였다 낮췄다 하는 것이다. 화력을 낮추는 것을 문화(文火)라고 하고, 화력을 높이는 것을 무화(武火)라고 한다.

147 벽립(壁立)의 기상 : 험난한 세파(世波)에도 조금도 흔들리지 않는 의연한 기상을 이른다. '벽립'은 '벽립만인(壁立萬仞)'의 줄임말로, 만 길의 절벽이 온갖 풍상(風霜)에도 변하지 않고 의연하게 서 있다는 뜻이다.

148 향원(鄕愿) : 향리(鄕里)에서 근후(謹厚)하다고 일컬어지는 사람으로, 세상에 아첨하여 철저하게 위선(僞善)을 하는 사람을 가리키는데, 공자(孔子)가 이를 두고 "향원은 덕의 적이다.〔鄕愿德之賊也〕"라고 하였다. 《論語 陽貨》 《孟子 盡心下》

(聖人)의 문로(門路)에 해가 되는 것이 이단보다도 심하다. 맹자(孟子)가 일곱 번째 편의 끝에서 부자(夫子)의 말씀을 거듭 인용하여 덕(德)을 해치고 참〔眞〕을 어지럽힘을 극론해서 통렬히 끊어버렸으니,[149] 그 공로가 응당 양주(楊朱)와 묵적(墨翟)을 막은 것과 상통하되 더욱더 절실하다고 할 수 있다.

배우는 자가 다른 사람의 기롱과 비웃음을 참지 못하여 조금이라도 화광(和光)[150]하여 세상과 뒤섞일 뜻을 가지게 되면 결국에는 구덩이 속으로 추락하여 스스로 빠져나올 수가 없게 된다. 요컨대 목전의 일을 의식하여 끼워 맞추지 말고 오직 옳은 것을 찾는 하나의 길을 보아야만 할 것이다.

정(靜) 가운데에서 사물을 살펴보면 생의(生意)가 유연(油然)하게 일

149 맹자(孟子)가……끊어버렸으니 : '일곱 번째 편'은 《맹자(孟子)》의 〈진심(盡心)〉편을 가리킨다. 《맹자》 〈진심 하(盡心下)〉에, 공자(孔子)가 향원(鄕原)을 덕(德)을 해치는 자라고 비난한 이유에 대해 묻는 질문에 맹자는 다음과 같은 공자의 말을 인용하였다. "겉으로는 비슷하나 속은 완전히 다른 것을 미워하노니, 가라지를 미워함은 벼 싹을 어지럽힐까 걱정해서요, 말재주 있는 자를 미워함은 의(義)를 어지럽힐까 걱정해서요, 말이 많은 자를 미워함은 진실을 어지럽힐까 걱정해서요, 정(鄭)나라 음악을 미워함은 정악(正樂)을 어지럽힐까 걱정해서요, 간색(間色)인 자색(紫色)을 미워함은 정색(正色)인 주색(朱色)을 어지럽힐까 걱정해서요, 향원을 미워함은 덕(德)을 어지럽힐까 걱정해서이다.〔惡似而非者, 惡莠, 恐其亂苗也; 惡佞, 恐其亂義也; 惡利口, 恐其亂信也; 惡鄭聲, 恐其亂樂也; 惡紫, 恐其亂朱也; 惡鄕原, 恐其亂德也.〕"

150 화광(和光) : '화광동진(和光同塵)'의 준말로, 자신을 드러내지 않고 세상에 섞여서 사는 것을 뜻한다. 《도덕경》 제4장에 "빛을 부드럽게 하고 속진과 함께 한다.〔和其光, 同其塵.〕"라고 한 데에서 나온 말이다.

어나니, 천지를 가득 채운 것이 바로 측은지심(惻隱之心)임을 확인할 수 있다.

공부가 기쁘고 즐거운 경지에 이르면 생의(生意)를 확인할 수 있다.

사람의 마음은 감응하고 주류(周流)하여 한 순간도 멈추거나 끊어지지 않아서 천리(天理)에 있지 않으면 인욕(人慾)에 있다. 그러므로 배우는 자가 독서하고 궁리하는 까닭은 비단 그 견해를 신장시켜서 행함에 이롭게 하려는 것일 뿐만이 아니다. 요컨대 또한 이 마음이 의리 가운데 있어서 생각마다 계속 이어져 마음 안에서 주(主)가 되게 하려는 것이다. 이렇게 하면 인욕이 감응하는 것이 자연히 점점 줄어들어 거의 이로 말미암아 적어지고 또 적어져 결국 없는 데에 이르게 할 수 있을 것이다. 이와 반대로 하면 인심(人心)이 주(主)가 되어 감응하는 바가 형기(形氣)의 사사로운 바에 치우쳐서 천리에 어두워질 것이다. 횡거(橫渠 장재(張載))가 "책은 이 마음을 유지시켜 주는 것이니, 한때라도 놓아버리면 덕성(德性)이 태만해지게 된다."[151]라고 하였으니, 그 뜻이 바로 또한 이와 같을 것이다.

151 책은……된다 : 이 말은 《장자전서(張子全書)》 권6 〈의리(義理)〉에 보이는 것으로, 《근사록(近思錄)》 권3 〈치지(致知)〉에도 수록되어 있다. "책을 읽는 것이 적으면 의리의 정밀한 것을 상고할 수 없다. 책은 이 마음을 유지시켜 주는 것이니, 한때라도 놓아버리면 한때의 덕성이 태만해지게 된다. 책을 읽으면 이 마음이 항상 보존되고, 책을 읽지 않으면 끝내 의리를 보지 못하게 된다.〔讀書少, 則無由考校得義精. 蓋書以維持此心, 一時放下, 則一時德性有懈. 讀書, 則此心常在, 不讀書, 則終看義理不見.〕"라고 하였다.

한퇴지(韓退之)[152]가 〈원도(原道)〉에서 《대학(大學)》을 인용한 것이 '정심(正心)'·'성의(誠意)'에 그치고 '격물(格物)'·'치지(致知)'에는 미치지 않았는데, 농암(農巖 김창협(金昌協))이 이에 대해 비판한 것이 진실로 상세하다. 그러나 생각건대, 한퇴지는 '격물'·'치지'에 있어서 견해가 통투하지 못하였고, 또 비록 이 두 가지를 빼놓는다고 하더라도 뜻이 이미 충분히 드러났기 때문에 한꺼번에 거론하지 않은 것이다. 잘 알지 못하는 것을 억지로 말하여 옆으로 구멍을 뚫어놓는 경우에 견주어보면, 그 흉금이 질박하고 솔직하여 구차하지 않음을 다시 알 수 있다.

주자(朱子)는 한(漢)·당(唐) 대의 여러 사람들 중에 왕중엄(王仲淹)[153]을 가장 칭찬하였다. 그러나 삼가 생각건대, 왕중엄은 그저 과장

152 한퇴지(韓退之) : 당(唐)나라 때 문장가 한유(韓愈, 768~824)로, 자는 퇴지, 호는 창려(昌黎), 시호는 문공(文公)이다. 당송팔대가(唐宋八大家)의 한 사람으로 육경(六經)과 제자백가에 통달하였으며, 사륙변려문(四六騈儷文)을 위주로 하던 당시의 문풍(文風)을 바로잡고 고문(古文)을 제창하였다. 저서에 《창려선생집》이 있다.

153 왕중엄(王仲淹) : 수(隋)나라 학자 왕통(王通, 548~618)으로, 자는 중엄이고, 시호는 문중자(文中子)이다. 용문(龍門) 사람으로, 어려서부터 학문에 뜻을 두어 독실하게 공부하였으며, 20세에 경세(經世)에 뜻을 두고 장안(長安)으로 가서 수 문제(隋文帝)를 알현하고 '태평십이책(太平十二策)'을 올렸는데, 공경(公卿)들의 반대로 채택되지 못하였다. 이에 물러나 하수(河水)와 분수(汾水) 사이에서 저술에 전념하며 후진을 가르쳤는데, 제자가 1천여 명에 이르렀다. 방현령(房玄齡), 두여회(杜如晦), 위징(魏徵), 이정(李靖) 등 쟁쟁한 학자가 모두 그의 문하에서 나왔으므로, 당시 사람들이 이들을 '하분문하(河汾門下)'라 일컬었다. 양제(煬帝) 때 누차 불렀으나 나가지 않았으며, 37세에 세상을 떠나니 문인들이 '문중자'라 사시(私諡)하였다. 저서에 《예론(禮論)》, 《악론(樂論)》, 《속서(續書)》, 《속시(續詩)》, 《원경(元經)》, 《찬역(贊易)》 등

하고 모사하는 학문을 하였을 뿐이다. 《속시(續詩)》, 《속서(續書)》, 《원경(元經)》 등의 저작은 스스로 공자(孔子)가 되려고 한 것이니, 공자가 될 수가 없음을 알지 못한 것이라면 그 견식이 없는 것이 천고의 바보라고 할 수 있다. 《중설(中說)》로 말하면, 비록 간혹 다소 좋은 곳이 있기는 하지만 또한 속경(續經)의 나머지 견해에 불과할 뿐이니, 참으로 이 도(道)에 대하여 실제로 터득한 것이 있어서 흉중으로부터 흘러나온 것이 아니라 그저 몇 개의 좋은 구절을 말하여 성인(聖人)과 비슷해지고자 하였을 뿐이다. 비유하자면 다른 사람의 화려한 옷을 빌려 입은 것이지 자신의 소유가 아닌 것과 같으니, 비록 나가서 세상에 쓰이더라도 득력할 곳이 없다. 또 그 사람됨이 편협하여, 비록 재주와 식견은 있다고 하더라도 일을 행하는 때가 틀림없이 말을 하는 때만 못하였을 것이니, 방(房)·두(杜)[154]의 사업은 또한 기대하기가 어려웠을 것이다.

《중설(中說)》[155]은 인(仁)·의(義)·예(禮)·악(樂)은 허다하게 말

이른바 왕씨육경(王氏六經)이 있었으나 모두 전해지지 않고 오직 《논어》를 모방하여 지은 《중설(中說)》만 전한다.

154 방(房)·두(杜) : 당 태종(唐太宗) 때의 명상(名相)인 방현령(房玄齡, 578~648)과 두여회(杜如晦, 585~630)의 병칭이다. 방현령은 본명이 교(喬)이고 현령은 그의 자이며, 제주(齊州) 임치(臨淄) 사람이다. 두여회는 자는 극명(克明)으로, 경조(京兆) 두릉(杜陵) 사람이다. 둘 다 왕통(王通)의 제자로, 방현령은 계책에 뛰어났고, 두여회는 일 처리에 과감하였는데 두 사람이 한마음으로 협력하여 일을 잘 처리하여 당태종이 정관지치(貞觀之治)를 여는 데에 큰 공헌을 하였다.《新唐書 卷96 房玄齡杜如晦列傳》

155 중설(中說) : 수(隋)나라 때의 학자인 왕통(王通)이 《논어(論語)》를 모방하여

하고 있으나 성명(性命)의 근원에 대해서는 언급한 것이 한 마디도 없으니, 이는 성명이 천하의 대본(大本)이 됨을 알지 못한 것이다. 진실로 대본에 어둡다면 인(仁)·의(義)·예(禮)·악(樂)을 장차 어디에다 베풀겠는가. 주자(朱子)가 본원(本原)의 공부가 없다고 단정한 것이 사실에 들어맞았던 것이다.

왕중엄(王仲淹 왕통(王通))과 한퇴지(韓退之 한유(韓愈))는 비록 함께 일컬어지지만, 한퇴지의 〈원도(原道)〉는 정도(正道)를 부지하고 이단을 물리친 공이 있다고 할 만하고, 왕중엄이 참람되이 경전(經傳)에 견준 것[156]은 실로 성문(聖門)에 죄를 얻어서 용서받을 수가 없다.

함양(涵養)은 단지 정(靜)할 때의 공부에만 해당되지 않는다. 일이 없으면 수렴(收斂)하고 일이 있으면 성찰(省察)하여서 모두 의리의 진취(眞趣)가 마치 물이 스며들 듯이 항상 무젓게 하여 동(動)할 때와 정(靜)할 때에 차이가 없게 하고자 해야 하니, 이를 함양이라고 하는 것이다.

주서(朱書)에서는 함양(涵養)과 치지(致知)를 상대하여 말해서 함양을 치지의 근본이라고 하였는데, 간혹 치지를 함양보다 우선으로 여긴

지은 책이다.

156 참람되이……것 : 왕통(王通)이 경전(經傳)을 모방하여 《예론(禮論)》, 《악론(樂論)》, 《속서(續書)》, 《속시(續詩)》, 《원경(元經)》, 《찬역(贊易)》 등을 저술하고 《논어(論語)》를 모방하여 《중설(中說)》을 저술한 것을 이른다.

경우도 있다. 삼가 생각건대, 어떤 사람이 자질이 노둔하여 사학(斯學 유학(儒學))에 뜻은 있으나 견식이 없어서 방향과 의취(意趣)를 알지 못한다면, 이는 바로 주자(朱子)가 이른바 "도리를 알지 못한다면 무엇을 함양하겠는가."[157]라는 경우이다. 이와 같은 경우에는 어쩔 수 없이 먼저 치지(致知)에 종사하여 그 심술(心術)을 열어 밝힌 뒤에야 비로소 나아가 순서에 따라 힘을 들일 수 있다. 여기에서 사람에 따라 가르침을 베푸는 차이를 볼 수 있을 것이다.

"체(體)와 용(用)이 하나의 근원이며 드러남과 은미함에 간격이 없다."[158]라는 것은 정자(程子)가 《주역(周易)》을 서술한 말이니, 깊고도 지극하다. 진실로 이를 일상생활의 동(動)·정(靜) 가운데에서 미루어 나가서 항상 마음과 눈에 두어 체행하고 완미할 수 있다면 곧 그 의미가 매우 빼어남을 깨닫게 될 것이다. 저 불로(佛老)에 빠진 자들은 다만 이를 알지 못한 것일 뿐이다.

도(道)는 일상 가운데에 있으나 다만 사람이 보느냐, 보지 않느냐와 행하느냐, 행하지 않느냐에 달려있을 뿐이다.

157 도리를……함양하겠는가 : 이는 《주자어류(朱子語類)》 권9 〈학3(學三) 논지행(論知行)〉에 보이는 말로, "내가 지금에는 비록 정좌를 하더라도 도리가 저절로 보이니, 만약 도리를 알지 못한다면 무엇을 함양하겠는가.〔某如今雖便靜坐, 道理自見, 若未能識得, 涵養箇甚?〕"라고 하였다.

158 체(體)와……없다 : 이 말은 정이(程頤)의 《이천역전(伊川易傳)》 〈서(序)〉에 보인다.

사물(事物)은 크고 작음에 상관없이 이치가 똑같다. 그러므로 작은 사물에 능히 힘을 쏟을 수 있으면 큰일도 감당할 수 있는 것이다. 작은 사물이라고 하여 소홀히 하는 자는 이 이치를 알지 못하는 것이니, 큰일을 감당할 수 없다.

마음이 이치와 하나가 되어야 비로소 진체(眞體)를 볼 수 있으니, 이에 의거하여 지키는 것은 오직 경(敬)일 것이다.

예(禮)는 인(仁)이 드러나는 것이고 지(智)는 의(義)가 저장되는 것이다. 그러므로 인(仁)을 구하는 것은 복례(復禮) 만한 것이 없고 의(義)를 정밀히 하는 것은 치지(致知) 만한 것이 없다.

공문(孔門)의 "어려운 일을 먼저 하고 얻는 것은 뒤에 한다."[159]라는 것은 인자(仁者)의 마음이고 맹자(孟子)의 "종사하되 미리 기대하지 말라."[160]라는 것은 의(義)를 축적하는 공부이니, 그 법도는 똑같다. 이러한 마음이 있고 이러한 공부가 있다면 아마도 거의 도(道)에 가까울 것이다.

159 어려운……한다 : 이는 《논어(論語)》 〈옹야(雍也)〉에 보이는 말로, "인자는 어려운 일을 먼저 하고 얻는 것은 뒤에 한다. 그렇게 하면 인(仁)이라고 말할 수 있을 것이다.〔仁者, 先難而後獲, 可謂仁矣.〕"라고 하였다

160 종사하되……말라 : 이는 《맹자(孟子)》 〈공손추 상(公孫丑上)〉에 보이는 말로, "반드시 호연지기(浩然之氣)를 기르는 것에 종사하되, 미리 효과를 기대하지 말고, 마음에 잊지도 말고 억지로 조장하지도 말아야 한다.〔必有事焉而勿正, 心勿忘 勿助長也.〕"라고 하였다.

주자(朱子)가 남헌(南軒 장식(張栻))에게 준 편지에 이르기를, "묻자마자 대번에 대답하여 마치 상대와 함께 앞서기를 다투고 빠르기를 비교하듯이 하는 자는 그 가운데에 어찌 억지를 쓰고 초솔한 부분이 없겠는가. 잘못된 것을 유전(流傳)하게 되면 폐해가 적지 않고, 설령 모두 옳다고 하더라도 또한 한갓 입으로 말하고 귀로 듣는 자료가 될 뿐이다."[161]라고 하였다. 남헌은 다른 사람과 강론할 적에 일체를 경도하여 말하였으므로 이 편지에서 규계하였던 것이다. 나 또한 다른 사람과 말을 할 적에 매번 사색을 거치지 않고 경솔하게 답을 하니, 그 병통이 되는 바가 작지 않음을 알아서 이를 바로잡고자 하였으나 번번이 그리하지 못하였다. 한번 그 까닭을 생각해보니, 다만 마음의 주재가 안정되지 못한 데에 이유가 있었다. 일찍이 듣건대 퇴도(退陶 이황(李滉))는 사람들과 말을 할 적에 다른 사람이 말을 그치고도 한참이 지나기를 기다린 뒤에야 비로소 토론하여 답하였다고 하니, 이는 본받을 만하다.

오행(五行)에서 수(水)는 유(柔)하고 화(火)는 강(剛)하며 금(金)은 강하고 목(木)은 유하니, 목(木)이 화(火)를 낳는 것은 강함이 유함에서 생겨나는 것이고, 금(金)이 수(水)를 낳는 것은 유함이 강함에서 생겨나는 것이다. 강함은 강함에서 생겨나지 않고 유함에서 생겨나고, 유함은 유함에서 생겨나지 않고 강함에서 생겨나는 것이다. 여기에서 사물의 이치를 확인할 수 있으니 이를 자신을 다스리는 데에 미루어

161 묻자마자……뿐이다 : 이 내용은《회암집(晦菴集)》권31〈답장경부(答張敬夫)〉에 보인다.

가면 또한 많은 깨달음이 있을 것이다.

선철(先哲)이 말씀하기를, "외물을 이길 수 있는 것을 강(剛)이라고 하니, 항상 만물의 위에 뜻을 펼 수 있다. 외물에 의해 가려지는 것을 욕(慾)이라고 하니 항상 만물의 아래에 굴복되어 있다."[162]라고 하였는데, 모름지기 이에 대하여 그 기상을 이해해야 한다.

생(生)의 이치가 본래 곧지만〔直〕 곧지 못한 경우가 있는 까닭은 사의(私意)가 이를 해치기 때문이다. 조금이라도 사의(私意)가 있으면 생(生)의 이치가 곧 이어지지 않게 된다.

혹자가 인(仁)에 의문을 갖기에, "생(生)의 이치는 곧은〔直〕 것이다."라고 하였더니, 또 묻기를, "생(生)의 이치는 무엇인가?"라고 하기에 다음과 같이 말하였다. "인(仁)은 그 유동(流動)하여 발생하는 자연의 기틀을 가리키는 것이고, 직(直)은 그 정직하고 삿됨이 없는 본연의 체(體)를 가리키는 것이다. 한번 보건대, 만물이 발생(發生)할 적에는 충만하고 강하고 신속하여 일호도 굽히거나 분란한 뜻이 없으니, 여기에서 또 인(仁)의 체(體)가 강하기 때문에 생(生)의 이치가 곧은 것임을 알 수 있다."

162 외물을……있다 : 공자(孔子)가 "나는 아직 강한 자를 보지 못하였다.〔吾未見剛者〕"라고 하자, 어떤 사람이 신장(申棖)은 어떠냐고 물으니, 공자가 "신장은 욕(慾)인 것이니, 어찌 강(剛)이 될 수 있겠는가.〔棖也慾, 焉得剛?〕"라고 하였는데, 이에 대한 사양좌(謝良佐)의 해설에 보인다. 《論語集註 公冶長》

주자(朱子)가 말씀하기를, "'하늘이 명한 것을 성(性)이라고 한다'라는 것은 비단 이곳에만 있는 것이 아니라 곳곳마다 있다. 다만 이를 찾을 때에 먼저 자신의 몸에서부터 찾아가야 한다."[163]라고 하였다. 이를 토대로 살펴보자면, 성(性)은 다만 마음에만 갖추어져 있는 것이 아니라 흩어져 사물의 이치가 된 모든 것들이 하늘이 명한 실체(實體)가 아님이 없어서 마음에 갖추어진 것과 더불어 실로 서로 관통하는 것이다. 이른바 "만물의 이치가 모두 나에게 갖추어져 있다."[164]라는 것은 바로 이를 가리키는 것이다.-주자의 이 말씀을 다시 자세히 살펴보건대 천하의 만물을 통틀어 말씀한 것이니 세속의 유자(儒者)들이 분수(分殊) 상에서 성(性)자를 보아서 활간(活看)하지 못하는 병통을 깨뜨릴 수 있다. 또 경헌(敬軒 설선(薛瑄))의 '성(性)은 마음에만 갖추어진 것이 아니다'라는 주장과 정암(整菴 나흠순(羅欽順))의 '대본(大本)은 물(物)마다 갖고 있다'라는 논의의 경우에도 또한 이 말씀과 부합하는 바가 있을 것이다.-

사려(思慮)는 궤도를 따르기가 가장 어렵다. 매번 한 생각이 끝나기도 전에 또 다른 한 생각이 일어나니, 그 분요(紛擾)함을 이루 말할 수 없다. 이는 비단 마음이 주재(主宰)를 잃은 데에서 비롯될 뿐만 아니니, 그 근본 원인을 찾아보면 대체로 따져보고 영합하는 사심(私心)에

163 하늘이……한다 : 이 말은 《주자어류(朱子語類)》 권116 〈주자13(朱子十三) 훈문인4(訓門人四)〉에 보인다. '하늘이 명한 것을 성(性)이라고 한다'라는 말은 《중용장구(中庸章句)》 제1장에 보인다.

164 만물의……있다 : 이 말은 《맹자(孟子)》 〈진심 상(盡心上)〉에 보이는 말로, "만물의 이치가 모두 나에게 갖추어져 있으니, 자기 몸을 돌이켜 보아 참되다면 이보다 더 큰 즐거움이 없다.〔萬物皆備於我矣, 反身而誠, 樂莫大焉.〕"라고 하였다.

서 연유하는 것이다.

사려(思慮)가 분잡한 뒤에는 반드시 혼매함이 이어지니, 이때가 바로 정신을 붙들어 세우기에 좋다.

비방과 칭찬을 받는 것에 대하여 초연하지 못하는 것은 오직 남에게 잘 보이려는 한 가지 생각이 여전히 다 없어지지 못했기 때문이다.

쇄락(灑落)한 기상은 요컨대 신고(辛苦)한 활계(活計)에서 생겨나는 것이다.

《주역(周易)》 대전(大傳)[165]에 이르기를, "쉽고 간략함에 천하의 이치가 얻어진다."[166]라고 하였다. 궁리(窮理)의 공부는 또한 마땅히 쉽고 간략한 도(道)를 가지고 구해야 하니, 조금이라도 작위적으로 안배하면 곧 옳지 못하게 된다.

인심(人心)의 위태로움과 도심(道心)의 은미함[167]은 비록 보통 사람의

165 대전(大傳) : 《주역(周易)》의 괘사(卦辭)와 효사(爻辭)를 해설한 전(傳)을 가리키는 말로, 단(彖)·상(象)·문언(文言)·계사(繫辭)·설괘(說卦)·서괘(序卦)·잡괘(雜卦) 등 모두 일곱 가지이다.

166 쉽고……얻어진다 : 《주역(周易)》 〈계사전 상(繫辭傳上)〉에 보이는 말로, "쉽고 간략함에 천하의 이치가 얻어지니, 천하의 이치가 얻어짐에 그 가운데에 자리를 이루는 것이다.〔易簡而天下之理得矣, 天下之理得而成位乎其中矣.〕"라고 하였다.

167 인심(人心)의……은미함 : 《서경(書經)》 〈대우모(大禹謨)〉에 보이는 것으로,

마음에 병통을 갖고 있는 것을 가지고 말한 듯하지만, 형기(形氣)와 성명(性命)을 이미 두 가지로 상대하여 말함에, 기(氣)는 강하고 이(理)는 약하니, 강하기 때문에 위태롭고 약하기 때문에 은미한 것이다. 이로부터 말하면 본래의 체단(體段)이 절로 이 두 가지의 구별이 있는 것이다.-이는 발동(發動)한 때를 가지고 말한 것이니 미발(未發)의 이전을 이른 것이 아니다. '강(强)'·'약(弱)'이라는 글자는 마땅히 활간(活看)하여야 한다.- 이를 알아서 잘 다스리면 위태로운 것은 안정되고 은미한 것은 드러나게 되며, 알아서 잘 다스리지 못하면 위태로운 것은 더욱 위태로워지고 은미한 것은 더욱 은미해지게 되니, 공사(公私)와 선악(善惡)이 여기에서 나뉘게 된다.

인심(人心)은 위태롭기 때문에 항상 지나친 데에서 잘못하고 도심(道心)은 은미하기 때문에 항상 미치지 못하는 데에서 잘못한다. 반드시 이를 잘 살펴서, 미치지 못하는 것은 부지하여 주(主)가 되게 하고 지나친 것은 억제하여 객(客)이 되게 해서 반드시 객(客)이 주(主)를 따르게 해야 한다. 그런 뒤에야 위태로운 것이 안정되고 은미한 것이 드러나서 절로 지나치거나 미치지 못하는 잘못이 없어져 중도(中道)를 잡는 공효를 이룰 수 있다.

도심(道心)은 비록 성명(性命)의 정도(正道)에 근원을 두지만 인심(人心)이 명을 따르기 전에 서로 승부를 겨루어 한번 형기(形氣)의

"인심은 위태롭고 도심은 은미하니, 오직 정밀하게 살피고 오직 전일하게 지켜야 진실로 중도(中道)를 잡을 수 있다.〔人心惟危, 道心惟微, 惟精惟一, 允執厥中.〕"라고 하였다.

사사로움에 의해 가려지게 되면 비록 발하더라도 혹 절도에 맞지 못하는 경우가 있게 된다. 그러므로 《중용(中庸)》 서문(序文)에 "'일(一)'은 본심(本心)의 올바름을 지켜 떠나지 않는 것이다."[168]라고 한 것이니, '도심'이라고 하지 않고 굳이 '본심'이라고 한 것은 아마도 한 걸음 더 위로 올라가서 본연의 체(體)를 가리키고자 한 것인 듯하다.

정사년(1797, 정조21)[169]에 김계용(金季容)[170]과 함께 풍악산(楓嶽山 금강산)에 들어가서 유람하는 여가에 간간이 강독하고 토론하였는데, 하루는 인심(人心)과 도심(道心)에 대하여 논하였다. 그가 말한 내용이 매우 길지만 요지는, 마음은 하나일 뿐이니 도심이 주(主)가 되어 곁으로 생겨나는 인심이 도심의 명을 따른다면 이는 또한 도심일 뿐이

168 일(一)은……것이다 : 주희(朱熹)의 《중용장구(中庸章句)》 서문(序文)에 "'정(精)'은 두 가지 마음의 사이를 살펴 섞이지 않게 하는 것이며 '일(一)'은 본심의 올바름을 지켜 떠나지 않는 것이니, 이에 종사하여 잠시도 중단함이 없어서 반드시 도심이 한 몸의 주장이 되게 하고 인심이 매번 도심의 명을 따르게 하면 위태로운 인심은 안정되고 은미한 도심은 드러나게 되어, 동(動)할 때나 정(靜)할 때나 말할 때나 행할 때에 저절로 지나치거나 모자라는 잘못이 없게 될 것이다.〔精則察夫二者之間而不雜也, 一則守其本心之正而不離也, 從事於斯, 無少間斷, 必使道心常爲一身之主, 而人心每聽命焉, 則危者安, 微者著, 而動靜云爲自無過不及之差矣.〕"라고 하였다.

169 정사년 : 《노주집(老洲集)》 권27 〈연보(年譜)〉에는 정사년(1797, 정조21)의 이듬해인 무오년(1798, 정조22) 3월에 아우 오연상(吳淵常), 재종제(再從弟) 오철상(吳澈常), 김상휴(金相休), 이유명(李惟命) 등과 함께 금강산(金剛山)을 유람한 것으로 되어 있다.

170 김계용(金季容) : 김상휴(金相休, 1757~1827)로, 자는 계용, 호는 초천(蕉泉), 본관은 광산(光山)이다. 1803년(순조3) 증광 문과에 갑과로 급제하였고, 경상도 관찰사, 강화부 유수, 형조·이조 판서, 예문관 제학 등을 역임하였다.

라는 것이었다. 만약 이와 같다면 경계에 구별이 없고 이름과 실제가 서로 뒤바뀌어 결국에는 인심이 완전히 없어진 뒤에야 가능할 것이니, 이것이 어찌 대순(大舜)이 두 가지로 상대하여 말한 뜻이겠는가. 이도량(李都梁)[171]의 "허령(虛靈)은 도심이 근원하는 것으로, 지각함에 이르러서 비로소 인심이 생겨난다."라는 말과 같은 것은, 주자(朱子)의 '혹은 형기(形氣)의 사사로움에서 나오고 혹은 성명(性命)의 올바름에서 근원한다'라는 말씀[172]과 다른 의견을 내어서 인심과 도심을 마치 선후가 있는 물건처럼 여기게 한다. 이 말도 오히려 잘못됨을 면치 못하는데, 더구나 어찌 마음이 둘인 것을 혐의하여 인심이라는 명칭을 없애버려서야 되겠는가.

인심과 도심은 비록 하나의 마음이기는 하지만 감응하는 바에 따라서 명칭을 달리하는 것이다. 하루 사이에도 복잡하게 번갈아 감응하지만 절로 구분이 지어져서 일어나는 초기에 이미 판별된다. 여기에 나아가 마치 흑백을 가리듯이 정밀하게 살펴서 형기에서 나온 것임을 알면 제재하고 검속하여 반드시 도심의 명을 따르게 하고, 성명에서 근원한

171 이도량(李都梁) : 도량이라는 지역에 살았던 이패림(李沛霖)을 가리킨 것으로 보인다. 이패림은 청(淸)나라의 인물로 인물 정보가 자세하지 않다. 전하는 기록들을 통해 볼 때, 그가 지은《사서주자이동조변(四書朱子異同條辨)》이 18세기 초에 조선에 유입되어 유행하였음을 알 수 있다.《燕行日記 卷9》,《芝村集 卷19 別判敦寧閔靜能赴燕序》,《국역숙종실록 35년 1월 18일, 2월 16일》

172 주자(朱子)의……말씀 : 주희(朱熹)는《중용장구(中庸章句)》서문(序文)에서 "마음의 허령지각은 하나일 뿐인데, 인심과 도심의 다름이 있다고 한 것은, 혹은 형기의 사사로움에서 나오고 혹은 성명의 올바름에서 근원하여 지각을 한 것이 똑같지 않기 때문이다.〔心之虛靈知覺, 一而已矣, 而以爲有人心道心之異者, 則以其或生於形氣之私, 或原於性命之正, 而所以爲知覺者不同.〕"라고 하였다.

것임을 알면 넓히고 채워서 형기에 의해 가려지지 않게 해야 한다. 이른바 '정일(精一)'의 공부[173]라는 것은 다만 이와 같을 뿐이어서 간이하면서도 명백하여 사람들이 모두 능히 할 수 있으니, 어찌 굳이 본문의 밖에서 깊이 천착하여 고원한 의미를 찾을 필요가 있겠는가. 《대학(大學)》·《중용(中庸)》의 '신독(愼獨)'[174]과 같은 것도 또한 모두 여기에 뿌리를 둔 것으로, 똑같이 기미(幾微)와 호홀(毫忽 아주 사소한 것)의 사이에서 공부를 하는 것이다. 그러나 '신독'은 정의(情意) 상의 성(誠)·위(僞), 선(善)·악(惡)의 기미를 가리켜서 말한 것이고, 이것은 곧장 성명과 형기가 애초에 구분되는 것을 가리켜 말한 것이니, 이 때문에 더욱 절실한 것이다.

173 정일(精一)의 공부 : 인심(人心)과 도심(道心)을 살펴 정밀하게 살피고 전일하게 지키는 공부로, 《서경(書經)》〈대우모(大禹謨)〉에 "인심은 위태롭고 도심은 은미하니, 오직 정밀하게 살피고 오직 전일하게 지켜야 진실로 중도(中道)를 잡을 수 있다.〔人心惟危, 道心惟微, 惟精惟一, 允執厥中.〕"라고 한 데에 보인다.

174 대학(大學)·중용(中庸)의 신독(愼獨) : '신독(愼獨)'은 홀로 있을 때에 삼간다는 뜻으로, 《대학장구(大學章句)》 전(傳) 6장에 "이른바 그 뜻을 성실히 한다는 것은 스스로 속이지 않는 것이다. 악(惡)을 미워하기를 악취를 미워하는 것과 같이 하며, 선(善)을 좋아하기를 호색을 좋아하는 것과 같이 해야 하니, 이것을 자겸(自慊)이라 이른다. 그러므로 군자는 반드시 그 홀로 있을 때에 삼가는 것이다.〔所謂誠其意者, 毋自欺也. 如惡惡臭, 如好好色, 此之謂自謙. 故君子必愼其獨也.〕"라고 하였고, 《중용장구(中庸章句)》 제1장에 "도(道)라는 것은 잠시도 떠날 수 없으니, 떠날 수 있으면 도(道)가 아니다. 이 때문에 군자는 보지 않을 때에도 경계하고 삼가며 듣지 않을 때에도 두려워하는 것이다. 어두운 곳보다 더 드러나는 곳이 없으며 작은 일보다 더 나타나는 일이 없으니, 그러므로 군자는 그 홀로 있을 때에 삼가는 것이다.〔道也者, 不可須臾離也, 可離非道也. 是故君子戒愼乎其所不睹, 恐懼乎其所不聞. 莫見乎隱, 莫顯乎微, 故君子愼其獨也.〕"라고 하였다.

계용(季容 김상휴(金相休))의 견해는 율곡(栗谷 이이(李珥))에 근본을 둔 것인데 추설(推說)한 것이 또 너무 지나쳤을 뿐이다. 율곡이 말씀한 '인심(人心)이 도심(道心)이 된다'는 것으로 말하면, 명을 따르는 인심은 도심과 차이가 없어서 곧 하나가 됨을 가지고 말한 것에 불과하다. 그런데 계용은 마음이 둘인 것을 혐의하여, 곧장 '인심이 명을 따른 후로는 인심이라는 명칭이 없어진다'고 여겼으니, 만약 있다고 한다면 이는 마음이 둘로 나뉘는 것이라고 여긴 것이다. 무릇 이 마음은 동(動)하지 않고 적연(寂然)한 때에는 그 체(體)가 진실로 하나이지만, 감통(感通)하는 때에는 그 용(用)이 무궁하다. 인심과 도심은 감통한 이후의 명목이니, 어찌 둘이 되는 것을 혐의할 것이 있겠는가.

율곡(栗谷 이이(李珥)) 선생이 말씀하기를, "사람이 이 세상을 살아갈 적에 학문이 아니면 사람이 될 수가 없다."라고 하였으니, 이는 지혜로운 자・어리석은 자, 귀한 자・천한 자를 통틀어 말씀하신 것이다. 보편적이면서도 통절하니, 우리 집안의 보배로운 비결로 삼을 만하다.

진서산(眞西山 진덕수(眞德秀))이 "삼강(三綱)・오상(五常)은 우주를 지탱하는 동량(棟梁)이다."라고 하였으니, 명언이라고 할 만하다. 그러나 비록 삼강・오상이 있다고 하더라도 만약 성인(聖人)이 이를 발명(發明)하여 가르침을 전하지 않고 그대로 매몰되도록 내버려두었다면 어떻게 지탱할 수 있겠는가. 그렇다면 마땅히 "삼경(三經)・사서(四書)는 우주를 지탱하는 동량이다."라고 해야 좋을 것이다.

국가에는 흥함과 망함이 있고 사람에게는 삶과 죽음이 있다. 그러나 성인(聖人)의 도(道)에 이르러서는, 성인은 비록 죽더라도 도(道)는 하루라도 사라지지 않아서 천지와 함께 시종(始終)을 같이한다. 그 성쇠(盛衰)와 굴신(屈伸)으로 말하면 실로 기수(氣數)에 관계되니, 만일 극도로 쇠한 시대를 만나면 인력으로 어찌하기가 어렵다. 그러나 또한 기수를 핑계대면서 그 없어져 가는 것을 앉아서 보고만 있어서는 안 된다. 비록 도(道)를 맡은 책임이 있는 자가 아니라고 하더라도 마땅히 붙들어 세워서 떨어지지 않게 하여 마음에 보존해야 하니, 이는 바로 병이(秉彝)에 있어 그만둘 수 없는 것이다. 자기의 일과 상관이 없다고 하여 근심으로 여기지 않는 자는 성인의 무리가 아닌 것이다.

독서하는 종자(種子)는 실로 우주 간의 양기(陽氣)이니, 이를 잘 배양하는 것이 바로 양(陽)을 잘 붙들어 세우는 공이다.

노주집

제27권

부록 附錄

부록 附錄

연보

年譜

계미년(1763, 영조39) 황명(皇明) 의종 황제(毅宗皇帝) 숭정 기원후(崇禎紀元後) 137년,[1] 본조(本朝) 영종 대왕(英宗大王) 39년 5월 10일 병인(丙寅)-유시(酉時)-에 선생이 한사(漢師 한양(漢陽)) 경행방(慶幸坊)[2]에 있던 문효공(文孝公)[3]의 사제(賜第)[4]에

1 숭정 기원후(崇禎紀元後) 137년 : '숭정(崇禎)'은 명(明)나라 마지막 황제 의종(毅宗)의 연호이다. '숭정 기원'은 숭정 원년으로 1628년이다. 그러나 여기에서는 의종이 실제 즉위한 해인 천계(天啓) 7년, 즉 1627년을 기원으로 삼아서 셈한 것으로 보인다.

2 경행방(慶幸坊) : 조선 시대 한성부(漢城府) 중부(中部) 8방(坊) 중의 하나로, 현재의 행정 구역으로는 종로2·3가·낙원동·돈의동·경운동·와룡동 각 일부에 해당한다. 《서울지명사전》

3 문효공(文孝公) : 오태주(吳泰周, 1668~1716)로, '문효(文孝)'는 그의 시호이다. 본관은 해주(海州), 자는 도장(道長), 호는 취몽헌(醉夢軒)으로, 아버지는 판서 오두인(吳斗寅)이다. 1679년(숙종5)에 12세의 나이로 현종의 딸인 명안공주(明安公主)와 혼인하여 해창위(海昌尉)에 봉해졌고, 명덕대부(明德大夫)의 위계를 받았다. 1689년에 희빈(禧嬪) 장씨(張氏)의 소생을 세자로 책봉하려는 숙종과 남인에 대하여 반대하다가 삭탈관직을 당하기도 하였다. 글씨에 뛰어났는데 특히 예서에 능하였다.

서 출생하였다.

갑신년(1764, 영조40) 선생 2세

을유년(1765, 영조41) 선생 3세

병술년(1766, 영조42) 선생 4세

정해년(1767, 영조43) 선생 5세

무자년(1768, 영조44) 선생 6세

겨울에 문정공(文靖公)[5]을 따라서 용궁(龍宮) 임소[6]에 갔다.

4 사제(賜第) : 왕의 명령으로 특별히 집을 내려 주는 일이나 그렇게 내려 준 집을 가리킨다.

5 문정공(文靖公) : 오재순(吳載純, 1727~1792)으로, '문정(文靖)'은 그의 시호이다. 본관은 해주(海州), 자는 문경(文卿), 호는 순암(醇庵) 또는 우불급재(愚不及齋)로, 할아버지는 오진주(吳晋周)이고, 아버지는 오원(吳瑗)이다. 음보로 관직에 나아가 세자익위사 세마를 지냈으며, 1755년(영조31)에 명안공주(明安公主)의 손자라 하여 특명으로 6품에 올랐다. 1772년에 정시 문과에 병과로 급제하였다. 이듬해 승지를 거쳐, 부제학(副提學)·대사헌을 역임하였다. 이후 직제학(直提學), 홍문관·예문관의 대제학, 이조판서, 판의금부사 등을 역임하였다. 1792년(정조16)에 판중추부사로 옮겼으나 그해 12월 재직 중에 사망하였다. 저서로는 《주역회지(周易會旨)》·《완역수언(玩易隨言)》·《성학도(聖學圖)》·《순암집(醇庵集)》 등이 있다.

6 용궁(龍宮) 임소 : 오재순(吳載純)은 이해 10월 17일에 있었던 정사에서 용궁 현감

선생은 어렸을 때부터 이미 의젓하고 법도가 있어서 유희할 적에 위험한 일을 하지 않았으니, 장자(長者)들이 모두 큰 인물이 될 것이라고 기대하였다. 문정공은 자식이 요절하는 슬픈 일을 연달아 당하였기에 가르침을 일찍 베풀지 않았는데, 이때에 이르러서야 비로소 백씨(伯氏) 영재 공(寧齋公)[7]에게 책을 받아 글공부하였다.

기축년(1769, 영조45) 선생 7세

현아(縣衙)[8]의 문 밖에 큰 내를 건너면 임청각(臨淸閣)이 있었다. 영재 공(寧齋公)은 고요하고 외진 곳을 사랑하여 그곳에서 독서하였는데, 그때마다 늘 관하인〔官隷〕에게 선생을 등에 업고서 오가게 하였다.

(龍宮縣監)으로 임명되었다. 《承政院日記 英祖44年 10月 17日》 '용궁'은 현재 경상북도 예천군 용궁면·개포면·지보면·풍양면 일대에 있었던 옛 고을의 명칭이다.

7 영재 공(寧齋公) : 오윤상(吳允常, 1746~1783)으로, '영재(寧齋)'는 그의 호이다. 본관은 해주(海州), 자는 사집(士執)이다. 할아버지는 오원(吳瑗)이고, 아버지는 판서를 역임한 오재순(吳載純)이며, 어머니는 연안 이씨 이천보(李天輔)의 딸이다. 부인은 광산 김씨 김상성(金相聖)의 딸이다. 김원행(金元行)의 문인으로, 박윤원(朴胤源) 등과 교류하였다. 경학에 정통하여 〈대학차기(大學箚記)〉와 〈중용차기(中庸箚記)〉를 남겼고, 몇몇 잡기를 통하여 《논어》와 《맹자》, 《시경》 등에 대한 자신의 의견을 피력하였다. 시문에 있어서는 도연명(陶淵明)과 두보(杜甫), 한유(韓愈)와 구양수(歐陽脩)에 깊은 관심을 가졌다. 문인으로는 동생 오희상(吳熙常)과 김종선(金宗善)이 있다. 1783년(정조 7) 10월에 향년 38세를 일기로 사망하였다. 문집으로 《영재유고(寧齋遺稿)》가 전한다.

8 현아(縣衙) : 용궁 현아를 가리킨다.

경인년(1770, 영조46) 선생 8세

가을에 문정공(文靖公)이 해관(解官)되자 문정공을 따라서 경사(京師)의 집으로 돌아왔다.

신묘년(1771, 영조47) 선생 9세

임진년(1772, 영조48) 선생 10세

계사년(1773, 영조49) 선생 11세

처음으로 고문사(古文辭)[9]를 지었다.

선생이 일찍이 스스로 말하기를, "내 나이 열한 살 때 남원평(南元平)[10]-공철(公轍)-의 문장을 읽어 보고 분발해야겠다는 생각과 부끄럽

9 고문사(古文辭) : 옛날의 문장에 쓰인 말로, 특히 중국 진(秦)나라·한(漢)나라 및 그 이전 시대의 문(文)과 당(唐)나라 전성기 이전에 창작된 시(詩)를 이른다. 여기서는 그러한 체(體)를 본받아 지은 시문을 가리킨다.

10 남원평(南元平) : 남공철(南公轍, 1760~1840)로, '원평(元平)'은 그의 자이다. 본관은 의령(宜寧), 호는 사영(思穎) 또는 금릉(金陵)으로, 아버지는 대제학 남유용(南有容)이다. 1780년(정조4) 초시에 합격하고, 1784년에 음보로 세마에 제수되었으며, 이어 산청과 임실의 현감을 지냈다. 1792년에 친시 문과에 병과로 급제하고, 이어서 홍문관 부교리·규장각 직각에 임명되어 《규장전운(奎章全韻)》의 편찬에 참여하면서 정조의 지극한 우대를 받았다. 초계문신에 선임되었으며, 육경고문(六經古文)을 연찬하여 정조 치세에 나온 인재라는 평을 받았다. 순조 즉위 뒤 《정조실록(正祖實錄)》편찬에 참여했으며, 아홉 번씩 이조 판서를 제수받고, 대제학을 역임했다. 순조·익종의 《열성어제(列聖御製)》를 편수했고, 저서로는 《고려명신전(高麗名臣傳)》, 자편의 시문집으로 《귀은당집(歸恩堂集)》·《금릉집(金陵集)》·《영옹속고(穎翁續藁)》·《영옹재속고(穎翁再續藁)》·《영은문집(瀛隱文集)》 등이 있다. 시호는 문헌(文獻)이다.

게 여기는 마음이 들어서 처음으로 문사(文辭)를 지었는데, 막힘없이 시원스러워서 매우 쉬운 것 같았다. 그러나 열다섯 살이 되어서는 화(華)와 실(實)[11]의 구분이 있음을 점점 깨달아서 중도에 그만둠을 면하지 못하였다."라고 하였다.

갑오년(1774, 영조50) 선생 12세

을미년(1775, 영조51) 선생 13세

여름에 홍진(紅疹)을 치렀다.

선생의 일록(日錄)에 다음과 같은 내용이 있다.[12]

"내가 을미년 여름에 홍진을 치렀는데, 가을이 되어서도 완쾌하지 못하여 마음과 뜻을 다해 독서할 수가 없었다. 그래서 퇴계(退溪 이황(李滉))·율곡(栗谷 이이(李珥))·우암(尤庵 송시열(宋時烈))·동춘당(同春堂 송준길(宋浚吉)) 등 여러 선생의 연보(年譜) 및 묘지(墓誌)·행장(行狀)을 가져다가 마음 내키는 대로 주욱 읽어 보고, 이로 인하여 몹시 부끄럽기도 하고 분하기도 하여 마음속으로 혼잣말하기를, '진실로 이 마음을 확충해 나아간다면 성현의 경지에 도달하는 것이 어찌 어렵겠는가.'라고 하고는 마침내 몸을 내던져 이러한 일을 실천하려는[13] 뜻을 품게 되었다. 하지만 그 뒤에 이 뜻을 굳게

11 화(華)와 실(實) : 본래는 '꽃과 열매'를 가리키는바, 여기에서 인신하여 '형식과 실질' 또는 '화려함과 질박함'을 이른다.

12 선생의……있다 : 이하의 내용은 《노주집(老洲集)》 권23 〈잡지(雜識)〉에 보인다.

지키지는 못하여 비록 옛날 그대로 변함이 없이 방종하였으나 오직 이 분하게 여기고 부끄럽게 여기는 마음이 가슴속에 붙어 있어서 매양 이 생각이 날 때마다 안절부절 스스로 편안하지 못하여 마치 저버린 바가 있는 듯하였다. 지금까지도 옛사람을 배우기를 원하고 그저 그런 시골 사람이 되는 것을 부끄러워할 줄 아는 것은 여기에서 힘을 얻은 바가 많다."

병신년(1776, 영조52) 선생 14세

종씨(從氏) 교관 공(敎官公)[14]-서상(敘常)-·계씨(季氏) 참판 공(參判公)[15]-연상(淵常)-·재종제(再從弟) 부사 공(府使公)[16]-철상(澈常)-

13 이러한 일을 실천하려는 : 해당 원문은 '종사어사(從事於斯)'로, 이는 《논어(論語)》 〈태백(泰伯)〉에 "증자(曾子)가 말하였다. '능하면서 능하지 못한 이에게 물으며, 많이 알면서 적게 아는 이에게 물으며, 있어도 없는 것처럼 하고, 가득해도 빈 것처럼 하며, 남이 잘못을 범해도 따지지 않는 것을, 옛날에 나의 벗 안연(顔淵)이 일찍이 이러한 일을 실천했었다.'〔曾子曰: 以能問於不能, 以多問於寡, 有若無, 實若虛, 犯而不校, 昔者, 吾友嘗從事於斯矣.〕"라고 한 데에서 유래한 것이다.

14 종씨(從氏) 교관 공(敎官公) : 오서상(吳敘常, 1761~1799)으로, 본관은 해주(海州), 자는 사돈(士惇)이다. 오재경(吳載絅)의 둘째 아들로, 군수 오재유(吳載維)에게 출계하였다. 음사(蔭仕)로 돈녕부 참봉(敦寧府參奉)에 제수되어서 동몽교관(童蒙敎官)으로 옮겼다. 오재유는 오재순(吳載純), 오재소(吳載紹)와 친형제 간이기 때문에 오서상은 오희상과 4촌 간이 된다.《海州吳氏大同譜 卷4 貞武公派 1172~1180面》

15 계씨(季氏) 참판 공(參判公) : 오연상(吳淵常, 1765~1821)으로, 본관은 해주(海州), 자는 사묵(士默), 호는 약암(約菴)이다. 아버지는 대제학 오재순(吳載純)으로, 진사 오재륜(吳載綸)에게 출계하였다. 1800년(정조24) 정시문과에 병과로 급제였고, 다음 해에는 예문관검열이 되었고, 1802년(순조2)에는 감찰을 역임하였으며, 이어 3년 동안 정언(正言)·부교리(副校理)·검상 등을 차례로 역임하였다. 1805년에 장령(掌

과 함께 서로 책상을 맞댄 채 학업에 힘써서 영재 공(寧齋公)에게 수학(受學)하였다. 청우헌(聽雨軒)은 금서(琴書)가 있는 곳인데, 바로 무리 지어 함께 거처하며 독서한 집으로, 선생은 가르치고 동독할 필요도 없이 뜻을 세워서 부지런히 힘썼다.

정유년(1777, 정조1) 정종 대왕(正宗大王) 원년(元年) 선생 15세

무술년(1778, 정조2) 선생 16세

3월에 부인 권씨(權氏)를 맞아들였다.

본관은 안동(安東)으로, 목사(牧使) 증(贈) 이조 판서 제응(濟應)[17]의 딸이자 한수재(寒水齋) 문순공(文純公) 상하(尙夏)[18]의 현손이

令)을 거쳐 부응교(副應敎)・형조참의・승정원 동부승지 등을 지낸 뒤, 이듬해는 이조참의가 되었다. 이후 한성부의 좌윤・우윤을 거쳐 예조참판・동지경연사(同知經筵事) 등을 역임하였다. 다시 안동 부사로 부임하였으며, 어머니의 상을 치른 뒤 이조참판・부제학(副提學)・도승지・비변사 제조 등을 역임하였다. 저서로는 《약암집》 10권이 필사본으로 전한다.

16 재종제(再從弟) 부사 공(府使公) : 오철상(吳澈常, 1765~1826)으로, 본관은 해주(海州), 자는 사관(士寬)이다. 1805년에 참봉으로 벼슬을 시작하여 관직은 이천 부사(利川府使)에 이르렀다. 오재경(吳載絅)의 셋째 아들로 오희상과 함께 본생 증조가 오진주(吳晉周)이기 때문에 두 사람은 6촌 간이 된다. 《海州吳氏大同譜 卷4 貞武公派 1172~1180面》

17 제응(濟應) : 권제응(權濟應, 1724~1792)으로, 본관은 안동(安東), 자는 인백(仁伯)・원박(元博)이다. 권상하(權尙夏)의 증손이다. 1754년(영조30)에 벼슬길에 올라 사헌부 감찰, 사도시 첨정, 충주 목사, 보은 현감, 면천 군수 등을 역임하였다. 지암(止庵) 김양행(金亮行)과 친분이 두터웠다고 전한다. 《性潭集 卷21 牧使權公墓碣銘幷序》

다. 목사 공(牧使公)의 집은 청풍(淸風)의 황강(黃江)[19]에 있는데, 바로 문순공의 구택(舊宅)이다. 선생이 내려가서 혼례를 치를 적에 백씨(伯氏) 영재 공(寧齋公)이 데리고 갔다.

돌아오는 길에 여주(驪州)에 들렀다.

이때 본생가의 내구(內舅 외숙(外叔)) 이공(李公)-문원(文源)-이 여주 목사(驪州牧使)로 계셨기에[20] 잠시 관아 내에 머무르며 백씨(伯氏)를 모시고 가서 지암(止菴) 김공(金公)[21]-양행(亮行)-을 읍저(邑底 읍

18 상하(尙夏) : 권상하(權尙夏, 1641~1721)로, 본관은 안동, 자는 치도(致道), 호는 수암(遂菴)·한수재(寒水齋)이다. 송준길(宋浚吉)·송시열(宋時烈)의 문인으로, 이단하(李端夏)·박세채(朴世采)·김창협(金昌協) 등과 교유하였으며, 청풍의 황강서원(黃岡書院) 등 10여 곳에 제향 되었다. 저서로는 《한수재집》·《삼서집의(三書輯疑)》 등이 있다. 시호는 문순(文純)이다.

19 청풍(淸風)의 황강(黃江) : 충청북도 청풍(淸風)의 한수면(寒水面) 황강리(黃江里)로, 권상하가 이곳에 한수재(寒水齋)를 짓고 평생 벼슬을 하지 않은 채 은거하며 제자들을 가르친 곳인데, 현재 제천시가 되었으며 충주댐으로 수몰되었다.

20 이때……계셨기에 : 이문원(李文源, 1740~1794)은 정조 1년(1777) 7월 23일에 있었던 정사에서 여주 목사로 임명되었다. 《承政院日記 正祖1年 7月 23日》《日省錄 正祖1年 7月 23日》 이문원은 본관은 연안(延安)이며, 자는 사질(士質)이다. 생부는 이국보(李國輔)로, 11촌 숙부 이천보(李天輔)에게 출계하였다. 1763년(영조39) 진사시에 합격하고 1771년 문과에 급제한 후 승지·동래 부사·경상 감사·대사간·대사성 등을 지내고 1784년(정조8) 가선대부(嘉善大夫)에 올랐다. 이후 공조 판서·지경연사·선혜청 제조·이조 판서·판의금부사·함경도 관찰사 및 여러 조의 판서 등을 역임하였다. 시호는 익헌(翼憲)이다.

21 지암(止菴) 김공(金公) : 김양행(金亮行, 1715~1779)으로, 본관은 안동(安東), 자는 자정(子靜), 호는 지암(止菴)·여호(驪湖)이다. 김창업(金昌業)의 손자이며, 민우수(閔遇洙)의 문인으로, 김창흡(金昌翕)의 영향을 받아 인물성동론(人物性同論)의

내)에서 배알하고, 중주(中洲) 이공(李公)[22]-직보(直輔)-을 계림(桂林)[23]의 새 거처에서 찾아뵈었다.

기해년(1779, 정조3) 선생 17세

7월에 조비(祖妣) 최 부인(崔夫人)의 상(喪)을 당하였다.[24]

이해에 문정공(文靖公)이 외직으로 나가 성천 부사(成川府使)로 있

낙론을 지지하였으며, 예학과 역학에도 조예가 깊었다. 1754년(영조30) 세자익위사 세마를 시작으로 사간원 정언, 사헌부 지평, 경연관, 공조 참의 등에 임용되었으나 나아가지 않다가 후에 직제학, 이조 참의, 형조 참판 등을 지냈다. 이우신(李友信), 민치복(閔致福), 박준원(朴準源) 등의 학자를 배출하였으며, 이조 판서에 추증되었다. 시호는 문간(文簡)이며, 《지암문집》 등의 저술이 있다.

22 중주(中洲) 이공(李公) : 이직보(李直輔, 1738～1811)로, 본관은 연안(延安), 자는 유종(維宗), 호는 중주(中洲)·돈암(遯庵)이다. 이정구(李廷龜)의 후손으로, 아버지는 이도신(李度臣)이다. 초명은 성보(城輔)인데, 1801년(순조1)에 대사헌이 되어 성자(姓字)의 연음이 정조의 성명과 같음을 피하기 위해 소장(疏章)을 올려 직보(直輔)로 개명하였다. 일찍이 김양행(金亮行)에게 수학해 크게 아낌을 받았으며, 1784년(정조 8) 유일(遺逸)로 천거되어 선공감역(繕工監役)에 임명되었으나 취임하지 않고, 이듬해 익위사부수(翊衛司副率)에 올랐다. 1791년에는 동몽교관(童蒙敎官)으로서 이조와 의정부의 추천을 받아 경연관(經筵官)이 되었다. 1797년 다시 세자시강원의 우유선(右諭善)이 되어 세자를 가르쳤으며, 그 뒤 공조 참판과 도승지를 거쳐 우참찬에 올랐다가 사직하였다. 순조가 즉위하자 대사헌을 거쳐 이조 판서로 활약하다가 다시 대사헌이 되었다. 1806년(순조6) 성균관 좨주가 되고, 이어 1811년 다시 서연(書筵)의 우유선으로 태자를 가르쳤다. 시호는 문경(文敬)이다.

23 계림(桂林) : 현재 경기도(京畿道) 여주시(驪州市) 대신면(大神面) 계림리(桂林里)이다.

24 7월에……당하였다 : 최 부인(崔夫人, 1703～1779)은 오원(吳瑗)의 재취(再娶) 전주 최씨(全州崔氏)로, 오재순(吳載純)의 생모이다. 이달 11일에 향년 77세를 일기로 졸하였다. 《老洲集 卷18 祖妣墓表》《海州吳氏大同譜 卷4 貞武公派 1175面》

어서[25] 최 부인이 관아의 정침〔官寢〕에서 별세하였다. 선생은 경사(京師)에서 부음을 들었다.

경자년(1780, 정조4) 선생 18세
3월에 종암(鍾巖)의 별업(別業)으로 나가서 유람한 다음, 방향을 바꾸어 어씨(魚氏)의 정자와 안암동(安巖洞)을 찾아가 보았다.

종암은 흥인문(興仁門) 밖 7리 되는 지점에 있으니, 바로 문효공(文孝公 오태주(吳泰周))의 별업이다. 선생이 어린아이일 때부터 장자(長者)를 모시고 노닐면서 구경하였는데, 장성한 뒤에는 번번이 여러 종형제와 함께 진솔하게 왕래하며 시문을 짓고 술을 마시면서 흉금을 터놓고 이야기하였다.

겨울에 《대학(大學)》을 읽었다.

선생의 〈잡지(雜識)〉에 다음과 같은 내용이 있다.[26]

"경자년과 신축년(1781) 동안에 뜻이 자못 진실하고 간절하여 사서(四書)를 순서대로 끊임없이 돌려가며 읽고, 또 낙민(洛閩)[27]의 여러 책을 범범하게 보고서 주제넘게 온오(蘊奧)를 궁구해 보고자 하였다. 그래서 심관(心官)[28]을 지나치게 쓰는 바람에 거의 잠을 이루지

25 이해에……있어서 : 오재순(吳載純)은 이해 3월 11일에 성천 부사로 임명되었다. 《承政院日記 正祖3年 3月 11日》《日省錄 正祖3年 3月 11日》

26 선생의……있다 : 이하의 내용은 《노주집(老洲集)》 권23 〈잡지(雜識)〉에 보인다.

27 낙민(洛閩) : 북송 때의 낙양(洛陽) 사람인 정호(程顥), 정이(程頤) 형제와 남송 때에 복건(福建)에서 머무르며 강학하였던 주희(朱熹)를 아울러 칭한 것이다.

28 심관(心官) : '심지관(心之官)'의 준말로, '관(官)'은 '사(司)'의 뜻인바, 마음의 기

못하여서 병이 나고 말았다.

이때 의심이 나는 것을 가지고서 백씨(伯氏)에게 질문을 드렸는데, 백씨는 사색의 길이 트임을 칭찬하시고 또한 함양(涵養)의 설(說)을 가지고 가르쳐 주셨다. 간혹 집안의 외진 곳이나 작은 누각[29]을 찾아 좌우에다 책을 높이 쌓아 놓고 그 가운데에 틀어박혀 마음 내키는 대로 송독하면서 아침부터 저물녘까지 시간을 보냈다. 또 일찍이 연평(延平)의 '묵좌징심(默坐澄心)'이라는 말[30]을 사랑하여 때때로 눈을 감고서 정좌(靜坐)하였다. 그때에 비록 말할 만한 진보는 없었지만, 의사는 조금 달랐다."

4월에 청풍(淸風)을 향해 길을 떠났다.

여주(驪州)로 길을 잡아 가서 지암(止菴) 김공(金公)을 위하여 곡한

능인 '생각'을 가리킨다. 《맹자》 〈고자 상(告子上)〉에 "마음의 기능은 생각하는 것이니, 생각하면 얻고 생각하지 아니하면 얻지 못한다.〔心之官則思, 思則得之, 不思則不得也.〕"라고 한 데에서 나온 말이다.

29 누각 : 대본에는 '棲'로 되어 있는데, 《노주집(老洲集)》 권23 〈잡지(雜識)〉에 의거하여 '樓'로 바로잡아 번역하였다.

30 연평(延平)의 묵좌징심(默坐澄心)이라는 말 :'연평'은 이통(李侗, 1093~1163)으로, 이 말은 주희(朱熹)가 지은 《연평문답(延平答問)》에 "유평보에게 준 서신에서 다음과 같이 말씀하였다. '학문의 도(道)는 말을 많이 하는 데에 있지 않다. 다만 묵묵히 앉아 마음을 맑게 하여 천리를 체인할 뿐이다. 만약 참으로 천리를 보게 된다면, 비록 일호의 사욕이 발하더라도 역시 저절로 물러나서 명령을 따르게 될 것이다. 아주 오랫동안 여기에 힘을 쏟는다면, 거의 점점 밝아져서 강학에 비로소 힘이 있게 될 것이다.'〔與劉平甫書云: 學問之道, 不在於多言. 但默坐澄心, 體認天理. 若見, 雖一毫私欲之發, 亦自退聽矣. 久久用力於此, 庶幾漸明, 講學始有力也.〕"라고 한 부분에 보이며, 또 주희가 찬술한 이통의 행장(行狀)에도 보인다.

다음에[31] 중주(中洲) 이공(李公 이직보(李直輔))의 댁에 묵고, 장령(掌令) 민공 이현(閔公彝顯)[32]을 찾아뵈었다.

황강(黃江)에 도착하여 외고(外姑) 남 부인(南夫人)[33]의 묘소에 가서 곡하였다.

이때 황강에서 8일 동안 머물렀는데, 권공 중업(權公中業)[34]-권 부인(權夫人)의 막내아우이다.-과 함께 《심경(心經)》과 《대학(大學)》을 강

31 지암(止菴)……다음에 : '지암(止菴) 김공(金公)'은 김양행(金亮行)으로, 정조 3년(1779) 11월 21일에 졸하였기 때문에 오희상이 여주에 들러서 곡한 것이다.

32 민공 이현(閔公彝顯) : 민이현(閔彛顯, 1750~1793)으로, 본관은 여흥(驪興), 자는 공저(公著), 호는 관생와(觀生窩)이다. 아우 민종현(閔鍾顯)과 함께 김양행(金亮行)에게 수학하였다. 1777년(정조 1) 학행(學行)으로 천거되어 태릉 참봉에 제수되었으나 부임하지 않았고, 3년 뒤 명릉 참봉(明陵參奉)이 되고 1782년 장원서 봉사(掌苑署奉事)에 임명되었다. 1784년 전생서 직장(典牲署直長)으로 있으면서 문효세자(文孝世子)의 책봉례(冊封禮)를 거행한 뒤 경연관(經筵官)으로 선발되었으나 사직하였다. 그 뒤 여러 차례에 걸쳐 관직이 제수되었으나 나아가지 않다가 1787년 사헌부장령에 부임하였다. 이직보(李直輔)·김이영(金履永)·김양순(金養淳)·원유승(元有昇)·이광희(李光熹) 등과 교유하였다. 저서로는 《관생와유고(觀生窩遺稿)》가 있다.

33 외고(外姑) 남 부인(南夫人) : '외고'는 '장모(丈母)'인바, 남 부인은 오희상의 장인 권제응(權濟應)의 배위 증(贈) 정부인 의령 남씨(宜寧南氏, 1724~1779)이다. 참봉(參奉) 득관(得寬)의 딸이자 봉사(奉事) 도진(道振)의 손녀이며 도정(都正) 택하(宅夏)의 증손녀이다. 정조 3년(1779) 9월 18일에 향년 56세를 일기로 졸하였다. 《安東權氏大同世譜 30卷 侍中公派 聖源系 258面》

34 권공 중업(權公中業) : 권중업(權中業, 1764~1784)으로, 자는 흥지(興之), 호는 양정자(養正子)이다. 정조 8년(1784) 10월 3일에 21세로 졸하였다. 유고 1권이 있고, 묘소는 충주시 동량면 속곡 문순공(文純公) 권상하의 묘 서쪽 정좌계향(丁坐癸向)이다. 《安東權氏大同世譜 30卷 侍中公派 聖源系 263面》

학하였다.

다시 경사(京師)를 향하여 길을 떠났다.

누암서원(樓巖書院)[35]에 들러 배알하고, 또 여주(驪州)에 들어가 이틀 동안 머무르면서 중주(中洲) 이공(李公 이직보(李直輔))의 댁에서 묵었는데 집의(執義) 김공 직순(金公直淳)[36]이 찾아와 만나 보았다. 민 장령(閔掌令 민이현(閔彝顯))과 함께 길을 떠나 5월에 돌아왔다. 이번 걸음에 중주께서 '응정(凝定)'이라는 두 글자를 가지고 선생을 면려하였다.[37]

35 누암서원(樓巖書院) : 현재 충청북도 충주시 중앙탑면 창동리에 위치한 서원이다. 1695년(숙종 21)에 지방 유림의 공의로 송시열(宋時烈)·민정중(閔鼎重) 등의 학문과 덕행을 추모하기 위하여 가금면의 누암리에 창건하여 위패를 모셨으며, 그 뒤 권상하(權尙夏)·정호(鄭澔)를 추가 배향하였다. 1702년에 '누암(樓巖)'이라고 사액되었는데 1724년(경조4)에 사액이 취소되었다가 1725년(영조1) 회복되었다. 흥선대원군의 서원철폐령으로 1868년(고종 5)에 훼철되었다. 그 뒤 1935년에 정호의 후손들에 의하여 현재의 위치로 이건하여 정호의 위패만을 다시 봉안하게 되었다.

36 김공 직순(金公直淳) : 김직순(金直淳, 1765~1812)으로, 자는 청부(淸夫), 호는 실암(實菴)이다. 아버지는 이구(履九)이며, 조부는 양행(亮行)이다. 경연관으로 선발되었고 사헌부 집의를 지냈다.

37 이번……면려하였다 : '응정(凝定)'은 '안정(安定)', '견정(堅定)'이라는 뜻이다. 이와 관련된 내용으로 《노주집(老洲集)》 권5 〈상중주이공(上中洲李公)〉에 "……종전에 내려 주신 '응정'이라는 두 글자의 가르침은, 비루한 저에게 훌륭한 약이 되어 절로 종신토록 받아 쓸 수 있음을 진실로 알겠습니다. 다만 이 혼매하고 연약한 자질이 평소 성검(省檢)의 공부가 없으니, 진실로 성대하신 뜻을 받들 길이 없을까 두렵습니다. 그러나 또한 어찌 감히 이와 같이 스스로 한계를 짓겠습니까. 삼가 마땅히 패복할 것입니다.……〔……向來俯教凝定二字, 固知爲鄙陋之良藥, 而自可終身受用, 顧此昏弱之質, 素蔑省檢之功, 誠恐無以承盛意也. 然亦豈敢自畫乃爾耶. 謹當佩服.……〕"라고 한

책을 보는 장소를 '죽루(竹樓)'라고 명명하였다.

누(樓)는 집의 서쪽 모퉁이에 위치하였는데 그 앞에는 천여 그루의 오죽(烏竹)이 있었다. 선생은 평소 번잡하고 시끄러운 것을 싫어하여서 그곳의 그윽함을 사랑하였다. 그래서 날마다 책을 가지고 누(樓)에 올랐다가 저녁이 되어서야 내려오는 것을 일과로 삼았다.

신축년(1781, 정조5) 선생 19세

문정공(文靖公 오재순(吳載純))의 명(命)으로 계부(季父) 정헌공(定獻公)[38]에게 출계(出系)하였다.

부분이 보이며, 또 권23 〈잡지(雜識)〉에 "신축년 동안에 나는 청풍으로 여정을 떠났는데 여주로 길을 잡아 이 중주 어르신의 댁에 들러 배알하고 그대로 이틀간 머무르며 곁에서 모시고 잠을 잤었다. 이 어르신께서는 마음을 터놓아 매우 정성스럽게 타일러주시며 기대와 면려하심이 은근하고 간절하였다. 작별 인사를 드리고 물러날 적에 미쳐 말씀하시기를, '군의 미우를 보니, 청명함은 남음이 있으나 부족한 바는 응정이다. 모름지기 이 두 글자를 가지고 늘 항상 제기하고 진작하여 더욱 면려하라. 아마도 진덕수업에 크게 유익함이 있을 것이고 또한 명(命)을 응집할 수 있을 것이다.'라고 하셨다. 그 말씀이 마음에 있지 않은 적이 없었지만 끝내 바로잡는 공부를 통렬하게 할 수가 없어서 오늘날 늙도록 성취한 바가 없는 지경에 이르러 심지가 안정되지 못하여 아직도 여전히 어린아이 시절처럼 규범을 넘고 방일하는 의사가 있으니, 매양 한번 성찰함에 나도 모르게 쓸쓸히 탄식하고 만다.〔辛丑年間, 余作淸峽之行, 取路驪江, 歷拜李中洲丈, 仍留二日侍寢, 李丈披心諄諄, 期勉殷切. 及辭退, 語之曰: 看君眉宇淸明有餘, 而所欠凝定, 須將此二字, 常常提掇而加勉, 其大有益於進修, 而亦可以凝命也. 其言未嘗不在心, 終不能痛下矯括之功, 今至白紛, 心地不定, 尙有童年走作意思, 每一循省, 不覺憮然也.〕"라고 한 부분이 보인다.

38 계부(季父) 정헌공(定獻公) : 오재소(吳載紹, 1729~1811)로, 본관은 해주(海州), 자는 극경(克卿), 호는 석천(石泉)이다. 정헌(定獻)은 그의 시호이다. 오두인(吳斗寅)의 증손으로, 할아버지는 오진주(吳晋周)이고, 아버지는 오원(吳瑗)이다. 1767

임인년(1782, 정조6) 선생 20세

선생이 덕(德)을 증진하고 학업을 닦는 것이 더욱 견실하여 독서할 적마다 감동해 분발하고 계합해 깨달은 것이 있으면 번번이 작은 책자를 두고서 기록하였는데, 이를 '기사(記思)'라고 명명하였다.

조계(曺溪)[39]를 찾아가 보았다.

조계는 북한성(北漢城) 동문 밖에 있다. 백씨(伯氏 오윤상(吳允常))·계씨(季氏 오연상(吳淵常))와 함께 유람하였다.

년(영조43)에 음보로 기용되어 장릉 참봉(長陵參奉)으로 임명되었으나 부임하지 않았다. 이듬해 사마시에 합격하여 정릉 참봉이 되었고, 1771년 정시 문과에 병과로 급제하여 승정원 주서가 되었다. 1773년 정식으로 정6품에 오르고, 1775년에 승지가 되었다. 1777년(정조1)에 찬집 당상(纂輯堂上)이 되고 이어서 대사간에 올랐다. 1801년(순조1)에 행 부호군(行副護軍)이 되고 진하부사(進賀副使)가 되어 청나라에 다녀왔다. 그 뒤 《정조실록》 편찬의 찬수 당상에 임명되었으며, 1803년에 다시 대사간이 되고, 이듬해 강화유수가 되어 외지로 나갔다. 임기가 끝나자 1806년에 중앙으로 돌아와 대사헌이 되고, 이어서 한성부 판윤을 역임하였다. 1807년에 예조판서, 이듬해에 판의금부사, 1809년에 우참찬을 지낸 뒤 이듬해에 판돈녕부사가 되었다.

39 조계(曺溪) : 《신증동국여지승람(新增東國輿地勝覽)》 권3 〈동국여지비고(東國輿地備攷)〉 권2 한성부(漢城府)의 '명승' 조에 "조계동(漕溪洞)은 북한산성(北漢山城) 동문 밖에 있는데 7층 폭포가 있다."라고 한 내용이 보인다. 또 이익(李瀷)의 《성호전집》 권53 〈유삼각산기(遊三角山記)〉에 "동쪽에 있는 것이 취봉(鷲峯)이고 남쪽으로 돌아 비스듬히 뻗어 고개를 이룬 것을 석가령(釋迦嶺)이라고 한다. 석가령을 기준으로 동쪽 지역을 조계(漕溪)라 하니, 여기에는 조계사(漕溪寺)가 있는데 이 절에는 폭포가 있다.〔東爲鷲峯, 轉南迤爲嶺, 嶺曰釋迦. 自嶺以東曰漕溪, 漕溪寺在焉, 寺有瀑.〕"라고 한 내용이 보인다. 조계동은 현재 강북구 수유동 구천계곡 부근에 있는 인평대군(麟坪大君)의 송계별업(松溪別業) 터 일대로 추정된다.

종암(鍾巖)에 가서 머무르면서 독서하였다.

백씨(伯氏 오윤상(吳允常))에게 서신을 올려서 《중용(中庸)》의 '미발(未發)'에 대해 논하였다.[40]

계묘년(1783, 정조7) 선생 21세

6월에 문정공(文靖公 오재순(吳載純))이 출강(出疆)하러 떠나가는 것을 배별(拜別)하였다.

이때 문정공이 부행인(副行人)의 직함을 띠고서 심양(瀋陽)으로 가게 되었는데,[41] 백씨(伯氏 오윤상(吳允常))·계씨(季氏 오연상(吳淵常))와 함께하여 고양(高陽)까지 배웅하였다.

가을에 감시(監試)의 초시(初試)[42]에 응시하였다.

40 백씨(伯氏)에게……논하였다 : 현재 《노주집(老洲集)》 권2에 실려 있는 〈상백씨(上伯氏)〉 두 번째와 세 번째가 여기에 해당한다. '미발(未發)'이란 감정이 아직 생겨나지 않은 상태를 가리키는 것으로, 《중용장구(中庸章句)》 제1장에 "희(喜)·노(怒)·애(哀)·락(樂)이 아직 발하지 않은 것을 중(中)이라 하고, 발하여 모두 절도에 맞는 것을 화(和)라 한다.〔喜怒哀樂之未發, 謂之中. 發而皆中節, 謂之和.〕"라고 한 내용에 보인다. 이에 대해 주희(朱熹)는 "희·노·애·락은 정(情)이니, 이것이 아직 발하지 않았으면 성(性)이다. 중(中)은 성(性)의 덕이고 화(和)는 정(情)의 덕이다."라고 설명하였다. 이후로 '미발'은 '성(性)'을 이르고, '이발(已發)'은 '정(情)'을 이르게 되었다.

41 이때……되었는데 : 이해 4월 1일에 있었던 정사에서, 당시 57세이던 오재순(吳載純)은 성절 겸 문안 부사(聖節兼問安副使)로 임명되었다. 이후 6월 13일에 정조에게 하직 인사를 하고 사행에 올랐다. 《承政院日記 正祖7年 4月 1日, 6月 13日》《日省錄 正祖7年 4月 1日, 6月 13日》《正祖實錄 7年 4月 1日, 6月 13日》

42 감시(監試)의 초시(初試) : '감시'란 생원(生員)과 진사(進士)를 선발하기 위한 시험으로, 소과(小科), 생진과(生進科), 사마시(司馬試)라고도 한다. 감시의 정규시

선생은 평소 벼슬을 얻는 데에 뜻을 두지 않아서 크고 작은 과장(科場)에 나아가지 않았다. 이해에 문정공이 사행길을 떠나려고 할 즈음에 과거에 응시하도록 명하자 선생이 삼경의(三經義)[43]를 지어서 종장(終場)에 들어갔었는데, 이후로 다시는 응시하지 않았다.

○선생이 일찍이 아들들에게 다음과 같이 말하였다.

"내가 두 차례 시장(試場)에 들어갔던 것은, 계묘년에는 부친의 명(命) 때문이었고, 경술년(1790, 정조14)에는 세자께서 탄생하신 지 삼칠일(三七日)이라고 하여[44] 관학 유생(館學儒生)에게 음식을 하사하고 이어서 시험을 설행하였는데 내가 갑자기 상임(庠任)에 뽑혀서 어쩔 수 없이 들어갔지만 제술(製述)하지 않고서 나왔다. 지인과 벗들이 대부분 나의 이러한 모나고 괴이한 행동에 대하여 나무랐다.

험인 식년시는 자(子), 묘(卯), 오(午), 유(酉)년에 실행하였는데, 초시(初試)와 복시(覆試)의 두 단계로 진행되어 초시에서는 시(詩)・부(賦)를, 복시에서는 의(疑)・의(義)를 보았다. 초시는 상식(上式)년인 인(寅), 사(巳), 신(申), 해(亥)년 8월 하순, 복시는 식년 봄 2, 3월에 시행되었다. 초시, 복시를 막론하고 시험은 진사시, 생원시의 순서대로 시행되었다. 시험이 끝나면, 국가에서는 길일(吉日)을 택하여 방방의(放榜儀)를 거행하였고, 문과 급제자와 같이 유가(遊街)를 실시하였다. 감시는 본래 생원시만 있었으나 1438년(세종20)에 진사시가 실시된 이후 1453년(단종 원년)에 생원시와 진사시를 병설하는 것이 관례가 되었다. 처음에는 단 한 번의 시험밖에 없었으나 1414년(태종14)에 초시, 복시를 둔 이후로 이 제도가 정착되었다.

43 삼경의(三經義) : 조선조 과거 시험 문제 형식으로, '의(義)'란 글 뜻을 해석하게 하는 것을 이르는바, 삼경(三經) 가운데에서 뜻을 물어 답안을 취한 것이다.

44 경술년에는……하여 : 정조 14년 6월 18일 신시(申時)에 창경궁(昌慶宮) 집복헌(集福軒)에서 수빈(綏嬪) 박씨(朴氏)가 원자를 낳았는바, 이가 바로 훗날의 순조(純祖)이다. 이때 삼칠일은 7월 9일이었다. 《承政院日記 正祖14年 6月 18日, 7月 9日》《日省錄 正祖14年 6月 18日》《正祖實錄 14年 6月 18日》

그러나 이미 대책(對策)의 규식(規式)을 익히지 못하였으니, 어찌 거칠고 엉성하게 답안을 작성하여 제출할 수 있었겠느냐."

10월에 백씨(伯氏) 영재 공(寧齋公)의 상(喪)을 당하였다.[45]

선생은 영재 공보다 열일곱 살이 적었다. 언제나 영재 공을 사도(師道)를 지니신 분으로 여겨서 단란하게 지내며[46] 강학하고 토론할 적에 하루도 그 곁에서 잠시나마 떨어지려고 하지 않았다. 그런데 영재 공을 여의게 되자 통곡하며 몹시도 애달파하여 말하기를, "백씨와 같이 훌륭한 분으로서 이러한 지경에 이르렀으니, 어찌 나 한 사람만의 사사로운 통곡에 그치겠는가. 이는 진실로 천고의 뜻있는 선비들이 한스럽게 여기는 바이다."라고 하였다. 그러나 어버이께서 상심하실까 걱정하였기에 감히 슬퍼하는 용색(容色)을 드러내 보이지 않았다. 영재 공을 위하여 지은 제문이 있고,[47] 나중에 또 문집을 수정(修整)하였다.[48]

45 10월에……당하였다 : 오윤상(吳允常, 1746~1783)은 이해 10월 3일에 향년 38세를 일기로 졸하였다. 《醇庵集 卷6 祭亡兒允常文》 《老洲集 卷14 祭伯氏文》 《海州吳氏大同譜 卷4 貞武公派 1175面》

46 단란하게 지내며 : 해당 원문은 '대상(對床)'으로, 본래 벗 또는 형제끼리 침상을 나란히 하고 잔다는 뜻인바, 당나라 위응물(韋應物)의 〈시전진원상(示全眞元常)〉에 "어찌 알았으랴, 눈보라 치는 밤에 다시 이렇게 침상을 나란히 하여 잠잘 줄을.〔寧知風雪夜, 復此對床眠?〕"이라고 한 데에서 나온 말이다. 여기에서는 오희상이 오윤상과 함께 가까이 지내면서 단란하고 화목하게 생활한 것을 뜻한다.

47 영재……있고 : 현재 《노주집(老洲集)》 권14에 실려 있는 〈제백씨문(祭伯氏文)〉과 〈재제백씨문(再祭伯氏文)〉이다.

48 나중에……수정(修整)하였다 : 이는 오윤상의 시(詩)·문(文)에 오희상이 차기

〈오상변(五常辨)〉을 지었다.

그 내용은 대략 다음과 같다.[49]

"이치〔理〕는 하나일 뿐이다. '오상(五常)'이란 바로 오행(五行)의 이치로 한 이치를 나누어서 일컬은 것이니, 오상의 밖에 별도로 이른바 오행의 이치가 있는 것은 아니다.

대체로 목(木)의 기(氣)는 온화하고 관후하여 그 이치는 인(仁)이고, 화(火)의 기(氣)는 펴지고 드러나서 그 이치는 예(禮)이고, 금(金)의 기(氣)는 엄격하고 숙연하여 그 이치는 의(義)이고, 수(水)의 기(氣)는 통달하고 분명하여 그 이치는 지(智)이고, 토(土)의 기(氣)는 평담하고 질실하여 그 이치는 신(信)이다.

사람과 물건이 생겨날 적에 이미 이러한 기(氣)를 얻어서 갖추었으면 반드시 이러한 이치가 있기 마련이니, 사람이라고 하여서 더 남음이 있는 것은 아니고 물건이라고 하여서 더 부족함이 있는 것은 아니다. 다만 사람은 빼어나서 가장 영명하기 때문에 이 이치를 지각해 미루어 넓혀서 확충해 나아갈 수가 있는 것이고, 물건은 치우치고 막혔기 때문에 이미 이 이치를 알 수가 없고 또 미루어 나아갈 수가 없으니, 이것이 사람과 물건이 다른 까닭이다.

그러나 '오상'이란 명칭은 사람으로 말미암아서 확립된 것이고 물건을 위하여 만들어진 것이 아니니, 이것이 바로 이른바 '인문(人文

(箚記)·수필(隨筆)·잡기(雜記) 등을 더 보태어 편집한 6권 4책 필사본《영재유고(寧齋遺稿)》를 가리킨 것으로, 현재 규장각 도서와 이화여자대학교 도서관 등에 있다.

49 그……같다 : 이하의 내용은 현재《노주집(老洲集)》권21〈오상변(五常辨)〉에 더 자세히 보인다.

)'[50]이다. 이를 통해 추측하면 또한 물건을 알 수가 있다. 그러나 성(性)의 체(體)는 본래 절로 혼연(渾然)하여 형체도 조짐도 없는데, 사랑함・사양함・마땅함・분별함[51]을 따라서 도로 그 이치를 지목하여 이러한 명칭이 있게 된 것이다. 그러므로 '그 정(情)을 따라 거슬러 올라가서 헤아려 안 것이다.'[52]라고 하였다.

50 인문(人文) : 인륜(人倫) 및 예악 교화(禮樂教化)를 가리킨다. 《주역(周易)》 〈비괘(賁卦) 단전(彖傳)〉에 "문명(文明)에 그치니 인문(人文)이다.……천문을 관찰하여 사시의 변화를 살피고 인문을 관찰하여 천하를 교화하여 이룬다.〔文明以止, 人文也.……觀乎天文, 以察時變, 觀乎人文, 以化成天下.〕"라고 하였는데, 이에 대한 정이(程頤)의 전(傳)에 "인문은 사람의 도(道)이다.……인문은 인도(人道)의 등급과 차례이다.〔人文, 人之道也.…… 人文, 人理之倫序.〕"라고 설명하였다.

51 사랑함・사양함・마땅함・분별함 : 해당 원문은 '애양의별(愛讓宜別)'로, 이 네 가지는 용(用)이자 정(情)으로서 각각 체(體)이자 성(性)인 인(仁), 예(禮), 의(義), 지(智)에 상응한다.

52 그……것이다 : 이 말은 《회암집(晦庵集)》 권58 〈답진기지(答陳器之)〉에 "성(性)의 이치는 비록 형체가 없으나 단서가 발현하는 데에서 가장 잘 확인할 수 있다. 그러므로 측은(惻隱)으로 말미암아 인(仁)이 있다는 것을 반드시 알고, 수오(羞惡)로 말미암아 의(義)가 있다는 것을 반드시 알고, 공경(恭敬)으로 말미암아 예(禮)가 있다는 것을 반드시 알고, 시비(是非)로 말미암아 지(智)가 있다는 것을 반드시 안다. 가령 내면에 본래 이 이치가 없다면 어떻게 외면에 이 단서가 있을 수 있겠는가. 외면에 이 단서가 있음으로 말미암아 내면에 이 이치가 있음을 반드시 아는 것인바, 이는 속일 수가 없다. 그러므로 맹자께서 '그 타고난 재질(才質)인 정(情)은 선하다고 할 수 있으니, 이것이 내가 이른바 선하다는 것이다.'라고 말씀하였으니, 이는 맹자께서 성선(性善)을 말씀한 것이 대체로 또한 그 정(情)을 따라 거슬러 올라가서 헤아려 안 것이다.〔性之理, 雖無形, 而端的之發最可驗, 故由其惻隱, 所以必知其有仁; 由其羞惡, 所以必知其有義; 由其恭敬, 所以必知其有禮; 由其是非, 所以必知其有智, 使其本無是理於內, 則何以有是端於外? 由其有是端於外, 所以必知有是理於內, 而不可誣也. 故孟子言乃若其情則可以爲善矣, 乃所謂善也. 是則孟子之言性善, 蓋亦遡其情而逆知之耳.〕"라고 한

이제 만약 사랑함·사양함·마땅함·분별함을 겨우 한 길만 통하는 물건[53]에게 하나하나 찾아 구한다면 사람들이 '물건도 오상을 갖추었다〔物亦具五常〕'는 설(說)[54]을 듣고서 의혹하는 것도 이상할 것이 없다고 하겠다. 그러므로 나는 항상 이르기를, '오상을 굳이 높게 볼 필요가 없고, 다만 오행의 이치〔五行之理〕로 여기는 것이 타당하다.'라고 하는 것이다.

정자(程子)께서 말씀하기를, '하늘에 오행의 기(氣)가 있기 때문에 모든 생물이 오성(五性)을 갖추고 있지 않은 것이 없으니, 그중의 하나를 차지하면서 나머지 넷을 간직하고 있다.'[55]라고 하였고, 주자

부분에 보인다.

53 겨우……물건 : 성명(性命)인 오상(五常) 중 한 가지만 가지고 있는 금수(禽獸)를 지칭하는바, 예컨대 범이나 이리에게 부자간의 친애가 있는 것과 벌과 개미에게 군신간의 의리가 있는 것 따위를 가리킨다.

54 물건도……설(說) : 이는 이간(李柬, 1677~1727)의 주장으로, 사람을 제외한 만물 역시 인(仁)·의(義)·예(禮)·지(智)·신(信)의 오상(五常)을 구비하고 있다는 것이다.《巍巖遺稿 卷5 上遂庵先生 癸巳》《寒水齋先生文集 卷13 答李公擧 九月》 이간은, 성(性)이 곧 이(理)이기 때문에 인성(人性)과 물성(物性)은 모두 태극(太極)을 본성으로 품수(稟受)하여 다 같이 오상을 가지는바, 인(人)과 물(物)의 본성인 본연지성(本然之性)은 구동(俱同)이라는 '인물성구동론(人物性俱同論)'을 주장하였다. 다만 인성과 물성이 다르게 보이는 것은 기질(氣質)의 국한성으로 말미암아 상이하게 드러날 뿐이라고 하였다.

55 하늘에……있다 : 이 내용은 주희(朱熹)가 엮은《이정유서(二程遺書)》 권15〈입관어록(入關語錄)〉에 "하늘에 오행의 기(氣)가 있기 때문에 모든 생물이 오성을 갖추고 있지 않은 것이 없으니, 그중의 하나를 차지하면서 나머지 넷을 간직하고 있다. 초목으로 말하자면, 색이 누런 것은 토(土)의 성(性)을 얻은 것이 많고, 색이 흰 것은 금(金)의 성(性)을 얻은 것이 많다.〔天有五氣, 故凡生物, 莫不具有五性, 居其一而有其四. 至如草木也, 其黃者, 得土之性多 ; 其白者, 得金之性多.〕"라고 한 정자(程子)의 말에 보인

(朱子)께서 말씀하기를, '금(金)·목(木)·수(水)·화(火)·토(土)의 오행이 비록「그 성(性)을 각각 하나씩 가지고 있다.」라고 하더라도 하나의 물(物)이 또 각각 오행의 이치를 구비하고 있다는 것을 몰라서는 안 된다. 강절(康節 소옹(邵雍))은 세밀하게 미루어 내었다.'[56]라고 하였다.

무릇 천지의 사이에 무수히 존재하는 것들은 모두 다 오행을 구비하여서 생겨난 것으로, 그중에 하나라도 빠뜨리면 곧 물건을 이룰 수가 없으니, 이는 사람과 물건이 다를 수가 없는 것이다. 오직 그 기질(氣質)의 편벽됨과 형기(形氣)에 속박된 것[57]이 발현함에 저처럼 편벽된 것이다. 만일 발현한 것의 편벽됨을 가지고서 그 본체가 구비되지 못하였다고 의심한다면 어찌 오직 물건뿐이겠는가.

사람 또한 제각각 똑같지 않음이 있으니, 혹 인(仁)이 충분한 자는 의(義)가 부족하고 지(智)가 충분한 자는 신(信)이 부족하다. 극심한 혼폐(昏蔽 무지몽매)로 말하자면, 예컨대 제 선왕(齊宣王)은 전쟁을 일으켜 군사와 신하들을 위태롭게 하였으나 한 마리 소를 죽이는 것에 대해서는 차마 하지 못하였고[58] 당 현종(唐玄宗)은 효도하지

다.

56 금(金)……내었다 : 이 말은《주자어류(朱子語類)》권1〈이기 상(理氣上) 태극천지 상(太極天地上)〉에 보인다.

57 속박된 것 : 대본에는 '枯'로 되어 있는데,《노주집(老洲集)》권21〈오상변(五常辨)〉에 의거하여 '梏'으로 바로잡아 번역하였다.

58 제 선왕(齊宣王)은……못하였고 : 이와 관련된 내용은《맹자(孟子)》〈양혜왕 상(梁惠王上)〉의 제7장인 이른바 '곡속 장(觳觫章)'에 보인다. 전국 시대 제나라 선왕이 새로 주조한 종(鐘)의 틈에 피를 바르기 위해 소를 끌고 가는 자를 보고, 그 소를 놓아

않고 자애롭지 않았으나 유독 형제에 대해서는 우애가 있었으니,[59]

주도록 명하면서 말하기를, "소가 두려워 벌벌 떨면서 죄 없이 사지(死地)로 나아가는 것을 내 차마 볼 수가 없다.〔吾不忍其觳觫若無罪而就死地.〕"라고 한 적이 있었다. 이러한 일화를 제나라 신하 호흘(胡齕)에게서 전해 들었던 맹자는 선왕을 만나 소를 불쌍히 여기는 마음을 미루어 확장하면 백성을 인(仁)으로 다스리는 왕도정치(王道政治)를 충분히 이룰 수 있다고 말하면서, " 지금 왕의 은혜가 금수에게 미쳤으면서 그 효과가 백성들에게 이르지 않음은 유독 어째서입니까?……왕께서는 전쟁을 일으켜 군사와 신하들을 위태롭게 하고, 제후(諸侯)들과 원한을 맺은 뒤에야 마음이 유쾌하시겠습니까?〔今恩足以及禽獸, 而功不至於百姓者獨何與?……抑王興甲兵危士臣, 構怨於諸侯, 然後快於心與?〕"라고 하였다. 그러나 제 선왕은 결국 왕도정치를 시행하지 못하였다.

59 당 현종(唐玄宗)은……있었으니 : '당 현종이 효도하지 않고 자애롭지 않았던 것'은 양옥환(楊玉環)을 귀비(貴妃)로 삼은 사실을 가리킨다. 양옥환은 본래 현종의 열여덟 번째 아들 수왕(壽王) 이모(李瑁)의 비(妃)였는데, 개원(開元) 28년(740) 10월에 양옥환을 여도사(女道士)로 출가시키도록 명한 다음 5년이 지난 천보(天寶) 4년(745)에 귀비로 맞아들였는바, 이는 자식에게 자애롭지 못한 것이 된다. 이후 안사(安史)의 난을 야기하여 종묘사직을 위태롭게 만들고 천하의 백성을 도탄에 빠뜨렸는바, 이는 조종(祖宗)에게 불효를 저지른 것이 된다. 그러나 이와 다르게 현종은 형제간의 우애가 지극하였는바, 이와 관련된 몇 가지 고사가 전한다. 현종은 처음 즉위하여 긴 베개와 큰 이불〔長枕大被〕을 만들어 여러 형제와 함께 잠을 잤고, 또한 대궐 안에 장막 다섯 개를 설치하고서 왕(王)에 봉해진 여러 형제와 번갈아 가면서 이곳에서 머물고는 이를 일러 '오왕장(五王帳)'이라고 하였다. 아울러 흥경궁(興慶宮)의 서남쪽에 화악상휘지루(花萼相輝之樓)와 근정무본지루(勤政務本之樓)를 세우고 왕(王)에 봉해진 여러 형제와 함께 이 누각에 올라서 서로 즐기며 화목하게 지냈는바, '화악상휘(花萼相輝)'라는 명칭은 《시경》 〈소아(小雅) 상체(常棣)〉에 "상체의 꽃이여 꽃받침이 환하게 빛나는구나. 무릇 지금 사람들은 형제만 한 이가 없다.〔常棣之華, 鄂不韡韡. 凡今之人, 莫如兄弟.〕"라고 한 뜻을 취한 것이다. 한편 형제 중 설왕(薛王) 이업(李業)이 병이 들었을 적에는 직접 약을 달이다가 바람에 수염이 타고 말았는데 좌우의 신하들이 놀라서 불을 끄자 "설왕이 이 약을 마시고 병이 낫기만 한다면 수염을 어찌 아까워하겠는가."라고 말하였다. 《資治通鑑 卷211 唐紀27》《唐鑑 卷8 玄宗上》《通鑑總類 卷5 潛邸門 明皇友愛近世帝王莫及, 置西南二樓以宴諸王》

또한 '다만 이 한 이치를 얻었을 뿐이다.'라고 이를 수 있겠는가. 제 선왕이 소를 아낀 것과 문왕이 백성 보기를 다친 사람 보듯이 가엾게 여겼던 것[60]은 똑같이 인(仁)이며, 당 현종이 베개를 길게 한 것[61]과 대순(大舜)이 상(象)이 기뻐하면 자기도 기뻐했던 것[62]은 똑같이 우애이다.

또한 범과 이리의 부자간과 벌과 개미의 군신 간이 증자(曾子)의 효(孝)[63]와 비간(比干)의 충(忠)[64]과 결코 다른 이치가 아니니, 이치

60 문왕이……것 : 이 내용은 《맹자(孟子)》 〈이루 하(離婁下)〉에 "문왕(文王)께서는 백성 보기를 다친 사람 보듯이 가엾게 여기셨으며, 도(道)를 바라보시면 도를 본 적이 없는 사람처럼 간절히 구하셨다.〔文王視民如傷, 望道而未之見.〕"라고 한 부분에 보인다.

61 당 현종이……것 : 243쪽 주59 참조. 당 현종(唐玄宗)이 우애가 깊어 긴 베개와 큰 이불로 형제들과 함께 잤다고 한다. 《資治通鑑 卷211 唐紀 玄宗 開元2年》

62 대순(大舜)이……것 : 이 내용은 "순은 상이 자신을 죽이려 한 것을 몰랐습니까?〔舜不知象之將殺己與?〕"라고 물은 만장에게 "어찌 몰랐겠는가마는 동생인 상이 근심하면 자신도 근심하고, 상이 기뻐하면 자신도 기뻐한 것이네.〔奚而不知也, 象憂亦憂, 象喜亦喜.〕"라고 대답한 맹자의 말에 보인다. 《孟子 萬章上》 '상(象)'은 순(舜)의 이복동생으로 순(舜)을 누차 죽이려고 하였는데, 그런데도 순(舜)은 상(象)을 우애로써 대하였다는 말이다.

63 증자(曾子)의 효(孝) : 증자는 공자의 제자인 증삼(曾參)을 가리키는바, 효행이 매우 뛰어난 인물이다. 《맹자(孟子)》 〈이루 상(離婁上)〉에 "증자와 같이 해야 '어버이의 뜻을 봉양한다.'라고 이를 만하다. 어버이를 섬기는 것은 증자처럼 해야 옳다.〔若曾子, 則可謂養志也, 事親若曾子者可也.〕"라고 칭찬한 맹자의 말이 보인다.

64 비간(比干)의 충(忠) : 비간(比干)은 은(殷)나라의 폭군 주(紂)의 숙부이다. 주(紂)가 음란하고 무도한 행동을 일삼자 미자(微子)는 떠나가고 기자(箕子)는 미치광이처럼 행동했는데, 비간은 "신하 된 자로서 죽음을 무릅쓰고 간언하지 않을 수 없다."라며 간하였다. 이에 주(紂)가 "성인의 심장에는 일곱 개의 구멍이 있다는데 사실인가 보자."

에 어찌 정추(精麤)와 피차(彼此)의 구분이 있겠는가. 그렇다면 전(全 온전함)과 선(善)은 본체(本體)가 되고 편(偏 편벽됨)과 악(惡)은 본체가 아닌 것이다. 이제 만약 사람과 물건의 편(偏)과 전(全)을 가지고서 '품부(稟賦)한 본연(本然)'이라고 말하면, 성인과 범부의 선(善)과 악(惡)도 역시 저절로 본연으로 귀결되니, 이것이 어찌 이치이겠는가. 그러므로 말하기를, '천지가 만물을 낼 적에 한 근원에 뿌리를 두어서 사람과 금수가 모두 다 이 이치를 구비해 소유하였는바, 그 일체(一體)의 가운데에 곧 아주 조금이라도 모자라거나 남음이 없다.'[65]라고 하였으니, 맞는 말이 아니겠는가.

그러나 제 선왕과 당 현종은 순임금과 문왕과 같이 될 수 있지만 범과 이리와 벌과 개미는 끝내 증자와 비간과 같이 될 수 없으니, 이는 다른 것이 없다. 앎과 알지 못함과 미루어 나아감과 미루어 나아가지 못함에 달려 있을 뿐이다."

갑진년(1784, 정조8) 선생 22세

라고 하고는, 비간의 배를 갈라서 죽였다. 이후 은나라는 주나라 무왕(武王)에게 멸망당하였다. 《史記 卷3 殷本紀》《論語 微子》

65 천지가……없다 : 이 말은 주희(朱熹)가 스승 이통(李侗, 1093~1163)에게 배운 것을 정리하여 편찬한 《연평답문(延平答問)》에 실려 있는바, 이와 관련된 전후 내용은 다음과 같다. "저는 삼가 다음과 같이 생각하였습니다. '천지가 만물을 낼 적에 한 근원에 뿌리를 두어서 사람과 금수와 초목이 태어나 살아감에 모두 다 이 이치를 구비해 소유하였는바, 그 일체의 가운데에 곧 아주 조금이라도 모자라거나 남음이 없고 그 일기의 운용은 또한 아주 잠깐이라도 멈춤이 없으니, 이것이 이른바 인(仁)이다.'〔熹竊謂: 天地生物, 本乎一源, 人與禽獸草木之生, 莫不具有此理, 其一體之中, 卽無絲毫欠剩, 其一氣之運, 亦無頃刻停息, 所謂仁也.〕"

문정공(文靖公)을 따라서 광주(廣州) 임소에 갔다.[66]

문정공이 오래지 않아 내직으로 전임하자[67] 경사(京師)의 집으로 돌아와서 모셨다.

권공(權公)-중업(中業)-의 부음을 들었다.[68]

권공이 학문을 지향함에 원대한 포부가 있었으므로 선생이 매우 기대하는 바가 있었다. 이때에 이르러서 권공의 요절함을 애석하게 여겨 슬퍼하여 가마(加麻)[69]하였고, 권공을 위하여 지은 제문이 있다.[70]

66 문정공(文靖公)을……갔다 : 오재순(吳載純)은 이해 5월 2일에 비변사의 천망(薦望)으로 광주 부윤(廣州府尹)에 임명되었고, 같은 달 8일에 있었던 정사에서 광주 부윤에 단부되었다. 《承政院日記 正祖8年 5月 2日, 8日》《日省錄 正祖8年 5月 2日》

67 문정공이……전임하자 : 이해 5월 25일 묘시(卯時)에 정조가 성정각(誠正閣)에 나아와 대신과 비국 당상이 인견(引見)에 입시한 자리에서 오재순(吳載純)의 광주 부윤 직임을 체차해 주는 전교(傳敎)를 내렸고, 이날 있었던 정사에서 규장각 직제학 및 부사직에 임명하였다. 《承政院日記 正祖8年 5月 25日》《日省錄 正祖8年 5月 25日》《正祖實錄 8年 5月 25日》

68 권공(權公)의 부음을 들었다 : 권중업(權中業, 1764~1784)은 이해 10월 3일에 21세로 졸하였다. 묘소는 충주시 동량면 속곡 문순공(文純公) 권상하의 묘 서쪽 정좌계향(丁坐癸向)이다. 《安東權氏大同世譜 30卷 侍中公派 聖源系 263面》

69 가마(加麻) : 심상(心喪)을 한다는 표시로 스승이나 선배, 친구의 죽음을 애도하기 위한 것이다. '마(麻)'는 질(絰)과 대(帶)를 가리키는바, 시마복에 질(絰)과 대(帶)를 착용하였다가 장사를 치른 뒤에 제거한다. 《禮記注疏 檀弓上》《儀禮注疏 喪服 記》《常變通攷 卷13 喪禮 五服外服制》

70 권공을……있다 : 현재 《노주집(老洲集)》 권14에 실려 있는 〈제권홍지문(祭權興之文)〉이다.

을사년(1785, 정조9) 선생 23세

3월에 아들 치성(致成)[71]이 태어났다.-나중에 관직이 군자감 정(軍資監正)에 이르렀다.-

정헌공(定獻公 오재소(吳載紹))이 집을 팔고서 문정공(文靖公 오재순(吳載純))과 함께 사제(賜第)에서 거처하였다.

문정공이 영재 공(寧齋公 오윤상(吳允常))의 상(喪)을 치른 이후로 쓸쓸하게 외로이 거처하자 선생이 형세상 그 곁을 떠날 수가 없었기에 정헌공이 마침내 집을 팔고서 함께 모여서 거처하게 되었다.

병오년(1786, 정조10) 선생 24세

제헌(霽軒) 심공(沈公)-정진(定鎭)-의 부음을 들었다.[72]

71 치성(致成) : 오치성(吳致成, 1785~1844)으로, 본관은 해주(海州), 자는 서오(瑞五), 호는 아관(我觀)이다. 다른 이름은 오치규(吳致奎)이며, 백부 오윤상(吳允常)에게 출계하였다. 1810년(순조10) 경오(庚午) 사마시(司馬試)에 합격하고, 처음 동몽교관(童蒙教官)으로 벼슬에 올라 위솔, 군자감 정, 영평 현령(永平縣令), 천안 군수(天安郡守), 남원 부사(南原府使) 등 내외직(內外職)을 두루 거쳐 통훈대부(通訓大夫) 상주 목사(尙州牧使)에 이르렀다. 《梅山集 卷35 軍資監正吳公墓碣銘并序》

72 제헌(霽軒)……들었다 : '제헌 심공'은 심정진(沈定鎭, 1725~1786)으로, 본관은 청송(青松), 자는 일지(一志)이며, 제헌(霽軒)은 그의 호이다. 1753년(영조29) 사마시에 합격하였으며, 1758년에 영릉 참봉(寧陵參奉)에 임명되었으나 나아가지 않았다. 1774년에 부솔(副率)로서 세손인 정조를 보필하였다. 1776년(정조 즉위년)에 중부 도사(中部都事)·호조 좌랑을 거쳐, 회덕 현감에 부임하였다. 1781년(정조5)에 병으로 사직하였다가 1783년에 다시 복직하여 호조 좌랑이 되고 이어 제용감 판관·송화 현감을 지낸 뒤, 1785년에는 사어(司禦)를 거쳐 동지중추부사 겸 오위장이 되었다. 저술로는 《제헌집》 등이 있다. 심정진은 이해 7월 11일에 향년 62세를 일기로 연화방(蓮花坊)의

심공은 문정공(文靖公 오재순(吳載純))의 집우(執友)로, 선생이 왕래하며 가르침을 청하였다. 심공을 위하여 지은 제문이 있으며,[73] 묘지(墓誌)를 찬술하였다.[74]

정미년(1787, 정조11) 선생 25세

이때 문정공(文靖公)이 전부(銓部)의 장관이 되고 문형(文衡)을 담당하자[75] 집안이 드나드는 사람들로 인하여 매우 시끄럽고 혼잡하였다. 선생은 혼정신성하는 것 외에 집 가운데에 고요하고 외진 곳을 찾아 책들을 좌우에 놓아두고 보아서 아득히 밖의 일을 알지 못하는 것과 같이 하였다. 그래서 매위(韎韋)[76]와 상역(象譯 통역관)의 부류로서 그 얼굴을 아는 자가 거의 없었다. 문정공이 매우 믿고 의지하여서 일이 있을 때마다 반드시 선생을 불러서 함께 의논하여 낭협(囊篋)의 도움[77]이 매우 많았다.

집에서 졸하였다. 《老洲集 卷16 霽軒沈公墓誌銘並序》《梅山集 卷49 霽軒沈先生行狀》

73 심공을……있으며 : 현재 《노주집(老洲集)》 권14에 실려 있는 〈제제헌심공문(祭霽軒沈公文)〉이다.

74 묘지(墓誌)를 찬술하였다 : 현재 《노주집(老洲集)》 권16에 실려 있는 〈제헌심공묘지명 병서(霽軒沈公墓誌銘並序)〉이다.

75 이때……담당하자 : 이해 오재순(吳載純)은 61세로 1월 21일에 예문 제학, 3월 10일에 홍문 제학으로 임명되었다. 7월 21일에는 중비(中批)로 이조 판서에 임명되었고, 또 12월 23일에 이조 판서로 임명되었다. 《承政院日記 正祖11年 1月 21日, 3月 10日, 7月 21日, 12月 23日》《正祖實錄 11年 3月 10日, 7月 21日, 12月 23日》《老洲集 卷19 文靖公府君行狀》

76 매위(韎韋) : 본래 '붉은 숙피(熟皮)'라는 뜻으로, 인신하여 적황색 쇠가죽으로 만든 군복을 입은 무인(武人)이나 군인을 지칭한다.

무신년(1788, 정조12) 선생 26세

7월에 아들 후증(厚曾)이 태어났는데, 돌이 채 되기도 전에 죽고 말았다.

기유년(1789, 정조13) 선생 27세

정헌공(定獻公)이 종성(鍾城)으로 부임해 떠나가는 것[78]을 배별(拜別)하였다.

경술년(1790, 정조14) 선생 28세

7월에 수락산(水落山)과 도봉산(道峯山)의 여러 승경지에 가서 유람하였다. 이에 관한 유기(遊記)가 있다.[79]

이종 아우 조공 국진(趙公國珍)[80]-진구(鎭球)-・민공 원리(閔公元

77 낭협(囊篋)의 도움 : '낭협(囊篋)'은 '낭사(囊笥)'와 같은 말로, 주머니와 상자의 합칭이다. 고대에 독서인들이 대부분 서적이나 문고를 담아둘 때 사용하였다. 여기에서는 문서의 처리나 사안의 자문에 있어서 도움을 주는 일이 많았음을 뜻한다.

78 정헌공(定獻公)이……것 : 이해 6월 28일에 이조가 구전 정사를 행하여 오재소(吳載紹)를 종성 부사(鍾城府使)에 임명하였다. 《承政院日記 正祖13年 6月 28日》《日省錄 正祖13年 6月 28日》

79 이에……있다 : 현재 《노주집(老洲集)》 권15에 실려 있는 〈유수락소기(遊水落小記)〉이다.

80 조공 국진(趙公國珍) : 조진구(趙鎭球, 1765~1815)로, 본관은 풍양(豐壤), 국진(國珍)은 그의 자이다. 아버지는 조경(趙璥 초명은 준(琫))이다. 정조 7년(1783)에 생진과에 합격하였다. 나주 판관으로 시작하여 여덟 고을을 맡아서 다스린 다음에 대구 판관에 이르렀다. 순조 15년(1815) 6월 8일에 향년 51세를 일기로 졸하였다. 오희상과 함께 외조부가 이천보(李天輔)이다. 《崇禎三癸卯春先大王尊爲世室元子定號合二慶別試增廣司馬榜目》《豐壤趙氏漢山君派世譜 卷1 199面》

履)[81]-치복(致福)-와 함께 갔다. 선생은 평소 산수를 유람하는 것을 좋아하였는데, 어버이를 곁에서 모시느라 그러할 겨를이 없었다. 비록 마음대로 멀리 나가 노닐 수는 없었지만 경사(京師)에 가까운 근교의 자연 경관 중 승경을 빠뜨린 것이 거의 없어서 하나하나 기재할 수가 없을 정도이다.

가을에 영평(永平)[82]에 가서 정헌공(定獻公 오재소(吳載紹))을 맞이해 절하고 뵈었다.

이때 정헌공이 종성(鍾城)으로부터 체차되어 돌아왔다.

11월에 아들 치익(致翼)[83]이 태어났다.-나중에 관직이 합천 군수(陜川郡守)에 이르렀다.-

81 민공 원리(閔公元履) : 민치복(閔致福, 1766~1814)으로, 본관은 여흥(驪興), 자는 원리(元履), 호는 확재(擴齋)이다. 대사헌 민우수(閔遇洙)의 증손으로, 할아버지는 민백겸(閔百兼)이고, 아버지는 이조판서 민종현(閔鍾顯)이다. 김양행(金亮行)・이직보(李直輔)의 문인이다. 1789년(정조13) 사마시에 합격하고, 1803년에 원릉 참봉(元陵參奉)이 되었으나 잘못으로 인하여 파직되었다. 1805년에 동몽교관(童蒙教官)을 지낸 뒤 빙고 별제(氷庫別提)와 호조・공조・형조의 낭관(郎官)을 거쳐 남평 현감에 이르렀으나 병으로 관직을 물러났다.

82 영평(永平) : 현재 경기도 포천 지역에 있었던 옛 현(縣)의 명칭으로, 읍치(邑治)는 포천시 영중면 영평리에 있었다.

83 치익(致翼) : 오치익(吳致翼, 1790~1845)으로, 자는 치보(稚輔), 호는 경재(褧齋)이다. 오희상의 차자(次子)로, 순조 28년(1828)에 소과에 급제하여 생원이 되었다. 음사(蔭仕)로 세마가 되었으며, 두 읍을 맡아 다스렸다. 관직은 통훈대부 합천 군수에 그쳤다.《海州吳氏大同譜 卷4 貞武公派 1175~1176面》

신해년(1791, 정조15) 선생 29세

겨울에 조공 국진(趙公國珍 조진구(趙鎭球)) · 민공 원리(閔公元履 민치복(閔致福))와 함께 《논어(論語)》를 읽었다.[84]

이때 과정(課程)을 가지고 종사하여 날마다 혁제(赫蹄)[85]를 통해 서로 알리고, 열흘마다 한 번씩 모여서는 토론함이 절반 이상이었다. 그러나 두 공은 모두 특별한 사정이 있어서 먼저 그만두었고 선생만이 홀로 과업(課業 학업)을 끝마쳤다.

연화계(聯華禊)를 설행하였다.

매번 봄가을로 한가한 시일에 종형제들과 함께 화수회(花樹會)를 설행하였다.

봄에 양주(楊州)의 청담(淸潭)에 가서 유람하였다.[86]

재종씨(再從氏) 위솔 공(衛率公)[87]-민상(敏常)- 및 부사 공(府使公 오

84 겨울에……읽었다 : 해당 조목은 통상적인 연보의 집필 순서에 비추어 보았을 때 순서상 착종이 있는 듯하다.

85 혁제(赫蹄) : '혁제(赫蹏)'로도 적는다. 옛날에 글씨를 쓰는 데 썼던 폭이 좁은 비단을 말하는바, 인신하여 종이에 작은 글씨로 쓴 글이나 또는 쪽지를 가리킨다.

86 봄에……유람하였다 : 해당 조목은 통상적인 연보의 집필 순서에 비추어 보았을 때 순서상 착종이 있는 듯하다.

87 재종씨(再從氏) 위솔 공(衛率公) : 오민상(吳敏常, 1757~1818)으로, 본관은 해주(海州), 자는 사수(士修)이다. 오재경(吳載絅)의 첫째 아들로, 1801년에 생원이 되었고, 1802년에 참봉으로 벼슬을 시작하였다. 관직은 통훈대부 영유 현령(永柔縣令)을 역임하였다. 오희상과 함께 본생 증조가 오진주(吳晉周)이기 때문에 서로 6촌 간이 된다. 《海州吳氏大同譜 卷4 貞武公派 1180面》 1816년 2월 19일에 있었던 도목정사에서

철상(吳澈常))이 함께하였다.

임자년(1792, 정조16) 선생 30세

봄에 상(上)이 명하여 내원(內苑)에서 설행하는 상화조어연(賞花釣魚宴)에 참석하라고 하였으나 선생은 나아가지 않았다.[88]

이때 상(上)이 각신(閣臣)들과 함께 후원(後苑)에서 곡연(曲宴)[89]을 설행하였는데, 가인(家人)의 예(禮)를 적용해 각신의 자제들을 부르셔서 비록 위포지사(韋布之士)일지라도 모두 여기에 참여하였다. 그러나 선생만은 홀로 나아가지 않고서 말하기를, "선비가 벼슬하기도 전에 군주를 알현하는 것은 진실로 그러한 예(禮)가 없다. 예의를 돌아보지 않고서 함부로 나아가는 것은 방범(防範 예법)을 뛰어넘는 행동이다. 방범이 한번 무너지면 그칠 바가 어디이겠는가."라고 하였다.

위솔에 임명되었는바, 이것이 최종 벼슬이기에 '위솔 공'이라 지칭한 것이다.《承政院日記 純祖16年 2月 19日》

88 봄에……않았다 : 이해 3월 21일 진시(辰時)에 정조가 중희당(重熙堂)에 나아와 각신(閣臣) 및 그 자제들에게 가인(家人)의 예를 적용하여 연회에 참석하도록 명하고, 내원(內苑)에서 꽃을 감상하고 낚시하며 시를 지었다. 이때 오희상의 생부 오재순(吳載純)은 일제학(一提學)으로서 오연상(吳淵常)을 데리고서 참석하였다.《承政院日記 正祖16年 3月 21日》《日省錄 正祖16年 3月 21日》《正祖實錄 16年 3月 21日》'상화조어연(賞花釣魚宴)'은 군주가 봄에 신하들과 내원에서 꽃을 감상하고 낚시하는 연회(宴會)로, 본래 송(宋)나라 인종(仁宗)이 천장각(天章閣) 학사(學士)들과 즐긴 놀이인데, 조선에서는 중종, 숙종, 영조, 정조, 순조가 신하들을 위해 이 연회를 열었다.

89 곡연(曲宴) : 군주가 금원(禁苑)에서 가까운 사람들만 불러 베풀던 소연(小宴)이다.

상(上)도 역시 강요하지 않았는데, 이후 연신(筵臣)을 대하여 하교하기를, "오 제학(吳提學)의 두 아들은, 하나는 독서하며 자신의 지절(志節)을 지키고 하나는 장차 걸음을 뒤이어서 조정에서 벼슬할 것이니, 어찌 좋은 명수(命數)가 아니겠는가."라고 하였다.

12월에 문정공(文靖公)의 상(喪)을 당하였다.[90]

선생이 아침저녁으로 울부짖으면서 가슴을 치고 발을 구르자 그 애달파함이 곁에 있는 사람들을 감동하게 하였다. 선생의 곡읍하는 소리가 들릴 때마다 이웃 사람들이 이 때문에 감탄하고서 모두 선생이 혹 상(喪) 치르는 것을 견뎌내지 못할까[91] 근심하였다. 그러나 오히려 스스로 힘써 기호(畿湖)에 안장할 산을 구하였고, 돌아가신 분을 장송하는 큰일의 모든 절차 있어서 반드시 정성스럽게 하고 반드시 신중하게 하여 정리와 예법이 모두 다 지극하였다. 장자(長

90 12월에……당하였다 : 오희상의 생부 오재순(吳載純)은 이해 12월 30일에 향년 66세를 일기로 졸하였다. 《正祖實錄 16年 12月 30日》《老洲集 卷16 文靖公府君墓誌》《海州吳氏大同譜 卷4 貞武公派 1175面》

91 상(喪)……못할까 : 해당 원문은 '불승상(不勝喪)'으로, 《예기(禮記)》〈곡례 상(曲禮上)〉에 "거상하는 예는 훼척하더라도 뼈를 드러내지 않으며, 시력과 청력이 쇠하지 않게 하며, 오르내릴 때 동쪽 계단을 따르지 않으며, 나가고 들어올 때 문 중앙으로 다니지 않는다. 거상하는 예는 머리에 부스럼이 있으면 머리를 감고, 몸에 종기가 있으면 목욕하며, 병이 있으면 술을 마시고 고기를 먹지만, 병이 그치면 처음으로 돌아간다. 상을 견디지 못하여 죽음을, 자식을 사랑하지 않고 부모에게 효도하지 않음에 견준다. 〔居喪之禮, 毁瘠不形, 視聽不衰, 升降不由阼階, 出入不當門隧. 居喪之禮, 頭有創則沐, 身有瘍則浴, 有疾則飮酒食肉, 疾止, 復初. 不勝喪, 乃比於不慈不孝.〕"라고 한 데에 보인다. 이는 거상(居喪)의 예법만을 고집한 채 건강을 돌보지 않아 결국 상(喪)을 제대로 끝마치지 못하고 죽는 것을 이르는데, 특히 부모의 상중(喪中)에 죽는 것을 가리킨다.

子) 치성(致成)을 백씨(伯氏) 영재 공(寧齋公 오윤상(吳允常))의 후사로 세워서 승중(承重)[92]하여 상사를 주관하게 하였다.

계축년(1793, 정조17) 선생 31세

2월에 문정공(文靖公 오재순(吳載純))을 직산(稷山) 대정리(大井里)에 안장하였다.

새로 잡아 정한 터이다. 작은 지문(誌文)을 찬술하여[93] 광중(壙中)에 넣었다.

문정공(文靖公)의 행장(行狀)을 찬술하였다.[94]

선생이 문정공을 곁에서 모시면서 번번이 평소의 언행에 대하여 보고 느낀 것들을 사사로이 기록하고서 이를 '과정록(過庭錄)'이라고 명명하였다. 이때에 이르러서 약간의 칙(則 조(條))을 더 보태어 넣고, 이를 정리하여 〈유사(遺事)〉 한 편[95]으로 만들어서 행장의 뒤에 붙였다.

92 승중(承重) : 적장손(嫡長孫)으로 아버지가 돌아가신 뒤에 조부모의 상(喪)을 당할 경우 아버지를 대신하여 상제 노릇을 하는 것을 가리킨다.

93 작은 지문(誌文)을 찬술하여 : 현재 《노주집(老洲集)》 권16에 실려 있는 〈문정공부군묘지(文靖公府君墓誌)〉이다.

94 문정공(文靖公)의 행장(行狀)을 찬술하였다 : 현재 《노주집(老洲集)》 권19에 실려 있는 〈문정공부군행장(文靖公府君行狀)〉이다.

95 유사(遺事) 한 편 : 현재 《노주집(老洲集)》 권20에 실려 있는 〈문정공부군유사(文靖公府君遺事)〉이다.

가을에 정헌공(定獻公 오재소(吳載紹))을 여주(驪州) 관아 내에서 찾아 뵈었다.

이때 정헌공이 외직으로 나가서 여주를 맡아 다스렸는데,[96] 선생이 직산(稷山)의 묘려(墓廬 여막(廬幕))로부터 찾아가서 열흘 동안 머무른 뒤에 돌아왔다.

갑인년(1794, 정조18) 선생 32세

이때 이 부인(李夫人)의 환후가 낫지 않은 채로 오랫동안 계속되어서 도규(刀圭)가 손에서 떠나지 않았고,[97] 게다가 또 생정(生庭)에서의 궤전(饋奠)[98]을 받들어 행하였는데, 그러면서도 오히려 경서(經書)를 돌려가며 읽어서 날마다 과정(課程)이 있었다.

을묘년(1795, 정조19) 선생 33세

2월에 본생가(本生家) 모부인(母夫人) 이씨(李氏)의 상(喪)을 당하였다.[99]

96 이때……다스렸는데 : 이해 4월 21일에 이조가 구전 정사를 행하여 오재소(吳載紹)를 여주 목사에 임명하였다. 《承政院日記 正祖17年 4月 21日》《日省錄 正祖17年 4月 21日》

97 도규(刀圭)가……않았고 : 약시중을 드는 것을 뜻한다. '도규(刀圭)'란 예전에 약을 뜨던 숟가락으로, 인신하여 의약(醫藥)이나 의술(醫術)을 뜻하는 말로 쓰인다.

98 생정(生庭)에서의 궤전(饋奠) : '생정(生庭)'은 본생가이며, '궤전(饋奠)'은 상중(喪中)에 제전(祭奠)을 올리는 일을 가리킨다. 여기에서는 본생부 오재순(吳載純)의 상중에 제전을 올리는 일을 말한 것이다.

99 2월에……당하였다 : 본생모 연안 이씨(延安李氏, 1727~1795)는 이해 2월 17일에 향년 69세를 일기로 별세하였다. 《老洲集 卷16 先伯母貞敬夫人墓誌, 卷19 先伯母貞

거상(居喪)의 제도를 준행할 적에 전상(前喪 본생부의 상(喪))을 치를 때와 다름없이 애통함을 지극히 하였다.

4월에 본생가(本生家) 선비(先妣)를 직산(稷山)에 있는 문정공(文靖公 오재순(吳載純))의 묘 오른쪽에 합장하였다.

묘지(墓誌)를 찬술하여서[100] 광중(壙中)에 넣었다.

조공 국진(趙公國珍 조진구(趙鎭球))과 함께 주자서(朱子書)를 읽었다.

닷새마다 한 번씩 모여서 밤새도록 강학하고 토론하였다.

병진년(1796, 정조20) 선생 34세

조공 국진(趙公國珍 조진구(趙鎭球))과 함께 《이정전서(二程全書)》를 읽었다.

닷새마다 한 번씩 모여서 강학하고 토론하기를 주서(朱書)를 읽을 때와 똑같이 하였다.

정사년(1797, 정조21) 선생 35세

5월에 심제(心制)의 예법을 끝마쳤다.[101]

敬夫人行狀》《海州吳氏大同譜 卷4 貞武公派 1175面》

100 묘지(墓誌)를 찬술하여서 : 현재 《노주집(老洲集)》 권16에 실려 있는 〈선백모정경부인묘지(先伯母貞敬夫人墓誌)〉이다.

101 5월에……끝마쳤다 : '심제(心制)'란 복제(服制)에서 원래 정해진 복(服)보다 낮추어 입었을 경우에 그 복(服)을 벗은 뒤 남은 기간 동안 상제(喪制)처럼 근신하는 것이다. 양자로 간 사람은 본생부모가 죽으면 기년복(朞年服)을 입는 것이 원칙이었기

심공 자순(沈公子純)[102]-문영(文永)-과 함께 《의례(儀禮)》를 강학하였다.

8월에 종암(鍾巖)으로 나가서 석천정사(石泉精舍)에 묵었다.-바로 정헌공(定獻公)의 작은 집〔小築〕이다.-

계씨(季氏) 참판 공(參判公 오연상(吳淵常))・재종제(再從弟) 부사 공(府使公 오철상(吳澈常))・김숙도(金叔道)[103]-상임(相任)-・김계용(金季容)[104]-상휴(相休)-・이제 신로(李弟新老)[105]-재수(在秀)-・한자수(韓

때문에 오희상이 이렇게 한 것이다.

102 심공 자순(沈公子純) : 심문영(沈文永, 1767～1817)으로, 본관은 청송(靑松), 자순은 그의 자이며, 호는 거관재(居觀齋)이다. 생부는 정진(定鎭)으로 재진(載鎭)에게 출계하였다. 곡성 현감(谷城縣監)을 역임하였다. 순조 17년(1817) 12월 2일에 향년 51세를 일기로 졸하였다. 《靑松沈氏大同譜 1卷 1072～1073面》

103 김숙도(金叔道) : 김상임(金相任, 1753～?)으로, 본관은 광산(光山), 숙도(叔道)는 그의 자이다. 아버지는 김무택(金茂澤)이다. 1789년(정조13) 진사로 입격하였으며, 남공철(南公轍)과 교유하였다.

104 김계용(金季容) : 김상휴(金相休, 1757～1827)로, 본관은 광산(光山), 계용(季容)은 그의 자이며, 호는 초천(蕉泉)이다. 아버지는 김무택(金茂澤)이다. 1803년(순조3) 증광 문과에 갑과로 급제하고 홍문록에 올랐다. 이듬해 교리(校理)로서 강화부 안핵어사(江華府按覈御史)로 나아가 강화부 중군 이만원(李晩遠)의 불법을 다스렸다. 1805년 시독관으로 《강목(綱目)》을 강독하면서 임금에게 선악을 밝게 할 것을 아뢰었다. 이듬해 수찬(修撰)이 되었으며, 1807년 응교(應敎)가 되었다. 이듬해 공충우도(公忠右道)의 암행어사가 되어 관할 지역의 목사・군수 등이 백성들을 제대로 다스리지 않는다는 장계(狀啓)를 임금에게 올렸다. 1810년 통신사로 일본에 다녀왔으며, 그 공로로 1812년 가의대부(嘉義大夫)의 품계를 받았다. 1817년 강화부유수, 1819년 대사성을 거쳐 이조참판・대사간이 되었으며, 1822년 경상도관찰사가 되었다. 1824년 형조판서・좌부빈객(左副賓客)・의정부좌참찬 등을 거쳐, 이듬해 판의금부사, 1826년 예문관 제학・이조 판서 등을 역임하였다.

子綏)[106]-경리(景履)-·남문보(南文甫)[107]-주헌(周獻)-·이치순(李穉順)[108]-유명(惟命)-이 함께하였다.

105 이제 신로(李弟新老) : 이재수(李在秀, 1770~1822)로, 본관은 연안(延安), 신로(新老)는 그의 자이다. 이정구(李廷龜)의 후손으로, 할아버지는 영상 이천보(李天輔)이며, 아버지는 판서 이문원(李文源)이다. 1809년(순조9) 별시 문과에 갑과로 합격하고, 홍문관 응교·경상도 감사 등을 역임하였다. 오희상의 외종제이다.

106 한자수(韓子綏) : 한경리(韓景履, 1772~1817)로, 본관은 청주(淸州), 자수(子綏)는 그의 자이다. 생부는 용화(用和)이며 용구(用龜)에게 출계하였다. 1809년에 생원이 되었고, 광주 판관(廣州判官)을 지냈다. 순조17년(1817) 12월 20일에 졸하였다. 묘는 안성 기좌리에 있다.《崇禎百八十二年己巳元子誕降慶增廣司馬榜目》《淸州韓氏第七校大同族譜 26卷 恭安公派篇上 2091~2092面》 오희상의 매부이다.

107 남문보(南文甫) : 남주헌(南周獻, 1769~1821)으로, 본관은 의령(宜寧), 문보(文甫)는 그의 자이며, 호는 의재(宜齋)이다. 할아버지는 남공보(南公輔)이고, 아버지는 돈녕부 도정 남인구(南麟耉)이다. 1798년(정조22) 사마시에 합격, 세마·호조 좌랑·감찰을 거쳐 함양·무주·남원·임천 등의 수령을 역임하며 주로 외직을 맡아 치적을 남겼다. 특히 1808년(순조8) 함양 군수 재직 시 암행어사에 의하여 치적이 보고되어 승서(陞敍)되고 이듬해 남원 현감이 되어서는 진휼에 힘쓴 공으로 표창을 받았다. 1814년 정시 문과의 병과에 급제한 뒤 사간원·사헌부·홍문관·규장각·세자시강원 등을 거치며 검토관·선교관 등을 역임하였고, 1819년 통정대부에 가자(加資)되었다. 그 뒤 형조 참의에 임명되고 승지를 거쳐 춘천 부사를 끝으로 사직하였다. 저술로는《의재집(宜齋集)》이 있다.

108 이치순(李穉順) : 이유명(李惟命, 1767~1817)으로, 본관은 전주(全州), 치순(穉順)은 그의 자이며, 호는 동포(東圃)이다. 아버지는 공조 좌랑 이염(李琰)이다. 문음(門蔭)으로 원릉 참봉(元陵參奉)이 되었고, 1801년(순조1)에는 참봉으로 별시 문과에 병과로 급제하여 승문원 정자를 거쳐 그 이듬해에는 전적이 되었다. 1806년 부수찬으로 있으면서 의리를 지켜나가기를 주장하는 소를 올렸으며, 그 뒤 우부승지를 지냈다. 1812년에 대기근이 연속되고 또한 홍경래(洪景來)의 난이 일어나자, 평안도 감진사(平安道監賑使)로서 백성들의 구호와 관군의 군량미 조달을 감독하는 한편, 반란이 진압된 뒤에는 안핵사(按覈使)를 겸하여 민심 수습에 전력하였다. 그 뒤 좌부승지와 좌승지를

무오년(1798, 정조22) 선생 36세

2월에 직산(稷山)의 묘려(墓廬 여막(廬幕))로부터 방향을 바꾸어 온양(溫陽)의 온천(溫泉)을 찾아갔다.

3월에 풍악(楓嶽 금강산(金剛山))에 가서 유람하였다.

계씨(季氏) 참판 공(參判公 오연상(吳淵常))·재종제(再從弟) 부사 공(府使公 오철상(吳澈常))·김계용(金季容 김상휴(金相休))·이치순(李穉順 이유명(李惟命))과 함께하였다. 이번 길에 영평(永平)과 철원(鐵原)의 여러 승경지를 두루 찾아가 보고, 김계용과 함께 장안사(長安寺)[109]의 신선루(神仙樓)에서 인심(人心)과 도심(道心)에 대해 논하였으니, 갔다가 돌아온 것이 총 20일이었다. 도중에 이도실(李道實)[110]-청(靑)-과 임득여(任得汝)[111]-로(魯)-와 해후하였다.

거쳐 가선대부(嘉善大夫)에 승계되어 성균관의 대사성이 되었다. 뒤이어 완원군(完原君)을 습봉(襲封)하고 병조참판과 예조참판이 되었는데, 특히 병조참판으로 있을 때는 군비를 확충하고 군기를 확립하여 국내외의 도전에 대응하려고 노력하였다. 그 뒤 다시 동지의금부사에 취임해서는 지배층의 기강확립에 심혈을 기울였다.

109 장안사(長安寺) : 강원도 금강산에 있는 큰 절로, 신라 법흥왕 원년(514)에 진표(眞表)가 창건하였으며 고려 성종 때 크게 확장되었다. 주위의 경치가 선경(仙景)과 같이 좋으며, 신라 때의 〈삼중 석탑(三重石塔)〉, 〈용도(龍圖)〉, 〈당초화문도(唐草花紋圖)〉 따위의 벽화가 남아 있다.

110 이도실(李道實) : 이청(李靑, 1748~?)으로, 본관은 전주(全州), 도실(道實)은 그의 자이다. 아버지는 이명환(李明煥)으로 이정형(李廷衡)에게 출계하였다. 영조 50년(1774) 식년시에 진사로 입격하였다. 《崇禎三甲午式年司馬榜目》

111 임득여(任得汝) : 임로(任魯, 1755~1828)로, 본관은 풍천(豊川), 득여(得汝)는 그의 자이며, 호는 영서거사(潁西居士)이다. 아버지는 대사간 임종주(任宗周)이다. 1777년(정조1) 아버지가 홍국영(洪國榮)에게 몰려 단천에 유배되어 죽은 뒤로는 벼슬

6월에 도성의 서쪽에 있는 천연정(天然亭)[112]에서 연꽃을 완상한 다음 방향을 바꾸어 세검정(洗劒亭)[113]을 찾아가 보았다.

계씨(季氏 오연상(吳淵常))가 함께하였다.

8월에 치성(致成)의 관례(冠禮)와 혼례(婚禮)를 치렀다.

전부(典簿) 심공 능수(沈公能秀)[114]의 딸을 아내로 맞아들였다.

을 단념하고 학문에만 전념하였다. 이후 나라의 부름이 계속되어 1809년(순조 9)에 제용감 부봉사(濟用監副奉事)가 되었다가 상서원 직장(尙瑞院直長)을 거쳐, 한성부와 사복시의 주부가 되었다. 그 뒤 의금부도사와 경모궁 영(景慕宮令)을 거쳐, 외직으로 나가 신령 현감·충원 현감을 역임하였다. 현감으로 있으면서 간악한 아전들을 다스리는 한편 횡포가 심한 토반(土班)들을 억압해 지방행정 질서와 풍속을 바로잡았다. 그러나 이 때문에 피해를 입은 세력들이 일치단결해 반감을 품고 충청좌도 암행어사 서좌보(徐左輔)에게 고자질해, 지방을 잘못 다스린다는 억울한 죄명을 쓰고 1822년 충청도 진천으로 귀양 가고 말았다. 다행히 누명이 벗겨져 이듬해 석방되었지만 그 뒤로는 일체의 세상사를 등지고 두문불출하면서 오로지 독서로써 여생을 보냈다.

112 천연정(天然亭) : 모화관(慕華館) 북쪽의 서지(西池)라는 연못 가에 있었던 정자로, 여름철에 연꽃을 구경하기 좋은 장소로 유명하였다. 본래 이해중(李海重)의 서재였는데, 나중에 경기도 중군영이 되었다고 한다. 정자가 연못으로 이름이 났고 연꽃이 많았으므로 이백의 시구인 "천연스러워 꾸밈을 벗어났다.〔天然去雕飾〕"에서 따온 이름이다. 《新增東國輿地勝覽 卷3 備攷2 漢城府》《阮堂全集 卷6 天然亭重修記》

113 세검정(洗劒亭) : 지금의 서울시 종로구 신영동(新營洞)에 있는 육각 정자이다. 김상채(金尙彩)의 《창암집(蒼巖集)》에 의하면, 1747년(영조23)에 지어졌다고 한다. 인조반정 때 거사한 이귀(李貴), 김류(金瑬) 등이 이곳에서 광해군 폐위문제를 모의하고 거사 후에 다시는 무력을 사용하지 않겠다는 각오로 칼을 씻었기 때문에 붙여진 이름이다.

114 심공 능수(沈公能秀) : 심능수(沈能秀, 1763~1811)로, 본관은 청송(靑松), 자는 미로(眉老)이다. 부친은 심환지(沈煥之)의 동생 찬지(燦之)이다. 1801년에 참봉으로서 진사에 합격하였다. 사후 이조 참의에 추증되었다. 《靑松沈氏大同譜 2卷

11월에 딸 민치록(閔致祿)[115]의 아내가 태어났다.-나중에 따라서 해령부부인(海寧府夫人)으로 추증되었다.-

기미년(1799, 정조23) 선생 37세

정월에 종씨(從氏) 교관 공(敎官公)을 위하여 곡하였다.[116]

공은 선생보다 두 살이 더 많았다.[117] 어렸을 때부터 함께 영재 공(寗齋公 오윤상(吳允常))에게 수학하여 서로 의지하고 도와주기를 친형제

404~406面》《崇禎三辛酉秋式年司馬榜目》

115 민치록(閔致祿) : 1799~1858. 본관은 여흥(驪興), 자는 원덕(元德), 호는 서하(棲霞)로, 민유중(閔維重)의 5대손이다. 재취 한산 이씨(韓山李氏)와의 사이에서 명성황후(明成皇后)를 낳았다. 1826년(순조26)에 문음(門蔭)으로 장릉 참봉(章陵參奉)이 되었고, 그뒤 제용감 주부(濟用監主簿)·의금부 도사(義禁府都事)·사복시 주부(司僕寺主簿)·충훈부 도사(忠勳府都事)등을 거친 뒤 과천 현감·임피 현령(臨陂縣令) 등 지방 수령을 역임하였다. 다시 상경하여 조지서 별감(造紙署別監)·사옹원 주부(司饔院主簿)·장악원 첨정(掌樂院僉正)을 역임하고 다시 덕천 군수(德川郡守)로 나갔다. 1855년(철종6)에 선혜청 낭청(宣惠廳郎廳)을 맡았고, 1857년 영주 군수가 되었다. 그의 딸이 고종비로 입궁한 것은 그가 사망한 뒤 1866년(고종3)의 일이다. 그뒤 영의정, 여성부원군(驪城府院君)으로 추증되었다. 민승호(閔升鎬)가 출계하여 가계를 이었다. 시호는 순간(純簡)이다.

116 종씨(從氏)……곡하였다 : 오서상(吳叙常)은 이해 1월 6일에 향년 39세를 일기로 졸하였다. 오서상은 오재경(吳載絅)의 둘째 아들로 오희상과 함께 본생 증조가 오진주(吳晉周)인바, 본래 서로 6촌 간이 된다. 그러나 오서상이 오희상의 숙부 오재유(吳載維)에게 출계하였기 때문에 여기서는 '종씨'라고 일컬었다. 참고로 오서상은 오대조 오숙(吳䎘)의 종손이 된다.《老洲集 卷16 從兄敎官公墓誌銘 並序》《海州吳氏大同譜 卷4 貞武公派 1172~1176面》

117 공은……많았다 : 오서상(吳叙常)은 1761년(영조37) 10월 17일에 태어났는바, 1763년(영조39) 5월 10일에 태어난 오희상보다 두 살이 더 많다.

나 다름없이 하였다. 그래서 이때에 이르러서 통곡하며 몹시도 슬퍼하였고, 나중에 묘지(墓誌)를 찬술하였다.[118]

2월에 이 부인(李夫人)을 모시고 안동부(安東府) 관아에 갔다.

이때 정헌공(定獻公)이 외직으로 나가서 안동(安東)을 맡아 다스리자[119] 선생이 가서 관아에서 모셨는데, 혼정신성(昏定晨省)하는 것 외에는 한 방에 고요히 거처하여 그 안에서 독서하였다. 지경 내에 아름다운 산수가 많았는데 때로 진솔하게 가서 노닐며 여러 승경지를 두루 관람하니, 남주(南州 안동(安東))의 인사들이 오래도록 변함없이 칭송하고 사모해 마지않았다.

3월에 경사(京師)의 집으로 돌아왔다.

4월에 남주(南州 안동(安東))의 관아에서 어버이를 찾아뵈었다.

7월에 예안(禮安)의 도산(陶山)에 가서 유람하고 퇴계(退溪) 이 선생(李先生 이황(李滉))을 모신 서원(書院)에 배알하였다.

이에 관한 단편의 기행문을 지은 것이 있다.[120]

118 나중에 묘지(墓誌)를 찬술하였다 : 현재 《노주집(老洲集)》 권16에 실려 있는 〈종형교관공묘지명 병서(從兄教官公墓誌銘並序)〉이다.

119 이때……다스리자 : 오재소(吳載紹)는 이달 9일에 있었던 정사(政事)에서 안동부사(安東府使)에 임명되었다. 《承政院日記 正祖23年 2月 9日》《日省錄 正祖23年 2月 9日》

120 이에……있다 : 현재 《노주집(老洲集)》 권15에 실려 있는 〈도산기행(陶山記

8월에 경사(京師)를 향하여 길을 떠났다.

용궁(龍宮)을 경유하여 수월루(水月樓)에 오르고, 호좌(湖左)로 길을 잡아 속리산(俗離山)의 여러 승경지를 찾아가 보며, 청천(晴川)에 있는 우암(尤菴) 송 선생(宋先生 송시열(宋時烈))의 묘소에 들러서 배알한 다음에 방향을 바꾸어 화양동(華陽洞)에 들어가서 구곡(九曲)의 이곳저곳을 두루 돌아다녔다. 이후 직산(稷山)의 묘려(墓廬 여막(廬幕))에 이르러서 절사(節祀)를 행하고 수일간 머무르다가 경사의 집으로 돌아왔다.

광주(廣州) 월곡(月谷)의 선영(先塋)에 가서 전성(展省)하였다.

이때 문효공(文孝公)의 묘소에 치제(致祭)하라는 명(命)이 내렸는데,[121] 계씨(季氏) 참판 공(參判公 오연상(吳淵常)) 및 치성(致成)이 따라갔다.

9월에 종암(鍾巖)으로 나갔다가 다음 날에 집으로 돌아왔다.

계씨(季氏 오연상(吳淵常)) 및 치성(致成)이 따라갔다.

10월에 남주(南州 안동(安東))의 관아에서 어버이를 찾아뵈었다.

行)〉이다.

121 이때……내렸는데 : 정조는 이해 8월 23일에 해창위(海昌尉) 오태주(吳泰周)에게 승지를 보내 치제하도록 전교하였다. 《承政院日記 正祖23年 8月 23日》《日省錄 正祖23年 8月 23日》《正祖實錄 23年 8月 23日》

11월에 이조의 추천을 받았다.[122]

상(上)이 정부(政府 의정부(議政府))와 이조에 명(命)하여 경전(經傳)과 주서(朱書)를 전공한 사람을 천거하도록 하였는데, 이조 판서 서공 용보(徐公龍輔)[123]가 선생 및 전 참봉 송공 치규(宋公穉圭)[124]·

122 11월에……받았다 : 이달 28일에 이조가 '경전(經傳)과 주서(朱書)를 전공한 사람〔經傳朱書專治人〕'으로 천거 단자를 올려 아뢰었다. 《日省錄 正祖23年 11月 28日》《正祖實錄 23年 11月 28日》

123 서공 용보(徐公龍輔) : 서용보(徐龍輔, 1757~1824)로, 본관은 달성(達城), 자는 여중(汝中), 호는 심재(心齋)이다. 아버지는 판서 서유녕(徐有寧)이다. 1774년(영조50)에 생원시에 합격하고, 이해 증광 문과에 병과로 급제하여 여러 관직을 거쳐 1783년(정조7)에 규장각 직각(奎章閣直閣)이 되었다. 1792년 사은부사(謝恩副使)로 청나라를 다녀왔으며, 경기도 관찰사·규장각 직제학, 이조·형조의 참판, 개성부 유수(開城府留守)·대사헌 등을 지내고, 1799년 예조판서에 승진하였다. 그 뒤 이조판서·좌부빈객(左副賓客)·대사헌·의정부우참찬·내의원제조(內醫院提調) 등을 지내고, 1800년 순조가 즉위하던 해 우의정이 되었다. 1802년 좌의정이 되었으며, 1804년 판중추부사(判中樞府事)가 되었다. 1805년 10월부터 이듬해 2월까지 진하 겸 사은정사(進賀兼謝恩正使)가 되어 청나라를 다녀온 뒤 벼슬을 버리고 향리로 돌아가 있다가, 14년 뒤인 1819년(순조19) 영의정에 올랐다. 이듬해 영의정을 사임하고 판중추부사·영중추부사(領中樞府事)를 지냈다. 시호는 익헌(翼獻)이다.

124 송공 치규(宋公穉圭) : 송치규(宋穉圭, 1759~1838)로, 본관은 은진(恩津), 자는 기옥(奇玉), 호는 강재(剛齋)이다. 아버지는 송환명(宋煥明)이다. 송시열(宋時烈)의 6대손으로 김정묵(金正默)의 문인이다. 1798년(정조22)에 경상도 관찰사 한용화(韓用和)의 천거로 영릉 참봉에 임명되었으나 부임하지 않은 것을 비롯하여, 이듬해에 원자궁강학청료(元子宮講學請僚), 1800년에 시강원 자의(侍講院諮議)와 호조 좌랑, 1801년(순조1)에 사헌부 지평 등에 잇따라 임명되었지만 모두 나아가지 않았다. 그 뒤에도 1804년에 군자감 정(軍資監正), 이듬해에 사헌부 집의, 1812년에 세자시강원 진선·공조 참의, 1815년에 시강원 찬선·공조 참판, 1816년에 대사헌 등에 임명되었으나 나아가지 않았다. 평생을 두고 벼슬을 사양한 것은 스승 김정묵이 뜻하지 않은

강서 현령(江西縣令) 조공 진구(趙公鎭球)를 천거하였다.

○상(上)이 연석(筵席)에 임하여 좌상 심환지(沈煥之)[125]에게 묻기를, "이조가 천거한 인재 중에 오 모(吳某)는 과연 어떠한가?"라고 하자, 대답하기를, "그의 경학(經學)은 제류(儕流)가 크게 추중하는 바입니다. 그리고 경학뿐만 아니라 문장도 잘합니다."라고 하였다. 이에 상(上)이 말씀하기를, "그 형과 비교하면 어떠한가?"라고 하였으니, 이는 대체로 영재 공(寧齋公 오윤상(吳允常))이 위대포의(韋帶布衣)로서 일찍 세상을 떠났지만, 그 명성이 위로 구중궁궐에까지 알려졌기 때문에 성상의 하교가 이와 같았던 것이다.

12월에 이 부인(李夫人)을 모시고 경사(京師)의 집으로 돌아왔다.

사건에 연루되어 억울하게 유적(儒籍)에서 제적되었기 때문으로 전한다. 그러나 72세가 되던 1830년에 왕의 간곡한 부름을 받아 세손의 시강원 찬선을 거쳐 대사헌을 지냈고, 이듬해 이조 참판이 되었다가 1838년(헌종 4) 80세의 수직(壽職)으로 정헌대부(正憲大夫)에 가자(加資)되었다. 시호는 문간(文簡)이다. 저서로는 《강재집(剛齋集)》이 있다.

125 심환지(沈煥之) : 1730~1802. 본관은 청송(靑松), 자는 휘원(輝元), 호는 만포(晩圃)이다. 아버지는 심진(沈鎭)이다. 1771년(영조 47)에 정시 문과에 병과로 급제하였다. 1793년(정조17) 이후 이조 참판·규장각 제학을 거쳐서 이조·병조·형조의 판서에 임명되었다. 김종수(金鍾秀)·윤시동(尹蓍東)과 함께 신임의리(辛壬義理)의 고수를 표방하여 이에 위배되는 남인 계열의 채제공(蔡濟恭)·이가환(李家煥)·이승훈(李承薰)의 징토(徵討)에 앞장섰고, 소론계의 서명선(徐命善)도 공격했으므로 이른바 벽파(僻派)의 선봉이었다. 윤시동이 죽은 뒤 1798년에 우의정에 임명되었으며, 1800년(순조 즉위) 순조가 어린 나이로 왕위를 계승하여 정순왕후(貞純王后)가 수렴청정(垂簾聽政)하게 되자, 영의정에 올랐다. 원상(院相)으로서 정권을 장악하고 스스로 세도를 진정시킬 것으로 자임하였다.

경신년(1800, 정조24) 선생 38세

정월에 세자익위사 세마에 제수되었다가 이윽고 시직(侍直)으로 승진하였다.[126]

선생이 말하기를, "나는 생원이나 진사도 아니고, 또한 초사(初仕)로 승전(承傳)된 사람이 아니다.[127] 전조(銓曹 이조와 병조의 통칭)가 조사하여 의망[128]한 것은 실로 천목(薦目)[129] 때문이니, 어찌 함부로 받아서 천목으로 자처할 수 있겠는가."라고 하고, 사장(辭狀)을 올

126 정월에……승진하였다 : 오희상은 이달 1일에 있었던 정사에서 처음에는 정9품 세마에 임명되었다가 동일 재정(再政)에서 정8품 시직에 단부되었다. 《承政院日記 正祖24年 1月 1日》《日省錄 正祖24年 1月 1日》

127 초사(初仕)로……아니다 : 오희상이 처음에 초사직(初仕職) 중의 하나인 정9품 세마(洗馬)에 제수되었다가 곧바로 정8품 시직(侍直)에 제수되었기 때문에 이렇게 말한 것이다. '초사(初仕)'란 본래 '처음 조정에 들어와서 벼슬하다.〔初入仕〕'라는 뜻으로, '처음 조정에 들어와서 맡는 관직〔初仕職〕'이나 '그러한 자리〔初仕窠〕' 또는 '처음 조정에 들어와서 벼슬하는 사람〔初仕人〕'의 의미로도 사용되었다. 초사직은 대부분 음관(蔭官)이 맡는 자리로, 일정 기간을 근무하면 6품으로 오른 뒤에 수령으로 차출되는 자리였으므로 수령이 되기 위해서는 거쳐야 할 자리로 인식되었다. 그러므로 초사직에 제수할 사람을 차출할 때에는 신중을 기하도록 하였고, 판서가 주재하는 정사가 아니면 차출하지 못하도록 하였다. 초사직을 맡는 사람은 신중히 선발한다는 취지에서 원칙적으로 이조 판서가 참석한 정사에서 차출하도록 하였다. 관원이 처음에 어떤 관직을 맡아 관원 생활을 시작하느냐는 그 뒤의 출세와도 연관되므로 당사자로서도 중요한 일이었다. '승전(承傳)'이란 승정원이 하교, 비답 등 왕명의 내용을 적어서 작성한 전지(傳旨)를 올리는 것이다.

128 의망 : 대본에는 '議'로 되어 있는데, 《승정원일기》 및 《일성록》 정조 24년 1월 13일 기사와 《정조실록》 동일 기사에 의거하여 '擬'로 바로잡아 번역하였다.

129 천목(薦目) : 인재를 천거할 때에, 그 천거되는 사람에 대하여 칭찬할 만한 명목으로, 이치(吏治)·문학(文學)·재능(才能)·효렴(孝廉) 따위를 말한다.

려서 면직을 청하였다.

○정원(政院)이 하문(下問)하심으로 인하여 선생이 누차 사장을 올려서 공무를 행하는 데에 뜻이 없다는 내용을 가지고 아뢰자, 상(上)이 말씀하기를, "출신(出身)한 초기에 사수(辭受 사양함과 받음)의 분수를 분명하게 아니, 어찌 기뻐하지 않을 수가 있겠는가. 또한 이이는 누구의 아들이며, 누구의 집안이란 말인가. 특별히 그의 뜻을 이루어주고 초사(初仕) 가운데에 다시 조용(調用)하라."라고 하였다.[130] 이는 대체로 문정공(文靖公 오재순(吳載純))이 지우를 받았던

130 정원(政院)이……하였다 : 이해 1월 13일 진시(辰時)에 편전(便殿)에서 입시한 자리에서 우부승지 서유문(徐有聞)이 병조의 말을 인용하여 "시직 오희상이 자신은 생원·진사가 아니고 또한 초사로 승전된 사람이 아니므로 해당 조(曹)가 조사해 의망한 것이 규례를 무시함을 면하지 못하였는바, 감히 현직으로써 자처하지 못하고 누차 사장을 올려서 공무를 행하는 데에 뜻이 없다고 하였습니다. 병조 판서가 이것으로 정원과 왕복하였는데, 마침 하문하심으로 인하여 감히 이렇게 우러러 아룁니다.〔侍直吳熙常, 以其非生進, 亦非初仕承傳之人, 該曹檢擬, 未免越格, 不敢自居以見職, 屢呈辭狀, 無意行公云, 而兵曹判書, 以此往復政院, 適因下詢, 敢此仰達矣.〕"라고 아뢰자, 정조가 "오희상의 일은 매우 귀하게 여길 만하다. 출신한 초기에 사수(辭受)의 분수를 분명하게 아니, 어찌 기뻐하지 않을 수가 있겠는가. 병조 판서의 일은 제대로 살피지 못한 것이라고 이를 만하다. 더구나 주서(朱書)의 전공으로 천거한 경우는 직임을 제수하라는 명(命)을 내리지 않았음에랴. 대체로 더할 나위 없이 엄격한 것은 관방(官方)이다. 오희상에 대해서는 특별히 그의 뜻을 이루어 주어 그 망단자를 그냥 두어라. 이이는 누구의 아들이며, 누구의 집안이란 말인가. 먼저 초사 가운데에 구처한 뒤에 조용해야 할 것이나 사체가 감조관과는 조금 다르니, 수사(首仕) 참봉 한 사람을 그저 사맹의 군직에 붙이고, 그 대신 오희상으로 의망해 들이라.〔吳熙常事極可貴, 出身之初, 明於辭受之分數, 豈不可喜? 兵判事, 可謂不察. 況朱書薦, 無除職之命者乎? 大抵莫嚴者官方也. 吳熙常, 特遂渠志, 其望筒置之. 是誰之子, 是誰之家乎? 首初仕中當區處後調用, 而事面與監造官稍別, 首仕參奉一人, 只付司猛軍職, 其代以吳熙常擬入.〕"라고 하교하

것이 특별히 뛰어나서 그분이 돌아가신 뒤에도 여전히 생각하였기 때문에 은교(恩敎)가 이러한 데에까지 미친 것이다.

장릉 참봉(長陵參奉)에 제수되었다가 이윽고 돈령부 참봉(敦寧府參奉)으로 바뀌었다.[131]

경사(京司)의 자리를 서로 바꾸라는 명(命)이 내렸기 때문이다.

돈령 참봉에서 체차되었다.

왕세자의 책례(冊禮)를 거행할 때에 욕석집사(褥席執事)로 뽑혔는데 본직(本職)에 대하여 아직 사은숙배(謝恩肅拜)하지 않았기 때문에 나아가 참여하지 않으니, 상(上)이 의롭게 처신하여 구차하지 않다고 인정하고 개차(改差)하도록 명한 다음에 이어서 계방(桂坊 세자익위사)에 자리가 나기를 기다려서 의망하여 들이도록 명하였다.[132]

였다. 《承政院日記 正祖24年 1月 13日》《日省錄 正祖24年 1月 13日》《正祖實錄 24年 1月 13日》

131 장릉 참봉(長陵參奉)에……바뀌었다 : 이해 1월 13일에 있었던 이조의 구전 정사에서 장릉 참봉에 제수되었다가 다시 동일 이조의 구전 정사에서 돈령 참봉 유상주(兪常柱)와 서로 자리를 바꾸게 되었다. 《承政院日記 正祖24年 1月 13日》

132 왕세자의……명하였다 : 왕세자는 훗날 즉위한 순조(純祖)로, 책례는 이해 2월 2일에 집복헌(集福軒)의 외헌(外軒)에서 관례(冠禮)와 함께 거행되었다. 《承政院日記 正祖24年 2月 2日》《日省錄 正祖24年 2月 2日》《正祖實錄 24年 2月 2日》 이해 1월 22일 오시(午時)에 편전(便殿)의 연석(筵席)에서 검교직제학(檢校直提學) 이만수(李晩秀)가 "책례를 거행할 때의 집사들 가운데에 욕석집사를 맡은 선공감역 이동윤은 시골에 있어 올라오지 못하고, 거안집사를 맡은 돈령 참봉 오희상, 동몽교관 김일주는

4월에 세자익위사 부솔에 제수되어[133] 사은숙배하였다.

계씨(季氏) 참판 공(參判公)이 신은(新恩)으로서 입시하였는데, 상(上)이 선생의 사은숙배가 늦어지는 것에 관해 묻자, 선생이 한결같이 주저할 수가 없어서 마침내 황공해하며 나와서 사은숙배하였다.[134]

본직에 대하여 나와서 사은숙배하지 않았기 때문에 집사의 임무에 역시 나아가 참여하지 못한다고 하니, 해당 조(曹)로 하여금 원래 단자를 다시 수정하여서 들이도록 하는 것이 어떻겠습니까?〔冊禮時諸執事中, 褥席執事繕工監役李東允, 在鄕不爲上來, 擧案執事敦寧參奉吳熙常, 童蒙敎官金日柱, 以本職之不爲出肅, 執事之任, 亦不進參云. 令該曹原單子更爲修正以入, 何如?〕"라고 아뢰자, 정조가 "그렇게 하라. 경사에 있는 두 사람은 의롭게 처신하여 구차하지 않으니 직명을 개차하여 해당 조로 하여금 먼저 군직에 붙여서 반열에 참여하게 하고 세자익위사에 자리가 나기를 기다려서 차차 의망하여 들이도록 하라.〔依爲之. 在京二人, 處義不苟, 職名改差, 令該曹, 先付軍職, 使之參班, 桂坊待窠, 次次擬入.〕"라고 거조(擧條)로 내었다. 《承政院日記 正祖24年 1月 22日》《日省錄 正祖24年 1月 22日》 이상의 사료에 근거해 보자면 원문의 '욕석집사'는 '거안집사'의 잘못으로 보인다. '집사'란 국가 행사 때 임시로 특별한 일을 맡은 관원을 말하며, 차비관과 비슷하다. '욕석집사'란 욕석(褥席)을 받드는 일을 맡은 집사인바, '욕석'은 요와 자리를 말하는데, 행사를 치를 때 이를 깔고 하였다. 액정서(掖庭署)나 봉상시 등에서 설치하였으며, 자주(紫紬)나 홍릉(紅綾) 등으로 요(縟)를 만들고 남초선(藍綃縇) 등으로 자리를 만들어 썼다. '거안집사'란 가례나 길례, 흉례 등의 국가 의식을 행하는 데에 있어서 보안(寶案)이나 책안(冊案) 등의 의물을 받드는 관원을 말하며, 대체로 참외관(參外官)이 맡았다.

133 4월에……제수되어 : 이달 10일에 있었던 정사에서 임명되었다. 《承政院日記 正祖24年 4月 10日》《日省錄 正祖24年 4月 10日》

134 계씨(季氏)……사은숙배하였다 : 오연상(吳淵常)은 이해 정시(庭試) 문과에 병과로 급제하여 이달 3일과 9일에 정조를 알현하고, 10일에 가주서에 임명되었다가 11일에 체차되었다. 이달 11일 진시(辰時)에 정조가 중희당(重熙堂)과 희정당(熙政堂)의 연석에서 오연상에게 오희상이 언제 사은숙배할 것인지에 대해 하문하자, 오연상은

○친정(親庭)에 올린 서신에 다음과 같은 내용이 있다.[135]

"소자의 거취를 반복하여 생각해 보니, 끝내 아직 석연함을 얻지 못하였습니다. 당초 계방(桂坊 세자익위사)에 출사한 것은 참으로 어쩔 수가 없었던 것입니다. 이 때문에 조만간 6품으로 오른 뒤를 기다려서 저의 이 하찮은 지조를 펴고자 하였는데, 지금 만약 나가서 사은숙배하면 이는 이미 본디 작정하였던 뜻이 아닙니다. 하물며 거취의 어려움은 더욱 지난번과 비교할 수 없을 정도이니, 지금 만약 차질이 생기면 삼가 생각건대 향후 전전하여 수습하기가 더욱 어려울 듯합니다.

대체로 사대부의 출처와 거취는 미관말직이라고 하여서 구차히 해서는 안 되고 단지 대의(大義)가 어떠한가를 보아서 확고하게 결정해 흔들리지 않아야 할 따름이니, 어찌 밖에서 이른 말에 간절히 매달려서 나아가고 물러나서야 되겠습니까. 근래에 출사를 권하는 것에는 세 가지 설(說 구실이나 변명)이 있으니, 자중한다는 혐의를 피함이고, 어버이를 위하여 지조를 굽힘〔爲親屈〕[136]이고, 세신(世

내일 사은숙배할 것이라고 대답하였다.《承政院日記 正祖24年 4月 3日, 9日, 10日, 11日》

135 친정(親庭)에……있다 : 이하의 내용은 현재《노주집(老洲集)》권2에 실려 있는 〈상친정(上親庭)〉에 보인다.

136 어버이를……굽힘 : 동한(東漢)의 모의(毛義)가 모친의 봉양을 위해 벼슬길에 나갔던 고사에서 유래한 것이다. 모의는 효행(孝行)으로 이름이 있었기에 남양(南陽)의 장봉(張奉)이 모의의 명성을 흠모하여 그를 찾아가 문안하였다. 이때 마침 모의를 안양 령(安陽令)으로 삼는다는 부(府)의 격문이 이르자 모의가 격문을 받고서 희색이 만면하므로 장봉이 마음속으로 천하게 여기면서 작별 인사를 하고 떠나가 버렸다. 그 후 모의의 모친이 별세한 뒤에 나라와 고을에서 누차 불렀지만 모의는 결국 나가지

臣)의 의리입니다.

자중한다는 혐의를 피한다는 설(說)로 말하자면, 혐의를 진실로 피할 만하나 아직 닥쳐오지도 않은 상황에서 혐의를 일으켜 도리어 현재 존재하는 의리에 대해 소홀히 하는 것은 이미 알맞은 것이 아니니, 혐의를 피하려고 나아가기보다는 차라리 혐의를 피하지 않고 물러나는 것이 나아가기를 어렵게 하고 물러나기를 쉽게 하는 의리[137]에 부합하는 것이 됩니다.

어버이를 위하여 지조를 굽힌다는 설(說)로 말하자면, 집안이 가난한데 어버이가 연로하면 진실로 벼슬할 만하나 이것 역시 마땅히 그때그때 상황에 따라 의(義)로 재단해야 할 것이고 일괄적으로 논해서는 안 될 것입니다. 돌아보건대 우리 집안은 그다지 곤궁한 지경에는 이르지 않았고 또한 대인께서 이미 대부의 녹(祿)을 받으시니, 녹사(祿仕)[138]의 계획은 급한 바가 아닙니다.

않았다. 이에 장봉이 감탄하며 말하기를, "어진 자는 진실로 측량할 수가 없다. 지난번에 그가 기뻐한 것은 어버이를 위하여 지조를 굽힌 것이다.〔賢者固不可測, 往日之喜, 乃爲親屈也.〕"라고 하였다. 《後漢書 卷69 劉平傳序 毛義》

137 나아가기를……의리 : 벼슬에 나아가기를 어렵게 하고 물러나기를 쉽게 한다는 의미이다. 《예기(禮記)》 〈표기(表記)〉에 "군주를 섬길 적에, 나아가기를 어렵게 하고 물러나기를 쉽게 한다면 자리에 질서가 잡힐 것이고, 나아가기를 쉽게 하고 물러나기를 어렵게 한다면 어지러워질 것이다. 그러므로 군자는 세 번 읍을 한 다음에야 나아가고 한 번 사양하고는 곧바로 물러남으로써 어지러워지는 것을 멀리한다.〔事君難進而易退, 則位有序, 易進而難退, 則亂也. 故君子三揖而進, 一辭而退, 以遠亂也.〕"라고 한 내용이 보인다.

138 녹사(祿仕) : 가난 때문에 녹봉을 받기 위하여 한 벼슬이라는 뜻이다. 《맹자(孟子)》 〈만장 하(萬章下)〉에 "벼슬함은 가난 때문이 아니지만, 때로는 가난 때문에 벼슬

세신의 의리로 말하자면, 혹 떠나가기도 하고 혹 나아가기도 하지만 이는 다 자기 자신을 깨끗이 하고자 하는 것입니다.[139] 자기 자신을 깨끗이 하는 것이 바로 나라에 보답하는 방법이니, 어찌 모두 의(義)가 반드시 벼슬해야만 하는 데에 있겠습니까. 이 세 가지 설(說)을 가지고서 속으로 반복하여 생각해 보노라면 끝내 의심이 없을 수가 없으니, 학문이 부족하고 식견이 우매하여 취사에 헷갈리어 헤매는 것이 더욱 한스럽습니다."-이 서신은 마땅히 한성 주부로서 정체(呈遞)하였을 때[140]에 있어야 할 듯하나 이 조목으로 옮겨서 집어넣은 것은 '계방에 출사한 것〔桂坊出仕〕'이라는 말이 있기 때문이다.-

하는 경우가 있다.〔仕非爲貧也, 而有時乎爲貧.〕"라고 하였는데, 이에 대한 주희(朱熹)의 집주(集註)에 "벼슬함은 본디 도를 행하기 위해서이나, 또한 집이 가난한데 부모가 늙었거나 혹은 도가 때와 맞지 않아서 단지 녹봉을 받기 위해 벼슬하는 경우가 있다.〔仕本爲行道, 而亦有家貧親老, 或道與時違, 而但爲祿仕者.〕"라고 설명하였다. 당(唐)나라 때 한유(韓愈)가 지은 〈쟁신론(爭臣論)〉에 "옛날 맹자가 '벼슬은 가난 때문에 하는 것이 아니지만 가난 때문에 해야 하는 경우도 있다.'고 말씀하였는데, 이러한 벼슬을 '녹사'라고 한다.〔古之人有云: 仕不爲貧, 而有時乎爲貧, 謂祿仕者也.〕"라고 한 내용이 보인다.《五百家注昌黎文集 卷14 雜文》

139 혹……것입니다 : 이 말은《맹자(孟子)》〈만장 상(萬章上)〉에 "성인(聖人)의 행동은 똑같지 않아서, 혹은 멀리 떠나 은둔하기도 하고, 혹은 벼슬하여 군주 가까이 있기도 하며, 혹은 떠나기도 하고, 혹은 떠나지 않기도 하지만, 귀결되는 점은 자기 자신을 깨끗이 하는 것일 뿐이다.〔聖人之行不同也. 或遠或近, 或去或不去, 歸潔其身而已矣.〕"라고 한 내용을 원용한 것이다.

140 한성……때 : '정체(呈遞)'란 체차(遞差)하기를 청하는 서면을 제출하는 것을 말한다. 오희상은 순조 즉위년 11월 8일에 있었던 정사에서 한성 주부에 임명되었는데, 신병을 이유로 정장(呈狀)하여 동월 23일에 체차되었다.《承政院日記 純祖 卽位年 11月 8日, 23日》

입직하여 서연(書筵)과 소대(召對)에 연달아 참여하였다.

선생이 넉 달 동안 직임을 수행하면서 누차 주연(胄筵)에 참여하였는데 글을 통하여 규간(規諫)을 바치는 것이 사리에 맞고 간절하며 조리가 있고 창달하였다. 그래서 상(上)이 매번 벽을 사이에 두고 임하여 들을 적마다 자주 그 학식을 칭찬하였고, 동궁이 간혹 선생에게만 명하여 미진한 뜻을 다시 진술하도록 한 것이 두 번에 이르고 세 번에 이르렀다.

윤4월에 병장(病狀)을 올렸다가 이윽고 출사하였다.

선생이 당초 나가서 임명을 받든 것은 오로지 옛 정의를 생각해 주신 은교(恩教)에 한 번 감사드리고자 한 것으로, 그대로 자리를 차지하고서 공무를 행하는 것은 평소에 늘 지니고 있던 생각이 아니었다. 이에 병장을 올려 남주(南州 안동(安東))의 관아에서 어버이를 찾아 뵈어서 체직을 도모하는 계책으로 삼으려고 하였는데, 정헌공(定獻公 오재소(吳載紹))이 급히 서신을 보내어 이를 만류하였기에 선생이 곧장 자기의 뜻을 이룰 수가 없어서 마침내 출사하였다.

5월에 정헌공(定獻公)이 벼슬을 버리고 경사(京師)의 집으로 돌아왔다.[141]

141 5월에……돌아왔다 : 오재소(吳載紹)는 신병(身病)을 이유로 말미를 받아서 경사에 올라온 뒤에 임소로 복귀하라는 누차 독촉에도 불구하고 안동으로 다시 돌아가지 않고 있다가 결국에는 개차(改差)되었다. 《承政院日記 正祖24年 6月 5日》《日省錄 正祖24年 6月 5日》

6월에 정종 대왕(正宗大王)이 승하하자[142] 등극의 배위(陪衛)에 참여한 뒤에 전례에 의하여 물러났다.

9월에 6품으로 올려 사과(司果)에 부직(付職)되었다.[143]

10월에 장악원 주부에 제수되었다.[144]

상(上)이 등극한 첫해에 새로 제수된 것이기 때문에 나가서 사은숙배하고 직임을 수행하였다.

정헌공(定獻公 오재소(吳載紹))을 모시고 월곡(月谷)의 묘소에 가서 전성(展省)하였다.

이해는 바로 조고(祖考) 문목공(文穆公)이 하세한 지 예순한 번째가 되는 해로, 기일은 10일이었으나[145] 인산(因山) 전[146]이라서 제사를

142 6월에 정종 대왕(正宗大王)이 승하하자 : 이해 6월 28일 유시(酉時)에 정조가 창경궁(昌慶宮) 영춘헌(迎春軒)에서 승하하였다. 순조는 7월 4일에 창덕궁(昌德宮) 인정문(仁政門)에서 즉위하였다. 《承政院日記 正祖24年 6月 28日, 純祖 卽位年 7月 4日》《正祖實錄 24年 6月 28日》《純祖實錄 卽位年 7月 4日》

143 9월에……부직(付職)되었다 : 이해 8월 29일에 병조가 구전 정사로 오희상을 부사과(副司果)에 단부(單付)하였다. 《承政院日記 純祖卽位年 8月 29日》 '부사과'는 오위(五衛)에 속한 종6품 무관 벼슬로 현직에 있지 않은 문관·무관에게 녹봉을 주기 위한 직책이었다.

144 10월에……제수되었다 : 이달 15일에 있었던 정사에서 임명된 것이다. 《承政院日記 純祖卽位年 10月 15日》

145 이해는……10일이었으나 : 오원(吳瑗, 1700~1740)은 영조 16년(1740) 10월 10일에 향년 41세를 일기로 졸하였는바, 순조 즉위년(1800)은 그가 졸한 지 만 60년이

지낼 수가 없었다. 이 때문에 묘소에 가서 전성하고, 방향을 바꾸어 양성(陽城)의 덕봉(德峯)에 가서 종씨(從氏 오서상(吳叙常))의 개장(改葬)을 참관하였다.

11월에 한성부 주부로 옮겼다.[147]

선생은 평소 담벽(痰癖)을 앓고 있었는데, 이때에 이르러서 촉한(觸寒)하여 증세가 갑자기 심해졌다. 인산(因山) 때에 본 부(府)에서 거행하는 일이 많이 있으므로 즉시 병장(病狀)을 올려서 체차되었다.[148]

되는 해이다.《雷淵集 卷20 吳伯玉墓誌銘幷序》《豊墅集 卷18 工曹參判兼大提學吳公謚狀》

146 인산(因山) 전 : '인산'은 정조의 인산을 가리킨다. 정조의 인산 과정은, 이해 11월 2일에 조전(祖奠)을 지내고, 3일에 발인하여 5일에 능소(陵所)에 도착한 다음 6일에 재궁(梓宮)을 현궁(玄宮)으로 모셔 내리고, 7일에 창덕궁(昌德宮) 효원전(孝元殿)에서 반우(返虞)하였다.《承政院日記 純祖卽位年 11月 2日, 3日, 5日, 6日, 7日》《純祖實錄 卽位年 11月 2日, 3日, 5日, 6日, 7日》

147 11월에……옮겼다 : 이달 8일에 있었던 정사에서 임명된 것이다.《承政院日記 純祖卽位年 11月 8日》

148 선생은……체차되었다 : 순조 즉위년 11월 23일에 행 도승지 남공철(南公轍)이 이조의 말로 아뢰기를, "한성부 주부 오희상이 올린 병장에 '제 몸이 평소 담벽의 증세가 있었는데 감기가 들어 그 증세가 더욱 극심해졌으니 열흘 안에 직임을 수행할 가망이 만무합니다. 그러니 바로 재빨리 입계하여 체차해 주소서.'라고 하였습니다. 그의 신병이 이미 이와 같다고 보면 억지로 직임을 살피도록 하기에 어려운 점이 있으니 개차하는 것이 어떻겠습니까?〔漢城府主簿吳熙常呈狀內, 矣身素患痰癖之症, 挾感添劇, 旬日之內, 萬無供職之望, 卽速入啓遞改云. 身病旣如是, 則有難强令察任, 改差, 何如?〕"라고 하자 순조가 이를 허락하였다.《承政院日記 純祖卽位年 11月 23日》'담벽'이란 수음(水飮)이 오랫동안 정체되어 담(痰)으로 변화한 것이 옆구리 부분으로 이동하여서 때로

○계씨(季氏) 참판 공(參判公 오연상(吳淵常))에게 준 서신에 다음과 같은 내용이 있다.[149]

"내가 견복(甄復 심사를 거쳐 복직함)한 이후에 자취가 마음과 어긋나서 거취(去就)가 사리에 맞지 않아 근심스럽고 답답하여 몹시도 마음을 달랠 길이 없다네. 구구한 나의 하찮은 이 지조는 본래 다른 사람에게 알려지기를 구하고자 한 것이 아니나 한 집안 형제의 사이에 이르러서도 만약 끝내 서로 믿을 수 없는 점이 있다면 이는 나의 잘못인바, 한번 진심을 피력하여서 서로 간에 알려 주는 것이 옳지 않겠는가.

내가 벼슬살이에 대해서 단념한 것은 실로 높이 어떤 경지에 든 것이 아니고, 또한 스스로 편리함을 선택한 것이 아닐세. 그 의(義)를 취한 것이 남몰래 따로 있으니, 시험 삼아 한번 선백씨(先伯氏 오윤상(吳允常))의 유문(遺文) 가운데 우인(友人)에게 답한 서신[150]을 살펴보면 아마도 알 수 있게 될 것일세.

스스로 돌아보건대, 의지와 자질이 노둔하여 백씨에게 심부름꾼

협통(脇痛)을 유발하는 병증이다. 수(隋)나라 소원방(巢元方)이 찬술한 《소씨제병원후총론(巢氏諸病源候總論)》 권20 〈산병제후(疝病諸候) 담벽후(痰癖候)〉에 "담벽이란, 음수(飮水)가 흩어지지 않고 가슴 부위에 있다가 한(寒)·열(熱)의 기(氣)를 만나 서로 엉겨서 가라앉아 담(痰)이 되었는데, 담(痰)이 또 옆구리와 갈빗대 사이로 흘러 옮겨가 때로 아픔이 있으니, 바로 이를 일러 담벽이라고 한다.〔痰癖者, 由飮水未散, 在於胸府之間, 因遇寒熱之氣相搏, 沈滯而成痰也. 痰又停聚, 流移於脇肋之間, 有時而痛, 卽謂之痰癖.〕"라고 하였다.

149 계씨(季氏)……있다 : 이하의 내용은 현재 《노주집(老洲集)》 권2에 실려 있는 두 번째 〈여사묵(與士默)〉에 보인다.

150 선백씨(先伯氏)의……서신 : 이 서신은 현재 《영재유고(寧齋遺稿)》 권2에 실려 있는 〈여우인서(與友人書)〉로, 그 주된 내용은 거업(擧業), 응거(應擧)에 관한 것이다.

이 되기에도 부족한데 특별히 단련해 주심을 후하게 받았기에 거칠게나마 이러한 도리가 있음을 알았다네. 불행하게도 백씨가 일찍 세상을 떠나서 그 훌륭한 지향과 사업을 전할 바가 없으니, 이는 진실로 천고의 뜻있는 선비들이 한스럽게 여기는 바일세.

오직 그 가르침의 한 맥(脈)이 이 몸에 남아 있으니, 그렇다면 또한 감히 노둔하고 형편없는 자질이라고 하여 스스로 기가 꺾인 채로 있지 못하는 점이 있네. 그러나 연래에 해이해 게으르고 제멋대로 하여 날로 점점 비루해지는 것이 지난날 안석을 주었을 적[151]에 견줄 수 있는 정도가 아니니, 스스로 돌이켜봄에 몹시도 근심스러워서 알려진 바가 없음[152]을 스스로 애달파할 겨를도 없이 백씨의 유풍(遺風)이 장차 인멸됨을 애달파하여 오직 두문불출하며 고요하게 자기 분수를 지키면서 거칠게나마 부형의 서여(緖餘)[153]를 기술함으

151 안석을 주었을 적 : 해당 원문은 '수궤(授几)'로, 이는 《시경(詩經)》 〈대아(大雅) 행위(行葦)〉에 "가깝고 가까운 형제들을 멀리하지 않고 모두 가까이한다면, 혹 자리를 펴며 혹 안석을 주리라. 자리를 펴고 그 위에 자리를 이중으로 펴니, 안석을 주고 계속하여 모시는 이가 있도다.〔戚戚兄弟, 莫遠具爾, 或肆之筵, 或授之几. 肆筵設席, 授几有緝御.〕"라고 한 데에서 유래한 것이다. 여기서는 오희상이 큰형 오윤상(吳允常)을 곁에서 가까이 모시고서 공부하였음을 가리킨 것이다.

152 알려진 바가 없음 : 해당 원문은 '무문(無聞)'으로, 《논어(論語)》 〈자한(子罕)〉에 "공자(孔子)께서 말씀하셨다. '후생(後生)이 두려울 만하니 후생들이 나의 지금보다 못할 줄을 어찌 알겠는가. 그러나 4, 5십 세가 되어도 알려진 바가 없으면 그 또한 두려울 것이 없는 것이다.'〔子曰: 後生可畏, 焉知來者之不如今也? 四十五十而無聞焉, 斯亦不足畏也已.〕"라고 한 데에서 나온 말이다.

153 서여(緖餘) : 실을 뽑아낸 누에고치에 남은 실오리를 이르는 말로, 근본이 되는 사상이나 학설 이외의 여론(餘論)이란 뜻이다.

로써 어린 자제들에게 남겨주고자 하네. 비록 부형께서 끝마치지 못한 뜻과 사업을 현양(顯揚)할 능력은 없지만 이로써 조금이나마 세상에 남은 자의 책임을 바치기를 바라서 이 마음을 성실하고 전일하게 할 것을 이미 스스로 마음속에 맹세하였네.

더구나 근간에는 사사로운 뜻이 제멋대로 마구 넘쳐흐르고 사람의 마음이 무너지고 갈라져서 그 처세의 어려움이 백씨께서 살아계시던 때보다 백배도 더하니, 그렇다면 이에 또 원굉(袁閎)처럼 토실(土室)에서 살려는 생각[154]이 있었네. 그런데 생각지도 않게 초봄에 외람되이 천거를 받아 벼슬하게 되니, 거취를 정하는 즈음에 시비(是非)가 어지러이 뒤섞여서 비방하는 말들이 사방에서 모여들게 되었네.

처음에는 바깥에서 이른 것 때문에 내면의 지조를 대번에 바꾸고자 하지 않았는데, 필경에는 일이 뜻대로 되지 않고 지조[155]가 확고하지 못하여 다시 벼슬길에 나아가는 것을 면하지 못하니, 한밤중에 일어나 이를 생각할 때마다 나도 모르게 동이 트도록 스스로 뉘우치

154 원굉(袁閎)처럼……생각 : 향리에 은둔해 살면서 학문을 닦으려는 생각이다. 원굉은 후한(後漢) 말 여남(汝南) 사람으로, 자는 하보(夏甫)이다. 그는 부귀한 집안에서 태어났으나 농사를 지으면서 글을 읽는 것을 업으로 삼았다. 명망이 높아 환제(桓帝) 연희(延熹) 2년(159)에 상서령 진번(陳蕃)이 천거하였으나 벼슬에 나아가지 않았다. 이후 여러 차례의 징소(徵召)에 모두 응하지 않고 토실(土室)을 쌓은 다음 그 속에 살면서 창문으로 음식을 들이고 내면서 18년 동안이나 몸을 감추고 있었다. 이후 황건적(黃巾賊)이 일어나 마을에 침입하였는데 원굉이 큰소리로 글을 읽고 있자 적도(賊徒)들이 원굉의 집에는 들어가지 않기로 서로 약속하였다. 《後漢書 卷45 袁閎列傳》

155 지조 : 대본에는 '操待'로 되어 있는데, 《노주집(老洲集)》 권2 〈여사묵(與士默)〉에 의거하여 '操待'의 '待'를 '持'로 바로잡아 번역하였다.

며 한스러워한다네.

조만간 궁함(宮啣 세자익위사의 관원)에서 벗어나는 날을 기다려서나 자신의 본분으로 되돌아가 처음 먹었던 뜻을 다시 이루려고 하였는데, 이번에 직명이 내려지자 또 낭패를 봐서 지조를 잃게 됨을 면치 못했네.

아아, 한번 진세(塵世)의 그물에 떨어지자 이 몸은 이미 나의 소유가 아니게 되었네. 주자(朱子) 같은 대현(大賢)으로도 오히려 조정과 시정이 어지럽혀서 그 본심(本心)을 잃을까 두려워하셨는데, 더구나 나 같은 자는 더 말해 무엇하겠는가. 필경에는 낭패를 보아 불행해질 것이 불을 보듯 뻔하다네.

맹자께서는 '섬기는 일 중에 무엇이 가장 큰가? 어버이를 섬기는 것이 가장 큰 일이다. 지키는 일 중에 무엇이 가장 큰가? 자신을 지키는 것이 가장 큰 일이다. 자신을 잃지 않고서 어버이를 잘 섬긴 자에 대해서는 내가 들었으나, 자신을 잃고서 어버이를 잘 섬긴 자에 대해서는 내가 듣지 못하였다.'[156]라고 말씀하셨네. 오늘날 나에게 벼슬하기를 권하는 자들은 대체로 '어버이를 기쁘게 하는 것〔悅親〕'을 가지고 말하니, 내가 아무리 어리석다고 하지만 어찌 이것을 알지 못하겠는가.

그러나 어버이를 기쁘게 하는 것은 한때의 일인 반면에 자신을 지키는 것은 종신토록 해야 하는 일이니, 무거움과 가벼움을 비교해 헤아려 보면 결코 이것을 가지고서 저것을 얻을 수가 없다네. 이

156 섬기는……못하였다 : 이 말은 《맹자(孟子)》 〈이루 상(離婁上)〉 제19장에 보인다.

때문에 감히 한번 벼슬하러 나갔다고 하여서 그대로 자리를 차지하지 못하여 기필코 오늘날까지 체차되기를 도모하여서 멀리 가지 않고 돌아오려는 계책[157]으로 삼고자 하는 것일세.

일찍이 한번 생각하기를, 그대는 연치가 비슷하고 서로 함께 자랐기에 출처(出處 출사와 은거)에 있어서 비록 길을 달리하였지만 거의 나의 마음을 알 수 있으리라 여겼다네. 그러나 근일 의견을 주고받는 즈음에 항상 벼슬하기를 권하는 뜻이 있으니, 이는 틀림없이 아직도 서로를 제대로 다 알지 못하는 점이 있기 때문일 걸세. 이 때문에 그런대로 한번 이렇게 말하는 것일세."

신유년(1801, 순조1) 순조 대왕(純祖大王) 원년 선생 39세

정월에 딸 김보근(金輔根)[158]의 아내가 태어났다.-나중에 따라서 정경부인에 봉해졌다.-

157 멀리……계책 : 불선(不善)의 초기에 그 잘못을 깨닫고 곧장 선(善)으로 들어서려는 것을 말한다. 《주역(周易)》〈복괘(復卦) 초구(初九)〉에 "초구는 멀리 가지 않고 돌아오므로 후회에 이름이 없으니, 크게 선하여 길하다.〔初九, 不遠復, 无祇悔, 元吉.〕"라고 한 내용이 보인다.

158 김보근(金輔根) : 1803~1869. 본관은 안동(安東), 자는 중필(仲弼), 호는 삼송(三松)이다. 아버지는 목사 김지순(金芝淳)으로 종숙 김홍순(金鴻淳)에게 출계하였다. 영흥부원군(永興府院君) 김조근(金祖根)의 동생이다. 1837년(헌종3) 판관으로서 식년 문과에 병과로 급제하였다. 사복시 정·대사성·부제학·직제학·경기도 관찰사·이조 참판을 거쳐, 형조 판서·대사헌·예조 판서·함경도 관찰사·판의금부사·한성부 판윤·공조 판서·원접사·규장각 제학·병조 판서·좌참찬 등을 역임하였다. 고종 즉위 후 대원군이 집권하자 물러났다가, 1864년(고종2)에 다시 예문관 제학·광주 유수가 되었다. 시호는 문헌(文憲)이다.

8월에 정헌공(定獻公)이 부사(副使)로서 연경(燕京)에 가게 되자[159] 모시고 따라가다가 평양(平壤)에 이르러서 작별 인사를 올리고 돌아왔다.

평양의 여러 승경지를 두루 구경하였다.

종암(鍾巖)으로 나갔다.

계씨(季氏 오연상(吳淵常))·재종씨(再從氏) 위솔 공(衛率公 오민상(吳敏常)) 및 치성(致成)·치우(致愚)·치익(致翼)·생질 이윤우(李胤愚)[160]가 따라갔다.

9월에 소격동(昭格洞)으로 옮겨 거처하였다.

향동(香洞)의 사제(賜第)를 대내(大內)에서 사들여서 가순궁(嘉順宮)[161]으로 삼았기에 마침내 담장을 사이에 둔 곳으로 집 두 채를

159 8월에……되자 : 오재소(吳載紹)는 이해 6월 22일에 있었던 정사에서 진하겸사은부사(進賀兼謝恩副使)에 임명되었다. 이후 동년 8월 2일 진시(辰時)에 희정당(熙政堂)에서 하직 인사를 올렸다. 《承政院日記 純祖1年 6月 22日, 8月 2日》《日省錄 純祖1年 6月 22日, 8月 2日》《純祖實錄 1年 8月 2日》

160 이윤우(李胤愚) : 1790~?. 본관은 연안(延安), 자 군석(君錫)이다. 부친은 이재수(李在秀), 조부는 이문원(李文源)이다. 순조 13년(1813) 증광시(增廣試)에서 생원, 진사로 입격하였다. 이후 동몽교관, 공조 좌랑·정랑 및 함열, 곡성, 교하, 서흥, 남원, 안성 등지의 지방관을 역임하였다. 《崇禎紀元後百八十六年癸酉王大妃殿寶齡六旬上候平復王世子冊禮王大妃殿寶齡周甲合四慶慶科增廣司馬榜目》《蔭案》《搢紳譜》 오재소(吳載紹)의 외손자이기 때문에 오희상의 생질이 되며, 오희상의 본생가로는 외종질(外從姪)이 된다.

161 가순궁(嘉順宮) : 이는 수빈(綏嬪) 박씨(朴氏, 1770~1822)의 궁호(宮號)이다.

사서 큰집과 작은집이 예전처럼 함께 거처하였다. 이때 선생은 이미 관직을 그만둔 상태였는데, 민공 원리(閔公元履 민치복(閔致福))의 댁도 역시 근린에 있었기에 도보로 왕래하며 열흘이 멀다 하고 만나보아 도의(道義)로 절차탁마한 지가 거의 10여 년이었다. 항상 말하기를, "내가 스승으로 모셨던 큰 형님을 여읜 뒤에 오직 민원리만이 나를 적셔주고 유익하게 해주는 바가 가장 많다."라고 하였다.

12월에 송경(松京 개성(開城))에서 정헌공(定獻公 오재소(吳載紹))을 맞이해 인사드렸다.

계씨(季氏) 참판 공(參判公 오연상(吳淵常))이 따라갔다.

임술년(1802, 순조2) 선생 40세

계해년(1803, 순조3) 선생 41세

민공 원리(閔公元履)에게 준 서신에서 임녹문(任鹿門)의 심성(心性)에 관한 설(說)이 잘못되었음을 논하였다.[162]

수빈 박씨의 본관은 반남(潘南), 좌찬성 박준원(朴準源)의 딸이다. 1787년(정조11)에 빈(嬪)이 되었고, 1790년과 1793년에 각각 순조와 숙선옹주(淑善翁主)를 낳았다. 창덕궁 보경당(寶慶堂)에서 향년 53세를 일기로 졸서하였다. 시호는 현목(顯穆), 원호(園號)는 휘경(徽慶)이며, 효자동 경우궁(景祐宮)에 제향되었다.

162 민공 원리(閔公元履)에게……논하였다 : 오희상이 민치복(閔致福)과 주고받은 서신들은 현재 《노주집(老洲集)》 권7과 권8에 실려 있는바, 여기에서 오희상은 임녹문(任鹿門)이 주장한 '편심전성(偏心全性)'에 대해서 비판하였다. 임녹문은 임성주(任聖周, 1711~1788)로, 본관은 풍천(豊川), 자는 중사(仲思), 녹문(鹿門)은 그의 호이다. 1733년(영조9) 사마시에 합격하였으며, 1750년에 세자익위사 세마가 되고 시직에 승진

주고받은 서신들은 본 문집에 보인다.

3월에 함평(咸平) 임소에 가서 계씨(季氏)를 만나 보았다.[163]

이때 참판 공(參判公 오연상(吳淵常))이 임소에 있으면서 병에 걸려 증세가 매우 위독하였는데, 선생이 이 소식을 듣고서 바로 그날에 남쪽을 향하여 길을 떠났다.

4월에 경사(京師)의 집으로 돌아왔다.

8월에 안산(安山)에 가서 누이동생 이 감사(李監司) 부인(夫人)[164]을 만나 보고, 관악(冠岳)의 여러 승경지를 두루 찾아가 보았다.

이공 재수(李公在秀)와 족제(族弟) 구상(龜常)[165]이 함께하였다.

하였으나 곧 사직하고, 1758년에 공주의 녹문에 은거하였다. 1776년에 정조가 즉위한 뒤 동궁을 보도(輔導)하고 지방관을 지내다가 다시 녹문에 은거하여 학문연구로 여생을 보냈다. 이재(李縡)의 문인으로 초년에는 스승의 학설을 신봉하여 인물성동론(人物性同論)을 주장하였으나, 중년에 이르러 기존의 학설을 비판하고 호락(湖洛)의 양론을 기일원론적(氣一元論的) 입장에서 종합하여 자신의 학설을 수립하였다. 저술로는《녹문집》이 있다.

163 3월에……보았다 : 오연상(吳淵常)은 이해 1월 9일에 있었던 두 번째 정사에서 함평 현감에 임명되었다.《承政院日記 純祖3年 1月 9日》《日省錄 純祖3年 1月 9日》

164 누이동생 이 감사(李監司) 부인(夫人) : 오재소(吳載紹)와 한산 이씨(韓山李氏)의 소생으로, 본래 오희상과는 사촌 간이다. 오희상의 본생가 외종제(外從弟)인 이재수(李在秀)의 아내이다.

165 족제(族弟) 구상(龜常) : 오구상(吳龜常, 1778~1815)으로, 본관은 해주(海州), 자는 현보(玄甫)이다. 아버지는 오재정(吳載鼎)으로, 순조 4년(1804) 식년시에서 진사가 되었다. 순조15년(1815) 6월 29일에 향년 38세를 일기로 졸하였다.《海州吳氏

갑자년(1804, 순조4) 선생 42세

3월에 청담(淸潭)에 가서 유람하였다.

5월에 아들 치익(致翼)이 관례(冠禮)를 치렀다.

강화(江華)에 갔다.

이때 정헌공(定獻公)이 강화 유수에 배수되어 부임하게 되자[166] 선생이 모시고 갔다가 다음 달에 돌아왔다.

7월에 강화(江華)에 갔다.

8월에 치익(致翼)이 아내를 맞아들였다.

승지 이공 엽(李公燁)의 딸로, 친영(親迎)을 행하였다.

민공 원리(閔公元履 민치복(閔致福))에게 빈(賓)으로 초빙되어서 그의 윤자(胤子) 태용(泰鏞)[167]에게 관(冠)을 씌워 주었다.

大同譜 卷4 貞武公派 1193面》《崇禎百七十七年甲子式司馬榜目》

166 이때……되자 : 오재소(吳載紹)는 이해 5월 3일에 비변사(備邊司)의 천망(薦望)으로 강화 유수에 임명되었다.《承政院日記 純祖4年 5月 3日》《日省錄 純祖4年 5月 3日》

167 태용(泰鏞) : 민태용(閔泰鏞, 1791～1840)으로, 본관은 여흥(驪興), 자는 자형(子亨)이다. 1829년(순조29) 정시에서 을과 1위로 문과 급제하였고, 우찬독(右贊讀)에 임명되었다. 1831년에는 임금의 특명에 따라 수찬(修撰)에 임명되었다. 1832년에 부응교(副應教)로 재직 중, 추도기유생(秋到記儒生)들을 대상으로 시행된 시험에서

9월에 월곡(月谷)의 선영에 가서 전성(展省)하였다.

이때 문효공(文孝公)의 묘소에 치제(致祭)하라는 명(命)[168]을 지수(祗受)하였는데, 계씨(季氏) 참판 공(參判公 오연상(吳淵常))·재종제(再從弟) 부사 공(府使公 오철상(吳澈常))·치성(致成)·치우(致愚)·치익(致翼)·이윤우(李胤愚)가 따라갔다.

이 부인(李夫人)을 모시고 강화(江華)에 갔다.

계씨(季氏) 참판 공(參判公 오연상(吳淵常))·재종제(再從弟) 부사 공(府使公 오철상(吳澈常))·외종형(外從兄 고종형(姑從兄)) 심덕윤(沈德胤)[169]-지영(至永)-·치성(致成)·치우(致愚)·치익(致翼)·서제(庶弟) 근상(謹常)[170]이 따라갔다.

연미정(鷰尾亭)·전등사(傳燈寺) 및 마니산(摩尼山)의 여러 승경지

부정이 발생했다는 사실을 보고하면서 수석을 차지한 이유겸(李維謙)에 대한 처벌을 건의하였다. 같은 해에 목릉(穆陵) 등의 왕실 제사에 집례(執禮)로 참여하여 통정대부(通政大夫)에 올랐다. 1836년(헌종2)에는 이조 참의에 임명되었다.

168 문효공(文孝公)의……명(命) : 이달 1일에 해창위(海昌尉) 오태주(吳泰周)의 묘소에 내시(內侍)를 보내어 치제하라는 전교가 내렸다. 《承政院日記 純祖4年 9月 1日》《日省錄 純祖4年 9月 1日》《純祖實錄 4年 9月 1日》

169 심덕윤(沈德胤) : 심지영(沈至永, 1763~1835)으로, 본관은 청송(靑松), 덕윤은 그의 자이다. 생부는 방진(邦鎭)으로, 이진(以鎭)에게 출계하는바, 오희상에게는 고모의 아들이 된다. 《靑松沈氏大同譜 1卷 仁壽府尹公派 果川公(錦)派 1080面》

170 근상(謹常) : 오근상(吳謹常, 1789~1836)으로, 본관은 해주(海州), 자는 사신(士愼)이다. 오희상의 서제(庶弟)로, 1825년(순조25)에 생원시에 합격하였으며, 의금부 도사, 공조 좌랑, 결성 현감(結城縣監), 진위 현령(振威縣令) 등을 지냈다.

를 두루 구경하였다.

10월에 경사(京師)의 집으로 돌아왔다.

11월에 강화(江華)에 갔다.

12월에 경사(京師)의 집으로 돌아왔다.

문정공(文靖公 오재순(吳載純))의 기일제에 참여하기 위해서였다.-기일은 그믐날이다.[171]-

을축년(1805, 순조5) 선생 43세

정월에 강화부 관아에 가서 혼정신성하였다.

정순 왕후(貞純王后)가 승하하였다는 소식[172]을 듣고 부중(府中)의 관사(館舍)에서 곡반(哭班)의 예(禮)를 행하였다.

171 기일은 그믐날이다 : 오재순(吳載純)은 1792년 12월 30일에 향년 66세를 일기로 졸하였다. 《正祖實錄 16年 12月 30日》《老洲集 卷16 文靖公府君墓誌》《海州吳氏大同譜 卷4 貞武公派 1175面》

172 정순 왕후(貞純王后)가 승하하였다는 소식 : 정순 왕후(貞純王后, 1745~1805)는 영조(英祖)의 계비(繼妃) 경주 김씨로, 오흥부원군(鰲興府院君) 김한구(金漢耉)의 딸이다. 이해 1월 12일 오시(午時)에 창덕궁의 경복전(景福殿)에서 향년 61세를 일기로 승하하였다. 《承政院日記 純祖5年 1月 12日》《日省錄 純祖5年 1月 12日》《純祖實錄 5年 1月 12日》

5월에 정헌공(定獻公)을 모시고 정수사(淨水寺)에 가서 유람하였다.

절은 마니산의 동쪽 기슭에 위치하였는데, 치성(致成)과 족제(族弟) 운경(雲卿)-우상(羽常)-이 따라갔다.

이 부인(李夫人)을 모시고 경사(京師)의 집으로 돌아왔다.

6월에 종암(鍾巖)으로 나갔다가 길에서 정순 왕후의 인산(因山)[173]에 곡반(哭班)의 예(禮)를 행하였다.

민공 원리(閔公元履 민치복(閔致福))·재종제(再從弟) 부사 공(府使公 오철상(吳澈常))과 자질(子姪)들이 따라갔다.

7월에 강화부 관아에 가서 혼정신성하였다.

8월에 양근(楊根)의 군재(郡齋 군아(郡衙))에 가서 중주(中洲) 이공(李公 이직보(李直輔))을 배알하고 영재 공(寧齋公 오윤상(吳允常))의 지문(誌文)을 받았다.

이때 이공은 그의 윤자(胤子) 교원(敎源)의 임소[174]에서 봉양을 받고

173 정순 왕후의 인산(因山) : 이달 17일에 계빈(啓殯)하고 19일에 발인하여 20일 해시(亥時)에 재궁(梓宮)을 현궁(玄宮)에 모셔 내렸다.《承政院日記 純祖5年 6月 17日, 19日, 20日》《日省錄 純祖5年 6月 17日, 19日, 20日》《純祖實錄 5年 6月 17日, 19日, 20日》 능은 원릉(元陵)으로 영조와 쌍릉을 이루었으며, 경기도 구리시 인창동 동구릉 내에 있다.

174 그의……임소 : 이교원(李敎源)은 한 해 전인 순조 4년(1804) 9월 8일에 있었던 정사에서 평양 서윤(平壤庶尹)에 임명되었다가 신병(身病) 때문에 정장(呈狀)하여서

있었다.

9월에 월곡(月谷)에 가서 조고(祖考) 문목공(文穆公)의 묘갈(墓碣)[175]을 세우고, 또 조비(祖妣) 최 부인(崔夫人)의 묘표(墓表)[176]를 세웠다.

병인년(1806, 순조6) 선생 44세

정월에 강화(江華)에 갔다.

2월에 종암(鍾巖)으로 나갔다가 방향을 바꾸어 노원(蘆原)에 가서 하룻밤을 묵고 돌아왔다.

노원은 양주(楊州) 불암산(佛巖山) 아래에 있는데 종암과의 거리가 10여 리이다. 정헌공(定獻公 오재소(吳載紹))이 여기에 새로이 복축(卜築)하였다.

8월에 종암(鍾巖)으로 나갔다.

20일에 있었던 정사에서 양근 군수(楊根郡守) 이영원(李永瑗)과 서로 자리를 바꾸어 임명되었다. 《承政院日記 純祖4年 9月 8日, 20日》《日省錄 純祖4年 9月 8日, 20日》

175 조고(祖考) 문목공(文穆公)의 묘갈(墓碣) : 오원(吳瑗)의 묘갈문은 남유용(南有容)이 지은 것으로 《뇌연집(雷淵集)》 권20에 실려 있는 〈오백옥묘지명 병서(吳伯玉墓誌銘幷序)〉이다. 이 묘갈문과 두전(頭篆)은 오재소(吳載紹)가 직접 썼다.

176 조비(祖妣) 최 부인(崔夫人)의 묘표(墓表) : 최 부인(崔夫人, 1703~1779)은 오원(吳瑗)의 재취(再娶) 전주 최씨로, 오재순(吳載純)과 오재소(吳載紹)의 생모이다. '묘표'란 '묘표(墓標)'라고도 적는바, 무덤 앞에 세우는 표석(表石)이다. 여기에는 죽은 사람의 사적(事蹟)과 덕행(德行)을 새겼으며, 관직(官職)의 유무나 고하에 관계 없이 세울 수 있었다. 현재 《노주집(老洲集)》 권18에 〈조비묘표(祖妣墓表)〉가 실려 있다.

임공 득여(任公得汝 임로(任魯))와 심공 자순(沈公子純 심문영(沈文永))이 함께하였다.

9월에 북한산(北漢山)에 가서 유람하고서 조계(曹溪)[177]를 찾아가 보았다.

재종제(再從弟) 부사 공(府使公 오철상(吳澈常))·군수 공(郡守公)[178] -휘상(徽常)-·족제(族弟) 운경(雲卿 오우상(吳羽常))·치익(致翼)·근상(謹常)·민생 태용(閔生泰鏞)이 따라갔다.

직산(稷山)으로 성묘하기 위해 길을 떠나서 양성(陽城)과 광주(廣州)의 여러 곳에 있는 선영에 들러 전성(展省)하였다.

177 조계(曺溪) : 《신증동국여지승람(新增東國輿地勝覽)》 권3 〈비고(備攷) 권2 한성부(漢城府)〉의 '명승' 조에 "조계동(漕溪洞)은 북한산성(北漢山城) 동문 밖에 있는데 7층 폭포가 있다."라고 한 내용이 보인다. 또 이익(李瀷)의 《성호전집》 권53 〈유삼각산기(遊三角山記)〉에 "동쪽에 있는 것이 취봉(鷲峯)이고 남쪽으로 돌아 비스듬히 뻗어 고개를 이룬 것을 석가령(釋迦嶺)이라고 한다. 석가령을 기준으로 동쪽 지역을 조계(漕溪)라 하니, 여기에는 조계사(漕溪寺)가 있는데 이 절에는 폭포가 있다.〔東爲鷲峯, 轉南迤爲嶺, 嶺曰釋迦. 自嶺以東曰漕溪, 漕溪寺在焉, 寺有瀑.〕"라고 한 내용이 보인다. 조계동은 현재 강북구 수유동 구천계곡 부근에 있는 인평대군(麟坪大君)의 송계별업(松溪別業) 터 일대로 추정된다.

178 군수 공(郡守公) : 오휘상(吳徽常, 1772~1847)으로, 자는 사종(士從), 호는 삼달재(三達齋)이다. 오재경(吳載絅)의 넷째 아들이다. 1814년에 생원이 되어 1822년에 참봉으로 벼슬을 시작하였다. 관직은 통훈대부 면천 군수(沔川郡守)에 이르렀다. 《海州吳氏大同譜 卷4 貞武公派 1180~1181面》

정묘년(1807, 순조7) 선생 45세

2월에 파주(坡州)에 가서 고모 심 양성(沈陽城) 부인(夫人)[179]의 장례를 치르는 데에 참여하였다.

3월에 계씨(季氏)의 영흥(永興) 임소[180]에 갔다.

안변(安邊)·영흥·함흥(咸興)의 여러 승경지를 두루 구경하였다.

4월에 집으로 돌아왔다.

돌아오는 길에 삼부연(三釜淵)을 찾아가 보았다.

10월에 용인(龍仁) 만현(晩峴)에 있는 12대조 사정 공(司正公)[181]의

179 고모……부인(夫人): 오원(吳瑗)과 전주 최씨(全州崔氏)의 소생으로, 이해 정월 11일에 졸하였다. 남편은 심이진(沈以鎭)으로, 영조 42년 12월 17일에 있었던 도목정사에서 양성 현감에 임명되기 때문에 '심 양성'이라고 하였다. 《靑松沈氏大同譜 1卷 仁壽府尹公派 果川公(錦)派 1080面》《承政院日記 英祖42年 12月 17日》

180 계씨(季氏)의 영흥(永興) 임소: 오연상(吳淵常)은 순조 6년(1806) 9월 25일에 있었던 두 번째 정사에서 영흥 부사에 임명되었다. 《承政院日記 純祖6年 9月 25日》《日省錄 純祖6年 9月 25日》

181 사정 공(司正公): 오륜(吳輪, ?~?)으로, 조선 전기의 문신이다. 태자첨사(太子詹事)를 역임하고 상서좌복야(尙書左僕射)에 증직된 오찰(吳札)의 후손으로, 고조는 동대비원록사(東大悲院錄事)를 역임하고 전객시 령(典客寺令)에 증직된 오승(吳昇)이며, 증조는 풍저창 승(豊儲倉丞)을 역임한 오효충(吳孝沖)이며, 조부는 태안 군수(泰安郡守)를 역임한 오사운(吳士雲)이며, 아버지는 군기감 소윤(軍器監少尹)을 역임한 오현(吳顯)이며, 부인은 문화 류씨(文化柳氏)이다. 관직은 충무위(忠武衛) 부사정(副司正)을 역임하고 통정대부 공조 참의에 증직되었다. 묘소는 본래 용인현(龍仁縣) 서쪽 느진재〔晩峴〕의 신좌을향(辛坐乙向)의 언덕에 있었는데 2006년에 아들 오계

묘소에 가서 전성(展省)한 다음 방향을 바꾸어 월곡(月谷)에 가서 성묘하였다.

무진년(1808, 순조8) 선생 46세

3월에 선비(先妣) 이 부인(李夫人)의 상(喪)을 당하였다.[182]

이 부인이 기유년(1789, 정조13) 이후로 병이 들어 오래도록 낫지 않아 병세의 기복이 일정하지 않았다. 선생이 오랜 시간 동안 약시중을 들면서 탕약의 물의 양을 맞추고 음식을 장만하는 것을 다른 사람에게 맡긴 적이 없었고, 혹은 몸소 약 달이는 화로를 지키면서 밤을 지새우기도 하였다. 말년에는 또 부인이 눈이 보이지 않자 수저를 쓰고 침석을 거두는 수고를 선생이 매번 대신하여 행하니, 이 부인이 항상 말씀하기를, "우리 아이가 아니었으면 내가 어찌 수명을 연장하여 지금에 이르렀겠는가."라고 하였다. 이때에 이르러서 연초부터 숙환의 증세가 매우 위중해지자 선생이 밤낮으로 옷을 벗지도 않고 곁에서 모시고 잔 것이 수개월이었다. 상(喪)을 당하게 되자 슬픔으로 몸을 상한 것이 예제(禮制)를 넘었다.

5월에 통진(通津) 서명동(西明洞)에 이 부인(李夫人)을 안장하였다.

새로 잡아 정한 터이다. 연운(年運)이 불길하다고 하여 임시로 장사

종(吳戒從)의 묘와 함께 경기도 안성시 양성면(陽城面) 덕봉리(德峰里)로 이장하였다.

182 3월에……당하였다 : 오재소(吳載紹)의 부인 한산 이씨(韓山李氏, 1737~1808)는 이해 3월 30일에 향년 72세를 일기로 졸하였다.《老洲集 卷16 先妣墓誌》《海州吳氏大同譜 卷4 貞武公派 1175~1176面》

를 지냈다.

윤5월에 《순암집(醇菴集)》을 교정해 인간(印刊)하였다.

계씨(季氏) 참판 공(參判公 오연상(吳淵常))과 함께 편찬(編纂)하고서 그냥 둔 것이 여러 해였는데, 이때에 이르러서야 비로소 인간하니 모두 10권이었다.

8월에 본생가 누이동생 한 판관(韓判官) 부인(夫人)의 상(喪)을 당하여 곡하였다.[183] -같은 날에 또 조카딸 남씨 부(南氏婦)[184]를 위하여 곡하였다.-

10월에 광주(廣州)에 가서 한 판관(韓判官 한경리(韓景履)) 부인(夫人)의 장례를 치르는 데에 참여하였다.

기사년(1809, 순조9) 선생 47세

정월에 연사(練事)를 지냈다.[185]

183 8월에……곡하였다 : 한 판관은 광주 판관(廣州判官)을 지낸 한경리(韓景履, 1772~1817)이다. 오희상의 본생가 누이동생은 이달 28일에 향년 38세를 일기로 졸하였다. 《老洲集 卷16 亡妹孺人墓誌》

184 남씨 부(南氏婦) : 본생가의 동생 오연상(吳淵常)의 딸로, 의령 남씨인 남태순(南太淳)에게 시집갔다. 《海州吳氏大同譜 卷4 貞武公派 1178面》

185 정월에 연사(練事)를 지냈다 : 오재소(吳載紹)의 부인 한산 이씨(韓山李氏)의 소상(小祥)이다. 부재모상(父在母喪)이었기 때문에 초상이 난 1808년 3월로부터 11개월 만에 날을 받아 지낸 것이다.

종질(從姪) 치준(致俊)[186]을 위하여 곡하였다.

치준은 바로 종씨(從氏) 교관 공(教官公 오서상(吳叙常))의 장자(長子)로 충정공(忠貞公)[187]의 주창손(主鬯孫)[188]이다. 그가 아버지를 일찍 여인 것[189]을 애달파하고, 또한 종손(宗孫)이라고 하여서 수년 전부터 데려다가 집에 두고 친자식처럼 사랑하며 그 타고난 자질이 훌륭하여 가르칠 만하다고 칭찬하였는데, 이때에 이르러서 요절하고 말았으니, 선생이 너무나 애통해하며 통곡하였다. 그를 위하여 지은 제문이 있다.[190]

186 치준(致俊) : 오치준(吳致俊, 1793~1809)으로, 본관은 해주(海州), 자는 경수(景秀)이다. 오서상(吳叙常)의 아들로 이해 1월 25일에 17세의 나이로 요절하였다. 《海州吳氏大同譜 卷4 貞武公派 1172面》

187 충정공(忠貞公) : 오두인(吳斗寅, 624~1689)으로, 본관은 해주(海州), 자는 원징(元徵), 호는 양곡(陽谷)이며, 충정(忠貞)은 그의 시호이다. 1648년(인조26) 진사시에 합격하고, 이듬해 별시 문과에 장원으로 급제하였다. 이후 지평·사간·부교리·경기도 관찰사·공조 판서·형조 판서 등을 역임하였다. 1689년(숙종15)에 기사환국으로 서인이 실각하자 지의금부사(知義禁府事)에 세 번이나 임명되고도 나가지 아니하여 삭직 당하였고, 그해 5월에 인현왕후 민씨(仁顯王后閔氏)가 폐위되자 이세화(李世華)·박태보(朴泰輔)와 함께 이에 반대하는 소를 올려 국문을 받고 의주로 유배 가다가 파주에서 죽었다. 곧 복관되었고 1694년 영의정에 추증되었으며, 덕봉서원(德峰書院)·충렬사(忠烈祠) 등에 제향되었다. 저서로 《양곡집》이 있다.

188 주창손(主鬯孫) : '주창(主鬯)'이란 '울창주(鬱鬯酒)를 맡았다'는 뜻으로, 본래 종묘(宗廟)의 제사를 주관함을 지칭하거나 태자(太子)의 별칭으로 사용되었다. 여기서는 오두인(吳斗寅)의 종손(宗孫)이라는 의미로 사용되었다.

189 그가……것 : 오서상(吳叙常)은 기미년(1799, 정조23) 1월 6일에 향년 39세를 일기로 졸하였다. 이때 오치준(吳致俊)은 일곱 살이었다. 《老洲集 卷16 從兄教官公墓誌銘並序》《海州吳氏大同譜 卷4 貞武公派 1172面》

190 그를……있다 : 현재 《노주집(老洲集)》 권14에 실려 있는 〈제종질치준문(祭宗

2월에 통진(通津)의 새로 쓴 묘소에 가서 전성(展省)하였다.

3월에 같은 언덕에서 이 부인(李夫人)의 천장(遷葬)을 행하였다.

나중에 묘지(墓誌)를 찬술하였다.[191]

상한(傷寒)을 앓아 크게 위독하였다.

선생이 면례(緬禮)를 행할 적에 역사(役事)를 시작할 때부터 비바람을 무릅쓰고서 역사를 몸소 감독하여 아무리 사소한 일이더라도 다른 사람이 대신하여 처리하게 하지 않았는데, 반곡(反哭)한 뒤에 자못 쇠잔한 기색을 보이더니, 이때에 이르러 병상에 몸져눕게 되었다. 그러다가 4월에야 비로소 위험한 고비를 넘길 수가 있었다.

5월에 담제(禫祭)를 지내고[192] 종암(鍾巖)으로 나가서 머물다가 열흘 남짓 지나서 돌아왔다.

《성리대전(性理大全)》을 가지고 가서 이른 아침부터 저물녘까지 펼쳐 놓고 열독하였다.

경오년(1810, 순조10) 선생 48세

姪致俊文)〉이다.

191 나중에 묘지(墓誌)를 찬술하였다 : 현재 《노주집(老洲集)》 권16에 실려 있는 〈선비묘지(先妣墓誌)〉이다.

192 담제(禫祭)를 지내고 : 오재소(吳載紹)의 부인 한산 이씨(韓山李氏)의 담제(禫祭)이다. 부재모상(父在母喪)이었기 때문에 초상이 난 1808년 3월로부터 15개월 만에 지낸 것이다.

5월에 종암(鍾巖)으로 나가서 머물렀다.

6월에 심제(心制)의 예법을 끝마쳤다.[193]

8월에 손자 홍선(弘善)[194]이 태어났다.

치성(致成)의 아들이다.

9월에 월곡(月谷)의 선영에 가서 전성(展省)하였다.

이때 문효공(文孝公)의 묘소에 치제(致祭)하라는 명(命)[195]을 지승(祗承)하였는데, 자질(子姪)들이 모두 따라갔다.

193 6월에……끝마쳤다 : 복(服)은 입지 않았으나 복(服)을 입었을 때와 같은 마음으로 근신하는 심상(心喪)으로, 오재소(吳載紹)의 부인 한산 이씨(韓山李氏)에 대한 심상이다. 부재모상(父在母喪)의 경우는 아들이 상주가 아니고 남편이 상주이기 때문에 기년(朞年) 만에 복을 벗는 것이 예제(禮制)이다. 아들은 예제에 의해 기년 만에 복(服)은 벗지만 어머니를 위해 슬퍼하며, 삼년상의 복(服)을 입었을 때와 같은 마음으로 근신하면서 모든 서찰에 자신을 애(哀)로 칭하고, 말미에 배상(拜上) 대신 소상(疏上)으로 칭한다. 이러한 심제는 통상적으로 재기(再朞) 이후 담제를 지낸 다음 달에 길제(吉祭)를 지내고 나서 끝마친다.

194 홍선(弘善) : 오홍선(吳弘善, 1810~1838)으로, 본관은 해주(海州), 자는 경의(景毅)이다. 오치성(吳致成)의 아들로, 순조 31년(1831) 식년시(式年試)에서 생원으로 입격하였다. 헌종 4년(1838) 6월 4일에 향년 29세로 세상을 떠났다.《崇禎紀元後四辛卯式司馬榜目》《梅山集 卷38 吳景毅墓誌銘幷序》

195 문효공(文孝公)의……명(命) : 이해 8월 28일에 예관(禮官)을 보내어 해창위(海昌尉) 오태주(吳泰周)에게 치제하라는 전교가 내렸다.《承政院日記 純祖10年 8月 28日》《日省錄 純祖10年 8月 28日》《純祖實錄 10年 8月 28日》

신미년(1811, 순조11) 선생 49세

8월에 돈령 주부에 제수되었다.[196]

선생이 벼슬하지 않은 지가 이미 10년이 넘었는데, 정헌공(定獻公)의 연세가 기질(耆秩)에 올랐기에[197] 부친을 봉양하는 데에 급하여 억지로 벼슬에 나아갔다.

사은숙배하고 직소(直所)에 나아갔다.

해서(海西 황해도(黃海道))를 향해 길을 떠났다.

이때 참판 공(參判公)이 봉양을 위해 외직으로 나가기를 요청하여 영변 부사(寧邊府使)에 제수되었는데[198] 일찌감치 부임하자 선생이 종숙모[199]를 모시고 가다가 평산(平山)에 이르러서 돌아왔다.

196 8월에……제수되었다 : 이해 8월 13일에 있었던 도목정사에서 임명되었다.《承政院日記 純祖11年 8月 13日》

197 정헌공(定獻公)의……올랐기에 : '기질(耆秩)'이란 기로(耆老)의 품질(品秩)로, 오재소(吳載紹)는 70세가 되던 무진년(1808, 순조8)에 숭정대부(崇政大夫)가 되고 기로사(耆老社)에 들어갔다.《老洲集 卷16 先考判敦寧府君墓誌》 참고로 이해에 오재소의 나이는 73세였다.

198 이때……제수되었는데 : 오연상(吳淵常)은 이해 8월 10일에 있었던 도목정사에서 영변 부사에 임명되었다.《承政院日記 純祖11年 8月 10日》《日省錄 純祖11年 8月 15日》

199 종숙모 : 오재륜(吳載綸, 1731~1771)의 아내 대구 서씨(大邱徐氏, 1730~1815)를 가리킨다. 부친은 명화(命華)이다. 동생 오연상(吳淵常)이 오재륜에게 출계하였으며, 오희상의 본생 증조가 오진주(吳晉周)이기 때문에 오재륜과 5촌 간이 되므로 '종숙모'라고 칭한 것이다.《海州吳氏大同譜 卷4 貞武公派 1175~1178面》

9월에 다시 직소(直所)에 나아갔다.

10월에 정헌공(定獻公)의 상(喪)을 당하였다.[200]

정헌공은 평소 강건(康健)하였는데, 이때에 이르러서 작은 병환을 수일 동안 앓다가 졸하였다. 선생은 이미 불훼(不毁)의 나이[201]였으나 상례의 형식과 슬픈 마음[202]을 다하기를 처음과 똑같이 하였다. 나중에 행장(行狀)과 묘지(墓誌)를 찬술하였다.[203]

200 10월에……당하였다 : 오재소(吳載紹)는 이달 7일에 향년 73세를 일기로 졸하였다.《潁翁續藁 卷5 禮曹判書兼判義禁府事吳公謚狀》《老洲集 卷16 先考判敦寧府君墓誌, 卷19 先考判敦寧府君行狀》

201 불훼(不毁)의 나이 : 어버이의 상(喪)을 당하여 과도하게 슬퍼하는 바람에 건강을 해쳐서 불효를 저질러서는 안 되는 나이라는 뜻으로, 고령을 뜻한다.《예기(禮記)》〈곡례 상(曲禮上)〉에 "50세에는 애훼(哀毁)를 지극히 하지 않고, 60세에는 애훼를 해서는 안 되고, 70세에는 다만 최마복을 입을 뿐 술을 마시고 고기를 먹으며 내실에 거처한다.〔五十不致毁, 六十不毁, 七十唯衰麻在身, 飮酒食肉, 處於內.〕"라고 하였으며, 〈잡기 하(雜記下)〉에는 "50세에는 애훼를 지극히 하지 않고, 60세에는 애훼를 해서는 안 되고, 70세에는 술을 마시고 고기를 먹으니, 이는 모두 그가 상(喪)을 치르다가 죽을까 두려워해서이다.〔五十不致毁, 六十不毁, 七十飮酒食肉, 皆爲疑死.〕"라고 하였다. '애훼(哀毁)'란 어버이의 상(喪)을 치르면서 지나치게 슬퍼하여 건강을 해치는 것을 말한다. 여기서는 오희상이 오재소(吳載紹)의 상(喪)을 당했을 때의 나이가 49세였기 때문에 그냥 50세의 나이로 어림잡아 말한 것이다.

202 상례의……마음 : 해당 원문은 '이척(易戚)'으로, '이(易)'는 형식에 치중한 것을, '척(戚)'은 슬픔을 가리키는 말이다. 이는 예(禮)의 근본을 묻는 임방(林放)의 질문에 "예(禮)는 사치하기보다는 차라리 검소한 것이 낫고, 상(喪)은 형식적으로 잘 치르기보다는 차라리 슬퍼하는 것이 낫다.〔禮, 與其奢也, 寧儉; 喪, 與其易也, 寧戚.〕"라고 대답한 공자의 말씀에서 유래한 것이다.《論語 八佾》

203 나중에……찬술하였다 : 현재《노주집(老洲集)》권16에 실려 있는 〈선고판돈령

12월에 정헌공(定獻公 오재소(吳載紹))을 통진(通津) 서명동(西明洞)에 안장하여 이 부인(李夫人)과 합폄(合窆)하였다.

임신년(1812, 순조12) 선생 50세

정월에 자부(子婦) 심씨(沈氏)를 위하여 곡하였다.[204]

나중에 심씨를 위하여 지은 제문이 있다.[205]

2월에 직산(稷山)에 가서 자부(子婦) 심씨(沈氏)를 문정공(文靖公 오재순(吳載純))의 묘소 곁에 안장하였다.

3월에 궤연(几筵)을 받들어 모시고서 노원(蘆原)에 우거(寓居)하였다.

집안의 온 식구를 거느리고 나와서 거처하자 종족(宗族) 두세 집이 또한 가까운 이웃으로 와서 살게 되었다.

계유년(1813, 순조13) 선생 51세

2월에 직산(稷山)에 가서 자부(子婦) 심씨(沈氏)의 천장(遷葬)을 참관하였다.

부군묘지(先考判敦寧府君墓誌)〉와 권19에 실려 있는 〈선고판돈령부군행장(先考判敦寧府君行狀)〉을 가리킨다.

204 정월에……곡하였다 : 자부 심씨는 오치성(吳致成)의 첫 번째 정실부인으로, 본관은 청송(靑松)이며 심능수(沈能秀)의 딸이다. 이달 4일에 향년 31세를 일기로 졸하였다. 《海州吳氏大同譜 卷4 貞武公派 1175面》

205 나중에……있다 : 현재 《노주집(老洲集)》 권14에 실려 있는 〈제자부심씨문(祭子婦沈氏文)〉이다.

4월에 서실(書室)에서 강회(講會 강론(講論)하는 모임)를 설행하였다. 자질(子姪)들 및 족제 구상(龜常)·준상(駿常)[206]이 모임에 참여하였다.

갑술년(1814, 순조14) 선생 52세

정월에 삼년상을 끝마쳤다.

4월에 민공(閔公)-치복(致福)-을 위하여 곡하였다.[207] 가마(加麻)[208]하였으며, 민공을 위하여 지은 제문이 있다.[209] 나중에 묘지(墓誌)를 찬술하였다.[210]

6월에 황해도 도사(黃海道都事)에 제수되었는데, 정장(呈狀)하여 체

206 준상(駿常) : 오준상(吳駿常, 1795~1816)으로, 본관은 해주(海州), 자는 사성(士聲)이다. 재정(載鼎)의 둘째 아들로, 재신(載紳)에게 출계하였다. 순조 14년(1814) 정시(庭試) 문과에 급제하여 종사랑, 권지승문원 부정자를 지냈다.《海州吳氏大同譜 卷4 貞武公派 1179, 1193面》

207 4월에……곡하였다 : 민치복은 이달 16일에 향년 49세를 일기로 졸하였다.《驪興閔氏世譜 卷10 三房派 978~980面》《老洲集 卷16 擴齋閔公墓誌銘 並序》

208 가마(加麻) : 심상(心喪)을 한다는 표시로 스승이나 선배, 친구의 죽음을 애도하기 위한 것이다. '마(麻)'는 질(絰)과 대(帶)를 가리키는바, 시마복에 질(絰)과 대(帶)를 착용하였다가 장사를 치른 뒤에 제거한다.《禮記注疏 檀弓上》《儀禮注疏 喪服 記》《常變通攷 卷13 喪禮 五服外服制》

209 민공을……있다 : 현재《노주집(老洲集)》권14에 실려 있는〈제민원리문(祭閔元履文)〉이다.

210 나중에 묘지(墓誌)를 찬술하였다 : 현재《노주집(老洲集)》권16에 실려 있는〈확재민공묘지명 병서(擴齋閔公墓誌銘並序)〉이다.

차되었다.[211]

3월에 군수(郡守) 권공(權公)-중즙(中緝)-의 부음을 듣고서 자리를 만들어 곡하였다.[212]

권공은 권 부인(權夫人)의 둘째 오라버니이다. 선생과 교분이 매우 돈독하여 항상 외우(畏友)로 추대하였다. 권공을 위하여 지은 제문이 있고,[213] 나중에 묘갈문(墓碣文)을 찬술하였다.[214]

을해년(1815, 순조15) 선생 53세

화천(華泉) 이공(李公)[215]-채(采)-에게 서신을 보내어 《율곡전서(栗谷

211 6월에……체차되었다 : 오희상은 이달 24일에 있었던 도목정사에서 황해도 도사에 임명되었는데, 정장(呈狀)으로 인하여 10월에 26일에 개차(改差)를 허락받았다. 《承政院日記 純祖14年 6月 24日, 10月 26日》 '정장'이란 '정소(呈訴)'와 같은 말로, 본래 소장(訴狀)을 관아(官衙)에 바친다는 의미이다. 특히 벼슬을 사양하거나 말미를 청할 때의 원서(願書)를 지칭한다.

212 3월에……곡하였다 : 권중즙(權中緝, 1753~1814)은 오희상의 장인 권제응(權濟應)의 둘째 아들로, 자는 경지(敬之)이다. 이해 2월 25일에 이조가 구전 정사로 진산군수(珍山郡守)에 임명하였는데, 동년 윤2월 29일에 임소에서 향년 62세를 일기로 졸하였다. 《承政院日記 純祖14年 2月 25日》《老洲集 卷17 郡守權公墓碣銘並序》《安東權氏大同世譜 30卷 侍中公派 聖源系 258~259面》 해당 조목은 통상적인 연보의 집필 순서에 비추어 보았을 때 순서상 착종이 있는 듯하다.

213 권공을……있고 : 현재 《노주집(老洲集)》 권14에 실려 있는 〈제권경지문(祭權敬之文)〉이다.

214 나중에 묘갈문(墓碣文)을 찬술하였다 : 현재 《노주집(老洲集)》 권17에 실려 있는 〈군수권공묘갈명 병서(郡守權公墓碣銘並序)〉이다.

215 화천(華泉) 이공(李公) : 이채(李采, 1745~1820)로, 본관은 우봉(牛峯), 자는

全書)》의 편목(編目 표제(標題))에 대해 논하였다.

《율곡전서》는 처음에 활자로 인행(印行)되었는데 이때에 이르러서 사림(士林)의 여러 의론이 장차 판각하여 오래도록 전해지게 하려고 하였는바, 이공이 이 일을 실제로 관장하였다. 그런데 이도중(李度中)이라는 자가 "마땅히 《송자대전(宋子大全)》의 체례를 따라서 편목(編目 표제(標題))을 '이자전서(李子全書)'로 바꾸어야 한다."라고 제창하니, 이공이 사우(士友)들에게 두루 자문하였다. 이에 선생이 답한 서신의 내용은 다음과 같다.[216]

"《율곡전서》의 개칭(改稱)에 관한 의론은 처음에 석담(石潭)의 이생(李生)으로부터 들었는데, 그 정의(精義)가 과연 어디에 있는지는 삼가 이해하지 못하겠습니다. 스스로 생각건대, 보잘것없고 천박하며 고루한 제가 이렇다 저렇다 많이 말하고 끼어들어 논해서는 안 될 것이므로 전후로 하문하심에 감히 대번에 피로(披露)하여 대답을 올릴 계획으로 삼지 못하였습니다.

그런데 접때 만나 뵙고서 직접 가르침을 받을 적에 몹시도 진지하고 간절하게 인도하시어 가부(可否)를 결정하는 데에 의견을 얘기하

계량(季亮), 화천(華泉)은 그의 호이다. 할아버지는 이재(李縡)이며, 아버지는 대사간 이제원(李濟遠)이다. 1774년(영조50)에 진사가 되고, 이듬해 휘령전(徽寧殿) 참봉에 제수되었다. 그 뒤 사헌부·호조·형조의 벼슬을 거쳐 돈녕부 주부를 지냈다. 음죽 현감이 되었을 때 무고로 벼슬을 그만두고 귀향하여 학문에 전념하였다. 1790년(정조14)에 다시 벼슬길에 올라 홍릉령(弘陵令), 지례 현감, 선산 부사, 상주·충주·황주의 목사, 익위사의 위솔·사어 등의 관직을 거쳐 호조 참판, 한성 좌·우윤 및 동지중추부사를 지냈다. 시호는 문경(文敬)이다. 저서로는 《화천집》 16권 8책이 있다.

216 이에……같다 : 이하의 내용은 현재 《노주집(老洲集)》 권5에 실려 있는 〈여이참판(與李參判)〉에 보인다.

도록 하셨으니, 이처럼 하시는데도 한결같이 모호한 태도로 곧장 바른대로 아뢰지 않는다면 이는 지극한 뜻을 저버린 것입니다. 이에 감히 참망(僭妄)함을 헤아리지 않고 집사께 사사로이 아뢰오니, 이는 감히 제 견해를 자신하여 채납되기를 요구한 것이 아니라 그런대로 한번 이 성의를 바칠 뿐인 것입니다.

삼가 생각해 보건대, 이 책의 편찬과 자료 수집이 이미 문정(文正) 노선생(老先生 송시열(宋時烈))의 손에서 나와서 체재(體裁)가 엄격하고 진중하며 의례(義例 주지와 체례)가 정밀하고 진실하여 국조(國朝)의 제 선생의 문집들을 두루 손꼽아 보아도 이것을 넘어서는 것이 아직 없으니, 이는 대현(大賢)이 하신 것으로 후인이 가까이 미칠 수 있는 바가 아닌 것이 확실합니다.

책의 제목에서 '집(集)'을 '전서(全書)'로 바꾼 것으로 말하자면, 옛사람은 일할 적에 무실(務實)의 도리만을 오로지하였으니, 아마도 '집(集)'이 낮고 '전서'가 높다고 하여서 아주 세세하게 여기에서 견주고 살펴보아 올려서 높이는 데에 뜻이 있었던 것은 아닌 듯합니다. 이는 대체로 《이정전서(二程全書)》를 모방한 것인데, 《이정전서》는 바로 '사실을 기록함〔記實〕'을 나타내는 칭호[217]에 불과하니, 그렇다면 곧 그 나머지는 이를 통하여 유추해 알 수 있는 것입니다.

지금에 이르러서 중간(重刊)하려는 의의는 다른 것이 없습니다. 그저 세상에 널리 퍼뜨리고 알려서 오래 전해지도록 계획하려는 것

217 《이정전서》는……칭호 : 《이정전서》는 정자(程子)의 모든 글을 모아서 묶은 책으로, '전서'라는 말은 '전체의 글'이라는 뜻인바, 여기에 다른 의미가 없기 때문에 이렇게 말한 것이다.

이고 보면 다만 마땅히 선배가 이루어 놓은 본(本)을 번각(飜刻)하고 후인이 손을 대서는 안 될 것이니, 이것이 사리로 보나 체면으로 보나 적합합니다.

더구나 집사께서 마침 이 일을 맡으셨으니, 더욱 마땅히 삼가 옛것을 지켜서 잘못하지 아니하고 잊지 아니하여 혹시라도 어긋나는 경우가 없어야만 할 것입니다. 이것이 실로 소술(紹述)[218]의 아름다움이 되니, 사람들 중 어느 누가 지적해 비난하겠습니까.

만약 '이자(李子)라는 칭호는 문정공(文正公)이 미처 가할 겨를이 없었던 것이니, 지금 추후하여 이 칭호로 일컫는 것이 계지(繼志)의 도(道)가 되는 데에 문제 될 것이 없다.'라고 한다면, 이 말이 그럴듯하기는 합니다. 그러나 율옹(栗翁)이 이렇게 훌륭한 율옹이 된 것은 진실로 구구한 칭호에 달려 있지 않습니다. 비록 '자(子)'를 가지고 칭하더라도 율옹의 분수상에 있어 터럭만큼도 더할 수가 없고, 비록 '자(子)'를 가지고 칭하지 않더라도 후학이 스승을 높이는 정성에 있어 또한 감쇄하는 바가 있는 것은 아닙니다.

대체로 스승을 높이고 도(道)를 호위함에는 자연 명(名)·실(實)과 본(本)·말(末)의 다름이 있으니, 그 도(道)를 체행(體行)하고 그 마음에 계합하는 것은 실(實)이고 본(本)이며, 그 사람을 높이고 그 명성을 사모함은 명(名)이고 말(末)입니다. 본(本)이 있으면 말(末)이 보존되고 실(實)이 있으면 명(名)이 따르기 마련입니다. 그러나 진실로 무엇을 먼저 해야 하고 무엇을 나중에 해야 하며, 무엇

218 소술(紹述) : 전인의 사업이나 제도 등을 계승하여 그를 좇아 행하는 것을 가리킨다.

이 중요하고 무엇이 중요하지 않은지에 대해 궁리하지 않으면 차츰 차츰 말(末)이 본(本)을 이기고 명(名)이 실(實)을 없애는 데에 이르지 않는 경우가 드물 것입니다.

더구나 지금 인현(仁賢)이 남겨 놓은 은택이 점점 멀어져 습속이 유약(柔弱)하고 위미(萎靡)하여 질(質)이 망실되고 위(僞)가 불어나 돌아보건대 율옹의 도(道)가 사라지지 않은 것이 거의 드무니, 아아, 위태롭다고 할 것입니다. 우리네 중에서 이 일에 뜻이 있는 자는 바로 이것만을 두려워하여 서로 수양하고 서로 훈계해야 하며 쓸데없이 트집을 잡아서는 안 되고, 본(本)을 중시하고 실(實)에 힘쓰는 데에 정신을 모아서 한 줄기 맥(脈)을 유지해 붙들어 이어서 땅에 떨어지지 않도록 해야 옳을 것입니다. 어찌 먼저 문식을 더욱 가하는 말단적인 쪽으로 지나치게 중요시한 나머지 편벽됨을 바로잡고 폐단을 보정하는 방법을 생각하지 않아서 도리어 유속(流俗)이 비난하는 것을 취할 수가 있단 말입니까.

가령 '자(子)는 유가에서 스승을 높이는 극존칭이니, 율옹에게 쓰지 않을 수가 없다.'라고 한다면, 이 또한 잘 헤아려야만 하는 점이 있습니다. 극존칭을 어찌 구차스럽게 가하고 말 뿐이겠습니까. 반드시 후세에 문정공 같은 자가 출현하여 유서(遺緖)를 계승하고 사문(斯文)의 도(道)를 크게 넓히고 천명하기를 기다린 다음, 이에 들어서 가한다면 '질정하여도 의심이 없고, 기다려도 의혹하지 않는다.'[219]라고 이를 만하겠습니다.

219 질정하여도……않는다 : 이 말은 《중용장구(中庸章句)》 제29장에 "군자의 도(道)는 자기 몸에 근본을 두고 나서 백성에게 징험하며, 삼왕에게 상고해 보아도 틀리지

이제 저 한두 후학(後學)이 지닌 한때의 의견으로 갑작스럽게 극존칭을 가하고 조금도 정중히 하지 않으면, 이 또한 너무 가벼이 여기고 설만하게 구는 것이 아니겠습니까. 아아, 수많은 우리 후생들이 똑같이 율옹의 망극(罔極)한 은혜를 입어서 지금까지도 그 은택이 사라지지 않고 있습니다. 무릇 천명하고[220] 발양하여 융숭하게 보답할 바의 도(道)에 있어서 어느 누가 본분을 다할 수 있음을 생각하지 않겠습니까마는 똑같게 하기가 어려운 것이 사람들의 견해이니, 의론이 똑같지 못한 것은 사람들의 얼굴이 서로 똑같지 않은 것과 마찬가지로 괴상하게 여길 것이 없습니다.

그러나 이미 일가(一家)의 사사로움이 아니고 이 공공(公共)의 도리에 관계되었고 보면 굳이 피아(彼我)의 구분을 확립하고 계한(界限)을 설정할 필요는 없고 중론(衆論)의 극치를 모아서 옳음을 찾아 나아가야 할 것입니다. 이는 비록 어리석은 저의 말을 바치지 않더라도 실로 깊이 인정하고 계실 터이니 바로 구구한 저의 바람입니다. 다만 어둡고 미약하며 식견이 없는 저는 경계해야 할 바가 입을 지키는 데에 있는데 정성스럽게 하문하심에 감격하여 마음속 깊은 곳에 온축한 바를 있는 그대로 드러내어 보이고 재단하지 못하였으니, 몹시도 황공하고 부끄럽습니다."

않으며, 천지에 세워도 어긋나지 않으며, 귀신에게 질정하여도 의심이 없으며, 백세에 성인이 나오기를 기다려도 의혹하지 않는다.〔君子之道, 本諸身, 徵諸庶民, 考諸三王而不謬, 建諸天地而不悖, 質諸鬼神而無疑, 百世以俟聖人而不惑.〕"라고 한 부분에 보인다.

220 천명하고 : 대본에는 '闢'으로 되어 있는데, 《노주집(老洲集)》 권5 〈여이참판(與李參判)〉에 의거하여 '闡'으로 바로잡아 번역하였다.

이도중이 이를 보고 매우 성내어 선생의 서신에 대한 변(辨)을 지었는데, 그 글에서 선생을 몰아붙이고 흠잡아서 제멋대로 비방하였고, 또 오조설(五條說)을 지어내고는 이것이 선생에게서 나왔다고 하면서 그럴듯하게 꾸며대고 억지로 끌어다 붙여서 못 하는 소리가 없었다. 이 중 그가 말한 제1조목은 바로 허봉(許篈)·송응개(宋應漑)·류직(柳稷)·채진후(蔡振後)의 흉악한 의론[221]을 그대로 따른 것이었다. 그런데 선생은 태연하게 "비방을 그치게 하는 방법은 변론하지 않는 것이 가장 좋다. 유언비어는 지자(知者)에게서 그치는 법이니, 내가 어리석을지라도 이리저리 논쟁하여 변론하는 데에는 이르지 않을 것이다."라고 하였다.

이에 이도중이 스스로 자기 말의 궁둔(窮遁)함[222] 알아서 선생을

221 허봉(許篈)……의론 : 이 네 인물은 이이(李珥)를 탄핵했거나 이이의 문묘 종사에 대해 반대했던 인물들이다. 1583년(선조16)에 대사간 송응개와 홍문관 전한 허봉 등이 '군주를 무시하고 권력을 마음대로 휘둘렀다'는 이유로 이이를 탄핵하고 파직하기를 청하였다.《宣祖修正實錄 16年 8月 1日》 1635년(인조13)에는 성균관 유생 송시형(宋時瑩) 등 270여 명이 이이와 성혼을 문묘에 종사하자는 내용의 상소를 올리자, 채진후가 소두(疏頭)가 되어 불가하다는 상소를 올렸다.《仁祖實錄 13年 5月 11日》 1650년(효종1)에는 경상도 진사 류직이 소두가 되어 이이와 성혼의 문묘 종사를 반대하는 상소를 올렸다.《孝宗實錄 1年 2月 22日》'류직(柳稷)'의 '稷'은 대본에 '稯'으로 되어 있는데,《노주집(老洲集)》권27〈행장(行狀)〉,《매산집(梅山集)》권45〈노주오선생행장(老洲吳先生行狀)〉및《백졸암집(百拙庵集)》등에 의거하여 '稷'으로 바로잡아 번역하였다.

222 궁둔(窮遁)함 : 말에 논리가 궁하여 회피하는 것을 말한다. 이는 맹자가 '지언(知言)'의 의미를 설명하면서 "편벽된 말을 들으면 말하는 사람이 가려진 바를 알고, 방탕한 말을 들으면 말하는 사람이 빠져 있는 바를 알고, 부정한 말을 들으면 말하는 사람이 도(道)에서 괴리된 바를 알며, 회피하는 말을 들으면 말하는 사람이 논리가 궁한 것을

몰아붙이기를 더욱더 심하게 하여 사람들에게 사주하여 투서하게 해서 기필코 선생을 무함하고자 하였다. 그런데 선생은 그저 '변론하지 않는다〔無辨〕'라는 경계를 지켜서, 간혹 일에 관해 묻는 자가 있으면 그 전말을 대략 들되 또한 마음을 가라앉히고 기운을 다스려서 분노가 낯빛과 말에 드러나지 않았으며, 자제들에게 나쁜 말을 하지 말라고 경계하였다. 그러다 이도중의 술수가 전부 다 드러나서 당류(黨類)가 그에게 절교를 고하게 되자 선생이 무함을 받은 것이 변론하지 않아도 저절로 변론되었다.

3월에 세자익위사 사어에 제수되어서 사은숙배하였다.[223]

선생이 어버이를 여읜 뒤에 벼슬하려는 뜻이 더욱 없었으나 예표(睿表 왕세자의 의표(儀表))를 앙첨하기 위하여 마침내 출사하여 두 차례 입직(入直)하였으니, 서연일기(書筵日記)가 있다. 나중에 집에 우환이 있었기 때문에 사직 단자를 올렸다.

5월에 사어에서 체차되었다.[224]

알 수 있다.〔詖辭, 知其所蔽; 淫辭, 知其所陷; 邪辭, 知其所離; 遁辭, 知其所窮.〕"라고 한 데에서 나온 말이다.《孟子 公孫丑上》

223 3월에……사은숙배하였다 : 이달 18일에 있었던 정사에서 임명된 것이다.《承政院日記 純祖15年 3月 18日》《日省錄 純祖15年 3月 18日》

224 5월에 사어에서 체차되었다 : 신병(身病)으로 인하여 직무를 수행하기가 어렵다는 사유로 정장(呈狀)하여 체차해주기를 요청하자, 이달 5일에 개차를 허락하였다.《承政院日記 純祖15年 5月 5日》《日省錄 純祖15年 5月 5日》

6월에 용인(龍仁)에 가서 종숙모(從叔母) 서 부인(徐夫人)의 장례를 치르는 데에 참여하였다.[225]

7월에 족제(族弟) 진사 구상(龜常)을 위하여 곡하였다.[226]

진사 군은 선생을 종학한 지가 여러 해였고, 만년에 또 온 가족을 데리고 찾아가서 몹시도 의지하고 믿었다. 그래서 이때에 이르러서 지극히 애석하게 여겨 슬퍼하고, 그를 위하여 지은 제문이 있다.[227]

6월에 이종제(姨從弟) 조공(趙公)-진구(鎭球)-을 위하여 곡하였다.[228]

선생이 약관의 시절부터 도의(道義)로써 서로 절차탁마하여 동기간처럼 친애하였다. 그래서 졸함에 이르러서 통곡하며 몹시도 슬퍼하였고, 그를 위하여 지은 제문이 있다.[229]

225 6월에……참여하였다 : 오재륜(吳載綸, 1731~1771)의 아내 대구 서씨(大邱徐氏, 1730~1815)는 이해 5월 2일에 향년 86세를 일기로 졸하였다. 동생 오연상(吳淵常)이 오재륜에게 출계하였으며, 오희상의 본생 증조가 오진주(吳晉周)이기 때문에 오재륜과 5촌 간이 되므로 '종숙모'라고 칭한 것이다. 《海州吳氏大同譜 卷4 貞武公派 1175~1178面》

226 7월에……곡하였다 : 오구상(吳龜常, 1778~1815)은 순조 4년(1804) 식년시에서 진사가 되었다. 이해 6월 29일에 향년 38세를 일기로 졸하였다. 《海州吳氏大同譜 卷4 貞武公派 1193面》《崇禎百七十七年甲子式司馬榜目》

227 그를……있다 : 현재 《노주집(老洲集)》 권14에 실려 있는 〈제현보문(祭玄甫文)〉이다.

228 6월에……곡하였다 : 조진구(趙鎭球, 1765~1815)는 이달 8일에 향년 51세를 일기로 졸하였다. 오희상과 함께 외조부가 이천보(李天輔)이다. 《豐壤趙氏漢山君派世譜 卷1 199面》 해당 조목은 통상적인 연보의 집필 순서에 비추어 보았을 때 순서상 착종이 있는 듯하다.

병자년(1816, 순조16) 선생 54세

5월에 경사(京師)의 집으로 철환(撤還)하였다.

6월에 영미동(永美洞)을 유람하였다.

영미동은 도성의 동쪽 성곽 밖 동망봉(東望峯) 아래에 있는데 천석(泉石)의 승경이 있었다. 영서(穎西) 임공 득여(任公得汝 임로(任魯))・심공 자순(沈公子純 심문영(沈文永))・홍백응(洪伯應)[230]-직필(直弼)-과 함께 모이고, 이로 인하여 〈태극도설(太極圖說)〉을 강론하였다.

정축년(1817, 순조17) 선생 55세

9월에 다시 정릉(貞陵)[231]을 유람한 다음 방향을 바꾸어 청수동(淸修洞)의 재간정(在澗亭)[232]을 찾아가 보았다.

229 그를……있다 : 현재 《노주집(老洲集)》 권14에 실려 있는 〈제조국진문(祭趙國珍文)〉이다.

230 홍백응(洪伯應) : 홍직필(洪直弼, 1776~1852)로, 본관은 남양(南陽), 자는 백응(伯應)・백림(伯臨), 호는 매산(梅山)이다. 초명은 긍필(兢弼)이다. 평생 출사하지 않고 학문 강학에 힘써 근재(近齋) 박윤원(朴胤源) 문하에서 그 학맥을 계승하고 이를 후대에 전한 노론 낙론의 핵심사상가이자 문인, 교육자이다. 학문은 박윤원 외에도 노주(老洲) 오희상(吳熙常)의 영향을 많이 받았으며, 문하의 제자로 전재(全齋) 임헌회(任憲晦), 중암(重菴) 김평묵(金平默) 등이 있다.

231 정릉(貞陵) : 조선 태조의 계비(繼妃) 신덕왕후(神德王后) 강씨(康氏)의 능으로, 지금의 정릉동(貞陵洞) 일대이다. 본래 지금의 중구(中區) 정동(貞洞) 일대에 있었는데, 신의왕후(神懿王后)의 아들 태종에 의해 지금의 자리로 이장되고, 신덕왕후는 후궁의 지위로 격하되었다가, 1669년(현종10)에 송시열의 계청으로 제사를 회복하고 태묘(太廟)에 부묘(祔廟)되었다.

232 청수동(淸修洞)의 재간정(在澗亭) : 청수동(淸修洞)은 정릉(貞陵) 일대인 지금

임공 득여(任公得汝 임로(任魯))・홍백응(洪伯應 홍직필(洪直弼))・김공(金公)-기풍(基豐)-・심공(沈公)[233]-능정(能定)-・김공(金公)-기서(基叙)-이 함께 모였다.

무인년(1818, 순조18) 선생 56세

정월에 과천(果川)에 가서 제문을 지어 가지고 망매(亡妹)[234] 한 판관(韓判官 한경리(韓景履)) 부인(夫人)의 천장(遷葬)에 곡하였다.

3월에 남산(南山)에서 상춘(賞春)하였다.

홍백응(洪伯應 홍직필(洪直弼))을 찾아갔다가 이어서 함께 잠두봉(蠶頭峰)[235]에 올랐는데, 화천(華泉) 이공(李公 이채(李采))도 와서 함께 하였다.

4월에 고양(高陽)에 가서 심공(沈公)-문영(文永)-의 장례를 참관하였다.[236]

의 정릉동 청수장 주변으로 보이며, 재간정(在澗亭)은 청수동에 있었던 정자로 보인다.

233 심공(沈公) : 심능정(沈能定, 1760~1821)으로, 본관은 청송(青松), 자는 정이(靜而), 호는 소재(塑齋)이다. 아버지는 이지(頤之)이다. 함양 군수(咸陽郡守)를 역임하였다. 《青松沈氏大同世譜 2卷 391面》

234 망매(亡妹) : '망매(亡妹)'의 '妹'는 대본에 '姝'로 되어 있는데, 일반적인 용례에 의거하여 '妹'로 바로잡아 번역하였다.

235 잠두봉(蠶頭峰) : 양화(楊花) 나루 동쪽 강안에 솟아 있는 누에머리 모양의 봉우리로, 일명 가을두(加乙頭) 혹은 용두봉(龍頭峯)이라고도 하는바, 현재의 절두산(切頭山)이다.

236 4월에……참관하였다 : 심문영(沈文永, 1767~1817)은 순조 17년(1817) 12월 2일에 향년 51세를 일기로 졸하였다. 《青松沈氏大同譜 1권 1072~1073面》

나중에 심공을 위하여 지은 제문이 있다.[237]

10월에 경행(經行)으로 초선(抄選)되어 경연관(經筵官)과 서연관(書筵官)에 부직(付職)되었다.[238]

이공 우신(李公友信)[239]과 함께 천거되었다.

노원(蘆原)의 옛집으로 나가서 머물다가 방향을 바꾸어 월곡(月谷)의 묘려(墓廬 여막(廬幕))에 가서 머물렀다.

사헌부 지평에 제수되었다.[240]

돈유(敦諭)를 내렸다.[241]

237 나중에……있다 : 현재 《노주집(老洲集)》 권14에 실려 있는 〈제심자순문(祭沈子純文)〉이다.

238 10월에……부직(付職)되었다 : 오희상은 이달 10일에 의정부와 이조에 의해 초선되어 다음 날 있었던 정사에서 이우신(李友信)과 함께 경연관과 서연관에 임명되었다. 《承政院日記 純祖18年 10月 10日, 11日》《日省錄 純祖18年 10月 10日, 11日》《純祖實錄 18年 10月 10日》

239 이공 우신(李公友信) : 이우신(李友信, 1762～1822)으로, 본관은 덕수(德水), 자는 익지(益之), 호는 문원(文原)・죽촌(竹村)・수산(睡山)이다. 김양행(金亮行)의 문하로, 《근사록》과 주자서(朱子書)를 중점적으로 연구하여 성리와 인물성에 대하여 탐구하였다. 1818년(순조 18)에 학문의 능력을 인정받아 경연관과 서연관에 등용되었다. 이듬해 시강원 자의를 지냈다. 저서로 《수산유고》 4권이 있다.

240 사헌부 지평에 제수되었다 : 오희상은 이해 10월 16일에 있었던 정사에서 임명되었다. 《承政院日記 純祖18年 10月 16日》《日省錄 純祖18年 10月 16日》《純祖實錄 18年 10月 16日》

전유(傳諭)의 내용은 다음과 같다.[242]

“선비가 책을 읽고 행실을 닦는 것은 앞으로 쓰이는 바가 있게 하려는 것이고, 군주가 현자를 구하는 데에 급급한 것은 앞으로 훌륭한 다스림을 행하려는 것이다. 우리 왕조의 열성(列聖)께서 서로 계승하여 청아(菁莪)[243]와 작역(柞棫)[244]의 교화가 이미 위에서 흡족하고 대유(大儒)와 숙학(宿學)이 아래에서 흥기하여 혹은 과목(科目)으로 나아오고[245] 혹은 임번(林樊)에서 기용되어서[246] 요순시대의 군주

241 돈유(敦諭)를 내렸다 : 이해 10월 26일에 내린 것이다.《承政院日記 純祖18年 10月 26日》《日省錄 純祖18年 10月 26日》《純祖實錄 18年 10月 26日》

242 전유(傳諭)의……같다 : 이하의 내용은《순재고(純齋稿)》 권14에 실려 있는 〈유지평오희상(諭持平吳熙常)〉으로,《승정원일기》 및《일성록》 순조 18년 10월 26일 기사와《순조실록》 동일 기사에도 보인다.

243 청아(菁莪) : 이는 군자가 인재를 길러줌으로 인하여 온 천하가 기뻐함을 읊은《시경(詩經)》 소아(小雅)의 〈청청자아(菁菁者莪)〉를 가리킨다. 모시서(毛詩序)는 이에 대하여 “청청자아는 인재 기르는 것을 즐거워한 시이니, 군자가 인재를 기르면 천하가 기뻐하고 즐거워할 것이다.〔菁菁者莪, 樂育材也. 君子能長育人材, 則天下喜樂之矣.〕”라고 설명하였다.

244 작역(柞棫) : 떡갈나무와 두릅나무를 가리키는바, 인구가 불어나 형세가 흥성함을 말한다.《시경(詩經)》〈대아(大雅) 면(緜)〉에 “떡갈나무와 두릅나무가 뻗어 올라가 다니는 길 통하니, 곤이들은 도망하여 숨만 쉴 뿐이로다.〔柞棫拔矣, 行道兌矣. 混夷駾矣, 維其喙矣.〕”라고 한 내용이 보이는데, 이는 주(周)나라 태왕(太王)이 처음으로 기산(岐山)의 아래에 갔을 적에는 숲이 막혀 있고 인구가 적었는데 나중에는 인구가 번성하고 귀부하는 사람들이 많아져서 떡갈나무와 두릅나무 사이에 길이 났음을 노래한 것이다. 그러나 해당 원문은 먼저 언급된 ‘청아’와 함께 고려해 보았을 때 ‘작역’보다 ‘역복(棫樸)’이 더욱 타당할 듯하다. ‘역복’은《시경(詩經)》〈대아(大雅)〉의 편명으로, 주(周)나라 문왕(文王)의 덕화로 천하에 인재가 많이 나오고, 또 문왕이 훌륭한 인물들을 빠짐없이 등용하여 백성들이 그 덕을 사모해 찬양하는 것을 읊은 시이기 때문이다.

와 백성을 만드는 사업[247]과 유가의 도(道)를 호위하고 세도(世道)를 부지하는 공(功)이 우뚝하게 서로 이어져 손꼽아 이루 다 셀 수 없을 정도로 많으니, 어찌 성대하지 않겠는가.

그대는 대대로 국록(國祿)을 받아 온 충정(忠貞)한 집안의 후예로서 현인과 성인의 학문을 깊이 연구하고 훌륭한 행실이 사우(士友)들에게 추존(推尊)을 받아서 대신(大臣)의 추천과 선부(選部 이조(吏曹))의 천거에 오르기까지 하였으니, 내가 비록 그대를 미처 만나보지 못하였으나 그대가 당세의 현자라는 것을 이미 알았노라. 어진

245 과목(科目)으로 나아오고 : '과목(科目)'이란 본래 과거(科擧)의 시험 종목, 또는 그 시험을 뜻하는바, 여기에서는 과거에 급제한 사람인 '과목인(科目人)'이나 과거에 급제하여 벼슬아치가 된 사람인 '과목 출신(科目出身)'을 가리킨다.

246 임번(林樊)에서 기용되어서 : '임번(林樊)'이란 본래 '수풀로 울타리를 삼는다'는 뜻으로, 은사(隱士)가 사는 곳을 지칭하는바, 여기에서는 산림(山林)으로서 천거됨을 이른다.

247 요순시대의……사업 : 당대의 군주를 요순 같은 성군(聖君)으로 만들고 당대의 백성을 요순시대의 백성과 같이 만든다는 의미로, 은(殷)나라 성탕(成湯)이 이윤(伊尹)을 초빙한 고사에서 유래하였다. 성탕이 사람을 시켜 폐백을 보내어 이윤을 초빙하였는데 이윤이 아무런 욕심 없이 말하기를, "내가 탕의 초빙하는 폐백을 받아서 무엇하겠는가. 내가 밭이랑 가운데서 농사지으면서 이대로 요순의 도를 즐기는 것만 하겠는가.〔我何以湯之聘幣爲哉? 我豈若處畎畝之中, 由是以樂堯舜之道哉?〕"라고 하였다. 성탕이 세 번이나 사람을 보내 초빙하자 이윤이 이윽고 마음을 바꾸며 말하기를, "내가 밭이랑 가운데서 농사지으면서 이대로 요순의 도를 즐기는 것이, 내 어찌 이 군주로 하여금 요순 같은 훌륭한 군주가 되게 하는 것만 하겠으며, 내 어찌 이 백성으로 하여금 요순 같은 훌륭한 군주의 백성이 되게 하는 것만 하겠으며, 내 어찌 그렇게 되는 것을 내 몸에서 직접 보는 것만 하겠는가?〔與我處畎畝之中, 由是以樂堯舜之道, 吾豈若使是君爲堯舜之君哉? 吾豈若使是民爲堯舜之民哉? 吾豈若於吾身親見之哉?〕"라고 하였다. 《孟子 萬章上》

이를 좋아하고 선비를 중시하는 것은 다름 아닌 나의 가법(家法)이다. 그러니 내가 어찌 자리에 바로 앉지 못한 채 학수고대하면서 우리 조단(朝端 조정(朝廷))에 기필코 초치하려는 바를 생각하지 않을 수가 있겠는가. 이에 풍헌(風憲)의 직임과 경연(經筵)·서연(書筵)의 직함을 주노니, 이는 또한 우리 조정이 현자를 대우하는 예(禮)이다. 그러니 그대는 조정에 나와서 나를 보필하여 요순시대의 군주와 백성을 만드는 것으로 자임하기를 마치 옛적에 현인들이 우리 열성을 보필하듯이 하지 않을 수 있겠는가.

더구나 지금 원량(元良)이 스승에게 나아가 공부할 나이가 되었으니,[248] 바로 마땅히 장중하고 단정하며 바르고 올곧은 사람이 아침저녁으로 좌우에서 보필해 학문에 부지런히 면려하여 덕성을 성취하도록 해야 할 것이다. 오늘날 이 일을 그대들에게 바라지 않고 장차 누구에게 책임지울 수 있겠는가. 나는 고하기를 많이 하지 않겠

248 지금……되었으니 : '원량'은 훌륭한 세자를 가리키는 것으로, 《서경(書經)》 〈상서(商書) 태갑 하(太甲下)〉에 "한 사람이 크게 선하면 만방이 이 때문에 바르게 될 것이다.〔一人元良, 萬邦以貞.〕"라고 한 부분에서 나왔다. 《서경》의 이 말은 본래 천자의 대선(大善)과 지덕(至德)을 가리킨 것이나, 세자를 지칭하는 말로도 사용되는데, 《예기(禮記)》 〈문왕세자(文王世子)〉에 "옛말에 '악정(樂正)은 세자의 학업을 맡고 부사(父師)는 세자의 덕행의 성취를 맡는다.'라고 하였으며, 《서경》에 '한 사람이 크게 선하면 만국이 이 때문에 바루어진다.'라고 하였으니, 이는 세자를 이른 것이다.〔語曰 : 樂正司業, 父師司成, 一有元良, 萬國以貞. 世子之謂也.〕"라고 한 내용이 보인다. 청나라 양장거(梁章鉅)가 지은 《칭위록(稱謂錄)》에 "태자를 옛날에 원량이라 칭했다.〔太子, 古稱元良.〕"라고 보인다. '스승에게 나아가 공부할 나이'는 10세를 가리키는바, 《예기(禮記)》 〈내칙(內則)〉에 "열 살이 되거든 나가 바깥 스승에게 나아가 바깥에서 거처하고 잠잔다.〔十年, 出就外傅, 居宿於外.〕"라고 한 데에서 유래한 것이다. 이해에 효명세자(孝明世子, 1809~1830)가 10세가 되었기 때문에 이렇게 말한 것이다.

으니, 그대는 선뜻 마음을 돌이켜 조정에 나아와 목이 마른 듯 애타게 바라는 나의 소망을 저버리지 말지어다."-사관을 보내어 전유하였다.-

사관이 돌아가는 편에 맡겨 아뢰었다.[249]-맡겨 아뢴 내용은 싣지 않는다.-
돈유(敦諭)를 지수(祗受)한 뒤에 감히 전례에 따라 서계(書啓) 안에 첨부하여 아뢰지 못하고, 정상(情狀)이 위험하고 급박하다는 것으로 기록하여 사관에게 준 다음에 급히 서계하지 말고 그것을 가지고 정원(政院)에 들여보내어서 자세히 헤아려 아뢰도록 하였다.

11월에 현도(縣道)[250]를 통해 소장(疏章)을 올려서 소명(召命)을 사양하였다.

소장의 내용은 다음과 같다.[251]

"삼가 아룁니다. 신(臣)이 실상도 없이 명성을 훔쳐 크게 당세를

249 사관이……아뢰었다 : 이때 사관에게 맡겨서 아뢴 내용은 현재 《노주집(老洲集)》 권1에 실려 있는 〈사관김이적선별유후부주(史官金履迪宣別諭後附奏)〉이다.

250 현도(縣道) : 현(縣)과 현(縣) 사이를 통행하는 큰 도로를 가리키는바, 현(縣)의 치소(治所)가 있는 곳을 기점으로 하여 현(縣)에 소속된 향(鄕)·진(鎭) 또는 이웃 현(縣)과 서로 연결된 곳을 이른다. 고대 중국에서는 시골에 있는 관리와 유생이 글을 올릴 경우 이 현도를 통하여 경사로 전달되었다. 조선조에서는 지방에 있는 관원이 상소할 경우에는 자신이 거주하는 고을에 상소를 바치면, 고을 수령이 감사에게 상소를 보내고 감사가 승정원으로 올려보냈다. 이러한 과정을 통해 올리는 상소를 '종현도상소(從縣道上疏)', 또는 '현도소(縣道疏)'라고 불렀다.

251 소장의……같다 : 이하의 내용은 《노주집(老洲集)》 권1에 실려 있는 〈사지평겸경연관서연관소(辭持平兼經筵官書筵官疏)〉로, 《승정원일기》 및 《일성록》 순조 18년 11월 6일 기사에도 보인다.

속여서 마침내 위로 성상(聖上)께서 밝게 들으심을 기망하기까지 하였습니다. 이에 당치도 않은 은혜가 갑작스럽게 내렸는데, 곧 열흘이 안 되어서 경연(經筵)・서연(書筵)의 직함과 지헌(持憲 지평(持平))의 발탁으로 제서(除書 제수하는 문서)가 잇달아 내려오니, 신(臣)은 진실로 깜짝 놀라 가슴이 떨리고 몹시 아픈 나머지 마음을 수습하지 못한 채 몸 둘 바를 모르겠습니다.

미천한 포의(布衣)의 신분으로 하루아침에 이러한 격식을 벗어나고 상례가 아닌 임명을 받음은, 아무리 옛적의 굉유(宏儒)와 석덕(碩德)이라고 하더라도 오히려 머뭇거리며 물러나 돌아볼 터인데 신(臣)이 도대체 어떤 사람이기에 감히 이러한 은총을 외람되게 입는단 말입니까. 이는 비유하자면 원거(鶢鶋)가 종고(鍾鼓)의 소리를 듣고서 그 즉시 깜짝 놀라고 죽게 되는 것[252]과 같습니다.

아아, 신(臣)은 대대로 국록(國祿)을 받아 온 집안의 후예입니다. 선신(先臣)의 형제[253]가 잇달아 현양(顯敭)하였기에 성만(盛滿)함

252 원거(鶢鶋)가……것 : '원거(鶢鶋)'란 해조(海鳥)의 이름으로, '원거(爰居)'라고도 표기하는바, 이는 자기의 분수에 넘치는 벼슬이 묘당에서 근심하고 슬퍼하다가 죽은 새의 처지와 똑같다는 말이다. 이와 관련된 내용은 《장자(莊子)》 〈지락(至樂)〉에 "옛날에 해조가 노(魯)나라 국도의 교외에 날아와 머물러 있었는데 노나라 군주가 맞이하여 묘당에서 주연을 베풀고, 구소(九韶)를 연주하여 음악으로 삼고, 태뢰(太牢)를 갖추어서 상을 차렸는데, 새는 마침내 눈이 아찔해지고 근심하고 슬퍼하여 감히 한 점의 고기도 먹지 못하고 감히 한 잔의 술도 마시지 못하다가 사흘 만에 죽고 말았다. 이는 노나라 군주가 자신을 봉양하는 방법으로 새를 기르려고 했고 새를 기르는 방법으로 해조를 길렀던 것이 아니기 때문이다.〔昔者, 海鳥止於魯郊, 魯侯御而觴之于廟, 奏九韶以爲樂, 具太牢以爲膳, 鳥乃眩視憂悲, 不敢食一臠, 不敢飮一杯, 三日而死. 此以己養養鳥也, 非以鳥養養鳥也.〕"라고 한 부분에 보인다.

을 누리는 것에 대한 경계를 깊이 보존하여 자제들의 이름이 과거 급제의 명단에 오르기를 원하지 않았습니다. 그리고 신(臣) 또한 스스로 재주가 세상에 쓰여 사업을 성취할 만하지 못하고 의지가 행실을 가다듬고 이름을 세울 수 없다는 것을 잘 알고 있습니다. 그래서 오직 바라는 바는 현재 분수대로 존재하면서 큰 덕화〔大化〕가 전동(轉動)하는 가운데에 한가롭고 편안하게 지내어서 스스로 그 성명(性命)[254]을 완수할 뿐인 것이지, 감히 함부로 고상(高尙)[255]한 선비가 되기를 바란 것은 아닙니다.

지난번 전하께서 저위(儲位)에 오르셨던 날에 정신(廷臣)이 잘못 천거하여 외람되이 계방(桂坊 세자익위사(世子翊衛司))의 관직을 맡게 되어 뇌사(雷肆 서연(書筵))를 출입하며 용광(龍光 용체(龍體))을 가까이에서 모셨습니다. 그러니 저의 누추하고 쓸모없는 정상을 일월처럼 밝으신 전하께서는 아마도 이미 밝게 비추어 분명하게 알고 계실 것입니다.

253 선신(先臣)의 형제 : '선신'이란 군주의 앞에서 자신의 작고한 부모나 조부모를 가리키는 말로, 여기서는 오희상의 생부(生父) 오재순(吳載純)과 오희상이 출계한 오재순의 아우 오재소(吳載紹)를 아울러 말한 것이다.

254 성명(性命) : 사람이 타고난 성질과 운명을 말한다. 《주역》 〈건괘(乾卦) 단(彖)〉에 "하늘의 도가 변화함에 따라 만물은 각각 자신의 성명을 바르게 한다.〔乾道變化, 各正性命.〕"라고 하였는데, 《주역정의(周易正義)》의 소(疏)에 "성(性)은 타고난 질(質)인데 강유 지속(剛柔遲速)의 구별 같은 것이고, 명(命)은 품수(稟受)한 바로서 귀천 요수(貴賤夭壽)의 종류 같은 것이다."라고 하였다.

255 고상(高尙) : 불우한 가운데서도 자신의 고결함을 지키면서 세상사에 얽매이지 않음을 뜻하는 것으로, 이는 《주역(周易)》 〈고괘(蠱卦) 상구(上九)〉에 "왕후를 섬기지 않고, 그 일을 고상히 한다.〔不事王侯, 高尙其事.〕"라고 한 내용을 원용한 것이다.

그 뒤 십수 년 동안 녹사(祿仕)[256]의 은혜를 받을 수 있었는데 안갚음하려는 데에 뜻이 절실하였으나 바람은 나무를 흔들고 세월은 기다려 주지 않아서[257] 지통(至痛)이 갑작스레 휘감아 마침내 천하의 선민(鮮民)이 되었습니다.[258] 이로부터 신세가 서글프고 쓸쓸하며 묵은 병이 침해하여 스스로 내버려 두고 자포자기하여 당세(當世)에 대한 생각이 더욱더 없게 되었습니다. 신(臣)이 자신을 대우함과

256 녹사(祿仕) : 가난 때문에 녹봉을 받기 위하여 한 벼슬이라는 뜻이다. 《맹자(孟子)》 〈만장 하(萬章下)〉에 "벼슬함은 가난 때문이 아니지만, 때로는 가난 때문에 벼슬하는 경우가 있다.〔仕非爲貧也, 而有時乎爲貧.〕"라고 하였는데, 이에 대한 주희(朱熹)의 집주(集註)에 "벼슬함은 본디 도를 행하기 위해서이나, 또한 집이 가난한데 부모가 늙었거나 혹은 도가 때와 맞지 않아서 단지 녹봉을 받기 위해 벼슬하는 경우가 있다.〔仕本爲行道, 而亦有家貧親老, 或道與時違, 而但爲祿仕者.〕"라고 설명하였다. 당(唐)나라 때 한유(韓愈)가 지은 〈쟁신론(爭臣論)〉에 "옛날 맹자가 '벼슬은 가난 때문에 하는 것이 아니지만 가난 때문에 해야 하는 경우도 있다.'고 말씀하였는데, 이러한 벼슬을 '녹사'라고 한다.〔古之人有云: 仕不爲貧, 而有時乎爲貧, 謂祿仕者也.〕"라고 한 내용이 보인다. 《五百家注昌黎文集 卷14 雜文》

257 바람은……않아서 : 부모를 오래도록 모시지 못함을 슬퍼한 것이다. 《한시외전(韓詩外傳)》에 "나무는 고요하고자 하나 바람이 그치지 않고, 자식은 오래 봉양하고자 하나 어버이가 기다리지 않는다.〔樹欲靜而風不止, 子欲養而親不待.〕"라고 한 데에서 나온 말이다.

258 마침내……되었습니다 : '선민(鮮民)'이란 부모를 여의고 의지할 곳 없이 사는 외로운 백성을 말하는바, 여기에서는 오희상이 양친을 모두 여읜 것을 뜻한다. '선민'은 본래 《시경(詩經)》 〈소아(小雅) 육아(蓼莪)〉에 "작은 병의 텅 빔은 큰 병의 수치라네. 곤궁한 백성의 삶이 죽음만 못한 지 오래되었네. 아버지가 없으면 누구를 믿으며 어머니가 없으면 누구를 믿을까. 나가면 근심을 품고 들어오면 이를 곳이 없어라.〔甁之罄矣, 維罍之恥. 鮮民之生, 不如死之久矣. 無父何怙, 無母何恃? 出則銜恤, 入則靡至.〕"라고 한 데에서 나온 말이다.

다른 사람이 신(臣)을 처우함이 다만 하나의 아무런 쓸모없는 하류(下流)일 뿐이었습니다. 경술(經術)과 문학(文學)은 애당초 근사하지 못하였는데, 조정이 무슨 까닭으로 억지로 추천해 나아오게 하여 마침내 이러한 지경에 이르게 되었단 말입니까. 신(臣)은, 이로부터 유선(儒選)[259]이 더욱더 가벼워지고 거짓으로 남을 속임이 날로 불어나서 한 줄기의 유학(儒學)이 신(臣)으로 말미암아 다 끊어져 버리고 말까 두렵습니다.

더구나 저사(儲嗣)를 가르쳐 기르는 것은 바로 지금 제일가는 급선무입니다. 정자(程子)께서 일찍이 보좌해 인도하는 방법에 대해 논하여 말씀하기를, '미리 하는 것을 우선으로 삼는다.'[260]라고 하였고, 또 말씀하기를, '급선무로 여길 바는 미리 가르쳐서 익히게 하는 데 있다.'[261]라고 하였습니다. 생각건대, 우리 춘궁 저하께서는 옥

259 유선(儒選) : '유자지선(儒者之選)'의 약칭으로 유일(儒逸)로 선발된 자리를 가리킨다.

260 미리……삼는다 : 이는 정이(程頤)가 선인태후(宣仁太后) 고씨(高氏, 1032~1093)에게 올린 글에 보인다. 원풍(元豐) 8년(1085)에 당시 10세인 철종(哲宗)이 왕위를 계승하여 태황태후인 고씨가 수렴청정하였는데, 원우(元祐) 원년(元年, 1086)에 대신(大臣) 사마광(司馬光)이 정이를 숭정전 설서(崇政殿說書)로 추천하였다. 이에 정이가 즉시 차자(箚子)를 올려 "옛사람들은 자식을 낳음에 밥을 먹고 말을 할 줄 알면 가르쳤습니다. 대학의 방법은 미리 하는 것을 우선으로 삼습니다.〔古人生子, 能食能言而教之, 大學之法, 以豫爲先.〕"라고 하였다. 《二程文集 卷7 上太皇太后書》 《近思錄 卷11 教學》

261 급선무로……있다 : 이 말은 정이(程頤)가 선인태후(宣仁太后) 고씨(高氏, 1032~1093)에게 올린 글 가운데에 "만약 미리 가르치지 않을 경우에는 조금 자란 뒤에는 사사로운 뜻과 편벽된 기호가 안에서 생겨나고 많은 사람의 교위(巧僞)의 말이 밖에서 침범하므로 순수하고 완전하기를 바라도 될 수가 없는 것입니다. 그러므로 급선무로

(玉)같이 아름답고 훌륭한 자질이 이미 어린 시절부터 환하게 드러나셨고 총명하신 지혜가 막 열리셔서 선(善)의 단서가 발현하는 것이 마치 봄바람이 불어 만물을 싹 틔우듯 성대하게 가득 어려 있습니다. 바로 마땅히 이러한 시기를 맞아 훌륭한 도(道)가 있는 자를 가까이하여 격언(格言 감계가 될 만한 말)과 지론(至論 사리가 지당한 말)을 날마다 앞에서 진술해 주도록 하여 귀와 배 속에 가득 차서 훈도(薰陶)되고 무젖어 들어 익힘이 앎과 함께 자라나고 교화가 마음과 함께 완성되어서 훗날 요순(堯舜)의 교화를 펼 터전으로 만들어야 하니, 이는 진실로 단 하루도 늦출 수가 없습니다. 그런데 마침내 신(臣)처럼 보잘것없는 자로 구차하게 강연(講筵)의 직함에 충원하였으니, 이는 한갓 고사(故事)대로 갖추어 두고 문구(文具)에만 맞춘 것이 될 뿐입니다.

무릇 천하의 온갖 일은 성실하지 않고서 이루어지는 경우가 있지 않았습니다. 교주(敎胄)[262]라는 한 가지 일로 말하면 더욱더 일호라도 허위(虛僞)를 용납하여서는 안 되는 것입니다. 어리석은 신(臣)

여길 바는 미리 가르쳐서 익히게 하는 데 있으니, 어찌 가르치는 데에 너무 이른 것이 있겠습니까.〔若爲之不豫, 及乎稍長, 私意偏好生於內, 衆口辯言鑠於外, 欲其純完, 不可得也. 故所急在先入, 豈有太早者乎?〕"라고 한 부분에 보인다. 《二程文集 卷7 上太皇太后書》

262 교주(敎胄) : 본래 주자(胄子)를 교육한다는 의미로, '주자'란 천자(天子)에서 경대부(卿大夫)에 이르기까지의 맏아들을 가리킨다. 《서경(書經)》 〈우서(虞書) 순전(舜典)〉에 "제순(帝舜)이 말씀하였다. '기(夔)야! 너를 명하여 전악(典樂)으로 삼으니, 주자를 가르치되 곧으면서도 온화하며 너그러우면서도 엄하며 강하되 사납지 말며 간략하되 오만하지 말게 할 것이다.'〔帝曰 : 夔! 命汝典樂, 敎胄子, 直而溫, 寬而栗, 剛而無虐, 簡而無傲.〕"라고 한 내용이 보인다. 여기에서는 왕세자만을 가리켜서 말한 것이다.

은 사죄(死罪)를 무릅쓰고 아뢰오니, 오늘날의 이 거조가 성실인지 허위인지 감히 알지 못하겠습니다. 미천한 신(臣)의 낭패에 대해서는 진실로 말할 만한 것도 없지만 억만년토록 무궁무진할 국가의 원대한 계책에 있어서는 과연 어떠하겠습니까. 신(臣)은 남몰래 이를 위하여 개연(慨然)히 탄식을 발합니다.

신(臣)이 커다란 은혜를 잘못 입은 뒤로 미천한 처지에 외람되이 말씀을 아뢸 수가 없기에 시골집에서 머리를 땅에 조아리면서, 오직 공경히 물의(物議)를 기다리고 있었는데, 생각지도 않게 이즈음에 사관이 멀리서 찾아와서 성상의 돈유를 전하여 알리니, 신(臣)을 장려하심이 매우 중하고 예우하시는 뜻이 세상에 보기 드물게 융숭하셨습니다. 이에 신(臣)이 두 손으로 받들고 아홉 번 머리를 조아림에 갑절이나 두려워서 정신이 아득해졌습니다. 그래서 감히 상례(常例)를 그대로 답습하여 당돌하게 서계 안에 첨부하여 아뢰지 못하는 점이 있었으니, 신(臣)의 사정이 곤궁하고도 군색하다고 할 만합니다. 그러나 신(臣)에게 이미 일어나 소명(召命)을 받을 가망이 전혀 없고 보면 한결같이 입을 다물고 말을 하지 않는 것이 또한 어찌 의리와 분수에 있어서 온당한 바이겠습니까.

이에 현도(縣道)를 통해 혈성에서 우러나오는 간절한 말씀으로 호소드리오니, 삼가 바라옵건대 자애로우신 성상께서는 신(臣)의 말이 겉으로만 그럴듯하게 꾸며대는 데에서 나온 것이 아님을 양찰(諒察)하시고 명기(名器)[263]가 오래도록 더럽혀져서는 안 됨을 생각

263 명기(名器) : 어떤 직위와 그에 따르는 수레나 옷이라는 뜻으로, 벼슬자리를 비유적으로 이르는 말이다.

하시어 시급히 신(臣)에게 새로 제수한 본직과 겸직의 직임을 면직시켜 주시고, 이에 신(臣)의 이름을 관원 선발의 명단에서 영원히 지워버리도록 명하시어 농무(隴畝 전지(田地)나 초야(草野))에서 안분(安分)하여서 여생을 마치도록 해 주소서. 그렇다면 이는 실로 천지와 같고 부모와 같으신 전하께서 곡진히 이루어 주고 빠뜨리지 않는 인자함이 될 것입니다. 신(臣)은 두려워 떨리고 안절부절못하며 간절히 기도하는 지극한 마음을 가누지 못하겠습니다."

비답의 내용은 다음과 같다.[264]

"올린 소장(疏章)을 읽어 보고 그대의 간절함을 잘 알았다. 나의 지극한 뜻을 전에 내린 돈유(敦諭)에서 이미 다 말하였으니, 지금 어찌 다시 번거롭게 언급하겠는가. 아무리 벼슬하지 않고 암혈(巖穴)이나 초야(草野)에 묻혀 사는 선비라고 하더라도 진실로 성대한 명망이 있으면 군주가 반드시 사모하여 초치하기 마련이다. 더구나 그대는 대대로 국록(國祿)을 받아 온 집안에서 태어났고, 또한 이미 몸이 사적(仕籍)에 올라 있으니, 그렇다면 어찌 도리어 고상(高尙)하게 하여 세상을 잊어버리는 행적을 본받아서 군신 간의 대의(大義)를 생각하지 않을 수가 있단 말인가.

충성된 마음으로 생각하는 바를 아뢰어 성심껏 나의 마음을 인도하고, 원량(元良 세자(世子))을 성취하는 것에 대하여 그대처럼 수신하고 올바른 학문을 지닌 사람이 스스로 '이를 할 수가 없다.'라고

264 비답의……같다 : 이하의 내용은 현재 《순재고(純齋稿)》 권18에 실려 있는 〈지평오희상진면예학사직소비(持平吳熙常陳勉睿學辭職疏批)〉로, 《승정원일기》 및 《일성록》 순조 18년 11월 6일 기사와 《순조실록》 동일 기사에도 보인다.

한다면 도대체 어느 누가 다시 할 수 있단 말인가. 그대가 이처럼 매몰차게 거절하니, 나는 나도 모르게 저절로 마음속으로 부끄러움을 느낀다. 그대는 부디 나아가기를 어렵게 여기는 마음[265]을 속히 돌이켜서 즉일로 선뜻 나아오고, 나의 성의가 부족하다고 여기지 말라."-지방관이 전유(傳諭)하였다.-

12월에 경사(京師)의 집으로 돌아왔다.

문정공(文靖公)의 기일제[266]에 참여하기 위해서였다.

기묘년(1819, 순조19) 선생 57세

정월에 월곡(月谷)으로 돌아갔다.

2월에 사헌부 장령으로 승배(陞拜)되었다.[267]

265 나아가기를……마음 : 벼슬에 나아가기를 어렵게 하고 물러나기를 쉽게 한다는 의미이다. 《예기(禮記)》〈표기(表記)〉에 "군주를 섬길 적에, 나아가기를 어렵게 하고 물러나기를 쉽게 한다면 자리에 질서가 잡힐 것이고, 나아가기를 쉽게 하고 물러나기를 어렵게 한다면 어지러워질 것이다. 그러므로 군자는 세 번 읍을 한 다음에야 나아가고 한 번 사양하고는 곧바로 물러남으로써 어지러워지는 것을 멀리한다.〔事君難進而易退, 則位有序, 易進而難退, 則亂也. 故君子三揖而進, 一辭而退, 以遠亂也.〕"라고 한 내용이 보인다.

266 문정공(文靖公)의 기일제 : 오재순(吳載純)은 1792년 12월 30일에 향년 66세를 일기로 졸하였다. 《正祖實錄 16年 12月 30日》《老洲集 卷16 文靖公府君墓誌》《海州吳氏大同譜 卷4 貞武公派 1175面》

267 2월에……승배(陞拜)되었다 : 이달 7일에 있었던 정사에서 임명된 것이다. 《承政院日記 純祖19年 2月 7日》《日省錄 純祖19年 2月 7日》

현도(縣道)를 통해 사직 소장(疏章)을 올렸다.[268] -소장의 내용은 싣지 않는다.-

비답의 내용은 다음과 같다.[269]

"운운.[270] 내가 듣건대 지초(芝草)는 근본이 있고 예천(醴泉)은 근원이 있다[271]고 한다. 생각건대 그대의 집안은 충정(忠貞)이 대대로 돈독하고 시례(詩禮)[272]의 훌륭한 학문을 계승하였다. 그대는 이렇게 훌륭한 그대 집안의 사람으로서 경전을 부지런히 힘써 공부하고 지조와 품행을 깨끗하게 하여 몸을 더럽히지 않으며, 도(道)를 강학하고 덕성을 배양하여 미덥고 바른 덕(德)이 사방으로 멀리 퍼져

268 현도(縣道)를……올렸다 : 이때 오희상이 올린 사직 소장은 현재 《노주집(老洲集)》 권1에 실려 있는 〈사장령소(辭掌令疏)〉로, 《승정원일기》 및 《일성록》 순조 19년 2월 15일 기사에도 보인다.

269 비답의……같다 : 이때 순조가 내린 비답은 좌부승지 정원용(鄭元容)이 지어 올린 것으로, 이하의 내용은 《승정원일기》 및 《일성록》 순조 19년 2월 15일 기사에 보인다.

270 운운 : 이 부분은 《승정원일기》 순조 19년 2월 15일 해당 기사에 "올린 소장(疏章)을 읽어 보고 그대의 간절함을 잘 알았다.〔省疏具悉爾懇.〕"라고 되어 있는바, 여기에서는 비답의 투식(套式)이기 때문에 생략한 것이다.

271 지초(芝草)는……있다 : '지초'는 영지(靈芝)로 먹으면 불로장생한다는 약초이고, '예천(醴泉)'은 맛이 달고 시원한 샘물이다. 영지는 그냥 나오는 것이 아니고 뿌리가 있어 나오며, 예천 역시 근원이 있음을 뜻하는바, 곧 훌륭한 사람이 훌륭한 조상에게서 근본을 두어 태어남을 비유한 것이다.

272 시례(詩禮) : 본래 《시경(詩經)》과 삼례(三禮)를 합하여 가리키는 것으로 유가의 경전에 대한 범칭으로 사용되는데, 여기에서는 가정교육 또는 가학(家學)을 뜻한다. 공자의 아들 이(鯉)가 뜰에서 공자 앞을 빠른 걸음으로 지나다가 공자로부터 시(詩)와 예(禮)를 배웠느냐는 질문을 받고 또 그것을 왜 배워야 하는지에 대해 듣고서 물러나와 시와 예를 배웠던 일에서 유래한 말이다. 《論語 季氏》

나아가[273] 명망 있음이 날로 드러나서 절로 묘염(廟剡)에 이름이 오르니, 내가 어진 이를 얻음을 기뻐하여 그대를 작위로 얽어매고 그대를 예(禮)로 초치하고서 멀리 떠나려는 그대의 마음을 돌이켜 아침저녁으로 나의 좌우에 머무르며 혈성의 충언으로 나의 덕성을 보필하고 나의 원량(元良)을 보좌해 인도하기를 바랐다. 그래서 동룡(銅龍)[274]의 글 외는 소리를 들을 때마다 번번이 장구(場駒)[275]를 읊조리

273 미덥고……나아가 : 이는 자공(子貢)의 물음에 대답한 공자의 말씀 가운데에 "옛날 군자들은 덕(德)을 옥(玉)에 견주었으니, 따뜻하면서도 윤택함은 인(仁)이고, 치밀하면서 단단함은 지(知)이고,……믿음이 믿어져서 사방으로 통달함은 신(信)이다.〔夫昔者, 君子比德於玉焉. 溫潤而澤, 仁也. 縝密以栗, 知也.……孚尹旁達, 信也.〕"라고 한 부분에서 유래한 것이다. '부윤(孚尹)'에 대한 해설은 일정하지 않다. 한대(漢代)의 정현(鄭玄)은 "부(孚)는 부(浮)로 읽고, 윤(尹)은 죽전(竹箭)의 균(筠)과 같이 읽는다. 부균(浮筠)은 옥의 채색을 이른다.〔孚, 讀爲浮; 尹, 讀如竹箭之筠, 浮筠, 謂玉采色也.〕"라고 설명하였는데, 이와 다르게 송대(宋代)의 육전(陸佃)은 "윤(尹)은 정(正)이니, 신정(信正)이라고 말한 것과 같다.〔尹, 正也. 孚尹, 猶言信正.〕"라고 설명하였으며, 응용(應鏞)은 "윤(尹)은 마땅히 윤(允)이 되어야 하니, 부(孚)와 윤(允)은 모두 신(信)이다.〔尹, 當作允. 孚允, 皆信也.〕"라고 설명하여 대체로 미덥고 바르다는 의미로 해석하였다. 《禮記注疏 聘義》《禮記大全 聘義》 해당 원문은 후자의 설을 취하여 번역한 것이다.

274 동룡(銅龍) : 한(漢)나라 때 태자궁의 문 이름으로 문 위에 동으로 만든 용의 형상이 있었다고 하여 이러한 이름을 갖게 되었는바, 동궁(東宮)의 별칭으로도 쓰인다. 조선조에서는 창덕궁(昌德宮)의 동궁 영역에 있었던 문이다.

275 장구(場駒) : '장묘(場苗)'와 '백구(白駒)'의 합성어로, 《시경(詩經)》〈소아(小雅) 백구(白駒)〉에 "깨끗한 저 흰 망아지가 내 밭의 곡식을 먹었다고 핑계 대고서 가지 못하게 묶어 놓고는, 오늘 아침 조금이라도 더 머물게 하여, 어진 이 손님을 여기에서 노닐게 하리라.〔皎皎白駒, 食我場苗, 縶之維之, 以永今朝, 所謂伊人, 於焉逍遙.〕"라고 한 부분에서 나온 것이다. 이는 어진 이가 왔다가 돌아가려고 할 적에 헤어짐을 아쉬워하는 주인(主人)의 정을 노래한 것으로, 군주가 어진 선비를 만나 떠나가지 못하도록

며 저 멀리 응시한 채 우두커니 서서 기다리고 있었는데, 보내온 소장을 다시 받아 보니 손양하고서 자처하지 않았다. 이는 진실로 나의 정성이 부족한 것이기에 서글픔과 부끄러움이 함께 일었다.

돌아보건대 지금 척의(尺衣)가 점점 길어져[276] 원복(元服)을 장차 가하려고 하여[277] 날짜를 점쳐서 골라 계빈(戒賓)[278]하니, 물채(物采)[279]가 찬연하다. 피리와 경쇠는 서(序)에 있고 회유(繢緌)[280]는

간절히 만류하는 뜻을 담고 있다.

276 척의(尺衣)가 점점 길어져 : 왕세자가 성장했다는 말이다. '척의(尺衣)'란 《예기(禮記)》 〈곡례 하(曲禮下)〉에 "천자(天子)의 나이를 물으면, 다음과 같이 대답한다. '듣건대, 비로소 몇 자(尺)의 옷을 입는다고 하더이다.'〔問天子之年, 對曰：聞之, 始服衣若干尺矣.〕"라고 한 데에서 유래한 것으로, 본래 어린 군주의 나이를 의미하나 여기에서는 왕세자의 나이를 지칭한 것으로 쓰였다.

277 원복(元服)을……하여 : 관례(冠禮)를 뜻한다. '원복(元服)'의 '원(元)'은 '머리〔首〕'라는 뜻으로, 이는 곧 머리에 쓰는 관(冠)을 가리킨다. 참고로 '원복'만으로 관례를 뜻하기도 하며, '가원복(加元服)' 역시 관례를 뜻한다.

278 계빈(戒賓) : 관례를 행할 때 예(禮)를 주관하는 빈(賓)이 되어 주기를 청하는 것이다. 또 친지들에게 관례에 참석해 주기를 널리 청하는 의미도 있다. 《儀禮 士冠禮》 《家禮 冠禮》

279 물채(物采) : 기물(器物)의 문채(文彩)를 뜻하는바, 예와 법도에 적합한 사물의 색채를 가리키는 것으로, 노(魯)나라의 중신(重臣) 장희백(臧僖伯)의 간언에서 유래한 말이다. 노나라 은공(隱公)이 당(棠)에 가서 물고기 잡는 것을 구경하려고 하였는데 장희백이 간언하기를, "물건이 대사(大事)를 강습하기에 부족하거나 그 재료가 기용을 만들기에 부족하면 군주는 거둥하지 않습니다. 군주는 백성을 '궤(軌)'와 '물(物)'로 들도록 인도하는 자입니다. 그러므로 대사를 강습하여 궤량(軌量)을 헤아리는 것을 '궤(軌)'라 하고, 재료를 취하여 물채(物采)를 드러내는 것을 '물(物)'이라 합니다.〔凡物不足以講大事, 其材不足以備器用, 則君不擧焉. 君將納民於軌物者也. 故講事以度軌量謂之軌, 取材以章物采謂之物.〕"라고 하였다. 《春秋左氏傳 隱公5年》

280 회유(繢緌) : 고운 빛깔로 꾸민 관 끈이다. 《예기(禮記)》 〈옥조(玉藻)〉에 "현관

문채를 이루어 저(著)[281]에 올라 조계(阼階)[282]에서 읍할 적에 앞과 뒤에 사(師)와 부(傅)가 있음은 예식이 성대하고 문채가 울연(蔚然)한 것이다. 이러한 때에 만약 산림(山林)의 고상하고 순결한 은사가 치의(緇衣)[283]에 박대(博帶 넓은 띠)를 착용하고 절도에 맞게 화려한 예물을 진열하여 준(尊 술 항아리)과 예(醴 예제(醴齊))가 진설되고 초축(醮祝)[284]을 거행하는 사이에 복장을 갖추어 훌륭한 모습으로 나아

(玄冠)에 붉은색 끈을 가지고 갓끈을 만든 것은 천자의 관이고, 치포관에 여러 채색을 섞어 만든 끈을 가지고 유(緌)를 만든 것은 제후의 관이다.……〔玄冠朱組纓, 天子之冠也. 緇布冠繢緌, 諸侯之冠也.……〕"라고 하였는데, 이에 대한 진호(陳澔)의 집설(集說)에 "관례를 할 적에 천자가 처음 쓰는 관은 현관(玄冠)에 다홍색 끈으로 갓끈을 만들고, 제후는 비록 치포관을 쓰지만 여러 채색을 섞어 만든 끈을 사용하여 영(纓)과 유(緌)를 만드니, 이것은 존자의 장식일 뿐 옛적의 제도가 아니다.……〔天子, 始冠之冠則玄冠, 而以朱組爲纓. 諸侯, 雖是緇布冠, 却用雜采之繢爲纓緌, 爲尊者飾耳, 非古制也.……〕"라고 설명하였다.

281 저(著) : '저(宁)'와 통하는바, 대문(大門)과 병풍(屛風)의 사이를 가리키는 것으로, 군주가 조정의 일을 처리하기 위하여 서 있는 곳이기도 하며, 관례를 거행할 적에 빈(賓)을 맞이하기 위한 위차이기도 하다.

282 조계(阼階) : 당(堂)의 동쪽에 있는 계단으로, 주인(主人)이 빈(賓)을 맞이하는 위치가 된다.

283 치의(緇衣) : 고대에 검은색 비단으로 만든 조복(朝服)으로, 경(卿)과 대부(大夫)가 사조(私朝)에 거처할 때 입었던 복식이다. 여기에서는 예복(禮服)을 뜻한다.

284 초축(醮祝) : 관례(冠禮)에서 세 번째 관(冠)을 씌우는 절차인 '삼가관(三加冠)'의 다음에 초례(醮禮)를 행하면서 축사(祝辭)하는 것을 가리킨다. 초례는 관례나 혼례 절차 중 행하는 간단한 의식으로, 존장(尊長)이 관례나 혼례의 당사자에게 술을 따라주면 그 술을 다 마시고 다시 존장에게 술을 올리지는 않는 것을 이른다. 초례를 행할 적에는 축원하며 하례하는 말을 한다. 《朱子家禮 卷2 冠禮》《常變通攷 卷5 冠禮 三加, 乃醮》

올 수 있다면 빈객의 자리를 빛내고 길경(吉慶)의 예식을 화려하게 꾸미는 것이 응당 어떠하겠는가.

옛적에 우리 열성조(列聖朝)에서 이 예(禮)를 거행할 적에 유현(儒賢)을 초치하여 그 일을 돕게 하셨는데, 옥백(玉帛)이 구원(丘園)에서 꾸미자[285] 간모(干旄)가 이미 성도(城都)에 있어서[286] 전폐(殿陛 전계(殿階))에서 주선함에 광채 나는 의용(儀容)이 크고도 분명하였다.

무릇 출처(出處)의 정미(精微)한 의리를 자세히 살폈던 석현(昔賢)으로도 경사스러운 연회를 당할 때마다 나아오라는 명(命)이 내리면 즉시 명(命)에 부응하였던 것은 진실로 인정과 예법으로 참조하고 질정하여 때로 보아도 나올 만하였기 때문이다. 열성조에서 어진 이를 초치한 예(禮)는 지금 내가 마땅히 따라야 할 바이고, 석현이 조정에 나아온 의리는 이제 그대가 마땅히 본받아야 할 바이

285 옥백(玉帛)이 구원(丘園)에서 꾸미자 : '옥백'은 옥과 비단을 아울러 이르는 말로 예물을 가리키며, '구원(丘園)'은 은거하는 곳을 이르는바, 이는 현자가 은거하는 곳에 예물을 보내어 초빙함을 뜻한다. 《주역(周易)》 〈비괘(賁卦) 육오(六五)〉에 "구원에서 꾸밈이니, 묶어 놓은 비단이 재단되어 있듯이 하면 부끄러우나 끝내 길하리라.〔賁于丘園, 束帛戔戔, 吝, 終吉.〕"라고 한 내용이 보인다.

286 간모(干旄)가……있어서 : '간모'란 깃대 머리를 물소의 꼬리로 장식하여 수레 뒤에 꽂는 깃발로, 존귀한 사람이 어진 이를 찾아갈 때 사용하는 의장이며, '성도(城都)'는 도성(都城)과 하읍(下邑)을 합하여 말한 것으로, 이는 현자가 있는 곳에 나아가 초빙함을 뜻한다. 주희(朱熹)의 《집전(集傳)》에 의하면 《시경(詩經)》 〈용풍(鄘風) 간모(干旄)〉는 위(衛)나라의 대부(大夫)가 간모를 수레 뒤에 꽂고 예(禮)를 지극히 하여 현자를 만나러 가는 것을 노래한 시인데, 준읍(浚邑)의 교외〔郊〕에서부터 하읍〔都〕, 도성〔城〕까지 점차적으로 나아가는 모습이 그려져 있다.

니, 내 어찌 더 많은 말을 할 필요가 있겠는가. 그대는 부디 기꺼이 나아오라."-지방관이 전유하였다.-

세자시강원 진선을 겸하였다.[287]

3월에 상(上)이 사관(史官)을 보내어 돈유(敦諭)를 내렸다.[288]

전유(傳諭)의 내용은 다음과 같다.[289]

"그대들이 정초(旌招)[290]의 반열에 있게 된 이후로 내가 어찌 반드시 초치하겠다는 생각을 하루라도 잊어버린 적이 있었겠는가. 더구나

287 세자시강원 진선을 겸하였다 : 이해 2월 19일에 있었던 정사에서 임명된 것이다. 《承政院日記 純祖19年 2月 19日》《日省錄 純祖19年 2月 19日》《純祖實錄 19年 2月 19日》

288 3월에……내렸다 : 이때 내린 돈유는 이달 7일에 행 도승지(行都承旨) 윤정렬(尹鼎烈)에게 전교한 것으로, 장령 오희상과 자의 이우신(李友信)에게 전유하도록 하였다. 《承政院日記 純祖19年 3月 7日》《日省錄 純祖19年 3月 7日》《純祖實錄 19年 3月 7日》

289 전유(傳諭)의……같다 : 이하의 내용은 《순재고(純齋稿)》 권14에 실려 있는 〈유장령오희상자의이우신(諭掌令吳熙常諮議李友信)〉으로, 《승정원일기》 및 《일성록》 순조 19년 3월 7일 기사와 《순조실록》 동일 기사에도 보인다.

290 정초(旌招) : 과거를 거치지 않고 학덕이 높은 선비에게 벼슬을 제수하여 부르는 일을 이른다. '정(旌)'이란 꿩의 깃털을 깃대 끝에 단 기를 말하는데, 고대에는 이것을 가지고 대부(大夫)를 불렀다. 《맹자》 〈만장 하(萬章下)〉에 "서인은 전(旃)으로 부르고, 사는 기(旂)로 부르고, 대부는 정(旌)으로 부른다.〔庶人以旃, 士以旂, 大夫以旌.〕"라고 한 내용이 보이며, 또 《춘추좌씨전(春秋左氏傳)》 소공(昭公) 20년 조에 "활로 사(士)를 초빙하고, 정(旌)으로 대부를 초빙한다.〔用弓招士, 用旌招大夫.〕"라고 한 내용이 보인다.

지금 원량(元良)이 삼가(三加)의 예(禮)를 치를 시기가 머지않아 곧 있게 되어서[291] 온 천하가 두루 경하하고 있으니, 그대들은 함께 충정(忠貞)한 교목세신(喬木世臣)의 후손으로서 아무리 초야의 가운데에 파묻혀 지내고 있다고 하나 유독 어찌 목을 늘여 간절히 바라는 마음이 없겠는가.

옛적에 송 문정(宋文正 송시열(宋時烈))도 역시 우리 성조(聖朝)에서 관례를 치르던 자리에 복장을 갖추고서 장중하게 나아왔었고, 나 소자(小子)가 관례를 치를 적에는 우리 선왕(先王)께서 송(宋)・이(李) 두 유현(儒賢)을 초빙하여[292] 성대한 예식을 아름답게 장식하였으니, 이것이 어찌 내가 오늘에 계술(繼述)할 바가 아니겠으며 그대들이 전배(前輩)들을 따라 본보기로 삼을 바가 아니겠는가.

이에 이필(珥筆)[293]의 신하를 보내어 자리에 바로 앉지 못한 채 학수고대하는 나의 뜻을 유시하는 바이니, 그대들은 부디 즉시 마음

291 원량(元良)이……되어서 : 효명세자(孝明世子)의 관례는 이해 3월 20일에 경희궁(慶熙宮) 경현당(景賢堂)에서 거행되었다. 《承政院日記 純祖19年 3月 20日》《日省錄 純祖19年 3月 20日》《純祖實錄 19年 3月 20日》 '삼가(三加)의 예(禮)'란 관례(冠禮)를 치를 때에 세 번 관(冠)을 갈아 씌우는 의식인바, 관례 자체를 지칭하는 것이다.

292 나……초빙하여 : 순조의 관례(冠禮)는 11세가 되던 해인 정조 24년(1800) 2월 2일에 집복헌(集福軒)의 바깥채〔外軒〕에서 책례(冊禮)와 함께 거행되었다. 이때 정조가 초빙한 두 유현(儒賢)은 겸 찬선(兼贊善) 송환기(宋煥箕)와 찬선(贊善) 이성보(李城輔)이다. 《承政院日記 正祖14年 2月 2日》《日省錄 正祖14年 2月 2日》《正祖實錄 14年 2月 2日》

293 이필(珥筆) : 관(冠)의 옆에다 붓을 꽂아 두고 있다는 뜻이다. 고대에는 사관(史官)이나 간관(諫官)이 기록할 일에 대비하여 항상 관(冠)의 옆에다 붓을 꽂아 두고 있었는바, 전하여 곧바로 사관을 지칭하는 말로도 쓰인다.

을 돌이켜 길에 올라 옛사람이 우리 조정에서 아름다움을 독차지하도록 하지 말라."

현도(縣道)를 통해 진선을 사직하는 소장(疏章)을 올렸다.

소장의 내용은 대략 다음과 같다.[294]

"삼가 생각건대 이 관직은 명칭을 따라 거기에 담긴 뜻을 생각해 보면, 대체로 동궁 저하의 사심(邪心)을 막아 선(善)을 진전시켜서 바로잡아 고치고 보좌해 인도하여 예덕(睿德 왕세자의 덕)을 성취시키고자 설치한 것이니, 선택함이 엄격하고 맡은 바가 크다고 하겠습니다. 그러므로 진실로 한 시대의 현준(賢俊)한 인물이 아니면 마땅히 그 자리에 있어서는 안 됩니다.

선정신(先正臣) 조광조(趙光祖)가 일찍이 조정에서 아뢰기를, '옛사람이 올바른 사람으로 하여금 태자와 함께 거처하게 하려고 했던 것은 태자에게 어진 이를 가까이하고 훌륭한 선비를 아끼는 마음이 자라나게 하려고 한 것입니다. 삼대(三代) 이하로 태자를 제대로 보양(輔養)하지 못하였기 때문에 패란과 멸망이 끊임없이 발생하여 선정(善政)을 찾아볼 수가 없게 되었습니다.'라고 하였고, 또 말하기를, '옛사람은 태교(胎教)까지 하였는데, 하물며 이미 지각이 있는 때는 더 말해 무엇 하겠습니까. 대체로 남다른 자질은 믿어서는 안 됩니다. 재능과 기백이 남보다 뛰어난 자는 선(善)을 행하는 것이 진실로 쉽지만 악(惡)을 행하는 것도 어렵지 않으니, 염려하지

294 소장의……같다 : 이하의 내용은 《노주집(老洲集)》 권1에 실려 있는 〈사진선소(辭進善疏)〉로, 《승정원일기》 및 《일성록》 순조 19년 3월 9일 기사에도 보인다.

않아서는 안 됩니다.'라고 하였습니다.[295] 신(臣)은 매양 글을 읽다가 여기에 이르기만 하면 언제나 책을 어루만지며 격앙하여 거의 눈물을 떨구는 지경에 이르렀습니다.

만일 신(臣)의 학문이 좁은 식견[296]이라도 있어서 하찮은 재주[297]라도 바칠 수 있다면 꺼릴 바가 무엇이 있기에 나아가고 물러남에 주저하여서 세신(世臣)의 의리를 지키지 않을 수가 있겠습니까. 돌아보건대 신(臣)의 거칠고 소략하여 실속이 없는 정상에 대해서는 벌써 전후로 올린 사직 소장에서 다 아뢰었으니, 지금 감히 다시 번다하게 진술하지는 못하겠습니다. 그러나 이와 같은 기량으로 구

295 선정신(先正臣)……하였습니다 : 조광조의 이 말은 중종 13년(1518) 10월 5일에 있었던 경연에서 아뢴 것이다. 당시 조광조는 부제학이었다. 《靜菴集 卷5 筵中記事1》

296 좁은 식견 : 해당 원문은 '일반지규(一斑之窺)'로, 일부분만을 보고 완전한 정체(整體)를 보지 못했다는 뜻이다. 진(晉)나라 왕희지(王羲之)의 아들 왕헌지(王獻之)가 어렸을 적에 한번은 자기 부친의 문생(門生)들끼리 노름하는 것을 구경하다가 승부(勝負)가 판가름 나는 것을 보고는 "남풍은 활기가 없다.〔南風不競〕"라고 하자, 한 문생이 왕헌지를 보고 말하기를 "이 아이도 대롱 구멍으로 표범을 엿보아 때로 한 점의 무늬만을 볼 뿐이다.〔此郎亦管中窺豹, 時見一斑.〕"라고 한 데서 온 말이다. 《世說新語 方正》 즉 대롱 구멍으로 표범을 보면 표범의 무늬 전체를 보지 못하고 겨우 그 일부분의 무늬만을 볼 수밖에 없다는 뜻에서, 식견(識見)의 좁음을 비유한 것이다.

297 하찮은 재주 : 해당 원문은 '말선지장(襪線之長)'으로, 여러 가지 기예가 있으나 어느 하나도 능통하지 못한 사람, 또는 재능이나 학문이 보잘것없음을 비유하는 말이다. 오대(五代) 시대 한소(韓昭)가 여러 가지 재주를 익혀서 전촉(前蜀)의 후주(後主)에게 은총을 받자, 이를 두고 조사(朝士) 이태하(李台嘏)가 "한팔좌(韓八座)의 기예는 마치 버선 솔기를 풀어 놓은 것과 같아 한 가닥도 긴 것이 없다.〔韓八座事藝, 如拆襪線, 無一條長.〕"라고 평가하였는데, 당시 사람들이 이 말을 옳게 여겼다고 한다. 《北夢瑣言 卷5 高測啓事》《天中記 卷29》

차하게 저군(儲君 세자(世子))의 시강(侍講)하는 반열에 채워 의망되었고 보면 이것이 어찌 원숭이의 몸에 도포(道袍)를 입히고 관모(冠帽)를 씌운 꼴과 다르겠습니까. 이로 인하여 장차 어린 나이에 선비를 경시하는 마음이 들기 시작할 것이니, 조광조가 아뢰었던 말에 견주어 보면 어긋나지 않겠습니까.

《서경(書經)》에 이르기를, '모든 것이 처음 낳을 때에 달려있어 스스로 어질고 밝은 명(命)을 받는다.'[298]라고 하였습니다. 돌아보건대, 지금 춘궁 저하께서는 예질(睿質)이 천부적으로 매우 빼어나시고 훌륭한 명성이 일찍 드러나시어 입학[299]하고 관례를 치르심에 지각과 사려가 날로 개발되니, 바로 지금 어릴 때 깨우쳐 주는 방도[300]

298 모든……받는다 : 이는 《서경》 〈주서(周書) 소고(召誥)〉에 소공(召公)이 성왕(成王)에게 고한 내용 중 "아아, 자식을 낳음에 모든 것이 처음 낳을 때에 달려있어 스스로 어질고 밝은 명(자질)을 받는 것과 같으니, 이제 하늘이 우리에게 어질고 밝음을 명할 것인가? 길흉을 명할 것인가? 역년(歷年)을 명할 것인가? 이것을 아는 것은 지금 우리가 처음 정사를 함에 달려 있다.〔嗚呼! 若生子罔不在厥初生, 自貽哲命, 今天, 其命哲? 命吉凶? 命歷年? 知今我初服.〕"라고 한 데에 보인다.

299 입학 : 해당 원문은 '치학(齒學)'으로, 원래 왕세자가 국학(國學)에 들어가 신분의 상하를 따지지 않고 나이의 순서에 따라 예양(禮讓)하는 것을 말하는데, 곧 입학례(入學禮)를 뜻한다. 《예기》 〈문왕세자(文王世子)〉에 "한 가지 일을 행하여 세 가지의 선한 것을 다 얻을 수 있는 자는 오직 세자뿐인데, 그가 국학에서 나이의 순서를 따름을 말하는 것이다.〔行一物而三善皆得者, 唯世子而已, 其齒於學之謂也.〕"라고 한 데에서 나온 말이다.

300 어릴……방도 : 해당 원문은 '조유지술(早諭之術)'로, 이는 "천하의 운명은 태자(太子)에게 달려 있고, 태자가 선(善)하게 되는 것은 어릴 때 깨우쳐 가르침과 좌우에서 모시는 자를 제대로 선발하는 데에 달려 있다.〔天下之命, 縣于太子, 太子之善, 在于早諭教與選左右.〕"라고 한 가의(賈誼)의 말에 보인다. 《漢書 卷48 賈誼傳》《資治通鑑

를 시행할 제 시기를 놓쳐서는 안 됩니다. 그런데 홀연 형편없는 신(臣)과 같은 자를 가지고 일괄적으로 헤아려 정원을 갖추시니, 이를 통하여 나머지 일들을 유추해 보건대, 보육(保育)하고 교도(教導)하는 적임자를 갖추어두는 것이 장차 어느 곳에서든 소홀하게 될 것입니다. 그래서 신(臣)은 남몰래 조정을 위하여 이를 애석하게 여기는 바입니다."

비답의 내용은 다음과 같다.[301]

"운운. 오늘날의 정직한 선비를 찾고자 하면 그대 말고 누구이겠는가. 엊그제 내린 돈유에서 이미 나의 심회를 다 털어놓았기에 다시 번거롭게 중언부언하지는 않겠다. 그대는 사양하지 말고 곧장 속히 올라오라."-지방관이 전유하였다.-

예랑(禮郎)이 '왕세자의 관례를 치를 적에 처음 방(房)에서 나올 때 입는 복색'에 대해서 명(命)을 받고 와서 물었는데, 사양하고 대답을 올리지 않았다.[302]

卷14 漢紀6 太宗孝文皇帝中》《新書 卷5 保傅》

301 비답의……같다 : 이하의 내용은 《승정원일기》 및 《일성록》 순조 19년 3월 9일 기사에 보인다.

302 예랑(禮郎)이……않았다 : 관례(冠禮)를 행할 때 세 차례에 걸쳐 옷을 갈아입는 의식을 진행하는데, 옷을 갈아입기 전의 복장을 어떤 복장으로 할지에 대해서는 논란이 많아 시대에 따라 각각 달랐다. 이해 2월 27일에 예조에서 이 문제에 대하여 시임·원임 대신과 지방에 있는 유현(儒賢)에게 문의하도록 주청하였다. 당시 사헌부 장령이었던 오희상은 이 문제에 대해서 별다른 의견을 내지 않고 겸사하였다. 결국 효명세자의 관례를 행할 때에는 대신과 유신(儒臣)의 의견을 수렴하여 도포(道袍)로 정하였다. 《承政院日記 純祖19年 2月 27日, 3月 15日》《日省錄 純祖19年 2月 27日, 3月 15日》

사관(史官)이 돌아가는 편에 서계(書啓)에 첨부하는 글을 올렸다.[303]-서계에 첨부한 내용은 싣지 않는다.-

직산(稷山)의 선묘(先墓)에 가서 전성(展省)한 다음 절사(節祀)를 행하고, 이어서 방향을 바꾸어 양성(陽城)의 선영(先塋)에 가서 전성하였다.

같은 달에 상(上)이 또 사관(史官)을 보내어 돈유(敦諭)를 내렸다.

전유(傳諭)의 내용은 다음과 같다.[304]

"자리에 바로 앉지도 못한 채 학수고대하던 나머지에 그대가 서계(書啓)에 첨부하여 아뢴 말을 읽어 보고 나도 모르게 실망스러운 마음이 들었다. 내가 그대에게 면려한 것이 다름 아닌 열성조에서 이미 행하셨던 일이고 보면 그대가 이처럼 매몰차게 거절하는 것이 어찌 옛적 제현(諸賢)의 의리에서 어긋나는 점이 있지 않겠는가. 다시 많은 말을 고하지 않겠으니, 그대는 곧장 올라오라. 다시 사관으로 하여

《純祖實錄 19年 2月 27日》

303 사관(史官)이……올렸다 : 겸 춘추(兼春秋) 김낙풍(金樂灃(澧))이 올린 서계에서, 이해 3월 8일 신시(申時) 즈음에 광주부(廣州府) 월곡면(月谷面) 사사리(沙士里)에 있던 오희상에게 급히 달려가서 전유한 사실과 아울러 오희상이 아뢴 말을 첨부하여 보고하였다.《承政院日記 純祖19年 3月 13日》《日省錄 純祖19年 3月 13日》이때 오희상이 올린 글은《노주집(老洲集)》권1에 실려 있는〈사관김낙풍선별유후서계(史官金樂灃宣別諭後書啓)〉이다.

304 전유(傳諭)의……같다 : 동부승지 이지연(李止淵)에게 전교한 것으로, 이하의 내용은《승정원일기》및《일성록》순조 19년 3월 13일 기사에 보인다.

금 속히 전유하게 하라.[305]"

양성(陽城)의 퇴전당(退全堂)에서 돈유(敦諭)를 지수(祗受)하였다.-퇴전당은 바로 오대조 천파공(天坡公)[306]이 예전에 지은 것이다.-

사관(史官)이 돌아가는 편에 서계(書啓)에 첨부하는 글을 올렸다.[307]-서계에 첨부한 내용은 싣지 않는다.-

또 별유(別諭)를 내렸다.

전유(傳諭)의 내용은 다음과 같다.[308]

305 다시……하라 : 이 돈유는 본래 동부승지 이지연(李止淵)에게 전교한 것으로, 엄밀히 말하면 이 해당 부분은 오희상에게 돈유한 내용이 아니라 승지에게 명한 말이다. 이 부분은 《일성록》 해당 기사에 "이어서 다시 사관으로 하여금 속히 전유하도록 명하였다.〔仍命更令史官馳諭.〕"라고 되어 있다.

306 천파공(天坡公) : 오숙(吳䎘, 1592~1634)으로, 본관은 해주(海州), 자는 숙우(肅羽), 호는 천파(天坡)이다. 아버지는 전부(典簿) 오사겸(吳士謙)이다. 1610년(광해군2) 진사시에 합격하고 1612년에 증광 문과에서 병과로 급제하였다. 권지정자(權知正字), 설서(說書), 예조 좌랑과 수찬(修撰), 교리(校理), 헌납(獻納) 등을 거쳐 여주 목사, 예조 참의, 경상도 관찰사, 좌승지 겸 승문원 부제조, 황해도 관찰사 등 내외의 주요한 직책을 역임하였다. 사후 이조참판 겸 양관제학에 추증되었으며, 저서로는 《천파집》 4권이 있다.

307 사관(史官)이……올렸다 : 겸 춘추 탁감(卓瑊)이 올린 서계에서, 이달 16일 사시(巳時) 즈음에 경기도 양성현(陽城縣) 덕산면(德山面) 상리(上里)에 있던 오희상에게 급히 달려가서 전유한 사실과 아울러 오희상이 아뢴 말을 첨부하여 보고하였다.《承政院日記 純祖19年 3月 17日》《日省錄 純祖19年 3月 17日》 이때 오희상이 서계 안에 첨부하여 아뢴 내용은 현재 《노주집(老洲集)》에는 실려 있지 않다.

"그대가 오기만을 학수고대하던 가운데에 서계(書啓)에 첨부하여 아뢴 말을 즉시 받아 읽어 보니, 손양함이 너무 지나치다. 그리고 또 병을 앓고 있다는 것을 자세히 알게 되었으니, 서글픈 마음을 가누지 못하겠다. 경사스러운 예식을 거행할 날짜가 이미 임박하였으니, 지금 비록 날짜에는 미치지 못하겠지만 어진 이를 구하는 것이 어찌 다만 이것 때문일 뿐이겠는가. 조금 차도가 있기를 기다렸다가 올라와서 충심으로 나를 보필하고 세자를 보좌해 인도하는 책임을 다하라."-지방관이 전유하였다.-

사급(賜給)한 아마(兒馬)를 지수(祗受)하였다.[309]

왕세자의 관례[310]를 치른 뒤에 상전(賞典 상격(賞格))으로 하사한 것이다.

4월에 종암(鍾巖)의 별업(別業)으로 옮겨가서 수십 일 동안 머물렀다.

홍백응(洪伯應 홍직필(洪直弼))・이자강(李子岡)[311]-봉수(鳳秀)-이 와

308 전유(傳諭)의……같다 : 이하의 내용은 《승정원일기》 및 《일성록》 순조 19년 3월 17일 기사에 보인다.

309 사급(賜給)한 아마(兒馬)를 지수(祗受)하였다 : 아마를 사급한 사실은 순조 19년 3월 21일에 행 좌부승지 이지연(李止淵)에게 전교한 내용에 보인다. 《承政院日記 純祖19年 3月 21日》 '지수(祗受)'의 '祗'는 대본에 '祇'로 되어 있는데, 일반적인 용례에 의거하여 '祗'로 바로잡아 번역하였다.

310 왕세자의 관례 : 효명세자(孝明世子)의 관례는 이해 3월 20일에 경희궁(慶熙宮) 경현당(景賢堂)에서 거행되었다. 이때 효명세자는 11세였다. 《承政院日記 純祖19年 3月 20日》 《日省錄 純祖19年 3月 20日》 《純祖實錄 19年 3月 20日》

311 이자강(李子岡) : 이봉수(李鳳秀, 1778~1852)로, 본관은 연안(延安), 자강(子

서 함께 모여 강학하였다.

월곡(月谷)으로 돌아왔다.

윤4월에 장령에서 체차되었다.[312]

사헌부 집의에 제수되었다.[313]

현도(縣道)를 통해 사직 소장(疏章)을 올렸다.[314] -소장의 내용은 싣지 않는다.- 비답의 내용은 다음과 같다.[315]

"운운. 지난번 비답을 내려 전유(傳諭)할 적에 나의 뜻을 남김없이 다 말하고서 그대가 선뜻 마음을 돌려 어서 올라오기만을 바라고

岡)은 그의 자이며, 호는 대은(大隱)이다. 임로(任魯)・오희상(吳熙常) 등에게 수학하였다. 1805년(순조5) 증광 생원시에 합격하고, 1812년 세마(洗馬)가 되었으며, 의령 현감 등의 벼슬을 지냈다.

312 윤4월에 장령에서 체차되었다 : 이는 양사(兩司)를 궐 안으로 불러들이기를 청하는 계사를 올렸기 때문이었다. 이에 순조는, 체차해 주고 정관(政官)을 궐 안으로 불러들여 정사(政事)를 열라고 하교하였다.《日省錄 純祖19年 閏4月 3日》

313 사헌부 집의에 제수되었다 : 오희상은 이해 윤4월 3일에 있었던 정사에서 집의에 임명되고 진선에 단부되었으며, 동월 6일에 겸 진선에 단부되었다.《承政院日記 純祖19年 閏4月 3日, 6日》《日省錄 純祖19年 閏4月 3日》《純祖實錄 19年 閏4月 3日》

314 현도(縣道)를……올렸다 : 이는 현재《노주집(老洲集)》권1에 실린 〈사집의겸진선소(辭執義兼進善疏)〉로,《승정원일기》및《일성록》순조 19년 윤4월 21일 기사에도 보인다.

315 비답의……같다 : 이때 내린 비답은 동부승지 임백희(任百禧)가 지어 올린 것으로, 이하의 내용은《승정원일기》및《일성록》순조 19년 윤4월 21일 기사에 보인다.

있었는데, 손양하는 글이 또 이르니 멀리 떠나려는 그대의 마음을 돌이킬 수가 없구나. 이에 나의 정성이 부족한 것이 부끄러워 서글픔과 실망은 더욱더 심해져만 간다.

지금 이 아헌(亞憲 집의(執義))의 소임은 내가 빠뜨리고 실수한 부분을 보충하여 쇠퇴한 기강을 진작할 수가 있으니, 진실로 적임자를 구한다면 그대 말고 누가 있겠는가. 더구나 척의(尺衣)가 점점 길어져[316] 주연(胄筵 서연(書筵))이 날로 열리니, 바로 마땅히 산림의 독서하는 선비가 강석(講席)에 출입하여 어릴 적에 올바름으로 잘 가르쳐야만[317] 할 것이다. 세자를 훈도(薰陶)해 보익(輔翼)하는 방도에

316 척의(尺衣)가 점점 길어져 : 왕세자가 성장했다는 말이다. '척의(尺衣)'란 《예기(禮記)》 〈곡례 하(曲禮下)〉에 "천자(天子)의 나이를 물으면, 다음과 같이 대답한다. '듣건대, 비로소 몇 자(尺)의 옷을 입는다고 하더이다.'〔問天子之年, 對曰 : 聞之, 始服衣若干尺矣〕"라고 한 데에서 유래한 것으로, 본래 어린 군주의 나이를 의미하나 여기에서는 왕세자의 나이를 지칭한 것으로 쓰였다.

317 어릴……가르쳐야만 : '어릴 적에 올바름으로 잘 가르친다〔蒙養以正〕'라는 것은 《주역(周易)》 〈몽괘(蒙卦) 단전(彖傳)〉에 "몽매함으로써 바름을 기름은 바로 성인의 공(功)이다.〔蒙以養正, 聖功也.〕"라고 한 것을 원용하여 말한 것이다. 이에 대하여 당대(唐代)의 공영달(孔穎達)은 "몽매함으로써 숨기고 침묵하여 스스로 정도(正道)를 기름이 지극한 성인의 공을 이루는 것이다.〔能以蒙昧隱默, 自養正道, 乃成至聖之功.〕"라고 설명하였는바, 겉으로는 어리석은 태도를 가지면서 속으로 정도(正道)를 기르는 것을 성인이 하는 일이라고 본 것인데, 송대(宋代)의 정이(程頤)는 "미발(未發)을 몽(蒙)이라고 하니, 순일(純一)하고 미발(未發)인 몽(蒙)으로써 그 바름을 기르는 것은 바로 성인이 되는 공부이다. 발한 뒤에 금지하면 저촉하여 이기기가 어려우니 몽(蒙)할 때에 바름을 기르는 것이 배움에 있어서 지극한 선(善)이다.〔未發之謂蒙, 以純一未發之蒙而養其正, 乃作聖之功也. 發而後禁, 則扞格而難勝, 養正於蒙, 學之至善也.〕"라고 해설하여, 성인이 되는 공부로 설명하였다. 이 때문에 후세에는 주로 동몽(童蒙)을 교육하는 뜻으로 사용되었다.

대해서는 조금이라도 태만히 할 수 없다. 그런데 그대는 어찌하여 장행(壯行)[318]의 도(道)를 생각하지 않고 한갓 비돈(肥遯)[319]의 뜻만을 지켜서 이처럼 매정하게 군단 말인가. 다시는 손양하지 말고 즉시 길에 올라 출발하여서 목이 마른 듯 애타게 바라는 나의 소망에 부응하라."-지방관이 전유하였다.-

5월에 집의에서 체차되었다가 이윽고 전망 단자(前望單子)로 또 제수되었다.[320]

6월에 현도(縣道)를 통해 사직 소장(疏章)을 올렸다.

소장의 내용은 대략 다음과 같다.[321]

"신(臣)이 외람되게 정초(旌招)[322]의 명(命)을 받아 사직 소장을 올

318 장행(壯行) : 이는 《맹자(孟子)》 〈양혜왕 하(梁惠王下)〉에 "사람이 어려서 배우는 것은 장성하여 실행하고자 해서이다.〔夫人幼而學之, 壯而欲行之.〕"라고 한 데에서 나온 말이다.

319 비돈(肥遯) : 은둔하여 여유롭게 사는 삶을 말하는바, 《주역(周易)》 〈둔괘(遯卦) 상구(上九)〉에 "상구는 여유 있는 은둔이니, 이롭지 않음이 없다.〔上九肥遯, 無不利.〕"라고 한 데에서 나온 말이다.

320 5월에……제수되었다 : 이달 2일에 집의에서 체차되었다가 동월 13일에 전에 올린 대간의 후보 명단을 들이라고 명하여 집의에 낙점되었다. 《承政院日記 純祖19年 5月 13日》《日省錄 純祖19年 5月 2日, 13日》

321 소장의……같다 : 이하의 내용은 《노주집(老洲集)》 권1에 실려 있는 〈사집의소명소(辭執義召命疏)〉로, 《승정원일기》 순조 19년 6월 13일 기사와 《일성록》 순조 19년 6월 14일 기사에도 보인다.

322 정초(旌招) : 과거를 거치지 않고 학덕이 높은 선비에게 벼슬을 제수하여 부르는 일을 이른다. '정(旌)'이란 꿩의 깃털을 깃대 끝에 단 기를 말하는데, 고대에는 이것을

린 것이 한두 번만이 아니어서 저의 생각을 이미 다 아뢰었고 이제는 더 드릴 말씀도 없습니다. 돌아보건대, 저의 쓸모없는 실상과 나아가기를 어렵게 여기는 의리[323]에 대해서는 의당 전하의 깊으신 감식(鑑識)이 밝게 비추어 살펴서 다 알고 계실 것입니다. 그런데도 제게 당치 않은 과분한 은혜를 거듭하여 내려 주시는 것이 이러한 지경에 이르신 것은 도대체 어째서입니까. 어쩌면 전하께서는 신(臣)의 이름이 선적(選籍 선발된 관원의 명부)에 있기에 우선 잘못됨을 그대로 따라 대각(臺閣)의 한 직함이 초야에 묻혀 지내는 제가 헛되이 빌리는 데에 아무런 문제가 되지 않는다고 여기신 것입니까. 진실로 이와 같다면 관직을 함부로 대하고 사람을 하찮게 여겨서[324] 천공(天工)을 폐하여[325] 성상의 교화에 하자를 남기는 것이니, 이것이 이미 작은

가지고 대부(大夫)를 불렀다. 《맹자》 〈만장 하(萬章下)〉에 "서인은 전(旃)으로 부르고, 사는 기(旂)로 부르고, 대부는 정(旌)으로 부른다.〔庶人以旃, 士以旂, 大夫以旌.〕"라고 한 내용이 보이며, 또 《춘추좌씨전(春秋左氏傳)》 소공(昭公) 20년 조에 "활로 사(士)를 초빙하고, 정(旌)으로 대부를 초빙한다.〔用弓招士, 用旌招大夫.〕"라고 한 내용이 보인다.

323 나아가기를……의리 : 벼슬에 나아가기를 어렵게 하고 물러나기를 쉽게 한다는 의미이다. 《예기(禮記)》 〈표기(表記)〉에 "군주를 섬길 적에, 나아가기를 어렵게 하고 물러나기를 쉽게 한다면 자리에 질서가 잡힐 것이고, 나아가기를 쉽게 하고 물러나기를 어렵게 한다면 어지러워질 것이다. 그러므로 군자는 세 번 읍을 한 다음에야 나아가고 한 번 사양하고는 곧바로 물러남으로써 어지러워지는 것을 멀리한다.〔事君難進而易退, 則位有序, 易進而難退, 則亂也. 故君子三揖而進, 一辭而退, 以遠亂也.〕"라는 내용이 보인다.

324 사람을 하찮게 여겨서 : 이 말은 《서경(書經)》 〈주서(周書) 여오(旅獒)〉에 "사람을 하찮게 여기면 덕(德)을 잃고 물건을 좋아하면 뜻을 잃는다.〔玩人喪德, 玩物喪志.〕"라고 한 데에서 유래한 것이다.

일이 아닙니다.

더구나 하늘의 마음이 기뻐하지 않아 재앙이 거듭 발생하여 혹심한 가뭄이 한 달 동안 지속되고 성문(星文 성상(星象))이 변이(變異)를 보여 경계시키니, 하늘과 사람이 서로 감응하는 관계에 대해서는 비록 감히 알지는 못하지만, 요컨대 헛되이 생겨나지는 않았을 것이고 틀림없이 그것을 초래한 원인이 있을 것입니다.

그러나 신(臣)이 듣건대, 재앙이 진짜 재앙은 아니고 재앙을 만나서 두려워할 줄을 알지 못하는 것이 바로 진짜 재앙이라고 하였습니다. 《시경(詩經)》에 이르기를, '하늘이 막 주(周)나라를 쓰러뜨리려 하니, 그렇게 느긋해하지 말지어다.〔天之方蹶 無然泄泄〕'[326]라고 하였으니, 이는 바로 군신과 상하가 몹시도 다급해하며 쉬지 않고 노력

325 천공(天工)을 폐하여 : 벼슬아치가 자신의 직무를 제대로 수행하지 못함을 이른다. '천공(天工)'이란 본래 '하늘의 일'로, 고대에는 천자(天子)가 관직을 세운 것에 대하여 하늘을 대신하여 그 일을 수행한다고 여겼다. 《서경(書經)》〈우서(虞書) 고요모(皐陶謨)〉에 "모든 관직을 폐하지 마소서. 하늘의 일을 사람이 대신한 것입니다.〔無曠庶官, 天工人其代之.〕"라고 하였는데, 이에 대한 채침(蔡沈)의 집전(集傳)에 "인군(人君)은 하늘을 대신하여 물건을 다스리니, 여러 관원이 다스리는 바가 하늘의 일 아님이 없다. 만일 한 직책이라도 혹 폐해진다면 하늘의 일이 폐해지는 것이니, 깊이 경계하지 않을 수 있겠는가.〔人君代天理物, 庶官所治, 無非天事. 苟一職之或曠, 則天工廢矣, 可不深戒哉.〕"라고 설명하였다.

326 하늘이……말지어다 : 이는 《시경(詩經)》〈대아(大雅) 판(板)〉에 보이는 구절로, 선왕(先王)의 도(道)를 따르지 않고 윗사람과 아랫사람이 모두 게으르고 안일하면 나라가 망하게 됨을 경계한 말이다. 일찍이 맹자가 선왕의 도(道)를 시행할 것을 강조하면서, 병력이나 재물이 없는 것이 나라의 해가 되는 것이 아니라 윗사람은 예(禮)가 없고 아랫사람은 배움이 없으면 나라를 해치는 백성이 나와서 언제 나라가 망할지 모른다고 한 다음에 이어서 《시경》의 이 구절을 인용하였다. 《孟子 離婁上》

해서 두려워하여 몸을 닦고 반성[327]해야 하는 시기입니다. 진실로 의당 굳세고 올곧으며 나라에 충성을 바치려는 생각을 지닌 사람을 가려 뽑아서 이목지관(耳目之官)[328]의 반열에 벌여 있게 하여 한 인원이라도 빠지지 않게 하고 단 하루라도 광직(曠職)하지 않게 하여서 언로(言路)를 활짝 열어 제재하지 않고 혈맥(血脈)이 유통되게 하여서 군주의 과실과 벼슬아치의 부정과 나라의 우환과 백성의 고통이 날로 주광(黈纊)[329]의 아래에 이르게 하여 합하여 받아들여 펼쳐서 쓰고[330] 강구해 변통하여서 하늘의 뜻에 순응하고 재해를 그치게 할

327 두려워하여……반성 : 해당 원문은 '공구수성(恐懼修省)'으로, 특히 천재지변과 관련된 구언(求言)이나 상소(上疏)에 자주 보이는 말이다. 이 말은 《주역(周易)》 〈진괘(震卦)〉의 상전(象傳)에 "우레가 거듭한 것이 진(震)이니, 군자는 이를 보고 두려워하여 몸을 닦고 반성한다.〔洊雷, 震, 君子以, 恐懼修省.〕"라고 한 데에서 나온 것으로, 고대에는 천인감응설(天人感應說)에 의하여 사람이 잘못하면 하늘이 재변(災變)을 내려 경계의 뜻을 보인다고 여겼는바, 천재지변이 발생하면 군주는 두려워하여 몸을 닦고 허물을 반성하였다.

328 이목지관(耳目之官) : 군주의 귀와 눈이 되는 관원이라는 뜻으로, 고대 중국에서는 천자의 이목(耳目)이 되어 감찰 임무(監察任務)를 맡은 관원, 곧 어사대부(御史大夫)를 가리켰다. 우리나라 조선조에서는 사헌부(司憲府)와 사간원(司諫院)의 관원을 지칭하였다.

329 주광(黈纊) : 왕이 아무런 말이나 함부로 듣지 않겠다는 뜻을 보이는 의미로 면류관에 달아 두 귀 양쪽으로 늘어뜨린 황면(黃綿)으로 만든 작은 솜방울을 이른다. 《회남자(淮南子)》 〈주술훈(主術訓)〉에 "그러므로 옛날 제왕들이 면류관 앞에 유(旒)를 늘어뜨리는 것은 보는 것을 가리기 위한 것이며, 주광을 늘어뜨려 귀를 막는 것은 듣는 것을 가리기 위한 것이다.〔故古之王者, 冕而前旒所以蔽明也, 黈纊塞耳所以掩聰.〕"라는 내용이 보인다. 여기에서는 왕이 귀 기울여 듣는 것을 가리킨다.

330 합하여……쓰고 : 해당 원문은 '흡수이부시(翕受而敷施)'로, 《서경(書經)》 〈우서(虞書) 고요모(皐陶謨)〉에 "합하여 받아들여 펼쳐서 쓰면 구덕(九德)의 인재가 모두

방도로 삼아야 하니, 이는 조금이라도 늦출 수가 없는 것입니다.

그러나 신(臣)이 궁려(窮廬)에 칩거하여 귀를 기울여 들어본 지가 오래되었는데, 공거(公車)[331]의 사이에 잠잠한 채 들리는 말이 없으니, 바로 이 한 가지 일이 재앙보다 더 심하게 근심스러운 것입니다. 이는 다른 것이 없습니다. 신(臣)처럼 보잘것없는 자가 구차하게 은총을 훔쳐 그 사이에서 자릿수만 채워 해를 넘기도록 공무를 방치하여 마침내 현지(賢智)한 인사들로 하여금 매우 실망해 낙담하여 끝내 아무런 말도 하지 않게 한 것이니, 신(臣)은 사방의 식견이 있는 선비들이 남몰래 오늘날의 상황에 대해서 탄식하고 있을까 두렵습니다."

비답의 내용은 다음과 같다.[332]

"운운. 그대를 일소(馹召)한 이후로 오직 날마다 우두커니 서서 기다리고 있었는데, 사직 소장을 즉시 받아 읽어 봄에 또 바라는 바와 어긋나니, 화들짝 놀라 무언가를 잃어버려 어쩔 줄 모르는 듯한 마음을 가눌 수가 없다.

일을 하여 준걸들이 지위에 있다.〔翕受敷施, 九德咸事, 俊乂在位.〕"라고 한 부분에서 인용한 것이다. 이는 군주가 유덕자(有德者)들을 전부 받아들여서 각자의 재능과 장점에 따라서 알맞은 벼슬을 주어 일하게 해야 함을 뜻한다.

331 공거(公車) : 본래 상서(上書) 및 징소(徵召)의 일을 담당하였던 한(漢)나라의 관서로, 관리나 백성이 글을 올리면 균등하게 이곳을 경유해 수리(受理)하도록 하였는바, 여기에서 인신하여 상소문을 지칭하는 용어로도 쓰이게 되었다.

332 비답의……같다 : 이 비답은 승지 이광문(李光文)이 지어 올린 것으로, 이하의 내용은 《승정원일기》 순조 19년 6월 13일 기사와 《일성록》 순조 19년 6월 14일 기사에 보인다.

무릇 학문을 하는 것은 장차 쓰이는 바가 있게 하려는 것이다. 그대는 바로 독서하여 이치를 분명하게 알고 실지로 몸소 행하는 것이 이미 견실한데, 정초(旌招)[333]의 반열에 선발된 이후로 산림에 은거하려는 뜻을 한사코 지켜서 장차 아예 떠나 영원토록 안 돌아오려는 것같이 하니, 어쩌면 내가 훌륭한 다스림을 구하는 마음은 절실하지만 분발해 면려하는 기상이 부족하고, 배우기를 좋아한다는 명칭만 있지 스스로 수양하는 실상이 없어서 진실로 훌륭한 사업을 해낼 만하지 못하다고 여겨서 그러한 것인가.

그러나 그대로 말하자면 대대로 국록(國祿)을 받아 온 집안의 사람으로서 지켜야 할 의리가 있으니, 기쁨과 슬픔을 마땅히 함께해야 하고[334] 나아가거나 물러나거나 모두 근심해야 할 것이다.[335] 어찌

333 정초(旌招) : 과거를 거치지 않고 학덕이 높은 선비에게 벼슬을 제수하여 부르는 일을 이른다. '정(旌)'이란 꿩의 깃털을 깃대 끝에 단 기를 말하는데, 고대에는 이것을 가지고 대부(大夫)를 불렀다. 《맹자》 〈만장 하(萬章下)〉에 "서인은 전(旃)으로 부르고, 사는 기(旂)로 부르고, 대부는 정(旌)으로 부른다.〔庶人以旃, 士以旂, 大夫以旌.〕"라고 한 내용이 보이며, 또 《춘추좌씨전(春秋左氏傳)》 소공(昭公) 20년 조에 "활로 사(士)를 초빙하고, 정(旌)으로 대부를 초빙한다.〔用弓招士, 用旌招大夫.〕"라고 한 내용이 보인다.

334 기쁨과……하고 : 이는 나라에 대를 이어서 벼슬하는 신하인 세신(世臣)으로서 지켜야 하는 의리를 말한 것이다. 맹자가 제나라 선왕을 만나 보고서 "이른바 역사가 오랜 나라라는 것은 큰 나무가 있음을 말하는 것이 아니고, 대를 이어서 벼슬하는 신하가 있음을 말하는 것인데, 왕께서는 대를 이어서 벼슬하는 신하는커녕 친한 신하도 없습니다. 전일에 등용한 사람이 오늘 도망간 것도 모르고 계십니다.〔所謂故國者, 非謂有喬木之謂也, 有世臣之謂也, 王無親臣矣. 昔者所進, 今日不知其亡也.〕"라고 아뢰었는데, 이에 대한 주희(朱熹)의 주석에 "세신은 누대 훈구의 신하이니 나라와 더불어 기쁨과 슬픔을 함께하는 자이고, 친신은 군주가 가까이하고 믿는 신하이니, 군주와

은둔함을 기껍게 여겨서 자기 한 몸만 선(善)하게 하여 스스로 몸가짐을 깨끗이 하는 선비를 가지고 스스로 견줄 수가 있단 말인가.

일전에 있었던 성상(星象)의 변이는, 하늘의 마음이 인애(仁愛)하여 위에 임해 계시니, 내가 비록 변변치 못한 덕(德)을 지녔지만 어찌 감히 이른 아침부터 밤늦게까지 공경하고 두려워한 채 재앙을 그칠 방도를 생각하면서 민생의 지극한 어려움을 근심하고 정직한 말이 들리는 바가 없음을 개탄하지 않겠는가.

지금 그대의 말이 몹시도 엄숙하고 절실하여 의원이 병증(病症)을 자세히 살펴서 구약(救藥)[336]으로 인도하는 것과 같으니, 그대는 참으로 나를 멀리하지 않는 것이리라. 그대는 모름지기 능히 이 마음을 미루어 즉시 조정에 나아와서 나를 좌우에서 보필하고 나에게 충언을 아뢰어 성심껏 인도하라. 그리고 또 우리 원량(元良)을 보좌

더불어 기쁨과 슬픔을 함께하는 자이다.〔世臣, 累世勳舊之臣, 與國同休戚者也; 親臣, 君所親信之臣, 與君同休戚者也.〕"라고 설명하였다.《孟子集註 梁惠王下》

335 나아가거나……것이다 : 출사하여 조정에 있을 때나 그렇지 않을 때나 모두 나라와 백성을 걱정하느라 노심초사한다는 말로, 송(宋)나라 범중엄(范仲淹)이 지은 〈악양루기(岳陽樓記)〉에 "묘당(廟堂)의 높은 자리에 처하면 백성을 걱정하고 강호의 먼 곳에 처하면 군주를 근심하니, 이는 나아가도 근심하고 물러나도 근심하는 것이다. 그렇다면 어느 때에나 즐거워할 수 있는가? 그 반드시 천하 사람들이 근심하기에 앞서 근심하고 천하 사람들이 즐거워한 뒤에 즐거워할 것이다.〔居廟堂之高, 則憂其民; 處江湖之遠, 則憂其君. 是進亦憂, 退亦憂, 然則何時而樂耶? 其必曰先天下之憂而憂, 後天下之樂而樂歟!〕"고 한 부분에 보인다.

336 구약(救藥) : '구제하여 치료한다'는 뜻이다. 《시경(詩經)》〈대아(大雅) 판(板)〉에 "근심스러운 일이 많으면 장차 치성(熾盛)해서 구제하여 치료할 수가 없으리라.〔多將熇熇, 不可救藥.〕"라고 한 데에서 나온 말이다.

해 인도하여 덕성을 훈도(薰陶)하고 예학(睿學 왕세자의 학문)을 진보시켜야 할 것이다. 그러면 조정은 어진 이를 얻은 아름다움을 지극히 한 것이 되고, 그대에게 있어서도 빛남이 있게 되니, 어찌 아름답지 않겠는가.

그대가 사양한 아헌(亞憲 집의(執義))은, 이른바 '호작(好爵)으로 얽어맨다.'[337]라는 것이 아니라 바로 국가가 선비를 대우하는 예(禮)에 있어서 자연 그러하지 않을 수가 없는 것이니, 사양하지 말라."-지방관이 전유하였다.-

종암(鍾巖)으로 옮겨가서 머물렀다.

이때 계씨(季氏) 참판 공(參判公 오연상(吳淵常))이 숙환(宿患)이 있었으니, 간호하는 데에 가깝고도 편리하게 하려 한 것이었다.

7월에 홍백응(洪伯應 홍직필(洪直弼))・이자강(李子岡 이봉수(李鳳秀))이 다시 와서 함께 모였다.

8월에 월곡(月谷)으로 돌아왔다.

337 호작(好爵)으로 얽어맨다 : 이는 《주역(周易)》 〈중부(中孚) 구이(九二)〉에 "우는 학이 음지에 있거늘, 그 새끼가 화답하도다. 내가 호작(好爵)을 두어, 내 그대와 함께 이에 매여 있노라.〔鳴鶴在陰, 其子和之. 我有好爵, 吾與爾靡之.〕"라는 말을 원용한 것이다. '호작'은 통상 '좋은 벼슬자리'로 해석하나, 이광지(李光地)의 《주역절중(周易折中)》은 '작(爵)'을 '작(酌)'으로 보아 '호작'을 맛있는 술〔旨酒〕로, '미(靡)'를 취하여 쓰러지는 것으로 보아, 이 구절을 "내가 맛있는 술이 있어 내 그대와 함께 취하여 쓰러진다."라고 해석하였다.

9월에 경사(京師)의 집으로 돌아왔다.

홍백응(洪伯應 홍직필(洪直弼))·이자강(李子岡 이봉수(李鳳秀))과 함께 도봉(道峰)을 유람하였다.

정암(靜菴)·우암(尤菴) 두 선생을 모신 사우(祠宇)[338]를 배알하고 주서(朱書)를 강론한 다음에 침류당(枕流堂)[339]에서 머물러 잤다. 다음 날에 서계(西溪)[340]를 찾아가 수석(水石)을 완상한 다음 청절사(淸節祠)[341]를 찾아가 보았다.

○선생이 매번 절간(折簡 간략한 서신)을 통해 제현(諸賢)과 함께 정(亭)·누(樓)·사(寺)·원(院) 등에서 모일 것을 약속하여 의리(義理)를 강론하다가 어떤 경우에는 이틀 밤을 연달아 묵기까지도 하였

338 정암(靜菴)……사우(祠宇) : 이는 도봉서원(道峯書院)의 사우인 정로사(靜老祠)를 가리킨다. 도봉서원은 1573년(선조6)에 지방 유림의 공의로 조광조(趙光祖)의 학문과 덕행을 추모하기 위해 창건하여 위패를 모셨다. 창건과 동시에 '도봉'이라고 사액되었으며, 1696년에 송시열(宋時烈)을 추가로 배향하였다. 송시열은 1723년(경종3)에 출향(黜享)되었다가 1775년(영조51)에 어필사액(御筆賜額)을 받아 다시 배향되었다. 그 뒤 홍선대원군의 서원철폐령으로 1871년(고종8) 훼철되었으며 위패는 땅에 묻었다.

339 침류당(枕流堂) : 도봉서원에 있었던 건물의 하나이다. 서원의 사우인 정로사(靜老祠) 남쪽에 '계개당(繼開堂)'이 있고, 계계당에서 수십 걸음 앞에는 동서 양쪽으로 누각 2개가 자리하고 있었는바, 동쪽의 것이 '침류당(枕流堂)'이고, 서쪽의 것이 '광풍당(光風堂)'이었다.

340 서계(西溪) : 수락산의 서쪽 계곡을 가리킨다.

341 청절사(淸節祠) : 서계(西溪) 박세당(朴世堂)이 58세이던 숙종 12년(1686)에, 수락산 동봉(東峯)의 서쪽 석림사(石林寺)의 곁에 세운 매월당(梅月堂) 김시습(金時習)을 모신 사우이다. 숙종 26년(1700)에 '청절사'라고 사액하였다. 《西溪集 卷22 年譜》

다. 비록 이전에 들러 보았던 곳이더라도 몇 번씩이나 찾아가 보는 것을 꺼리지 않았다. 말년에 이르러서도 오히려 이를 그만두지 않았는데, 구체적인 연조(年條)는 전부 다 기록할 수가 없다.

10월에 경사(京師)의 집으로 돌아왔다.

집의에서 체차되었다.[342]

사급(賜給)한 큰 녹비〔大鹿皮〕를 지수(祗受)하였다.[343]-지방관이 가지고 와서 전하였다.-

왕세자의 가례(嘉禮)[344]를 치른 뒤에 상전(賞典 상격(賞格))으로 하사한 것이다.

342 집의에서 체차되었다 : 이해 10월 3일에 양사(兩司)를 궐 안으로 불러들이기를 청하는 계사(啓辭)를 올렸기 때문이었다. 이에 순조는, 체차해 주고 전망 단자를 들이게 하여 다른 사람으로 대신하게 하였다. 《日省錄 純祖19年 10月 3日》

343 사급(賜給)한……지수(祗受)하였다 : 오희상은 이해 10월 14일에 있었던 정사에서 진선에 단부되었고, 동월 17일에 큰 녹비 1령(令)이 하사되었다. 《承政院日記 純祖19年 10月 3日, 17日》《日省錄 純祖19年 10月 17日》 '지수(祗受)'의 '祗'는 대본에 '祇'로 되어 있는데, 일반적인 용례에 의거하여 '祗'로 바로잡아 번역하였다.

344 왕세자의 가례(嘉禮) : 효명세자(孝明世子)는 이해 10월 11일에 숭정전(崇政殿)에서 책빈례(冊嬪禮)를 거행하고, 동월 13일에 숭정전에서 초계례(醮戒禮)를, 별궁(別宮)에서 친영례(親迎禮)를 거행하였다. 《承政院日記 純祖19年 10月 11日, 13日》《日省錄 純祖19年 10月 11日, 13日》《純祖實錄 19年 10月 11日, 13日》 당시 11세이던 효명세자는 풍양 조씨(豐壤趙氏) 조만영(趙萬永)의 딸을 빈(嬪)으로 맞아들였다.

월곡(月谷)으로 돌아왔다.

11월에 현도(縣道)를 통해 소장(疏章)을 올려서 상전(賞典)으로 하사한 것을 사양하였다.[345] -소장의 내용은 싣지 않는다.-

비답의 내용은 다음과 같다.[346]

"운운. 길일과 길시에 가빙(嘉聘 왕실의 결혼)의 예식을 잘 치렀으니, 어찌 그저 나 한 사람만 기쁨이 있겠는가. 실로 온 나라 사람들과 더불어 경사를 함께한 것이다. 그대가 올라와서 옥백(玉帛 예물)과 초계(醮戒)[347]의 자리에 찬란한 모습으로 복장을 갖추어 장중하게 나아오지 못한 것은 나의 정성이 부족하였기 때문이니, 나는 진실로 몹시 부끄럽도다. 때마침 올라온 소장을 읽어 봄에 기쁨을 기념하기 위해 하사한 것에 대하여 손양함이 극진하니, 지나치고도 지나치다. 그대는 안심하고 수령하라.

바로 지금 일양(一陽)이 장차 회복하려고 함에[348] 서연(書筵)이

345 11월에……사양하였다 : 이때 오희상이 올린 소장은 현재 《노주집(老洲集)》에는 실려 있지 않고, 《승정원일기》 순조 19년 11월 4일 기사에 보인다.

346 비답의……같다 : 이 비답은 동부승지 이희준(李羲準)이 지어 올린 것으로, 이하의 내용은 《승정원일기》 및 《일성록》 순조 19년 11월 4일 기사에 보인다.

347 초계(醮戒) : 혼인 때에 신랑과 신부가 서로 절하고 술잔을 나누는 의식인 '초례(醮禮)'를 지내기 전에 그 부모가 훈계하는 일, 또는 그 훈계를 가리킨다. 조선 시대 국가 전례(典禮)의 경우 '왕세자납빈의(王世子納嬪儀)' 또는 '왕세손납빈의(王世孫納嬪儀)'에서 친영(親迎) 직전에 하는 '임헌초계(臨軒醮戒)'가 있다.

348 바로……함에 : '일양(一陽)이 장차 회복하려고 한다'는 것은 머지않아 동지(冬至)가 되려고 하는 것을 뜻하는바, 이때가 동짓달인 11월이기 때문에 이렇게 말한 것이다. 동짓달은 순음(純陰)인 곤괘(坤卦☷)에서 양효(陽爻) 하나가 맨 아래에 다시 생긴

자주 열리니, 그대는 모름지기 멀리 떠나려는 마음을 급히 돌이켜 선뜻 길에 올라 뇌사(雷肆 서연(書筵))의 자리에 출입하여서 나의 지극한 뜻에 부응하라."-지방관이 전유하였다.-

12월에 제문을 지어 가지고 매서(妹壻) 한자수(韓子綏)의 묘에 가서 곡하였다.[349]

경사(京師)의 집으로 돌아왔다.

경진년(1820, 순조20) 선생 58세

정월에 전망 단자(前望單子)로 집의에 제수되었다.[350]

2월에 월곡(月谷)으로 돌아왔다.

4월에 충주(忠州)를 향해 길을 떠났다.

지뢰(地雷) 복괘(復卦䷗)에 해당하는데, 이는 땅 아래에서 우레가 일어나는 형상으로 만물이 태동하기 시작하는 것을 의미한다. 이 때문에 동짓달인 11월을 '일양지월(一陽之月)' 또는 '복월(復月)'이라 한다.《周易 復卦》

349 12월에……곡하였다 : 한자수는 오희상의 매부 한경리(韓景履, 1772~1817)로, 순조 17년(1817) 12월 20일에 향년 46세를 일기로 졸하였다. 묘는 안성 기좌리에 있다.《淸州韓氏第七校大同族譜 26卷 恭安公派篇上 2091~2092面》이때 오희상이 지은 제문은 현재《노주집(老洲集)》에 보이지 않는다.

350 정월에……제수되었다 : 이달 28일에 전에 올린 대간의 후보 명단을 들이라고 명하여 집의에 낙점된 것이다.《承政院日記 純祖20年 1月 28日》《日省錄 純祖20年 1月 28日》

이때 임공 로(任公魯)가 충주(忠州)를 맡아서 다스렸는데,[351] 사군(四郡)[352]을 유람할 것을 약속하였다. 경인일(庚寅日 4월 5일)에 충주에 도착하였는데, 홍백응(洪伯應 홍직필(洪直弼))이 영월(寧越)에 부임해 있는 부친의 관아[353]로부터 와서 함께하였다. 신묘일(辛卯日 4월 6일)에 임공 및 그 윤자(胤子) 익상(翼常)[354]과 함께 길을 떠나 단구(丹丘 단양(丹陽))로 향하다가 황강서원(黃江書院)[355]을 찾아가

351 이때……다스렸는데 : 임로(任魯)는 순조 19년(1819) 12월 25일에 있었던 정사에서 충원 현감(忠原縣監)에 임명되었다. 이후 순조 22년(1822) 충청좌도 암행어사 서좌보(徐左輔)에 의해 봉고(封庫)되어 그해 6월 10일에 공청 감사(公淸監司) 이석규(李錫圭)에 의해 장파(狀罷)되었다.《承政院日記 純祖19年 12月 25日, 22年 6月 10日》《日省錄 純祖19年 12月 25日, 22年 6月 10日》

352 네 개 군(郡) : 이는 호서 지방에서 네 개의 뛰어난 경치를 지닌 고을로, 단양(丹陽)·청풍(淸風)·제천(堤川)·영춘(永春)을 아울러 '사군계산(四郡溪山)', '사군산수(四郡山水)' 등으로 불렀다.《息山集 別集 卷2 四郡山水記, 韓國文集叢刊 179輯》

353 영월(寧越)에……관아 : 홍직필(洪直弼)의 부친 홍이간(洪履簡)이 부임해 있었던 영월부(寧越府)의 관아이다. 홍이간은 순조 19년(1819) 12월 25일에 있었던 정사에서 영월 부사(寧越府使)에 임명되었다. 이후 순조 21년(1821)에 말미를 받아 서울에 올라왔다가 신병(身病)을 이유로 즉시 임지에 내려가지 못하였기 때문에 동년 4월 11일에 파출(罷黜)되었다.《承政院日記 純祖19年 12月 25日, 21年 4月 11日》《日省錄 純祖19年 12月 25日, 21年 4月 11日》

354 익상(翼常) : 임익상(任翼常, 1789～?)으로, 본관은 풍천(豐川), 자는 경문(景文), 호는 현계(玄溪)·청서(青墅)이다. 음보(蔭補)로 출사하여 김해 부사(金海府使) 등 외직을 역임하였다.

355 황강서원(黃江書院) : 충청북도 제천시 한수면에 있다. 대본에는 '黃岡'으로 되어 있는데, '黃江'의 오류인 듯하다. 1726년(영조2)에 지방 유림의 공의로 송시열(宋時烈)·권상하(權尙夏)·한원진(韓元震)·권황(權煌)의 학문과 덕행을 추모하기 위해 창건하여 위패를 모셨다. 1727년에 '황강(黃江)'이라 사액되었다. 이후 대원군의 서원철폐령으로 1871년(고종8)에 훼철되었다. 그 뒤 서원이 있던 황강리가 수몰되어 1982년

한수재(寒水齋) 안에서 우암(尤菴 송시열(宋時烈))・수암(遂菴 권상하(權尙夏)) 두 선생의 진영(眞影)을 배알하였다. 임진일(壬辰日 4월 7일)에 사인암(舍人巖)[356]을 유람하였는데, 이 창평(李昌平) 장영(章英)도 와서 함께하였다. 계사일(癸巳日 4월 8일)에 삼선암(三仙巖)[357]의 여러 승경을 유람하고, 갑오일(甲午日 4월 9일)에 도담(島潭)에 배를 띄우고서 여러 승경을 두루 감상하였다. 을미일(乙未日 4월 10일)에 배를 타고 장회(長淮)[358]로 내려갔다. 병신일(丙申日 4월 11일)에 강선대(降仙臺)[359]에 올라서 구담(龜潭)[360]・선담(船潭)・옥순봉(玉筍峰)[361]을 감상하고, 청풍(淸風)의 한벽루(寒碧樓)[362]에서 머물

에 현재의 위치로 이건, 복원하였다.

356 사인암(舍人巖) : 고려말의 학자 역동(易東) 우탁(禹倬, 1263~1342)이 사인(舍人)을 지낼 적에 소요하던 곳이라고 하여 조선 성종 때 단양 군수로 재임한 임제광(林霽光)이 명명한 것이다. 단양8경 중 제4경으로 덕절산(德節山) 강변에 솟아 있다.

357 삼선암(三仙巖) : 단양8경중 상선암(上仙巖), 중선암(中仙巖), 하선암(下仙巖)을 일컬어 삼선암이라고 하였다.

358 장회(長淮) : 현재 충북 단양군 단성면 장회리로 장회나루가 있었다.

359 강선대(降仙臺) : 충청북도 단양군 적성면 성곡리의 가은암산(可隱岩山) 아래에 있는 큰 바위로, 구담 위 1리에 있다. 높이 15m의 층대(層臺)가 있고 위에는 100여 명이 앉아 놀 수 있었다고 한다. 퇴계(退溪) 이황(李滉, 1501~1570)이 단양 군수로 있을 때 관기(官妓) 두향(杜香)과 정을 나누었다는 곳으로도 유명하다. 1985년 충주댐 공사로 수몰되었는데, 수위가 낮아져 116미터가 되면 전체 모습이 드러난다.

360 구담(龜潭) : 충청북도 단양군의 서쪽 단성면 장회리와 제천시 수산면 괴곡리에 걸쳐 있는 산으로, 단양8경 중 제5경이다. 장엄한 기암절벽 위의 바위가 마치 거북이 모양과 닮았다는 것에서 구담이라는 지명이 유래되었으며, 후세 사람들이 옥순봉과 가까이 있어 구담봉이라고도 부른다.

361 옥순봉(玉筍峰) : 단양8경의 하나로, 단양으로 들어가는 입구에 있으며 퇴계(退

러 갔다. 정유일(丁酉日 4월 12일)에 임공(任公)이 충주로 돌아가는 것을 전송한 다음에 방향을 바꾸어 홍백응·이 창평과 함께 영월(寧越)로 향하다가 윤 세마(尹洗馬) 선용(善用)[363]을 찾아가 천상(川上 시냇가)에서 만나 보고, 방향을 바꾸어 의림지(義林池)를 구경하였다. 무술일(戊戌日 4월 13일)에 영월에 도착하여 부백(府伯 부사(府使)) 홍공(洪公)[364]-이간(履簡)-과 함께 금강정(錦江亭)[365]을 유람하면

溪) 이황(李滉)이 단양 군수로 있을 때 붙인 이름이다. 네댓 개의 석봉(石峯)으로 이루어져 있는데, 봉우리들이 마치 옥순(玉筍)처럼 치솟아 있다 하여 옥순봉이라 불린다. 《林下筆記 卷13 文獻指掌編 湖西四郡》

362 한벽루(寒碧樓) : 지금의 충청북도 제천(堤川) 청풍면(淸風面)에 있는 누각으로, 고려 충숙왕 4년(1317) 당시 청풍현 출신 승려인 청공(淸恭)이 왕사(王師)가 되어 청풍현이 군(郡)으로 승격되자, 이를 기념하기 위해 객사의 동쪽에 세운 누각이다. 본래 청풍면 읍리에 있었는데 이 지역이 충주댐 건설로 수몰되자 한수면 현재의 위치로 옮겼다. 송시열과 김수증(金壽增)이 쓴 편액과 김정희(金正喜)가 '청풍한벽루(淸風寒碧樓)'라고 쓴 현판이 걸려 있다.

363 윤 세마(尹洗馬) 선용(善用) : 윤선용(尹善用, 1762~1835)으로, 본관은 파평(坡平), 자는 진여(進如), 호는 백운(白雲)이다. 아버지는 윤언보(尹彦輔)이며, 조부는 윤경일(尹慶一)이다. 순조 17년 8월 10일에 있었던 정사에서 세마에 제수되었다. 《承政院日記 純祖17年 8月 10日》《日省錄 純祖17年 8月 10日》《搢紳譜》

364 홍공(洪公) : 홍이간(洪履簡, 1753~1827)으로, 본관은 남양(南陽), 자는 원례(元禮), 호는 남헌(南軒)이다. 아버지는 황주 목사 홍선양(洪善養)이다. 1777년(정조1) 진사시에 합격하고, 1789년에 음사(蔭仕)로서 휘릉 참봉(徽陵參奉)이 된 이래 제용감 부봉사·상서원 직장·통례원 인의(通禮院引儀)·의금부도사로 승진하였다가 일시 파직, 곧 복직되어 조지서 별제·남부영(南部令)·형조 좌랑을 거쳐, 임실 현감·대구부 판관이 되었다. 1801년(순조1)에 공조 좌랑·안성 군수·전주부 판관·밀양 부사·경주 부윤 등을 역임하고 동지중추부사에 이르렀다. 저서로 《남헌고》가 있다.

365 금강정(錦江亭) : 강원도 영월군 영월읍 보래산 아래쪽에 있는 정자로, 1428년(세종10)에 김복항이 세웠다고 하나 영월제영(寧越題詠)에 의하면 장정공(莊靖公) 이

서 앞의 강에다 배를 띄웠다. 기해일(己亥日 4월 14일)에 자규루(子規樓)[366]・관풍헌(觀風軒)[367]을 찾아가 살펴보고 이어서 자연암(紫烟巖)[368]을 유람하였다. 경자일(庚子日 4월 15일)에 장릉(莊陵 단종(端宗)의 능)을 배알한 다음에 창절서원(彰節書院)[369]에 들러 배알하고 이어서 학서암(鶴棲巖)・청령포(淸泠浦)를 감상하였다. 선생은 항상 단묘(端廟 단종(端宗))께서 임어(臨御)하셨던 곳을 지날 때마다 번번이

무(李堥)가 영월 군수로 있을 때 금강의 아름다운 경치에 반하여 사재를 들여 정자를 짓고 금강정이라 하였다고 한다. 퇴계 이황이 안동에서 춘천으로 가던 중 금강정에 들러 지은 것으로 보이는 〈금강정〉이라는 시(詩)도 전하고 있다. 한편, 우암 송시열(宋時烈)도 1684년(숙종10)에 금강정에 주위로 펼쳐지는 절경을 바라보며 〈금강정기(錦江亭記)〉를 썼다.

366 자규루(子規樓) : 강원도 영월(寧越) 객관(客館) 북쪽의 누각으로, 본래는 매죽루(梅竹樓)였다. 단종(端宗)이 1457년 6월부터 노산군(魯山君)으로 강등되어 영월에 유배되었을 때 이 누각에 올라 두견새의 울음소리를 들으며 처절한 심경을 노래하였는데, 이로 인해 '자규루'로 불리게 되었다.

367 관풍헌(觀風軒) : 1392년(태조1)에 건립된 영월 객사의 동헌 건물로 지방 수령들이 공사(公事)를 처리하던 건물이다. 관풍헌 객사 정문을 백운루(白雲樓) 또는 관풍루(觀風樓)라고 부른다. 여기에서 단종은 1457년 10월 24일에 17세의 나이로 사사(賜死)되었다.

368 자연암(紫烟巖) : 영월군(寧越郡)에 있는 큰 바위로, 세 봉우리가 큰 강 가운데 솟구쳐 섰는데 도담(島潭)과 비슷하다.

369 창절서원(彰節書院) : 강원도 영월군(寧越郡) 영월읍 영흥리(永興里)에 있다. 조선 숙종 11년(1685)에 건립하였고, 동왕 25년에 사액(賜額)되었다. 단종(端宗) 때의 사육신(死六臣)인 박팽년(朴彭年)・성삼문(成三問)・이개(李塏)・유성원(柳誠源)・하위지(河緯地)・유응부(兪應孚)와 엄흥도(嚴興道)・이유(李瑜:錦城大君)・이영(李瓔:和義君) 등을 봉향(奉享)하고 있다. 《增補文獻備考 212・213, 學校考, 各道祠院, 江原道》・《典故大方 4, 書院鄕祠錄》

오열하며 흐느껴서 비통한 마음을 스스로 가누지 못하였기에 곁에서 지켜보던 사람들이 이 때문에 감복(感服)하였다. 신축일(辛丑日 4월 16일)에 출발하여 충원(忠原 충주(忠州))로 향해 갈 적에 누암서원(樓巖書院)에 들러 배알하였다. 이번 걸음에는 함진숭(咸鎭嵩)[370]이 선생을 모시고서 갔다.

경사(京師)의 집으로 돌아왔다가 이윽고 월곡(月谷)으로 돌아갔다.

현도(縣道)를 통해 사직 소장(疏章)을 올렸다.

소장의 내용은 대략 다음과 같다.[371]

"오직 우리 왕세자께서는 예질(睿質)이 순수하고 아름다운 명성이 성대하여 우리나라 전체의 땅에 발을 딛고 입으로[372] 숨을 쉬는 무리가 모두 다 요순(堯舜)으로 여겨서 목을 길게 빼고 두 손을 모아

370 함진숭(咸鎭嵩) : ?~?. 본관은 강릉(江陵), 자는 성중(性仲), 성중(聖中), 호는 판향(瓣香)이다. 조선 헌종 때의 시인이다. 고려 공부 상서(工部尙書) 함유일(咸有一)의 후손으로, 부친은 찰방(察訪) 함증문(咸曾文)이다. 많은 서적을 읽었고 시문(詩文)에 능하였다. 형 함진태(咸鎭泰)와 함께 형제가 순조·헌종 때 예학·시문으로 이름이 났다. 성리학에 더욱 정진하였고 《경설존고》 4권과 유집 2권이 있다. 《國朝人物志》 《里鄕見聞錄 學行篇》

371 소장의……같다 : 이하의 내용은 《노주집(老洲集)》 권1에 실려 있는 〈사집의소명겸사진선소(辭執義召命兼辭進善疏)〉로, 《승정원일기》 및 《일성록》 순조 20년 4월 27일 기사와 《순조실록》 동일 기사에도 보인다.

372 입으로 : 대본에는 '喙'으로 되어 있는데, 《노주집(老洲集)》 권1 〈사집의소명겸사진선소(辭執義召命兼辭進善疏)〉 및 《승정원일기》 순조 20년 4월 27일 기사에 의거하여 '喙'로 바로잡아 번역하였다.

축하하고 있습니다. 그러나 신(臣)이 듣건대, '훌륭한 자질은 얻기가 쉽지만 지극한 도(道)는 듣기가 어렵다.〔美質易得 至道難聞〕'[373]라고 하니, 신(臣)은, 우리 저하께서 아침과 낮 동안 함께 거처하고 출입하며 좌우와 전후에 두어서 모시도록 한 자들이 올바른 말과 올바른 일을 가지고 그 심지(心地)를 적셔주며 그 덕성(德性)을 훈도(薰陶)하고 있는지 감히 알지 못하겠습니다.

예로부터 교주(敎冑)[374]의 방법을 논한 것으로는 가의(賈誼)의 〈보부전(保傅傳)〉[375]보다 더 잘 갖추어진 것이 없습니다. 그러나 그 귀결을 요약하면 '어릴 때 깨우쳐 가르침과 좌우에서 모시는 자를 제대로 선발하는 것'[376]에서 벗어나지 않는데, '좌우에서 모시는 자를

373 훌륭한……어렵다 : 이 말은 "열 집쯤 사는 작은 읍(邑)에도 반드시 나처럼 충성스럽고 진실한 자가 있겠지만 나처럼 배우기를 좋아하는 자는 없을 것이다.〔十室之邑, 必有忠信, 如丘者焉, 不如丘之好學也.〕"라고 한 공자의 말씀에 대한 주희의 집주에 보인다. 《論語集註 公冶長》

374 교주(敎冑) : 본래 주자(冑子)를 교육한다는 의미로, '주자'란 천자(天子)에서 경대부(卿大夫)에 이르기까지의 맏아들을 가리킨다. 《서경(書經)》 〈우서(虞書) 순전(舜典)〉에 "제순(帝舜)이 말씀하였다. '기(夔)야! 너를 명하여 전악(典樂)으로 삼으니, 주자를 가르치되 곧으면서도 온화하며 너그러우면서도 엄하며 강하되 사납지 말며 간략하되 오만하지 말게 할 것이다.'〔帝曰 : 夔! 命汝典樂, 敎冑子, 直而溫, 寬而栗, 剛而無虐, 簡而無傲.〕"라고 한 내용이 보인다. 여기에서는 왕세자만을 가리켜서 말한 것이다.

375 가의(賈誼)의 보부전(保傅傳) : 한(漢)나라 가의(賈誼, B.C.200~B.C.168)가 지었다고 하는 《신서(新書)》 권5에 실려 있는 편의 명칭이다. 또한 《대대례기(大戴禮記)》의 제48편의 명칭이기도 하다. 이 두 편은 주로 고대에 태자를 가르치던 예(禮)를 기술하고 있는바, 양자는 내용상 유사한 부분이 많다.

376 어릴……것 : 이는 "천하의 운명은 태자(太子)에게 달려 있고, 태자가 선(善)하게 되는 것은 어릴 때 깨우쳐 가르침과 좌우에서 모시는 자를 제대로 선발하는 데에

제대로 선발하는 것'은 또 '깨우쳐 가르침'의 근본이 됩니다.

이는 대체로 올바른 사람과 함께 거하는 것이 익숙해지면[377] 강론하고 송독하는 것 이외에 선언(善言)을 받아들임이 엄밀하고 눈으로 보고서 마음으로 느끼는 바가 가깝고도 절실하게 되니, 간사함과 편벽됨을 막는 일을 신중히 하고 의리를 익힘을 편안하게 여기는 것을 저절로 그만둘 수가 없어서 태평 만세(太平萬歲)가 진실로 여기에 기인하기 때문입니다. 그러므로 '가르침이 제대로 되고 좌우에서 모시는 사람이 올바르면, 태자가 올바르게 되어 천하가 안정될 것이다.'[378]라고 하였습니다.

삼가 생각건대, 성상(聖上)께서 자손을 편안하게 살도록 도우시

달려 있다.〔天下之命, 縣于太子, 太子之善, 在于早諭教與選左右.〕"라고 한 가의(賈誼)의 말에 보인다.《漢書 卷48 賈誼傳》《資治通鑑 卷14 漢紀6 太宗孝文皇帝中》《新書 卷5 保傅》

377 올바른……익숙해지면 :《대대례기(大戴禮記)》 권3 〈보부(保傅)〉에 "이에 천하의 단정한 인물로서 부모에게 효도하고 어른을 공경하며 견문이 넓고 도덕을 갖춘 인물을 비교 선발하여 돕도록 해서 태자와 함께 거처하고 출입하게 하였다. 그러므로 태자는 날마다 올바른 일을 보고 올바른 말을 듣고 올바른 도를 행하였으니, 이리 보든 저리 보든 앞뒤가 모두 바른 사람이었기 때문이다. 무릇 올바른 사람과 함께 거하는 것이 익숙해지면 올바르게 되지 않을 수 없다.〔於是比選天下端士, 孝悌閑博有道術者, 以輔翼之, 使之與太子居處出入, 故太子乃(目)〔日〕見正事, 聞正言, 行正道, 左視右視, 前後皆正人. 夫習與正人居, 不能不正也.〕"라고 한 내용이 보이는데, 이는《한서(漢書)》 권48 〈가의전(賈誼傳)〉에 실려 있는 이른바 '치안책(治安策)' 및《신서(新書)》 권5 〈보부(保傅)〉에도 보인다.

378 가르침이……것이다 : 이 내용은《대대례기(大戴禮記)》 권3 〈보부(保傅)〉와《한서(漢書)》 권48 〈가의전(賈誼傳)〉에 실려 있는 이른바 '치안책(治安策)' 및《신서(新書)》 권5 〈보부(保傅)〉에도 보인다.

려는[379] 원대한 계획은 신하들의 말을 기다리지 않더라도 틀림없이 이러한 점에 대해서 깊이 생각하셨을 것입니다. 그러나 신(臣)이 삼가 초야에 묻혀 지내면서 귀를 기울여 들은 지가 여러 해였으나 바름을 기르는 방도와 보필해 인도하는 적임자를 갖춰 둠이 선왕(先王)의 법(法)을 제대로 준수하여 신민(臣民)의 바람을 크게 위로하였다는 소식이 들리지 않으니, 이것은 어째서입니까.

신(臣)이 몇 해 전에 계방(桂坊 세자익위사(世子翊衛司))의 직위를 외람되이 맡아서 또한 수차례 뇌사(雷肆)의 연석(筵席)에 오르는 기회를 만난 적이 있었습니다. 이때 가만히 살펴보니, 강연(講筵)을 처음으로 연 날에 두셋 궁료(宮僚)가 무리를 따라 나아왔다가 해가 저물 무렵에 곧 물러가서 매우 급하고 대충대충 하여 한갓 형식만 갖춘 겉치레로 귀결될 뿐이었고, 이것 외에는 깊숙하게 있는 궁궐이 적막하고 외로워서 입대(入對)할 길이 없으며 간혹 또 탈품(頉稟)이 빈번하여 하다가 말다가 일정하지 않으니, 이는 벌써 총명을 개발하기에 부족한 것입니다.

아무런 일 없이 한가로울 적에 함께 노닐고 거처하는 자들은 궁녀와 내시나 가까이에서 모셔 익숙하고 총애하는 사람에 지나지 않습니다. 이런 무리가 아는 것과 행하는 것이라고는 그저 이로움을 탐하는 욕심과 교묘한 잔꾀와 솜씨 따위의 사사로움과 아첨하고 뜻에

379 자손을……도우시려는 : 해당 원문은 '연익(燕翼)'으로, 조상이 자손을 위하여 세운 계책이나 또는 교훈을 통하여 그 자손이 편안하게 됨을 말한다. 《시경(詩經)》 〈대아(大雅) 문왕유성(文王有聲)〉에서 주(周)나라 문왕(文王)에 대해 "후손에게 계책을 남겨 두어 공경하는 아들을 편안케 하셨다.〔詒厥孫謀, 以燕翼子.〕"라고 한 데에서 유래한 것이다.

영합하는 자태일 뿐이니, 마음을 병들게 하고 본성을 해치는 것을 이루 다 말할 수가 없습니다.

그러나 시기로 말하자면 그래도 충년(沖年)이라고 이를 만하여서 우선 간이(簡易)한 쪽으로 학문에 힘쓰도록 권하지만, 지금은 예령(睿齡)이 이미 취부(就傅)를 넘어서[380] 덕(德)과 업(業)이 마치 솟아오르는 태양과 같으니, 오직 이러한 시기를 놓쳐 버려서는 안 됩니다.

만일 강독(講讀)하는 즈음에 한결같이 관례만을 따라서 전인(前人)이 남겨 놓은 규범을 고치지 않은 채 온문(溫文 온화하며 예모가 있음)의 자질을 함양하고 제왕(帝王)의 학문을 궁구하기를 바란다면, 이는 거의 뒷걸음질 치면서 앞으로 나아가려고 하며 솥에 모래를 넣고 불을 때 밥을 짓는 것과 다를 바가 없으니, 주부자(朱夫子)께서 말씀하신 '명월주(明月珠)와 야광벽(夜光璧)을 한길가에다 놓아두는 것'[381]이 불행하게도 여기에 가깝다고 하겠습니다.

380 지금은……넘어서 : 이때 효명세자(孝明世子)의 나이가 12세였기 때문에 이렇게 말한 것이다. '예령(睿齡)'은 왕세자의 나이를 가리키고, '취부(就傅)'란 10세를 가리키는바, 《예기(禮記)》 〈내칙(內則)〉에 "열 살이 되거든 나가 바깥 스승에게 나아가 바깥에서 거처하고 잠잔다.〔十年, 出就外傅, 居宿於外.〕"라고 한 데에서 유래한 것이다.

381 명월주(明月珠)와……것 : 이 말은 〈기유의상봉사(己酉擬上封事)〉 중 여섯 번째 조목인 '사부를 제대로 선택하여서 황태자를 보필하는 것〔擇師傅以輔皇儲〕'에 "무릇 제왕의 세대에 전해 주어야 할 통서(統緖)로는, 위로 종묘와 사직을 담당할 중대한 책임이 있고, 아래로 사해(四海) 백성들의 생명이 있습니다. 앞에는 조종(祖宗)이 창업수통(創業垂統)하시느라 겪은 어려움이 있고, 뒤에는 자손이 오래도록 번영하게 해야 할 계획이 있습니다. 그런데도 보좌해 교도하는 방법이 이처럼 소략하니, 이는 마치 집에 명월주(明月珠)와 야광벽(夜光璧)이 있는데, 이것을 한길가에다 놓아두어 도적이 가져가도록 방관하는 것과 같으니, 어찌 위태롭지 않겠습니까.〔夫以帝王之世, 當傳付之統, 上有宗廟社稷之重, 下有四海烝民之生, 前有祖宗垂創之艱, 後有子孫長久之計,

신(臣)은 대대로 국록(國祿)을 받아 온 집안의 후예로서 몸은 포의(布衣)의 신분이지만 마음은 언제나 왕실(王室)을 그리워하기에 교주(敎胄)의 방법이 소략한 것을 생각할 적마다 항상 한밤중에도 탄식을 일으켜서 조그마한 정성이 응어리진 듯합니다.

더구나 보잘것없는 이 몸을 외람되게도 있어서는 안 될 자리에 있도록 하셔서 오랫동안 어진 이가 나아갈 길을 방해하도록 하신 것은 바로 그 소략함 중 하나의 큰 단서이니, 그렇다면 부끄럽고 두려우며 가슴이 답답하고 타들어 가는 듯함이 응당 어떻겠습니까.

삼가 바라옵건대, 전하께서는 생각하시고 또 생각하시어 신(臣)의 본직(本職)과 겸직(兼職)에 대해서 모두 간태(刊汰)[382]를 행하시고, 장중하고 단정하며 정직하고 성실하여 법가필사(法家拂士)의 풍도[383]가 있는 선비를 시급히 간택하시어 이연(离筵 서연(書筵))의 요속(僚屬)으로 벌여 있게 하십시오. 이어서 따로 조제(條制 조례(條例))를 강구하게 하여 상규(常規)에 구애받지 말며, 안부를 여쭙고

而所以輔養之具, 疎畧如此, 是猶家有明月之珠, 夜光之璧, 而委之衢路之側, 盜賊之衝也, 豈不危哉!〕"라고 한 부분에 보인다. 《晦菴集 卷12 己酉擬上封事》 이 봉사(封事)는 주희(朱熹)가 60세이던 1189년에 광종(光宗)이 즉위하자 이해 2월 2일에 지어서 올리고자 하였던 것이다.

382 간태(刊汰) : '태거(汰去)'와 동일한 의미로, 잘못을 저지른 관원의 관직을 빼앗음으로써 벼슬에서 축출하는 것을 가리킨다.

383 법가필사(法家拂士)의 풍도 : '법가'란 법도 있는 대신의 집안을 가리키며, '필사'란 보필하는 선비를 가리키는바, 이는 《맹자(孟子)》 〈고자 하(告子下)〉에 "나라에 들어가서는 법도 있는 대신의 집안과 보필하는 선비가 없고, 나라 밖에 나와서는 적국과 외환이 없는 나라는 항상 망한다.〔入則無法家拂士, 出則無敵國外患者, 國恒亡.〕"라고 한 부분을 원용한 것이다.

반찬의 맛을 살피는[384] 여가에 언제나 외당(外堂)에 임하여 비록 법강(法講)[385]과 소대(召對)[386]가 아니더라도 불시의 진현(進見)을 자주 허락하되 그 예모(禮貌)를 간략하게 하고 자연스럽고도 차분하게 자문하여서 아침저녁으로 가까이하여 친하게 지낼 수 있도록 하십시오. 그러면 어진 이를 존중하고 선비를 아껴서 정의(情意)가 막힘없이 흘러 통하고 뜻을 겸손히 해 묻고 배워서 점차 의리를 보게 되어서 저절로 한폭(寒曝)[387]과 한격(扞格)[388]의 근심이 없게 되고

384 안부를……살피는 : 해당 원문은 '문침시선(問寢侍膳)'으로, 세자가 부왕(父王)을 효성을 다해 모시는 것을 이른다. 《예기(禮記)》〈문왕세자(文王世子)〉에 "문왕이 세자가 되었을 적에 부왕인 왕계(王季)를 뵙되 하루에 세 번씩 하셨는데, 닭이 처음 울면 옷을 입고서 침문(寢門) 밖에 이르러 그 날 당번을 맡은 환관에게 '오늘 부왕의 안부가 어떠하신가?' 하고 물어서 환관이 '편안하십니다.'라고 대답하면 문왕이 그제야 기뻐하시며, 점심 무렵에 이르러 또다시 가서 또한 그와 같이 하셨으며 저녁 무렵에 이르러 또다시 가서 또한 그와 같이 하셨다.〔文王之爲世子, 朝於王季日三, 鷄初鳴而衣服, 至於寢門外, 問內豎之御者曰: 今日安否何如? 內豎曰: 安. 文王乃喜. 及日中又至亦如之, 及莫又至亦如之.〕"라는 내용을 원용한 것이다.

385 법강(法講) : 왕과 왕세자가 신하들과 매일 세 차례 경서(經書)나 선유(先儒)가 저술한 책 등을 강독하고 강론하는 경연(經筵) 또는 서연(書筵)을 가리키는 말로 조강(朝講), 주강(晝講), 석강(夕講)이 있다.

386 소대(召對) : 왕명(王命)으로 입대(入對)하여 정사에 관한 의견을 상주하는 것이나 또는 정규 강의인 삼강(三講) 외에 비정규 강의로, 시간에 구애받지 않고 왕이 모집을 명하면 모여서 강론하는 제도이다.

387 한폭(寒曝) : 열흘 춥다가 하루 볕을 쬐는 것으로, 여기에서는 공부를 하는 날보다 하지 않는 날이 더 많아 진척의 가망이 없는 것을 의미한다. 《맹자(孟子)》〈고자상(告子上)〉에 "비록 천하의 쉽게 잘 자라는 사물이라고 하더라도 하루 동안 햇빛을 쬐고 열흘 동안 차가운 곳에 둔다면 잘 자라는 사물은 없을 것이다.〔雖有天下易生之物也, 一日暴之, 十日寒之, 未有能生者也.〕"라고 한 데에서 나온 말이다.

이에 깊이 무젖고 앞으로 성취하게 되는 공효가 있게 될 것이니, 이는 진실로 종묘사직과 억조창생에게 있어서 그지없는 복(福)입니다. 어리석은 신(臣)의 충심이 격앙되는 바람에 말이 실로 분수에 넘치고 망령되었으니, 죽을죄를 지었습니다. 죽을죄를 지었습니다."

비답의 내용은 다음과 같다.[389]

"운운. 발돋움하고서 그대가 오기만을 기다리던 나머지에 사양하는 소장이 또 이르니, 서글퍼 탄식하는 마음을 가누지 못하겠다. 그대가 아뢴 동궁의 강학(講學)과 동궁을 보필해 인도하는 방법은, 말마다 절실하고 마땅한 것이기에 매우 가상히 여기노라.

다만 지금 정인군자(正人君子)를 구하고자 한다면, 도대체 어느 누가 그대처럼 산림에서 독서하는 사람들보다 더 훌륭한 점이 있단 말인가. 더구나 그대의 말이 이와 같으니, 그 무엇이 직접 세자의 강연(講筵)에 출입하여서 그 말을 실행하는 것만 하겠는가.

그대가 비록 말하지 않았더라도 나는 그렇게 하기를 바랐을 것인데, 그대가 이미 말하였으니 내가 또 어찌 목마른 이가 마실 것을 본 것처럼 애타게 기다리지 않을 수가 있겠는가. 한갓 사양하지 말고 즉시 올라와서 자리에 바로 앉지 못한 채 애타게 기다리는 나의 마음에 부응하도록 하라."-지방관이 전유하였다.-

388 한격(扞格) : 저어하여 받아들이지 못하는 것으로, 《예기(禮記)》 〈학기(學記)〉에 "발한 뒤에 금하면 완강하게 거부하여 가르침을 받들지 못한다.〔發然後禁, 則扞格而不勝.〕"라고 한 데에서 나온 말이다.

389 비답의……같다 : 이 비답은 우부승지 이진연(李晉淵)에게 전교한 것으로, 이하의 내용은 《승정원일기》 및 《일성록》 순조 20년 4월 27일 기사와 《순조실록》 동일 기사에 보인다.

7월에 비로소 노강(鷺江)의 소파정(少波亭)[390]에 정주(定住)하였다. 정자는 길가에 있었기에 매우 드러나 보여서 심원(深遠)한 지취가 없었다. 그래서 선생이 평소 지녔던 뜻에 맞지는 않았지만 계씨(季氏) 참판 공(參判公 오연상(吳淵常))이 고질병이 있어서 차마 멀리 떠나가지 못하여 마침내 여기에 정주하게 되었다.

○선생은 평소 사도(師道)가 있다고 자처하지 않아서 속수(束脩)[391]의 예(禮)를 받은 적이 없었다. 그러나 사문(斯文)이 장차 실추되려고 하는 것을 깊이 우려하여 후생 중에 빼어난 자들을 인도해 주려고 생각하였다. 이에 먼 데나 가까운 데에서 찾아와 배우는 자들을 가르칠 적에 정식(程式 규정과 격식)을 갖추어 두고, 작은 서재 하나를 마련하여 '관선(觀善)'이라고 편액을 걸어서 제생(諸生)이 독서하는 장소로 삼았다.

9월에 도성에 들어가서 종자(從子) 치유(致愈)를 위하여 곡하였다.[392]

390 노강(鷺江)의 소파정(少波亭) : '노강(鷺江)'은 '노호(鷺湖)'·'노수(鷺水)'와 같은 말로, '노(鷺)'는 '노(露)'로도 표기하는바, 현재 노량진(鷺梁津) 부근을 흐르는 한강(漢江) 유역을 이른다. '소파정(少波亭)'은 당시 노량진 근처에 있었던 정자이다. 《순암집(醇庵集)》 권5 〈소파정기(少波亭記)〉에 의하면 노강(露江)의 남안(南岸)에 있던 청풍(淸風) 김정부(金靜夫)의 별업(別業)이었다고 한다.

391 속수(束脩) : 고대에 제자가 스승을 뵐 적에 드리는 약소한 예물이다. '수(脩)'는 육포(肉脯)인바, 속수(束脩)는 육포 열 조각을 말한다. 《논어》 〈술이(述而)〉에 "속수를 가져온 사람은 내가 가르치지 않은 적이 없었다.〔束脩以上, 吾未嘗無誨.〕"라고 한 공자의 말씀에서 유래한 것이다.

392 9월에……곡하였다 : '치유(致愈)'는 오치유(吳致愈, 1798~1820)로, 자는 경려(景黎)이며, 오연상(吳淵常)의 둘째 아들이다. 순조 16년(1816) 식년시에서 진사가

치유는 출중한 재지(才智)가 있어서 선생이 매우 아꼈는데, 이때에 이르러서 요절하니 선생이 몹시도 애석하게 여겨 슬퍼하였다. 그를 위하여 지은 제문이 있고,[393] 나중에 묘지(墓誌)를 찬술하였다.[394]

10월에 양주(楊州)에 가서 치유(致愈)의 장례를 참관하였다.

홍백응(洪伯應 홍직필(洪直弼))과 함께 봉천(鳳川)을 유람하였다.

11월에 집의에서 체차되었다.[395]

장악원 정(掌樂院正)에 제수되었다.[396]

되었다. 이달 6일에 23세를 일기로 요절하였다. 《海州吳氏大同譜 卷4 貞武公派 1178~1179面》《老洲集 卷18 從子致愈墓表》《崇禎三〔四〕丙子式司馬榜目》

393 그를……있고 : 현재 《노주집(老洲集)》에는 보이지 않는다.

394 나중에 묘지(墓誌)를 찬술하였다 : 현재 《노주집(老洲集)》 권18에 실려 있는 〈종자치유묘표(從子致愈墓表)〉이다.

395 11월에 집의에서 체차되었다 : 이는 대간(臺諫)을 궐 안으로 불러들이기를 청하는 계사(啓辭)를 올렸기 때문이었다. 이에 순조는, 밖에 있거나 아직 사은숙배하지 않은 대간을 모두 체차해주고 정관(政官)을 궐 안으로 불러들여 정사(政事)를 열도록 하교하였다. 《日省錄 純祖20年 11月 20日》

396 장악원 정(掌樂院正)에 제수되었다 : 오희상은 이해 11월 20일에 있었던 정사에서 진선에 단부되었다. 이후 동월 25일에 있었던 정사에서 장악 정(掌樂正)에 임명되었고, 27일에 있었던 정사에서 겸 진선에 단부되었다. 《承政院日記 純祖20年 11月 20日, 25日, 27日》

12월에 집의에 제수되었다가 이윽고 체차되었다.[397]

신사(1821, 순조21) 선생 59세

3월에 효의 왕후(孝懿王后)가 승하하자[398] 현아(縣衙)의 뜰에 들어가서 거애(擧哀)[399]하였다.

계씨(季氏) 참판 공(參判公)을 위하여 곡하였다.[400]

참판 공은 선생과 나이 차이가 두 살로 마치 한 몸처럼 서로 의지하였는데, 수년 전부터 풍현(風眩)[401]을 앓다가 마침내 실명하게 되었

397 12월에……체차되었다 : 오희상은 이해 12월 9일에 있었던 정사에서 집의에 임명되었다. 같은 달 16일에 감찰이 다시(茶時)를 하겠다고 아뢰는 계사(啓辭)로 인하여, 순조는 산림(山林)으로서 밖에 있는 자와 패초(牌招)를 어긴 대간(臺諫)을 모두 체차해 주고 정관(政官)을 궐 안으로 불러들여 정사(政事)를 열도록 하교하였다. 이에 오희상은 집의에서 체차되었고, 17일에 있었던 정사에서 진선에 단부되었다.《承政院日記 純祖20年 12月 9日, 16日, 17日》《日省錄 純祖20年 12月 9日, 16日》

398 3월에 효의 왕후(孝懿王后)가 승하하자 : 이달 9일 오시(午時)에 왕대비 효의 왕후(孝懿王后, 1753~1821)가 자경전(慈慶殿)에서 승하하였다.《承政院日記 純祖21年 3月 9日》《日省錄 純祖21年 3月 9日》《純祖實錄 21年 3月 9日》 효의 왕후 김씨는 정조의 왕비로 본관은 청풍(淸風)이며, 청원부원군(淸原府院君) 김시묵(金時默)의 딸이다. 시호는 장휘예경자수효의왕후(莊徽睿敬慈粹孝懿王后)이다. 1899년 고종 황제가 정조를 선황제(宣皇帝)로 추존함과 동시에 효의선황후(孝懿宣皇后)로 추존하게 된다.

399 거애(擧哀) : 소리 높여 울부짖으면서 애도하는 것을 가리킨다.

400 계씨(季氏)……곡하였다 : 오연상(吳淵常, 1765~1821)은 이해 3월 12일에 향년 57세를 일기로 졸하였다.《臺山集 卷11 吏曹參判吳公墓誌銘 幷序》《海州吳氏大同譜 卷4 貞武公派 1178面》

401 풍현(風眩) : 풍사(風邪)로 인해 생기는 어지럼증, 즉 풍(風)으로 인한 현훈증(眩暈症)을 말한다. 또는 전간(癲癎)을 지칭하기도 한다.

다. 이에 선생이 분구(分灸)의 근심[402]을 견디지 못하고 노강(鷺江)[403]에다 거처를 가려 정해서 왕래하며 병구완하기에 편하게 하려고 하였다. 참판 공이 죽음에 이르러서는 자고 먹는 것을 모두 제대로 하지 못하여 신채(神采 풍채(風采))가 몹시도 야위었는데, 해를 넘기고서야 비로소 예전의 상태를 회복하였다. 참판 공을 위하여 지은 제문 두 편이 있다.[404]

4월에 대행 왕대비의 만장 제술관으로 뽑혔다.[405]

현도(縣道)를 통해 소장(疏章)을 올려서 삼가 위문을 드리고, 아울러 만장 제술관을 사양하였다.[406]-소장의 내용은 싣지 않는다.-

비답의 내용은 다음과 같다.[407]

402 분구(分灸)의 근심 : 형제의 고통을 진심으로 걱정하여 함께 나누려는 마음을 뜻한다. 우애가 극진하였던 송 태조(宋太祖) 조광윤(趙匡胤)은 동생 태종(太宗) 조광의(趙匡義)의 병세가 악화되자 직접 가서 살펴보고 친히 뜸을 떠 주었다〔親爲灼艾〕. 이때 조광의가 아파하자 태조 역시 스스로 뜸을 뜨면서〔取艾自灸〕 그 아픔을 함께 나누었다 한다.《宋史 卷3 太祖本紀》

403 노강(鷺江) : '노호(鷺湖)'·'노수(鷺水)'와 같은 말로, '노(鷺)'는 '노(露)'로도 표기하는바, 현재 노량진(鷺梁津) 부근을 흐르는 한강(漢江) 유역을 이른다.

404 참판……있다 : 현재《노주집(老洲集)》권14에 실려 있는〈제사묵문(祭士默文)〉과〈재제사묵문(再祭士默文)〉이다.

405 4월에……뽑혔다 : 이해 3월 20일에 이조가 올린 만장 제술관 96인의 명단에 '진선 오희상'으로 올랐다.《承政院日記 純祖21年 3月 20日》《日省錄 純祖21年 3月 20日》

406 현도(縣道)를……사양하였다 : 이때 오희상이 올린 소장은 현재《노주집(老洲集)》에는 실려 있지 않고,《승정원일기》및《일성록》순조 21년 4월 13일 기사에 보인다.

407 비답의……같다 : 이 비답은 승지 홍기섭(洪起燮)이 지어 올린 것으로, 이하의

"운운. 황천(皇天)이 재앙을 내려 갑자기 큰 상(喪)을 당하였기에 근심과 걱정 속에 거상(居喪)하여 부여잡고 울부짖어도 미칠 수가 없는데, 그대의 소장이 때마침 이르니 더욱더 애통하도다.

만장은 바로 아름답고도 훌륭한 덕(德)을 천명하고 발양하여 마지막으로 모시는 자리에 스스로 정성을 다하려는 것이다. 그러니 내가 어떻게 그대를 놓아두겠으며, 그대는 또한 어찌 지나치게 사양한단 말인가. 이러한 때에 급히 달려와서 위문해 주기를 아침저녁으로 학수고대하노니, 그대는 또한 가까운 시일 내에 올라와서 나의 지극한 뜻에 부응해야 할 것이다."-지방관이 전유하였다.-

5월에 통진(通津)에 가서 참판 공(參判公)의 장례를 치르는 데에 참여하였다.[408]

궁관(宮官)이 국휼(國恤)의 졸곡(卒哭) 전에 서연(書筵)을 열어야 하는지 정지해야 하는지에 대하여 명(命)을 받고 와서 물었다.[409]

내용은 《승정원일기》 및 《일성록》 순조 21년 4월 13일 기사에 보인다.

408 5월에……참여하였다 : 오연상(吳淵常)의 묘는 통진부(通津府) 치소에서 서쪽으로 20리에 위치한 덕포진(德浦鎭) 서쪽의 곤좌간향(坤坐艮向)의 언덕에 있다. 《臺山集 卷11 吏曹參判吳公墓誌銘 幷序》《海州吳氏大同譜 卷4 貞武公派 1178面》

409 궁관(宮官)이……물었다 : 효의 왕후의 인산(因山) 전에 왕세자의 강연(講筵)을 여는 것이 타당한지에 대하여 먼저 대신(大臣)과 빈객(賓客)에게 하문하고, 밖에 있는 유현〔在外儒賢〕에게는 하문하지 않았기 때문에 이해 4월 26일에 밖에 있는 유현에게 하문하도록 하였다. 이후 5월 26일에 세자시강원에서 찬선 송치규(宋穉圭), 부호군 송계간(宋啓幹), 진선 오희상, 자의 이우신(李友信)이 올린 대답을 수합해 아뢰었다. 《承政院日記 純祖21年 4月 26日, 5月 26日》《日省錄 純祖21年 5月 26日》《純祖實錄

올린 대답의 내용은 다음과 같다.[410]

"신(臣)이 헛되이 시강(侍講)의 직함을 띠고서[411] 오랫동안 소명(召命)을 어기고 있었기에 아침저녁으로 몹시 두려워하며 오직 준엄한 처벌이 내려질 것을 기다리고 있을 뿐이었는데, 천만뜻밖에도 인산(因山) 전에 주연(冑筵 서연(書筵))을 열어야 하는지 정지해야 하는지에 대하여 해답을 널리 찾아 물으시는 거조를 신(臣)에게까지 구분 없이 행하셨습니다.

신(臣)은 이미 이렇다 할 학식(學識)도 없는 데다가 또 견식(見識)이 있다고 자처하지도 않으니, 그렇다면 어찌 감히 그 사이에 끼어들어서 거론하겠습니까. 그러나 신(臣)이 예학(睿學 왕세자가 닦는 학문)이라는 한 가지 사안에 대해서만큼은 자그마한 성의가 맺혀 잊히지 않아 자연 끝끝내 침묵할 수 없는 점이 있습니다. 그래서 이에 감히 이치에 맞지 않는 어리석은 말을 함부로 바쳐서 헤아려 취하시는 데에 대비하는 바입니다.

신(臣)이 삼가 고사(故事)를 살펴보니, 주연(冑筵)을 열어야 하는지 정지해야 하는지에 대해서 선배들의 의론이 일정하지는 않았지만 어리석은 신(臣)은 삼가 '목하 서연(書筵)을 여는 것이 매우 급하므로 융통성이 없이 구규(舊規)와 상례(常例)만을 굳게 지켜서

21年 5月 26日》

410 올린……같다 : 이하의 내용은 현재 《노주집(老洲集)》 권1에 실려 있는 〈국휼졸곡전서연개정당부의(國恤卒哭前書筵開停當否議)〉로, 《승정원일기》 및 《일성록》 순조 21년 5월 26일 기사와 《순조실록》 동일 기사에도 보인다.

411 신(臣)이……띠고서 : 오희상은 순조 20년 12월 17일에 있었던 정사에서 진선에 단부되었다. 《承政院日記 純祖20年 12月 17日》

는 안 된다.'라고 생각합니다. 바로 지금 예령(睿齡)이 점차 지학(志學)에 가까워지고 있는데[412] 세자를 보좌해 교도하는 방책이 절대로 그전 조종조(祖宗朝)의 훌륭한 시대에 비할 수가 없어서 실로 '세월은 빨리 흘러가니, 다시 올 것 같지 않구나.〔日月流邁 若不云來〕'[413]라는 탄식이 있습니다. 만일 또 사례(事例 전례(前例))에 구애되어서 척일(隻日)로 하는 궁료(宮僚)의 입대마저도 그만두게 되면 그사이 예닐곱 달의 좋은 시간을 헛되이 보내 버리게 됩니다. 깊은 궁(宮)에서 아무런 일 없이 한가롭게 지내는 가운데에 가까이하여 친하게 지내는 자들은 그저 환관과 근습(近習)일 뿐이고, 많고도 훌륭한 빈료(賓僚 세자시강원의 관료)들은 하는 일도 없이 자리만 차지한 채 세자와 날로 소원해질 것이니, 걱정할 만한 것이 오로지 과정(課程)대로 꾸준히 글을 읽지 못하는 데에 있을 뿐만은 아닙니다.

무릇 예의(禮義 예법과 도의)는 독서로부터 나옵니다. 그러므로 《예기(禮記)》에 '거상(居喪) 중에 예서(禮書)를 읽는다.'[414]라는 가르침

412 바로……있는데 : '예령(睿齡)'은 왕세자의 나이를 가리킨다. '지학(志學)'은 '학문에 뜻을 둔다'는 뜻으로 15세를 이르는바, '나는 15세에 학문에 뜻을 두었다.〔吾十有五而志于學〕'라고 한 공자의 말씀에서 유래한 것이다. 《論語 爲政》 이때 효명세자의 나이가 13세였기 때문에 이렇게 말한 것이다.

413 세월은……않구나 : 이는 《서경(書經)》 〈주서(周書) 진서(秦誓)〉에 "세월은 빨리 흘러가니 다시 올 것 같지 않구나.〔日月逾邁, 若弗云來.〕"라고 한 목공(穆公)의 말을 원용한 것이다.

414 거상(居喪)……읽는다 : 이 말은 《예기(禮記)》 〈곡례 하(曲禮下)〉에 "거상하여 장사를 지내기 전에는 상례를 읽으며, 장사를 지낸 뒤에는 제례를 읽으며, 상기가 끝나 상복을 벗은 뒤에는 악장을 읽는다. 거상할 때에는 악(樂)에 대해 말하지 않으며, 제사 때에는 흉사(凶事)를 말하지 않으며, 공정(公庭)에서는 부녀에 관한 일을 말하지 않는

이 있고, 〈단궁(檀弓)〉의 '대공(大功)에는 익히던 업(業)을 그만둔다.'라는 구절에 이르러서는 주석가가 업(業)에 대하여 '몸에 익히던 것으로, 춤을 배우고 활쏘기를 배우고 금슬(琴瑟)을 배우는 따위와 같은 것이다.'라고 설명하였습니다.[415]

주부자(朱夫子)께서 또한 말씀하기를, '거상에 관해서는 애당초 「독서하지 않는다.」라고 한 글이 없다. 옛사람은 거상 중에 업(業)을 그만두었는데, 여기서 업(業)이란 순거(簨簴) 위의 판자이다.'[416] 라고 하였고, 또 일찍이 수황(壽皇)의 산릉(山陵)을 잡기 전에 경연(經筵)을 열도록 청하였으니,[417] 예전의 현인들이 강학(講學)을 시

다.〔居喪, 未葬讀喪禮, 旣葬讀祭禮, 喪復常, 讀樂章. 居喪不言樂, 祭事不言凶, 公庭不言婦女.〕"라고 한 데에 보인다.

415 단궁(檀弓)의……설명하였습니다 : 《예기(禮記)》 〈단궁 상(檀弓上)〉에 "대공에는 익히던 업을 그만둔다.〔大功廢業.〕"라고 하였는데, 이에 대한 진호(陳澔)의 집설(集說)에 "'업'이란 몸에 익히던 것으로, 춤을 배우고 활쏘기를 배우고 금슬을 배우는 따위와 같은 것이다. 이것을 그만두는 것은 슬픔을 잊을까 염려해서이다.〔業者, 身所習, 如學舞、學射、學琴瑟之類. 廢之者, 恐其忘哀也.〕"라고 설명하였다.

416 거상에……판자이다. : 이 말은 《주자어류(朱子語類)》 권89 〈예(禮)6 상(喪)〉에 "거상에 관해서는 애당초 '독서해서는 안 된다.'라고 한 글이 없다. 옛사람은 거상 중에 업(業)을 그만두었는데, 여기서 업(業)이란 순거(簨簴) 위의 판자이다. 업(業)을 그만둠은 음악을 연주하지 않음을 말한다. 〔居喪, 初無不得讀書之文. 古人居喪廢業, 業是簨簴上版子. 廢業謂不作樂耳.〕"라고 한 데에 보인다. '순거(簨簴)'란 고대에 종, 석경, 북 등을 매어놓는 나무틀을 가리키는데, 가로로 댄 나무를 '순(簨)'이라고 하고 기둥처럼 세운 것은 '거(簴)'라고 한다.

417 수황(壽皇)의……청하였으니 : 이와 관련된 내용은 소희(紹熙) 5년(1194)에 환장각 대제(煥章閣待制) 겸 시강(兼侍講)이었던 주희(朱熹)가 영종(寧宗)에게 올린 차자(箚子) 가운데 "신(臣)이 삼가 궐(闕)에 이른 뒤로 세 번 진대(進對)하여 올린 광망(狂妄)한 말을 당시에 채납해 주시어 강연(講筵)을 여는 날수를 더욱 늘리는 것과 봉사

급하게 여긴 것이 이와 같습니다.

또한 국조(國朝)의 전례(前例)를 가지고 말하자면, 대상(大喪) 중 재궁(梓宮)이 빈전(殯殿)에 있는 날에도 경연(經筵)을 계속 열었던 것을 분명하게 상고할 수 있습니다. 이는 진실로 군주의 덕(德)을 성취시키는 것이 오로지 강학에 달려 있어서 하루라도 하지 않거나 늦출 수가 없기 때문인데, 거상하며 담박하게 지내는 중에는 선(善)의 단서가 발현하는 것이 더욱더 가깝고도 절실하니, 이로 인하여 강연(講筵)에 임하신다면 위의(威儀)를 단속하고 사려(思慮)를 전일하게 할 수 있을 것입니다. 또 이때 접하는 자는 어진 사대부이고 강학하는 것은 성현의 훌륭한 계책과 가르침이니, 이는 다만 학문을 진전시키는 데에서 쉽게 효험을 볼 뿐만이 아니라 아울러 예(禮)를 지극히 하는 데에도 도움이 될 것입니다.

(封事)를 상세히 살펴보는 것과 하표(賀表)를 받지 않는 것과 같은 따위가 모두 시행되었습니다.……수황께서 빈전에 계시고 인산(因山)의 날짜를 아직 정하지 않았는데 수황의 궤연(几筵)을 받드는 것을 조금도 늦춰서는 안 됩니다.〔臣伏自到闕, 三獲進對, 狂妄之言, 時蒙采納, 如增增添講日、看詳封事、不受賀表之屬, 皆得施行.……壽皇在殯, 因山未卜, 几筵之奉, 不容少弛.〕"라고 한 부분에 보인다.《晦菴集 卷14 經筵留身面陳四事箚子》'수황(壽皇)'은 '지존수황성제(至尊壽皇聖帝)'의 약칭으로, 남송(南宋) 효종(孝宗)이 순희(淳熙) 16년(1189)에 아들 광종(光宗)에게 제위를 물려주고 상왕(上王)으로 있을 때 받은 존호(尊號)이다. 효종은 소희 5년 6월 9일에 향년 68세를 일기로 중화전(重華殿)에서 승하하였는데, 주자가 이 차자를 올릴 때까지도 인산을 거행하지 않고 있었다. 주희는 동년 8월에 제수되어 9월에 행궁(行宮)의 편전(便殿)에서 총 다섯 번에 걸쳐 글을 통해 주사(奏事)하였는데, 그중에는 효종의 상(喪)을 치르는 중임에도 경연(經筵)의 일수를 늘릴 것을 요청한 사항이 있었으며, 결국 시행된 것으로 보인다. 이후 주희는 영종과 한탁주(韓侂冑)의 불만을 야기는 바람에 조정에 있은 지 46일 만에 직위에서 물러나 11월에 다시 건양(建陽)의 고정(考亭)으로 돌아왔다.

또 하물며 기년(朞年)의 복제(服制)는 자최(齊衰)·참최(斬衰)와는 다르고[418] 충년(沖年 어린 나이)에는 더욱 배움에 힘써야만 하니, 신(臣)의 생각으로는 슬픔으로 인하여 오랫동안 강연(講筵)을 열지 않아 간단(間斷)하게 해서는 안 될 듯합니다. 불치하문[419]의 성대하신 뜻에 감동하여 사사로운 마음이 격절(激切)하기에 말을 재단할 줄을 몰랐으니, 지극히 황송하고 부끄러운 마음을 가누지 못하겠습니다."

예랑(禮郞)이 건릉(健陵)을 천봉(遷奉)할 때의 면복(緬服)에 대해서 명(命)을 받고 와서 물었는데, 사양하고 대답을 올리지 않았다.[420]

418 기년(朞年)의……다르고 : 효의 왕후(孝懿王后) 김씨(金氏)는 효명세자(孝明世子)에게 조모가 되는바, 효명세자는 자최부장기(齊衰不杖朞)의 복(服)을 입기 때문에 이렇게 말한 것이다.

419 불치하문 : 해당 원문은 '순요(詢蕘)'로, 초야의 무지한 사람이라도 혹 아는 것이 있으니 물으라는 뜻이다. 이는 《시경(詩經)》 〈대아(大雅) 판(板)〉에 "선현들이 말씀하기를, 꼴 베고 나무하는 사람들에게도 물으라고 하시니라.〔先民有言: 詢于芻蕘.〕"라고 한 부분에서 유래한 것이다.

420 예랑(禮郞)이……않았다 : 이때 조정에서 정조의 구릉(舊陵)을 이장하여 효의 왕후의 신릉(新陵)과 합부(合祔)할 적에 시마복을 입어야 하는지 최복(衰服)을 입어야 하는지에 대하여 예조의 낭관을 파견해 시·원임 대신 및 관각 당상(館閣堂上)과 밖에 있는 유현〔在外儒賢〕에게 문의(問議)하였는데, 이때 오희상은 시강원 진선으로, 이 문제에 관한 구체적인 대답을 하지 않고 겸양의 말만 올렸다. 결국 대신들의 의론에 따라 시마복으로 시행하였다. 《承政院日記 純祖21年 6月 10日》《日省錄 純祖21年 6月 10日》 '건릉(健陵)'은 정조의 능으로, 본래 사도세자와 혜경궁 홍씨의 능인 현륭원(顯隆園) 동쪽 두 번째 산줄기의 해좌사향(亥坐巳向) 언덕에 있었는데, 1821년(순조 21) 3월에 효의 왕후가 승하하자, 9월에 자리를 옮겨 효의 왕후와 합장되었다. '면복(緬服)'

홍백응(洪伯應 홍직필(洪直弼))과 함께 흑석리(黑石里)[421]에 있는 여호(黎湖) 박공(朴公)[422]의 유허(遺墟)를 찾아가 본 다음에 이어서 윤 상서(尹尙書) 계(堦)[423]의 옛 정자에 올라 감상하였다.

이란 어버이의 묘소를 옮겨서 다시 장사 지내는 '면례(緬禮)'를 거행할 적에 입는 복(服)을 가리키는바, 시마복(緦麻服)을 입는 것을 말한다. 《춘추》 장공(莊公) 3년(B.C. 691)조의 경문에 "5월에 환왕(桓王)을 장사 지냈다.〔五月, 葬桓王.〕"라고 하였는데, 《곡량전》에서는 "이는 개장한 것이다. 개장의 예(禮)는 시마복(緦麻服)을 입으니, 오복(五服) 중 가장 아래의 복(服)을 거론한 것은 그 상(喪)이 멀기 때문이다.〔改葬也. 改葬之禮緦, 擧下緬也.〕"라고 하였다. 이에 대한 범녕(范甯)의 주에 "시마복이라는 것은 오복 가운데에 가장 아래에 있는 것이다.……환왕을 장사 지내는 것으로 인하여 개장의 예(禮)를 기록한 것이다.……오복 가운데에 아래에 있는 것을 거론한 것은 그 상(喪)이 아득히 멀기 때문이다.……이 때문에 개장의 예(禮)는 그 복(服)이 가벼울 뿐이다. 면(緬)을 말한 것은 시마복을 입는 이유를 풀이한 것이다.〔緦者, 五服最下. ……因葬桓王, 記改葬之禮.……擧五服之下, 以喪緬藐遠也.……是故改葬之禮, 其服唯輕. 言緬, 釋所以緦也.〕"라고 설명하였다. 《儀禮經傳通解續 卷8 補服8 喪禮6 補緦》《春秋穀梁傳注疏 卷5 莊公3年》

421 흑석리(黑石里) : 당시에는 경기도 과천현(果川縣) 하북면(下北面) 흑석리(黑石里)로, 현재 서울시 동작구(銅雀區) 흑석동(黑石洞)이다.

422 여호(黎湖) 박공(朴公) : 박필주(朴弼周, 1665~1748)로, 본관은 반남(潘南), 자는 상보(尙甫), 여호(黎湖)는 그의 호이다. 군수 박태두(朴泰斗)의 아들이다. 1717년(숙종43) 재상 송상기(宋相琦)의 추천으로 시강원 자의(侍講院諮議)가 된 뒤 지평·집의 등을 거쳐 세자찬선(世子贊善)·이조 판서·우찬성 등을 역임하였다. 영조 때 서원을 철폐한다는 사실이 알려지자 상소를 올리고 기자(箕子)·공자(孔子)·주자(朱子) 등 삼성인(三聖人)의 서원은 훼철하지 말 것을 청하였다. 시호는 문경(文敬)이다. 저서로는 《여호집(黎湖集)》·《독서수차(讀書隨箚)》·《주자왕복휘편(朱子往復彙編)》·《춘추유례(春秋類例)》 등이 있다.

423 윤 상서(尹尙書) 계(堦) : 윤계(尹堦, 1622~1692)로, 본관은 해평(海平), 자는 태승(泰升), 호는 하곡(霞谷)이다. 현종 3년(1662)에 증광 문과에 급제하여 동왕 5년에 훈련도감의 낭청이 되었고, 예조 좌랑, 문학(文學), 제주 목사(濟州牧使) 등을 지냈

흑석리는 노호(鷺湖)[424]의 상류에 위치하였는데, 언덕 하나를 사이에 두고서 가까웠다.

6월에 건릉(健陵)의 천릉(遷陵)에 만장 제술관으로 뽑혔다.[425]

손자 경선(敬善)이 태어났다.

치익(致翼)의 아들이다.

7월에 이조에 정장(呈狀)하여 만장 제술관을 사양하였다.

8월에 심공(沈公)[426]-능정(能定)-의 부음을 들었다.

나중에 그를 위하여 지은 제문이 있다.[427]

다. 숙종 원년(1675)에 황해도 관찰사가 되었고, 호조 판서, 개성부 유수 등을 거쳐 좌참찬이 되었으나, 기사환국으로 유배되어 적소(謫所)에서 죽었다. 저술로는《하곡집(霞谷集)》·《동사(東史)》·《제의(祭儀)》가 있다. 시호는 익정(翼正)이다.

424 노호(鷺湖) : '노강(鷺江)'·'노수(鷺水)'와 같은 말로, '노(鷺)'는 '노(露)'로도 표기하는바, 현재 노량진(鷺梁津) 부근을 흐르는 한강(漢江) 유역을 이른다.

425 6월에……뽑혔다 : 이해 6월 20일에 이조가 올린 만장 제술관 96인의 명단에 '진선 오희상'으로 올랐다.《承政院日記 純祖21年 6月 20日》《日省錄 純祖21年 6月 20日》

426 심공(沈公) : 심능정(沈能定, 1760~1821)으로, 본관은 청송(靑松), 자는 정이(靜而), 호는 소재(塑齋)이다. 아버지는 이지(頤之)이다. 함양 군수(咸陽郡守)를 역임하였다. 이달 18일에 향년 62세를 일기로 졸하였다.《靑松沈氏大同世譜 2卷 391面》

427 나중에……있다 : 현재《노주집(老洲集)》권14에 실려 있는〈제심정이문(祭沈靜而文)〉이다.

9월에 건릉(健陵)에서 현궁(玄宮)의 재궁(梓宮)을 들어내었는데,[428] 병이 나는 바람에 현아(縣衙)의 뜰에 들어갈 수가 없어서 집 뒤에서 거애(擧哀 통곡)하였다.

효의 왕후(孝懿王后)의 발인(發靷)[429]에 길에 나가서 거애(擧哀 통곡)하였다.

건릉(健陵)과 합폄(合窆)할 적에 재궁(梓宮)을 현궁(玄宮)에다 모셔 내렸는데,[430] 병이 나는 바람에 현아(縣衙)의 뜰에 들어갈 수가 없어서 집 뒤에서 거애(擧哀 통곡)하였다.

10월에 홍백응(洪伯應 홍직필(洪直弼))과 함께 자하동(紫霞洞)을 유람하였다.

자하동은 관악산(冠岳山) 안에 있는데[431] 천석(泉石)의 뛰어난 경치

428 9월에……들어내었는데 : '건릉(健陵)'은 정조의 능으로, 이달 6일 자시(子時)에 현궁(玄宮)에서 재궁(梓宮)을 들어내어 막차(幕次)에 안치하고 제수를 진설한 다음에 정자각(丁字閣)에 이르러서 빈소를 차리고, 대궐에서는 시간에 맞추어 망곡례(望哭禮)를 거행하였다. 같은 날 신시(申時)에 효의 왕후의 찬궁(欑宮)을 열었다. 《承政院日記 純祖21年 9月 6日》《日省錄 純祖21年 9月 6日》《純祖實錄 21年 9月 6日》

429 효의 왕후(孝懿王后)의 발인(發靷) : 이해 9월 9일에 조전(祖奠)을 지낸 다음 10일에 발인하였다. 《承政院日記 純祖21年 9月 9日, 10日》《日省錄 純祖21年 9月 9日, 10日》《純祖實錄 21年 9月 9日, 10日》

430 건릉(健陵)과……내렸는데 : 이해 9월 13일에 정조와 효의 왕후를 현궁에다 안장하였다. 《承政院日記 純祖21年 9月 13日》《日省錄 純祖21年 9月 13日》《純祖實錄 21年 9月 13日》

가 있다.

12월에 전망 단자(前望單子)로 집의에 제수되었다가 이윽고 체차되었다.[432]

임오(1822, 순조22) 선생 60세

3월에 광주(廣州)에 가서 매서(妹壻 매부(妹夫)) 이신로(李新老 이재수(李在秀))의 장례를 참관하였다.

이공(李公)은 선생에게 본생가의 내종제(內從弟)가 된다.[433] 어린 시절부터 친형제 간처럼 돈독하고 친밀하게 지냈는데, 졸함에 이르러서는 그가 끝까지 쓰이지 못한 것을 몹시도 애석하게 여겼다. 그를

431 자하동은……있는데 : 관악산에는 네 곳의 자하동(紫霞洞)이 있었는데, 남자하(南紫霞)는 지금의 안양 쪽이고, 서자하(西紫霞)는 삼성산(三聖山) 삼막사(三幕寺) 일대, 북자하(北紫霞)는 서울대학교 쪽, 동자하(東紫霞)는 과천 쪽이다. 현재 과천 자하동 계곡에는 '백운산인 자하동천(白雲山人紫霞洞天)'이라고 각자(刻字)된 바위가 있다.

432 12월에……체차되었다 : 이달 13일에 대간(臺諫)의 전망 단자(前望單子)를 들이게 하여 집의에 오희상을 낙점하였다. 이후 16일에 있었던 정사에서 겸 필선에 단부되었는데, 28일에는 집의에서 체차되고 진선에 단부되었다. 《承政院日記 純祖21年 12月 13日, 16日, 28日》《日省錄 純祖21年 12月 13日, 28日》

433 이공(李公)은……된다 : '내종제'는 외종사촌 아우이다. 오희상의 본생모(本生母)는 연안 이씨(延安李氏)로, 영의정 이천보(李天輔, 1698~1761)의 딸이며, 이재수의 조부는 이천보인바, 오희상의 외조부와 이재수의 조부가 이천보이기 때문에 두 사람은 서로 내외종 간이 된다.

위하여 지은 제문이 있다.[434]

7월에 사간(司諫)에 제수되었다가 이윽고 환수되었다.

양사(兩司 사헌부(司憲府)와 사간원(司諫院))의 전망 단자(前望單子)로 사간에 낙점되었는데, 정원(政院)이 '유현(儒賢)으로서 간관(諫官)의 직임을 맡는 것은 해당하는 고례(古例)가 없다'는 내용으로 미품(微稟)하였기에 환수되었다.

빙호(氷湖)[435]에서 임공 득여(任公得汝 임로(任魯))가 귀양 가는 것을 전송하였다.

이때 임공(任公)이 충원 현감(忠原縣監)으로서 뜻하지 않게 견책을 받게 되었는데,[436] 선생이 홍백응(洪伯應 홍직필(洪直弼))과 때를 약속하고 모여서 빙호의 강가에서 임공을 송별하였다.

434 그를……있다 : 현재 《노주집(老洲集)》 권14에 실려 있는 〈제이신로문(祭李新老文)〉이다.

435 빙호(氷湖) : 지금의 동빙고동과 서빙고동 앞을 흐르는 한강 유역을 가리킨다.

436 이때……되었는데 : 임로(任魯)는 순조 19년 12월 25일에 있었던 정사에서 충원 현감(忠原縣監)에 임명되었다. 그는 현감으로 있으면서 간악한 아전들을 다스리는 한편 횡포가 심한 토반(土班)들을 억압하여 풍속을 바로잡았다. 그러나 이 때문에 피해를 입은 세력들이 반감을 품고 있다가 때마침 충청좌도 암행어사 서좌보(徐左輔)에게 고자질하였다. 결국 지방을 제대로 다스리지 못한다는 억울한 죄명을 쓰고서 서좌보에 의해 봉고(封庫)되어 그해 6월 10일에 공청 감사(公淸監司) 이석규(李錫圭)에 의해 장파(狀罷)되었다. 이후 7월 21일에는 진천현(鎭川縣) 장양역(長楊驛)으로 도일년반 정배(徒一年半定配)를 받았다. 《承政院日記 純祖19年 12月 25日·22年 6月 10日, 7月 21日》《日省錄 純祖19年 12月 25日·22年 6月 10日, 7月 21日》

9월에 종암(鍾巖)을 유람하였다.

김공(金公)-기풍(基豐)-・홍백응(洪伯應 홍직필(洪直弼))・이자강(李子岡 이봉수(李鳳秀))이 함께하였는데, 사흘 동안 유람하고 돌아왔다.

10월에 홍백응(洪伯應 홍직필(洪直弼))과 함께 압구정(狎鷗亭)을 유람하였다.

강에 임하여 달을 감상하고 압구정에서 머물러 잤다.

12월에 하반(賀班)[437]에 나아가지 못하고, 현도(縣道)를 통해 스스로 인책(引責 인혐(引嫌))하는 소장(疏章)을 올렸다.

소장의 내용은 대략 다음과 같다.[438]

"신(臣)이 외람되게 차지한 직함의 책임이 어떠합니까. 세자의 좌우에서 보익(輔翼)하여 예덕(睿德 왕세자의 덕)을 성취시키는 일은 결코 아무 사람에게나 함부로 맡겨서도 안 되며, 또 하루라도 그 자리를 비워 두어서는 안 됩니다. 신(臣)은 이미 합당한 인물이 아닌데도 초야에 있으면서 헛되이 직함을 띠고 있은 지가 지금 여러 해가 되었

437 하반(賀班) : 축하하는 의식에 벌여 서는 반열이다. 이해 11월 11일부터 세자빈이 홍역을 앓아 16일에 완쾌되었고, 효명세자는 11월 24일부터 홍역을 앓아 12월 2일에 홍역의 증세가 완전히 사라지게 되었다. 이에 12월 22일에 종묘에 고하고 반교(頒敎)하며 진하(陳賀)를 받았다.《承政院日記 純祖22年 11月 11日・16日・24日, 12月 2日・22日》《日省錄 純祖22年 11月 11日・16日・24日, 12月 2日・22日》《純祖實錄 22年 11月 11日・16日・24日, 12月 2日・22日》

438 소장의……같다 : 이하의 내용은 현재《노주집(老洲集)》권1에 실려 있는〈미부하반자인잉사진선소(未赴賀班自引仍辭進善疏)〉로,《승정원일기》및《일성록》순조 22년 12월 24일 기사에도 보인다.

습니다.

전부터 몹시도 간절히 아뢴 것에 터럭만큼의 거짓이 없는데도 가엾게 여기어 양해해 주심을 받지 못하여 한갓 형식적인 사양으로 귀결되고 있습니다. 그러니 어찌 소장을 잇달아 올려 간청하여서 반드시 체직되고 나서야 그만두고자 하는 마음이 없겠습니까. 그러나 벼슬하지 않고 초야에 묻혀 있는 소원하고 미천한 제가 참람함을 깊이 두려워한 나머지 그대로 좇아 침묵하여 본래 가지고 있던 것처럼 편안하게 여겨서 이러한 지경에 이르렀으니, 이는 또한 신(臣)의 죄입니다.

지난날 선묘(宣廟 선조(宣祖))께서 편찮으셨을 때에 선정신(先正臣) 이이(李珥)가 '큰 병이 나으신 뒤에 선(善)의 단서가 트여서 나오게 됩니다.'[439]라고 하여 경연의 자리에서 선묘께 자신의 의견을 두루 아뢰었는데, 성대한 그 말이 간곡하고 정성스러워서 선묘의 마음을 감동시키기에 충분하였습니다. 당일 선정신 이이의 고충(苦衷)과 열혈(熱血)을 생각할 때마다 신(臣)은 감격하여 눈물을 흘리곤 하였습니다.

지금 예후(睿候 왕세자의 건강)가 다시 평상을 회복하여 주연(冑筵)이 장차 열릴 것이니, 온 나라의 생령(生靈)들 모두가 성대하고도 충만하게 목을 늘이고서 고대하고 있습니다. 하나의 선(善)한 생각

439 큰……됩니다 : 이 말은 《석담일기(石潭日記)》 권하(卷下) '만력팔년경진(萬曆八年庚辰)'조에 "지금 전하께서 큰 병이 나으신 뒤에 선(善)의 단서가 트여서 나오게 되어 호령이 내려짐에 인심을 열복케 하시니, 신민이 바라는 바가 처음 즉위하실 때와 다르지 않습니다.〔今殿下大病之餘, 善端開發, 號令之下, 悅服人心, 臣民之望, 無異於初服矣.〕"라고 한 부분에 보인다.

을 잘 보존해 길러 확충하고서 때로 민첩하게 익히는 학문[440]을 계속하여 밝혀서 샘물이 처음 나오고 불이 처음 타오르는 것처럼 한다면[441] 자연 형용하기 어려운 신묘함이 있게 될 것이니, 이러한 기회를 잃어서는 안 되고 이러한 시기를 늦춰서는 안 됩니다. 그렇다면 더더욱 신(臣)처럼 하잘것없는 자가 허미(虛縻)[442]하도록 그대로 내버려 두는 일을 어찌 용납할 수 있겠습니까.

삼가 바라건대, 전하께서는 이를 더욱 유념하시어[443] 시급히 명(命)하여 신(臣)에게 내리신 시강(侍講)의 직함을 거둬들이고 다시 어질고 덕(德)이 있는 이에게 제수하시어서 세자를 깨우쳐 인도하는

440 때로……학문 : 해당 원문은 '시민지학(時敏之學)'으로, 《서경(書經)》〈상서(商書) 열명 하(說命下)〉에 "배움은 뜻을 겸손히 하여야 하니, 힘써 때로 민첩하게 하면 그 닦아짐이 마침내 온다.〔惟學遜志, 務時敏, 厥修乃來.〕"라고 한 데에서 유래한 것이다.

441 샘물이……한다면 : 이는 《맹자(孟子)》〈공손추 상(公孫丑上)〉에 "무릇 나에게 있는 사단을 모두 넓혀 채울 줄을 알면, 마치 불이 처음 타오르며 샘물이 처음 나오는 것과 같을 것이다.〔凡有四端於我者, 知皆擴而充之矣, 若火之始然, 泉之始達.〕"라고 한 부분을 원용한 것이다.

442 허미(虛縻) : '허대(虛帶)'와 같은 말로, 제수 된 벼슬을 사양하고 나아가지 않았는데도 벼슬을 체직시키지 않아 직함을 차지한 채 녹만 받아먹고 있음을 뜻한다.

443 이를 더욱 유념하시어 : 해당 원문은 '염재재자(念哉在玆)'로, 이는 《서경(書經)》〈우서(虞書) 대우모(大禹謨)〉에 "황제께서는 생각하소서. 이를 생각하여도 고요(皐陶)에게 있으며, 이를 버려도 고요에 있으며, 이를 이름하여 말함도 고요에게 있으며, 진실로 마음에서 나옴도 고요에 있으니, 황제께서는 그의 공(功)을 생각하소서.〔帝念哉. 念玆在玆, 釋玆在玆, 名言玆在玆, 允出玆在玆, 惟帝念功.〕"라고 한 부분에서 나온 것이다. 이 말은, 순(舜)이 우(禹)에게 제위(帝位)를 선양(禪讓)하려 하자 우가 고요를 추천하면서 한 말인데, 여기에서는 항상 잊지 않고 염두에 두고 있어야 함을 뜻하는 말로 전용한 것이다.

실제의 효험을 강구하시고, 이어서 신(臣)이 예의를 갖추지 않은 죄를 다스리시어서 법과 기강을 밝히소서. 지극히 바라는 마음을 가누지 못하겠습니다."

비답의 내용은 다음과 같다.[444]

"운운. 그대가 아뢴 '병이 나은 뒤에 선(善)의 단서가 나온다'는 말은 훌륭하니 그 이치가 이와 같고, 그대처럼 독서하여 이치를 분명하게 아는 선비는 더욱더 아침저녁으로 세자의 좌우에 있으면서 그 덕성을 보필해 인도하는 것이 마땅하니, 어찌 한갓 손양의 의리만을 따르고서 내가 깊이 기대하고 바라는 것을 염두에 두지 않을 수 있단 말인가. 그대는 다시 주저하지 말고 조속히 올라오라."-지방관이 전유하였다.-

계미(1823, 순조23) 선생 61세

정월에 현목 수빈(顯穆綏嬪)의 장례 때의 만장 제술관으로 뽑혔다.[445]

444 비답의……같다 : 이하의 내용은《순재고(純齋稿)》 권18에 실려 있는 〈진선오희상사직소비(進善吳熙常辭職疏批)〉로,《승정원일기》 및《일성록》 순조 22년 12월 24일 기사에도 보인다.

445 정월에……뽑혔다 : '현목 수빈'은 수빈(綏嬪) 박씨(朴氏, 1770~1822)로, 본관은 반남(潘南), 궁호는 가순궁(嘉順宮), 현목(顯穆)은 시호이다. 좌찬성 박준원(朴準源)의 딸로, 1787년(정조11)에 빈(嬪)이 되었고, 1790년과 1793년에 각각 순조와 숙선옹주(淑善翁主)를 낳았다. 순조 22년 12월 26일 해시(亥時)에 창덕궁 보경당(寶慶堂)에서 향년 53세를 일기로 졸서하였다. 원호(園號)는 휘경(徽慶)이며, 효자동 경우궁(景祐宮)에 제향되었다. 오희상은 이해 1월 21일에 수빈 박씨의 발인 때의 만장 제술관으로 뽑힌 것이다.《承政院日記 純祖 22年 12月 26日, 23年 1月 21日》《日省錄 純祖22

2월에 이조에 정장(呈狀)하여 만장 제술관을 사양하였다.[446]

예랑(禮郎)이 수빈(綏嬪)의 상(喪)에 대전(大殿)께서 제복(除服)하신 뒤 연거(燕居)의 복색에 대하여 명(命)을 받고 와서 물었는데, 사양하고 대답을 올리지 않았다.[447]

3월에 수곡(水谷)에 있는 임득여(任得汝 임로(任魯))를 찾아가 만나 보았다.

이때 임공(任公)이 사면을 받아 방면되어서 수곡의 별업(別業)에 머무르고 있었는데, 선생이 홍백응(洪伯應 홍직필(洪直弼))과 때를 정해 모여서 임공을 찾아가 만나 보았다. 이어서 함께 봉은사(奉恩寺)[448]를 찾아가 본 다음에 수곡으로 돌아와 묵었다.

年 12月 26日, 23年 1月 21日》《純祖實錄 22年 12月 26日》

446 2월에……사양하였다 : 탈이 있다고 아뢰어서 이달 9일에 정기선(鄭基善)으로 대체되었다.《承政院日記 純祖23年 2月 9日》《日省錄 純祖23年 2月 9日》

447 예랑(禮郎)이……않았다 : 이때 예조가 가순궁(嘉順宮)의 상례에 대전(大殿)·중궁전(中宮殿)이 제복(除服)한 뒤 심상(心喪)의 의절에 대해서 낭관을 파견하여 시·원임 대신 및 밖에 있는 유현〔在外儒賢〕에게 문의(問議)하였는데, 시강원 진선 오희상은 순조의 시마복 복제가 다 끝난 뒤 연거의 복장에 대해서 자문을 받았으나 이와 관련된 구체적인 대답을 하지 않고 겸양하는 말만 올렸다. 이때 올린 글은《노주집(老洲集)》 권1에 실려 있는〈가순궁상대전제복후연거복의(嘉順宮喪大殿除服後燕居服議)〉로,《승정원일기》및《일성록》순조 23년 2월 25일 기사에도 보인다. '연거(燕居)'는 왕의 평상시 일상생활을 가리키는 말로, 여기서는 상중(喪中)이 아닌 평소를 지칭한다.

448 봉은사(奉恩寺) : 현재 서울시 강남구 삼성동 수도산(修道山)에 있는 절로, 조선시대에는 광주부(廣州府)에 속하였다.

4월에 노강(鷺江)[449]의 사우(祠宇)에서 강회(講會 강론하는 모임)를 설행하였다.

사우는 집의 뒤쪽에 있었는데 제생(諸生)을 거느리고서 《대학(大學)》을 강론하니, 임공(任公 임로(任魯)) 및 홍백응(洪伯應 홍직필(洪直弼))이 여기에 함께 참여하였다.

5월에 광주(廣州)·양성(陽城)·직산(稷山)에 있는 선영들을 두루 전성(展省)하였다.

임신일(壬申日 5월 4일)에 월곡(月谷)을 향해 길을 떠나 그곳의 병사(丙舍 여막(廬幕))에서 묵었다. 다음 날에 방향을 바꾸어 양성(陽城)으로 가서 퇴전당(退全堂)에서 종회(宗會)를 설행하고, 덕봉서원(德峰書院)에서 강회(講會 강론하는 모임)를 설행하자 강학하려는 제생(諸生)이 백여 명이었다. 나이 순서대로 예(禮)를 행한 다음에 어른에게는 《대학(大學)》을, 어린 아이에게는 《소학(小學)》을 강론하였는데 고을의 수령 박후 긍원(朴侯肯源)도 찾아와서 강론에 참여하여 들었다.

정축일(丁丑日 5월 9일)에 직산(稷山)의 묘사(墓舍)에 이르렀다. 무인일(戊寅日 5월 10일)은 바로 선생의 61번째 생일이다. 이날 아침에 일찍 일어나서 묘(墓)를 배알하면서 곡하여 슬픈 마음을 남김없이 쏟아낸 다음에 송추(松楸 선영 주변)를 돌아다니며 살펴보고, 그대로 명발재(明發齋)-명발재는 바로 묘사이다.-에 머물렀다. 기묘일(己卯日 5

449 노강(鷺江) : '노호(鷺湖)'·'노수(鷺水)'와 같은 말로, '노(鷺)'는 '노(露)'로도 표기하는바, 현재 노량진(鷺梁津) 부근을 흐르는 한강(漢江) 유역을 이른다.

월 11일)에 양성으로 다시 돌아왔다가 경진일(庚辰日 5월 12일)에 월곡을 거쳐 호상(湖上 노호(鷺湖))으로 돌아왔다. 이번 걸음에는 치익(致翼) 및 문인 두세 명이 따라갔는데, 근상(謹常)은 나중에 뒤따라 양성에 이르렀다.

○덕봉서원은 바로 선생의 고조부 충정공(忠貞公 오두인(吳斗寅))만을 단독으로 향사하는 곳이다. 선생이 무인년(1818)부터 처음으로 서원의 일을 관장하였는데, 율곡의 〈학교모범(學校模範)〉[450]을 본받아 학규(學規)와 강의(講儀)를 만들어 제생(諸生)에게 주어서 달마다 한 번씩 모여서 강학하게 하고 직월(直月) 두 사람에게 이를 주관하게 하였으며, 선생이 매번 양성에 오면 그때마다 반드시 직접 가르치는 자리에 임하였다.

이달에 진상(眞像 진영(眞影))이 완성되었다.

6월에 집의에 제수되었다.[451]

7월에 읍청루(挹淸樓)[452]를 유람하였다.

450 학교모범(學校模範) : 선조(宣祖)가 경연에서 선비의 습관이 야박해지고 스승의 도(道)가 없어져 가는 폐단을 언급하면서 스승을 가려 뽑고 선비를 양성하는 법규를 만들도록 명하여, 이이(李珥)가 〈학교규범(學校規範)〉을 만들고 나서 이어 학교 법령을 보완하기 위해 만든 것으로, 《국역 율곡전서》 제15권 〈잡저〉에 실려 있다. 모두 16조(條)로 되어 있다.

451 6월에 집의에 제수되었다 : 이달 24일에 있었던 정사에서 집의에 임명되고, 겸진선에 단부되었다. 《承政院日記 純祖23年 6月 24日》《日省錄 純祖23年 6月 24日》

김공(金公)-기풍(基豐)-·홍백응(洪伯應 홍직필(洪直弼))·이자강(李子岡 이봉수(李鳳秀))이 함께하였는데, 하룻밤을 지새우고서 파하였다.

8월에 승정원 동부승지로 발탁되었다가 이윽고 밖에 있다고 하여 체차되었다.[453]

돈령부 도정에 제수되었다.[454]

9월에 현도(縣道)를 통해 사직 소장(疏章)을 올렸다.

소장의 내용은 대략 다음과 같다.[455]

"신(臣)이 전후로 제수된 관직에 대하여 정중히 부르심을 오랫동안 어겨서 하루도 그 지위에 서 본 적이 없었으니, 무슨 시험할 것이 있었겠습니까. 그런데도 갑자기 품계를 올려서 포의(布衣)의 미천한 사람을 이렇게나 쉽사리 당상관의 반열에 참여케 하셨으니, 이에 대하여 신(臣)이 곰곰이 생각해 보았으나 그 까닭을 알 수가 없었습

452 읍청루(挹淸樓) : 용산(龍山) 별영(別營) 앞에 있었던 누각이다. '읍청(挹淸)'이란 맑은 물을 뜬다는 의미인바, 한강 가에 위치하여 풍경이 매우 좋았다고 한다.《新增東國輿地勝覽 卷3 東國輿地備考 第2篇 漢城府》

453 8월에……체차되었다 : 이달 14일에 승지의 전망 단자를 들이도록 하여 낙점을 받았는데, 당시 오희상은 경기도 과천 땅에 있었기 때문에 16일에 체차되었다.《承政院日記 純祖23年 8月 14日, 16日》《日省錄 純祖23年 8月 14日, 16日》

454 돈녕부 도정에 제수되었다 : 이해 8월 28일에 있었던 정사에서 임명되었다.《承政院日記 純祖23年 8月 28日》

455 소장의……같다 : 이하의 내용은 현재《노주집(老洲集)》권1에 실려 있는〈사신자소(辭新資疏)〉로,《승정원일기》및《일성록》순조 23년 9월 6일 기사에도 보인다.

니다. 속담에 이르기를, '사람들의 비난이 있지 않으면 반드시 귀신의 책망이 있게 된다.'라고 하니, 이는 아마도 신(臣)이 생명을 마칠 때인 듯합니다.

이어서 삼가 생각해 보건대, 본조(本朝)가 나라를 세울 적에 오로지 유학(儒學)만을 높였습니다. 그래서 중묘(中廟 중종(中宗)) 때에 선정신(先正臣) 조광조(趙光祖) 등 제현(諸賢)이 당대에 등용되어 의표(儀表)로 삼을 만한 기준을 제창하고 천명하여서 예의(禮義)로 백성을 교화하고 명검(名檢)으로 풍속을 인도하여 공도(公道)를 펴고 이(利)의 근원을 막아서 한 시대의 훌륭한 정치를 능히 행하여 삼고(三古)[456]의 정치와 거의 같았습니다.

비록 불행하게도 끝까지 등용되어 훌륭한 재능을 펼치지 못하였으나 그분들이 끼친 교화와 남긴 공업은 오래되어도 길이 전해져서 명종(明宗)과 선조(宣祖) 때에 떨쳐졌으며, 현종(顯宗)과 숙종(肅宗) 때에 이르러 굉유(宏儒)와 석학(碩學)들이 성대하게 이어져 나와 조정과 초야가 기맥이 서로 관통하여 정사(政事)와 교화(敎化)가 아름답고 밝아서 백성과 나라가 길이 여기에 의뢰하였으니, 그 공(功)을 속일 수가 없습니다.

이후로 유학의 교화가 점점 쇠미해져서 저 명성과 이익을 위한 학문을 이길 수가 없게 되었고 보면, 예의와 명검이 다시는 지난날

456 삼고(三古) : 상고(上古)·중고(中古)·하고(下古)를 합하여 일컫는 말로, 《예기(禮記)》 〈예운(禮運)〉의 소(疏)에는 "복희(伏羲)가 상고, 신농(神農)이 중고, 오제(五帝)가 하고이다."라고 설명하였고, 《한서(漢書)》 〈예문지(藝文志)〉의 주에는 "복희가 상고, 문왕(文王)이 중고, 공자(孔子)가 하고이다."라고 설명하였다.

성대한 시절과 방불할 수가 없습니다. 근래에 이르러서는 그 당시와 세대가 더욱 멀어져 은택이 이미 끊어져서 독서하는 종자(種子)[457]도 역시 따라서 모두 사라졌습니다. 이에 사우(師友)의 도(道)가 없어지고 명교(名教 유교(儒教))가 땅에 떨어져서 온 세상이 이익을 추구하는 데에 투신하여 나라의 근본[458]이 폐해를 입고 있으니, 이러한 때를 당하여 바로 마땅히 주부자(朱夫子)께서 말씀하신 '단전(丹田)의 기해(氣海)에다 뜸을 뜨는 방법'[459]을 써서 유학을 공부한 한 시대

457 독서하는 종자(種子) : 독서하여 학문하는 사람을 이르는 말로, 남송(南宋)의 나대경(羅大經)이 지은 《학림옥로(鶴林玉露)》에 "한(漢)나라의 두 분 헌왕(獻王)이 모두 책을 좋아하였으니, 나라가 전해진 것이 모두 가장 오래 되었다. 사대부 집안에 독서하는 종자를 끊어지게 할 수 있겠는가.〔漢二獻皆好書, 而其傳國皆最遠. 士大夫家, 可使讀書種子衰息乎?〕"라고 한 데에서 유래하였다.

458 나라의 근본 : 해당 원문은 '방본(邦本)'으로, 백성을 가리킨다. 《서경(書經)》 〈하서(夏書) 오자지가(五子之歌)〉에 "첫 번째, 황조께서 교훈을 남기시니, 백성은 가까이 할지언정 얕잡아보아선 안 되고, 백성은 나라의 근본이니 근본이 견고하여야 나라가 튼튼하다.〔其一曰: 皇祖有訓, 民可近, 不可下. 民惟邦本, 本固邦寧.〕"라고 한 데에서 나온 말이다.

459 주부자(朱夫子)께서……방법 : '단전(丹田)의 기해(氣海)에다 뜸을 뜨는 방법'은 문제를 해결할 적에 근본에서부터 착수해야 함을 말한 것이다. 스승 호헌(胡憲)이 등용이 되자 주희(朱熹)가 서신을 올렸는데, 그중에 "천하를 구제하는 방법은 오로지 그 근본을 구제하는 데에 달려 있을 뿐입니다. 만약 그 변화를 따라서 일일이 대응한다면 그 변화가 무궁하니 어찌 이루 다 구제할 수 있겠습니까. 이른바 그 근본을 구제하는 방법은 천하의 인망이 속해 있는 사람을 보아서 그를 들어 쓰는 것에 불과할 뿐이니, 그 거조(擧措)와 용사(用捨)를 반드시 인심에 부합하게 하면 천하 사람의 마음이 흡연히 조정의 위에 모이게 되어서 그 기력이 쉽게 고동(鼓動)할 것입니다. 이는 마치 파리하게 야위어 병든 사람이 침과 약으로 치료할 수가 없는데, 그 단전의 기해에다 뜸을 뜨면 기혈이 근본에 모여서 이목과 수족이 편하게 되는 것과 같습니다.〔救之之術, 獨在

의 훌륭한 선비들을 널리 망라하여 이로써 정도(正道)를 붙들어 확립하고 쇠퇴한 풍속을 분발해 고양시켜 그 의론의 표치(標致)가 진실로 떳떳한 도(道)가 바르게 되어 백성이 선(善)을 행하려는 마음을 일으킬 수 있도록 한다면[460] 설령 날로 헤아리는 공적이 없더라도 해로 헤아리는 이익은 볼 수 있을 것입니다.

다만 신(臣)과 같은 자는 무지몽매한 일개 천품(賤品)으로 애당초 상신(相臣)의 잘못된 천거 때문에 외람되이 관원 선발의 명부에 들었습니다. 지금 제 자신의 기량이 전부 다 드러났으니, 이치상 응당 한(漢)나라 조정에서 시행했던 고사를 따라 그만두게 해야 할 것입니다. 그런데도 여전히 그럭저럭 허미(虛縻)[461]하게 내버려 두고 차례대로 관직을 옮겨서 옛날의 충은(充隱)[462]과 같아 당대에 조

救其本根而已. 若隨其變而一一應之, 則其變無窮, 豈可勝救也哉? 而所謂救其本根之術, 不過視天下人望之所屬者, 擧而用之, 使其擧措用舍必當於人心, 則天下之心, 翕然聚於朝廷之上, 其氣力易以鼓動, 如羸病之人, 鍼藥所不能及, 焫其丹田氣海, 則氣血萃於本根, 而耳目手足利矣.〕"라고 한 내용이 보인다.《晦庵集 卷37 與籍溪胡先生》'단전(丹田)'과 '기해(氣海)'는 모두 인체의 중요한 부위이다. 여기서 '단전'은 하단전(下丹田)인바, 구체적으로는 배꼽 아래에 음교(陰交), 기해, 석문(石門), 관원(關元)의 네 개 혈(穴)을 아울러 지칭하는 것이다. '기해'는 배꼽 아래 한 치 다섯 푼 되는 곳에 위치한 혈(穴)로, 통상적으로는 하단전을 혈(穴)로서 이르는 명칭이다.

460 떳떳한……한다면 : 이는《맹자(孟子)》〈진심 하(盡心下)〉에 "군자는 떳떳한 도(道)를 회복할 뿐이니, 떳떳한 도(道)가 바르게 되면 서민들이 선(善)을 행하려는 마음을 일으키고, 서민들이 선(善)을 행하려는 마음을 일으키면 사특(邪慝)함이 없어질 것이다.〔君子反經而已矣, 經正, 則庶民興, 庶民興, 斯無邪慝矣.〕"라고 한 맹자의 말씀을 원용한 것이다.

461 허미(虛縻) : '허대(虛帶)'와 같은 말로, 제수 된 벼슬을 사양하고 나아가지 않았는데도 벼슬을 체직시키지 않아 직함을 차지한 채 녹만 받아먹고 있음을 뜻한다.

금이라도 보탬이 되지 못한 채 후세 사람들에게 극심하게 비난할 거리를 남겨 주고 있으니, 신(臣)이 단정히 앉아 거듭하여 생각해 보건대 제 자신을 슬퍼할 겨를도 없이 삼가 성조(聖朝)를 위하여 크게 근심하게 되고 맙니다."

비답의 내용은 다음과 같다.[463]

"운운. 그대는 교목세가(喬木世家)의 사람이자 산림(山林)의 숙덕(宿德)으로서 암혈지사(巖穴之士)처럼 세상을 잊는 데에 과감한 행적과는 또 다른데 어쩌면 이다지도 매몰차게 구는 것이 도대체 몇 해 동안이란 말인가. 나에 대해서 함께 훌륭한 일을 할 만하지 못하다고 여겨서 그러한 것인가.

내가 비록 부덕하지만, 구원(丘園)에서 덕성을 함양하여 세상을 다스리고 백성을 구제하는 방책을 연마하고 임번(林樊)[464]에서 독서하여 치택(致澤)[465]의 재주를 강구한 이를 초치해서 아침저녁으로

462 충은(充隱) : 진정한 은사(隱士)가 아닌데도 은사로 추천된 거짓 은사를 이른다. 동진(東晉)의 권세가 환현(桓玄)이, 역대에 모두 은사가 있었는데 자신의 세대에만 없는 것을 유감으로 여겨, 황보밀(皇甫謐)의 6세손을 불러 저작(著作)에 임명하고 아울러 물자와 비용까지 지급하고는 그에게는 이것을 사양하고 받지 말게 한 다음 고사(高士)라고 일컬으니, 당시 사람들이 이를 두고 '진짜라고 사칭하는 은사'라는 뜻으로 '충은'이라고 불렀다. 《晉書 卷99 桓玄列傳》

463 비답의……같다 : 이때 내린 비답은 동부승지 윤경진(尹景鎭)이 지어 올린 것으로, 이하의 내용은 《승정원일기》 및 《일성록》 순조 23년 9월 6일 기사에 보인다.

464 임번(林樊) : 수풀로 울타리를 삼는다는 뜻으로, 은사(隱士)가 사는 곳을 이른다.

465 치택(致澤) : '치군택민(致君澤民)'의 준말로, 군주를 바른 길로 인도하여 요순(堯舜) 같은 성군(聖君)으로 만들고 백성에게 은혜를 끼친다는 뜻이다.

좌우에서 보필하고 출입하면서 충성스러운 말을 아뢰어 성심껏 인도하게 할 것을 생각하노라.

오직 치의(緇衣)처럼 어진 이를 좋아함〔好賢〕[466]이 비록 간절하지만 백구(白駒)처럼 멀리 떠나려는 마음〔遐心〕[467]을 돌이킬 수가 없음을 어이하랴. 시험 삼아 한번 오늘날의 조야(朝野)를 살펴보건대, 진실로 마땅한 사람을 구한다면 그대가 아니고서 그 누구이겠는가. 자급을 올린 것도 늦었다고 하겠는데, 사양하는 소장이 또 어찌 이르렀단 말인가.

오직 나의 마음이 그리운 사람을 만나지 못해 마치 배가 고픈 듯 허전하니, 그대의 행보에 대해서 선뜻 생각을 바꾸기를 바라노라. 부디 며칠 안에 조정에 나아와 나의 법연(法筵)[468]을 빛나게 하여서

466 치의(緇衣)처럼……좋아함 : '치의(緇衣)'는 《시경(詩經)》 정풍(鄭風)의 편명으로, 경대부(卿大夫)가 사조(私朝)에 있을 때 입는 검은 비단옷을 지칭한다. 모시서(毛詩序)에 의하면 이 시는 정(鄭)나라 환공(桓公)·무공(武公) 부자(父子)가 연이어 주(周)나라 사도(司徒)가 되어 직임을 잘 수행하므로, 주나라 사람이 그 덕을 찬양하여 친애(親愛)하는 정을 노래한 것이라고 한다. 일설에는 무공이 어진 이를 좋아하여 예우한 것을 찬미한 시라고도 한다. 《예기(禮記)》 〈치의(緇衣)〉에 "〈치의〉에서 찬미한 것처럼 어진 이를 좋아하고, 〈항백〉에서 배척한 것처럼 악인을 미워해야 한다.〔好賢如緇衣, 惡惡如巷伯〕"라고 한 공자의 말씀과 연결시켜 어진 이를 좋아함을 찬미한 시라고 보는 견해가 일반적으로 통용된다.

467 백구(白駒)처럼……마음 : '백구(白駒)'는 《시경(詩經)》 소아(小雅)의 편명으로, 어진 이를 자기 집에 오래 머물게 할 수 없어서 그 아쉬움을 노래한 것이다. 특히 그 마지막 장(章)은 한사코 떠나가는 어진 이를 만류할 수가 없어서 탄식하는 내용으로, "깨끗한 흰 망아지가 저 빈 골짜기에 있네. 싱싱한 꼴 한 줌 먹이노니, 그 사람이 옥과 같네. 부디 말씀을 금옥처럼 아껴서 나를 멀리 떠나려는 마음을 두지 마소서.〔皎皎白駒, 在彼空谷. 生芻一束, 其人如玉. 毋金玉爾音, 而有遐心.〕"라고 하였다.

목이 마른 듯 몹시도 간절한 나의 바람에 부응하도록 하라."-지방관이 전유하였다.-

형조 참의에 제수되었다.[469]

10월에 예랑(禮郞)이 율곡 선생의 사계(嗣系 종계(宗系))에 관한 일에 대해서 명(命)을 받들고 와서 물었는데, 사양하고 대답을 올리지 않았다.[470]

형조 참의에서 체차되었다.[471]

468 법연(法筵) : 조선시대 경연(經筵) 중에서 정규 강의인 삼강(三講)을 지칭하는 용어이다.

469 형조 참의에 제수되었다 : 이해 9월 18일에 있었던 정사에서 임명되었다. 《承政院日記 純祖23年 9月 18日》

470 10월에……않았다 : 이해 9월에 돈령 도정 이희조(李希祖)가 소장(疏章)을 올려서, 자신의 증조부 이계(李繼), 조부 이서오(李敍五) 및 종손(從孫) 이원배(李源培)가 진정한 율곡의 봉사손(奉祀孫)이며, 이계의 6촌 형 이연(李綖)은 벼슬을 탐내어 탈종(奪宗)한 죄인이기 때문에 이를 바로 잡아 다시 종통(宗統)을 이원배에게 돌려주어야 한다고 주장하였다. 이 문제에 대하여 예조가 낭관을 파견하여 시·원임 대신 및 유현(儒賢)에게 문의하였는데, 이때 오희상은 이 문제에 관한 구체적인 대답을 하지 않고 겸양의 말만 올렸다. 결국 대신들의 의론에 따라 이희조의 주장은 받아드려지지 않았다. 《承政院日記 純祖23年 9月 21日, 10月 12日》《日省錄 純祖23年 9月 21日, 10月 12日》《純祖實錄 23年 10月 12日》

471 형조 참의에서 체차되었다 : 이해 10월 17일에 체차된 것이다. 이날 있었던 정사에서 부호군에 단부되었다. 《承政院日記 純祖23年 10月 17日》《日省錄 純祖23年 10月 17日》

갑신(1824, 순조24) 선생 62세

3월에 직산(稷山)의 선영(先塋)에 가서 전성(展省)한 다음 방향을 바꾸어 양성(陽城)에 이르렀다.

덕봉서원(德峰書院)에서 강회(講會 강론(講論)하는 모임)를 행하였는데, 치익(致翼)・박정록(朴鼎祿)이 따라갔다.

4월에 송경(松京 개성(開城))을 유람하였다.

기해일(己亥日 4월 6일)에 홍백응(洪伯應 홍직필(洪直弼)) 및 종질(從姪) 치수(致秀)・임효헌(林孝憲)과 함께 길을 떠나 청송(聽松 성수침(成守琛))・우계(牛溪 성혼(成渾)) 두 선생의 묘[472]에 들러서 배알하고, 화석정(花石亭)[473]에 올랐다. 신축일(辛丑日 4월 8일)에 숭양서원(崧陽書院)[474]을 배알하고 이어서 강회(講會 강론(講論)하는 모임)를 설행

472 청송(聽松)……묘 : 현재 경기도(京畿道) 파주시(坡州市) 파주읍(坡州邑) 향양리(向陽里)에 있다.

473 화석정(花石亭) : 경기도 파주시 파평면 율곡리에 있는 누정이다. 1443년(세종25)에 이명신(李明晨)이 건립하였고 1478년(성종9)에 이숙함(李淑瑊)이 화석정이라 명명하였다고 한다. 이명신의 증손인 이이(李珥)가 중수하여 퇴관(退官) 후 여생을 이곳에서 보냈다고 한다. 이숙함의 정기(亭記)에 의하면, 당나라 때 재상 이덕유(李德裕)의 별서(別墅)인 평천장(平泉莊)의 기문(記文) 중에 보이는 '화석(花石)'을 따서 정자 이름으로 삼았다고 한다. 임진왜란 때 불타 없어진 후 80여 년 동안 터만 남아 있었다가 그 뒤 이이의 후손들이 1673년(현종14) 중건하였다.

474 숭양서원(崧陽書院) : 경기도 개성시 선죽동에 있는 서원이다. 1573년(선조6)에 유수 남응운(南應雲)이 정몽주(鄭夢周)와 서경덕(徐敬德)의 충절과 덕행을 추모하고자 선죽교 위쪽에 문충당(文忠堂)을 창건하면서 비롯되었다. 1575년에 '숭양(崧陽)'이라고 사액되어 서원으로 승격되었으며 1668년에 김상헌(金尙憲), 1681년에 김육(金堉)과 조익(趙翼), 1784년에 우현보(禹玄寶)를 추가 배향하였다. 대원군의 서원철폐령

하자 제생(諸生)으로서 모인 자들이 수십 명이었다. 선생에게 글을 지어서 이 일을 기술해 줄 것을 청하자 선생이 이를 위하여 강회록(講會錄)의 짧은 서문을 짓고, 만월대(滿月臺)에 올랐다. 임인일(壬寅日 4월 9일)에 화곡서원(花谷書院)[475]을 배알한 다음 방향을 바꾸어 박연 폭포 등 여러 승경을 찾아가 보았다. 갑진일(甲辰日 4월 11일)에 고려 태조의 현릉(顯陵)[476]을 배알하고, 돌아오는 길에 풍계사(豐溪祠)[477]에 들러서 배알하였는데, 이곳은 바로 충정공(忠貞公 오두인(吳斗寅))을 철향(腏享 배향(配享))한 곳이다. 병오일(丙午日 4월 13일)에 호상(湖上)으로 돌아왔다.

5월에 배를 타고 강을 거슬러서 석실(石室 석실서원(石室書院))에 갔다. 치성(致成)·치수(致秀)·근상(謹常)·족질(族姪) 치기(致琦) 및 김환형(金煥亨)이 따라갔다. 밤에 압구정(狎鷗亭)에서 묵다가 방향을 바꾸어 숙몽정(夙夢亭)[478]을 찾아가 보았다. 다음 날에 미호(渼湖)

때 훼철되지 않고 존속한 47개 서원 중의 하나였다. 숙종·영조·고종이 개성에 행차하였을 때에는 특히 견관치제(遣官致祭)하는 은전을 받았고, 영조는 친필로 어필사액(御筆賜額)을 하사하기도 하였다.

475 화곡서원(花谷書院) : 광해군 때 개성(開城)에 창건한 사액서원(賜額書院)으로, 서경덕(徐敬德)·박순(朴淳)·민순(閔純)·허엽(許曄)을 배향하였다.

476 고려 태조의 현릉(顯陵) : 경기 개풍군 중서면 곡평리에 있는 고려 태조 왕건과 그의 비 신혜왕후(神惠王后) 유씨(柳氏)의 능이다.

477 풍계사(豐溪祠) : 숙종 20년(1694)에 건축해서 동왕 21년에 사액하였다. 오두인(吳斗寅)·이세화(李世華)·박태보(朴泰輔)를 모신 곳이다. 《국역 신증동국여지승람 제11권 경기 파주목(坡州牧)》

478 숙몽정(夙夢亭) : 홍석주(洪奭周)의 고조부 홍석보(洪錫輔)가 1720년에 압구정

에 도착하여 김덕수(金德叟) 매순(邁淳)을 조문하고[479] 저녁 무렵에 서원에 들어갔다. 다음 날에 강회(講會 강론(講論)하는 모임)를 설행하자 양주(楊州)・광주(廣州)의 유생(儒生)[480]으로서 모인 자들이 50여 명이었다. 다음 날에 또 물길을 이용하여 집으로 돌아왔다.

○이 서원은 바로 농암(農巖)[481]과 미호(渼湖)[482]가 도(道)를 강학하

동쪽 수백 보 떨어진 곳에 정자를 새로 짓고 편액을 숙몽정(夙夢亭)이라 하였는데 완공하지는 못하였다. 그후 30년이 지난 1749년에 홍석보의 아들 홍상한(洪象漢)이 숙몽정을 완공하고, 장인 어유봉(魚有鳳)에게 기문을 받았다.

479 김덕수(金德叟) 매순(邁淳)을 조문하고 : 순조 22년(1822) 5월 13일에 김매순의 부친 김이수(金履鏽, 1747～1822)가 향년 76세를 일기로 졸하였는바, 김매순은 이해 5월에 거상 중이었을 것으로 추측된다. 《臺山集 卷11 考妣墓表》《安東金氏大同譜》

480 유생(儒生) : 대본에는 '衿紳'으로 되어 있는데, 일반적인 용례에 의거하여 '衿紳'의 '衿'을 '衿'으로 바로 잡아 번역하였다.

481 농암(農巖) : 김창협(金昌協, 1651～1708)으로, 본관은 안동, 자는 중화(仲和), 호는 농암(農巖) 또는 삼주(三洲), 시호는 문간(文簡)이다. 1689년 기사환국(己巳換局) 때 아버지가 사사(賜死)되자 영평(永平)의 산중에 은거했다. 문학과 유학의 대가로 이름이 높았고, 문장가이면서 서예에도 뛰어났다. 문집 《농암집》을 포함하여 《농암잡지(農巖雜識)》・《주자대전차의문목(朱子大全箚疑問目)》・《강도충렬록(江都忠烈錄)》 등의 저술이 있다.

482 미호(渼湖) : 김원행(金元行, 1702～1772)으로, 본관은 안동, 자는 백춘(伯春), 미호(渼湖)는 그의 호이다. 김창협(金昌協)의 손자로 입양되었으며, 이재(李縡)의 문인이다. 1719년 진사시에 합격하였으나 신임사화 때 할아버지 김창집(金昌集) 및 아버지와 형들이 죽음을 당하자 벼슬을 포기하고 학문에 전념하였다. 당시 호론(湖論)과 낙론(洛論)의 대립 속에서 할아버지 김창협의 학설을 이어받아 낙론을 지지하였다. 심(心)을 이(理)라고도 하지 않고 기(氣)라고도 하지 않으며, 이와 기의 중간에 처하여 이기(理氣)를 겸하는 의미를 지닌 것으로 여겨, 주리(主理)와 주기(主氣)의 절충적인 입장을 취하였다. 산림(山林)으로 추앙받으면서 박윤원(朴胤源)・오윤상(吳允常)・홍대용(洪大容) 등 많은 학자를 길러냈다. 저서에 《미호집(渼湖集)》이 있으며, 시호는

였던 장소이다. 선생이 서원의 일을 관장하여 구규(舊規)를 잘 정비해 거행하였는데, 이때에 이르러서 또 직접 서원에 가서 강회(講會 강론(講論)하는 모임)를 설행한 것이다.

6월에 읍청루(挹淸樓)를 유람하였다.

김공(金公)-기풍(基豐)-·임공(任公)-노(魯)-·홍공(洪公)-이간(履簡)-·이자강(李子岡 이봉수(李鳳秀))·홍백응(洪伯應 홍직필(洪直弼))이 모두 함께 모였는데, 저녁에 노량(鷺梁)까지 거슬러 올라가서 모임을 파하였다.

윤7월에 숭례문(崇禮門) 밖에서 대종회(大宗會)를 설행하였다.

이때 족보를 편찬하였다.

8월에 누이동생 이 감사(李監司) 부인(夫人)[483]을 위하여 곡하였다.

누이동생을 위하여 지은 제문이 있다.[484]

10월에 광주(廣州)에 가서 누이동생 이 감사(李監司) 부인(夫人)의 장례를 참관하였다.[485]

문경(文敬)이다.

483 누이동생 이 감사(李監司) 부인(夫人) : 관찰사 이재수(李在秀)의 부인으로, 오재소(吳載紹)와 한산 이씨(韓山李氏)의 소생인바, 본래는 오희상의 사촌 누이동생이다. 또한 이재수는 본래 오희상의 외종사촌 아우이다.

484 누이동생을……있다 : 현재 《노주집(老洲集)》 권14에 실려 있는 〈제망매정부인문(祭亡妹貞夫人文)〉이다.

11월에 양성(陽城)에 가서 오대조 천파공(天坡公 오숙(吳䎘))의 조주(祧主)[486]를 매안(埋安)하는 것을 참관하였다.

을유(1825, 순조25) 선생 63세

4월에 노강(鷺江)[487]의 사우(祠宇)에서 강회(講會 강론(講論)하는 모임)를 설행하였다.

제생(諸生)을 거느리고서 《대학(大學)》을 강론하였는데, 홍백응(洪伯應 홍직필(洪直弼))이 여기에 함께하였다.

9월에 남한산성(南漢山城)을 유람하였다.

치우(致愚)·치익(致翼)·근상(謹常) 및 홍종원(洪鍾遠)·민태용(閔泰鏞)·이정하(李正夏)[488]·이이재(李頤在)·이백효(李伯孝)

485 10월에……참관하였다 : 이달 8일에 누이동생의 장례를 치렀는데, 오희상은 8일 전인 9월 30일에 직접 장지로 찾아가서 누이동생의 영전에 제문을 올렸다. 《老洲集 卷14 祭亡妹貞夫人文》

486 조주(祧主) : 체천(遞遷)한 신주를 가리킨다. 통상적으로 4대(代)의 제사를 모시기 때문에 그 대수(代數)가 다하면 그 집의 사당에 신주를 모시지 못하고 최장방(最長房) 즉 사대손(四代孫) 가운데 가장 높은 사람의 사당으로 신주를 옮기는바, 그 신주를 '조주'라고 한다. 최장방이 죽었을 때에는 그 다음 최장방의 집으로 옮기는데, 사대손 즉 현손(玄孫) 항렬이 다 죽어서 다시 옮길 곳이 없을 때에는 그 무덤 앞에 묻는다.

487 노강(鷺江) : '노호(鷺湖)'·'노수(鷺水)'와 같은 말로, '노(鷺)'는 '노(露)'로도 표기하는바, 현재 노량진(鷺梁津) 부근을 흐르는 한강(漢江) 유역을 이른다.

488 이정하(李正夏) : 1791~1844. 본관은 완산(完山), 자는 경인(敬人)이다. 오희상을 좇아 수업하였으며, 1774년(영조50) 선공감역에 제수된 뒤, 의금부 도사·장악원 주부·서부 영(西部令) 등의 관직을 거치고 삼가 현감으로 보외되었다. 1778년(정조2) 가평 군수로 승진하였으나, 감사와의 불화로 파직되고 문의에 유배되었다가 그 뒤에

가 모두 함께 따라갔다. 산성 내에 있는 사찰들을 찾아가서 구경하고, 현절사(顯節祠)[489]에 배알하였는데, 이때 선생이 원(院)의 일을 관장하였으므로 원유(院儒 서원(書院)에 관계된 선비)가 강회(講會 강론(講論)하는 모임)를 설행할 것을 청하자 이로 인해 이틀간 머무르면서 강석(講席)에 나아갔다.

10월에 청량사(淸凉寺)를 유람하였다.

임공 득여(任公得汝 임로(任魯))・홍백응(洪伯應 홍직필(洪直弼))・이자강(李子岡 이봉수(李鳳秀))과 함께 사찰 내에서 복야(卜夜)의 잔치[490]를 벌였다. 다음 날에 영도사(永渡寺)를 찾아가 보고 임공(任公)의 집에 들렀다가 돌아왔다.

병술(1826, 순조26) 선생 64세

정월에 동부승지에 제수되었다.[491]

사면되었다.

489 현절사(顯節祠) : 경기도 광주시 남한산성면에 있는 사당이다. 1688년(숙종14)에 윤집(尹集)・오달제(吳達濟)・홍익한(洪翼漢)의 충절을 기리기 위하여 세웠다. 1693년(숙종19)에 '현절사'라 사액되었다.

490 복야(卜夜)의 잔치 : 밤을 지새우며 노는 것을 가리킨 것으로, 춘추 시대 제(齊)나라 진경중(陳敬仲)이 환공(桓公)을 위해 주연(酒宴)을 베풀 적에 환공이 흥이 도도하여 불을 밝혀 밤에도 계속 술을 마시자고 하자, 진경중이 "신은 낮에 모시는 일만 점을 쳤지 밤까지 모시는 것은 점을 치지 않았으니, 감히 명을 받들 수 없습니다.〔臣卜其晝, 未卜其夜, 不敢.〕"라고 한 데서 유래하였다. 《春秋左傳 莊公22年》 이를 근거로 밤낮을 잊은 채 밤새도록 잔치하며 노는 것을 '복주복야(卜晝卜夜)'라 한다.

491 정월에 동부승지에 제수되었다 : 이달 29일에 승지의 전망 단자를 들이도록 하여

이때 대사간 오한원(吳翰源)이 소장(疏章)을 올려서 재야(在野)의 유현(儒賢)을 초치할 것을 청하였는데,[492] 우의정 심상규(沈象奎)가 또 빈연(賓筵)에서 이어서 아뢰자, 상(上)이 말씀하기를, "유현이 오는 것을 나 역시 바란 지가 오래되었는데, 경(卿)의 말이 또 이와 같으니, 마땅히 더욱 특별히 생각하여 정중히 권면하도록 하겠다."라고 하였다.[493]

사관(史官)을 보내어 돈유(敦諭)를 내렸다.[494]

전유(傳諭)의 내용은 다음과 같다.[495]

낙점한 것이다.《承政院日記 純祖26年 1月 29日》《日省錄 純祖26年 1月 29日》

492 이때……청하였는데 : 이때 오한원(吳翰源)이 올린 소장 가운데 "지금 산야에 묻혀 지내는 유현을 초선(抄選)한 지가 이미 오래되었고 빈사(賓師)에 나열된 자들은 한갓 영예로운 직함을 자랑할 뿐 이들을 한 번도 맞아들여서 만나 본 적이 없으시니, 이는 실로 전하께서 도(道)를 구하는 정성과 어진 이를 좋아하는 마음이 아직도 지극하지 못하여서 그러한 것입니다. 진실로 마땅히 정성과 예의를 빠짐없이 다하여 기어코 초치하여서 뇌사에서 주선하여 우리 세자 저하를 보필해 인도하게 하여서 언제나 빛나는 아름다움을 성대히 하도록 하셔야 합니다. 삼가 바라건대 이 점에 유념하소서.〔今者山野儒賢, 抄選已久, 列之賓師, 徒侈榮銜, 一未嘗延見, 此實殿下求道之誠, 好賢之心, 猶有所未盡而然也. 誠宜備盡誠禮, 期於招延, 使之周旋雷肆, 輔導我元良, 以隆緝熙之美. 伏願殿下留神焉.〕"라고 한 내용이 보인다.《承政院日記 純祖26年 1月 12日》《日省錄 純祖26年 1月 12日》《純祖實錄 26年 1月 12日》

493 우의정……하였다 : 이달 20일 오시(午時)에 희정당(熙政堂)에서 입시한 자리에서 우의정 심상규가 재차 앙달하자 이에 순조가 대답한 것이다.《承政院日記 純祖26年 1月 20日》《日省錄 純祖26年 1月 20日》《純祖實錄 26年 1月 20日》

494 사관(史官)을……내렸다 : 예조 좌랑 안형진(安亨鎭)이 이해 1월 30일 신시(申時) 즈음에 과천현(果川縣) 하북면(下北面) 가차산리(加次山里)에 머무르고 있던 오희상에게 급히 달려가서 전유한 것이다.《承政院日記 純祖26年 2月 1日》

"유학(儒學)을 숭상하고 도의(道義)를 중시하여 예(禮)로써 현자(賢者)를 초치하는 것은 바로 우리 열성조(列聖朝)의 가법(家法)이다. 그리고 전현(前賢)들을 낱낱이 헤아려 보건대 또한 모두 다 나와서 세상에 쓰이는 바가 되었으니, 이는 진실로 세신(世臣)의 의리란 조정에 있으나 초야에 있으나 아무런 차이가 없기 때문이다.

돌아보건대, 내가 오매불망 한결같이 생각하는 것은 오직 선인(先人)의 유지(遺志)를 잘 받들어 이어 나가는 것인데, 나의 정성이 부족하기 때문에 아직도 한 현사(賢士)를 초치하여 우리 조정에 나아와 의범(儀範)이 되게 하지 못하고 있으니, 매양 한번 생각할 적마다 나의 얼굴은 더욱더 부끄러워 벌겋게 달아오른다.

오늘날의 나랏일에 대하여 그대는 과연 어떠하다고 생각하는가. 위로는 조정의 온갖 법도(法度)가 해이해진 것을 진작해 쇄신할 가망이 없고, 아래로는 팔도의 민생(民生)이 곤궁하고 고달파지는 것을 구제할 계책이 없다. 이러한 상황에서 현자가 마음을 쓰는 것은 그저 가만히 앉아서 보기만 하고 구제하지 않아서는 안 되는 것이다.

그대가 만약 꺼리지 않고 선뜻 마음을 돌이켜 나아와 다스림을 돕는다면, 나랏일은 그래도 다행히 가망이 있을 것이다. 그리고 비록 나의 덕(德)이 비루하지만 오히려 학문의 힘에 의지하여서 훌륭한 일을 해낼 수가 있을 것이니, 그렇다면 이것이 어찌 신하와 군주 모두가 함께 영광스러운 것이 아니겠는가.

495 전유(傳諭)의……같다 : 이하의 내용은 《순재고(純齋稿)》 권14에 실려 있는 〈유동부승지오희상(諭同副承旨吳熙常)〉으로, 《승정원일기》 및 《일성록》 순조 26년 1월 30일 기사와 《순조실록》 동일 기사에도 보인다.

더구나 지금 주연(胄筵)이 날로 열리는 시기에 세자를 교도해 성취시키는 책임을 담당할 자가 그대 말고 누구이겠는가. 이에 나의 진심을 표현한 유시를 가지고서 자리에 바로 앉지 못한 채 어진 이를 기다리는 뜻을 보이는 바이니, 그대는 멀리 떠나려는 마음을 시급히 돌이켜서 학수고대하는 나의 바람에 부응하도록 하라."

2월에 사관(史官)이 돌아가는 편에 서계(書啓)에 첨부하는 글을 올렸다.[496] -서계에 첨부한 내용은 싣지 않는다.-

다시 사관(史官)을 보내어서 돈유(敦諭)를 내렸다.[497]

전유(傳諭)의 내용은 다음과 같다.[498]

"며칠 전에 내린 돈유는 진실로 지극한 뜻에서 나온 것이었기에 그대가 선뜻 생각을 바꾸어 조정에 나아오는 것이 하루를 끝마치기를 기다리지 않으리라 생각하고 있었다. 그런데 첨부하여 아뢴 말을

496 2월에……올렸다 : 이해 1월 30일에 예조 좌랑 안형진(安亨鎭)이 과천에 머무르고 있던 오희상에게 전유하였는데, 오희상은 안형진이 올리는 서계(書啓) 안에 첨부하여 주달하였다. 이때 첨부하여 올린 내용은 현재 《노주집(老洲集)》 권1에 실려 있는 〈사관안형진선별유후서계(史官安亨鎭宣別諭後書啓)〉로, 《승정원일기》 및 《일성록》 순조 26년 2월 1일 기사에도 보인다.

497 다시……내렸다 : 이해 2월 3일 술시(戌時) 즈음에 사변가주서 최종환(崔宗煥)이 과천현(果川縣) 하북면(下北面) 가차산리(加次山里)에 머무르고 있던 오희상에게 가서 전유한 것이다. 《承政院日記 純祖26年 2月 5日》

498 전유(傳諭)의……같다 : 이때 내린 돈유는 우부승지 서경보(徐耕輔)에게 전교한 것으로, 이하의 내용은 《승정원일기》 및 《일성록》 순조 26년 2월 3일 기사에 실려 있다.

읽어 봄에 나를 돌아보려고 하지 않을 뿐만 아니라 도리어 나를 거절함이 몹시도 심하니, 목이 마른 듯 애타게 기다리고 있던 터였기에 서글프고도 부끄럽도다.

그 일을 고상히 하며 왕후(王侯)를 섬기지 않음[499]은 다름 아닌 옛적 열국(列國 춘추 전국 시대의 제후국)의 선비가 열국의 군주에게 행하였던 것이지 오늘날의 군신 관계를 견주어서 이른 것이 아니다. 그대는 충정(忠貞)한 선조의 후예로 고명(高明)한 학문을 지녀서 충분히 당세에 훌륭한 일을 할 수 있을 것인데, 곧 발걸음을 높이 하여 훌쩍 멀리 떠나가 아예 돌아오지 않을 것처럼 하니, 이것은 아마도 나의 정성에 부족한 점이 있고 예(禮)에 미진한 바가 있어서 그러한 것인가. 그렇지 않으면 군신 간의 의리는 피할 바가 없으니, 그대가 장차 나를 버려두고 어디로 간단 말인가.

그대가 비록 과축(薖軸)의 지조[500]를 견고하게 하지만 내가 더욱 간모(干旄)의 의리[501]에 힘써서 초치하지 못하면 감히 그만두지 않을

499 그……않음 : 세상에 나아가 군주를 섬기지 않은 채 자기의 몸을 깨끗이 하는 경우를 가리키는 것으로, 《주역(周易)》 〈고괘(蠱卦) 상구(上九)〉에 "왕후를 섬기지 않고, 그 일을 고상히 한다.〔不事王侯, 高尙其事.〕"라고 한 말을 원용한 것이다.

500 과축(薖軸)의 지조 : 세상에 나아오지 않고 산림에 은둔하려는 뜻을 가리킨다. '과축(薖軸)'이란 《시경(詩經)》 〈위풍(衛風) 고반(考槃)〉의 "숨어 살 집이 언덕에 있으니, 큰선비의 마음 넉넉하도다.〔考槃在阿, 碩人之薖.〕"라는 구절과 "숨어 살 집이 고원에 있으니, 큰선비가 소요하는 곳이로다.〔考槃在陸, 碩人之軸.〕"라는 구절을 하나로 합하여 말한 것으로, 산림에 은거하며 안빈낙도(安貧樂道)하는 선비의 생활을 비유한 것이다. 대본에는 '邁軸'으로 되어 있는데, 《시경》 〈위풍 고반〉에 의거하여 '邁軸'의 '邁'를 '薖'로 바로잡아 번역하였다.

501 간모(干旄)의 의리 : 현자가 있는 곳에 나아가 초빙하는 것을 가리킨다. '간모(干

것이다. 이에 사관을 보내어 쌓여 있는 속마음을 거듭 펴서 다 쏟아 내니, 그대는 은둔하려는 생각을 시급히 재고하여 즉일로 신속하게 나아오라."

사관(史官)이 돌아가는 편에 서계(書啓)에 첨부하는 글을 올렸다.[502] -서계에 첨부한 내용은 싣지 않는다.-

현도(縣道)를 통해 소장(疏章)을 올려서 소명(召命)을 사양하였다. 소장의 내용은 대략 다음과 같다.[503]

"신(臣)이 접때 내리신 성상(聖上)의 돈유(敦諭) 중 '그 일을 고상히 하며 왕후(王侯)를 섬기지 않음[504]은 다름 아닌 옛적 열국(列國 춘추

旄)'란 깃대 머리를 물소의 꼬리로 장식하여 수레 뒤에 꽂는 깃발로, 존귀한 사람이 어진 이를 찾아갈 때 사용하는 의장이다. 특히 이를 제목으로 삼은 《시경(詩經)》 〈용풍(鄘風) 간모〉는 위(衛)나라의 대부(大夫)가 간모를 수레 뒤에 꽂고 예(禮)를 지극히 하여 현자를 만나러 가는 것을 노래한 시인데, 준읍(浚邑)의 교외〔郊〕에서부터 하읍〔都〕, 도성〔城〕까지 점차적으로 나아가는 모습이 그려져 있다.

502 사관(史官)이……올렸다 : 이해 2월 3일에 사변가주서 최종환(崔宗煥)이 과천에 머무르고 있던 오희상에게 전유하였는데, 오희상은 최종환이 올린 서계(書啓)에 첨부하여 주달하였는바, 이때 첨부하여 올린 내용은 현재 《노주집(老洲集)》에 실려 있지 않고, 《승정원일기》 및 《일성록》 순조 26년 2월 5일 기사에 보인다.

503 소장의……같다 : 이하의 내용은 현재 《노주집(老洲集)》 권1에 실려 있는 〈사소명겸사동부승지소(辭召命兼辭同副承旨疏)〉로, 《승정원일기》 및 《일성록》 순조 26년 2월 10일 기사에도 보인다.

504 그……않음 : 세상에 나아가 군주를 섬기지 않은 채 자기의 몸을 깨끗이 하는 경우를 가리키는 것으로, 《주역(周易)》 〈고괘(蠱卦) 상구(上九)〉에 "왕후를 섬기지 않고, 그 일을 고상히 한다.〔不事王侯, 高尙其事.〕"라고 한 말을 원용한 것이다.

전국 시대의 제후국)의 선비가 열국의 군주에게 행하였던 것이지 오늘날의 군신 관계를 견주어서 이른 것이 아니다.'라고 하신 말씀에 대하여 삼가 구구한 신(臣)의 어리석은 정성이 있기에 외람되이 우러러 아룁니다.

《주역(周易)》〈고괘(蠱卦)〉의 상구(上九)에 이르기를, '왕후를 섬기지 않고 그 일을 고상히 한다.'라고 하였는데, 정자(程子 정이(程頤))께서 이에 대해 주해하기를, '이는 현인(賢人)과 군자(君子)가 제때를 만나지 못하여 고결함으로 스스로 지켜서 세상의 일에 얽매이지 않는 경우이다. 옛사람 중에 이것을 행한 자가 있으니, 이윤(伊尹)과 태공망(太公望)의 초기와 증자(曾子)와 자사(子思)의 무리가 이러한 분들이다.'라고 하였습니다.

이 뜻으로 미루어 보면, 우주(宇宙)의 안에 본래 이러한 도리가 있어서 저 '영달하면 천하 사람들을 모두 선하게 한다.'[505]라고 한 것과 병행하여도 서로 어긋나지 않으니, 진실로 은둔하여 세상을 아예 잊는 부류만을 오로지 가리켜서 말하는 것이 아닙니다. 그렇다면 삼가 생각건대, 열국의 선비를 여기에 해당시킬 수는 없을 듯합니다.

돌아보건대, 지금 세상의 인륜과 도덕이 쇠퇴하여 풍속이 천박하고 어진 이의 세대가 멀어져 은택이 끊겨서 선비 된 자들이 경전(經

505 영달하면……한다 : 이 말은 《맹자(孟子)》〈진심 상(盡心上)〉에 "옛사람들은 자신의 뜻을 이루면 은택이 백성에게 더해지고, 자신의 뜻을 이루지 못하면 몸을 닦아 세상에 자신을 드러냈으니, 곤궁하면 홀로 자기 몸을 선(善)하게 하고, 영달하면 천하 사람들을 모두 선하게 하였다.〔古之人, 得志澤加於民, 不得志修身見於世, 窮則獨善其身, 達則兼善天下.〕"라고 한 부분에 보인다.

傳)을 무용지물로 치부하고 법가필사(法家拂士)의 풍도[506]에서 벗어난 채 다만 과거・사환과 이익・녹봉만이 있음을 알고 다시는 민이(民彝)와 물칙(物則)[507]의 중요함을 알지 못하여 도도하게 흘러가는 것[508]이 분주히 오가서[509] 형세가 마치 바다가 터지고 황하가 옮겨가는 듯합니다. 지금의 도(道)를 따라 지금의 풍속을 바꾸지 못한다면, 장차 삼강(三綱)이 실추되고 구법(九法)이 무너지는 것[510]을 보게

506 법가필사(法家拂士)의 풍도 : '법가'란 법도 있는 대신의 집안을 가리키며, '필사'란 보필하는 선비를 가리키는바, 이는《맹자(孟子)》〈고자 하(告子下)〉에 "나라에 들어가서는 법도 있는 대신의 집안과 보필하는 선비가 없고, 나라 밖에 나와서는 적국과 외환이 없는 나라는 항상 망한다.〔入則無法家拂士, 出則無敵國外患者, 國恒亡.〕"라고 한 부분을 원용한 것이다.

507 민이(民彝)와 물칙(物則) : 사람으로서 지켜야 할 떳떳한 도리와 사물의 법칙을 가리키는바,《시경(詩經)》〈대아(大雅) 증민(蒸民)〉에 "하늘이 뭇 백성을 내었으니, 사물이 있으면 법칙이 있네. 백성이 떳떳한 본성을 갖고 있는지라 이 아름다운 덕을 좋아하네.〔天生蒸民, 有物有則. 民之秉彝, 好是懿德.〕"라고 한 구절에 보인다.

508 도도하게 흘러가는 것 : 흐르는 강물처럼 모두 나쁜 데로 휩쓸려가는 것을 뜻하는바,《논어(論語)》〈미자(微子)〉에 "도도하게 흘러가는 것은 천하가 다 그러하니, 누구와 더불어 그것을 바꿀 수 있겠는가?〔滔滔者, 天下皆是也, 而誰以易之?〕"라고 한 은자 걸닉(桀溺)의 말에 보인다.

509 분주히 오가서 : 해당 원문은 '희래양왕(熙來穰往)'으로, 이익 추구를 위해 시끄럽고 번잡하게 오가는 모습을 형용한 말이다. 이는《사기(史記)》권129〈화식열전(貨殖列傳)〉에 "천하가 희희함은 모두 이익을 위해 오는 것이요, 천하가 양양함은 모두 이익을 위해 가는 것이다.〔天下熙熙, 皆爲利來, 天下壤壤, 皆爲利往.〕"라고 한 부분을 원용한 것이다. '양(穰)'은 '양(壤)'과 통용된다.

510 삼강(三綱)이……것 : '삼강'은 유가 윤리의 기본이 되는 세 가지 강령으로 군신간의 도리를 말하는 군위신강(君爲臣綱), 부자간의 도리를 말하는 부위자강(父爲子綱), 부부간의 도리를 말하는 부위부강(夫爲婦綱)을 이르며, '구법(九法)'은 홍범(洪範)의 구주(九疇)를 가리킨다. 홍범은《서경(書經)》의 편명으로 나라를 다스리는 큰

될 것이니, 아아, 두려울 만합니다.

신(臣)은 진실로 전하의 이 하교[511]가 한때의 단장취의(斷章取義)에서 나온 것임을 알겠습니다. 그러나 왕의 말이 한 번 나오면 계책이 되고 가르침이 되어서 장차 대대로 천하의 준칙이 되는 것입니다. 만일 후생과 초학자가 성상의 뜻을 깊이 연구하지 못하고, 고상히 하는 일을 지금의 조정에서 행하는 것이 마땅하지 못하다는 것으로 잘못 이해한다면 갈수록 더욱더 매섭게 내달려서 나아갈 줄만 알고

법이란 뜻이며, 구주는 아홉 가지 무리란 뜻으로 옛날 우(禹) 임금이 홍수를 다스릴 적에 낙수(洛水)에서 거북이가 나왔는데 그 등에 1에서 9까지의 점이 그려져 있었다 한다. 그리하여 이것을 보고 홍범구주를 만들었다 하는바, 첫 번째는 금(金)·목(木)·수(水)·화(火)·토(土)의 오행(五行)이고, 두 번째는 모(貌)·언(言)·시(視)·청(聽)·사(思)의 오사(五事)이며, 세 번째는 식(食)·화(貨)·사(祀)·사공(司空)·사도(司徒)·사구(司寇)·빈(賓)·사(師)의 팔정(八政)이고, 네 번째는 세(歲)·월(月)·일(日)·성신(星辰)·역수(曆數)의 오기(五紀)이며, 다섯 번째는 황극(皇極)이고, 여섯 번째는 정직(正直)·강극(剛克)·유극(柔克)의 삼덕(三德)이며, 일곱 번째는 우(雨)·제(霽)·몽(蒙)·역(驛)·극(克)·정(貞)·회(悔)의 계의(稽疑)이고, 여덟 번째는 우(雨)·양(暘)·욱(燠)·한(寒)·풍(風)·시(時)의 서징(庶徵)이며, 아홉 번째는 수(壽)·부(富)·강녕(康寧)·유호덕(攸好德)·고종명(考終命)의 오복(五福)과 흉단절(凶短折)·병(病)·우(憂)·빈(貧)·악(惡)·약(弱)의 육극(六極)이다. 한유(韓愈)의 〈여맹간상서서(與孟簡尚書書)〉에 "양주와 묵적이 서로 어지럽히매 성현의 도가 밝아지지 못하고, 성현의 도가 밝지 못하면 삼강이 매몰되고 구법이 무너지며 예악이 무너지고 이적이 횡행할 것이니, 금수가 되지 않을 사람이 몇이나 되겠는가.〔楊墨交亂而聖賢之道不明, 聖賢之道不明, 則三綱淪而九法斁, 禮樂崩而夷狄橫, 幾何其不爲禽獸也?〕"라고 한 글이 보인다.

511 전하의 이 하교 : 이해 2월 3일에 사변가주서 최종환(崔宗煥)을 보내어 내린 돈유 중《주역(周易)》〈고괘(蠱卦) 상구(上九)〉의 "왕후를 섬기지 않고, 그 일을 고상히 한다.〔不事王侯, 高尚其事.〕"라는 구절을 원용해 '열국의 선비〔列國之士〕'를 언급한 부분을 가리킨다.

물러날 줄 모를 것이니, 어찌 근심스럽지 않겠습니까.

설령 신(臣)이 전하의 앞에 나아갈 수 있어서 시사(時事)에 대해 철저하게 논하더라도 정학(正學 유학(儒學))을 숭상하고 선비들의 추향(趨向)을 바루는 것을 제일의 급선무로 삼는 것에 지나지 않을 것입니다. 또 신(臣)은 이미 고상히 하려는 뜻이 없는데 거짓으로 속여 은총을 도둑질하여 군자들에게 버림받았으니, 신(臣)의 입에서 나오는 말이 어찌 성상께서 들을만하신 것이겠습니까. 그러나 신(臣)은 마음을 숨길 수가 없어서 말이 실로 참망(僭妄)하니, 죽을 죄를 더욱 더하고 있습니다."

비답의 내용은 다음과 같다.[512]

"운운. 자리에 바로 앉지 못한 채 어진 이가 나아오는 것을 학수고대하던 가운데에 사양하는 소장이 또 도착하니, 첫 번째도 나의 정성이 부족하기 때문이고, 두 번째도 나의 정성이 부족하기 때문인바, 부끄러움과 서글픔이 마음속에서 뒤섞여 일어나는 것을 견디지 못하겠노라.

그러나 성인의 학문은 성물(成物 남을 이루어줌)에서 끝마쳐지고 군자의 마음은 독선기신(獨善其身)을 부끄럽게 여기는 법이다. 그러므로 맹자께서 이르시기를, '세상을 돕고 백성을 기르는 데에는 덕(德)만 한 것이 없다.'[513]라고 하셨고, 또 말씀하시기를, '지금 세상

512 비답의……같다 : 이하의 내용은 현재 《순재고(純齋稿)》 권19에 실려 있는 〈동부승지오희상사직진면소비(同副承旨吳熙常辭職陳勉疏批)〉로, 《승정원일기》 및 《일성록》 순조 26년 2월 10일 기사에도 보인다.

513 세상을……없다 : 이 말은 《맹자(孟子)》 〈공손추 하(公孫丑下)〉에 보인다.

에 나 말고 그 누구이겠는가.'[514]라고 하셨으며, 부자께서는 '어찌 박처럼 한 곳에 매달려서 먹히지 않을 수 있겠는가.'라고 이르시지 않으셨던가.[515]

지금 그대가 배운 바는 바로 공자와 맹자의 일이고, 온 세상이 추중하여서 세상을 돕고 백성을 기르는 데〔輔世長民〕에 가장 필요한 덕(德)을 지닌 이로 여기는 것은 바로 오직 그대와 같은 산림의 몇몇 어진 이들뿐이니, 내가 어찌 목이 마른 듯 애타게 바라지 않을 수가 있겠는가. 그대는 또 어찌 이 세상과 이 사람들에 대한 책임으로 자임하지 않고서 매몰차게 오직 겸목(謙牧)[516]을 일삼을 뿐이란 말인가. 나는 많이 고하지 않겠으니, 그대는 헤아리고 또 헤아려 즉일로 선뜻 마음을 돌이켜 나아와서 나의 기대에 부응하라.

앞서 내린 돈유 중 '고상' 운운한 것으로 말하자면, 그대가 권면하

514 지금……누구이겠는가 : 이 말은 《맹자(孟子)》 〈공손추 하(公孫丑下)〉에 "하늘이 아직 천하를 태평하게 다스리고자 하지 않아서 그렇지, 만일 천하를 태평하게 다스리려 한다면 지금 세상에 나 말고 그 누구이겠는가? 그런데 내가 무엇 때문에 기뻐하지 않겠는가?"〔夫天未欲平治天下也, 如欲平治天下, 當今之世, 舍我其誰也? 吾何爲不豫哉?〕"라고 한 부분에 보인다.

515 부자께서는……않으셨던가 : 춘추 시대 조(趙)나라 중모재(中牟宰) 필힐(佛肹)이 반란을 일으키고 공자(孔子)를 초빙하였다. 공자가 초빙을 받고 가려 하자 자로(子路)가 필힐은 나쁜 사람이므로 가서는 안 된다고 말렸다. 이에 공자가 "내가 어찌 박이겠는가. 어찌 박처럼 한 곳에 매달려서 먹히지 않을 수 있겠는가.〔吾豈匏瓜也哉? 焉能繫而不食?〕"라고 말하였다. 《論語 陽貨》

516 겸목(謙牧) : 겸손한 자세로 일관하며 자신의 분수를 넘지 않음을 뜻하는 말로, 《주역(周易)》 〈겸괘(謙卦) 상(象)〉에 "지극히 겸손한 군자는 낮춤으로 자처하는 것이다.〔謙謙君子, 卑以自牧也.〕"라고 한 데에서 유래한 말이다.

는 말을 아뢴 것이 진실로 감동할 만하다. 그러나 나의 본래 의도는, 대체로 허유(許由)·무광(務光)[517]과 백이(伯夷)·숙제(叔齊)와 같은 지극한 고상함이 공자와 맹자가 중도(中道 중용(中庸)의 도(道))를 행함과는 다르다는 것을 가리켜서 범범하게 말한 것일 뿐이니, 어찌 다른 뜻이 있겠는가. 이것까지 아울러서 헤아려야 할 것이다."-사관을 보내어 와서 전하였다.-

승지에서 체차되고, 시강원 찬선에 제수되었다.[518]

전교(傳敎)의 내용은 다음과 같다.[519]

"현자(賢者)가 나아오는 것과 나아오지 않는 것은 직명(職名)이 있느냐 없느냐에 관계되지 않는다. 유현(儒賢)이 띠고 있는 승선(承宣 승지(承旨))의 직함을 체차해 주라. 이로 인하여 생각해보건대, 직명이 비록 현자에 관계되지는 않으나 응당 처우해야 해서 처우하는 것 역시 예(禮)를 행하는 바이다. 찬선 한 자리를 더 설치하여 해당 조(曹)로 하여금 단부(單付)하여 들이게 하라."-이보다 앞서 송공 치규

517 허유(許由)·무광(務光) : 모두 고대의 은사(隱士)로, 허유(許由)는 요(堯)가 천하를 양도하자 받지 않고 기산(箕山)에 가 숨었으며, 무광(務光)은 탕(湯)이 걸(桀)을 정벌한 후 천하를 양도하자 받지 않고 요수(蓼水)에 들어가 숨었다고 한다.

518 승지에서……제수되었다 : 이해 2월 10일에 승지에서 체차되고, 같은 날에 있었던 정사에서 찬선에 단부(單付)되었다. 《承政院日記 純祖26年 2月 10日》《日省錄 純祖26年 2月 10日》

519 전교(傳敎)의……같다 : 이 전교는 이해 2월 10일에 동부승지 서경보(徐耕輔)에게 내린 것으로, 현재 《순재고(純齋稿)》 권12에 실려 있는 〈찬선오희상가설단부교(贊善吳熙常加設單付敎)〉이다. 이하 전교의 내용은 《승정원일기》 및 《일성록》 26년 2월 10일 기사와 《순조실록》 동일 기사에도 보인다.

(宋公穉圭)가 이미 찬선의 직(職)에 배수되었다.[520] 그러므로 이러한 더 설치하라는 전교가 내려진 것이다. 당일의 정사에서 단부(單付)하고, 이어서 역마를 타고 오라는 소명(召命)을 내렸다.[521]-

현도(縣道)를 통해 소장(疏章)을 올려서 찬선으로 부르는 명(命)을 사양하였다.

소장의 내용은 대략 다음과 같다.[522]

"삼가 생각해 보건대, 우리 동궁 저하는 실로 황천(皇天)과 조종(祖宗)께서 이 땅에 내려 주신 바이자 수많은 백성의 바람을 한 몸에 받고 계시는 분입니다. 신(臣)이 또한 몇 해 전에 계방(桂坊 세자익위사(世子翊衛司))의 직임으로 뇌사(雷肆)의 연석(筵席)에 올랐던 적이 있었는데, 우러러 바라보니 예표(睿表 세자의 의표(儀表))가 영특하고 성숙하여[523] 몸가짐이 안온하셨으며 글에 임하여 강송(講誦)하실 적

520 이보다……배수되었다 : 송치규(宋穉圭)는 순조 15년(1815) 1월 16일에 있었던 정사에서 찬선에 임명되었다. 《承政院日記 純祖15年 1月 16日》《日省錄 純祖15年 1月 16日》

521 역마를……내렸다 : 이해 2월 12일에 좌부승지 임존상(任存常)이 시강원의 말로 아뢰기를, "새로 제수된 찬선 오희상이 현재 경기도 과천 땅에 있으니, 속히 역말을 타고 올라오는 것으로 하유하심이 어떻습니까?〔新除授贊善吳熙常, 時在京畿果川地, 斯速乘馹上來事, 下諭, 何如?〕"라고 하자, 이에 윤허하였다. 《承政院日記 純祖26年 2月 12日》

522 소장의……같다 : 이하의 내용은 현재 《노주집(老洲集)》 권1에 실려 있는 〈사찬선소명소(辭贊善召命疏)〉로, 《승정원일기》 및 《일성록》 순조 26년 2월 18일 기사에도 보인다.

523 영특하고 성숙하여 : 해당 원문은 '기억(岐嶷)'으로, 《시경(詩經)》 〈대아(大雅)

에 성운(聲韻)이 크고 막힘이 없었습니다. 신(臣)은 물러 나와 두 손을 모으고 간절히 축원하면서 국가의 억만년토록 무궁무진할 아름다움이라고 여겨서 하루라도 그 기쁨을 잊어버린 적이 없었는데, 지금 어느덧 십수 년의 세월이 흘렀습니다. 예령(睿齡 왕세자의 나이)이 점점 많아지고 덕(德)을 함육(涵育)한 지가 이미 오래되었으니, 아마도 때로 민첩하게 하는 학문[524]이 일취월장(日就月將)하셨을 것입니다.

주부자(朱夫子)께서 일찍이 당시의 군주에게 고하기를, '근세에 제왕이 그 아들을 가르치는 방법이 소략해졌습니다. 대체로 그 가르치는 방법이 글을 기억해 외어 읽거나 서찰을 쓰는 공부에 불과하고, 인(仁)·효(孝)·예(禮)·의(義)를 익히게 함으로써 깨우쳐 주는 경우가 없었습니다. 용모와 말투 및 의복과 기물의 쓰임으로 말하자면, 사악하고 사치스러운 행동이 극에 달했는데도 이를 제재하는 경우가 없었습니다. 딸린 관속(官屬)들은 인원수나 채우고 있을 뿐 보부(保傅)의 소임을 엄격하게 수행함이 없고, 강독(講讀)은 예식만을 갖추었을 뿐 잠규(箴規)를 올리는 유익함은 없습니다. 아침저녁으로 함께 출입하고 거처하여 허물없이 친밀하게 지내는 자로 말하자면, 고작 환관(宦官)과 근습(近習)으로 청소하고 종종걸음으로 심부름하는 부류에 불과할 뿐입니다.'[525]라고 하였으니, 그 말씀이

생민(生民)〉에 "후직(后稷)은 실로 기어 다니면서부터 능히 영특하고 성숙하셨다.〔誕實匍匐, 克岐克嶷.〕"라고 한 데에서 유래한 것이다.

524 때로……학문 : 해당 원문은 '시민지학(時敏之學)'으로, 《서경(書經)》〈상서(商書) 열명 하(說命下)〉에 "배움은 뜻을 겸손히 하여야 하니, 힘써 때로 민첩하게 하면 그 닦아짐이 마침내 온다.〔惟學遜志, 務時敏, 厥修乃來.〕"라고 한 데에서 유래한 것이다.

참으로 훌륭하여 진실로 오늘날 세자 저하를 보필하는 자들의 귀감(龜鑑)이 될 만합니다.

저 보부(保傅)와 잠규(箴規)의 유익함으로 말하자면, 참으로 적임자를 궁료(宮僚)로 얻지 않으면 안 되는데, 도리어 신(臣)처럼 늙어 병들고 말라빠져서 공소하고 용렬하여[526] 가장 하등에 속한 사람으로 구차하게 인원수를 채워서 막중한 책임을 가지고 요구하시니, 이것이 어찌 난쟁이에게 구정(九鼎)을 짊어지게 하는 것과 다르겠습니까. 당장에 꺾이고 부서져 요행조차 바랄 수 없음을 볼 것입니다.

아아, 신(臣)은 대대로 충성을 바치고자 하는 집안의 후예로서 태평한 성세(盛世)를 만났습니다. 만일 한 자나 한 치의 능력이나마 바쳐서 종국(宗國 조정과 국가)에 만에 하나라도 보탬이 될 수 있다면, 비록 머리가 땅에 떨어지고 몸이 가루가 되더라도 장차 사양하지 않을 것입니다. 게다가 전하께서 신(臣)이 못나고 어리석다는 사실을 알지 못하시어 예우(禮遇)의 융숭함과 회유(誨諭)의 간곡함이 보통의 경우보다 훨씬 더하였으며, 또 시강(侍講)의 직함을 내리시어 신(臣)으로 하여금 주연(胄筵)에서 세자를 가까이서 모셔 말씀을 아뢰고 납유(納牖)[527]하여 덕업(德業 덕행과 공업)의 성대함을 참여해

525 근세에……뿐입니다 : 이 내용은 《회암집(晦菴集)》 권12 〈기유의상봉사(己酉擬上封事)〉 중 여섯 번째인 '택사부이보황저(擇師傅以輔皇儲)'조에 보인다. '보부(保傅)'는 고대에 태자(太子) 등 귀족의 자제 및 아직 성년이 되지 않은 제왕이나 제후를 보육해 교도하는 책임을 진 관원들의 통칭이다. 여기서는 태자를 곁에서 모시며 보살피는 사람이나 또는 그런 벼슬을 가리킨다.

526 용렬하여 : 대본에는 '𣿅劣'로 되어 있는데, 《승정원일기》 순조 26년 2월 18일 기사에 의거하여 '𣿅劣'의 '𣿅'을 '譾'으로 바로잡아 번역하였다.

보게 하시니, 어찌 참으로 지극한 영광이고 크나큰 행운이 아니겠습니까.

하지만 앞에는 법의(法義 법도와 의리)의 준엄함이 있으니 우인(虞人)의 지조[528]를 바꿀 수가 없고, 뒤에는 고질병이 몸을 휘감고 있으

527 납유(納牖) : '유(牖)'는 방안의 명창(明窓)으로, 군주의 마음을 이해하기 쉬움을 비유하는바, 군주의 밝은 마음에 충성을 다하여 바른길로 인도함을 이른다. 《주역(周易)》 〈감괘(坎卦)〉의 육사(六四)에 "동이의 술과 궤(簋) 둘을 질그릇으로 사용하고, 맺음을 들이되 통한 곳으로부터 하면 끝내 허물이 없으리라.〔樽酒簋貳, 用缶, 納約自牖, 終無咎.〕"라고 한 데에서 온 말로, 이에 대해 정이(程頤)의 《역전(易傳)》에 "납약(納約)은 군주에게 나아가 맺는 도(道)를 말하고, 유(牖)는 개통(開通)의 뜻이다.…… 신하가 충신(忠信)과 선(善)한 방도로 군주의 마음을 맺으려 한다면 반드시 군주가 밝게 아는 곳으로부터 하여야 들어갈 수 있다. 사람의 마음은 가려진 바가 있고 통한 바가 있다. 가려진 바는 어두운 곳이고 통한 바는 밝게 아는 곳이니, 마땅히 밝게 아는 곳에 나아가 아뢰어서 신임하기를 구하면 쉽다.〔納約, 謂進結於君之道, 牖, 開通之義.……人臣以忠信善道, 結於君心, 必自其所明處, 乃能入也. 人心有所蔽, 有所通. 所蔽者, 暗處也; 所通者, 明處也. 當就其明處而告之, 求信則易也.〕"라고 설명하였다. 일설에는 규칙대로 물건을 바친다는 뜻으로, '알기 쉬운 데부터 설명하는 것이 좋음'을 뜻하기도 한다.

528 우인(虞人)의 지조 : 분의(分義)에 합당하지 않는 관직은 한사코 받아들이지 않는 지조를 말한다. '우인(虞人)'은 원유(苑囿)를 지키는 관리이다. 고대에는 활로 사(士)를 초빙하고 정(旌)으로 대부(大夫)를 초빙하였다. 제 경공(齊景公)이 패(沛)에서 사냥할 때에 활을 흔들어 우인을 불렀으나 우인이 가지 않았다. 그러자 사람을 시켜 그 우인을 잡아 오게 하였는데, 우인이 해명하기를, "전에 선군(先君)께서 사냥하실 때에는 전(旃)을 흔들어 대부(大夫)를 부르시고 활을 흔들어 사(士)를 부르시고, 피관(皮冠)을 흔들어 우인을 부르셨습니다. 신은 피관을 보지 못했기 때문에 감히 오지 않은 것입니다.〔昔我先君之田也, 旃以招大夫, 弓以招士, 皮冠以招虞人. 臣不見皮冠, 故不敢進.〕"라고 하자 제 경공이 그를 풀어 주었다. 《春秋左氏傳 昭公 20年》 이 이야기는 《맹자(孟子)》 〈만장 하(萬章下)〉에도 보이는데, "우인을 부를 때는 피관을 사용하니, 서인은 전(旃)을 사용하고, 사(士)는 기(旂)를 사용하고, 대부는 정(旌)을 사용한

니 만적(萬適)의 죽음[529]이 경계할 만한 것이 됨을 어찌하겠습니까. 이는 신(臣)이 은혜로운 말씀을 받들고는 방황하고 주저하여 마치 술에 취한 듯 바보가 된 듯하여 끝내 감히 스스로 벼슬에 나아가는 계책으로 삼지 못하는 까닭이라고 하겠습니다.

하늘과 같으신 성상의 은혜에 보답할 길이 없으니, 신극(宸極)을 우러러봄에 눈물이 절로 흘러내립니다. 이에 감히 준엄한 주벌을 피하지 않고 다시 애절하고 간곡한 신(臣)의 뜻을 거듭 펴서 아뢰오니, 삼가 바라건대, 전하께서는 신(臣)에게 새로 제수한 강연(講筵)의 직함을 속히 삭탈하여서 어진 이들이 벼슬할 수 있는 길을 여시고, 유사(有司)에게 명철하게 명하여 신(臣)이 범한 죄를 조사하게 하여서 신하의 분수를 엄격히 하십시오. 그러신다면 더할 나위 없이 매우 다행이겠습니다."

비답의 내용은 다음과 같다.[530]

다.〔以皮冠, 庶人以旃, 士以旂, 大夫以旌.〕"라고 하였다. 이에 대한 주희(朱熹)의 주(註)에 의하면, 정(旌)은 '꿩의 깃털을 쪼개어서 깃대의 머리에 단 것〔析羽而注於旂干之首〕'이라고 한다. 후대에는 활과 정(旌)이 '현자를 초빙하는 신물(信物)'을 의미하게 되었다.

529 만적(萬適)의 죽음 : '만적(萬適)'은 오대(北宋) 및 북송(北宋) 초의 사람으로 자는 종지(縱之), 호는 견현자(遣玄子)이다. 벼슬을 바라지 않고 저술에 전념하였는데, 북송(北宋) 태종(太宗) 순화(淳化) 연간에 한림학사(翰林學士) 한비(韓伾)의 천거로 신현 주부(愼縣主簿)에 제수되자 병을 무릅쓰고 조정에 나왔다가 수일 만에 죽었다. 《宋史 卷457 隱逸列傳》

530 비답의……같다 : 이하의 내용은 현재 《순재고(純齋稿)》 권19에 실려 있는 〈찬선오희상사직진동궁도적지방소비(贊善吳熙常辭職陳東宮導迪之方疏批)〉로, 《승정원일기》 및 《일성록》 순조 26년 2월 18일 기사와 《순조실록》 동일 기사에도 보인다.

"운운. 며칠 동안 간절히 기다림에 나의 심회는 마치 목이 마른 듯 애타고 있었는데, 미처 생각하지 않았던 차에 사양하는 글이 또 이르렀다. 스스로 겸손함이 너무 지나치고 평소의 지조가 더욱 견고하여 멀리 떠나려는 마음을 돌이킬 수가 없으니, 몹시 부끄럽고도 서글퍼서 무어라 표현해야 할지를 알지 못하겠다.

아아, 이 직함을 설치한 것이 효묘(孝廟 효종(孝宗))께서 선현(先賢)을 대우하셨던 방법이고 보면, 내가 오늘날 그대를 붙잡는 것은 바로 우리 조종(祖宗)의 성대하신 덕(德)을 계승하는 방법이니, 그대는 어찌 선현이 우리 효묘를 섬겼던 것으로 나를 섬기지 않고, 한갓 이렇게 사양만 할 수가 있단 말인가.

그대가 이미 우인(虞人)의 지조를 끌어다 썼으니, 나 역시 마땅히 우인의 일을 가지고 답할 것이다. 우인이 가지 않았던 것은 마땅한 물건으로 부르지 않았기 때문에 우인이 가지 않았던 것이다. 만약 피관(皮冠)으로 불렀다면 우인도 역시 장차 가려고 하지 않았겠는가. 그렇다면 오늘날의 현자는 그대 말고 그 누구란 말인가. 내가 한사코 예(禮)로 초치하려고 하는 것은 과연 '자기 신분에 맞는 부름이 아니면 불러도 가지 않는다.'[531]라고 한 의리에 가까운가. 그대가

531 자기……않는다 : 이 말은《맹자(孟子)》〈등문공 하(滕文公下)〉에 "옛날에 제 경공이 사냥할 적에, 대부를 부를 때 쓰는 정(旌)이라는 깃발로 사냥터를 관리하는 우인을 불렀으나 오지 않자, 그를 죽이려고 한 일이 있었다. 공자께서는 우인을 칭찬하시기를, '지사는 자신의 시신이 도랑에 버려지더라도 한하지 않을 것을 항상 생각하고, 용사는 전투하다가 자기 머리를 잃더라도 돌아보지 않을 것을 항상 생각한다.'라고 하셨으니, 공자께서는 그의 어떤 점을 높이 사신 것인가? 자기 신분에 맞는 부름이 아니면 불러도 가지 않은 점을 높이 사신 것이다.〔昔齊景公田, 招虞人以旌, 不至, 將殺之, 志士

만약 이것을 본다면 또한 마땅히 선뜻 마음을 돌이켜 나아와야 할 것이다.

권면할 것을 아뢴 말은, 춘궁을 인도하는 방도에 절실할 뿐만 아니라 과인 스스로도 응당 복응(服膺)하기에 여념이 없어야 할 것이다. 나라를 걱정하고 백성을 사랑하는 그 정성에 감탄하고도 감탄하는 바이니, 그대는 나의 지극한 뜻을 헤아리고, 즉일로 신속하게 나아오라." -지방관이 전유하였다.-

월곡(月谷)에 가서 머물렀다.

상(上)이 세자(世子)를 데리고서 건릉(健陵)으로 행행할 적에[532] 거가(車駕)가 지나는 길이 집 앞에 서로 바라다보이는 곳으로 났다. 이에 선생이 깊이 미안하다고 여겨서 분암(墳菴)[533]으로 옮겨서 거처하였다.

不忘在溝壑, 勇士不忘喪其元, 孔子奚取焉? 取非其招不往也.]"라고 한 데에서 나온 것이다. '우인(虞人)'은 원유(苑囿), 즉 동산을 지키는 관리이고, '정(旌)'은 깃발의 일종이다. 당시에는 대부(大夫)를 부를 때에는 정(旌)을 사용하고, 우인을 부를 때에는 가죽으로 만든 관인 피관(皮冠)을 사용하였다. 이 내용은 〈만장 하〉에도 보인다.

532 상(上)이……적에 : '건릉'은 정조(正祖)와 효의 왕후(孝懿王后) 김씨(金氏)의 능으로, 현재 경기 화성시 안녕동 187-1의 융릉(隆陵)의 서쪽 언덕에 있다. 순조의 건릉 행차는 이해 2월 22일에 출발하여 24일에 창덕궁으로 돌아왔다. 《承政院日記 純祖 26年 2月 22日, 24日》《日省錄 純祖26年 2月 22日, 24日》《純祖實錄 26年 2月 22日, 24日》

533 분암(墳菴) : 본래는 선영(先塋) 근처에 지은 암자를 말하는데, 여기에서는 선영을 보살피기 위하여 그 근처에 지어 놓은 재실(齋室)이나 제각(祭閣) 따위의 집을 가리킨다.

원동천(院洞川)에 나아가서 어가가 지나갈 때에 지영(祗迎)하였다.[534]

상(上)이 승지를 보내어 구전(口傳)한 돈유(敦諭)를 내렸는데, 승지가 돌아가는 편에 서계에 첨부하는 글을 올렸다.[535] -서계에 첨부한 내용은 싣지 않는다.-

바로 그날에 동궁(東宮)이 궁관(宮官)을 보내어 안부를 물었는데, 궁관이 돌아가는 편에 달사(達辭)[536]를 올렸다.

달사의 내용은 다음과 같다.[537]

534 원동천(院洞川)에……지영(祗迎)하였다 : 순조는 이해 2월 22일에 화성(華城)으로 행행하였다. 이날 어가의 행렬이 사근평(肆覲坪)으로부터 약 5리 정도 전에 이르렀을 무렵에 행 도승지 홍기섭(洪起燮)이 나아와 "찬선 오희상이 근처에서 지영합니다.〔贊善吳熙常, 祗迎於近處矣.〕"라고 아뢰자, 순조가 동부승지 서상록(徐相祿)을 보내어서 구전(口傳)으로 위문한 다음 이어서 조정에 나아올 것을 돈독히 권면하는 뜻을 보이도록 명하였다.《承政院日記 純祖 26年 2月 22日》

535 승지가……올렸다 : 이때 오희상이 서계 안에 첨부하여 아뢴 내용은 현재《노주집(老洲集)》권1에 실려 있는 〈동부승지서상록선유후서계 건릉행행시(同副承旨徐相祿宣諭後書啓健陵幸行時)〉이다.

536 달사(達辭) : 이는 본래 관원이 대리청정(代理聽政)하는 왕세자에게 올리던 문서 양식이다. 그러나 당시 효명세자는 대리청정하지 않고 있었는바, 여기서는 왕세자에게 올린 글을 뜻한다. 참고로 왕세자에게 아뢸 때는 '달왈(達曰)'이라고 하고, 군주에게 아뢸 때는 '계왈(啓曰)'이라고 하며, 재가를 요하는 서류에 왕세자는 '달(達)' 자를 찍어서 내렸고, 군주는 '계(啓)' 자를 찍어서 내렸다. 이는 군주에 비해 왕세자의 등급이 낮기 때문이다.

537 달사의……같다 : 이하의 내용은 현재《노주집(老洲集)》권1에 실려 있는 〈동궁견설서김영순존문후달사(東宮遣說書金英淳存問後達辭)〉이다.

"신(臣)은 지엄한 소명(召命)을 여러 차례 어기고서 머리를 조아린 채 견책(譴責)을 기다리고 있었는데, 뜻밖에도 이번에 저하께서 특별히 동궁의 관료를 보내어 안부를 물어 주셔서 은혜와 예우가 매우 융숭하시니, 이는 바로 열성(列聖)께서 동궁으로 계실 때에 당시의 현자들에게 베푸셨던 것인바, 신(臣)은 땅에 엎드려 공경히 받들면서 감격하고 몹시 두려워서 무어라고 아뢰어야 할지를 모르겠습니다. 오직 목을 길게 빼고서 간절히 바라는 한 생각이 단사(丹砂)처럼 붉게 빛나니, 이에 선정신(先正臣) 송시열(宋時烈)이 숙묘(肅廟 숙종(肅宗))께 고했던 말을 공경히 외워서 아뢰옵니다.

그의 말에 이르기를, '오직 바라옵건대, 저하께서는 바르지 못한 사람을 가까이하지 마시고 추악한 말을 듣지 마시며 나가서 노닐거나 평소 거처할 적에 몸가짐을 삼가시고 마시고 먹는 것을 절제하시며 어진 이를 가까이하고 선비를 사랑하시며 배우기를 부지런히 하고 묻기를 좋아하시어 능히 성덕(聖德)을 성취하셔서 우리 종묘사직과 만백성의 소망에 부응하소서.'[538]라고 하였으니, 이것이 어찌 오늘날 저하께서 마땅히 힘쓰셔야 할 바가 아니겠습니까.

다만 신(臣)은 이미 출사하러 나가지 않은 몸이기에 말을 꺼내서는 안 되오나 어리석은 마음이 격동되어 망령되이 말씀을 바치오니, 삼가 바라옵건대, 저하께서는 사람이 하찮다고 하여 그 말을 버리지 마소서."

538 오직……부응하소서 : 이 내용은 《송자대전(宋子大全)》 권23 〈궁관유령후서달기유이월십칠일(宮官諭令後書達己酉二月十七日)〉에 보인다.

어가가 궁(宮)으로 돌아갈 때에 또 원동천(院洞川)에 나아가서 지송(祗送)하니, 사관(史官)이 명(命)을 받고 와서 구전(口傳)한 돈유(敦諭)를 전하였는데,[539] 사관이 돌아가는 편에 서계에 첨부하는 글을 올렸다.[540]-서계에 첨부한 내용은 싣지 않는다.-

바로 그날에 궁관(宮官)이 영(令)을 받고 와서 동궁(東宮)의 위문을 전하였는데, 궁관이 돌아가는 편에 달사(達辭)를 올렸다.

달사의 내용은 다음과 같다.[541]

"신(臣)이 삼가 어가가 궁(宮)으로 곧 돌아가신다는 소식을 듣고서 길가에 나와 엎드려 있었는데 이에 궁관이 또 찾아와서 예지(睿旨)[542]를 전하였는바, 온화하기가 마치 따사로운 봄볕의 기운이 만물에 불어오는 듯하였습니다. 신(臣)은 공경히 받아 읽어 보고서 정신이 아뜩하여 몹시도 감격한 나머지 눈물을 흘리고 말았습니다. 아

539 어가가……전하였는데 : 순조는 이해 2월 24일에 화성(華城)의 행궁(行宮)에서 출발하여 궁으로 돌아갔다. 이때 어가의 행렬이 사근평(肆覲坪)에서 5리쯤 되는 곳에 이르렀는데, 행 도승지 홍기섭(洪起燮)이 나아와 "찬선 오희상이 또 근처에서 어가를 지영합니다.〔贊善吳熙常, 又爲祗迎於近處矣.〕"라고 아뢰자, 순조가 사관을 보내어 위로하고 조정에 나아오라는 뜻으로 더욱 권면하게 하였다. 이에 가주서 서유찬(徐有贊)이 명(命)을 받고 찬선 오희상이 어가를 지영한 곳으로 급히 달려가서 구전으로 돈유하고, 시흥(始興)의 주정소(晝停所)에서 복명하였다. 《承政院日記 純祖26年 2月 24日》

540 사관이……올렸다 : 이때 오희상이 서계 안에 첨부하여 올린 글은 현재 《노주집》 및 해당 사료에 보이지 않는다.

541 달사의……같다 : 이하의 내용은 현재 《노주집(老洲集)》에는 보이지 않는다.

542 예지(睿旨) : 본래는 왕세자가 대리청정할 때에 내리는 명령을 가리키는데, 여기서는 왕세자가 직접 오희상에게 안부를 물은 글을 가리킨다.

아, 신(臣)이 그저께 선정(先正)의 말을 인용하여 권면함을 아뢰는 정성을 바친 것은 그 행적이 비록 참람하고 망령되오나 다만 충성을 바치려 하고 의리를 다하려는 괴로운 속마음과 뜨거운 뱃속이 실로 여기에 있을 뿐입니다. 바라옵건대, 저하께서는 깊이 유념하소서."

4월에 상(上)이 사관(史官)을 보내어 돈유(敦諭)를 내리고, 이어서 함께 오도록 명하였다.[543]

전유(傳諭)의 내용은 다음과 같다.[544]

"지난번 길에서 노문(勞問)한 뒤에 곧바로 다시 정중히 권면함이 있어야 마땅했으나 우선 늦춘 것은 전후로 내린 비답(批答)의 말에서 지극한 나의 뜻을 진실로 남김없이 쏟아냈기에 그대가 틀림없이 느끼는 바가 있어서 선뜻 마음을 돌이켜 나아오는 기쁨이 있으리라 생각해서였다. 그러나 하루가 지나고 이틀이 지나도 움직이는 것을 보지 못하였고 보면 지금에서야 비로소 그대의 뜻이 매정하게 떠나가려고 한다는 것을 알았노라.

돌아보건대, 나의 정성과 예우가 몹시도 부족하여 현자의 마음을

543 4월에……명하였다 : 이때 순조가 내린 돈유는 이해 4월 3일에 좌부승지 김병조(金炳朝)에게 전교한 것으로, 순조는 사관을 보내어 오희상에게 전유하고 아울러 오희상과 함께 올라오도록 명하였다. 이에 사변가주서 김희유(金熙逌)가 같은 날 미시(未時) 즈음에 과천현(果川縣) 하북면(下北面) 가차산리(加次山里)에 머무르고 있던 오희상에게 가서 전유하고, 그곳에 머무르면서 대기하였다. 《承政院日記 純祖26年 4月 3日, 5日》《日省錄 純祖26年 4月 3日, 5日》

544 전유(傳諭)의……같다 : 이하의 내용은 현재 《순재고(純齋稿)》 권14에 실려 있는 〈유찬선오희상(諭贊善吳熙常)〉으로, 《승정원일기》 및 《일성록》 순조 26년 4월 3일 기사에도 보인다.

움직이기에 충분하지 못하였다. 그러나 초치하려는 뜻을 궁구해보면 바로 현자를 좋아하는 데에서 나온 것이지 그대를 사사로이 아끼는 것은 아니다.

옛적의 인군(人君)으로 말하자면, 아무리 이웃 나라에 있는 현자라고 하더라도 천 리를 멀다 여기지 않고서 이르렀으니, 이는 또한 서로 감응한 것일 뿐이다. 더구나 그대는 세신(世臣)의 후손으로서 국도(國都)의 근처에 거처하고 있으니, 저 이웃 나라에 있는 현자의 경우와는 전혀 서로 같지 않다. 그렇다면 유독 유연(油然)하게 서로 감응하는 것이 없겠는가.

제(齊)나라 선왕(宣王)이 이러한 경지에 나아갈 수는 없었지만 맹자께서는 오히려 선(善)을 행할 수 있다고 여겼으니,[545] 내가 비록 덕(德)이 적고 우매하나 그대가 군주를 요순(堯舜) 같은 군주로 만들고 백성을 요순시대의 백성처럼 만드는 것[546]을 마음으로 삼지 않

545 제(齊)나라……여겼으니 : 이는 제나라 사람 윤사(尹士)의 비판에 대해 해명한 맹자의 말에 보인다. 맹자가 제나라를 늦게 떠나는 것에 대하여 제나라 사람 윤사가 "왕께서 탕왕·무왕 같은 성군이 될 수 없음을 모르고 왔다면 이는 지혜가 밝지 못한 것이고, 불가능한 줄 알면서도 왔다면 이는 은택을 바란 것이다. 천 리 먼 길을 와서 왕을 만났으나 뜻이 맞지 않아서 떠나가되 사흘이나 묵은 뒤에 주(晝) 땅을 벗어났으니, 어찌 이리도 지체한단 말인가? 나는 이것이 못마땅하다〔不識王之不可以爲湯武, 則是不明也, 識其不可, 然且至, 則是干澤也. 千里而見王, 不遇故去, 三宿而後出晝, 是何濡滯也? 士則玆不悅.〕"라고 비판하자, 이 말을 전해 들은 맹자가 조목조목 반박하면서 "내 그렇다 하나 어찌 왕을 저버리겠는가? 왕께서는 그래도 충분히 선(善)을 행하실 수 있으니, 왕께서 만일 나를 등용하신다면 어찌 제나라 백성만 편안해질 뿐이겠는가? 천하의 백성이 모두 편안해질 것이다. 왕께서 행여 마음을 고치시기를 나는 날마다 바라노라.〔予雖然豈舍王哉? 王由足用爲善, 王如用予, 則豈徒齊民安? 天下之民擧安. 王庶幾改之, 予日望之.〕"라고 말하였다. 《孟子 公孫丑下》

을 수 있겠는가.

더구나 우리 원량(元良 왕세자)은 타고난 바탕이 인자하고 효성스러우며 총명하여서 크게 훌륭한 일을 해낼 수가 있을 것이니, 이렇게 한창 일어나는 날에 이르러서 날마다 정인군자와 함께 거처하여 눈으로 보고 마음으로 느끼면 덕성(德性)을 성취하는 데에 틀림없이 다른 사람이 한 번에 잘하면 자신은 백 번을 해야 하는 공효[547]가 있을 것이니, 그대가 또 여기에 뜻이 없겠는가. 이는 또 내가 현자들을 초치하는 본래의 뜻이다. 그런데 호서(湖西)의 유현(儒賢) 중 한 명은 현재 거상(居喪)하는 중이고 한 명은 고령이기에 억지로 초치하기가 어려워서 실망이 이미 깊은데 그대가 또 이처럼 견고하게 지조를 지키니, 내가 어찌 방안을 맴돌며 탄식하지 않을 수가 있겠는가.

이에 다시 심곡(心曲)을 거듭 펴서 효유하는 바이니, 그대는 모름지기 즉일로 신속하게 조정에 나아와 목이 타는 듯 간절히 기다리는 나의 심회를 저버리지 말라."

서계(書啓)에 첨부하는 글을 올렸다.[548] -서계에 첨부한 내용은 싣지 않는다.-

546 군주를……것 : 이는 《맹자(孟子)》 〈만장 상(萬章上)〉에 "내 어찌 이 군주를 요순 같은 군주로 만드는 것보다 더 좋은 것이 있겠으며, 내 어찌 이 백성을 요순시대의 백성처럼 만드는 것보다 더 좋은 것이 있겠는가.〔吾豈若使是君爲堯舜之君哉, 吾豈若使是民爲堯舜之民哉?〕"라고 한 부분을 원용한 것이다.

547 다른……공효 : 이는 《중용장구(中庸章句)》 제20장에 "다른 사람이 한 번에 잘하면 자신은 백 번을 해야 하며, 다른 사람이 열 번에 잘하면 나는 천 번을 해야 한다.〔人一能之, 己百之; 人十能之, 己千之.〕"라고 한 부분을 인용한 것이다.

다시 돈유(敦諭)를 내려서 데리러 갔던 사관(史官)에게 전유(傳諭)하게 하였다.[549]

전유의 내용은 다음과 같다.[550]

"사관을 보낸 뒤로 자리에 바로 앉지 못한 채 현자를 기다리는 심회가 더욱 맺혀 사라지지 않았는데, 바로 지금 그대가 첨부하여 아뢴 말을 읽어 보니 예전 그대로 변함없이 내 말을 듣고서도 매몰차게 거절하는구나. 어찌하여 그대는 이처럼 나를 홀시하고 나를 멀리하는가. 이는 진실로 그대에게 바라는 바가 아니다. 그대가 지닌 덕성의 순수하고 아름다움과 학술의 순일하고 정직함은 조야(朝野)가 존경해 떠받들고 복종하는 바이니, 당대의 제일인(第一人)을 구하고자 한다면 그대 말고 그 누가 있겠는가. 그런데도 그대는 자임하지 않는단 말인가.

사관을 보내어 그대를 데리고 오라고 한 것은, 이렇게 하지 않으면 어떻게 나의 정성과 예우를 보이겠는가. 그대가 거의 마음을 돌이켜 나아오기를 바라노라. 그대는 나의 고심(苦心)을 헤아려서 속히

548 서계(書啓)에……올렸다 : 이때 오희상이 서계 안에 첨부하여 올린 글은 현재 《노주집(老洲集)》 권1에 실려 있는 〈해래사관김희유선별유후서계(偕來史官金熙逌宣別諭後書啓)〉로, 《승정원일기》 및 《일성록》 순조 26년 4월 5일 기사에도 보인다.

549 다시……하였다 : 이는 사변가주서 김희유(金熙逌)가 올린 서계(書啓)에 대한 비답으로, 순조는 이 비답의 내용을 한 통 정서(正書)하여 오희상에게 다시 전유하고 기어코 데려오도록 김희유게게 명하였다. 《承政院日記 純祖26年 4月 5日, 8日》《日省錄 純祖26年 4月 5日, 8日》

550 전유의……같다 : 이하의 내용은 현재 《순재고(純齋稿)》 권19에 실려 있는 〈찬선오희상부주비(贊善吳熙常附奏批)〉로, 《승정원일기》 및 《일성록》 순조 26년 4월 5일 기사에도 보인다.

멀리 떠나려는 마음을 돌이켜 며칠 내로 선뜻 올라와야 할 것이다."

서계(書啓)에 첨부하는 글을 올렸다.[551] -서계에 첨부한 내용은 싣지 않는다.-

현도(縣道)를 통해 소장(疏章)을 올려서 사관(史官)과 함께 오라는 명(命)을 도로 거두어들일 것을 청하였다.[552] -소장의 내용은 싣지 않는다.-

비답(批答)의 내용은 다음과 같다.[553]

"운운. 며칠 전에 그대가 첨부하여 아뢴 것을 읽어 보고 다시 하유(下諭)하려고 하였는데, 목하의 사고로 말미암아 결행하지 못하고 있었다. 그러던 차에 그대의 소장이 또 이르렀기에 읽어 보니, 다소 자겸(自謙)하는 언사는 그대의 말이 가면 갈수록 더욱 지나치다. 어쩌면 그리도 매몰차게 거절함이 이러한 지경에 이르렀단 말인가. 개탄스럽고도 개탄스럽다.

그러나 병든 몸을 이끌고 조정에 나오기 어려운 사정이 이와 같으니, 한결같이 쉴 새 없이 재촉하는 것도 역시 우대하고 예우하는

551 서계(書啓)에……올렸다 : 이때 오희상이 첨부하여 올린 글은 현재《노주집(老洲集)》에 실려 있지 않고,《승정원일기》및《일성록》순조 26년 4월 8일 기사 중 사변가주서 김희유(金熙逌)가 올린 서계 안에 보인다.

552 현도(縣道)를……청하였다 : 이때 오희상이 올린 소장은 현재《노주집(老洲集)》에 실려 있지 않으며,《승정원일기》및《일성록》순조 26년 4월 19일 기사에 보인다.

553 비답(批答)의……같다 : 이하의 내용은 현재《순재고(純齋稿)》권19에 실려 있는〈찬선오희상진정병사직소비(贊善吳熙常陳情病辭職疏批)〉로,《승정원일기》및《일성록》순조 26년 4월 19일 기사에도 보인다.

방도가 아니다. 데리러 간 사관을 우선 조정으로 불러 들겠으니, 그대는 마음을 편히 가지고 조리하여 차도가 있거든 올라오도록 하라."-데리러 간 사관이 전유(傳諭)하였다.[554]-

이달에 부평(富平)에 가서 본생가 외조부 진암 이공(晉菴李公)[555]의 묘소를 배알한 다음, 방향을 바꾸어 양천(陽川)에 도착하여 현감(縣監) 김덕수(金德叟)[556]-매순(邁淳)-를 방문하고 그대로 유숙하였다.

554 데리러……전유(傳諭)하였다 : 이때 오희상을 데리러 간 사관은 사변가주서 김희유(金熙迪)이다. 이해 4월 19일에 순조는 이 비답을 내린 다음 이어서 동부승지 류계린(柳季麟)에게 "이 비답을 데리러 간 사관이 전유한 뒤에 환입하도록 하라.〔此批答, 偕來史官傳諭後還入.〕"라고 전교하였다.《承政院日記 純祖26年 4月 8日, 19日》《日省錄 純祖26年 4月 8日, 19日》

555 진암 이공(晉菴李公) : 이천보(李天輔, 1698~1761)로, 본관은 연안(延安), 자는 의숙(宜叔), 진암(晉菴)은 그의 호이다. 생원으로 입격한 다음에 1739년 알성 문과에 을과로 급제했다. 이조와 병조 판서를 거쳐 1752년 우의정이 되고 같은 해 좌의정을 거쳐 1754년 영의정에 승진된 후 영돈령부사로 전임했다. 1761년 장헌세자(莊獻世子)의 평양 원유사건에 책임을 지고 자결했다고 한다. 문집에 《진암집》이 있다. 시호는 문간(文簡)이다.

556 현감(縣監) 김덕수(金德叟) : '김덕수(金德叟)'는 김매순(金邁淳, 1776~1840)으로, 본관은 안동, 덕수(德叟)는 그의 자이며, 호는 대산(臺山)이다. 1795년(정조19) 정시 문과에 급제한 뒤 예조 참판을 거쳐 강화부 유수를 지냈다. 뛰어난 문장으로 홍석주(洪奭周)와 함께 이름을 날렸으며, 성리설에 정통하여 당시 전개된 인물성동이론(人物性同異論)을 둘러싼 호락논쟁(湖洛論爭)에서 한원진(韓元震)의 호론을 지지했다. 저술로는 《대산집》, 《대산공이점록(臺山公移占錄)》, 《주자대전차문표보(朱子大全箚問標補)》, 《전여일록(篆餘日錄)》, 《열양세시기(洌陽歲時記)》 등이 있다. 고종 때 판서로 추증되었다. 시호는 문청(文淸)이다. 순조 25년(1825) 6월 26일에 이조가 구전정사를 하여 김매순을 양천 현감(陽川縣監)에 임명하였다.《承政院日記 純祖25年 6月

9월에 앞의 강에서 배를 띄우고 유람하였다.

임득여(任得汝 임로(任魯))・홍백응(洪伯應 홍직필(洪直弼))과 함께 모여서 사자암(獅子菴)[557]으로부터 사충서원(四忠書院)[558]에 이르렀다. 밤에 앞의 강에서 달빛을 따라 거슬러 올라가 월파정(月波亭)[559]에 오르고 서원의 재(齋)에서 머물러 잤다.

정해(1827, 순조27) 선생 65세

정월에 현도(縣道)를 통해 소장(疏章)을 올려서 시강(侍講)의 직함을 사양하고, 아울러 소회(所懷)를 아뢰었다.

소장의 내용은 대략 다음과 같다.[560]

26日》《日省錄 純祖25年 6月 26日》

557 사자암(獅子菴) : 현재 동작구(銅雀區) 상도동(上道洞) 삼성산(三聖山) 국사봉(國師峰)에 자리하고 있는 사찰로, 조선 초에 무학대사(無學大師)가 창건하였다고 전한다.

558 사충서원(四忠書院) : 현재 노량진역 바로 건너편 작은 언덕 위에 있었던 서원으로, 1968년에 경기도 하남시 상산곡동으로 이건되었다. 사우는 사신사(四臣祠)로, '사신(四臣)'이란 신임옥사(辛壬獄事)에서 피살된 노론의 사대신 이이명(李頤命), 김창집(金昌集), 이건명(李健命), 조태채(趙泰采)를 가리킨다. 영조 즉위 후 신원(伸冤)되고 사당이 건립되었는데, 1727년의 정미환국(丁未還局)으로 신임옥사를 역(逆)으로 번복하고 사대신을 다시 죄인으로 만들자 이 사당도 따라서 철폐되었다. 그 뒤 1740년의 경신처분(庚申處分)으로 사대신이 다시 충신으로 판정되었으나, 한동안 재건되지 않다가 1756년에야 서원을 다시 세우고 사충서원이라 부르게 하였다. 이후 대원군의 서원 철폐 단행 때도 훼철되지 않고 존속되다가 6・25때 파괴되었다.

559 월파정(月波亭) : 동작구 노량진 부근에 있었던 정자로, 현재는 사라졌다.

560 소장의……같다 : 이하의 내용은 현재 《노주집(老洲集)》 권1에 실려 있는 〈사찬선겸진소회소(辭贊善兼陳所懷疏)〉로, 《승정원일기》 및 《일성록》 순조 27년 2월 1일

"이즈음에 삼가 동궁 저하께서 양방(兩坊)[561]에 하유하신 것을 보건대, 전학(典學)[562]의 중요함에 대해 깊이 유념하여 세월이 쉽사리 흘러가 버리는 것을 두려워하고 이미 헛되이 보내 버린 세월을 후회하시니, 스스로 힘쓰는 기상은 분연(奮然)하기가 신속한 바람과 번개 같고 도움을 구하는 뜻은 애연(藹然)하기가 봄볕의 따사로운 기운이 부는 것 같았습니다. 세자 저하의 거룩한 음성이 한번 퍼져 나감에 사방의 여헌(黎獻 백성 중에 어진 이)들이 모두 다 매우 기뻐하여 고무되고 있으니, 하물며 신(臣)처럼 명색이 강관(講官)의 반열에 끼여 있는 자는 더욱 응당 어떠하겠습니까.

시절은 쉽게 흘러가서 뒤쫓기 어렵고 기회는 얻기 어렵고 잃기 쉬우니, 오늘날은 바로 우리 저하께서 맨 처음 심기일전하고 떨쳐 일어날 시절이자 기회입니다. 이는 바로 마땅히 제제(濟濟)한 궁료(宮僚)들이 아침저녁으로 세자 저하의 좌우에서 보필하여 진실하고도 간절하게 계옥(啓沃)[563]하여서 세자 저하의 뜻을 받들어 천양(闡

기사와 《순조실록》 동일 기사에도 보인다.

561 양방(兩坊) : 춘방(春坊)과 계방(桂坊), 즉 세자시강원(世子侍講院)과 세자익위사(世子翊衛司)를 말한다.

562 전학(典學) : 본래 제왕이 늘 학문에 힘쓰는 것을 뜻하는바, 은(殷)나라 고종(高宗)이 부열(傅說)에게 가르침을 줄 것을 청하자 "오직 학문은 뜻을 겸손하게 해야 합니다. 힘써서 때로 민첩하게 하면 그 닦여짐이 올 것이니, 독실히 믿어 이것을 생각하면 도가 그 몸에 쌓일 것입니다. 가르침은 배움의 반이니, 생각의 처음과 끝을 항상 학문에 둔다면 그 덕이 닦여짐을 자신도 깨닫지 못할 것입니다.〔惟學遜志, 務時敏, 厥修乃來, 允懷于玆, 道積于厥躬. 惟斅學半, 念終始典于學, 厥德修罔覺.〕"라고 아뢴 부열의 말에서 유래한 것이다.《書經 商書 說命下》 여기서는 왕세자가 학문에 힘을 쏟는 것을 가리킨다.

揚)하여야 하고, 참으로 단 하루도 이러한 일들을 여유부리며 천천히 해서는 안 됩니다. 그런데도 신(臣)처럼 용렬하고 비루한 최하등의 인물이 차지하지 말아야 할 자리를 외람되이 도둑질하여 해를 넘기도록 자리만 차지하고서 녹(祿)을 받아먹고 있습니다. 비록 전하께서 신(臣)의 이름이 선적(選籍 관리 선발 명부)에 오랫동안 올라 있었다고 하여 하루아침에 물리치고자 하지 않으시어 우선 이러한 허가(虛假)를 행하셨으나 신(臣)의 의리로 볼 적에 어찌 한갓 경외하는 마음만 품은 채 사직을 청할 생각을 하지 않아서 어진 이를 등용하는 길에 방해가 되고 나랏일에 손해를 끼칠 수가 있겠습니까.

이에 목욕재계하고 경건히 소장을 갖추어 혈성으로 간절히 바라는 바를 우러러 드러내지 않을 수가 없사오니, 삼가 간절히 바라건대 전하께서는 신(臣)이 띠고 있는 시강(侍講)의 직함을 속히 간태(刊汰)[564]하시고, 이어서 선부(選部 이조)에 명하여 진중하고 정직하며 법가필사(法家拂士)의 풍도[565]를 지닌 선비를 널리 구해 주연(胄筵)

563 계옥(啓沃) : 신하가 충심을 다해 군주를 계도하고 보좌하여 선도(善道)로 유도한다는 뜻으로, 여기에서는 충심을 다해 성심껏 왕세자를 보필해 인도하는 것을 말한다. 이 말은 《서경(書經)》 〈상서(商書) 열명 상(說命上)〉에 은(殷)나라 고종(高宗)이 부열(傅說)에게 "네 마음을 열어 내 마음에 대도록 하라.〔啓乃心, 沃朕心.〕"라고 말한 데에서 유래한 것이다. 이에 대해 채침(蔡沈)은 《집전》에서 "계(啓)는 엶이요, 옥(沃)은 관개(灌漑)함이다. 네 마음을 열라는 것은 마음을 열어 숨김이 없는 것이요, 내 마음에 대라는 것은 내 마음에 대어서 흡족하게 하는 것이다."라고 설명하였다.

564 간태(刊汰) : '태거(汰去)'와 동일한 의미로, 잘못을 저지른 관원의 관직을 빼앗음으로써 벼슬에서 축출하는 것을 가리킨다.

565 법가필사(法家拂士)의 풍도 : '법가'란 법도 있는 대신의 집안을 가리키며, '필사'란 보필하는 선비를 가리키는바, 이는 《맹자(孟子)》 〈고자 하(告子下)〉에 "나라에 들

의 자리를 메꾸어 세자 저하를 보익(輔翼)하는 실효(實效)를 다하도록 하십시오. 그러신다면 신(臣)은 몹시도 다행스럽게 여기는 마음을 가누지 못할 것입니다.

또한 신(臣)이 삼가 마음속에 구구하고 어리석으나마 정성이 있기에 감히 여기에 끌어다가 덧붙여 아룁니다. 지난번 세자 저하께서 영(令)을 내리시기를, 하루 세 번의 진대(晉對)[566]에 모두 《강목(綱目)》을 가지고 과정(課程)으로 삼겠다고 하였습니다. 신(臣)이 듣기로는 경(經 경서(經書))은 이(理 이치)이고 사(史 사서(史書))는 사(事 사건)이며, 경(經)은 순수하고 사(史)는 잡박하다고 합니다. 그러므로 옛사람의 독서 방법은 반드시 경(經)을 먼저 하고 사(史)를 나중에 하여 이(理)와 의(義)의 광대한 강목(綱目)으로 하여금 무젖어 들어 무르녹고 꿰뚫어져 내면의 주인이 되도록 한 뒤에 사(史)로 이를 돕게 하였으니, 이렇게 하면 본(本)과 말(末)이 서로 자뢰하고 이(理)와 사(事)가 일치하여 고금에 인물들의 사정(邪正)과 사건의 득실(得失) 및 왕(王)·패(覇)와 공(公)·사(私)와 선(善)·악(惡)을 구분하는 데에 이것을 기준으로 삼아 판단할 경우 올바른 견해가 이에 확립되어서 털끝만 한 착오도 없게 되는 것입니다. 만약 경(經)을 급하게 여기지 않고 사(史)를 급하게 여겨서 무엇을 먼저 해야 하고 무엇을 나중에 해야 하는지 그 순서를 잃게 되면, 비유하

어가서는 법도 있는 대신의 집안과 보필하는 선비가 없고, 나라 밖에 나와서는 적국과 외환이 없는 나라는 항상 망한다.〔入則無法家拂士, 出則無敵國外患者, 國恒亡.〕"라고 한 부분을 원용한 것이다.

566 진대(晉對) : 신하가 왕이나 왕세자에게 나아와 배알하고 물음에 답하는 일을 가리킨다.

건대 눈금이 없는 저울과 치수가 없는 자와 같으니, 장차 철을 금이라고 부르고 도적을 자식이라고 여기게 될 것입니다. 그래서 필경 공리(功利)만을 추구하는 상투적인 틀을 이루게 되어 천덕(天德)과 왕도(王道)의 학문에 보탬이 되는 바가 없을 것입니다. 그러므로 주부자(朱夫子)께서는 일찍이 배우는 자들이 경(經)을 버리고 사(史)를 전공해서 심술(心術)에 폐해가 됨을 탄식하셨으니,[567] 참으로 지극한 훈계입니다.

삼가 국조(國朝)의 고사(故事)를 상고해보건대 법강(法講)[568]에서는 경서(經書)를 사용하고 소대(召對)[569]에서는 사서(史書)를 사용하였으니, 무엇을 객(客)으로 삼고 무엇을 주(主)로 삼았으며 무엇을 가볍게 여기고 무엇을 중시하였는지 그 의도를 여기에서 볼

567 주부자(朱夫子)께서는……탄식하셨으니 : 순희(淳熙) 11년(1184)에 주희(朱熹)가 절동(浙東)에서 돌아와서 사습(士習)이 외면적인 것만을 추구하는 것을 보고 배우는 자들에게 《맹자》의 '도성선(道性善)'과 '구방심(求放心)' 두 장(章)을 볼 것을 강조하는 한편 사(史)에 주력하는 여조검(呂祖儉) 무리에 대해 극력 배척하여 "육경 및 《논어》와 《맹자》를 놓아두고서 사마천을 높이고, 이치를 궁구하고 성(性)을 다하는 것을 놓아두고서 세상의 변화를 궁구하고, 마음을 다스리고 몸을 닦는 것을 놓아두고서 일의 공훈을 기뻐하는 것이 배우는 자의 심술에 크게 해가 된다.〔舍六經《語》、《孟》而尊史遷, 舍窮理盡性而窮世變, 舍治心修身而喜事功, 大爲學者心術之害.〕"라고 하였다. 《西山讀書記 卷31 朱子傳授》《宋名臣言行錄 外集卷12 朱熹晦菴先生徽國文公》

568 법강(法講) : 왕과 왕세자가 신하들과 매일 세 차례 경서(經書)나 선유(先儒)가 저술한 책 등을 강독하고 강론하는 경연(經筵) 또는 서연(書筵)을 가리키는 말로 조강(朝講), 주강(晝講), 석강(夕講)이 있다.

569 소대(召對) : 왕명(王命)으로 입대(入對)하여 정사에 관한 의견을 상주하는 것이나 또는 정규 강의인 삼강(三講) 외에 비정규 강의로, 시간에 구애받지 않고 왕이 모집을 명하면 모여서 강론하는 제도이다.

수 있습니다.

삼가 바라건대, 전하께서는 동궁이 시좌(侍坐)하는 여가에 조종(祖宗)의 아름다운 법규를 가지고 조용하고도 온화하게 가르치고 깨우치시는 한편 날마다 서연(書筵)을 열고 아울러 소대를 행하여 경서를 날줄로 삼고 사서를 씨줄로 삼아서 계술(繼述)의 도(道)를 다할 수 있도록 하소서. 이는 해바라기가 해를 향하는 것[570]과 같은 신(臣)의 지극한 바람입니다."

비답의 내용은 다음과 같다.[571]

"운운. 그대가 아뢴 바가 옳다. 사(史)를 몰라서도 안 되지만 경(經)을 먼저 하지 않아서도 안 된다. 그대의 소장을 동궁으로 하여금 읽어 보게 하여 더욱 경전 공부에 힘쓰도록 하겠으니, 그대는 이 점을 헤아리라.

돌아보건대, 지금 예법에 맞는 말과 심오한 의론이 성현에게 근본을 두어서 천덕(天德)과 왕도(王道)에서 떠나지 않는 것은 바로 임하(林下)의 독서하는 선비가 그러한 것이 된다. 오늘날 세자의 좌우에 있으며 인도하여서 우리 세자의 덕성과 학문을 성취시키는 것을

570 해바라기가……것 : 해당 원문의 '규곽(葵藿)'은 해바라기로, 꽃이 항상 태양을 향하기 때문에 군주를 향한 신하의 일편단심을 비유하는 말로 쓰인다. 《삼국지(三國志)》 권19 〈위서(魏書) 진사왕식전(陳思王植傳)〉에 "태양이 방향을 돌려 비춰 주지 않더라도 태양을 향하는 것은 해바라기의 정성이다.〔太陽雖不爲之回光, 然向之者誠也.〕"라고 보인다.

571 비답의……같다 : 이하의 내용은 현재 《순재고(純齋稿)》 권19에 실려 있는 〈찬선오희상진면예학소비 정해(贊善吳熙常陳勉睿學疏批丁亥)〉로, 《승정원일기》 및 《일성록》 순조 27년 2월 1일 기사와 《순조실록》 동일 기사에도 보인다.

그대에게 책임지우지 않으면 장차 누구에게 맡기겠는가. 그런데 그대가 도리어 사양하여 다시 나로 하여금 그대 말고 다른 이를 찾아보도록 하니, 이는 또한 나를 너무 멀리하는 것이 아닌가.

바른 사람과 보필하는 선비는 진실로 유념하는 바이다. 그대가 기꺼이 조정으로 속히 나아와서 팔도에 있는 어진 유자들의 창도가 된다면 어찌 참으로 '시절을 흘려보내서는 안 되고, 기회를 놓쳐 버려서는 안 된다.'라고 한 것에 부합하지 않겠는가. 그대는 멀리 떠나려는 마음을 속히 돌이켜 가까운 시일 내에 올라와서 덕(德)이 부족하고 우매한 나를 보필하고 주연(胄筵)에 출입하도록 하라."-지방관이 전유하였다.-

현도(縣道)를 통해 상서(上書)[572]하여 왕세자의 대리청정을 하례하는 반열[573]에 참여해 예(禮)를 차리지 못한 죄에 대해 인책하고, 아울러 권면함을 아뢰는 말씀을 덧붙였다.

상서의 내용은 대략 다음과 같다.[574]

572 상서(上書) : 신하가 대리청정(代理聽政)하는 왕세자에게 글을 올리던 일이나 또는 그 올린 글을 가리킨다. 통상적으로 왕세자에게는 '서(書)' 자를 사용하였다.

573 왕세자의……반열 : 효명세자(孝明世子)의 대리청정을 하례한 것은 이해 2월 18일 오시(午時)에 중희당(重熙堂)에서 있었다. 이보다 앞서 순조는 동월 9일에 비망기를 내려서 효명세자에게 대리청정하도록 명하였다. 《承政院日記 純祖27年 2月 9日, 18日》《日省錄 純祖27年 2月 9日, 18日》《純祖實錄 27年 2月 9日, 18日》

574 상서의……같다 : 이하의 내용은 현재 《노주집(老洲集)》 권1에 실려 있는 〈미부하반자인잉사찬선서(未赴賀班自引仍辭贊善書)〉로, 《승정원일기》 순조 27년 2월 23일 기사에도 보인다.

"신(臣)은 대대로 국록(國祿)을 받아 온 집안의 후손으로서 지나치게 특별한 은총을 받았으니, 지금 늙어서 거의 죽게 됨에 실로 조금만 더 살아 태평한 성세를 보고 싶은 소원[575]이 있을 뿐입니다.

그러나 어쩌겠습니까. 주수(株守)[576]한 지가 이미 오래되었고 늙고 병든 몸으로 억지로 나아가기가 어려워서 배반(陪班 모시는 반열)을 따르는 데에 자취가 절로 막히고 호숭(呼嵩)[577]을 거행하는 데에 정성을 펴지 못하오니, 이에 대한 신(臣)의 결연(缺然)한 촌심(寸心)은 우선 놓아두고 논하지 말더라도 상법(常法)으로 헤아려 보자면 마땅히 엄중한 견책을 받아야만 합니다.

575 조금만……소원 : 해당 원문은 '소수유지원(少須臾之願)'으로, 조금만 더 수명이 연장되어 태평한 세상이 오는 것을 볼 수 있기를 바라다는 뜻이다. 이는 《한서(漢書)》 권51 〈가산전(賈山傳)〉에 "조금만 더 수명이 연장되어 죽지 않아서 덕화(德化)가 완성되는 것을 볼 수 있기를 바란다.〔願少須臾毋死, 思見德化之成也.〕"라고 한 부분을 원용한 것이다.

576 주수(株守) : '수주대토(守株待兎)'를 줄인 말로, 상황에 따라 변통할 줄 모르는 어리석음을 비유하는 말이다. 춘추 시대 송(宋)나라의 한 농부가 밭을 갈고 있었는데, 마침 토끼 한 마리가 달아나다가 밭 가운데 있는 나무 그루터기에 부딪혀 목이 부러져 죽자, 농부는 일손을 놓고 그루터기만 지켜보며 토끼가 다시 와서 죽기를 기다렸다는 고사에서 유래하였다. 여기에서는 오희상이 출사하지 않음을 고집한 것을 겸손하게 표현한 말이다.

577 호숭(呼嵩) : 숭호(嵩呼) 또는 산호(山呼)라고도 하는바, 국가에 큰 의식이 있을 때 제왕이나 군주에게 축수(祝壽)하기 위하여 신하나 백성들이 '만세(萬歲)' 또는 '천세(千歲)'를 크게 외치던 일을 가리킨다. 《한서(漢書)》 〈무제기(武帝記)〉에 의하면 한(漢)나라 원봉(元封) 원년(B.C.110) 봄에 무제(武帝)가 숭산(嵩山)에서 등봉(登封)할 적에 곳곳에서 세 차례의 만세 소리가 들렸다고 한다. 이후 신하가 제왕을 송축하며 만세를 외치는 것을 가리키게 되었다.

더구나 신(臣)이 삼가 생각하건대 전학(典學)[578]은 진실로 나라를 다스리는 근본이 되니, 그렇다면 저하께서 맨 처음으로 대리청정을 하심에 더욱 마땅히 모든 것이 여기에 달려 있음을 언제나 생각하시어[579] 날마다 서연(書筵)을 열어 뜻을 겸손하게 하고 때로 민첩하게 하여[580] 성현(聖賢)들의 훌륭한 계책과 가르침에 무젖어 무르녹고 천덕(天德)과 왕도(王道)를 강습하여 이로써 근본을 단정하게 하고 근원을 맑게 하며 천리를 밝히고 인심을 바루어 유학의 교화를 높이고 선량(善良)한 이들을 구하여 능히 일대(一代)의 휴명(休明)한 정치를 이루십시오. 그리하여 우리 대조(大朝)께서 내리신 엄중한

578 전학(典學) : 본래 제왕이 늘 학문에 힘쓰는 것을 뜻하는바, 은(殷)나라 고종(高宗)이 부열(傅說)에게 가르침을 줄 것을 청하자 "오직 학문은 뜻을 겸손하게 해야 합니다. 힘써서 때로 민첩하게 하면 그 닦여짐이 올 것이니, 독실히 믿어 이것을 생각하면 도가 그 몸에 쌓일 것입니다. 가르침은 배움의 반이니, 생각의 처음과 끝을 항상 학문에 둔다면 그 덕이 닦여짐을 자신도 깨닫지 못할 것입니다.〔惟學遜志, 務時敏, 厥修乃來, 允懷于玆, 道積于厥躬. 惟斅學半, 念終始典于學, 厥德修罔覺.〕"라고 아뢴 부열의 말에서 유래한 것이다.《書經 商書 說命下》 여기서는 왕세자가 학문에 힘을 쏟는 것을 가리킨다.

579 모든……생각하시어 : 해당 원문은 '염석재자(念釋在玆)'로, 이는《서경(書經)》〈우서(虞書) 대우모(大禹謨)〉에 "이를 생각하여도 고요(皐陶)에게 있으며, 이를 버려도 고요에 있으며, 이를 이름하여 말함도 고요에게 있으며, 진실로 마음에서 나옴도 고요에 있으니, 황제께서는 그의 공(功)을 생각하소서.〔念玆在玆, 釋玆在玆, 名言玆在玆, 允出玆在玆, 惟帝念功.〕"라고 한 부분에서 나온 것이다. 이 말은, 순(舜)이 우(禹)에게 제위(帝位)를 선양(禪讓)하려 하자 우가 고요를 추천하면서 한 말인데, 여기서는 학문을 하는 것을 항상 잊지 않고 염두에 두고 있어야 함을 뜻하는 말로 전용한 것이다.

580 뜻을……하여 : 이 말은《서경(書經)》〈상서(商書) 열명 하(說命下)〉에 "배움은 뜻을 겸손하게 해야 하니, 힘써서 때로 민첩하게 하면 그 닦여짐이 올 것이다.〔惟學遜志, 務時敏, 厥修乃來.〕"라고 한 부분에서 인용한 것이다.

부탁에 우러러 부응하시고 신하들의 간절한 기대와 소망에 굽어 따르소서. 그러나 돌아보건대 그 요체는 오직 빈료(賓僚 세자시강원의 관료)를 신중히 선발함에 달려 있습니다. 그런데 이에 도리어 신(臣)처럼 보잘것없는 자가 보필해 인도하는 직임을 헛되이 차지하고 있어서 어진 이를 등용하는 길에 방해가 되고 나랏일을 방관해 폐기하고 있는데도 파면해 물리치라는 영(令)을 내리지 않으시니, 저하의 종합하여 치밀하게 살피는 새로운 교화에 누가 되는 것이 어찌 작은 문제이겠습니까.

신(臣)은 이 일에 대하여 갑절이나 떨리고 두려워서 이에 감히 현도(縣道)를 통해 노장(露章)[581]으로 죄를 자백하오니, 삼가 바라건대 자애로우신 저하께서는 부디 헤아려 살펴 주시어 먼저 신(臣)의 예(禮)를 차리지 못한 죄를 다스려서 스러진 기강을 진작시키시고, 이어서 신(臣)의 관직을 삭탈하고 신(臣)의 이름을 선적(選籍)에서 제거도록 영(令)을 내려서 관방(官方)[582]을 깨끗하게 하고 거짓된 습속을 바로잡으소서. 그러신다면 더할 나위 없이 다행이겠습니다."

하답(下答)의 내용은 다음과 같다.[583]

581 노장(露章) : 사람들에게 널리 알리기 위하여 봉함하지 않고 올리는 공개적인 소장(疏章)을 말한다.

582 관방(官方) : 본래 《국어(國語)》 〈진어(晉語)〉에 "일정한 관직을 만들어 온갖 일을 다스린다.〔官方定物.〕"라고 한 데에서 유래하여 관부를 설치하여 일정한 관직을 두는 것을 가리킨다. 이후 관리의 직무 관장에 관한 법례나 또는 관리로서 지켜야 하는 규율(規律)을 가리키는 말로도 사용되었다.

583 하답(下答)의……같다 : '하답(下答)'이란 대리청정하는 왕세자가 신하가 올린 글에 대하여 대답을 내리거나 또는 그 내린 대답을 가리킨다. 이하의 내용은 현재 《경헌

"운운.[584] 돌아보건대 재주가 없는 사람으로서 이러한 엄중한 부탁을 받들게 되니, 이른 아침부터 밤늦게까지 몹시 두려워하여 벌벌 떨면서 조심하고 공경하고 있다. 하지만 나 소자(小子)의 모자란 덕(德)과 보잘것없는 학식이 어떻게 이러한 지대한 임무를 감당하겠는가. 옛사람이 말하기를, '올바른 말을 듣고 올바른 도(道)를 행하였으니, 이는 좌우에서 모시는 이가 모두 올바른 사람이었기 때문이다.'[585]라고 하였는데, 이것은 내가 평소 사모한 바이다.

돌아보건대 오늘날 처음으로 대리청정을 하는 시기에 징벽(徵辟)하는 데에 정성이 부족하여 임하(林下)의 올바른 선비를 아직 만나

집(敬軒集)》 권11에 실려 있는 〈찬선오희상사직서비(贊善吳熙常辭職書批)〉로, 《승정원일기》 순조 27년 2월 23일 기사와 《순조실록》 동일 기사에도 보인다.

584 운운 : 이 부분은 《경헌집(敬軒集)》 권11에 실려 있는 〈찬선오희상사직서비(贊善吳熙常辭職書批)〉와 《승정원일기》 순조 27년 2월 23일 해당 기사에 "올린 상서(上書)를 읽어 보고 그대의 간절함을 잘 알았다.〔覽書具悉爾懇.〕"라고 되어 있는바, 이는 왕세자가 대리청정할 때에 신하가 올린 글을 읽어 보고 그 내용을 다 알았음을 표현하는 투식이다. 이 때문에 여기에서는 생략한 것이다.

585 올바른……때문이다 : 이 말은 《대대례기(大戴禮記)》 권3 〈보부(保傅)〉에 "이에 천하의 단정한 인물로서 부모에게 효도하고 어른을 공경하며 견문이 넓고 도덕을 갖춘 인물을 비교 선발하여 돕도록 해서 태자와 함께 거처하고 출입하게 하였다. 그러므로 태자는 날마다 올바른 일을 보고 올바른 말을 듣고 올바른 도를 행하였으니, 이는 이리 보든 저리 보든 앞뒤가 모두 바른 사람이었기 때문이다. 무릇 올바른 사람과 함께 거하는 것이 익숙해지면 올바르게 되지 않을 수 없다.〔於是比選天下端士, 孝悌閑博有道術者, 以輔翼之, 使之與太子居處出入, 故太子乃(目)〔日〕見正事, 聞正言, 行正道, 左視右視, 前後皆正人. 夫習與正人居, 不能不正也.〕"라고 한 데에 보이는 것으로, 《한서(漢書)》 권48 〈가의전(賈誼傳)〉에 실려 있는 이른바 '치안책(治安策)' 및 《신서(新書)》 권5 〈보부(保傅)〉에도 이와 거의 비슷한 내용이 보인다.

보지 못하였으니, 마음이 실로 부끄럽도다. 근래에 대조(大朝)께서 비답을 내리신 그대의 소장을 읽어 보고 열성(列聖)께서 유학을 높이신 훌륭한 계책을 우러르게 되어 마음속에 끊이지 않는 한결같은 생각이 더욱더 치의(緇衣)[586]에 부지런하게 되었다.

그대는 나 소자의 꾸밈없는 성의를 헤아려 선뜻 마음을 돌이켜 조정으로 나아와서 비궁(匪躬)[587]하는 이 몸을 보필하라."-사관을 보내어 와서 전하였다.-

3월에 직산(稷山)의 선영(先塋)을 전성(展省)한 다음 방향을 바꾸어 양성(陽城)에 갔다.

덕봉서원(德峰書院)에서 강회(講會 강론(講論)하는 모임)를 설행하고, 다음 날에 향음주례(鄕飮酒禮)를 행하였다. 함진숭(咸鎭嵩)이 따라갔다.

586 치의(緇衣) : 《시경(詩經)》 정풍(鄭風)의 편명으로, 경대부(卿大夫)가 사조(私朝)에 있을 때 입는 검은 비단옷을 지칭한다. 모시서(毛詩序)에 의하면 이 시는 정(鄭)나라 환공(桓公)·무공(武公) 부자(父子)가 연이어 주(周)나라 사도(司徒)가 되어 직임을 잘 수행하므로, 주나라 사람이 그 덕을 찬양하여 친애(親愛)하는 정을 노래한 것이라고 한다. 일설에는 무공이 어진 이를 좋아하여 예우한 것을 찬미한 시라고도 한다. 《예기(禮記)》 〈치의(緇衣)〉에 "〈치의〉에서 찬미한 것처럼 어진 이를 좋아하고, 〈항백〉에서 배척한 것처럼 악인을 미워해야 한다.〔好賢如緇衣, 惡惡如巷伯〕"라고 한 공자의 말씀과 연결시켜 어진 이를 좋아함을 찬미한 시라고 보는 견해가 일반적으로 통용된다.

587 비궁(匪躬) : 자신의 안위는 생각하지 않고 오직 국사에만 힘을 다하는 것을 말하는바, 《주역(周易)》 〈건괘(蹇卦) 육이(六二)〉에 "왕의 신하가 국가의 어려움에 충성을 다하는 것은 자신의 몸을 위해서가 아니다.〔王臣蹇蹇, 匪躬之故.〕"라고 한 데에서 나왔다.

이조 참의에 제수되었다가[588] 이달에 체차되었다.

윤5월에 형조 참의에 제수되었다.[589]

6월에 형조 참의에서 체차되었다.[590]

7월에 사급(賜給)한 중치 녹비〔中鹿皮〕를 지수(祗受)하였다. -지방관이 가지고 와서 전하였다.-

원손(元孫)의 탄강을 진하(陳賀)한 뒤에[591] 상전(賞典)으로 시행한 것이다.

8월에 현도(縣道)를 통해 상서(上書)하여 상전(賞典)으로 하사받은 것을 사양하고, 아울러 진하(陳賀)하는 반열에 참여해 예(禮)를 차리지 못한 죄를 인책하였다.[592] -상서의 내용은 싣지 않는다.-

588 이조 참의에 제수되었다가 : 이해 3월 18일에 이조 참의의 전망 단자를 들이게 하여 오희상으로 낙점한 것이다. 《承政院日記 純祖27年 3月 18日》《純祖實錄 27年 3月 18日》

589 윤5월에……제수되었다 : 이 사실은 《승정원일기》 순조 27년 윤5월 8일 기사에 보인다.

590 6월에……체차되었다 : 오희상은 이달 25일에 찬선에 단부되었다. 《承政院日記 純祖27年 6月 25日》

591 원손(元孫)의……뒤에 : 이해 7월 18일 신시(申時)에 세자빈 조씨(趙氏)가 원손을 낳았는바, 이가 바로 훗날의 헌종(憲宗)이다. 진하(陳賀)는 동월 24일에 있었다. 《承政院日記 純祖27年 7月 18日》《純祖實錄 27年 7月 18日》

592 8월에……인책하였다 : 이때 오희상이 올린 상서는 현재 《노주집(老洲集)》 권1

하답(下答)의 내용은 다음과 같다.[593]

"운운. 그대는 사양하지 말고 받으라."-사관을 보내어 와서 전하였다.-

9월에 사급(賜給)한 큰 녹비〔大鹿皮〕를 지수(祗受)하였다.[594]-지방관이 가지고 와서 전하였다.-

대조(大朝)께 존호(尊號)를 올리고 진하(陳賀)한 뒤에[595] 상전(賞典)으로 시행한 것이다.

다음 날에 사급(賜給)한 중치 녹비를 지수(祗受)하였다.[596]-지방관이 가지고 와서 전하였다.-

대조(大朝)께 진작례(進爵禮)를 올린 뒤에[597] 상전(賞典)으로 시행

에 실려 있는 〈미부하반자인겸사상전서(未赴賀班自引兼辭賞典書)〉로, 《승정원일기》 순조 27년 8월 8일 기사에도 보인다.

593 하답(下答)의……같다 : 이하의 내용은 《승정원일기》 순조 27년 8월 8일 기사에 보인다.

594 9월에……지수(祗受)하였다 : 오희상에게 큰 녹비를 하사한 내용은 《승정원일기》 순조 27년 9월 10일 기사에 보인다.

595 대조(大朝)께……뒤에 : 이해 9월 9일에 순조와 순조비는 자경전(慈慶殿)에서 각각 '연덕현도경인순희(淵德顯道景仁純禧)'와 '명경(明敬)'이라는 존호(尊號) 및 책보(冊寶)를 받았다. 이어서 명정전(明政殿)에 나아가 진하(陳賀)를 받고 교문을 반포하였다. 《承政院日記 純祖27年 9月 9日》《日省錄 純祖27年 9月 9日》《純祖實錄 27年 9月 9日》

596 다음……지수(祗受)하였다 : 상전(賞典)의 기록은 《승정원일기》 순조 27년 9월 11일 기사에 보이는데, 이 기사에 의하면 오희상은 큰 녹비를 받았다.

597 대조(大朝)께……뒤에 : 진작례(進爵禮)는 이해 9월 10일에 있었다. 11일에 상전(賞典)이 정해졌는데 오희상에게는 큰 녹비가 사급된 것으로 기록되어 있다.《承政院

한 것이다.

현도(縣道)를 통해 상서(上書)하여 상전(賞典)으로 하사받은 것을 사양하였다.[598] -상서의 내용은 싣지 않는다.-

하답(下答)의 내용은 다음과 같다.[599]

"운운. 그대는 다시 고사하지 말고 마음 편히 받으라." -사관을 보내어 와서 전하였다.-

남곡(南谷)[600]에 가서 홍백응(洪伯應 홍직필(洪直弼))을 만나 보았다.

이때 홍백응은 거상하고 있었는데[601] 선생이 여차(廬次)를 찾아가서 만나 보았다. 임공 득여(任公得汝 임로(任魯)) 역시 찾아와 밤을 지새워 술을 마셔서 이틀 밤을 묵고 돌아왔다.

무자(1828, 순조28) 선생 66세

日記 純祖27年 9月 10日, 11日》《日省錄 純祖27年 9月 10日》《純祖實錄 27年 9月 10日》

598 현도(縣道)를……사양하였다 : 이때 오희상이 올린 상서는 현재 《노주집(老洲集)》에 실려 있지 않고, 《승정원일기》 순조 27년 9월 22일 기사에 보인다.

599 하답(下答)의……같다 : 이하의 내용은 《승정원일기》 순조 27년 9월 22일 기사에 보인다.

600 남곡(南谷) : 명례방(明禮坊)의 남산골인 듯하다.

601 이때……있었는데 : 홍직필(洪直弼)의 부친 홍이간(洪履簡, 1753~1827)은 이해 2월 4일 사시(巳時)에 명례방(明禮坊) 남산동(南山洞)의 집에서 향년 75세를 일기로 졸하였다. 이후 동년 4월 27일에 양성(陽城) 천덕산(天德山) 을좌신향(乙坐辛向)의 언덕에 장사 지냈다. 《梅山先生文集 卷50 先考同敦寧府君家狀》《老洲集 卷17 同知敦寧府事洪公墓碣銘 並序》 당시 홍직필은 부친상을 치르는 중이었다.

2월에 치성(致成)의 상주(尙州) 임소에 가서 봉양을 받았다.

지난해에 치성이 남원부(南原府)로 나가서 다스릴 적에[602] 부(府)의 관아에 선묘(先廟)를 모시자 권 부인(權夫人) 역시 따라갔었다. 그 해 납월(臘月)에 상주목(尙州牧)으로 관직을 옮기자 선생이 오랫동안 사당에 배알하지 못하였다고 하여 이때에 이르러 선친의 기일[603]에 맞추어 상주로 내려가서 수개월 동안 머무르다가 돌아왔다.

조령(鳥嶺)의 수옥정(漱玉亭)을 찾아가 보았다.

이와 관련된 소기(小記)가 있다.[604]

3월에 흥암서원(興巖書院)에서 강회(講會 강론(講論)하는 모임)를 설행하였다.

이곳은 바로 동춘당(同春堂) 송 선생(宋先生 송준길(宋浚吉))만을 단독으로 제향하는 서원이다.

또 서산서원(西山書院)에서 강회(講會 강론(講論)하는 모임)를 설행하였다.

이곳은 바로 선원(仙源 김상용(金尙容)) · 청음(淸陰 김상헌(金尙憲)) 두

602 지난해에……적에 : 오치성(吳致成)은 순조 27년(1827) 2월 27일에 이조가 구전정사를 하여 남원 부사에 임명되었다. 이후 동년 12월 22일에 있었던 도목정사에서 상주 목사에 임명되었다. 《承政院日記 純祖27年 2月 27日, 12月 22日》《日省錄 純祖27年 12月 22日》

603 선친의 기일 : 생부 오재순(吳載純, 1727～1792)의 기일로, 12월 30일이다.

604 이와……있다 : 현재 《노주집(老洲集)》에는 보이지 않는다.

선생을 철향(掇享 배향(配享))한 서원이다.

금산(金山)[605]에 갔다.

이때 종인(宗人) 경원(慶元)이 이 고을을 맡아서 다스리고 있었는데[606] 함께 가야산(伽倻山)을 유람할 것을 약속하였다. 이에 금산으로부터 출발하여 쌍계(雙溪)·해인(海印)·옥류(玉流)·홍류(紅流) 등 여러 승경을 두루 찾아가 보았다. 돌아오는 길에 성주(星州)의 한강서원(寒岡書院)[607]에 배알한 다음 백매원(百梅園)[608]을 찾아가 보고, 금산으로 돌아와서 직지사(直指寺)를 찾아가 보았다.

다시 상주(尙州)의 관아로 돌아와서 머물렀다.

4월에 용유동(龍游洞)에 가서 유람하였다.

605 금산(金山) : 군(郡)의 이름으로, 현재 경상북도 금릉군(金陵郡)과 김천시(金泉市) 지역에 있었다.

606 이때……있었는데 : 오경원(吳慶元)은 순조 27년(1827) 4월 19일에 있었던 정사에서 금산 군수(金山郡守)에 임명되었다. 《承政院日記 純祖27年 4月 19日》

607 한강서원(寒岡書院) : 이는 한강(寒岡) 정구(鄭逑, 1543~1620)를 모신 회연서원(檜淵書院)을 가리킨 듯하다. 1622년(광해군14)에 지방 유림의 공의로 정구(鄭逑)와 이윤우(李潤雨)의 학문과 덕행을 추모하기 위해 창건하였다. 1690년(숙종16)에 '회연(檜淵)'이라 사액을 받았다. 1868년(고종 5) 대원군의 서원철폐령으로 훼철되었으나 1974년에 복원하였다.

608 백매원(百梅園) : 한강(寒岡) 정구(鄭逑, 1543~1620)가 41세 때에 성주(星州) 창평(蒼坪)에 회연초당(檜淵草堂)을 만들고서 그 정원에 매화나무 100그루와 대나무를 심었던 곳이다. 《寒岡先生年譜 卷1》

이 동(洞)은 주(州)의 서쪽 60리에 위치하였는데, 천석(泉石)의 승경(勝景)이 있으니, 바로 역천(櫟泉) 송 문원공(宋文元公)이 노닐었던 곳이다.[609]

금산 군수(金山郡守 오경원(吳慶元))와 함께 낙동강에서 배를 띄우고 노닐었다.

자천대(自天臺)·관수루(觀水樓)를 찾아 올라갔는데 치성(致成)·치익(致翼)이 따라갔다. 이때 치익은 진사로 입격(入格)하였는데,[610] 응방(應榜)[611]한 뒤에 와서 찾아뵌 것이다. 돌아오는 길에[612]

609 역천(櫟泉)……곳이다 : '역천(櫟泉) 송 문원공(宋文元公)'은 송명흠(宋明欽, 1705~1768)으로, 본관은 은진(恩津), 자는 회가(晦可), 역천(櫟泉)은 그의 호이며, 문원(文元)은 그의 시호이다. 송준길(宋浚吉)의 현손으로 이재(李縡)의 문인이며 미호의 내제이다. 학행으로 추천되어 충청 도사, 지평, 장령 등에 제수되었으나 줄곧 사양하고 나아가지 않은 채 학문에 전념하였다. 1763년(영조39)에 찬선으로 경연에 입시하면서 상소한 내용이 영조의 비위를 거슬러 당론을 했다는 이유로 폐서인(廢庶人)되어 전리(田里)로 방축되기도 하였다. 그 문집인 《역천집(櫟泉集)》 권19 〈연보〉에 의하면, 송명흠은 1764년 10월에 가야산을 유람하였는데, 그 기록에 "장차 지리산을 유람하려고 용유담에 이르렀는데 날이 저물어서 군자사에서 묵었다.〔將遊智異山, 至龍游潭日暮, 宿君子寺.〕"라고 한 내용이 보인다. 여기서 용유담은 바로 용유동이며, 군자사는 경상남도 함양군 마천면 군자리에 있던 절로 《여지도서》나 《범우고》에 군자사의 존재가 확인되고 있지만, 1832년에 편찬된 《경상도읍지》에는 '지금은 폐지되었다.'라고 전하는 것으로 보아 19세기 초에는 이미 폐사지가 되었던 것으로 보인다.

610 이때……합격하였는데 : 《숭정기원후사무자식사마방목(崇禎紀元後四戊子式司馬榜目)》 및 《승정원일기》 순조 28년 4월 2일 기사에 의하면, 오치익(吳致翼)은 이해 치러진 식년시(式年試)에서 진사가 아닌 생원으로 입격하였다.

611 응방(應榜) : 창방(唱榜)하는 의식에 참여하는 것을 이른다. 창방은 과거 급제자를 호명하고, 왕이 친림하여 이들에게 사은숙배(謝恩肅拜)를 받고 꽃을 내리고 잔치를

도남서원(道南書院)[613]을 찾아가 보았다.

이달에 상주(尙州)를 떠나 집으로 돌아왔다.

6월에 치익(致翼)이 특별 하령(下令)으로 세마에 제수되었다.[614]

하령의 내용은 다음과 같다.[615]

"조가(朝家)가 산림(山林)을 대우하는 것은 대신(大臣)과 다를 바가 없으니, 찬선 오 모(吳某)의 아들 치익을 오늘 정사에서 세마로 의망(擬望)하여 들이라."

8월에 영서(潁西) 임공(任公)-로(魯)-을 위하여 곡하였다.[616]

베푸는 것이다.

612 돌아오는 길에 : 대본에는 '遠路'로 되어 있는데, '遠'은 전후 문맥상 '還'의 오자로 보이는바, 이에 바로잡아 번역하였다.

613 도남서원(道南書院) : 경북 상주시 도남동에 있었던 서원으로, 1606년(선조39) 지방 유림의 공의로 정몽주(鄭夢周)·김굉필(金宏弼)·정여창(鄭汝昌)·이언적(李彦迪)·이황(李滉)의 학문과 덕행을 추모하기 위해 창건하여 위패를 모셨다. 그 뒤 1616년(광해군8)에 노수신(盧守愼)·유성룡(柳成龍), 1635년(인조13)에 정경세(鄭經世)를 추가 배향하였다. 1677년(숙종3)에 '도남(道南)'이라고 사액되어 사액서원으로 승격하였다. 그 뒤 흥선대원군의 서원철폐령으로 1868년(고종5)에 훼철된 뒤 복원하지 못했다가 최근에 복원하였다.

614 6월에……제수되었다 : 이해 6월 24일에 있었던 도목정사에서 우부승지 김유헌(金裕憲)에게 하령한 것이다. 《承政院日記 純祖28年 6月 24日》《日省錄 純祖28年 6月 24日》

615 하령의……같다 : 이하의 내용은 《승정원일기》 및 《일성록》 순조 28년 6월 24일 기사에 보인다.

임공을 위하여 지은 제문이 있다.[617] 나중에 묘지(墓誌)를 찬술하였다.[618]

기축(1829, 순조29) 선생 67세

10월에 본생가 내종제(內從弟) 이 좌상(李左相) 존수(存秀)를 위하여 곡하였다.[619]

이공(李公)이 선생에 대하여 앙모하는 마음이 매우 깊어서 비록 현달함과 현달하지 않음이 서로 달랐지만 선생을 빈번하게 방문해 찾아보았다. 선생이 애석하게 여겨 슬퍼하였고, 이공을 위하여 지은

616 8월에……곡하였다 : 임로(任魯, 1755~1828)는 이해 8월 22일에 쌍계동(雙溪洞)의 집에서 향년 74세를 일기로 졸하였다. 《老洲集 卷17 翊贊任公墓誌銘並序》

617 임공을……있다 : 현재 《노주집(老洲集)》 권14에 실려 있는 〈제임득여문(祭任得汝文)〉이다.

618 나중에 묘지(墓誌)를 찬술하였다 : 현재 《노주집(老洲集)》 권17에 실려 있는 〈익찬임공묘지명 병서(翊贊任公墓誌銘並序)〉이다.

619 10월에……곡하였다 : 이존수(李存秀, 1772~1829)는 조선 후기 문신으로, 본관은 연안(延安), 자는 성로(性老), 호는 금석(金石) 또는 연유(蓮游)이다. 할아버지는 영의정 이천보(李天輔)이고, 아버지는 판서 이문원(李文源)이다. 1794년(정조18) 정시 문과에 병과로 급제하여 홍문관 정자에 교서관 정자를 겸하였다. 이후 겸 시강원 설서・겸 실록 기사관을 거쳐 홍문관 수찬・황해감사・이조 참의・부제학・규장각 직제학・전라 감사・이조 참판・경기 감사・경상도 관찰사 등 내외직을 역임하고, 우의정을 거쳐 좌의정으로 재직하던 중 이해 10월 14일에 향년 58세를 일기로 졸하였다. 시호는 문익(文翼)이다. 《經山集 卷18 左議政李公存秀行狀》 '내종제(內從弟)'는 외종사촌 아우이다. 오희상의 본생모(本生母)는 연안 이씨(延安李氏)로, 이천보의 딸이며, 이존수의 조부는 이천보인바, 오희상의 외조부와 이존수의 조부가 이천보이기 때문에 두 사람은 서로 내외종 간이 된다.

제문이 있다.[620]

11월에 원손(元孫)을 정호(定號)하여 왕세손으로 삼고, 특별 하령(下令)으로 세손부(世孫傅)에 제수하였다.[621]

하령의 내용은 다음과 같다.[622]

"산림(山林)은 다른 경우와 분명하게 다르니, 일반적인 격식에 구애받지 말고 세손사(世孫師)와 세손부는 송 좨주(宋祭酒 송치규(宋穉圭))와 오 찬선(吳贊善)으로 제수하라." -송공 치규(宋公穉圭)가 세손사에 제수되었다.-

경인(1830, 순조30) 선생 68세

정월에 현도(縣道)를 통해 상서(上書)하여 세손부(世孫傅)를 사양하였다.[623] -상서의 내용은 싣지 않는다.-

하답(下答)의 내용은 다음과 같다.[624]

620 이공을……있다 : 현재 《노주집(老洲集)》 권14에 실려 있는 〈제이좌상성로문(祭李左相性老文)〉이다.

621 11월에……제수하였다 : 이해 11월 27일에 왕세손으로 정호하고, 오희상을 세손부에 단부(單付)하였다. 《承政院日記 純祖29年 11月 27日》《純祖實錄 29年 11月 27日》

622 하령의……같다 : 이하의 내용은 《승정원일기》 순조 29년 11월 27일 기사와 《순조실록》 동일 기사에 보인다.

623 정월에……사양하였다 : 이때 올린 상서(上書)는 현재 《노주집(老洲集)》 권1에 실려 있는 〈사세손부겸사찬선서(辭世孫傅兼辭贊善書)〉로, 《승정원일기》 및 《일성록》 순조 30년 1월 22일 기사에도 보인다.

624 하답(下答)의……같다 : 이하의 내용은 현재 《경헌집(敬軒集)》 권12에 실려 있는 〈찬선오희상현도서비(贊善吳熙常縣道書批)〉로, 《승정원일기》 및 《일성록》 순조

"운운. 몽양(蒙養)[625]의 방도는 반드시 그 좌우에 올바른 사람이 있는 것을 급선무로 여겨야 하니, 그렇다면 산림의 숙덕(宿德)이 있는 선비가 아니고서 누구이겠는가. 내가 특별히 간택한 것이 오직 여기에 있을 뿐이다. 춘귀(春晷)[626]가 점점 자라니, 이는 바로 강석(講席)을 마련하고서 현자를 맞이해야 하는 때이다. 그간의 징초(徵招)가 한두 번일 뿐만이 아니었는데 아득하게 받아들이지 않으니, 어쩌면 혹 정성과 예우가 미덥지 못해서 그러한 것인가. 나는 몹시도 부끄럽다.

돌아보건대 지금 길경(吉慶)한 예식으로는 세손을 책봉하는 예(禮)[627]보다 더 중대한 것이 없고, 나이 어린 세손에게 있어서는 곁에

30년 1월 22일 기사에도 보인다.

625 몽양(蒙養) : 이는 《주역(周易)》 〈몽괘(蒙卦) 단전(彖傳)〉에 "몽매함으로써 바름을 기름은 바로 성인의 공(功)이다.〔蒙以養正, 聖功也.〕"라고 한 데에서 나온 말이다. 이에 대하여 당대(唐代)의 공영달(孔穎達)은 "몽매함으로써 숨기고 침묵하여 스스로 정도(正道)를 기름이 지극한 성인의 공을 이루는 것이다.〔能以蒙昧隱默, 自養正道, 乃成至聖之功.〕"라고 설명하였는바, 겉으로는 어리석은 태도를 가지면서 속으로 정도(正道)를 기르는 것을 성인이 하는 일이라고 본 것인데, 송대(宋代)의 정이(程頤)는 "미발(未發)을 몽(蒙)이라고 하니, 순일(純一)하고 미발(未發)인 몽(蒙)으로써 그 바름을 기르는 것은 바로 성인이 되는 공부이다. 발한 뒤에 금지하면 저촉하여 이기기가 어려우니 몽(蒙)할 때에 바름을 기르는 것이 배움에 있어서 지극한 선(善)이다.〔未發之謂蒙, 以純一未發之蒙而養其正, 乃作聖之功也. 發而後禁, 則扞格而難勝, 養正於蒙, 學之至善也〕"라고 해설하여, 성인이 되는 공부로 설명하였다. 이 때문에 후세에는 주로 동몽(童蒙)을 교육하는 뜻으로 사용되었다.

626 춘귀(春晷) : 본래는 봄철의 낮 시간을 의미하나, 여기서는 왕세손의 나이를 지칭한다.

627 세손을 책봉하는 예(禮) : 왕세손의 책례는 이해 9월 15일 인정전(仁政殿)에서

서 도와줌이 더욱더 중요하다. 그러니 어찌 매몰차게 거절할 수가 있단 말인가. 그대는 사양하지 말고 가까운 시일 내로 등대(登對)하여서 나의 덕(德)을 보필하고 나의 일을 더욱 도울 것이며, 이어서 길경한 예식에 참여하여서 나의 바람에 부응하라."-사관을 보내어 전유하였다.-

3월에 예랑(禮郎)이 황단(皇壇)의 축문 안에 '초(初)' 자를 산삭해야 하는지의 여부에 대하여 영(令)을 받고 와서 물었다.[628]

대답의 내용은 다음과 같다.[629]

"저하께서 몸소 황단(皇壇)의 제향을 거행하시고 풍천(風泉)의 생

거행되었다.《承政院日記 純祖30年 9月 15日》《日省錄 純祖30年 9月 15日》《純祖實錄 30年 9月 15日》

628 3월에……물었다 : '황단(皇壇)'은 대보단(大報壇)이다. 대보단은 임진왜란 때 조선을 도와준 명(明)나라의 신종(神宗)을 제사 지내기 위해서 숙종이 창덕궁 후원(後苑)에 설치한 제단으로, 제단의 이름을 지을 때 금단(禁壇), 황단, 태단(泰壇) 등이 후보로 거론되었으나, 예조 참판 송상기(宋相琦)의 건의에 따라 정식 명칭을 대보단으로 정하였다.《承政院日記 肅宗30年 11月 21日·25日, 12月 21日》 효명세자는 이해 3월 6일에 황단의 춘향(春享)을 섭행(攝行)하였는데, 이때 사용하는 축문(祝文)에서 상순(上旬)의 날짜에 '초(初)' 자를 쓰는 것은 대통력법(大統曆法)이 아니라고 하여 이 문제에 관해 예조로 하여금 대신(大臣)·유신(儒臣) 및 관각 당상(館閣堂上)에게 수의(收議)하고 지방에 있는 유현(儒賢)에게 묻고 의논하게 하였다. 결국 '초' 자는 삭제하였다.《承政院日記 純祖30年 3月 6日, 27日》《純祖實錄 30年 3月 6日》

629 대답의……같다 : 이때 오희상이 올린 대답은 현재《노주집(老洲集)》 권1에 실려 있는 〈황단축문상순일자지초자당산여부의(皇壇祝文上旬日子之初字當刪與否議)〉로,《승정원일기》 순조 30년 3월 27일 기사 중 우승지 정지용(鄭知容)이 예조의 말로 아뢴 부분에 보인다.

각[630]에 마음이 움직여 느끼는 바가 있으셨기에 축문에서 날짜를 기록하는 정식(程式)에 대해 한결같이 본래 있어 왔던 황조(皇朝)의 대통력(大統曆)을 그대로 따르고자 하시니, 이 거조는 존주(尊周)의 의리[631]인바, '의심하지 않고, 어긋나지 않는다.'[632]라고 이를 만합니다. 그런데 특별히 삼가고 진중히 하시려는 뜻으로 조정에 있는 신하들에게 두루 자문하시어 초야에 묻혀 있는 자에게까지 미치시니, 신(臣)의 촌충(寸衷)이 격앙됨에 어찌 대답을 올리려는 생각이 없겠습니까.

다만 신(臣)은 저하를 기만하여 은총을 도둑질하고서 명령을 어긴 죄에 대한 처단(處斷)을 기다리고 있었기에 유신(儒臣)으로 자처하지 않으니, 그렇다면 어찌 감히 당돌하게 신하들의 뒤에 섞어 거론

630 풍천(風泉)의 생각 : 쇠망하는 나라를 걱정하거나 멸망한 조국을 그리워하는 생각이다. 《시경(詩經)》 〈회풍(檜風) 비풍(匪風)〉과 〈조풍(曹風) 하천(下泉)〉의 주된 내용이 모두 주(周) 나라의 왕권이 점점 쇠약해짐을 현인이 개탄하면서 옛날의 주 왕실을 생각하는 것으로, 쇠망하는 나라를 서글퍼하는 감회를 읊었기 때문에 이 두 편의 시에서 뜻을 취한 것이다. 여기에서는 청나라를 미워하고 멸망한 명나라를 사모하는 뜻으로 쓰였다.

631 존주(尊周)의 의리 : 이는 본래 《춘추(春秋)》의 기본 의리로 주(周)나라 왕실을 높이고 오랑캐를 배격한다는 뜻인 '존주양이(尊周攘夷)'의 준말인데, 여기서는 명나라를 종주국으로 삼아 높인다는 뜻이다.

632 의심하지……않는다 : 이는 《중용장구(中庸章句)》 제29장에 "군자의 도(道)는 자기 몸에 근본하고 나서 여러 백성에게 징험하며, 삼왕(三王)에게 상고해 보아도 틀리지 않으며, 천지에 세워도 어긋나지 않으며, 귀신에게 물어도 의심이 없으며, 백세(百世)에 성인을 기다려도 의혹되지 않는다.〔君子之道, 本諸身, 徵諸庶民, 考諸三王而不謬, 建諸天地而不悖, 質諸鬼神而無疑, 百世以俟聖人而不惑.〕"라고 한 부분을 원용한 것이다.

하여 기탄없이 떠드는 죄를 거듭 범하겠습니까. 신(臣)은 이미 예지(睿旨 왕세자의 영(令))를 우러러 받들 수가 없어서 영(令)을 받들고 온 사람을 헛되이 수고롭게 하였으니, 더할 나위 없이 황공한 마음을 가누지 못하겠습니다."

윤4월에 이조 참의에 제수되었다.[633]

5월에 예후(睿候 왕세자의 건강)가 편치 못하다는 소식을 듣고서 도성 밖까지 나아갔다가 돌아왔다.

왕세자가 훙서(薨逝)하자[634] 현아(縣衙)의 뜰에 들어가 거애(擧哀 통곡)하였다.

예랑(禮郎)이 왕세자의 상(喪)에 입어야 할 대전(大殿)의 복제(服制)에 대하여 명(命)을 받고 와서 물었다.[635]

633 윤4월에……제수되었다 : 오희상은 이해 윤4월 20일에 있었던 정사에서 이조 참의에 임명되었고, 동일 두 번째 정사에서는 겸 찬선에 단부되었다. 《承政院日記 純祖30年 閏4月 20日》《純祖實錄 30年 閏4月 20日》

634 왕세자가 훙서(薨逝)하자 : 효명세자(孝明世子, 1809~1830)는 이해 5월 6일 묘시(卯時)에 창덕궁(昌德宮)의 희정당(熙政堂)에서 22세를 일기로 훙서하였다. 《承政院日記 純祖30年 5月 6日》《日省錄 純祖30年 5月 6日》《純祖實錄 30年 5月 6日》

635 예랑(禮郎)이……물었다 : 효명세자가 훙서하자 예조가 대전(大殿)·중궁전(中宮殿)의 복제(服制)에 대해 시·원임 대신 및 밖에 있는 유신〔在外儒臣〕에게 문의할 것을 초기(草記)로 아뢰어 허락을 받았다. 이에 시·원임 대신 및 관각 당상(館閣堂上)의 헌의(獻議)가 먼저 수합되어 보고되었고, 밖에 있는 유신의 헌의는 이해 5월 14일에

대답의 내용은 다음과 같다.[636]

"신(臣)이 천만뜻밖에도 왕세자의 상(喪)에 입으셔야 할 전하의 복제(服制)에 대한 하문을 삼가 받았사온데, 신(臣)은 진실로 그 명(命)을 들음에 가슴이 억눌려 막히는 듯하였습니다. 그러나 삼가 생각건대 영종 대왕(英宗大王 영조(英祖))께서는 고례(古禮)의 본의를 깊이 체득하시어 이 상례를 삼년복(三年服)으로 정하시고서 특별히 《상례보편(喪禮補編)》이라는 책에 기재하셨습니다. 이에 천고(千古)의 잘못된 점을 한 번에 깨끗이 씻어내어서 후세(後世)에 영원히 전할 수가 있게 되었습니다. 그렇다면 무릇 우리 후대의 왕과 현자들은 진실로 마땅히 여기에 의거하여 예(禮)를 거행해야 합니다.

선왕조 병오년(丙午年)에 기년복(朞年服)을 입은 것[637]으로 말하면 별도로 그사이에 정밀한 의리가 있으니, 오늘날 정체(正體 적자이면서 장자)의 자리에 있어서는 아마도 다시 이 점을 의논할 필요가 없을 듯합니다. 그러나 돌아보건대 신(臣)은 평소 이렇다 할 학술이

수합되어 보고되었다. 오희상의 헌의도 5월 14일에 보고되었다. 《承政院日記 純祖30年 5月 7日, 8日, 14日》《日省錄 純祖30年 5月 7日, 8日, 14日》《純祖實錄 30年 5月 7日, 8日, 14日》

636 대답의……같다 : 이하의 내용은 현재 《노주집(老洲集)》 권1에 실려 있는 〈왕세자상대전복제의(王世子喪大殿服制議)〉로, 《승정원일기》 및 《일성록》 순조 30년 5월 14일 기사와 《순조실록》 동일 기사에도 보인다.

637 선왕조……것 : 정조 10년(1786) 5월 11일 미시(未時)에 문효세자(文孝世子)가 창덕궁의 별당에서 홍서하였는데, 동월 12일에 예조가 정조의 상복을 자최 기년(齊衰朞年)으로 의정한 것을 가리킨다. 《承政院日記 正祖10年 5月 11日, 12日》《正祖實錄 10年 5月 11日, 13日》

없기에 유신(儒臣)의 반열에서 원수(員數)를 채우기에도 부족합니다. 게다가 근래에는 장기간 병이 들어 거의 죽게 되어서 정신과 의식이 흐릿하고 쇠약하니, 어찌 감히 왕조의 상례 중 막중한 큰 예절에 대해 참여하여 듣겠습니까. 오직 널리 하문하여서 헤아려 처리하시기를 바랄 뿐입니다."

현아(縣衙)의 뜰에 들어가서 성복(成服)하였다.

6월에 현도(縣道)를 통해 소장(疏章)을 올려서 위로의 말씀을 아뢰고, 아울러 이조 참의를 사양하였다.[638] -소장의 내용은 싣지 않는다.-

비답의 내용은 다음과 같다.[639]

"운운. 하늘이 우리를 보살피지 않아 내가 덕(德)이 비루하여 갑작스럽게 무한한 애통을 만났으니, 나랏일을 생각함에 차라리 말을 하지 않고 싶다. 그대는 주연(胄筵)의 옛 관료로서 이렇게 슬퍼서 경황이 없는 때를 당하여 마땅히 정리와 예의를 한번 펴야 할 것이다. 더구나 원손(元孫)을 조호(調護)할 책임을 지니고 있는 자로서 애대(愛戴)하려는 마음이 틀림없이 다른 때에 비해 배가 될 것이니 더 말해 무엇하겠는가.

그래서 간절히 기다리는 마음이 그야말로 잠시도 끊이지 않고 있

638 6월에……사양하였다 : 이때 오희상이 올린 소장은 현재《노주집(老洲集)》 권1에 실려 있는 〈봉위잉사이조참의겸세손부소(奉慰仍辭吏曹參議兼世孫傅疏)〉로, 《승정원일기》 및 《일성록》 순조 30년 6월 6일 기사에도 보인다.

639 비답의……같다 : 이하의 내용은 우부승지 조정화(趙庭和)가 지어 올린 것으로, 《승정원일기》 및 《일성록》 순조 30년 6월 6일 기사에 보인다.

었는데 이즈음 사양하는 소장이 이르러 읽어 보니, 멀리 떠나려는 마음을 돌이킬 수가 없어서 나도 모르게 마음이 서글퍼진다. 그대는 사양하지 말고 즉시 선뜻 마음을 돌이켜 올라와서 목이 마른 듯 애타게 기다리는 나의 바람에 부응하도록 하라."-지방관이 전유하였다.-

왕세자의 장례를 거행할 때의 만장 제술관으로 뽑혔다.

7월에 이조에 정장(呈狀)하여 만장 제술관을 사양하였다.

예랑(禮郞)이 왕세자의 상(喪)에 졸곡(卒哭)을 지낸 뒤에 묘(廟)·궁(宮)·능(陵)·원(園)에 거둥할 때의 복색에 대해 명(命)을 받고 와서 물었는데, 사양하고 대답을 올리지 않았다.[640]

8월에 종암(鍾巖)에 갔다.

홍백응(洪伯應 홍직필(洪直弼))·이자강(李子岡 이봉수(李鳳秀))·이정하(李正夏)[641]·조병덕(趙秉悳)[642]이 와서 함께 만났다.

640 예랑(禮郞)이……않았다 : 이해 7월 4일에 예조가 왕세자의 상(喪)에 졸곡을 마친 뒤에 묘(廟)·궁(宮)·능(陵)·원(園)에 거둥할 때의 복색에 대해 시·원임 대신 및 밖에 있는 유현(儒賢), 관각 당상(館閣堂上), 유신(儒臣)에게 문의하여 처리하도록 청하여 허락을 받았다. 이에 예조의 낭청을 파견하여 헌의를 수합해 동월 28일에 보고하였는데, 당시 이조 참의였던 오희상은 이 문제에 관한 구체적인 대답을 올리지 않고 겸양하는 말만 올렸다. 참고로 효명세자의 졸곡은 순조 이해 8월 13일에 거행하였다. 《承政院日記 純祖30年 7月 4日·28日, 8月 13日》《日省錄 純祖30年 7月 4日·28日, 8月 13日》《純祖實錄 30年 7月 4日, 8月 13日》

641 이정하(李正夏) : 1791~1844. 본관은 완산(完山), 자는 경인(敬人)이다. 오희

효명세자의 흠위(歆衛)를 길에서 맞이해 곡하고,[643] 다음 날에 연경묘(延慶墓)에서 현실(玄室)에다 모셔 내리는 곡반(哭班)[644]에 참여한 다음 저물녘에 종암(鍾巖)으로 돌아와서 반우(返虞)[645]를 맞이해 곡

상을 좇아 수업하였으며, 1774년(영조50) 선공감역에 제수된 뒤, 의금부 도사・장악원 주부・서부 영(西部令) 등의 관직을 거치고 삼가 현감으로 보외되었다. 1778년(정조2) 가평 군수로 승진하였으나, 감사와의 불화로 파직되고 문의에 유배되었다가 그 뒤에 사면되었다.

642 조병덕(趙秉悳) : 1800~1870. 본관은 양주(楊州), 자는 유문(孺文), 호는 숙재(肅齋)이다. 홍직필(洪直弼)과 오희상(吳熙常)의 문하에서 수업하였다. 1852년(철종3)에 음보(蔭補)로 지평이 되었고 벼슬이 호조 참판에 이르렀다. 저서로 《숙재집》이 있으며, 시호는 문경(文敬)이다.

643 효명세자의……곡하고 : 이해 8월 2일에 효명세자의 조전(祖奠)을 거행하고, 다음 날에 발인하였다. 《承政院日記 純祖30年 8月 2日, 3日》 《日省錄 純祖30年 8月 2日, 3日》 《純祖實錄 30年 8月 2日, 3日》 '흠위(歆衛)'란 국상(國喪)의 장의(葬儀)에 쓰는 여러 가지 도구를 지칭하는바, 왕가(王家)의 장례 행렬을 말한다. '흠(歆)'은 본래 기물을 진열만 해놓고 사용하지 않는 것을 가리킨다. 《周禮 天官 司裘 孫詒讓 正義》

644 다음……곡반(哭班) : 효명세자의 하관은 이해 8월 4일에 거행하였다. 《承政院日記 純祖30年 8月 4日》 《日省錄 純祖30年 8月 4日》 《純祖實錄 30年 8月 4日》 '현실(玄室)'이란 왕세자의 관(棺)을 묻는 광중(壙中)이다. 효명세자의 묘는 원래 지금의 성북구 석관동 천장산(天藏山)에 있는 경종(景宗)의 능인 의릉(懿陵) 옆 언덕에 세자의 무덤 형식인 원(園)으로 조성되어, 연경묘(延慶墓)라고 칭하였는데, 1835년 아들인 헌종(憲宗)이 즉위하여 익종(翼宗)으로 추존되자 수릉(綏陵)이라고 개칭하였으며, 1846년(헌종13) 윤5월 20일에 용마산(龍馬山) 아래로 천장하였다. 그러나 헌종 승하 후에 용마산도 풍수상 좋지 않다는 의견에 따라 1855년(철종6)에 지금의 위치인 동구릉으로 다시 천장하였다.

645 반우(返虞) : 효명세자의 반우는 이해 8월 4일에 창경궁(昌慶宮) 통화전(通和殿)에서 거행하였다. 《承政院日記 純祖30年 8月 4日》 《日省錄 純祖30年 8月 4日》 《純祖實錄 30年 8月 4日》 '반우'란 재궁(梓宮) 또는 재실(梓室)을 현궁(玄宮) 또는 현실(玄室)에 묻은 직후에 혼령이 편안하게 깃들 수 있도록 새 신주(神主)인 우주(虞主)를

하였다.

현도(縣道)를 통해 소장(疏章)을 올려서 빈궁(殯宮)의 화재에 대해 위로의 말씀을 올려 아뢰고, 아울러 이조 참의를 사양하였다.[646] -소장의 내용은 싣지 않는다.-

비답의 내용은 다음과 같다.[647]

"운운. 지난번 화재의 변고를 오히려 어찌 말하겠는가. 위급하여 어찌할 바를 모르는 즈음을 당하여 군신 상하가 단지 슬퍼하며 울부짖고 발을 동동 구를 뿐이었다. 완전하게 된 뒤에 이르러서는 또 애당초 생각지도 않았던 것이어서 예절에 유감스러운 점이 없이 정해진 기한에 딱 맞출 수 있었으니, 비록 이를 두고서 망극한 가운데에 경사스럽고 다행한 일이라고 이르더라도 지나친 언사가 아니다.

제작하는바, 이 우주를 받들고 혼전(魂殿)으로 돌아오는 의례이다.

646 현도(縣道)를……사양하였다 : 이해 8월 1일 오시(午時)에 환경전(歡慶殿)에 화재가 나서 함인정(涵仁亭)·공묵합(恭默閤)·경춘전(景春殿)·숭문당(崇文堂)·영춘헌(迎春軒)·오행각(五行閣)·빈양문(賓陽門)을 연달아 태웠다. 불에 타는 빈궁(殯宮)에서 재실(梓室)을 연기와 화염 가운데서 봉출(奉出)하여 미시(未時)에 환취정(環翠亭)에 임시로 안치하였다. 이후 도총부(都摠府)에 빈궁을 옮겨서 설치하였다. 《承政院日記 純祖30年 8月 1日》《日省錄 純祖30年 8月 1日》《純祖實錄30年 8月 1日》 이때 오희상이 올린 소장은 현재 《노주집(老洲集)》 권1에 실려 있는 〈빈궁화재후봉위잉사이조참의소(殯宮火灾後奉慰仍辭吏曹參議疏)〉로, 《승정원일기》 및 《일성록》 순조 30년 8월 15일 기사에도 보인다.

647 비답의……같다 : 이하의 내용은 현재 《순재고(純齋稿)》 권19에 실려 있는 〈이조참의오희상사직소비(吏曹參議吳熙常辭職疏批)〉로 《승정원일기》 및 《일성록》 순조 30년 8월 15일 기사에도 보인다.

지금 그대가 올린 소장을 읽어 보니, 이미 나의 슬프고 근심스러운 마음을 위로하였고 또 나에게 수성(修省)하도록 권면하였는데 그 정성이 매우 지극하여 누차 되풀이해 읽어 보고서 고맙게 여기고 있다. 그대가 사양한 전조(銓曹 이조)의 직함은, 병세가 이미 그러하니 지금 우선 체차해 주어서 그대의 마음을 편하게 해주겠다.

돌아보건대 지금 저위(儲位 왕세자의 지위)가 텅 비어서 국세(國勢)가 고단하고 위태롭기에 머지않아 세손의 책례를 거행하라는 명(命)을 내릴 것이니, 그대가 그사이에 천화(天和 원기(元氣))를 조섭하여 이에 현자들과 더불어 모두 함께 나아와서 성대한 예식을 빛내고 덕(德)이 부족한 이 몸을 보필하는 것이 바로 구구한 바람이다. 그대는 이를 헤아릴지어다."-지방관이 전유하였다.-

찬선을 감하(減下)하였다.[648]

세자시강원을 임시로 폐지하였기 때문이다.

공조 참의에 제수되었다.[649]

648 찬선을 감하(減下)하였다 : 오희상은 이해 윤4월 20일에 있었던 정사에서 이조 참의에 임명되었고, 동일 두 번째 정사에서 겸 참선에 단부되었기 때문에 이와 같이 기록한 것이다. 《承政院日記 純祖30年 閏4月 20日》《純祖實錄 30年 閏4月 20日》'감하(減下)'란 자리를 줄이는 것이다. 구체적으로는 특별히 뽑힌 인원, 실록청 당상이나 낭청 등 특별한 임무로 차출된 인원, 비변사 당상이나 낭청 등 겸임인 인원, 가설직(加設職)인 인원 등을 그만두게 하는 것이다.

649 공조 참의에 제수되었다 : 이해 8월 18일에 있었던 정사에서 임명되었다. 《承政院日記 純祖30年 8月 18日》

9월에 상(上)이 사관(史官)을 보내어 돈유(敦諭)를 내렸다.

전유(傳諭)의 내용은 다음과 같다.[650]

"불러서 나아오게 하여 도움을 구하는 것을 어느 때인들 원하지 않겠는가마는 오늘날의 국세(國勢)에 있어서는 간절히 바라는 것이 더욱 마땅히 어떠하겠는가. 더구나 그대들 제현(諸賢)은 모두 교목세신(喬木世臣)이니, 그렇다면 비록 임하(林下)에서 독서한다고 하더라도 고상한 지조를 가지고 독자적으로 행동하면서 과감히 떠나가 이 세상과의 관계를 끊어버리는 자들과는 자연 현격하게 다르다. 국가의 애락(哀樂)과 휴척(休戚)에 대하여 그 정성이 마땅히 조정에 있는 자와 똑같아야 할 것이다. 그런데 항상 그 지조를 굳게 지키며 나오지 않는 것만 보겠고 선뜻 마음을 돌이켜 일어나서 나아옴을 보지 못하겠으니, 이것이 내가 일찍이 개탄하였던 바이다.

바로 이번에 세손(世孫)을 책봉(冊封)하는 것이 비록 국가를 소유하는 자에게 항상 있는 일이기는 하지만 이날의 나의 정리(情理)로 보자면 몹시도 경사스럽게 여겨 기뻐하며 축하하는 것이 하늘과 더불어 한이 없다. 이러한 때에 어찌 그대들을 만나 보기를 원하지 않겠으며, 그대들 역시 어찌 목을 길게 빼고서 발돋움한 채 간절히 바라는 마음이 없겠는가. 더구나 내가 관례를 치르던 날에 나의 선왕께서 송(宋)·이(李) 두 유현(儒賢)을 조정으로 맞이해 들이셨으

650 전유(傳諭)의……같다 : 이하의 내용은 현재《순재고(純齋稿)》권14에 실려 있는 〈유찬선송치규공조참의오희상부호군송계간(諭贊善宋稚圭工曹參議吳熙常副護軍宋啓榦)〉으로,《승정원일기》및《일성록》순조 30년 9월 1일 기사와《순조실록》동일 기사에도 보인다.

니,[651] 이는 바로 또 내가 마땅히 계승해야 할 일이다. 속마음을 남김 없이 펴 보인 유시(諭示)가 이러한 지경에까지 이르렀으니, 그대들은 부디 나의 간곡한 뜻을 헤아려서 서로 더불어 힘쓰도록 고하여 기한에 맞추어 조정에 나아와서 한편으로는 훌륭한 의전(儀典)을 아름답게 장식하여 어린 세손으로 하여금 조기에 보고서 감동하는 바가 있게 하고, 한편으로는 나의 이 몸을 보필해 인도하여 치도(治道)로 하여금 진실로 대유(大猷 굉모(宏謨))에 오르도록 하라."-송공 치규(宋公穉圭)·이공 우신(李公友信)[652]도 똑같이 부름을 받았다.-

사관(史官)이 돌아가는 편에 서계(書啓)에 첨부하는 글을 올렸다.[653]-서계에 첨부한 내용은 싣지 않는다.-

651 내가……들이셨으니 : 순조의 관례는 정조 24년(1800) 2월 2일에 집복헌(集福軒) 바깥채에서 책례(冊禮)와 함께 거행되었다. 이때 정조는 겸 찬선(兼贊善) 송환기(宋煥箕)와 찬선 이성보(李城輔)를 조정으로 불러들여 관례에 참여하게 하였다. 《承政院日記 正祖24年 2月 2日》《正祖實錄 24年 2月 2日》

652 이공 우신(李公友信) : 이때 내린 돈유는 오희상을 비롯해 송치규, 송계간을 대상으로 한 것이며, 이우신(李友信, 1762~1822)은 이미 순조 22년에 졸하였는바, 이는 오류인 듯하다.

653 사관(史官)이……올렸다 : 이때 오희상이 올린 글은 현재 《노주집(老洲集)》 권1에 실려 있는 〈가주서최치상선별유후서계(假注書崔致常宣別諭後書啓)〉로, 《승정원일기》 및 《일성록》 순조 30년 9월 13일 기사에도 보인다. 사변가주서 최치상(崔致常)이 올린 서계에 의하면, 이해 9월 1일 신시(申時) 즈음에 과천현(果川縣) 하북면(下北面) 가차산리(加次山里)에 머무르고 있는 공조 참의 오희상을 찾아가서 전유하였다고 한다.

신묘(1831, 순조31) 선생 69세

4월에 광주(廣州)와 직산(稷山)의 선영에 가서 전성(展省)하고, 방향을 바꾸어 양성(陽城)으로 갔다.

이때 손자 홍선(弘善)이 생원으로 입격하였기에[654] 데리고 가서 영소(榮掃)[655]하였다.

5월에 현아(縣衙)의 뜰에 들어가서 효명세자 소상(小祥)[656]의 곡반례(哭班禮)를 행하였다.

9월에 종암(鍾巖)을 유람하였다.

홍백응(洪伯應 홍직필(洪直弼))·이자강(李子岡 이봉수(李鳳秀))이 와서 함께 모였고, 조병덕(趙秉悳)·홍일순(洪一純)[657] 및 치기(致箕)

654 이때……입격하였기에 : 오홍선(吳弘善, 1810~1838)의 자(字)는 경의(景毅)로, 오치성(吳致成)의 아들이다. 이해 식년시(式年試)에서 생원으로 입격하였다. 《崇禎紀元後四辛卯式司馬榜目》《梅山集 卷38 吳景毅墓誌銘幷序》

655 영소(榮掃) : 영분(榮墳)과 소분(掃墳)을 아울러 이르는 말이다. '영분'이란 과거에 급제하거나 처음 벼슬한 사람이 그 조상의 묘에 찾아가 풍악을 잡히며 그 영예(榮譽)를 받들어 고하는 일이며, '소분'이란 경사로운 일이 있을 때에 조상의 산소에 가서 무덤을 깨끗이 하고 제사를 지내는 일이다. 《광재물보(廣才物譜)》〈예절부(禮節部) 묘제(墓祭) 영소(榮掃)〉에 의하면, "자손이 경사가 있으면 묘에 아뢰고 제사를 지내는 것이다.〔子孫有慶則告墓而祭也.〕"라고 설명하였다.

656 효명세자 소상(小祥) : 이해 5월 6일이 효명세자가 훙서한 지 만 1년이 되는 날로, 순조가 친히 혼궁(魂宮)에 나아와 연제(練祭)를 거행하였다. 《日省錄 純祖31年 5月 6日》《純祖實錄 31年 5月 6日》

657 홍일순(洪一純) : 1804~1856. 본관은 남양(南陽), 자는 헌문(憲文), 호는 오곡(鰲谷)이다. 아버지는 홍우필(洪禹弼)이다. 홍직필(洪直弼)에게 입양(入養)되었으

가 따라갔다. 이때 사흘 동안 《대학(大學)》을 강론하고서 모임을 파하였다.

임진(1832, 순조32) 선생 70세

정월에 부인 권씨(權氏)의 상(喪)을 당하여 곡하였다.[658]

부인 권씨를 위하여 지은 두 편의 제문이 있고,[659] 묘지명(墓誌銘)을 찬술하였다.[660]

2월에 현도(縣道)를 통해 소장(疏章)을 올려서 공조 참의를 사양하였다.[661] -소장의 내용은 싣지 않는다.-

비답의 내용은 다음과 같다.[662]

"운운. 그대가 사양한 바는 한직(閑職)이니 어찌 문제 될 것이 있겠

며, 오희상(吳熙常)의 문인이다. 1844년(헌종10) 선공감역(繕工監役)으로 제수된 후 사포서 별제(司圃署別提)·과천 현감(果川縣監)·시흥 현령(始興縣令) 등을 역임하였다. 저서로는 《오곡집(鰲谷集)》 4책이 있다.

658 정월에……곡하였다 : 오희상의 아내 안동 권씨(安東權氏, 1761~1832)는 이달 17일에 향년 72세를 일기로 졸하였다. 《海州吳氏大同譜 卷4 貞武公派 1175~1176面》 《老洲集 卷16 亡室淑夫人安東權氏壙誌銘並序》

659 부인……있고 : 현재 《노주집(老洲集)》에는 권14에 실려 있는 〈제망실문(祭亡室文)〉 1편만 보일 뿐이다.

660 묘지명(墓誌銘)을 찬술하였다 : 현재 《노주집(老洲集)》 권16에 실려 있는 〈망실숙부인안동권씨광지명 병서(亡室淑夫人安東權氏壙誌銘並序)〉이다.

661 2월에……사양하였다 : 이때 오희상이 올린 소장은 현재 《노주집(老洲集)》에 실려 있지 않고, 《승정원일기》 및 《일성록》 순조 32년 2월 10일 기사에 보인다.

662 비답의……같다 : 이하의 내용은 《승정원일기》 및 《일성록》 순조 32년 2월 10일 기사에 보인다.

는가. 이는 지나치다고 하겠다. 그대는 사양하지 말고 가까운 시일 내로 올라오라."-지방관이 전유하였다.-

3월에 광주(廣州) 이호촌(梨湖村)[663]에 가서 부인 권씨(權氏)를 장사 지냈다.

새로 잡아 정한 터〔新卜〕이니, 월곡(月谷)과의 거리는 10리로 가깝다.

4월에 통진(通津)에 가서 성묘하였다.

선생이 직산(稷山)과 통진 두 곳에 있는 친산(親山)[664]에 대하여 매년 봄가을로 돌아가며 전성(展省)하였는데, 이해에 이르러서 그만두었다.

9월에 세손 찬선에 제수되었다.[665]

15일에 있었던 빈청(賓廳) 차대(次對)[666]에서 영의정 남공철(南公

663 광주(廣州) 이호촌(梨湖村) : 현재 경기도 안산시 상록구 본오동(本五洞)에 해당하는 곳으로, 이곳에는 본래 '배옷' 또는 '배웃'으로 불리던 자연 취락이 있었던바, 이를 한자로 '이호(梨湖)'라고 옮겨 적은 것이다. 오희상이 부인 권씨를 위해 지은 제문과 묘지명에는 '백호(白湖)'로 표기되어 있는데, 동일한 곳이다.

664 직산(稷山)과……친산(親山) : '친산'이란 어버이의 산소를 가리키는 말로, 직산에는 본생부모 오재순(吳載純)과 연안 이씨(延安李氏)의 묘가 있고, 통진에는 오희상이 출계한 오재소(吳載紹)와 한산 이씨(韓山李氏)의 묘가 있다.

665 9월에……제수되었다 : 이해 9월 15일에 있었던 정사에서 겸 찬선에 단부되었다. 《承政院日記 純祖32年 9月 15日》《日省錄 純祖32年 9月 15日》《純祖實錄 32年 9月 15日》

轍)이 아뢴 바에, "세손궁(世孫宮)의 서연(書筵)을 자주 열 때에 조정에 있는 빈료(賓僚)가 비록 모두 훌륭한 이들이며 많다고 하겠으나 덕행(德行)을 훈도(薰陶)하는 것은 유학(儒學)을 공부하는 선비보다 더 훌륭한 것이 없고, 습성(習性)을 무젖게 하는 것은 어린 나이에 하는 것이 매우 매우 신속합니다. 우리 왕조의 문교(文敎)[667]는 대부분 산림(山林)의 독서하는 선비에게 의뢰하였는데, 저사(儲嗣)를 보필해 인도함에 있어서는 그 효과가 더욱 컸습니다. 옛적 우리 숙묘조(肅廟朝 숙종(肅宗))께서 동궁으로 계실 적에 선정신(先正臣) 송시열(宋時烈)·송준길(宋浚吉)이 보양(輔養)과 빈사(賓師)의 지위에 있어서 보필해 인도하는 공(功)이 이에 성대하게 되었으니, 사람들이 오늘날까지도 이를 칭찬하며, 그때 궁중의 사람은 심지어 '송 처사가 오면 세자가 독서를 많이 하고 송 처사가 가면 세자가 독서를 많이 하지 않으니, 어떻게 하면 이 노인을 얻어서 오랫동안 조정에 머물러 있게 할까.'라고 말하기까지 하였습니다. 또 선배 장로가 하는 말을 듣건대, '명릉(明陵 숙종의 능)께서 40년 동안 세상을 다스리시면서 시종일관 유학을 높이고 유도를 중시하는 것을 다스리는 방법으로 삼으셨으니, 이는 다른 것이 없다. 어린 나이일 때부터 언제나 대현(大賢)의 무릎 위에 계시면서 입으로 가르쳐 주고 손가락으로 지시해 줌을 받으셨기에 도(道)를 오래도록

666 15일에……차대(次對) : 이하에 보이는 영의정 남공철(南公轍)과 순조의 대화는 이날 진시(辰時)에 홍정당(興政堂)에서 입시한 자리에서 나눈 것이다. 《承政院日記 純祖32年 9月 15日》《日省錄 純祖32年 9月 15日》《純祖實錄 32年 9月 15日》

667 문교(文敎) : 예악(禮樂)과 법도(法度), 또는 예악·법도와 같은 전장 문물(典章文物)로 교화하는 것을 가리킨다.

행하여 교화되어 이루어짐[668]에 미쳐서 수용(需用)해도 다 쓰지 못할 것이 남아 있게 된 것이다.'라고 하였습니다. 이제 세도(世道)의 등급이 점점 하강하는 때를 만났으니, 두 현자와 같은 사람을 어디에서 찾아낼 수 있겠습니까. 돌아보건대 지금 초야(草野)에 있는 유신(儒臣)들은 경학에 밝고 행실이 닦여져서 숙덕(宿德)과 중망(重望)으로 오랫동안 사림(士林)의 긍식(矜式)이 되었고, 그 가운데에 두 선정(先正)의 후손이 있으니 이는 더욱 귀한 바가 됩니다. 만약 이러한 때에 상(上)께서 정성과 예의를 다하여 초치하신다면 대대로 국록을 받아 온 집안의 신하가 목을 길게 빼고서 간절히 바라는 정성을 지닌 채로 어찌 길이 은둔하여서 동강(東岡)을 고수할 수 있겠습니까.[669] 삼가 바라건대, 별도로 돈유(敦諭)를 내리셔서 그들로 하여금 모두 이 추량(秋涼)의 시절에 맞추어 전부 다 나아와 조정에 있으면서 이연(离筵)에 출입하도록 하여 예학(睿學 왕세손의 학문)이 성취되도록 하시고, 아울러 이로써 계술(繼述)하는 방도로 삼으소서."라고 하였다. 이에 상(上)이 말씀하기를, "나 역시 이러한 뜻이 있었는데 차제에 경(卿)이 아뢰는 바가 있으니, 마땅히 즉시 별도로 돈유를

668 도(道)를……이루어짐 : 해당 원문은 '구도화성(久道化成)'으로, 이는 《주역(周易)》 〈항괘(恒卦) 단사(彖辭)〉에 "성인이 그 도를 오래도록 행하여 천하가 교화되어 이루어진다.〔聖人久於其道而天下化成.〕"라고 한 데서 나온 말이다.

669 동강(東岡)을……있겠습니까 : '동강(東岡)'이란 벼슬에 나가지 않고 물러나 있는 은거지를 뜻하는바, '동강을 고수한다'는 것은 후한(後漢)의 주섭(周燮)이 벼슬길에 나아가지 않자 그의 종족이 말하기를 "선세(先世)로부터 훈총(勳寵)이 줄을 이었는데 그대만 어찌 유독 동쪽 산비탈〔東岡〕을 지키는가?"라고 한 데에서 유래하였다. 《後漢書 卷53 周燮列傳》

내려서 힘써 정성과 예의를 다하겠노라."라고 하였다.

또 아뢴 바에, "전에 유현(儒賢) 가운데에 시임 찬선(贊善) 이외에 만일 해당 품계로서 적임자가 있으면 자리를 더 설치하여 단부(單付)한 전례가 많이 있었습니다. 바로 지금 유신(儒臣) 송치규(宋穉圭)가 시임 찬선인데, 송계간(宋啓幹)·오희상(吳熙常) 역시 마땅히 전례대로 모두 함께 단부해야 합니다. 그러므로 감히 이렇게 우러러 아룁니다."라고 하였다. 이에 상(上)이 말씀하기를, "아뢴 대로 하라."라고 하였다.

상(上)이 사관(史官)을 보내어 돈유(敦諭)를 내렸다.[670]

전유(傳諭)의 내용은 다음과 같다.[671]

"몇 해 전 세손강서원을 처음으로 설치하였을 적에 가장 먼저 그대를 세손부로 삼았으니, 이는 대체로 몽양(蒙養)[672]의 책임을 오롯이 그

670 상(上)이……내렸다 : 이때 내린 돈유는 사변가주서 탁종술(卓宗述)이 9월 18일 오시(午時) 즈음에 과천현(果川縣) 하북면(下北面)에 머무르고 있던 오희상에 가서 전유한 것이다.《承政院日記 純祖32年 9月 19日》《日省錄 純祖32年 9月 19日》

671 전유(傳諭)의……같다 : 이하의 내용은 현재《순재고(純齋稿)》권14에 실려 있는〈유찬선오희상(諭贊善吳熙常)〉으로,《승정원일기》및《일성록》순조 32년 9월 18일 기사와《순조실록》동일 기사에도 보인다.

672 몽양(蒙養) : 이는《주역(周易)》〈몽괘(蒙卦) 단전(彖傳)〉에 "몽매함으로써 바름을 기름은 바로 성인의 공(功)이다.〔蒙以養正, 聖功也.〕"라고 한 데에서 나온 말이다. 이에 대하여 당대(唐代)의 공영달(孔穎達)은 "몽매함으로써 숨기고 침묵하여 스스로 정도(正道)를 기름이 지극한 성인의 공을 이루는 것이다.〔能以蒙昧隱默, 自養正道, 乃成至聖之功.〕"라고 설명하였는바, 겉으로는 어리석은 태도를 가지면서 속으로 정도(正道)를 기르는 것을 성인이 하는 일이라고 본 것인데, 송대(宋代)의 정이(程頤)는

대에게 지우고자 한 것이었다. 지금 다시 그대에게 찬선이라는 관직을 제수한 것은 어찌 그저 이와 같을 뿐이겠는가. 이러한 나의 심회를 가지고서 이제 어린 세손이 강학을 시작하는 것[673]을 보노라니 내가 말하기를 기다리지 않더라도 그대 역시 마음속에 느끼는 바가 있으리라 생각된다.

전후로 초치할 적에 나의 정성이 부족함으로 말미암아 그대를 조정으로 불러들이지 못하였다. 하지만 주연(胄筵)이 이제 막 열리려고 하는 이러한 때를 당하여 세손을 잘 인도해 훌륭하게 성취시켜줄 방도를 그대 말고 어느 누가 담당한단 말인가. 끝이 없는 만사가 오직 여기에 달려 있다고 하겠다. 그대가 만약 한결같이 지조만을 굳게 지켜서 나를 매몰차게 거절한다면 '대대로 국록을 받아 온 집안의 사람으로서 나라와 기쁨과 슬픔을 함께해야 하는 의리'[674]라고

"미발(未發)을 몽(蒙)이라고 하니, 순일(純一)하고 미발(未發)인 몽(蒙)으로써 그 바름을 기르는 것은 바로 성인이 되는 공부이다. 발한 뒤에 금지하면 저촉하여 이기기가 어려우니 몽(蒙)할 때에 바름을 기르는 것이 배움에 있어서 지극한 선(善)이다.〔未發之謂蒙, 以純一未發之蒙而養其正, 乃作聖之功也. 發而後禁, 則扞格而難勝, 養正於蒙, 學之至善也〕"라고 해설하여, 성인이 되는 공부로 설명하였다. 이 때문에 후세에는 주로 동몽(童蒙)을 교육하는 뜻으로 사용되었다.

673 어린……것 : 이해 9월 19일에 당시 세손이었던 헌종(憲宗)은 6세의 나이로 경현당(景賢堂)에서 개강(開講)하여 《천자문(千字文)》을 강하였다. 《承政院日記 純祖32年 9月 19日》《日省錄 純祖32年 9月 19日》《純祖實錄 32年 9月 19日》

674 대대로……의리 : 이는 나라에 대를 이어서 벼슬하는 신하인 세신(世臣)으로서 지켜야 하는 의리를 말한 것이다. 맹자가 제나라 선왕을 만나 보고서 "이른바 역사가 오랜 나라라는 것은 큰 나무가 있음을 말하는 것이 아니고, 대를 이어서 벼슬하는 신하가 있음을 말하는 것인데, 왕께서는 대를 이어서 벼슬하는 신하는커녕 친한 신하도 없습니다. 전일에 등용한 사람이 오늘 도망간 것도 모르고 계십니다.〔所謂故國者, 非謂

말할 수 있겠는가. 십 리 거리의 강교(江郊)는 멀지 않고 가까우니,[675] 세손이 강학을 시작하는 날에 맞추어 우선 속히 올라오면 두 유현(儒賢)도 역시 마땅히 차례로 함께 나아올 것이다. 부디 멀리 떠나려는 마음을 즉시 돌이켜서 나의 지극한 뜻에 부응하라."

사관(史官)이 돌아가는 편에 서계(書啓)에 첨부하는 글을 올렸다.[676]-서계에 첨부한 내용은 싣지 않는다.-

사급(賜給)한 큰 녹비를 지수(祗受)하였다.[677]-지방관이 가지고 와서 전하였다.-

有喬木之謂也, 有世臣之謂也, 王無親臣矣. 昔者所進, 今日不知其亡也.〕"라고 아뢰었는데, 이에 대한 주희(朱熹)의 주석에 "세신은 누대 훈구의 신하이니 나라와 더불어 기쁨과 슬픔을 함께하는 자이고, 친신은 군주가 가까이하고 믿는 신하이니, 군주와 더불어 기쁨과 슬픔을 함께하는 자이다.〔世臣, 累世勳舊之臣, 與國同休戚者也; 親臣, 君所親信之臣, 與君同休戚者也.〕"라고 설명하였다. 《孟子集註 梁惠王下》

675 십……가까우니 : 당시 오희상은 과천현(果川縣) 하북면(下北面) 가차산리(加次山里)에 머무르고 있었는바, 이곳은 현재 서울시 동작구 본동(本洞)에 해당하는 곳으로, 도성을 기점으로 가까운 거리에 머무르고 있기 때문에 이렇게 말한 것이다.

676 사관(史官)이……올렸다 : 사변가주서 탁종술(卓宗述)이 올린 서계에 의하면, 이해 9월 18일 오시(午時) 즈음에 찬선 오희상이 머무르고 있는 과천현(果川縣) 하북면(下北面) 하가차산리(下加次山里)에 가서 전유하였다고 한다. 이때 오희상이 서계 안에 첨부하여 아뢴 내용은 현재 《노주집(老洲集)》에 실려 있지 않고, 《승정원일기》 및 《일성록》 순조 32년 9월 19일 기사에 보인다.

677 사급(賜給)한……지수(祗受)하였다 : 사급에 관한 것은 이해 9월 19일에 행 도승지 이기연(李紀淵)에게 전교한 것으로, 오희상에게는 큰 녹비 1령(令)을 하사하도록 명하였다. 《承政院日記 純祖32年 9月 19日》《日省錄 純祖32年 9月 19日》

세손이 처음으로 서연(書筵)을 열었기 때문이었다.[678]

현도(縣道)를 통해 소장(疏章)을 올려서 상전(賞典 상격(賞格))으로 하사받은 것과 공조 참의를 사양하고, 아울러 경계하는 말씀을 덧붙여서 아뢰었다.

소장의 내용은 대략 다음과 같다.[679]

"신(臣)은 재주가 변변하지 못한 데다가 배움이 천박하고 고루하여 볼만한 점이 하나도 없는 자인데 한갓 떠도는 말과 헛된 명성으로 잘못되어 유선(儒選)[680]을 더럽힌 지가 어느덧 15년이라는 오랜 세월이 되고 말았습니다. 그 사이에 화관(華貫)[681]을 역임하고 특별한 은총을 받았으니, 이 모든 것이 본래의 분수에 넘치는 일이기에 신(臣)은 항상 두려워하고 두려워하여 마치 나무에 올라 있는 듯하였고,[682] 또 별도로 마음속으로는 스스로 슬퍼하는 생각이 있었습니다.

678 세손이……때문이었다 : 이해 9월 19일에 당시 세손이었던 헌종(憲宗)은 6세의 나이로 경현당(景賢堂)에서 개강(開講)하여 《천자문(千字文)》을 강하였다. 《承政院日記 純祖32年 9月 19日》《日省錄 純祖32年 9月 19日》《純祖實錄 32年 9月 19日》

679 소장의……같다 : 이하의 내용은 현재 《노주집(老洲集)》 권1에 실려 있는 〈사찬선겸사공조참의상전소(辭贊善兼辭工曹參議賞典疏)〉로, 《승정원일기》 및 《일성록》 순조 32년 9월 28일 기사에도 보인다.

680 유선(儒選) : '유자지선(儒者之選)'의 약칭으로, 유일(儒逸)로 선발된 자리를 가리킨다.

681 화관(華貫) : 빛이 나는 관자(貫子)라는 뜻으로, 중요하고 높은 벼슬을 이른다.

682 마치……듯하였고 : 해당 원문은 '여집우목(如集于木)'으로, 이는 두려워하는 마음을 표현한 것이다. 《시경(詩經)》 〈소아(小雅) 소완(小宛)〉에 "매우 공손한 사람이 마치 나무에 올라 있는 듯하며, 몹시 조심하는 사람이 마치 골짜기를 내려다보는 듯하기

사람이 이 세상에 태어나 살아가면서 각자 정해진 품수(品數)가 있는데 유독 신(臣)만은 몸이 허(虛)・실(實)과 진(眞)・위(僞)의 사이에 있으면서 이를 판별할 기약이 없습니다. 이는 아마도 신(臣)이 마음을 먹은 것이 성실하지 못하여 얼굴빛은 인(仁)을 취하나 행실은 위배되어서[683] 당세(當世)를 심하게 속인 바가 있기에 그러한 듯합니다. 그리고 지금 천한 신(臣)의 나이가 이미 일흔을 꽉 채워서 질병에 시달려 매우 지쳤으며 귀신이 될 일이 날로 닥쳐오고 있으니, 곧 머지않아 부끄러움을 가슴에 품고[684] 땅속으로 들어갈 것입니다.

에, 전전긍긍하여 살얼음을 밟는 듯하노라.〔溫溫恭人, 如集于木, 惴惴小心, 如臨于谷, 戰戰兢兢, 如履薄氷.〕"라고 한 데에서 나온 말이다.

683 얼굴빛은……위배되어서 : 이는 자신의 명성이 실체가 없는 헛된 것임을 말하기 위해, "문(聞)이란 얼굴빛은 인(仁)을 취하나 행실은 위배되며 여기에 머물면서 의심하지 않는 것이니, 나라에 있어도 반드시 소문이 나며 집안에 있어도 반드시 소문이 난다.〔夫聞也者, 色取仁而行違, 居之不疑, 在邦必聞, 在家必聞.〕"라고 한 공자의 말씀을 원용한 것이다.《論語 顔淵》

684 부끄러움을 가슴에 품고 : 해당 원문은 '포수(包羞)'로, 원래는 그 능력이 자리에 걸맞지 않아 부끄럽다는 말인데, 부끄러워할 만한 생각을 지니고 있음을 뜻하거나 치욕을 참고 받는다는 의미로도 사용된다. 이는《주역(周易)》〈비괘(否卦) 육삼(六三)〉에 "육삼은 속에 품고 있는 것이 부끄럽다.〔六三, 包羞.〕"라고 한 데에서 나온 말로, 이에 대한 소상(小象)에 "'포수'는 지위가 걸맞지 않기 때문이다.〔包羞, 位不當也.〕"라고 하였는데, 당대(唐代)의 공영달(孔穎達)은 소상에 맞추어 "그 지위가 품고 있는 일에 걸맞지 않으니, 오직 부끄럽고 욕될 뿐이다.〔位不當所包承之事, 惟羞辱已.〕"라고 해설하였다. 송대(宋代)에 와서 정이(程頤) 역시 '속에 품고 있는 것이 부끄러움'으로 해석하였는데, 이와 달리 주희(朱熹)는 '부끄러움을 품고 있음'으로 보아 "음(陰)으로서 양(陽)의 자리에 거하여 중정(中正)하지 못하니, 소인이 선한 사람을 해치려는 데 뜻을 두고 있으나 결행하지 못하는 것이다. 그러므로 '포수'의 상이 된다. 그러나 아직 발하지 않았기 때문에 흉구(凶咎)의 경계가 없는 것이다.〔以陰居陽而不中正, 小人志於傷善而

오직 바라옵건대, 전하께서는 특별히 애처롭고 가엾게 여겨 주시어 한(漢)나라 조정에서 연로하여 수척해지는 병이 든 자를 조정으로 보내지 못하게 한 고사[685]를 본받아 신(臣)을 선적(選籍 관리 선발의 명부)에서 제거하시고 영원히 소지(召旨 조정으로 부르는 교지)를 중단하시어 신(臣)으로 하여금 죽기 전에 일생의 할 일을 제대로 끝마치게 해 주십시오. 그러신다면 신(臣)은 은혜를 심중에 품고 은덕을 떠받들어서 비록 죽음을 맞이하는 날이라도 오히려 다시 태어나는 해가 될 것입니다.

공조 참의의 직함을 헛되이 3년 동안 띠고 있는 것과 격외(格外)의 은사(恩賜)가 일체(一體)로 분별없이 베풀어진 것으로 말하자면, 모두 평범하게 조용(調用)된 천품(賤品)의 신(臣)에게 마땅한 일이 아니니, 전부 다 아울러 처분을 내려 주셔서 벼슬자리를 오랫동안 비워 두고 참람하게 상(賞)을 받았다는 비난을 면하게 해 주소서. 실로 구구한 저의 바라는 마음을 가누지 못하겠습니다.

그리고 신(臣)은 세손 저하를 보필해 인도하는 한 가지 일에 대하여 남몰래 없애고자 하여도 없앨 수가 없는 고심(苦心)과 충정(忠情)이 있습니다. 맹자께서 말씀하시기를, '나라에 들어가서는 법도(法度) 있는 대신(大臣)의 집안과 보필하는 선비가 없고, 나라 밖에 나와서는 적국(敵國)과 외환(外患)이 없는 나라는 항상 망한다.'[686]

未能也. 故爲包羞之象, 然以其未發, 故无凶咎之戒.〕"라고 해설하였다.

685 한(漢)나라……고사 : 이와 관련된 내용은 한 고조(漢高祖) 유방(劉邦)이 11년(B.C.196) 2월에 내린 구현조(求賢詔)의 말미에 "만일 현자가 있는데도 아뢰지 않았을 경우에는 발각되면 당사자를 면직하겠다. 연로하여 수척해지는 병이 든 자는 올려보내지 말라.〔有而弗言, 覺免. 年老癃病, 勿遣.〕"라고 한 부분에 보인다.

라고 하였습니다.

돌아보건대, 지금 법도가 있는 대신의 집안과 보필하는 선비가 땅을 쓸어 낸 듯 사라졌고 명교(名教 유교(儒教))가 무너져 아예 없어져서 세상과 도(道)가 서로 잃어버렸으니[687] 적국과 외환을 기다릴 것도 없이 실로 조석(朝夕)을 보전하기 어려울 정도로 매우 위급한 형상이 있습니다. 그러나 사람의 마음과 백성의 목숨이 매달려 의지할 바가 있어서 흙이 무너지고 기와가 깨지는 것과 같은 지경에 이르지 않을 수 있는 것은 진실로 한 사람이 크게 선(善)하여서[688] 억만년토록 무궁한 아름다움의 터전을 다졌기 때문입니다.

더구나 옥 같은 자질이 숙성(夙成)하여 영특하고 지혜로우며 아름다운 명성이 일찍부터 퍼져 나갔으니, 하(夏)・상(商)・주(周) 삼대로부터 이어 온 유구한 법도가 펼쳐질 것을 점칠 수 있게 되었습

686 나라에……망한다 : 이 말은 《맹자(孟子)》 〈고자 하(告子下)〉에 보인다.

687 세상과……잃어버렸으니 : 해당 원문은 '세도교상(世道交喪)'으로, 세상이 혼란해지고 도(道)가 무너졌다는 뜻이다. 《장자(莊子)》 〈선성(繕性)〉에 "이로 말미암아 살펴보면, 세상은 도를 잃고 도는 세상을 잃어서 세상과 도가 서로 잃어버렸다.〔由是觀之, 世喪道矣, 道喪世矣, 世與道交相喪也.〕"라고 한 데에서 나온 말이다.

688 한……선(善)하여서 : 해당 원문은 '일인원량(一人元良)'으로, 이는 본래 《서경(書經)》 〈상서(商書) 태갑 하(太甲下)〉에 "한 사람이 크게 선하면 만방이 이 때문에 바르게 될 것이다.〔一人元良, 萬邦以貞.〕"라고 한 부분에서 나왔다. 《서경》의 이 말은 본래 천자의 대선(大善)과 지덕(至德)을 가리킨 것이나, 세자를 지칭하는 말로도 사용되는데, 《예기(禮記)》 〈문왕세자(文王世子)〉에 "옛말에 '악정(樂正)은 세자의 학업을 맡고 부사(父師)는 세자의 덕행의 성취를 맡는다.'라고 하였으며, 《서경》에 '한 사람이 크게 선하면 만국이 이 때문에 바루어진다.'라고 하였으니, 이는 세자를 이른 것이다.〔語曰 : 樂正司業, 父師司成, 一有元良, 萬國以貞. 世子之謂也.〕"라고 한 내용이 보인다. 여기에서는 왕세손을 지칭하여 말한 것이다.

니다. 그러나 주자(朱子)께서 말씀하기를, '아름다운 자질은 쉽게 얻을 수 있으나 지극한 도(道)는 듣기 어렵다.〔美質易得, 至道難聞.〕'[689]라고 하였고, 선정신(先正臣) 조광조(趙光祖)도 일찍이 조정에서 건의해 아뢰기를, '옛사람은 태교(胎教)까지 하였는데, 하물며 이미 지각이 있는 때는 더 말해 무엇 하겠습니까. 남다른 자질은 믿어서는 안 됩니다. 재능과 기백이 남보다 뛰어난 자는 선(善)을 행하는 것이 진실로 쉽지만 악(惡)을 행하는 것도 어렵지 않으니, 염려하지 않아서는 안 됩니다.'[690]라고 하였으며, 또 말하기를, '옛사람이 올바른 사람으로 하여금 태자와 함께 거처하게 하려고 했던 것은 태자에게 어진 이를 가까이하고 훌륭한 선비를 아끼는 마음이 자라나게 하려고 한 것입니다. 삼대(三代) 이하로 태자를 제대로 보양(輔養)하지 못하였기 때문에 패란과 멸망이 끊임없이 발생하여 선정(善政)을 찾아볼 수가 없게 되었습니다.'[691]라고 하였으니, 그 말이 지극한 정성에서 나와서 손바닥으로 후려친 피멍 자국과 몽둥이로 내리친 피멍 자국[692]도 그 통절함을 다 깨우쳐 주기에 부족합니

689 아름다운……어렵다 : 이 말은 《논어(論語)》 〈공야장(公冶長)〉에 "열 집쯤 사는 작은 읍(邑)에도 반드시 나처럼 충성스럽고 진실한 자가 있겠지만 나처럼 배우기를 좋아하는 자는 없을 것이다.〔十室之邑, 必有忠信, 如丘者焉, 不如丘之好學也.〕"라고 한 공자의 말씀에 대한 주희(朱熹)의 《집주(集註)》에 보인다.

690 옛사람은……없습니다 : 이 말은 《정암집(靜菴集)》 권5 〈연중기사(筵中記事) 1〉 '무인시월오일(戊寅十月五日)' 조에 보인다.

691 옛사람이……되었습니다 : 이 말은 《정암집(靜菴集)》 권5 〈연중기사(筵中記事) 1〉 '무인시월오일(戊寅十月五日)' 조에 보인다.

692 손바닥으로……자국 : 이는 "한 번 몽둥이로 내려침에 한 줄기의 혈흔이 생기고, 한 번 손바닥으로 후려침에 한 손바닥의 피멍 자국이 생긴다.〔一棒一條痕, 一摑一掌

다. 그렇다면 가르쳐 깨우치기를 일찍 하지 않을 수가 없고, 올바른 사람을 선택하지 않을 수가 없습니다.

지금 예령(睿齡 왕세손의 나이)이 때마침 숫자를 가르칠 나이[693]가 되었는데 처음으로 강관(講官)을 접하니, 그렇다면 이를 정자(程子)께서 말씀한 먹을 수 있고 말할 수 있는 시기[694]와 견주어 볼 적에 이미 때를 놓쳐버린 것이 오래되었다고 하겠습니다.

신(臣)이 전간(田間)에 움츠리고 엎드려 있으면서 귀를 기울인 채 곁으로 들어 보았으나 성대한 조종조 때의 훌륭한 법규대로 궁료(宮僚)들을 신중하게 선발하였다는 소식을 아직까지 듣지 못하였으니, 그렇다면 또 소략함이 어쩌면 이다지도 심하단 말입니까. 이와 같은데도 세손의 자질을 양성(養成)하고 세손의 학문을 진보시켜서 후일에 더할 나위 없이 훌륭한 다스림의 터전이 되기를 바란다면 또한 어렵지 않겠습니까.

아아, 오늘날 종묘사직을 위한 대계(大計)로는 세손 저하를 가르치는 일보다 더 급한 것이 없으니, 진실로 세월을 허송하며 안일만을 탐하는 것[695]을 용납할 수가 없습니다. 대체로 일찍부터 가르치지

血.〕"라고 한 선종(禪宗)의 용어를 인용한 것으로, 성현이 사람들에게 간절하게 일러 준 가르침, 혹은 그 가르침을 사람들이 간절하게 받아들여야 함을 비유하는 말이다.

693 숫자를 가르칠 나이 : 6세를 가리킨다. 《예기》 〈내칙(內則)〉에 "6세가 되거든 수와 방소의 이름을 가르친다.〔六年, 敎之數與方名.〕"라고 하였다.

694 먹을……시기 : 이는 처음으로 가르침을 시행해야 하는 시기를 가리킨다. 《근사록(近思錄)》 권11 〈교학(敎學)〉에 "옛사람들은 자식을 낳음에 먹을 수 있고 말할 수 있으면 가르쳤다.〔古人生子, 能食能言而敎之.〕"라고 한 정이(程頤)의 말이 보인다.

695 세월을……것 : 해당 원문은 '완게(玩愒)'로, '완세게일(翫歲愒日)'을 줄여 쓴 것

않으면 추악한 말들이 먼저 들어가서 가르침이 막히고 통하지 못하는 문제가 발생하며, 사람을 제대로 선발하지 않으면 강학이 헛되이 베푸는 것이 되어서 실제 효험을 볼 가망이 만무하게 됩니다. 기회를 한 번 잃으면 아무리 후회한들 무슨 소용이 있겠습니까. 신(臣)은 생각이 여기에 미칠 때마다 방안을 맴돌며 잠을 이루지 못하다가 새벽을 맞이하곤 하였습니다. 그래서 주광(黈纊)[696]의 아래에다 이러한 사정을 한번 남김없이 드러내고자 생각하여 이에 감히 면직을 청하는 소장을 올리는 기회를 통해 말로써 몸을 대신하여 이 소장에다 연결시켜서 덧붙여 아뢰니다.

초야에서 함부로 지껄인 말들이 대부분 참람하고 경솔하니, 신(臣)은 만 번 죽어 마땅한 죄를 지었습니다. 간절히 바라옵건대, 전하께서는 사람이 나쁘다고 하여 그 말까지 버리지 마시고[697] 후손

인바, 안일만을 탐하고 세월을 허송한다는 의미이다. 진(晉)나라의 경(卿)인 조맹(趙孟)이 해그늘〔蔭〕을 바라보면서 "아침 그늘이 저녁까지 갈 수 없는데, 어찌 5년을 기다릴 수 있겠는가?〔朝夕不相及, 誰能待五?〕"라고 하니, 후자(后子)가 나와서 사람들에게 말하기를 "조맹은 머지않아 죽을 것이다. 백성의 주인이 되어 세월을 허송하며 살 날짜를 탐하니, 그가 얼마나 살 수 있겠는가?〔趙孟將死矣. 主民, 翫歲而愒日, 其與幾何?〕"라고 하였다. 《春秋左氏傳 昭公 元年》

696 주광(黈纊) : 왕이 아무런 말이나 함부로 듣지 않겠다는 뜻을 보이는 의미로 면류관에 달아 두 귀 양쪽으로 늘어뜨린 황면(黃綿)으로 만든 작은 솜방울을 이른다. 《회남자(淮南子)》 〈주술훈(主術訓)〉에 "그러므로 옛날 제왕들이 면류관 앞에 유(旒)를 늘어뜨리는 것은 보는 것을 가리기 위한 것이며, 주광을 늘어뜨려 귀를 막는 것은 듣는 것을 가리기 위한 것이다.〔故古之王者, 冕而前旒所以蔽明也, 黈纊塞耳所以掩聰.〕"라는 내용이 보인다. 여기에서는 왕이 귀 기울여 듣는 것을 가리킨다. '주광(黈纊)'의 '黈'는 대본에 '紸'로 되어 있는데, 《노주집(老洲集)》 권1 〈사찬선겸사공조참의상전소(辭贊善兼辭工曹參議賞典疏)〉에 의거하여 바로잡아 번역하였다.

들을 편안하게 해줄 원대한 계책[698]을 깊이 생각하시어 이에 보필하고 전형(銓衡)을 관장하는 신하에게 명하여 아무런 사심없이 전하의 명(命)을 받들어 널리 알리게 하고 따로 조례를 강구하여 시강(侍講)하는 관원을 선발하되 임무를 맡겨 성공을 책임지우도록 하고 진대(進對)[699]를 자주 열되 상격(常格)[700]에 구애받지 말게 하시어 강독(講讀)하는 것 외에 비록 한가하게 거처하고 유희하는 중에라도 반드시 많은 시간을 외당(外堂)에 있게 하여 법도의 가운데에 무젖어 습관이 되게 하고 올바르지 못한 사람과 친밀하게 지내지 못하게 하신다면 바름을 길러 성인이 되는 공부[701]가 진실로 여기에 있을

697 사람이……마시고 : 이는 《논어(論語)》 〈위령공(衛靈公)〉에 "군자는 말만 가지고 사람을 등용(登用)하지 않으며, 사람이 나쁘다고 하여 그의 좋은 말까지 버리지는 않는다.〔君子, 不以言擧人, 不以人廢言.〕"라고 한 공자의 말씀을 원용한 것이다.

698 후손들을……계책 : 해당 원문은 '이연굉모(貽燕宏謨)'로, '이(貽)'는 '이(詒)'와 통하는바, 조상이 자손을 위하여 세운 계책이나 또는 교훈을 통하여 그 자손이 편안하게 됨을 말한다. 《시경(詩經)》 〈대아(大雅) 문왕유성(文王有聲)〉에서 주(周)나라 문왕(文王)에 대해 "후손에게 계책을 남겨 두어 공경하는 아들을 편안케 하셨다.〔詒厥孫謀, 以燕翼子.〕"라고 한 데에서 유래한 것이다.

699 진대(進對) : 신하가 나아가서 왕이나 왕세자를 뵙고서 여러 가지 정사(政事)를 의논하던 일을 가리킨다.

700 상격(常格) : 전례가 되어서 두루 시행되고 있는 규정이나 격식을 가리킨다.

701 바름을……공부 : 이는 《주역(周易)》 〈몽괘(蒙卦) 단전(彖傳)〉에 "몽매함으로써 바름을 기름은 바로 성인의 공(功)이다.〔蒙以養正, 聖功也.〕"라고 한 것을 원용하여 말한 것이다. 이에 대하여 당대(唐代)의 공영달(孔穎達)은 "몽매함으로써 숨기고 침묵하여 스스로 정도(正道)를 기름이 지극한 성인의 공을 이루는 것이다.〔能以蒙昧隱默, 自養正道, 乃成至聖之功.〕"라고 설명하였는바, 겉으로는 어리석은 태도를 가지면서 속으로 정도(正道)를 기르는 것을 성인이 하는 일이라고 본 것인데, 송대(宋代)의 정이(程頤)는 "미발(未發)을 몽(蒙)이라고 하니, 순일(純一)하고 미발(未發)인 몽(蒙)으

것입니다. 신(臣)은 두 손을 모으고 기원하여 간절하고도 간절한 마음을 가누지 못하겠습니다."

비답의 내용은 다음과 같다.[702]

"접때 별유(別諭)를 내린 뒤에 선뜻 마음을 돌이켜 나아올 것이라고 생각하고 있었는데, 서계에 첨부하여 아뢴 내용을 읽어 봄에 미쳐서는 오히려 나의 기대와 어긋남을 깨닫게 되었으니, 정성과 예의가 미진한 것에 대해 더욱 탄식하였다. 그런데 사양하는 소장이 또 이르렀으니, 그대는 어찌 그리도 매몰차게 거절하는 것이 이와 같단 말인가.

세손을 보필해 인도하는 방도는 그대가 아뢴 것이 매우 절실하고 마땅하여서 깊이 감탄하는 바이니, 어찌 깊이 생각하지 않겠는가. 그러나 그대가 이미 말하였고 또 그 직위에 처하였으니, 세손의 지각과 사려가 날로 자라나고 서연(書筵)이 날마다 열리는 이러한 때를 당하여, 그대가 산림의 숙덕(宿德)으로서 조석으로 좌우에 있으면서 인도하고 붙들어 권면해 계도하여 어릴 때에 바름으로 기른다면 눈으로 보고 마음으로 느껴 훈도(薰陶)를 받는 효과가 어찌 날마다 강대(講對)하는 것에 비길 정도일 뿐이겠는가.

로써 그 바름을 기르는 것은 바로 성인이 되는 공부이다. 발한 뒤에 금지하면 저촉하여 이기기가 어려우니 몽(蒙)할 때에 바름을 기르는 것이 배움에 있어서 지극한 선(善)이다.〔未發之謂蒙, 以純一未發之蒙而養其正, 乃作聖之功也. 發而後禁, 則扞格而難勝, 養正於蒙, 學之至善也〕"라고 해설하여, 성인이 되는 공부로 설명하였다. 이 때문에 후세에는 주로 동몽(童蒙)을 교육하는 뜻으로 사용되었다.

702 비답의……같다 : 이하의 내용은 현재 《순재고(純齋稿)》 권19에 실려 있는 〈찬선오희상사직잉면예학소비(贊善吳熙常辭職仍勉睿學疏批)〉로, 《승정원일기》 및 《일성록》 순조 32년 9월 28일 기사와 《순조실록》 동일 기사에도 보인다.

그대는 멀리 떠나려는 마음을 속히 돌이켜 즉일로 길을 떠나 올라와서 바로 앉지 못한 채 학수고대하는 나의 간절한 바람에 부응하라. 공조 참의라는 직함에 대해서는 전후로 누차 간절하게 바라는 것이 이와 같으니, 지금 우선 뜻에 따라 체차해 주노라."-지방관이 전유하였다.-

계사(1833, 순조33) 선생 71세

3월에 장녀 민씨 부(閔氏婦)를 위하여 곡하였다.[703]

민씨 부를 위하여 지은 제문이 있고,[704] 또 묘지(墓誌)를 찬술하였다.[705]

8월에 폭설(暴泄 급성 이질)을 앓았다.

선생이 수년 동안 겨울마다 해수(咳嗽 기침이 나는 병)를 앓아서 영위(榮衛)[706]가 손상을 받았는데, 이로부터 변을 보는 빈도수가 잦아서 때로 빈도수에 가감은 있었지만 더욱 위독한 상태로 바뀌었다.

703 3월에……곡하였다 : 민씨 부(閔氏婦, 1798~1833)는 여성부원군(驪城府院君) 민치록(閔致祿)의 아내로, 이해 3월 15일에 향년 36세를 일기로 졸하였다. 이후 4월 25일에 여주(驪州) 금교리(金橋里)의 계좌정향(癸坐丁向)의 언덕에 장사 지냈다. 《老洲集 卷16 亡女閔氏婦墓誌銘並序》

704 민씨……있고 : 현재 《노주집(老洲集)》 권14에 실려 있는 〈제망녀민씨부문(祭亡女閔氏婦文)〉이다.

705 묘지(墓誌)를 찬술하였다 : 현재 《노주집(老洲集)》 권16에 실려 있는 〈망녀민씨부묘지명 병서(亡女閔氏婦墓誌銘並序)〉이다.

706 영위(榮衛) : 한의학 용어로 '영(榮)'은 혈(血)이 순환하는 것을 말하고, '위(衛)'는 기(氣)가 순환하는 것을 말한다. 이는 곧 혈액과 생기를 아우르는 '혈기'의 개념으로, 건강을 가리킨다.

9월에 병세가 매우 위중하였다.

환후가 다시 더해져 격체(膈滯 체증(滯症))에 상기(上氣)[707]가 있고 변이 잦은 것이 이질(痢疾)이 되어서 수십 일 동안 와병하였는데 건즐(巾櫛)[708]을 그만두지 않았다. 곁에서 모시는 자가 그만둘 것을 청하였는데, 선생이 말씀하기를, "이와 같이 하지 않으면 심계(心界 심지(心地))가 더욱 산란하게 된다."라고 하였다. 병세가 더욱더 위독해졌으나 오히려 바지와 버선을 벗지 않았고 또한 각긴(脚緊)[709]을 풀지 않았으며, 변소에 수없이 들락거렸으나 반드시 물을 찾아 손을 씻었다.

10월에 외당(外堂)으로 옮겼다.

초7일 갑진(甲辰) 유시(酉時)에 외당(外堂)에서 고종(考終)하였다.

아침에 부녀(婦女)들을 불러 만나 보면서 말을 주고받음에 착오가 없었으며, 정신과 기운이 평안하고 여유로운 것이 평상시와 다름없었다.

부음이 조정에 알려지자 전교(傳敎)를 내려서 죽음을 애도하고 상수

707 상기(上氣) : 기혈(氣血)이 머리 쪽으로 치밀어 오르는 증상으로, 숨이 차고 두통과 기침 증세가 생긴다.

708 건즐(巾櫛) : 수건과 빗을 아울러 이르는바, 인신하여 낯을 씻고 머리를 빗는 일을 가리킨다.

709 각긴(脚緊) : 정강이에 맨 행전(行纏)인 듯하다.

(喪需)[710]를 공급해 줄 것을 명(命)하였다.

상(上)이 내린 전교의 내용은 다음과 같다.[711]

"이 유현(儒賢)은 비록 한 번도 조정에 나아온 적이 없었지만 평소 조정의 예우가 과연 어떠하였는가. 이제 장서(長逝)하였다는 소식을 들으니, 더할 나위 없이 놀랍고도 슬프다. 상수(喪需)를 우대하는 예(禮)를 따라 실어 보내도록 하라."

성복(成服)하는 날에 세손이 궁관(宮官)을 보내어 치조(致弔)하였다. 지구(知舊)와 문인(門人)으로서 가마(加麻)[712]한 자들이 40여 명이었고, 태학(太學 성균관(成均館))의 제생(諸生)이 제문을 지어 가지고 와서 제사를 올렸다.

12월 17일에 광주(廣州) 이호촌(梨湖村)의 임좌병향(壬坐丙向)의 언덕에 장사 지냈는데, 권 부인(權夫人)과 합폄하였다.

신축(1841, 헌종7) 헌종 대왕(憲宗大王) 7년 정월에 증직(贈職)

710 상수(喪需) : 상사를 치르는데 소용되는 여러 가지 물품과 비용을 가리킨다.

711 상(上)이……같다 : 이때 내린 전교는 현재 《순재고(純齋稿)》 권12에 실려 있는 〈찬선오희상은졸교(贊善吳熙常隱卒敎)〉로, 《승정원일기》 및 《일성록》 순조 33년 10월 8일 기사와 《순조실록》 동일 기사에도 보인다.

712 가마(加麻) : 심상(心喪)을 한다는 표시로 스승이나 선배, 친구의 죽음을 애도하기 위한 것이다. '마(麻)'는 질(絰)과 대(帶)를 가리키는바, 시마복에 질(絰)과 대(帶)를 착용하였다가 장사를 치른 뒤에 제거한다. 《禮記注疏 檀弓上》《儀禮注疏 喪服 記》《常變通攷 卷13 喪禮 五服外服制》

과 사시(賜諡)를 명(命)하였다.

초10일 조참(朝參)할 때에[713] 우의정 조인영(趙寅永)이 아뢰기를, "유현(儒賢)에게 시호(諡號)를 내리는 것은 법전(法典)에 실려 있는데, 고(故) 찬선(贊善) 송치규(宋穉圭)·오 모(吳某)는 모두 법에 있어서 응당 시호를 받아야 할 자들입니다. 다만 오 모는 생전의 작질(爵秩)이 3품이었을 뿐이니, 특별히 정경(正卿)으로 증직하고 아울러 시호를 의논하되, 전에 유현의 신하 역시 시장(諡狀)을 올리기를 기다리지 않았던 전례가 있었으니, 지금 또한 이에 따라 시행하라는 것으로 분부하시는 것이 어떻겠습니까."라고 하자, 상(上)이 허락하였다.

같은 달에 자헌대부(資憲大夫) 이조 판서(吏曹判書) 겸 지의금부사(兼知義禁府事) 성균관 좨주(成均館祭酒) 오위도총부도총관(五衛都摠府都摠管)으로 증직되었다.[714]

2월에 '문원(文元)'이라고 사시(賜諡)하였다.[715]

713 초10일 조참(朝參)할 때에 : 이하에 보이는 우의정 조인영(趙寅永)의 말은 이날 진시(辰時)에 인정문(仁政門)의 강여소(降輿所)에서 거행한 조참에서 헌종에게 아뢴 것이다.《承政院日記 憲宗7年 1月 10日》《日省錄 憲宗7年 1月 10日》《憲宗實錄 7年 1月 10日》

714 같은……증직되었다 :《승정원일기》 헌종 7년 1월 16일 기사에 정사와 관련하여 "고 이조 참의 오희상은 이조 판서 예겸 좨주를 증직하고 정경으로 증직하도록 승전을 받들었다.〔故吏議吳熙常, 贈吏判例兼祭酒, 正卿贈職事, 承傳.〕"라고 한 기록이 보인다.

'도덕이 높고 견문이 넓음〔道德博聞〕'을 일러 '문(文)'이라 하고, '의(義)를 주장하고 덕(德)을 행함〔主義行德〕'을 일러 '원(元)'이라 한다.

계묘(1843, 헌종9) 4월에 치익(致翼)의 합천(陜川) 임소에서 증고(贈誥)를 지수(祗受)하였다.[716]

정미(1847, 헌종13) 4월에 택조(宅兆)가 불길하다고 하여 용인(龍仁) 구흥촌(駒興村) 선영의 우강(右岡 오른쪽 산줄기) 건좌손향(乾坐巽向)의 언덕으로 천장(遷葬)하였으니, 선영은 바로 선생의 본생 증조 정랑공(正郎公 오진주(吳晉周))의 묘소이다.

715 2월에 문원(文元)이라고 사시(賜諡)하였다 : 이달 21일에 있었던 정사에서 내려준 것이다.《承政院日記 憲宗7年 2月 21日》《日省錄 憲宗7年 2月 21日》

716 4월에……지수(祗受)하였다 :《승정원일기》 헌종 9년 4월 2일 기사를 살펴보면, "증시한 문헌공 오재소와 증시한 문원공 오희상의 연시를 이달 17일에 경상도 합천군의 임소에서 정하여 행한다고 합니다.〔贈諡文獻公吳載紹, 贈諡文元公吳熙常延諡, 定行於今月十七日慶尙道陜川郡任所云矣.〕"라고 한 이조의 말이 보인다. 오치익(吳致翼)은 헌종 8년 8월 15일에 있었던 두 번째 정사에서 합천 군수에 임명되었다.《承政院日記 憲宗8年 8月 15日, 9年 4月 2日》'연시(延諡)'란 시호(諡號)를 받들고 나온 선시관(宣諡官)을, 그 본가(本家)에서 시호 받는 이의 신주(神主)를 모시고 나와 의식을 행하고 맞아들이는 일이다. 본래 시호는 그 본가에 연시의 여부를 물어서 시호를 받겠다고 하면 선시관을 보내어 선시하는데, 만약 가세가 곤란하여 연시할 경비를 감당할 수 없으면 연시를 거절하고 이에 따라 신주에 그 시호를 첨서(添書)하지 못하였다. 그러나 특별한 경우에는 근신(近臣)이 왕에게 아뢰어 어명(御命)으로 전곡(錢穀)을 내리거나 수령(守令)으로 제수하여 그 관아에서 연시하도록 하였다. '증고(贈誥)'란 왕이 죽은 신하에게 증직(贈職)할 때에 주는 관고(官誥)로, 4품 이상의 벼슬아치에게 주는 사령서인 교지(敎旨)이다.

경오(1870, 고종7) 당저(當宁) 7년[717] 가을에 연보(年譜)가 완성되었다.

임진(1892, 고종29) 겨울에 문집이 인행(印行)되었다.

717 당저(當宁) 7년 : 대본에는 '八年'으로 되어 있는데, 《고종실록》 및 《승정원일기》에 의거하여 '七年'으로 바로 잡아 번역하였다.

행장 정유년(1837, 헌종3)

行狀 丁酉

매산(梅山) 홍직필(洪直弼)[718]이 짓다.

선생은 성이 오씨(吳氏), 휘가 희상(熙常), 자가 사경(士敬)으로, 학자들이 선생의 거처를 가지고 선생을 '노주 선생(老洲先生)'이라고 일컬었다. 계통이 해주(海州)에서 나왔으니, 선조 휘 인유(仁裕)는 고려조에 검교 군기감(檢校軍器監)의 감(監)을 지냈는바, 이분이 바로 선생의 비조(鼻祖)이시다. 이로부터 후대로 이어져 본조에 들어와 높은 관직을 서로 이어 받았는데, 정무공(貞武公) 휘 정방(定邦)에 이르러 혼조(昏朝) 때 금용(金墉)의 변고[719]를 만나니, 조정에서 의론을 개진할 적에 경도(經道)를 지켜서 화에 이를 뻔하였다.[720] 2대를 내려와

718 매산 홍직필 : 1776~1852. 초명은 긍필(兢弼), 자는 백응(伯應)・백림(伯臨), 호는 매산(梅山), 본관은 남양(南陽)이며, 시호는 문경(文敬)이다. 평생 출사하지 않고 학문 강학에 힘써 근재(近齋) 박윤원(朴胤源) 문하에서 그 학맥을 계승하고 이를 후대에 전한 노론 낙론의 핵심 사상가이자 문인 교육자이다. 학문은 박윤원 외에도 노주(老洲) 오희상(吳熙常)의 영향을 많이 받았으며, 문하의 제자로 전재(全齋) 임헌회(任憲晦), 숙재(肅齋) 조병덕(趙秉悳), 중암(重菴) 김평묵(金平默) 등이 있다. 문집으로 《매산집》이 있다.

719 혼조(昏朝)……변고 : 혼조는 광해군을 말하고, 금용의 변고는 인목대비(仁穆大妃)의 유폐(幽廢)를 말한다. 금용은 본래 중국 하남성(河南省) 낙양현(洛陽縣)의 성(城)으로 위(魏)나라 명제(明帝)가 만든 것인데, 그 후에 사마사(司馬師)가 위주(魏主)인 방(芳)을 폐위시켜 이곳으로 옮기게 하고, 진(晉)의 양후(楊后), 민회태자(愍懷太子), 가후(賈侯)를 폐하여 모두 이곳에 유폐시키는 등 왕족을 이 성에 유폐시킨 사례가 많았으므로 이와 같이 표현한 것이다.

휘 숙(翻)은 호당(湖堂)[721]에 선발되고 관찰사를 맡았으며 좌찬성에 추증되었는바, 문학과 정사로써 인조 때의 명신이 되었으니, 이분이 선생의 5대조이시다.

고조 휘 두인(斗寅)은 판서를 지냈고 영의정과 충정공(忠貞公)에 추증되었는바, 인현왕후(仁顯王后)가 손위(遜位)할 때 간하다가 죽었다.[722] 증조 휘 태주(泰周)는 해창위(海昌尉)에 봉해졌고 시호는 문효공(文孝公)이니, 지극한 효행이 있었으며 유학을 좋아하였다. 조부 휘 원(瑗)은 참판을 지내고 문형(文衡)을 담당하였으며 좌찬성과 문목공(文穆公)에 추증되었는바, 문장과 명망이 일세를 감복시켰다.

고 휘 재소(載紹)는 예조 판서로 시호는 정헌공(定獻公)이니, 인후

720 조정에서 …… 뻔하였다 : 오희상이 지은 오정방의 행장에, "정사년(1617, 광해군9)에 광해가 모후를 폐위하려는 뜻이 날로 급해져서 백관(百官)을 위협하여 조정의 의론을 끌어내려 하자, 공이 개연히 눈물을 흘리며 대답하기를 '신은 무부(武夫)라서 《사략(史畧)》 제1권의 「순 임금이 끊임없이 선(善)으로 자신을 다스려 어버이로 하여금 간악한 데에 이르지 않게 하였다.」는 한 구절만 읽었습니다.'라고 하니, 듣는 사람들이 두려워하였다."라고 보인다. 오정방은 이로부터 계속 침륜되었다가 인조반정후에 곧바로 훈련원 도정(訓鍊院都正)에 제수되었다. 《老洲集 卷15 七代祖貞武公府君行狀》

721 호당(湖堂) : 연소한 문관들 중에 특히 문학에 뛰어난 사람을 선출하여 특별히 휴가를 주어 학업을 연마하게 한 서재로서, 독서당이라고도 한다. 1426년(세종8)에 사가독서(賜暇讀書) 제도를 만들고, 성종 때에는 구용산(舊龍山)에 있던 폐사(廢寺)를 수리하여 독서당으로 하였는데, 그 후 1515년(중종10)에 동호(東湖) 북쪽 기슭, 즉 지금의 두모포(豆毛浦)에 창설하였는바, 이때부터 '호당'이라 일컬었다.

722 인현왕후(仁顯王后)가……죽었다 : 1689년(숙종15)에 오두인이 사직(司直)으로 있으면서 박태보(朴泰輔)・이세화(李世華)와 함께 상소를 올려 인현왕후를 폐서인한 것에 대해 간쟁하다가 숙종의 노여움을 사서 곤장을 맞고 유배되었는데, 의주로 유배 도중 파주에서 죽었다.

하고 선을 좋아하여 세상 사람들이 장덕(長德 연로하면서 덕을 갖춘 사람)이라고 일컬었다. 선비(先妣) 증 정경부인(貞敬夫人) 한산 이씨(韓山李氏)는 군수(郡守) 이규항(李奎恒)의 따님이다. 선생은 정헌공의 백씨인 판중추부사(判中樞府事) 겸 태학사(太學士) 문정공(文靖公) 휘 재순(載純)의 중자(仲子)인데, 정헌공의 후사가 되었다. 문정공의 배위(配位) 연안 이씨(延安李氏)는 영의정 문간공(文簡公) 이천보(李天輔)의 따님이니, 영묘(英廟) 계미(1763, 영조39)년 5월 10일 유시(酉時)에 경행방(慶幸坊)[723]의 사제(賜第 하사받은 집)에서 선생을 낳았다.

선생은 남다른 자질을 타고나서 과묵하고 신중하여 덕기(德器)를 일찌감치 성취해서 자연히 도에 가까웠다. 문정공은 가법이 평소 엄격하여 자제들이 곁에서 모실 적에 질문이 있는 경우가 아니면 감히 대답하지 못했고 일상에서 익히는 것이 법도에 어긋나지 않았다. 백씨 영재공(寧齋公) 휘 윤상(允常)[724]은 순수한 덕과 깊은 학문으로 세상의 순유(醇儒)가 되었는데, 선생이 천륜(天倫)에서 스승을 얻어서[725] 경서에 구두를 떼고 뜻을 분변하게 된 뒤로부터는 간절하게 공부하고 자세하

723 경행방(慶幸坊) : 한성부 중부 8방 중의 하나로, 현재의 행정구역으로는 종로2·3가·낙원동·돈의동·경운동·와룡동 각 일부에 해당한다.

724 백씨……윤상(允常) : 1746~1783. 오윤상의 자는 사집(士執), 호는 영재(寧齋)이다. 미호(渼湖) 김원행(金元行)의 문인으로, 근재(近齋) 박윤원(朴胤源) 등과 교류하였으며, 경학에 정통하여 《대학차기(大學箚記)》·《중용차기(中庸箚記)》를 저술하였다.

725 천륜(天倫)에서 스승을 얻어서 : 오희상이 그의 형 오윤상을 스승으로 삼았음을 말한다. '천륜'은 부자·형제 등 천연적 지친을 말하는데, 여기서는 형제간을 가리킨 것이다.

게 물으니, 영재공이 '가학을 이을 수 있을 것'이라고 인정하였다.

선생이 조금 성장하여서는 육경(六經)의 공부에 더욱 힘을 써서《중용(中庸)》을 가지고 종암(鍾巖)의 별서(別墅)로 나가서 꿋꿋하게 각고하고 면려하였다. 그렇게 그 지취(旨趣)를 끝까지 추구하는 데 힘을 써서 영재공에게 질의하며 반복하고 논변해서 분명히 알지 못하면 탐구하기를 그만두지 않았다. 영재공이 별세하자, 선생은 더욱 스스로 분발하며 말하기를 "선형의 가르침의 한 가닥 명맥이 내 한 몸에 있으니, 내 어찌 감히 스스로 태만하게 해서 선형을 저버릴 수 있겠는가."라고 하였다. 그리하여 영재공의 가르침을 외고 연구해서 밤낮을 쉬지 않으며 잠을 이루지 못하니 이에 고질(痼疾)을 이루는 지경에 이르렀다.

영재공이 돌아가신 뒤에 정헌공이 집을 팔고서 문정공과 같은 집에서 사니, 선생은 아침저녁으로 문안을 하고 집안일을 도맡아 하여서 잠시 동안도 한가하거나 태만함이 없었다. 또 문정공이 여러 번 문형(文衡)과 전조(銓曹)를 맡았으므로[726] 가문이 매우 빛났는데, 선생은 외지고 조용한 곳에 처해있으면서 외부의 일에 관여하지 않아, 무관(武官)이나 통역관의 부류 중에는 면식이 있는 자가 적었다. 문정공이 규장각 제학을 겸임하고 있을 적에 정조께서 규장각의 여러 신하들과 후원(後苑)에서 곡연(曲宴)을 벌이면서 그 자제들을 선소(宣召)하여 잔치에 나오게 하시니,[727] 비록 벼슬하지 않는 사람이라도 참여할 수

726 문형(文衡)과 전조(銓曹)를 맡았으므로 : 대제학과 이조·병조의 판서를 지냈음을 말한다. 오희상의 본생부 오재순은 정조의 총애를 받아 양관의 대제학과 규장각 제학, 이조와 병조 판서를 여러 차례 맡았다.

727 문정공이……하시니 : 곡연은 임금이 궁중의 내원에서 베푸는 작은 규모의 잔치를 말하고, 선소는 임금이 신하를 불러들이라고 명령을 내리는 것을 말한다. 1792(정조

있었다. 그러나 선생만은 홀로 잔치에 나가지 않으며 말하기를, "벼슬하기 전에 임금을 뵙는 경우는 예(禮)에 없으니, 예를 돌아보지 않고서 염치없이 달려간다면 이는 예의 방범(防範 단속하고 방비하는 법도)을 넘는 것입니다. 방범이 한 번 무너지면 어느 곳에서야 그치겠습니까."라고 하였다. 그러자 성상 또한 강요하지 않으면서 말씀하기를 "오 제학(吳提學)의 두 아들 중에 글을 읽으며 뜻을 지키는 자도 있고 아버지의 뒤를 따라 조정에 설 자도 있으니, 이 어찌 좋은 운명이 아니겠는가."라고 하였다.

임자년(1792, 정조16)에 본생부 문정공이 세상을 떠나고, 을묘년(1795, 정조19)에 거듭 본생모의 상을 당하였는데, 선생이 전후로 부모의 상에 거할 적에 형식적인 예문(禮文)과 감정적 슬픔이 모두 지극하여 아침저녁으로 통곡하며 가슴을 치니, 이웃들이 감동하고 눈물을 흘렸으며 모두 선생이 상(喪)을 감당하지 못할까 염려하였다. 그러나 선생은 오히려 슬프다고 하여 공부를 폐하지 않아서 경서를 읽으며 예를 연구하기를 매우 독실하게 하였다.

기미년(1799, 정조23)에 정헌공을 안동 임소로 따라가 모시면서 가끔 밖으로 나와 누대와 산수를 감상하고 도산서원(陶山書院)을 배알하여 퇴계(退溪 이황(李滉))의 남은 자취를 찾으니, 남쪽 지방의 인사들이 오랠수록 더욱 칭송하고 흠모하였다. 이해 겨울, 상이 조정에서 명하여

16) 3월 21일에 정조가 규장각의 여러 신하들을 불러 내원에서 꽃을 구경하고 낚시를 하는 잔치를 베풀면서 "내가 규장각을 설치한 이래로 이 직책에 있는 모든 사람들을 집안사람처럼 보았으니, 오늘의 모임에도 집안사람의 준례를 적용하여야 할 것인바, 각신(閣臣)의 자제들 모두 이 자리에 참석함을 허여한다."라고 하였다. 《正祖實錄 16年 3月 21日》

경전과 주자서(朱子書 주자의 글)를 전공한 사람을 천거하게 하니, 총재(冢宰 이조 판서) 서용보(徐龍輔) 공이 선생과 송치규(宋穉圭) 공·조진구(趙鎭球) 공을 천거하여 조정의 명에 응하였다.[728]

경신년(1800, 정조24)에 세자익위사 세마(世子翊衛司洗馬)에 제수되고 시직(侍直)으로 승진하니, 선생이 말하기를,

"나는 생원·진사 출신도 아니고 관직에 제수하라는 명이 있었던 것도 아닌데, 전조(銓曹)에서 사람을 천거하여 의망한 것은 실로 천목(薦目)[729]에 의거한 것이다. 어찌 천목을 무릅쓰고 조정에 나아갈 수 있겠는가."

하고서 소장을 올려 면직되기를 청하였다. 그러자 상이 말씀하기를,

"처음 벼슬에 나올 때부터 제수의 명을 사양할지 받을지의 분수(分數)에 밝으니, 어찌 기뻐할 만하지 않은가. 또 이 사람은 누구의 아들이며, 누구의 집안인가. 초사(初仕) 중에서 다시 조용(調用)해서 특별히 그의 뜻을 이룰 수 있게 해주어라."

하였으니, 이는 문정공이 상에게 특별한 인정을 받아서 죽은 뒤에도 상이 그를 그리워했기 때문에 은혜로운 말씀이 여기에 미친 것이었다.

728 이해……응하였다 : 1799년(정조23)에 정조가 초야의 글을 읽은 선비를 찾아서 천거할 것을 명하였는데, 아무도 기록하여 보고하지 않자, 재차 천거할 것을 명하면서 '경전과 주자서는 서로 필요로 하는 관계이므로 주자의 글을 독실하게 믿고 연구한 자를 천거하라'는 취지의 하교를 내렸다. 이에 경전과 주자서를 전공한 사람으로 의정부에서는 김일주(金日柱)·임육(任焴)·이동윤(李東允)·강시환(姜始煥)·윤두기(尹斗基)·강필효(姜必孝)를 천거하고, 이조에서는 이 세 사람을 천거하였다. 《正祖實錄 23年 8月 29日, 9月 5日, 10月 23日·24日》

729 천목(薦目) : 사람을 천거하는 데 필요한 명목으로, 학식이나 재능 혹은 품행을 이르는데, 이때의 천거는 특별히 주자서와 경학에 조예가 깊은 학식을 명목으로 하였다.

장릉 참봉(長陵參奉)으로 옮겼다가, 경사(京司)의 관직으로 바꾸라는 명으로 인해 돈녕부 참봉(敦寧府參奉)에 제수되고, 이어서 세자의 책례(冊禮)를 행할 때에 욕석 집사(褥席執事)로 차임되었는데, 본직에 아직 사은숙배하지 않았다는 이유로 사양하였다. 상이 '처신하기를 의롭게 하여 구차하지 않다'는 것으로 허여해주고 그대로 명하여 다시 계방(桂坊 세자익위사)에 제수하여, 4월에 세자익위사 부솔(世子翊衛司副率)에 제수되었다.

계씨 참판공[730]이 새로 과거 급제한 사람으로서 예궐하여 입시하자, 상이 '선생이 제수의 명에 응하기를 지체하고 있는지 빨리하고 있는지'에 대해 물으셨다. 이로부터 자주 주연(冑筵 서연(書筵))에서 세자를 모시고서 글을 통해 규간(規諫)을 올렸는데 그 말이 절실하고 조리가 통창하므로 상이 매번 서연에 임하여 벽을 사이에 두고 들으실 적에 선생의 학식을 자주 칭찬하셨다. 선생이 처음에 비록 마지못해 발을 내디뎌 벼슬에 나아가기는 했지만 관직에 오래 머무는 것은 선생의 평소 뜻이 아니었다. 이윽고 하늘이 무너지는 애통함[731]을 만나서, 규례에 따라 장악원 주부(掌樂院主簿)로 승직했다가 한성부 주부(漢城府主簿)로 옮겼는데 곧 체직되었다. 이로부터 10년 동안 한가롭게 거처하면서 글을 읽고 부모를 봉양하여서 마치 그대로 몸을 마칠 듯이 하였다.

730 계씨 참판공 : 오연상(吳淵常, 1765～1821)으로, 오재순의 3남인데 종숙(從叔) 오재륜(吳載綸)에게 입양되었다. 1800년(정조24) 정시문과에 병과로 급제하였고, 예조 참판, 동지경연사, 이조 참판, 부제학, 도승지, 비변사 제조 등을 역임하였다.

731 하늘이 무너지는 애통함 : 왕의 죽음에 대한 슬픔을 나타내는 말로, 1800년(정조24) 6월 28일에 정조가 승하한 것을 가리켜 말한 것이다.

무진년(1808, 순조8)에 모친상을 당하였는데, 선생의 나이가 이미 노쇠하였으나 상례를 집행하기를 더욱 엄하게 하였다. 장례를 지낼 적에는 눈보라를 무릅쓰고 일을 주관하여 세세한 일까지도 반드시 직접 하여서 다른 사람으로 하여금 대신 주관하게 하지 않았다. 장례를 끝마치고 상한(傷寒)을 앓아서 생명이 위태로운 지경에 이르렀지만 소생하였다.

신미년(1811, 순조11)에 돈녕부 주부(敦寧府主簿)에 제수되었는데, 이때 정헌공은 이미 기로사(耆老社)[732]에 들어가 있었다. 부친의 뜻을 따라 억지로 나아갔는데 취임하고 한 달 남짓 되었을 때에 정헌공의 상을 당하였다. 정헌공의 별장이 불암산(佛巖山) 아래에 있었는데, 장례지낸 뒤에 궤연을 받들고 나가서 그곳에 우거하니, 종당(宗黨) 중에 따르는 자들이 여러 집이었다. 마침내 그 후진(後進)들을 모아 각각 하나의 경전을 가르쳐주고 날마다 강학하여 독려하였다.

갑술년(1814, 순조14)에 황해도 도사(黃海道都事)에 뽑혀 제수되었으나 나아가지 않았다. 을해년(1815)에 세자익위사 사어(世子翊衛司司禦)에 제수되었는데, 어떤 이가 '어린 나이의 세자와 진강할 적에 뜻을 진달하기를 너무 고원하게 해서는 안 된다'고 풍간하므로, 선생이 탄식하며 말하기를 "급선무는 훌륭한 뜻을 먼저 넣어주는 데에 있으니, 이 시기가 지나면 한격(扞格)[733]의 근심이 생겨날 것이다."라고 하였다.

732 기로사(耆老社) : 나이가 70세 이상인 정2품 이상의 문관을 우대하기 위하여 설치한 관청이다. 오재소는 당시 83세였다.

733 한격(扞格) : 가르침의 내용을 거부하고 순순히 받아들이지 못함을 말한다. 《예기(禮記)》 〈학기(學記)〉에 "이미 발한 뒤에 금하면 한격하여 가르침을 감당하지 못하고, 때가 지난 뒤에 배우면 괴롭기만 하고 이루어지기 어렵다.〔發然後禁, 則扞格而不

여러 차례 등대(登對)하고서야 체직되었다.

무인년(1818, 순조18) 겨울에 우상(右相) 남공철(南公轍) 공이 '경학에 밝고 행실을 닦는 선비를 뽑아서 특별히 정초(旌招)[734]할 것'을 청하자, 선생과 이우신(李友信) 공이 함께 추천을 받아 경연관과 서연관의 두 직함을 부여받고, 뒤이어 사헌부 지평(司憲府持平)에 제수되었다. 선생이 광주(廣州) 징악산(徵岳山)으로 물러나 거처하였는데, 이곳은 바로 증조 문효공의 병사(丙舍 묘소 근처에 세워둔 재실(齋室))가 있는 곳이었다. 상이 사관(史官)을 보내어 특별히 유지(諭旨)를 내려 정중히 부르시니, 선생이 소장을 올려 사면을 청하였다.

기묘년(1819, 순조19)에 장령(掌令)으로 승진하고 시강원 진선(侍講院進善)을 겸하였다. 당시 왕세자[735]의 관례를 앞두고 있었는데, 상이 선조(先朝)의 고사를 원용하여 두 번 유소(諭召 유지를 내려 부름)를 내리니, 선생이 거듭 사직 상소를 올리고 '벼슬에 나아가기를 어렵게 하는 의리'[736]를 덧붙여 아뢰었다. 집의(執義)에 여러 번 제수되고 일소

勝, 時過然後學, 則勤苦而難成.〕"라고 한 데서 온 말이다.

734 정초(旌招) : 학덕이 높은 선비를 천거하여 벼슬을 제수하고 부르는 일을 이른다. 정(旌)은 꿩의 깃털을 깃대 끝에 단 기를 말하는데, 고대에 대부(大夫)를 부를 적에 정을 사용한 데서 유래하였다. 《맹자》 〈만장 하(萬章下)〉에, "서인은 전(旃)으로 부르고, 사는 기(旂)로 부르고, 대부는 정(旌)으로 부른다.〔庶人以旃, 士以旂, 大夫以旌.〕"라고 보인다.

735 왕세자 : 익종(翼宗)으로 추존된 효명세자(孝明世子, 1809~1830)로, 1812년(순조12)에 왕세자에 책봉되고 1819년 3월 20일 관례를 거행하였다. 1827년부터 대리청정하여 형옥을 삼가고 정사에 힘썼으나 4년 만에 서거하였다.

736 벼슬에……의리 : 이는 《예기(禮記)》 〈표기(表記)〉에 보이는 것으로, "군주를 섬길 적에 나아가기를 어렵게 하고 물러나기를 쉽게 한다면 자리에 질서가 잡힐 것이고,

(馹召 역마를 타고 올라오라는 소명)가 계속해서 내려오자, 선생이 소를 올려 경계할 것을 진달하기를,

"하늘의 마음이 기뻐하지 않아 재해가 잇달아 나타나고 여러 달 가뭄이 들어 성문(星文)이 경계를 고하니, 하늘과 사람이 서로 감응하는 것에 대해서는 감히 알지 못하나 요컨대 재해는 공연히 생겨나지 않고 필시 초래함이 있는 것입니다. 재해가 그 자체로 재해인 것이 아니라 재해가 닥쳤는데 두려워할 줄 모르는 것이 진짜 재해입니다. 어떤 상소가 있었는지 귀 기울여 들었으나 전혀 알려진 것이 없으니, 이 한 가지 일이 재해보다 걱정스럽습니다. 삼가 바라건대, 덕음을 선포하시어 바른 말을 널리 구하고 이를 실제로 이용하셔서 하늘의 위엄에 답하신다면 매우 다행이겠습니다."

라고 하였다.

경진년(1820, 순조20)에 또 집의에 제수되자, 선생이 상소하여 소명을 사양하며 말하기를,

"예로부터 맏아들을 교육하는 방법에 대해 논한 책 중에 〈보부전(保傅傳)〉[737]만큼 상세한 것이 없습니다. 그러나 그 귀결을 요약해 보

나아가기를 쉽게 하고 물러나기를 어렵게 한다면 문란해질 것이다. 그러므로 군자는 세 번 읍을 한 다음에야 나아가고 한 번 사양하고는 곧바로 물러남으로써 문란해지는 것을 예방한다.〔事君難進而易退, 則位有序, 易進而難退, 則亂也. 故君子三揖而進, 一辭而退, 以遠亂也.〕"라고 하였다.

737 보부전(保傅傳) : 보부는 태자가 성년이 되기 전에 보육하고 훈도하는 직책을 이르는바, 한(漢)나라 가의(賈誼)의 《신서(新書)》 권5의 편명이기도 하고, 《대대례기(大戴禮記)》 권3의 편명이기도 하다. 보부의 뜻에 대해서는, 《대대례기》 〈보부〉에, "옛날 주나라 성왕이 어려서 강보(襁褓)에 싸여있을 적에 소공(召公)이 태보(太保)가 되고 주공(周公)이 태부(太傅)가 되고 태공(太公)이 태사(太師)가 되었으니, 보(保)

면, '일찍 교유(敎諭)함과 좌우에 있는 사람을 선발함'[738]에 지나지 않는데, '좌우에 있는 사람을 선발함'은 '일찍 교유함'의 근본입니다. 평소 익힐 적에 올바른 사람과 거처하면 강론하고 송독하는 것 외에 그가 올리는 가르침이 엄밀하고 태자가 보고 느끼는 것이 간절하여, 사벽함을 삼가는 방제와 의리를 편안히 여기는 습관을 절로 이어가게 될 것입니다. 그러므로 〈보부전〉에서 '좌우가 바르면 태자가 바루어져서 천하가 안정된다.'라고 한 것입니다.

저는 초야에 묻혀 있으면서 마음은 동위(銅闈)[739]에 매여 있었는데, 바름을 기르는 방도[740]와 보익(輔翼)하는 도구가 선왕의 법도를 잘 따르고 백성의 소망을 크게 위로한다는 말을 듣지 못하였으니, 이는 어째서입니까? 신이 계방(桂坊 세자익위사)에 외람되이 참여하여 살펴보니, 개강(開講)하는 날에 관료 두세 명이 대오를 따라 나아갔다가 늦은 아침에 물러나와 급박하고 초솔하여 다만 형식적 절차로 귀결될 뿐이었습니다. 이때 외에는 깊은 궁에서 홀로 계셔서 입대(入對)할 길이 없고, 중간에 또 자주 정품(停稟 아뢰는 일을 정지함)을

는 그 신체를 보우함이고 부(傅)는 그 덕의를 도움이고 사(師)는 가르쳐 인도함인바, 이것이 삼공(三公)의 직책이다.〔昔者, 周成王幼在襁褓之中, 召公爲太保, 周公爲太傅, 太公爲太師. 保, 保其身體; 傅, 傅其德義; 師, 導之敎訓, 此三公之職也.〕"라고 하였다.

738 일찍……선발함 : 가의(賈誼)의 《신서(新書)》 〈보부(保傅)〉에, "천하의 운명은 태자에게 달려 있고, 태자의 선함은 일찍 교유하는 것과 좌우에 있는 사람을 선발하는 데에 달려 있다.〔天下之命, 縣於太子, 太子之善, 在於蚤諭敎與選左右.〕"라고 보인다.

739 동위(銅闈) : 태자를 가리키는 말로, 한(漢)나라 때 태자가 거처하는 궁의 문 위에 구리로 만든 용이 있었던 데서 유래한 말이다.

740 바름을 기르는 방도 : 《주역(周易)》 〈몽괘(蒙卦) 단(彖)〉의 "어릴 때에 바름을 기름이 성인이 되는 공부이다.〔蒙以養正, 聖功.〕"라는 구절에서 온 말이다.

하여 일정함이 없이 하다말다를 반복하는데, 한가로이 지낼 때에 함께 노닐고 거처하는 사람은 궁녀나 내시 등의 근신(近臣)에 불과합니다. 이들이 아는 바와 행하는 바는 이욕(利慾)으로 간교를 부리는 사사로움이요 아첨하여 영합하는 작태일 뿐이니, 심성을 해치고 좀먹음을 이루 다 말할 수 없습니다.

그런데 충년(沖年)의 강학은 오히려 우선 간이함을 따라 행할 수 있지만, 지금 세자의 보령이 스승에게 나아갈 시기[741]가 이미 지났고 덕업(德業)이 막 떠오르는 해와 같습니다. 만일 강독할 때에 한결같이 관습을 따라 이전의 규례를 고치지 않고서 온화하고 예의 있는 자질을 기르고 제왕의 학문을 연구하기를 바란다면, 이는 뒷걸음질 치면서 앞으로 가기를 구하고 모래를 삶아서 밥을 만들려는 것과 거의 같을 것이며, 주자께서 말씀한 '명월주(明月珠)와 야광벽(夜光璧)을 길거리에 버린다.'[742]는 것이 불행히도 여기에 가까울 것입니다.

삼가 바라건대, 단정하고 방정하며 정직하고 신실한 법가(法家)·필사(拂士)[743]를 빨리 선발해서 서연관(書筵官)의 반열에 나열하고,

741 스승에게 나아갈 시기 : 10세를 말한다. 《예기(禮記)》 〈내칙(內則)〉에, "남자가 10세가 되면 집 밖에 나가서 스승에게 배운다.〔十年, 出就外傅.〕"라고 하였다.

742 명월주(明月珠)와……버린다 : 이 내용은 《주자대전(朱子大全)》 권12 〈기유의상봉사(己酉擬上封事)〉에 보인다.

743 법가·필사(法家拂士) : 법가는 법도가 있는 집안을, 필사는 보필하는 선비를 말하는바, 이 말은 맹자(孟子)》 〈고자 하(告子下)〉에 "들어가면 법도 있는 대신의 집안과 보필하는 선비가 없고, 나오면 적국과 외환이 없는 경우는 나라가 항상 망한다.〔入則無法家拂士, 出則無敵國外患者, 國恒亡.〕"라고 한 데에서 온 것이다.

이어 별도로 강학하는 조례를 두도록 명해서 상규(常規)에 구애받지 마소서. 그리하여 세자로 하여금 문침시선(問寢視膳)[744]하는 여가에 항상 외당(外堂)에 있으면서 법강(法講)하고 소대(召對)하는 때가 아니더라도 불시의 접견을 자주 허락하여 예모를 간략히 하고 편안하게 자문하여 아침저녁으로 그들과 가깝게 지낼 수 있도록 하소서. 그렇게 하면 현자를 높이고 선비를 아껴서 마음이 서로 통할 것이고, 뜻을 공손히 하여 묻고 배워서 그 공효가 차츰 나타날 것입니다."

라고 하였다.

상소문이 들어가자 의례적인 비답을 내려 위로하고 면려하였다. 빈객(賓客) 이만수(李晩秀)가 이 상소를 소매에 넣고서 주강(晝講)에 들어가 한 차례 진독(進讀)하였는데 '궁녀나 내시 등의 근신'이라는 등의 말에 이르자, 좌우에서 듣는 자들이 모두 놀라서 얼굴빛이 변하였다. 얼마 후 장악원 정(掌樂院 正)에 제수되었다가 집의로 옮겼는데, 이전에 올린 상소가 채택되지 못했다 하여 소장을 올려 스스로 인책하려 하였다. 상소가 완성되었으나 체직됨으로 인하여 올리지 못하였다.

신사년(1821, 순조 21) 효의왕후(孝懿王后)[745]가 승하하였을 때와 건릉(健陵)을 천봉(遷奉)할 때[746]에 모두 만장 제술관(輓章製述官)에

744 문침시선(問寢視膳) : 세자가 아침저녁으로 왕의 안부를 묻고, 왕의 식사 전후의 음식을 살피는 것을 말한다. 《禮記 文王世子》

745 효의왕후(孝懿王后) : 1753~1821. 정조의 비로, 본관은 청풍(淸風)이며, 부친은 김시묵(金時默)이다. 1821년(순조21) 3월 9일에 승하하였다.

746 건릉(健陵)을……때 : 건릉은 정조의 능으로, 원래 정조의 생부 장헌세자(莊獻世子)의 현릉원(顯隆園) 동강(東岡)에 있었는데, 효의왕후가 승하하자 수원 옛 향교 터로 옮기고 합장하였다.

차임되었는데, 선생이 스스로 성병(聲病)[747]에 익숙하지 않다고 여기고 선현(先賢)의 전례(前例)를 끌어와서 사양하였다. 수빈(綏嬪)[748]과 효명세자의 상에 있어서도 사양하기를 전과 같이 하였다. 춘방(春坊 세자시강원)의 관원이 '국상의 졸곡 전에 서연을 행하고 폐하는 문제'에 대해 찾아와 묻자, 선생이 대답하기를,

"서연을 여느냐 정지하느냐에 대해 선배들의 의론이 비록 각기 다르지만, 저는 '당장의 간절하고 시급한 서연에 있어서는 옛 태도만 고수해서는 안 되는 점이 있다.'고 생각합니다. 지금 세자의 보령이 점점 지학(志學)의 나이[749]에 가까워지는데 보양(輔養)하는 도구들이 조종(祖宗)의 성대하던 시절에 전혀 미치지 못하니, 만약 또다시 사례(事例)에 얽매어서 척일(隻日)의 강독[750]까지 함께 정지한다면 그

747 성병(聲病) : 시를 지을 때 평(平), 상(上), 거(去), 입(入) 등 사성(四聲)을 조합하여 구성하는데, 그 구성이 일정한 규칙에 들어맞는 것을 성(聲)이라 하고 그렇지 못한 것을 병(病)이라 한다.

748 수빈(綏嬪) : 정조의 빈이자 순조의 생모인 수빈 박씨(綏嬪朴氏, 1770~1822)로, 본관은 반남(潘南)이고, 부친은 박준원(朴準源, 1739~1807)이다.

749 지학(志學)의 나이 : 15세를 말하는바, 《논어》 〈위정(爲政)〉의 "나는 열다섯 살에 학문(學問)에 뜻을 두었다.〔吾十有五而志于學.〕"라는 공자의 말에서 유래하였다. 효의왕후의 상 당시 효명세자의 나이는 13세였다.

750 척일(隻日)의 강독 : 척일에 행하는 강독인바, 쌍일의 경연과 짝을 이루는 것이다. 척일은 홀수인 날로, 일진에 갑(甲)·병(丙)·무(戊)·경(庚)·임(壬)이 들어 있는 날인데 이 날은 강독을 열고, 짝수 날인 쌍일에는 경연을 연다. 이는 송나라 인종(仁宗)이 즉위한 뒤에 처음에는 짝수 날에만 경연을 열다가, 왕증(王曾)이 인종이 처음 즉위하였으므로 사유(師儒)를 가까이하여야 한다고 여겨 손석(孫奭)과 풍원(馮元)을 불러 《논어》를 강독하게 하고 이때부터 홀수의 날에도 시신(侍臣)을 불러 강독하게 한 고사가 있다. 《續資治通鑑長編 卷99》

사이 6, 7개월의 좋은 시절을 헛되이 보내게 될 것입니다. 깊은 궁궐에 한가로이 거하시는 가운데 가깝게 지내는 자들은 환관과 내시 등의 근신들에 불과할 것이고, 많은 빈료(賓僚 세자시강원의 관료)들은 자리만 차지하고 있으면서 세자와 날로 소원해질 것이니, 걱정할 만한 것이 오직 글 읽는 소리가 끊어지는 것에 있을 뿐만이 아닙니다.

예의(禮義 예법과 도의)는 독서에서 나옵니다. 그러므로 《예기(禮記)》에 '거상 중에 예서(禮書)를 읽는다.'[751]라는 가르침이 있고 〈단궁(檀弓)〉의 '대공(大功)에는 익히던 업(業)을 그만둔다.'라는 구절에 이르러서는 주석가들이 업(業)을 '몸에 익히던 것으로, 춤을 배우고 활쏘기를 배우고 금슬(琴瑟)을 배우는 따위와 같은 것'이라고 하였습니다.[752] 주자 또한 '거상 중에 독서를 하지 않는다는 문구는 애초에 없다.'[753]라 하여 수황(壽皇)의 산릉(山陵)을 잡기 전에 경연(經筵)을 열도록 청하였으니,[754] 이전 현인들이 강학을 시급히 여긴 것

751 거상……읽는다 : 《예기(禮記)》 〈곡례 하(曲禮下)〉에 "거상할 때에, 장례하기 전에는 상례(喪禮)에 관한 글을 읽고, 장례하고서는 제례(祭禮)에 관한 글을 읽고, 상복을 벗고 일상으로 돌아오면 악장(樂章)을 읽는다.〔居喪, 未葬讀喪禮, 旣葬讀祭禮, 喪復常讀樂章.〕"라고 하였다.

752 단궁(檀弓)의……하였습니다 : 《예기(禮記)》 〈단궁 상(檀弓上)〉에 "대공에는 업을 그만둔다.〔大功廢業.〕"라고 하였는데, 《예기집설(禮記集說)》의 주에 "'업'이란 몸에 익히던 것이니, 춤을 배우고 활쏘기를 배우고 금슬을 배우는 따위와 같은 것이다. 그만두는 것은 슬픔을 잊을까 염려해서이다.〔業者, 身所習, 如學舞、學射、學琴瑟之類. 廢之者, 恐其忘哀也.〕"라고 하였다.

753 거상……없다 : 이 말은 《주자어류(朱子語類)》 권87 〈예(禮)4 곡례(曲禮)〉에 "거상 중에 독서해서는 안 된다는 글이 애초에 없다.〔居喪, 初無不得讀書之文.〕"라고 보인다.

이 이와 같습니다. 이는 참으로 임금의 덕을 성취시키는 일이 오로지 강학에 달려있어서 하루도 비우거나 늦출 수 없기 때문인데, 거상하며 담박하게 지내는 중에는 선한 단서의 발현이 더욱 긴절하니, 이때에 강학에 임한다면 위의(威儀)를 단속하고 사려를 전일하게 할 수 있을 것입니다. 또 이때 접하는 자는 어진 사대부이고 강독하는 책은 성현의 가르침이니, 이는 비단 학문을 진전시키는 데에 쉽게 효험을 볼 뿐만이 아니라 아울러 예를 다하는 데에도 도움이 될 것입니다. 더구나 기년의 복제는 자최 ・참최와는 다르고 어린 나이에는 배움에 더욱 힘써야 하니, 슬픔 때문에 강학을 정지하여 오래 끊어지게 해서는 안 될 듯합니다."

라고 하였다.

우상 임한호(林漢浩)가 선생의 의논을 인용하여 아뢰자, 소대를 행하도록 명하고, 얼마 후 집의에 제수하였다.

임오년(1822년, 순조22)에 춘궁(春宮 세자)의 진후(疹候)가 평복(平復)되자, 상소를 올려 축하하지 못한 죄를 청하고 이어서 말하기를,

"예전에 선조(宣祖)께서 편찮으셨을 때에, 선정신 이이(李珥)가 '큰 병을 앓은 뒤에는 선한 단서가 개발된다.'라고 하여, 연석에서 진달할 적에 말을 성대하게 하여서 그 말이 임금의 마음을 감동시킬 수 있었습니다. 지금 세자가 평소의 건강을 회복하여 서연을 장차 열게 되었으니, 한 생각의 선함을 보양하고 확충하여 때로 민첩히 하는

754 수황(壽皇)의……청하였으니 : 수황(壽皇)은 '지존수황성제(至尊壽皇聖帝)'를 줄인 말로, 남송(南宋) 효종(孝宗)의 존호(尊號)이다. 이 내용은《주자대전》권14〈경연유신면진사사차자(經筵留身面陳四事箚子)〉에 보인다.

학업[755]에 광명을 이어나가는 것이 마치 샘물이 처음 나오고 불이 처음 타오르듯 할 것입니다.[756] 그러니 이 기회를 잃어선 안 되고 이때를 늦춰서는 안 됩니다."

라고 하였다.

계미년(1823년, 순조23)에 승정원 동부승지에 발탁되고 연이어 돈녕부 도정, 형조 참의에 제수되었다. 병술년(1826년)에 대사간 오한원(吳翰源)이 상소하여 재야 유현들을 초치할 것을 청하고 우상 심상규(沈象奎) 공이 이를 이어서 아뢰니, 이에 특별히 동부승지에 제수하고 특별한 유지로 정중히 불렀다. 선생은 부주(附奏)하여 간곡히 사양하였는데, 상이 연이어 돈독한 유지를 내리며 이르기를,

"자기의 지조를 지키는 일을 고상히 하고 왕후(王侯)를 섬기지 않는 것은 옛 열국의 선비가 열국의 임금에게 행하던 것이지 오늘날의 군신을 이르는 것이 아니다."

라고 하였다. 이에 선생이 상소를 올려 거듭 간청하며 아뢰기를,

"《주역》〈고괘(蠱卦) 상구(上九)〉에 '왕후를 섬기지 않고 자기의 지조를 지키는 일을 고상히 한다.'라고 하였는데, 정자(程子)의 전(傳)

755 때로……학업 : 뒤처질까 염려하며 항상 민첩한 태도를 유지하며 공부하는 것을 말한다. 이 말은, 상(尙)나라 고종(高宗)이 부열(傅說)에게 가르침을 줄 것을 청하자 부열이 말하기를, "오직 배움은 뜻을 겸손하게 해야 합니다. 힘써서 때로 민첩하게 하면 그 닦여짐이 올 것입니다.〔惟學遜志, 務時敏, 厥修乃來.〕"라고 한 데서 온 말이다.《書經 說命下》

756 샘물이……것입니다 : 이는《맹자(孟子)》〈공손추 상(公孫丑上)〉에 보이는 말로, "무릇 사단이 나에게 있는 것을 다 넓혀서 채울 줄 알면 마치 불이 처음 타오르고 샘물이 처음 솟아오르는 것과 같을 것이다.〔凡有四端於我者, 知皆擴而充之矣, 若火之始然、泉之始達.〕"라고 하였다.

에 말하길, '현인과 군자가 좋은 세상을 만나지 못해서 고결함으로 스스로 지켜서 세상의 일에 얽매이지 않는 것이다. 옛사람 중에 이것을 행한 자가 있으니, 이윤(伊尹)・태공망(太公望)의 초기와 증자(曾子)・자사(子思)의 무리가 이러한 분들이다.'라고 하였습니다. 우주 간에 본래 이러한 도리가 있어서 '영달하면 천하를 겸하여 선하게 하는 자'[757]와 나란히 행해져도 모순되지 않으니, 진실로 이는 은거하며 세상을 잊는 데에 과감한 자의 부류만을 가리키는 것이 아닙니다. 그러니 열국의 선비를 가지고 여기에 해당시켜서는 안 될 듯합니다.

돌아보건대 지금은 세대가 내려오면서 풍속이 야박해졌고 현인들과의 거리가 멀어져 은택이 끊겼습니다. 그래서 선비들은 경전을 버리고 법가(法家)・필사(拂士)의 풍도를 벗어나서 다만 과환(科宦)과 이록(利祿)이 있는 줄만 알고 다시는 민이(民彝)와 물칙(物則)[758]의 중요함을 알지 못하니, 지금의 도를 따라서 지금의 풍속을 변화시키지 않으면,[759] 삼강(三綱)이 무너지고 구법(九法)이 매몰

757 영달하면……자 : 이 말은 《맹자》 〈진심 상(盡心上)〉에, "옛사람들은 뜻을 얻으면 은택이 백성에게 가해지고, 뜻을 얻지 못하면 몸을 닦아 세상에 드러냈으니, 곤궁하면 그 몸을 홀로 선하게 하고, 영달하면 천하를 겸하여 선하게 한다.〔古之人得志, 澤加於民, 不得志, 修身見於世. 窮則獨善其身, 達則兼善天下.〕"라고 한 데에 보인다.

758 민이(民彝)와 물칙(物則) : 민이는 사람이 하늘로부터 부여받은 떳떳한 본성을 말하고, 물칙은 사물의 법칙을 말한다. 이는 《시경(詩經)》 〈대아(大雅) 증민(烝民)〉의 "하늘이 백성을 내시니 사물이 있는 곳에 법칙이 있도다. 백성이 지닌 본성은 이 아름다운 덕을 좋아하도다.〔天生蒸民, 有物有則. 民之秉彝, 好是懿德.〕"라는 말에서 온 것이다.

759 지금의……않으면 : 이 말은 《맹자(孟子)》 〈고자 하(告子下)〉에, "지금의 도를

됨[760]을 보게 될 것입니다. 전하의 이 하교가 한 때의 단장취의(斷章取義)에서 나온 줄을 진실로 알고 있으나, 왕의 말은 한번 나오면 법이 되고 가르침이 되므로 대대로 이를 천하의 법칙으로 삼을 것입니다. 그러니 혹여 후배 초학자들이 성상의 뜻을 깊게 연구하지 못하고서 '지조를 지킴을 고상히 하는 일은 오늘날의 조정에서 행해서는 안 된다.'라고 잘못 인식한다면, 분주하게 뛰어나오는 행동을 갈수록 더하게 되어 나아갈 줄만 알고 물러날 줄은 모르게 될 것입니다. 어찌 근심스럽지 않겠습니까. 가령 신이 성상 앞에 나아가서 시무를 극론한다 하더라도 그 말은 정학(正學)을 높이고 선비의 취향을 바르게 하는 것을 제일의 급선무로 삼는 것에 지나지 않을 것입니다. 그런데 신이 거짓으로 무릅쓰고서 은총을 도둑질한다면 군자에게 버림을 받을 것이니, 신의 입에서 나온 말을 어찌 사람들이 흡족하게 듣겠습니까. 마음속의 생각을 숨기지 않고 다 아뢰었으니 더욱 죽을

따라 지금의 풍속을 바꿈이 없다면, 비록 천하를 준다 하더라도 하루아침도 차지할 수 없을 것이다.〔由今之道, 無變今之俗, 雖與之天下, 不能一朝居也.〕"라고 보인다.

760 삼강(三綱)이……매몰됨 : 삼강은 인륜의 기본이 되는 세 가지 강령으로 군신간의 도리를 말하는 군위신강(君爲臣綱), 부자간의 도리를 말하는 부위자강(父爲子綱), 부부간의 도리를 말하는 부위부강(夫爲婦綱)을 이른다. 구법은《서경》〈홍범(洪範)〉의 '구주(九疇)'를 가리키는 것으로, 천하를 다스리는 아홉 가지 대법(大法)인바, 곧 오행(五行)·오사(五事)·팔정(八政)·오기(五紀)·황극(皇極)·삼덕(三德)·계의(稽疑)·서징(庶徵)·오복(五福)과 육극六極)이다. 한유(韓愈)의 〈여맹간상서서(與孟簡尙書書)〉에 "양주와 묵적이 서로 어지럽힘에 성현의 도가 밝아지지 못하고, 성현의 도가 밝지 못하면 삼강이 매몰되고 구법이 무너지며 예악이 무너지고 이적이 횡행할 것이니, 어찌 금수가 되지 않을 수 있겠는가.〔楊墨交亂而聖賢之道不明, 聖賢之道不明, 則三綱淪而九法斁, 禮樂崩而夷狄橫, 幾何其不爲禽獸也?〕"라고 한 말이 보인다.

죄를 지었습니다."

라고 하였다. 이에 곧바로 승지(承旨)에서 체차하고, 가설 찬선(加設贊善)에 제수하였다.

당시 상이 세자를 데리고 건릉(健陵)에 행차하였는데, 선생은 경진년(1820)부터 이미 노호(鷺湖)에 살고 있었는지라, 연로(輦路 어가가 지나가는 길)에 가까워 마음이 편치 않았으므로 월곡(月谷)의 분암(墳庵)[761]에 가서 머물렀으며, 수레가 지나가기를 기다려 원동천(院洞川)에서 공손히 맞이하였다. 상이 승지를 보내어 구유(口諭 구두로 불러준 유시)를 내리시고, 동궁(東宮)도 궁관(宮官)을 보내어 안부를 물으시니, 선생이 구두로 진달하기를,

"선정신 송시열(宋時烈)이 숙묘(肅廟 숙종)께 고하기를, '바라건대 저하께서는 그릇된 사람을 가까이하지 마시고, 나쁜 말을 듣지 마시며, 놀고 거처할 때를 삼가시고, 먹고 마시는 것을 절제하시며, 어진 이를 친히 하고 선비를 사랑하며, 배우기를 부지런히 하고 묻기를 좋아하소서. 그렇게 하시면 성덕(聖德)을 이루어 우리 종묘사직과 백성의 바람에 부응하실 수 있을 것입니다.'라고 하였으니, 이것이 어찌 금일 저하께서 힘써야 할 바가 아니겠습니까. 다만 신은 이미 출사하지 않은 몸이라 말을 낼 수 없으니, 어리석은 저의 충심이 격동하므로 삼가 외워서 아룁니다."

라고 하였다.

환궁할 때에 주상과 세자가 선유(宣諭)하기를 처음처럼 하니, 선생

761 월곡(月谷)의 분암(墳庵) : 월곡(月谷)은 오희상의 조부 오원을 장사지낸 곳이다. 분암(墳庵)은 묘지 가까이 지은 재실이다.

이 이전에 진달하면서 미처 다 하지 못한 뜻을 다시 들어 거듭 세자를 면려하였다. 도성에 돌아간 후에 상이 다시 사관을 보내 특별한 유지를 내리고 이어서 함께 오기를 명하니, 선생이 부주하여 말하기를,

"옛 사람이 말하길 '신하가 군주를 모실 적에 지조를 지킴이 첫 번째이고 보은은 그 다음이다.'라고 하였으니, 신은 일찍이 이 말에 의미를 두어 이것을 지키고 따라서 허물을 적게 하고자 하였습니다. 신의 허다한 기망(欺罔)의 죄를 이미 속죄하기 어려우니, 오직 출처거취(出處去就)에 있어서 잘못하는 데 이르지 않아 한 몸의 염치와 의리를 조금이나마 지켜서 선유(先儒)의 법문을 배반하지 않는 것이 곧 이른바 '이 마음을 가지고 부처님 은혜에 보답한다.'[762]는 것이 될 것입니다. 신이 만일 임금의 위엄을 두려워하여 지키던 지조를 잃는다면, 이는 큰 바탕이 이미 무너진 것이니, 장차 무엇을 가지고 은혜에 보답하겠습니까?"

라고 하였다. 특별한 유지를 거듭 내리고 더욱 정중히 재촉하며 부르니, 선생이 계와 소를 올려 힘을 다해 사양하였다. 이에 상이 '함께 오라'는 명을 거두어들일 것을 특별히 명하였다.

762 이……보답한다 : 은혜에 보답하지 않음으로써 도리어 은혜에 보답한다는 뜻으로, 곧 벼슬에 나가서 국무에 종사하는 것만이 임금의 은혜에 보답하는 길이 아니라, 벼슬에 나가지 않고 자신을 수양하는 것도 임금의 은혜에 보답하는 한 가지 길이 된다는 뜻이다. 이 말은 《능엄경(楞嚴經)》의 말로, 원문은 "이 깊은 마음을 가지고서 무수히 많은 세계의 중생을 받드는 것, 이것을 이름하여 부처님 은혜에 보답하는 것이라고 하네.〔將此深心奉塵刹, 是則名爲報佛恩.〕"인데, 주희(朱熹)가 진동보(陳同甫)에게 답한 편지에서 이를 인용하여 출처(出處)를 구차히 해서는 안 된다는 의리를 논한 뒤로 위와 같은 의미로 쓰이게 되었다. 《朱子大全 卷36 書 答陳同甫》

정해년(1827, 순조27) 세수(歲首)에 세자가 동궁의 관료들에게 명령을 내려 '법강(法講)하고 소대(召對)할 적에 모두 《강목(綱目)》[763]을 진강하라.'고 하였다. 선생이 그것을 듣고 상소를 올렸는데 그 대략에,

"지난 번 세자의 명령에, 날마다 세 번 진대(晉對)할 때 모두 《강목》을 가지고 교과과정으로 삼으라고 하셨습니다. 신은 듣건대, 경(經)은 이치이고 사(史)는 일이며, 경은 순수하고 사는 잡되다고 하였습니다. 그러므로 옛사람의 독서법은 반드시 경을 우선하고 사(史)를 뒤로 하여, 의리의 광대한 강목에 푹 젖어들고 융회관통(融會貫通)하여서 이것이 마음의 주(主)가 되게 하고, 그런 뒤에 사(史)로 보충하였으니, 이렇게 하면 본말이 서로 자뢰하게 되어서 이치와 일이 일치될 것입니다. 그리고서 이것을 가지고 고금의 인물의 사정(邪正)과 사변(事變)의 득실(得失)과 왕패(王覇)·공사(公私)·선악(善惡)의 분별을 저울질하신다면, 올바른 견해가 이로 인해 정립되어서 털끝만큼도 어긋나지 않을 것입니다. 반면에 경을 뒤로 하고 사(史)를 급선무로 하여 선후가 차례를 잃는다면, 이는 비유하면 눈금 없는 저울이나 치수 없는 자와 같으니, 장차 철을 금으로 여기고 도적을 자식으로 여겨, 끝내는 공리(功利)의 굴레를 이루어서 천덕(天德)과 왕도(王道)의 학문[764]에 보탬이 없게 될 것입니다. 그

763 강목(綱目) : 《자치통감강목(資治通鑑綱目)》을 말한다. 사마광(司馬光)이 쓴 《자치통감(資治通鑑)》을 주요 사항인 강(綱)과 목(目)으로 나누어 편찬한 책으로, 주희(朱熹)가 강을 쓰고 그의 제자 조사연(趙師淵)이 강의 상세한 주석인 목을 썼다.

764 천덕(天德)과 왕도(王道)의 학문 : 왕이 자신의 덕을 닦고서 백성을 잘 다스려서 백성으로 하여금 자신의 덕을 닦을 수 있게 해주는 학문을 말한다. 천덕은 자신의 덕을 닦는 것으로 《대학》의 3강령을 가지고 말하면 명명덕(明明德)에 해당하고, 왕도는 백

러므로 주자가 일찍이 배우는 자들이 경을 버리고 사(史)를 공부해서 심술(心術)에 해를 끼치는 것에 대해 탄식하신 것이니,[765] 진실로 지극한 가르침입니다.

삼가 《국조고사(國朝故事)》[766]를 상고해보건대, 법강에는 경서를 보고 소대에는 사서(史書)를 썼으니, 빈주(賓主)와 경중(輕重)의 구분을 여기에서 볼 수 있습니다. 삼가 바라건대, 전하께서는 동궁이 옆에서 모시고 있을 때 조종(祖宗)의 아름다운 법도로 조용히 가르쳐서, 경(經)을 씨실로 삼고 사(史)를 날실로 삼아 계술(繼述 선조의 뜻을 계승하고 따름)의 도를 다할 수 있게 하소서. 이것이 신의 충심에서 나온 바람입니다."

라고 하였다. 2월에 동궁이 중요한 사무를 대리청정하자, 상소하여 처음의 정사에 힘쓸 것을 권면하였다. 이조 참의에 제수되었다가, 얼

성을 잘 다스려서 백성으로 하여금 자신의 명덕을 밝히게 해주는 것으로 3강령 중 신민(新民) 해당한다. 정호(程顥)는 "'순수하여 그치지 않음'은 바로 천덕이니, 천덕을 소유한 자라야 왕도를 말할 수 있는바, 그 요체는 다만 신독에 있다.〔純亦不已, 此乃天德也. 有天德, 便可語王道. 其要只在愼獨.〕"라고 한 바 있다.《二程遺書 卷14 亥九月過汝所聞》

765 주자가……것이니 :《주자대전(朱子大全)》 권53 〈답심숙회(答沈叔晦)〉에, "전일에 학문에 힘쓰되 책은 보지 않는다고 한 것은 진실로 한쪽으로 치우친 의론이지만, 근래에는 또 보통의 학문이 경을 버리고 사(史)를 공부해서 왕도에는 소략하면서 패도는 높이고 고금의 흥망의 변화는 극론하면서 이 마음의 존망의 단서는 살피지 않으니, 이렇게 독서할 뿐이라면 차라리 독서하지 않는 것이 더 나을 것이다.〔前日務爲學而不觀書, 此固一偏之論, 然近日又有一般學問, 廢經而治史, 略王道而尊霸術, 極論古今興亡之變而不察此心存亡之端, 若只如此讀書, 則又不若不讀之爲愈也.〕"라고 하였다.

766 국조고사(國朝故事) : 조선시대 역대 왕의 휘(諱)·재위연수·생수(生壽)·능묘 등 인적 사항과 각 왕대에 일어났던 중요사실을 뽑아 수록한 책이다.

마 후 체직되고 형조 참의에 제수되었다.

기축년(1829, 순조29)에 원손(元孫)[767]의 위호(位號)를 정하여 왕세손으로 삼고, 명을 내리기를 "유현은 다른 이들과 자별하니, 평소의 격식에 얽매이지 말고 사부(師傅)에 송 좨주(宋祭酒)와 오 찬선(吳贊善)을 임명하라."라고 하여 세손부(世孫傅)에 제수하니,[768] 이는 곧 정2품직이었다. 선생이 더욱 난처하게 여겨 상소하여 힘껏 사양하였다.

경인년(1830, 순조30)에 또 이조 참의에 제수되었는데, 5월에 왕세자가 서거하였다.[769] 예조 낭관이 대전(大殿)의 복제(服制)에 대해 물어오자, 선생이 대답하기를,

"이 예는, 고례(古禮)를 깊이 이해했던 영종대왕(英宗大王)께서 정하여 3년으로 하고 이 내용을 특별히 《상례보편(喪禮補編)》에 기재하여 천고의 잘못을 한번 씻어냈으니,[770] 길이 후세에 드리울 만하

767 원손(元孫) : 1827년(순조27) 7월 18일에 태어난 원손으로, 효명세자와 세자의 빈이었던 신정왕후(神貞王后) 사이에서 태어났는바, 이가 뒷날의 헌종이다.

768 사부(師傅)에……제수하니 : 송 좨주는 좨주를 맡고 있던 송치규(宋稚圭)로, 송치규는 세손사(世孫師)에 제수되고, 오희상은 세손부에 제수되었다. 《純祖實錄 29年 11月 27日》

769 5월에 왕세자가 서거하였다 : 1830년(순조30) 5월 6일에 효명세자가 병으로 서거하였다.

770 이 예는……씻어냈으니 : 아버지가 장자를 위해서 어떤 복을 입어야 하는지에 대하여, 《의례(儀禮)》 〈상복(喪服) 참최(斬衰)〉에 "아버지가 장자를 위하여 참최 삼년(斬衰三年)을 입는다."라고 하였는데, 가공언(賈公彦)의 소(疏)에서는 이것이 적자에서 적자로 3대를 계승한 경우에만 해당된다고 하였으며, 《경국대전(經國大典)》에는 장자나 차자의 구별 없이 기년복을 입는다고 되어 있어, 이에 대한 논란이 있어 왔다. 그러다 1752(영조28)에 영조가 장자(長子)의 상(喪)에 입어야 할 복제에 대해 수의(收議)한 뒤, 경자년(1720, 경종즉위년)에 군신(君臣)의 복제(服制)에 대하여 고례(古禮)

다. 무릇 우리 후현(後賢)과 후왕(後王)은 진실로 이에 의거하여 행해야 하고, 이전 조정의 병오년 기복제(期服制)[771]와 같은 경우는 그 사이에 정밀한 의리(精義)가 따로 있었던 것이니, 지금 정체(正體)의 지위에 있는 경우[772]에는 다시 의논할 것이 없을 듯하다." 라고 하였다.

이때 예조가 이미 《상례보편(喪禮補編)》의 제도를 가지고 입계(入啓)하고 이어서 함께 상의할 것을 청하였는데, 대신(大臣)들은 모두 행하기 어려운 점을 말하고 유신(儒臣)들은 또한 대답하지 않았다. 이에 선생이 말하기를,

"소현세자(昭顯世子)의 상에 동춘(同春 송준길(宋浚吉))과 여러 명유(明儒)들이 모두 3년상을 행할 것을 청하였고, 우암(尤菴 송시열(宋時烈)) 또한 일찍이 말하길 '소현세자의 상에 인조께서 국제(國制)를 따르시어 다만 기년복을 입으셨는데, 경(經)에 의거한다면 실로 참최복을 입어야 하는 것이다. 이미 소현세자를 위해 장자복(長子服)을 입었다면, 효종을 위하여 중자복(衆子服)을 입어야 하는 것은

를 회복시켰던 일을 근거로 하여 장자를 위해 3년 동안 참최복을 입는 예(禮)를 회복시킬 것을 명하고, 아울러 이를 《국조상례보편(國朝喪禮補編)》에 기재하도록 하였다. 《國朝喪禮補編 卷4 服制》

771 이전……기복제(期服制) : 병오년은 1786년(정조10)으로, 이해 5월에 정조의 맏아들 문효세자(文孝世子)가 5세의 나이로 갑자기 병사하였는데, 문효세자의 상에 정조가 어떤 복을 입어야 하는지에 대한 논의가 있었다. 논의 끝에 정조는 자최기년복을 입는 것으로 정하였다. 《正祖實錄 10年 5月 13日·14日》

772 지금……경우 : 정체는 종통(宗統)을 이어받은 적장자(嫡長子)를 의미하는바, 효명세자는 순조의 맏아들이자 순원왕후의 소생으로서 세자에 책봉되었으므로 정체의 지위라고 하는 것이다.

의심할 여지가 없다.'라고 하였으니, 이 의리를 미루어 보면 금일의 복제를 정할 수 있다."

라고 하였다. 선생은 나라에 예(禮)와 관련된 크고 작은 일이 생기면 매번 자문을 받았으나 모두 사양하고 답하지 않았고, 오직 답한 것은 신사년(1821, 순조21)의 '서연(書筵)을 열고 중지하는 문제'에 대한 것과 이해에 있었던 복제(服制)에 관한 것뿐이었으니, 이 문제들은 세자의 학문을 권면하고 나라의 예를 바로잡는 것들이어서 그만 둘 수 있는 것이 아닌지라 부득이하게 했던 것이다.

8월에 빈궁(殯宮)에 화재가 일어나자 상소하여 위로의 뜻을 아뢰고 겸하여 여러 관직을 사양하니, 특별히 이조 참의에서 체차되고 얼마 뒤에 공조 참의에 제수되었다. 왕세손을 책봉할 때에 특별한 유지로 정중히 불렀는데, 선생은 병이 심해져 위독하다는 글로 부주(附奏)하였다.

임진년(1832, 순조32)에 세손이 처음으로 서연을 열었는데, 영의정 남공철(南公轍) 공이 선생을 초치할 것을 청하고 이어서 가설 찬선(加設贊善)에 제수할 것을 청하였다. 이에 선생을 다시 찬선에 제수하여 상이 돈독한 유지로 불렀는데 그 말씀의 뜻이 매우 간절하였다. 선생이 받들어 읽고는 눈물을 흘리며 말하기를, "내가 만일 나가서 벼슬을 할 수 있다면 세신(世臣)이 의리를 다하는 도에 있어서 어찌 벼슬하지 않음을 공손함이라고 여길 수 있겠는가.[773] 이미 함부로 나아갈 수 없는

773 세신(世臣)이……있겠는가 : 세신은 여러 대에 걸쳐 중요한 지위를 차지한 신하를 배출하여 국가와 화복을 함께하는 유서 깊은 명문 세가(名門世家)를 말한다. 《孟子 梁惠王上》 오희상의 집안 역시 세신의 집안이라고 할 수 있으니, 만약 현재 조정에

데 앉아서 총애의 명을 받고 있으니, 다만 은혜를 저버리고 나라를 등지는 죄를 더할 뿐이다."라 하고, 실제 병세를 다시 아뢰었다. 또 상소하기를,

"맹자(孟子)께서 '들어가면 법가(法家)와 필사(拂士)가 없고, 나오면 적국(敵國)과 외환(外患)이 없는 경우는 나라가 항상 망한다.'라고 하셨습니다.[774] 돌아보건대, 지금은 법가와 필사가 하나도 남아있지 않고 사사로운 뜻이 하늘을 뒤덮어서 유교가 끊어지고 세도(世道)가 쇠망하였으니, 적국과 외환을 기다리지 않고도 실로 위급한 상황이 있게 되었습니다. 그럼에도 백성들의 마음이 이반하지 않고 백성들의 목숨이 지켜져서 토붕와해(土崩瓦解)[775]의 지경에 이르지 않을 수 있는 것은, 진실로 한 명의 원량(元良)[776]이 억만년의 무궁한 아름다움의 기반이 될 수 있기 때문입니다.

주자는 '아름다운 자질은 얻기 쉬우나 지극한 도는 듣기 어렵다.'라고 하였고,[777] 선정신 조광조(趙光祖) 또한 일찍이 조정에 건의하

나아가 벼슬할 수 있는 입장이라면 나라와 운명을 함께 해야 하는 세신의 집안에 속한 사람으로서 어찌 벼슬을 사양함을 공손함으로 여길 수 있겠냐는 말이다.

774 맹자(孟子)께서……하셨습니다 : 360쪽 주380 참조.

775 토붕와해(土崩瓦解) : 흙이 무너지고 기왓장이 깨지듯이 일이 완전히 망가져서 수습할 수 없는 지경을 말하는데, 민심이 이반되어 민란이 일어나 나라가 혼란해짐을 의미한다.

776 원량: 태자를 가리키는 말로《서경》〈태갑 하(太甲下)〉에 "한 사람이 크게 선하면 만방이 바르게 될 것이다."(一人元良 萬邦以貞)고 하였고,《예기(禮記)》〈문왕세자(文王世子)〉에 "한 사람의 원량이 있으면 만국이 바르게 된다는 것은 세자를 이른 것이다."(一有元良 萬國以貞 世子之謂也)라는 말이 나온다.

777 주자는……하였고 : 이 말은《논어집주(論語集註)》의 주석에 보이는 말로, 〈공

기를 '옛 사람은 임신했을 때에도 오히려 태교를 두었는데, 하물며 지각이 있는 때이겠습니까. 특이한 자질은 믿을 수 없으니, 재기(才氣)가 남보다 뛰어난 자는 선을 행하는 것이 진실로 쉽지만, 악을 행하는 것도 어렵지 않습니다.'라고 하였으며, 또 말하기를 '옛 사람이 바른 사람으로 하여금 태자와 거처하게 하고자 했던 것은 태자가 현자를 친히 하고 선비를 사랑하는 마음을 기르기를 바랐기 때문입니다. 삼대 이후에는 태자를 잘 보양하지 못했기 때문에 혼란과 멸망이 서로 이어져서 훌륭한 정치를 볼 수 없었습니다.'라고 하였습니다. 그렇다면 가르침은 일찍 하지 않을 수 없고, 바른 사람은 간택하지 않을 수 없는 것입니다.

지금 춘궁(春宮 세자)의 옷의 길이가 점점 길어져서[778] 숫자를 가르칠 나이[779]가 되었는데 이제야 강관(講官)을 접하게 하시니, 정자(程子)가 이른바 '밥을 먹을 줄 알고 말을 할 줄 아는 때'[780]와 비교해보면

야장(公冶長)〉 27장의 "10호쯤 되는 조그만 읍에도 반드시 나처럼 충신한 자는 있지만 나처럼 배우기를 좋아하지는 못할 것이다."라는 공자의 말에 대한 주석이다.

778 옷의……길어져서 : 나이가 많아짐을 말한다. 《예기(禮記)》〈곡례 하(曲禮下)〉에, "천자의 나이를 물으면, '들으니 이제 비로소 몇 자 길이의 옷을 입으신다고 한다.'라고 답한다.〔問天子之年, 對曰: 聞之, 始服衣若干尺矣.〕"라고 한 데서 온 말이다.

779 숫자를 가르칠 나이 : 6세를 말한다. 《예기(禮記)》〈내칙(內則)〉에, "6세가 되면 숫자와 방위의 이름을 가르친다.〔六年, 教之數與方名〕"라고 한 데서 온 말이다.

780 정자(程子)가……때 : 정자는 정이(程頤)이다. 정이의 〈상태황태후서(上太皇太后書)〉에 "옛사람들은 자식을 낳음에 밥을 먹을 줄 알고 말을 할 줄 알면 가르쳤다. 대학의 방법은 미리함을 우선으로 삼는다. 사람이 어렸을 때에는 지식과 생각에 주장하는 바가 없으니, 마땅히 올바른 말과 지극한 의논을 가지고 날마다 어린 아이 앞에서 말해주어야 한다. 비록 분명히 알지 못하더라도 우선 귀가 따갑도록 떠들어서 귀에

너무 늦은 것입니다. 그런데도 아직 '서연관을 신중하게 선발하기를 조종(祖宗)의 성대했던 시절의 좋은 규례처럼 한다.'는 말을 듣지 못했으니, 이렇게 하면서 세자의 자질을 양성하여 세자의 학문을 일취월장시켜 훗날 지치(至治)의 터전으로 삼기를 바란다면, 참으로 어렵지 않겠습니까.

아! 종묘사직의 큰 계획은 세자를 교육시키는 것보다 급한 것이 없으니, 편안하게 지내며 세월을 헛되이 보내게 해서는 결코 안 됩니다. 간절히 바라건대, 전하께서는 후손을 편안히 하는 큰 계책[781]을 생각하시어 보필하고 장전(掌銓 인재의 전형을 관장함)하는 신하들에게 명하여, 사심 없이 대양(對揚 왕의 명을 받아서 천하에 알림)해서 강원(講員)은 가려서 뽑되 임무를 맡겨 성공을 책임지게 하고, 진대는 자주하되 일정한 격식에 구애받지 않게 하며, 강독하는 외에 비록 편안히 거처하고 장난치며 놀더라도 반드시 대부분 외당(外堂)에 있게 해서, 점차 법도에 젖어들어 익숙해지고 그른 사람과 친해지지 않게 하소서. 그렇게 하면 바름을 기르고 성공을 이루는 공이 진실로 여기에 있을 것입니다. 신은 손을 모아 기원하며 간절히 바

차고 뱃속에 가득하게 하여야 한다. 오랫동안 이렇게 하면 자연히 편안하고 익숙해져서 마치 고유한 것처럼 될 것이니, 비록 딴 말로 유혹하더라도 들어갈 수 없게 된다. 만약 가르치기를 미리하지 않았다가 점점 장성함에 이르러, 사사로운 뜻에 편벽되게 좋아하는 것이 안에서 생기고 여러 사람들의 변론하는 말이 밖에서 침식하면 순수하고 완전하기를 바라나 될 수 없을 것이다."라고 하였다.

781 후손을……계책 : 원문의 '이연굉모(貽燕宏謨)'는 《시경》 〈대아(大雅) 문왕유성(文王有聲)〉에 "후손에게 좋은 계책을 남겨 주어, 공경하는 아들을 편안하게 하시니, 무왕은 훌륭한 군주시도다.〔詒厥孫謀, 以燕翼子, 武王烝哉.〕"라고 한 말을 원용한 것이다.

라마지 않습니다."

라고 하였다. 이어서 직명을 체직해주기를 바라니, 마침내 공조 참의에서 해임되었다.

선생은 세자를 가르치는 하나의 일에 대해 항상 끓는 피가 뱃속에 가득 차있어서, 전후로 상소를 올리되 번독(煩瀆)함을 꺼려하지 않고서 말하기를 "지위에 있는 사람들을 두루 돌아봄에 한 사람도 이것을 마음에 두는 이가 없으니, 내 조금이나마 깨우쳐주고자 하나 내 말을 건성으로 듣는 것을 어찌하겠는가."라고 하였다. 매번 세자시강원 관료와 대면하여 대화를 하다가 보도(輔導)가 소략한 부분을 들으면 종종 오열하니, 옆에서 지켜보는 자들이 감탄하였다.

선생은 타고난 기질이 매우 약했지만 양생함에 방도가 있어서 만년에 더욱 건강했다. 근년에 추위로 기침병을 앓았는데 계사년(1833 순조33)에 이르러 심해졌다. 한 달 동안 심한 설사를 하여 기식이 끊기려 하였으나 오히려 세수와 빗질을 멈추지 않았다. 모시는 자가 멈추기를 청하니, 선생이 "이렇게 하지 않으면 마음이 어지러워진다."고 하였다. 자제들이 생각을 그치고 편안하게 계실 것을 청했는데, 선생이 웃으며 말하기를 "어찌 나를 죽음을 슬퍼하는 사람이라고 여기는가. 조금도 돌아보거나 연연해하는 것이 없다. 다만 죽음이 아직 이르지 않았는데 미리 의원과 약을 끊는 것 또한 명을 순히 받는 방도가 아니므로 너희들이 하는 대로 맡기는 것이다."라고 하였다. 이로부터 병이 날로 심해졌으나 정신과 기운은 편안하기가 평소와 같았다. 10월 갑진일 유시(酉時)에 고종명(考終命)하니, 향년이 71세이다.

부음이 알려지자 상이 하교하시기를 "이 유현은 비록 한 번도 조정에 나온 적이 없지만, 평소 조정의 예우가 과연 어떠하였는가? 지금 그가 서거했다는 소식을 들으니, 매우 놀랍고 슬프도다. 상을 치르는 데 필요한 비용을 넉넉하게 보내주도록 하라."고 하였다. 성복(成服)하는 날에 세손이 동궁의 관료를 보내 조문하였고, 벗과 문인으로서 가마(加麻)[782]한 자가 40여 명이었으며, 태학 및 그 관할 하의 사당과 서원의 제생들이 모두 조문하고 제사하였다. 12월 계축일에 광주(廣州) 성곶면(聲串面) 이호리(梨湖里)의 임좌(壬坐)의 언덕에 장사지냈다.

선생은 몸가짐이 단정하였고 어깨와 등이 꼿꼿하였으며 정신은 온축되었고 행동거지는 느긋하였으며 성긴 눈썹에 수염이 아름다웠고 눈빛이 빛나서 영기(英氣)가 있었다. 타고난 재분(才分)이 매우 뛰어나 성품이 맑고 명랑하였고 자애롭고 신실하고 화이하고 정직하였으며, 일찍이 문정공의 솔선수범하는 가르침을 받아서 이미 진정으로 마음을 써야 할 곳이 있음을 알았다. 법도로써 스스로를 단속하여 작은 일이건 큰일이건 반드시 조심해서 오래 지나서야 여유롭고 편안하였으니, 사람들이 모두 선생을 아끼고 공경하였다. 비록 여러 대에 걸쳐 현귀(顯貴)하였던 가문의 사람으로 서울에서 나서 자랐지만, 본디 초야에 은거하여 장수(藏修)[783]하려는 소원을 품고 있었으니, 한 번 과장(科場)에 나아간 것[784]은 부친의 명 때문이었다. 마침내 학문에 헌신하

782 가마(加麻) : 벗이나 스승, 제자는 상복을 입지 않기 때문에 심상(心喪)의 표시로 3개월 혹은 1년 동안 겉옷에 삼베 헝겊을 붙여 애도의 뜻을 표하는데 이것을 '가마'라고 한다.

783 장수(藏修) : 학업을 항상 마음에 두고 익히는 것을 말하는바, 《예기(禮記)》 〈학기(學記)〉에 "군자는 학문할 적에 장하고 수하고 유하고 식한다.〔君子之於學也, 藏焉, 修焉, 息焉, 遊焉.〕"라고 한 데서 온 말인데, '장(藏)'을 공영달(孔穎達)은 '학업을 마음에 항상 품고 있음〔心常懷抱學業〕'으로 해석하였다. 《禮記註疏 卷36 學記》

여 옛 성현과 같게 되기를 스스로 기약하는 것으로 서원하였다. 공부하는 것이 차례를 따라 정밀한 데로 나아가고 침잠(沈潛)하여 연역해서 자득을 위주로 하도록 힘썼다. 그러면서도 법도를 삼가 지켜서 천착하여 창신(創新)하는 것과 대충 섭렵하여 겉에만 치중하는 것을 깊이 경계하였다. 널리 배움을 말미암아 요약함으로 돌이켜서[785] 점차 순수한 경지에 이르렀으되, 깊은 식견과 밝은 지혜로 닿는 곳마다 환하게 꿰뚫어보았다. 성명(性命)의 깊은 이치를 궁구하고 조화(造化)의 기미를 연구하였으며, 사물의 겉과 속, 정밀한 곳과 거친 곳을 분석하고 근본과 말단, 처음과 끝을 관통하였으며, 일상의 동정(動靜)을 신중히 성찰하여 앎〔知〕과 행함〔行〕이 어느 한쪽으로 치우지지 않았다.

항상 말하기를, "앎이 충분한 경지에 이르면 자연히 행하게 되어서 그만두려 해도 그만둘 수 없으니, 알면서도 행하지 못하는 것은 결국 앎에 다소 미진함이 있는 것이다."라고 하였다. 또 말하기를, "앎에 있어서는 그 큼을 보고 행함에 있어서는 그 중함을 본다면, 한쪽에 치우치면 한쪽에 병통이 생기는 문제를 거의 면할 것이다."[786]라고 하였

784 한 번……것 : 오희상은 1783년(정조7) 가을에, 본생부 오재순의 명을 따라 21세의 나이로 감시(監試) 초시(初試)에 응시한 바 있다. 《老洲集 卷27 年譜》

785 널리……돌이켜서 : 글을 널리 배우고서 그 의미를 깊이 이해하여 그것들을 일관하는 요약된 이치를 발견하여 논한다는 말이다. 요약된 이치를 발견하고 논함은 근본의 이치로 수렴하는 것이므로 박학의 확장과는 반대 방향이기 때문에 '돌이킴'이라고 한 것이다. 이 말은 《맹자(孟子)》 〈이루 하(離婁下)〉의 "널리 배우고 자세히 말하는 것은 장차 이를 돌이켜서 요약함을 말하고자 해서이다.〔博學而詳說之, 將以反說約也.〕"라는 말을 원용한 것이다.

786 앎에……것이다 : '한쪽에 치우치면 한쪽에 병통이 생김'은 《주자어류(朱子語類)》 권9 〈학삼(學三) 논지행(論知行)〉에, "치지와 역행은 공부를 함에 한쪽에 치우쳐

다. 또 말하기를, "거경(居敬)과 궁리(窮理)와 역행(力行)은 바로 학문의 요결인데, 함양을 위주로 하는 거경은 지행(知行)과 동(動)·정(靜)을 나누어 말한 것이다. 초학자들은 각각 별도의 공부가 있으니, 마땅히 번갈아 그 힘을 다 해야 한다. 그런데 공부가 성숙해지면 세 가지가 융합하여 일치하게 되니, 그제야 비로소 덕을 이루었다고 말할 수 있다."[787]고 하였다.

서는 안 된다. 한쪽에 치우치면 한쪽에 병통이 생긴다.〔致知、力行, 用功不可偏. 偏過一邊, 則一邊受病.〕"라고 보이는바, 치지는 자신의 앎을 극진하게 하는 것으로 지공부(知工夫)에 속하고, 역행은 실천에 힘쓰는 것으로 행공부(行工夫)에 속한다. 오희상은, 주희(朱熹)가 그의 지행론(知行論)에서 지선행후(知先行後)와 지경행중(知輕行重)을 주장한 데에 대하여, '행함이 앎의 귀결이기 때문에 중하긴 하지만, 시작이 없으면 완성이 없으므로 앎 역시 중요하다.'는 의견을 제출하며 이와 같이 말하였다. '앎에 있어서 그 큼을 봄'은 앎 역시 중대한 문제라는 것을 아는 것을 말한다.

787 거경(居敬)과……있다 : 거경은 동시(動時)와 정시(靜時)를 관통하여 항상 경(敬)에 거하는 것으로, 동시의 경은 이를테면 임사시(臨事時)에 공경하는 마음가짐을 유지하고 몸가짐을 엄숙하게 하는 것이고, 정시의 경은 무사시(無事時) 혹은 사려나 감정이 일어나지 않은 미발시에 마음을 성성하게 깨어있도록 하는 것이다. 거경과 궁리의 병립은, 정자(程子)의 "함양은 모름지기 경을 써야 하고, 진학은 치지에 달려 있다.〔涵養須用敬, 進學則在致知.〕"라는 말에서 분명히 제시되었는데, 이를 주희(朱熹)가 "경을 주장하여 근본을 세우고, 이치를 궁구하여 앎을 진전시킨다.〔主敬以立其本, 窮理以進其知.〕"라는 말로 정리한 뒤에 더욱 강화되었다.《二程遺書 卷18 劉元承手編》《朱子大全 卷75 程氏遺書後序》 이 병립에서 거경은 근본을 함양하는 공부이고, 궁리는 이치를 궁구하여 앎을 진전시키는 지공부인데, 유학에서는 일반적으로 지공부와 행공부를 병립시키는 전통이 있기 때문에 여기의 거경을 행공부로 이해하는 경향이 있었다. 이에 이이(李珥)는 여기에 '힘써 행하여 그 실제를 실천함〔力行以踐其實〕'을 추가하여, 본원을 함양하는 근본 공부인 거경과, 지공부인 궁리와, 행공부인 역행, 이 세 가지로 공부의 체계를 정리하였다.《擊蒙要訣 持身章第三》 여기서 오희상이 지적하는 것은, 이 세 가지 공부가 나열되었을 때의 거경은 함양을 위주로 하는 것으로서, 일반적으로

또 말하기를, "만약 단지 타고난 재분에 의지해서 좋은 사람이 되고자 할 뿐이라면 그만이지만, 그렇지 않다면 대본(大本)에 대하여 본 것이 있어야 비로소 명(明)과 성(誠) 두 가지가 모두 지극해질 수 있다."[788]라고 하였다. 항상 말하기를, "성인의 말씀은 결정정미(潔淨精微)[789]하니, 마땅히 그 맥락에 따라서 열린 마음으로 활간(活看)해야 한다. 주석에만 지루하게 매어있는 저들은 도리어 성인의 본뜻에 어두우니, 학자들은 반드시 마음을 쓰기를 고명하게 하여야 비로소 진보하는 부분이 있다."라고 하였다. 이어서 명리(名理)의 학문[790]을 하는 자

거경이 동정과 지행을 관통하는 것과 달리, 정(靜)에 속하는 것이라는 점이다. 그래서 지공부와 행공부 즉 궁리와 역행은 동시공부이고, 거경은 정시공부로서 구분된다는 것이다. 초학자는, 동시에는 궁리와 역행 공부를 하고 정시에는 거경 공부를 행하여 한쪽으로 치우치지 않도록 해야 한다는 것이 오희상의 주장이다.《老洲集 卷26 雜識〔四〕》

788 대본(大本)에……있다 : 대본은 천하의 큰 근본으로, 이는 곧 사람이 품부 받은 본성인데, 사려나 감정이 발하지 않았을 때〔未發時〕에는 편벽되거나 치우침이 없으므로 '중(中)'이라고도 한다.《중용》에 "희로애락이 미발한 것을 중(中)이라 하고, 발하여 모두 절도에 맞는 것을 화(和)라 이르니, 중(中)이란 천하의 큰 근본이고, 화(和)란 천하의 공통된 도이다.〔喜怒哀樂之未發, 謂之中; 發而皆中節, 謂之和. 中也者, 天下之大本也; 和也者, 天下之達道也.〕"라고 한 데서 온 말이다. '명'과 '성'은 명선(明善)과 성신(誠身)을 말한 것으로, 이는《맹자》〈이루 상(離婁上)〉에 "선을 밝게 알지 못하면 몸을 성실하게 하지 못한다.〔不明乎善, 不誠其身.〕"라고 보이며,《중용장구》20장에도 보인다. 명선의 선은 본성의 선함이자 만사만물의 이치인바, 명선은 지공부에 해당하고, 성신은 자신의 마음과 생각이 모두 진실하고 망령됨이 없는 것으로 행공부에 해당한다.

789 결정정미(潔淨精微) : 깨끗하고 고요하며 면밀하고 은미하다는 뜻으로, 본래는《주역》을 두고 한 말이다.《禮記 經解》

790 명리(名理)의 학문 : 성리학을 가리킨다. 성리학이 사물의 명분과 명칭을 다루면

들이 기운을 숭상하고 이기기를 힘써서 문호를 분할하고 각각 선입견을 주장하여 서로 자기 문호의 경계를 넘어서는 이가 없음을 한탄하고, 마침내 피차간의 같고 다름을 참고하여 자양(紫陽 주희(朱熹))의 성훈(成訓)에서 표준을 모았다.[791]

이기(理氣論)에 대하여 논하기를, "대요(大要)는 일원분수(一原分殊)[792]와 동정(動靜)·체용(體用) 등의 몇 가지 말에서 지나지 않는다. 일원(一原)이라는 것은 이(理)가 하나임에 기(氣) 또한 하나인 것이고, 분수는 기가 나뉨에 이 또한 나뉜 것이다. 일원의 측면에서 분수를 말하면 천지만물이 모두 분수에 속하고, 분수의 측면에서 일원을 말하면 천지만물이 각각 일원을 소유하고 있다. 일원은 정(靜)이자 체(體)인데 유행(流行)하는 부분에서 보면 정(靜) 또한 동(動)이며, 분수는 동(動)이자 용(用)인데 주재(主宰)하는 부분에서 보면 동(動) 또한

서 동시에 그 근저의 이치를 연구하는 학문이므로 이렇게 칭하는 듯하다.

791 표준을 모았다 : 원문의 '회극(會極)'은 《서경(書經)》〈주서(周書) 홍범(洪範)〉에 "편벽됨이 없고 편당함이 없으면 임금의 도가 탕탕할 것이고, 편당함이 없고 편벽됨이 없으면 임금의 도이 평평할 것이며, 상도를 위배하는 일이 없고 기욺이 없으면 임금의 도가 정직하게 될 것이니, 표준〔極〕에 모이고 표준으로 돌아올 것이다.〔無偏無黨, 王道蕩蕩; 無黨無偏, 王道平平; 無反無側, 王道正直; 會其有極, 歸其有極.〕"라고 한 데서 온 말이다. '극'은 '황극(皇極)'의 극으로, 북극의 극과 같은바, 자신은 움직이지 않고 정립해있는데 사방에서 이것을 기준으로 자신을 바로잡는 것, 즉 표준이다.

792 일원분수(一原分數) : 이일분수(理一分殊)와 같은 의미로, '근원적 측면에서 보면 천지만물이 모두 동일한 하나의 이(理)를 본성으로 지니고 있고, 현상적 측면에서 보면 각각이 처한 위치와 상황에 따라 분한과 직분이 다르다'는 말이다. 이일분수는, 정이(程頤)가 장재(張載)의 〈서명(西銘)〉을 평하면서 "〈서명〉은 이일분수를 밝힌 것이다."라고 하면서 처음 발언되었다. 《二程文集 卷10 答楊時論西銘書》

정(靜)이다."라고 하였다.

또 말하였다. "음양(陰陽)은 일기(一氣 전체의 기)의 동정(動靜)이고, 태극이 그 안에서 빠뜨림 없이 모든 기의 체(體)가 되는 것은 일리(一理 전체 본연의 이(理))의 본연이다. 이를테면 원형이정(元亨利貞)이 비록 사시(四時)가 되지만, 원(元)이 애초에 정(貞)의 기(氣)가 아닌 적이 없고 이(利)가 애초에 형(亨)의 기가 아닌 적이 없어서, 원형(元亨)이 동(動)이 되고 이정(利貞)이 정(靜)이 되지만, 정의 기가 곧 동의 기이고 동의 기가 곧 정의 기인 것인 것과 같다.[793] 이(理)가 이 안에 있으면서 유행하는 것은, 비록 모습과 정상이 기에 따라 다르지만 충막무짐(沖漠無朕)[794]하여 동하되 동이 아니고 정하되 정이 아니며[795] 양

793 이를테면……같다 : 원형이정은《주역(周易)》건괘(乾卦)의 괘사인바, 원형이정을 그 쓰임으로 말하면 생장수장(生長收藏)이 되고, 계절에 안배하면 원은 봄, 형은 여름, 이는 가을, 정은 겨울이 되며, 인성으로 말하면 원은 인(仁), 형은 예(禮), 이는 의(義), 정은 지(智)가 된다.《周易本義 卷1》이렇듯 원형이정은 드러나는 모습과 작용이 다르지만, 애초에 우주 전체의 일기(一氣)가 유행하여 변화한 것이므로 원·형·이·정의 기가 서로 연속된다고 할 수 있으며, 궁극적으로는 하나라고 할 수 있다.

794 충막무짐(沖漠無朕) : 지극히 고요하여 아무런 조짐이 없는 것을 말하는바, 이(理)는 형이상자여서 경계가 없기 때문에 무성무취(無聲無臭)이고 형적이나 조짐이 없으므로 이렇게 말한 것이다. 이 말은 본래 사람의 성을 가리켜 말한 것으로, 정이(程頤)가 '사람은 이(理)를 본성으로 간직하였기 때문에 미발시에 충막무짐하지만 그 안에 온갖 도리가 자재함'을 설명하면서, "텅 비어 조짐이 없을 적에 만상이 삼연히 이미 갖추어져 있으니, 미응이 먼저가 아니고 이응이 뒤가 아니다. 이는 100척의 나무가 근본으로부터 지엽에 이르기까지 모두 일관된 것과 같다.〔沖漠無朕, 萬象森然已具, 未應不是先, 已應不是後. 如百尺之木, 自根本至枝葉, 皆是一貫.〕"라고 한 데서 온 말이다.《二程遺書 卷15 入關語錄》

795 동하되……아니며 : 기는 형이하자로서 동하면 동하기만 하고 정하면 정하기만

(陽)에 있어도 양에 국한되지 않으며 음(陰)에 있어도 음에 국한되지 않는다. 그러므로 건(乾)의 이정(利貞)은 건(健) 가운데의 순(順)이 되고, 곤(坤)의 원형(元亨)이 순(順) 가운데의 건(健)이 되니, 동(動)과 정(靜)이 서로 포함하는 오묘함은 결국 일리(一理)일 뿐이다."[796]

또 말하였다. "지금 사람들은 다만 이(理)에 '본연(本然)' 자를 놓을 줄만 알고, 기(氣)에도 본연이 있음은 알지 못하니, 기의 본연한 곳은 곧 신(神)[797]이다. 그러나 이(理)는 일정하여 바뀌지 않고 신(神)은 만 가지로 변하여 헤아릴 수 없으니, 본연의 일원(一原)에 나아가면 이와 기의 떨어지지 않음〔不離〕을 볼 수 있고, 만 가지로 변함과 일정함에 나아가면 이와 기의 섞이지 않음〔不雜〕을 볼 수 있다.[798] 그러나

하지만, 기를 작용하게 하는 형이상자로서의 이(理)는 동하는 기에 있다고 해서 동에 한정되지 않고 정하는 기에 있다고 해서 정에 한정되지 않는다. 이를 주희(朱熹)는 "太極이 동정을 포함한다'라고 말하는 것도 괜찮고 '太極에 동정이 있다'라고 말하는 것도 괜찮지만 '태극이 곧 동정이다'라고 말한다면 이는 형이상과 형이하를 구분하지 못하는 것이다."라는 말로 설명하였다. 《朱子大全 卷45 答楊子直》

796 건(乾)의……뿐이다 : 오희상의 이 말은 녹문(鹿門) 임성주(任聖周)가 "건(乾)의 건(健)이 곧 태극인데 건(健) 안에 원형이정이 있는 것이고, 곤(坤)의 순(順)이 곧 태극인데 순(順) 안에 원형이정이 있는 것이다. 원형이정은 곧 '음양오행'이라는 것이다. 그러나 건(乾)의 원형이정은 여전히 건(健)이고, 곤(坤)의 원형이정은 여전히 순(順)이니, 본디 서로 다름에 무방하다."라고 한 것에 대한 비판으로 제기한 것이다. 오희상은 임성주의 말이 일원본연(一原本然)의 동일적 측면을 설명해주지 못한다고 보고, 이(理)는 물론이거니와 기(氣) 역시 한쪽으로 국한되지만은 않는다고 주장하며 그 논거로 '양(陽)인 건(乾)에도 음(陰)인 이정(利貞)이 있고 음인 곤에도 양인 원형이 있음'을 들었다. 《老洲集 卷26 雜識〔四〕》

797 신(神) : 심(心)을 가리키는바, 이때의 '신'은 황간(黃榦)의 형기신리설(形氣神理說)에서의 '신'이다. 형기신리설에 대한 설명은 아래 주799 참조.

이와 기는 떨어지면 둘이고 섞이면 하나이다. 그러므로 이른바 '불리부잡(不離不雜)'은 다만 '하나도 아니고 둘도 아니어서 형언하기 어려운 묘함'을 형용한 말이다. 그렇다면 주리(主理)와 주기(主氣)를 막론하고 반드시 불리(不離)에 나아가서 부잡(不雜)을 보고, 부잡에 나아가서 불리를 보아야 하는 것이니, 그래야 이와 기가 서로 필요로 하고 서로 드러내는 뜻을 볼 수 있을 것이다."

또 말하였다. "이(理)에는 본말(本末)이 없기 때문에 성(性)은 진실하여 무망(無妄)한 것이고, 기(氣)에는 본말이 있기 때문에 심(心)에는 진(眞)도 있고 망(妄)도 있는 것이다. 그러나 신(神)과 이(理)가 묘합하는 곳에 곧장 나아가서 그 본체를 보면, 거의 부합되어 서로 구별이 없다. 만약 성의 선함만 알고 기 또한 본선(本善)하다[799]는 것을 모르면, 이는 도(道)와 기(器)가 분리되어서 심(心)과 성(性)이 두

798 본연의……있다 : '불리부잡'은 이와 기, 태극과 음양, 성(性)과 심(心)의 관계를 설명하면서 주희(朱熹)가 썼던 말로, '현실적 측면에서 논하면 만물은 이와 기의 합물로 존재하므로 이와 기는 떨어질 수 없지만〔不離〕, 본체적 측면에서 논하면 이와 기는 별도의 존재로 섞이지 않아서〔不雜〕 기의 차별성과 변화에도 이는 불변의 동일성을 유지한다.'는 뜻을 지닌 말이다. 불리의 견지에서 보면 이와 기는 하나이고 부잡의 견지에서 보면 이와 기는 둘인바, 주희는 이를 "하나이면서도 둘이고 둘이면서도 하나이다.〔一而二, 二而一也.〕"라는 말로 표현하였다. 《朱子語類 卷4 性理一, 卷5 性理二》

799 기 또한 본선(本善)하다 : 심(心)이 본래 선함을 말한 것으로, 성의 순선(純善)과 대비하여 쓴 것이다. 성에는 전혀 불선함이 없으므로 '순선'이라고 하고, 심은 근본에서는 선하지만 그 발현에 있어서는 즉 말류에 있어서는 불선이 개입될 수 있으므로 본선이라고 한다. 《老洲集 卷10 答洪伯應》 이 말의 전거는 정자(程子)의 "심은 본래 선하다. 그러나 사려로 발현되면 선하기도 하고 불선하기도 하니, 이미 발하였다면 정(情)이라고 해야 하고 심이라고 해서는 안 된다.〔心本善, 發于思慮, 則有善有不善, 若旣發, 則可謂之情, 不可謂之心.〕"라는 말에 있다. 《二程遺書 卷18 劉元承手編》

개의 이치가 된 것이다. 그래서 형기(形氣)를 논하면 비록 편정(偏正)과 청탁(淸濁)의 구분[800]이 있지만 신(神)에는 편정이 없고 청탁이 없는 것이다. 다만 이(理)에 비하면 정의(情意)와 조작(造作)이 있어서 이(理)가 순일하여 무망한 것과 같지 않다. 그러므로 이(理)는 신(神)에 자리하고 신은 이(理)에 배합하여 신이 기(氣)의 근본이 되고 형(形)의 주재가 되는 것이다. 그러나 그 안으로 나아가서 또 이(理)가 기(氣)의 근본이 되고 성(性)이 심(心)의 주재가 되는 뜻을 가려내어야 비로소 준칙이 있어서 이단의 견해로 떨어지지 않는다."

또 말하였다. "우주 간에 가득 차 있는 것은 기(氣) 아님이 없는데, 만물의 안에 모두 '조화(造化)를 강기(綱紀 주재하고 다스림)하고 고금에 유행하는 정정유상(正定有常)[801]의 불역(不易)의 본체'가 있으니, 천지가 뒤집히지 않고 만사가 모두 일정한 것은 단지 여기에 말미암은 것이다. 이것이 정정당당(正正堂堂)·직상직하(直上直下)의 바른 이(

800 편정(偏正)과 청탁(淸濁)의 구분 : 편정은 사람과 물건이 품부 받은 기 사이의 편정통색(偏正通塞)의 차이를 말하는바, 주희(朱熹)는 바르고 통하는 기를 품부 받으면 사람이 되고 치우치고 막힌 기를 품부 받으면 물건이 된다고 말한 바 있다. 청탁은 사람 사이에 있는 기의 청탁수박(淸濁粹駁)의 차이를 말하는바, 주희는 통(通)한 기에는 청탁의 차이가 있고 정(正)한 기에는 수박의 차이가 있다고 하였는데, 청탁은 양(陽)적인 기의 차이를 말한 것으로 그 차이는 앎의 능력 차이로 나타나 지우(智愚)의 다름을 만들고, 수박은 음(陰)적인 기의 차이를 말한 것으로 그 차이는 실천의 능력 차이로 나타나 현불초(賢不肖)의 다름을 만든다. 《大學或問》

801 정정유상(正定有常) : 바르고 일정하며 변함이 없음을 말한다. 이는 이(理) 혹은 성(性)의 특성을 설명하는 말로, 정이(程頤)는 '중용'을 풀이하면서 "불편(不偏)을 중(中)이라 하고 불역(不易)을 용(庸)이라 하니, 중은 천하의 정도(正道)이고 용은 천하의 정리(定理)이다.〔不偏之謂中, 不易之謂庸. 中者, 天下之正道; 庸者, 天下之定理.〕"라고 한 바 있다. 《二程遺書 卷7》

理)[802]가 삼극(三極 천·지·인의 삼재(三才))을 관철하여 주재하지 않는 주재가 되는 까닭이다."

또 말하였다. "황면재(黃勉齋)의 형(形)·기(氣)·신(神)·이(理)에 관한 의론[803]이 가장 정미하고 적확하니, 그 설은 형이 있으면 기가 있고 기가 있으면 신이 있고 신이 있으면 이(理)가 있다는 것이다. 예컨대 사람의 눈·귀·손·발은 형(形)이고, 보고 듣고 굽히고 펴는 것은 기(氣)이고, 보고 듣고 굽히고 폄을 능히 할 수 있는 것은 신(神)이고, 보고 들음에 밝게 보고 분명히 듣는 준칙이 있고 굽히고 폄에 손은 공손하게 하고 발은 진중하게 하는 덕목이 있는 것은 성(性)이다."

또 말하였다. "성(性)에는 특별한 이론이 없으니, 《대학(大學)》의 지선(至善)[804]과 《중용(中庸)》의 중화(中和)에 불과할 뿐이다. 여기에

802 정정당당(正正堂堂)·직상직하(直上直下)의 바른 이(理) : 이 말은 정호(程顥)의 "중(中)은 천하의 대본이니, 천지 사이에 정정당당하고 직상직하한 바른 이치이다.〔中者, 天下之大本, 天地之間, 亭亭當當直上直下之正理.〕"라는 말에서 원용한 것이다. 직상직하는 상하를 관통함을 말한다. 《二程遺書 卷11》

803 황면재(黃勉齋)의……의론 : 황면재는 주희의 제자 황간(黃幹, 1152~1221)의 호이다. 황간은 사람의 심성과 형체를 형·기·신·이의 네 글자를 가지고 형용하였는바, 이(理)는 성(性)이고 신(神)은 심(心)이고 기(氣)는 기질(氣質)이고 형(形)은 형질(形質)인데, 형(形)에서 이(理)로 갈수록 정(精)해지는 것이라고 하였다. 《勉齋集 卷13 復楊志仁書》

804 대학(大學)의 지선(至善) : 《대학》의 삼강령은 명명덕(明明德)·신민(新民)·지어지선(止於至善)인데, 주희는 지선을 '사리의 당연한 표준〔事理當然之極〕'라고 풀이하였는바, 말하자면 지어지선은 아버지가 되어서는 '자애'에 머물고 자식이 되어서는 '효도'에 머무는 것으로, 이것이 바로 '상황에서의 중절(中節)' 즉 '시중(時中)'이다. 시중은 이발(已發)의 중으로, 미발(未發)의 중인 '불편불의(不偏不倚)'과 구분되는 것인

나아가 정밀히 살펴서 오래도록 연구하여 터득하는 바가 있으면 성(性)의 명칭과 뜻에 대한 생각이 비로소 마음에 의심 없이 분명해질 것이다."

심(心)과 기질(氣質)에 대하여 논하기를, "심(心)의 체(體)는 오행(五行)의 정영(精英)한 기가 모여서 지극히 신묘하여 본디 일신에서 가장 귀한 것이 된다. 그러므로 이로써 중리(衆理)를 갖추고 만사에 응할 수 있는 것[805]이다. 사람이 요순(堯舜)이 되고 천지에 참여할 수 있는 까닭이 어찌 그저 성선(性善)에만 있겠는가. 실로 이 심의 허령통철(虛靈洞徹 비어있고 신령하며 밝게 통함)함에 분수(分數)가 없고 우열도 없어서 이 이(理)의 선함과 간격이 없기 때문인 것이다. 심이 '통성(統性)함'과 '기를 위주로 함'을 막론하고,[806] 심의 본래면목은 진실로 이와

데, 《대학》은 임사시 · 이발시의 중을 위주로 말한 것이어서 지선도 본체보다는 작용의 측면에서 이해하게 되는 것이다. 이이(李珥)는 이 논의를 확장하여 지선을 본체와 작용을 나누고 지선의 본체가 미발의 중(中)으로서 천명의 성(性)이 된다고 하였다. 《栗谷全書 卷9 答成浩原》

805 중리(衆理)를……것 : 이 말은 《대학》의 명덕에 대한 주희(朱熹)의 해석에 보이는바, 거기에 "명덕은 사람이 하늘에서 얻은 것으로, 허령하고 어둡지 않아서 중리를 갖추고 만사에 응하는 것이다."라고 하였으며, 《맹자집주(孟子集註)》 〈진심 상(盡心上)〉에서도 '심(心)'을 해석하면서 "심은 사람의 신명이니, 중리를 갖추고 만사에 응하는 것이다."라고 하였다.

806 심이……막론하고 : 통성은 심이 성과 정을 관통하고 주재한다는 '심통성정(心統性情)'의 정의에서 온 말이고, 주기는 심을 논함에 기를 위주로 하여 한다는 것이다. 오희상의 이 말은 심홍모(沈弘模)의 〈심기질설(心氣質說)〉에 대한 평으로, '통성'과 '주기'는 심홍모가 "마음은 하나인데 통성으로 말한 것이 있고, 주기로 말한 것이 있다. 통성으로 말한 것은 《대학》의 '명덕'이고 주기로 말한 것은 주자가 '정영'이라고 한 것이다. 명덕으로 말하면 마음은 일신의 가장 귀한 것이 되어서 기질과 섞어서 칭할 수

같을 뿐이다. 그러므로 주자가 '정영(精英)'이라고 한 것은 또한 기(氣) 중에 그 본체를 구별해낸 것이니, 이로써 '그 허령함이 이 이(理)를 묘용(妙用)할 수 있어서 백체(百體)와 똑같이 취급할 수 없음'을 보인 것이다. 그렇다면 '명덕'과 '정영'이라는 이름은 비록 다르나 실제는 같은 것이다. 만약 마음을 기질과 나란히 논한다면 이는 천군(天君)을 끌어내려 백체와 같게 한 것이니, 옳겠는가."라고 하였다.

또 말하였다. "심(心)의 부위는 오행 가운데 화(火)에 속하고 몸의 가운데에 있으니, 그 광명하고 방정(方正)한 본체가 다른 장기에 비할 바가 아니다. 그래서 신명(神明)의 집이 되고 신묘불측한 작용을 간직할 수 있는 것이다. 그러나 이것을 가지고 '심(心)'이라고 하는 것은 괜찮지만 '심의 본체'라고 하는 것은 불가하다. 그 안에 본래 신령하고 생동하는, 이(理)를 묘용하고 만물을 주재하는 것이 있으니, 이것이 곧 신(神)이 하는 바로서 심의 본체가 여기에 있다. 기질을 심체에 해당시키는 자가 있으니 이는 다만 오장혈육의 심(心 심장)이 있는 줄만 알고 기의 근본이 하나임은 알지 못한 것이다. 혹 또 이것을 문제시하여 '방촌(方寸 심(心))에 기질을 붙일 수 없다.'라고 하는 자가 있는데, 이는 문제를 바로 잡으려다 너무 지나친 것으로 '심(心)이 오장 중의 하나여서 똑같이 이 기질을 가지고 있으나 다만 기질이 본체에 간여하지 못한다'는 것을 전혀 살피지 못한 것이다."

또 말하였다. "기질은 별도의 한 기(氣)가 아니니, 바로 담일지기(湛

없고, 정영으로 말하면 마음은 백체와 똑같은 품부가 되니 기질과 나란히 논할 수 있다." 라고 한 것에서 인용한 말로, 오희상은 통성이건 주기이건 마음은 기질과 동등하게 취급될 수 없다고 논하는 것이다. 《老洲集 卷21 籤論沈天老心氣質說》

一之氣)[807]의 찌꺼기로서 몸의 안팎에 두루 있는 것인데, 다만 한번 정해지면 바뀌지 않는 형질과는 달라서 그 기멸이 무상하여 마치 운무가 걷혔다가 펴졌다가 하는 것과 같다. 그래서 미발의 때에는 물러나서 한결같이 없는 것 같다가 이발하면 용사(用事)해서 방촌을 치우치게 하고 어지럽히기를 마치 구름이 해를 가리는 것처럼 하는 것이다. 그러다가 기기(氣機)가 한번 멈추어 작용을 거두어 본체로 돌아오면 또 전처럼 태청(太淸)하다. 가령 기질에 한번 정해지는 종자가 있다면 기질을 어떻게 변화시킬 수 있겠는가.

또 말하였다. "선유들이 심과 기질의 구분을 논할 때마다 번번이 정추(精粗)를 가지고 말을 해서 기의 정상(精爽)을 심에 소속시켰던 것은 진실로 바꿀 수 없지만, 본말(本末)을 가지고 말을 해서 기의 본(本)을 심에 소속시키는 것만 못하니, 이 설명에서는 하나의 기이면서 본말의 구분이 있음을 볼 수 있다. 본은 똑같을 뿐이고, 똑같지 않은 것은 말이니, 본말을 들어 정추를 포함할 수 있다."

사람과 물건의 오상(五常)에 대하여 논하기를, "지금 사람들은 오상(五常)을 너무 높게 보아서 '물건은 오상을 다 갖추어 소유하지 못한다.'고 하니, 이는 오상이 사람으로 인해 생긴 이름이지만 끝내 오행의 이(理)라는 것을 전혀 알지 못한 것이다. 나누어서 다섯이 되면 오상이

807 담일지기(湛一之氣) : 본연의 기를 말한다. 장재(張載)는 《정몽(正蒙)》에서 기를 본과 말로 나누어서 본연의 원기(元氣)를 '음양'이라 하고 말엽의 기를 '유기(游氣)'라고 하였는바, 본연의 원기는 말엽의 유기와 달리 담박하고 동일하며 청허(淸虛)하기 때문에 원기를 '담일지기' 혹은 '담일청허지기'라고 한다. 오희상은 임성주(任聖周)의 설을 수용하여 이 본연의 담일지기는 이(理)와 차이가 없다고 하였다. 《老洲集 卷12 答南大任》

고, 요약하여 둘이 되면 건순(健順)이고, 또 요약하여 하나가 되면 태극이니, 있으면 사람과 물건에 모두 있고 없으면 사람과 물건에 모두 없는 것이다. 만약 '물건이 오상에 대하여 있기도 하고 없기도 하다.'라고 말한다면 이것은 태극을 분열시키는 것이다."라고 하였다.

또 말하였다. "기의 통색(通塞)과 수박(粹駁)을 가지고 편전(偏全)과 선악이 있다고 하니, 편전과 선악은 하나이다. 사람과 물건의 편전을 가지고 '품부의 본연'이라고 하면 사람의 선악 또한 절로 본연으로 귀속되니, 이 학설이 유행하면 성선론에 큰 문제가 생길 것이다. 기질은 선악을 가지고 말하고 분수(分殊)는 편전을 가지고 말하니, 발한 뒤에 선악이 있음이 본연의 선에 해가 되지 않음을 안다면 발한 곳에서의 편전이 일원(一原)의 온전함에 해가 되지 않음을 알 수 있을 것이다. 그러므로 발용한 곳에서 분수를 말하면 사람과 물건은 다만 심이 다를 뿐만 아니라 성 또한 다르고, 본체에서 일원을 말하면 비단 성만 같을 뿐 아니라 심 또한 같지 않은 적이 없다. 어째서인가? 심은 신(神)이고 성은 이(理)라서 하나는 진실하고 하나는 허령하여 완전히 융화되어 원래 서로 떨어지지 않기 때문이다. 동정(動靜)과 생성(生成)이 하늘과 사람 사이에 차이가 없고 사람과 물건 사이에 다름이 없는데, 하늘과 사람의 구분은 형체의 유무에 있고 사람과 물건의 다름은 기의 통색에 있다."

또 말하였다. "분수(分殊)를 일원(一原)과 상대하면 비록 이발(已發)에 속하나, 그 중에 이(理)를 따른 기(氣)는 또한 본연이 됨에 무방하다. 예컨대 개가 지키는 것과 소가 순한 것은 당연의 준칙이 되어서 이미 피차와 대소의 구분이 없으니, 그렇다면 지킴과 순함이 결단코 다른 이(理)가 아니고 하나의 온전한 태극인 것이다. 그러므로 나뉘어

만 가지로 되어도 근본이 하나인 것에 무방하고, 혼융하여 하나가 되어도 만 가지가 있음에 무방한 것이니, 만 가지로 됨이 많음이 되지 않고 하나임이 적음이 되지 않는다. 그렇다면 일원과 본연이 동일한 지두(地頭)이고 분수와 기질 또한 동일한 지두인 것이니, 분수에 일원이 없던 적이 없고 기질에 본연이 없던 적이 없다."

선생은 일찍이 스스로 도를 보아서 대원(大原)을 환하게 꿰뚫었다. 그러므로 그 학설이 명철하여 깊이 관통하였으며 이리저리 말씀하는 것이 두루 섭렵하여 천류(川流)와 돈화(敦化)[808]가 곳에 따라 융합되어서 물샐 틈이 없고 회통(會通)을 지극히 함이 이와 같았으니, 이것은 이른바 '하늘이 가르쳐주고 귀신이 풀이해주어서 그로 하여금 능력을 독차지하게 하였다.'[809]는 것일 것이다. 연세가 높아지고 학문이 이루어져서 참된 견해가 우뚝이 선 뒤에는 자족하며 스스로 즐거워하였다. 일찍이 문인들에게 훈계하기를 "문 앞의 길이 평탄하고 명백하니, 내 말을 통해서 탐구하면 거의 어긋나지 않을 것이다."라고 하였다.

808 천류(川流)와 돈화(敦化) : 천도를 말한다. 《중용》 30장에, "소덕은 냇물의 흐름이고, 대덕은 조화를 도타이 하는 것이다.〔小德, 川流; 大德, 敦化.〕"라고 하였는데, 31장의 지성(至聖)에 대하여 주희(朱熹)는 "윗장을 이어 소덕(小德)의 천류(川流)를 말하였으니, 이 또한 천도(天道)이다."라고 하였고, 32장의 지성(至誠)에 대하여는 "윗장을 이어 대덕(大德)의 돈화(敦化)를 말하였으니, 이 또한 천도이다."라고 하였다. 주희에 따르면, 소덕은 전체(全體)가 나누어진 것이고〔一本萬殊〕, 대덕은 만수(萬殊)의 근본인바〔萬殊一本〕, 모두 같은 천도인데, 발용처에서 말하느냐 본원처에서 말하느냐의 차이가 있을 뿐이다. 《中庸章句》

809 하늘이……하였다 : 이 말은 김창흡(金昌翕)이 김창협(金昌協)을 위해 쓴 제문에 보이는바, '묻고 배우는 한 가지 일에 있어서는' 김창협이 이러하였다고 서술하였다. 《三淵集 卷32 祭仲氏農巖先生文》

의(義)와 이(利)의 구분에 평소 엄격해서 말하기를 "이(理)와 욕(欲)은 공(公)과 사(私)가 나누어지게 되는 곳이니, 마땅히 일도양단해서 막히거나 꺼리는 바가 없어야 한다. 만약 조금이라도 계교하면 이미 아교와 옻칠의 동이[810] 속으로 빠진 것이다."라고 하였다.

유선(柔善)[811]이 일을 해치는 것을 깊이 배척하여 말하기를, "선을 보고도 용감하게 그쪽으로 옮겨가지 못하고 허물이 있어도 빨리 그것을 고치지 못하면[812] 이는 도리어 강악(剛惡)이 변화하기가 쉬워서 선을 따르게 되는 것만 못하다."라고 하였다.

오직 도를 믿음이 독실하고 잡아 지킴이 견고하였다. 그러므로 나아가고 물러감과 말씀하고 침묵함에 혹시라도 하늘의 법칙에 위배됨이 있을까 염려하여 조금이라도 스스로 굽히려 하지 않았다. 항상 벽립(壁立)의 기상[813]을 이해하고자 하여 말하기를, "만약 말하고 행동하는 것

810 아교와 옻칠의 동이 : 아교와 옻칠이 서로 엉겨 붙어 있는 단지처럼 떼어 내기 어렵다는 뜻으로, 이욕(利欲)을 비유하는 말이다. 주희(朱熹)가 왕패논쟁(王覇論爭)을 벌였던 진량(陳亮)에 대해 "진동보는 이욕이 아교와 옻칠처럼 엉겨 붙은 단지 속에 들어 있다.〔同父在利欲膠漆盆中.〕"라고 평한 데에서 유래한 말이다. 동보(同父)는 진량의 자이다. 《朱子語類 卷123 陳君擧》

811 유선(柔善) : 유약한 성격의 장점으로, 주돈이(周敦頤)의 《통서(通書)》에, "강(剛)의 선은 의(義)가 되고 곧음이 되고 결단함이 되고, 엄의(嚴毅)함이 되고 견고함이 되며, 강의 악은 사나움이 되고 좁음이 되고 뻣뻣함이 된다. 유(柔)의 선은 인자함이 되고 순함이 되고 공손함이 되며, 유의 악은 나약함이 되고 결단이 없음이 되고 간사함이 된다.〔剛善, 爲義、爲直、爲斷、爲嚴毅、爲幹固, 惡, 爲猛、爲隘、爲强梁. 柔善, 爲慈、爲順、爲巽, 惡, 爲懦弱、爲無斷、爲邪佞.〕"라고 하였다.

812 선을……못하면 : 개과천선을 하지 못함을 말하는바, 개과천선은 《주역》 〈익괘(益卦) 상(象)〉에 "바람과 우레가 익(益)이니, 군자가 이 상(象)을 보고서 선을 보면 옮기고 허물이 있으면 고친다.〔風雷益, 君子以, 見善則遷, 有過則改.〕"라고 보인다.

이 남들의 경외(敬畏)를 받을만하지 못하다면, 이는 또한 향원(鄕愿)[814]일 뿐이니, 향원의 피해는 이단보다 심하다."라고 하였다. 또 말하기를, "학자가 혹 비웃음과 조롱을 참지 못하여 세상과 어우러져서 함께 뒤섞이려는[815] 뜻을 가진다면, 끝내는 구덩이에 빠져 스스로 헤어 나올 수 없게 될 것이니, 모름지기 목전의 일을 의식해서 애쓰지 말고 오로지 옳은 것을 찾는 하나의 길을 보아야 할 뿐이다."

평소 거처할 적에 온화하고 신실하여 말씀이 간략하고 예가 공손하였으며, 남들이 지나치게 고상한 의론을 하거나 구차하게 어려운 행실[816]을 하는 것을 보면 모두 그리 대단하게 여기지 않았다. 한 생각으로 경외하여 자신의 성(誠)을 묵묵히 길러서[817] 비록 근심과 사무가

813 벽립(壁立)의 기상 : 벽립은 '벽립만인(壁立萬仞)' 혹은 '벽립천인(壁立千仞)'의 줄임말인바, 만 길의 절벽이 온갖 풍상에도 변하지 않고 의연하게 서 있다는 뜻으로, 벽립의 기상이란 험난한 세파에도 조금도 흔들리지 않는 의연한 기상을 이른다.

814 향원(鄕愿) : 향리(鄕里)에서 근후(謹厚)하다고 일컬어지는 사람으로, 세상에 아첨하여 철저하게 위선(僞善)을 하는 사람을 가리키는데, 공자(孔子)가 이를 두고 "향원은 덕의 적이다.〔鄕原, 德之賊也.〕"라고 하였다. 《論語 陽貨》《孟子 盡心下》

815 세상과……뒤섞이려는 : 원문의 '화광혼세(和光混世)'는 《도덕경(道德經)》에 보이는 '화광동진(和光同塵)'과 같은 말로, 자신의 빛을 가리고 감추어서 세상과 함께 한다는 의미인바, 여기에서는 특히 세상에 영합한다는 의미로 쓴 것이다.

816 구차하게 어려운 행실 : 반드시 행할 필요가 없는 일인데 자신을 과시하기 위해 어려운 일을 구차히 행하는 것이다. 《순자(荀子)》 〈불구편(不苟篇)〉에 "군자는 행실을 구차하게 어렵게 하는 것을 귀히 여기지 않고, 오직 예의에 합당함을 귀하게 여긴다.〔君子行不貴苟難, 唯其當之爲貴.〕"라고 보인다.

817 자신의……길러서 : 이 말은 장재(張載)가 "내 일찍이 공맹(孔孟)이 별세하신 뒤에 여러 유자들이 시끄럽게 떠들어서 요약함으로 돌아와 근원을 궁구할 줄을 모르고 구차히 일함에 용감하여, 미치지 못하는 자질을 가지고 후세에 알려지는 것을 급하게

끊임없고 위급한 가운데에 있더라도 정신을 일으키고 경각시켜서 잠시도 소홀히 함이 없었으니, 이는 아마도 '행건불식(行健不息)'[818]에 가까울 것이다.

일찍이 연평(延平)의 '묵묵히 앉아서 마음을 깨끗이 한다.'는 말[819]을 좋아하여, 혹 눈을 감고 정좌(靜坐)하여 마음과 이(理)가 하나가 되는 묘함을 징험하였다.

평소 말하기를, "학문을 하는 것은 마땅히 경(經)을 먼저하고 예(禮)

여김을 병폐로 여겼다.……바야흐로 장차 이 병폐를 징계하여 묵묵히 자신의 성을 길러야 하니, 다만 염려되는 것은 날짜가 부족하여 이것을 할 수가 없는 것이다.〔竊嘗病孔孟旣沒, 諸儒囂然, 不知反約窮源, 勇於苟作, 持不逮之資而急知後世.……方且創艾其弊, 默養吾誠, 顧所患, 日力不足而未果他爲也.〕"라고 한 데서 인용한 것으로, 오희상은 이를 평하여 "횡거(橫渠) 장자(張子)의 '내 성을 묵묵히 기른다.'는 가르침은 임사(臨事)에 구경법(究竟法)이 된다고 생각하였다."라고 하였다. 《張子全書 卷14 性理拾遺》《老洲集 卷11 答李子岡》 홍직필은 장재의 이 말을 풀이하여 "《중용》의 '성실히 하는 것〔誠之者〕'로서 사람의 도〔人道〕이다."라고 하였는바, 이는 지성무식(至誠無息)한 천도(天道)와 합일하고자 하는 사람의 노력을 말하는 것이다. 《梅山集 卷14 答兪星老》

818 행건불식(行健不息) : 천도의 지성무식(至誠無息)과 같은 말로, 하늘의운행이 굳세어서 쉬지 않음을 말한다. 이 말은 《주역(周易)》 〈건괘(乾卦) 상(象)〉에, "하늘의 운행이 굳세니, 군자가 이것을 보고서 스스로 힘쓰고 쉬지 않는다.〔天行健, 君子以, 自强不息.〕"라고 보인다.

819 연평(延平)의……말 : 연평은 주희(朱熹)의 스승 이통(李侗)으로, 그는 주희에게 성인(聖人)의 마음이 되는 공부법으로 묵좌징심(默坐澄心)과 체인천리(體認天理)를 전수하였는바, 주희는 이를 회상하여 "연평 선생께서 말씀하시기를 '학문의 도는 말을 많이 하는 것에 있지 않다. 단지 묵묵히 정좌하고 마음을 맑게 하여 천리를 체인해서 견득하면 작은 사욕이 발생하더라도 역시 물러나 천리에 순종할 것이다.'라고 하셨다.〔其言曰: 學問之道不在多言, 但嘿坐澄心, 體認天理若見, 雖一毫私欲之發, 亦退聽矣.〕"라고 하였다. 《朱子大全 卷97 延平先生李公行狀》

를 뒤에 해야 하지만, 예의 쓰임은 평상시 행실에 더욱 긴절하다."라고 하여, 매번 장횡거(張橫渠)의 예교(禮敎)[820]를 들어서 가르침을 삼았다. 항상 예서(禮書)가 번잡하고 연혁(沿革)이 같지 않은 것을 문제로 여겨, 《가례(家禮)》를 기준으로 삼고 고례(古禮)를 참작하니, 이로써 성인께서 예를 제작하신 뜻을 얻으면서도 시대에 맞게 조처하는 마땅함에 능히 부합하였다. 사시(四時)의 정제(正祭)를 거행하되 풍부함과 간략함을 따져 의식(儀式)을 만듦으로써 길이 행할 수 있는 방법을 세웠다.

자녀를 혼인시킬 때, 관례에는 반드시 삼가례(三加禮)[821]를 행하고 혼례에는 반드시 친영(親迎)을 행하고서[822] 말하기를, "사람을 이루는

820 장횡거(張橫渠)의 예교(禮敎) : 장횡거는 장재(張載, 1020~1077)로, '예교'는 '예로써 가르친다'는 의미인데, 정호(程顥)가 이에 대하여 "자후(子厚)가 예로써 배우는 자들을 가르치니, 매우 좋다. 배우는 자들로 하여금 먼저 의거하여 지키는 바가 있게 한다.〔子厚以禮敎學者, 最善, 使學者先有所據守.〕"라고 평한 바 있다. 자후는 장재의 자(字)이다. 《二程遺書 卷2上》 장재가 예교에 대해 언급한 것은 《소학(小學)》〈가언(嘉言)〉편 등에 보인다.

821 삼가례(三加禮) : 관례(冠禮) 때 세 번 관을 갈아 씌우는 의식으로, 초가(初加)·재가·삼가(三加)로 나뉘는데, 《주자가례(朱子家禮)》에 따르면 초가에는 심의(深衣)와 흑리(黑履) 차림에 치포관(緇布冠)을 씌우고, 재가에는 조삼(皁衫)과 가죽신〔鞋〕 차림에 사모(紗帽)를 씌우고, 삼가에는 공복(公服)과 가죽신〔靴〕 차림에 복두(幞頭)를 씌운다.

822 반드시 친영(親迎)을 행하고서 : 친영은 혼례의 육례(六禮) 중 하나로, 신랑이 신부 집에 가서 신부를 맞이해오는 것을 말한다. 육례는 납채(納采)·문명(問名)·납길(納吉)·납징(納徵)·청기(請期)·친영인데, 《주자가례(朱子家禮)》에서는 이를 간략하게 줄여서 납채·납폐·친영만을 남겨두었다. 오희상 당시에는 친영을 빼고 납채와 납폐만 행하는 경우가 많았으므로 이렇게 말한 것이다. 이에 대해 홍직필은 "친영

도와 집안을 바로잡는 시작이니, 어찌 세속의 소홀하고 간략함을 따를 수 있겠는가."라고 하였다. 남이 예를 물음에 답할 적에는 상례(常禮)와 변례(變禮)를 절충해서 상고하고 근거함이 자세하고 진실하였으니, 도수(度數)만 숭상하여 옛 것에 집착하고 사사로운 지혜를 사용하여 글에 너무 얽매이는 것은 모두 취하지 않았다.

선생은 평소 군주를 요순으로 만들고 백성을 요순의 백성으로 만들려는 뜻을 품어서 세상을 근심하고 백성을 긍휼하는 것이 지극한 정성으로부터 나왔다. 항상 말하기를, "다스리는 방도는 마땅히 먼저 규모를 세워야 하니, 이재(理財)와 용인(用人)은 바로 천하를 평안히 하는 규모인데,[823] 우리 조정은 수백 년 동안 한결같이 구차하게 하였다. 이재는 균전(均田)과 호포(戶布)이고, 용인은 향공(鄕貢)[824]과 과거(科擧)의 제도인데, 만일 이것을 갑작스럽게 고치기 어렵다면 향공과

하는 예가 폐해지면서 공뢰(共牢)와 합근(合巹)을 모두 신부의 집에서 하게 되어, 혼사를 신부 집이 주관하고 신랑 집은 관여하지 않게 되었다."라고 지적한 바 있다. 공뢰는 신랑과 신부가 같은 그릇에 차려진 음식을 먹는 것이고 합근은 같은 술잔에 담긴 술을 나누어 먹는 것이다. 《梅山集 卷11 與金正宅 乙丑正月》

823 이재(理財)와……규모인데 : 이재는 재정을 관리함이고 용인은 인재를 등용함인데, 이 두 가지를 잘 하는 것이 평천하의 가장 중요한 요건이 된다는 것이다. 《대학》 전(傳) 10장에 평천하를 논하면서도 이 두 가지를 들어 말하였는바, 예컨대 "재물을 생산함에 큰 방법이 있으니, 생산하는 자가 많고 먹는 자가 적으며 생산하기를 빨리 하고 쓰기를 느리게 하면 재물이 항상 풍족할 것이다."라고 한 것은 이재를 말한 것이고, "현자를 보고도 등용하지 못하며 등용하되 먼저 하지 못함이 태만함이요, 불선한 자를 보고도 물리치지 못하며 물리치되 멀리하지 못함이 잘못이다."라고 한 것은 용인을 말한 것이다.

824 향공(鄕貢) : 지방에서 지방관이 사람을 뽑아 천거하는 것을 말한다.

과거를 번갈아 행하되 향공을 중하게 여기고 과거를 가볍게 여겨서, 점점 익숙하게 만들어 사람들의 이목(耳目)을 새롭게 함으로써 그 취사(取捨)를 바로잡아야 하니, 비록 처음부터 철저하게 이해하여 한 시대의 제도로 정하지는 못한다 할지라도 이렇게 한다면 거의 도에 가까울 것이다."라고 하였다.

일찍이 과거의 폐해를 하나하나 논하여 말하기를, "온 세상이 과거에 달려가서 마치 황하가 터지고 바다가 옮겨가는 듯하여, 눈앞에 단지 이것의 중함만 보이므로 성명(性命)이 어떠한 물건이 되고, 명분과 행실이 무슨 일이 됨을 알지 못한다. 그러니 이 같은 무리들을 장차 어디에 쓰겠는가. 옛날에는 인재를 배양(培養)하여 썼는데, 지금은 인재를 해쳐서 쓰는구나."라고 하였다.

이어서 말하였다. "효도하고 공경하고 힘써 농사짓는다면 거의 왕도(王道)에 가까울 것이다. 힘써 농사지으면 민산(民産)이 정해지고 효도하고 공경하면 민행(民行)이 흥기될 것이니, 이 일은 애초에 특별하고 비범한 일이 아니고 다만 사람의 본분상 마땅히 해야 하는 것으로, 그 규모와 기상이 농후하고 크다. 한(漢)나라 초기에는 이 두 가지로 인재를 뽑아서[825] 오로지 실제를 돈독히 하고 근본을 힘썼으니, 삼대(三代 하(夏)·은(殷)·주(周)) 이후의 제도 중에는 이처럼 좋은 제도가

825 한(漢)나라……뽑아서 : 한대(漢代)에는 관리를 선발할 때의 시험 과목으로 '효제역전과(孝弟力田科)'가 있었다. 백성에게 효도와 공경의 덕행과 힘써 농사짓는 것을 장려하기 위해 만들어진 이 제도는 혜제(惠帝) 때에 처음으로 만들어져 고후(高后) 여씨(呂氏) 때에 '효제역전'이라는 관직을 두었고, 문제(文帝) 때에는 효제(孝弟), 역전(力田), 삼로(三老)의 향관(鄕官)을 두어 군현의 교화를 담당하는 직임을 맡겼다고 한다. 《漢書 卷2 惠帝紀, 卷3 高后紀, 卷4 文帝紀》

없다."

또 유반계(柳磻溪)의 《수록(隧錄)》[826]이 그 강령(綱領)이 정대(正大)하고 조목이 정밀하여, 헤아리고 가감한 것이 엄연히 왕의 제도가 되는데 이것을 당세에 시험해보지 못한 것을 한스럽게 여겼다. 그러니 선생의 경륜이 성대하게 범위가 있어서 참담(慘惔)함[827]을 펼치고 베풀면 지금을 교화하고 후대에 전수할 수 있을 것임을 거의 알 수 있다.

일찍이 말하기를 "우리 동방의 제현(諸賢)들에 대해서는 모두 부사(父師)로 섬기는 의리가 있다."고 하여 그분들을 높이고 사모하는 데에는 차이가 없었으나, 율곡(栗谷 이이(李珥))과 농암(農巖 김창협(金昌協))에 있어서는 더더욱 광세(曠世)의 감회[828]가 간절하여, 두 선생의 은미한 말씀을 외고 연구함에 마치 두 분을 아침저녁 사이에 만난 듯[829]이

826 유반계(柳磻溪)의 수록(磻溪隧錄) : 유반계는 유형원(柳馨遠, 1622~1673)으로, 반계는 그의 호이다. 《수록》은 《반계수록》으로, '수록'이란 책을 읽다가 수시로 베껴 둔 것이라는 뜻의 겸사이다. 유형원은 1654년(효종5)에 진사시에 합격하였으나 이후 문과에 떨어지자 벼슬하려는 뜻을 버리고 전라도 부안군(扶安郡) 우반동(愚磻洞)으로 이거하여 평생 학문에 전력하고 거의 20년에 걸쳐 《반계수록》을 완성하였는바, 이 책은 통치 제도에 관한 개혁안을 주로 다루고 있다.

827 참담(慘惔)함 : '참담경영(慘澹經營)'의 준말로, 본래는 그림을 그리기 전에 어떤 것을 진하게 하고 어떤 것을 흐리게 할지 구상하는 것을 의미하였는데, 전하여 '어떤 일을 고심하여 구상함'의 뜻이 되었다. 참담경영은 마음을 다하여 나라의 경영을 생각한다는 뜻으로, 당(唐)나라 두보(杜甫)의 〈송종제아부하서판관(送從弟亞赴河西判官)〉에서는 벼슬에 제수 받고 난 뒤의 태도를 "용약하는 것은 보통사람의 정이요, 참담하는 것은 고사의 뜻이다.〔踊躍常人情, 慘澹苦士志.〕"라고 묘사하였다.

828 광세(曠世)의 감회 : 동시대에 태어나지 못해 서로 만나지 못한 것을 아쉬워하는 감회를 이르는 말이다.

829 아침저녁……듯 : 지기를 만남의 기쁨을 표현한 말로, 그 만남이 너무나 반가워

여겼으니, 그 흉금의 깨끗함과 문리의 치밀함이 본래 묵묵히 합함이 있었다.

처음에 도암(陶庵) 이 선생(李先生 이재(李縡))이 율곡의 유집(遺集)과 율곡이 찬집한 여러 글들을 모아서 이름을 '율곡전서(栗谷全書)'라 하고 활자로 인쇄하였었는데, 오래되어 닳아 없어지려 하였다. 그리하여 이때 여러 사우들이 이를 판각하여 후세에 오래 전할 것을 도모하였는데, 도옹(陶翁)의 손자인 이채(李采)[830] 공이 이 일을 주관하였다. 그런데 이도중(李度中)이라는 자가 앞장서서 말하기를, "마땅히 《송자대전(宋子大全)》의 준례를 따라서 '이자전서(李子全書)'라고 개칭해야 한다."라고 하고는 이공(李公)에게 편지를 보내어 권하였다. 이공이 사우들과 널리 상의하자 선생이 답하여 말하기를,

"이 책을 편집한 것이 문정(文正) 노선생(老先生)[831]에게서 나왔는데, '집(集)'을 고쳐 '전서'로 만들자는 것은 '집'이 낮고 '전서'가 높다고 여겨서는 아닐 듯하고, 아마도《이정전서(二程全書)》에서 모방한 듯한데 《이정전서》는 바로 사실을 기록한 명칭[832]에 불과합니다. 선

만세 뒤에 만난 것임에도 불구하고 마치 아침과 저녁 사이에 만나는 것처럼 느끼게 된다는 것이다. 이 말은《장자》〈제물론(齊物論)〉에 "만세가 지난 뒤에 대성인이 이해해 줌을 한번 만난다면, 아침과 저녁 사이에 만나는 것이 될 것이다.〔萬歲之後, 而一遇大聖知其解者, 是旦暮遇之也.〕"라고 한 데서 유래한 것이다.

830 이채(李采) : 1745~1820. 자는 계량(季亮), 호는 화천, 시호는 문경(文敬), 본관은 우봉(牛峯)이며, 도암(陶菴) 이재(李縡)의 손자이다. 본집 32권에 애사가 실려 있다.

831 문정(文正) 노선생(老先生) : 도암 이재(李縡, 1680~1746)를 가리킨다. 문정은 그의 시호이다.

832 사실을 기록한 명칭 : 《이정전서》는 정자(程子)의 모든 글을 모아서 묶은 책으

배들이 이미 완성해 놓은 본(本)을 번각(飜刻)할 적에 후인이 손을 대어 고치지 않는 것이 사체(事體)에 맞습니다.

더구나 율옹(栗翁)이 율옹이 되는 이유는 진실로 구구한 칭호에 있지 않으니, 비록 '자(子)'라고 칭하더라도 율옹의 지위에 한 터럭도 더해지지 않고, 비록 '자'라고 칭하지 않더라도 후학이 스승을 높이는 도리에 있어 줄어듦이 생기는 것 또한 아닙니다. 스승을 높이고 도를 보위하는 데에는 본래 명실(名實)·본말(本末)의 차이가 있으니, 스승의 도를 체행하고 그 마음을 아는 것은 실(實)이자 본(本)이요, 그 사람을 높이고 그 명성을 흠모하는 것은 명(名)이자 말(末)입니다. 만약 선후(先後)·경중(輕重)의 구분을 강구하지 않는다면 점차 말이 본을 이기고 명이 실을 없애는 데에 이르지 않을 자가 드물 것입니다.

더구나 지금은 현인의 은택이 점차 멀어져 습속(習俗)이 한쪽으로 휩쓸려서 바탕은 사라지고 거짓은 불어나니, 돌아보건대 사라지지 않을 율옹(栗翁)의 도가 거의 없습니다. 그러니 이 일에 뜻을 둔 자는 함께 덕업을 닦고 서로 가르쳐서 본을 돈독하게 하고 실에 힘쓰는 데에 정신을 모아서 오직 하나의 학맥을 견지하는 것이 옳으니, 어찌 문식하기를 먼저하고 중시하기를 지나치게 하여, 치우친 것을 교정하고 폐단을 바로잡을 것을 생각하지 않을 수 있겠습니까."
라고 하였다.

이도중이 그 편지를 읽고 크게 화를 내고서 긴 변론하는 글을 지었는

로, 전서라는 말은 '전체의 글'이라는 뜻인바, 여기에 다른 의미가 없기 때문에 이렇게 말한 것이다.

데 그 글에서 선생을 몰아붙이고 잘못을 잡아내서 멋대로 비방하였고, 또 스스로 오조설(五條說)을 창작하고는 이것이 선생에게서 나왔다고 하면서 없는 말을 지어내고 날조하여 못하는 소리가 없었는데, 그가 말한 제1조목은 바로 허봉(許篈)·송응개(宋應漑)·류직(柳稷)·채진후(蔡振後)의 흉론[833]을 전습한 것이었다. 그런데 선생은 태연하게 "비방을 그치게 하는 방법은 변론하지 않는 것이 가장 좋다. 유언비어는 지자(知者)에게서 그치는 법이니, 내가 어리석을지라도 이리저리 논쟁하여 변론하는 데에는 이르지 않을 것이다."라고 하였다.

이때 노성한 자들의 여러 의견은 모두 신중할 것을 주장하였는데, 선생은 신중할 뿐 아니라 아울러 성현의 위계가 엄격하지 않을까 염려한 것이었다. 이에 이도중이 스스로 자기 말의 궁둔(窮遁)함[834] 알아서 선생의 흠 잡기를 더욱 심하게 하여 사람들에게 사주하여 투서하게해서 기필코 선생을 모함하고자 하였다. 그런데 선생은 그저 '변론하지

833 허봉(許篈)·송응개(宋應漑)·류직(柳稷)·채진후(蔡振後)의 흉론 : 이 네 인물은 이이를 탄핵했거나 이이의 문묘 종사에 대해 반대했던 인물들이다. 1583년(선조16) 대사간 송응개와 홍문관 전한 허봉 등이 '임금을 무시하고 권력을 마음대로 휘둘렀다'는 이유로 이이를 탄핵하고 파직하기를 청하였다.《宣祖修正實錄 16年 8月 1日》 1635년(인조13)에는 성균관 유생 송시형(宋時瑩) 등 270여 명이 이이와 성혼을 문묘에 종사하자는 내용의 상소를 올리자, 채진후가 소두(疏頭)가 되어 불가하다는 상소를 올렸다.《仁祖實錄 13年 5月 11日》 1650년(효종1)에는 경상도 진사 유직이 소두가 되어 이이와 성혼의 문묘 종사를 반대하는 상소를 올렸다.《孝宗實錄 1年 2月 22日》

834 궁둔(窮遁)함 : 논리가 궁하여 피하는 말을 하는 것을 말한다. 이 말은 맹자가 '지언(知言)'의 의미를 설명하면서 "피사(詖辭)에서 그 가려진 바를 알며, 음사(淫辭)에서 빠져 있는 바를 알며, 사사(邪辭)에서 괴리된 바를 알며, 둔사(遁辭)에서 논리가 궁함을 알 수 있다.〔詖辭, 知其所蔽; 淫辭, 知其所陷; 邪辭, 知其所離; 遁辭, 知其所窮.〕"라고 한 데서 온 말이다.《孟子 公孫丑上》

않는다'는 경계를 지켜서, 간혹 일의 전말을 대략 들어서 묻는 자가 있어도 마음을 가라앉히고 기운을 다스려서 분노가 낯빛과 말에 드러나지 않았으며, 자제들에게 나쁜 말을 하지 말라고 경계하였다. 그러다 이도중의 술수가 절로 드러나서 당류(黨類)가 그에게 절교를 고하는 데에 이르러서는 선생이 무함을 받은 것이 변론하지 않아도 절로 변론되었다.

선생은 일찍이 "농암은 은미하고 심오한 것을 드러내어 계왕개래(繼往開來)[835]한 공이 있으니, 마땅히 율곡 선생과 함께 부자(夫子)의 사당에 배향해야 한다."고 하였는데, 사림에서 농암을 문묘에 종사해야한다는 논의가 일어날 때 선생에게 소장을 지어주기를 청하자, 선생이 처음에는 사양하다가 끝내 청을 받아들였다. 농암의 전체(全體)와 대용(大用)이 이에 이르러 비로소 드러났으니, 이는 사문(斯文)의 공안(公案)이다.

선생은 효성과 우애를 타고 나서 부모를 섬김에 공경하고 삼가서 오직 부모의 뜻을 봉양하는 데[836] 힘쓰니, 문정공(文靖公)이 매번 일이 있을 때마다 함께 논의하였다. 본생 모부인(本生母夫人)이 장자(長子)

835 계왕개래(繼往開來) : 이는 주희(朱熹)가 〈중용장구서(中庸章句序)〉에서 공자의 덕을 찬양하면서 "옛 성인을 잇고 내세의 학자를 열어 줌은 그 공이 요순(堯舜)보다도 낫다.〔繼往聖開來學, 其功反有賢於堯舜者.〕"라고 한데서 온 말로, 선대의 성인을 계승하고 후학들을 열어줌을 이른다.

836 부모의……데 : 어버이의 뜻을 헤아려 잘 모셨다는 말로, 증자(曾子)가 아버지 증석(曾晳)을 봉양할 적에 반드시 술과 고기를 밥상에 올렸으며, 상을 치울 때 증석이 "남은 것이 있느냐?"고 물으면 반드시 "있습니다." 하고, 계속해서 "누구에게 주시겠습니까?"라고 여쭈었는데, 맹자가 이러한 증자의 효에 대해 '뜻을 봉양한 것〔養志〕'이라고 하였다. 《孟子 離婁上》

를 잃고부터는 자주 병석에 누우니, 선생은 계씨(季氏)와 옆에서 함께 모시며 시서(詩書)를 읊거나 혹 지금이나 옛날 일을 재미있게 이야기하여서, 모부인의 근심을 씻고 슬픔을 떨치도록 하는 것이 매우 지극하였다. 선비(先妣) 이 부인(李夫人)이 항상 병상에서 위태로우니, 선생은 몹시 춥거나 더운 날에도 잠을 자지 않고 띠도 풀지 않은 채 도규(刀圭)[837]로 약을 재서 잡숫게 하여 행여나 남에게 대신 시키지 않았으며, 잠잘 때나 밥 먹을 때에도 이 부인의 수고로움을 모두 대신하였다. 이 부인이 일찍이 탄식하기를 "우리 아이가 아니었다면 내가 어찌 지금까지 연명할 수 있었겠느냐."라고 하였다.

부모님 두 분이 모두 돌아가신 후에는 날마다 반드시 일찍 일어나 가묘에 알현하였다. 상여(喪餘)[838]가 되면, 옷을 세탁하여 새 옷으로 바꿔 입고 손님을 마다한 채 재개하며 지내서 서글픈 그리움에 잠긴 듯이 하였으며, 제사를 받들 때에는 울부짖으며 사모하는 것이 마치 초상 때와 같았다. 매해 성묘하면서 곡할 때마다 애통함을 다하였는데 70세가 되어서도 성묘를 빠트리지 않았다. 손수 소나무와 오동나무를 심고 정성과 힘을 모두 다하니, 울창한 숲이 되어 몇 리에 이어졌다. 생일날에는 축수하는 술자리를 열지 못하게 했고, 환갑날에는 문정공 묘소의 재실에서 묵으면서 비통함을 스스로 이기지 못하였다. 매번 부형이 살아계실 때의 일을 이야기할 때면 반드시 목소리를 낮추어

837 도규(刀圭) : 약재의 양을 헤아리는 기구로, 모양이 규(圭)와 비슷하여 이러한 이름이 붙었다.

838 상여(喪餘) : 거상(居喪)을 마치고 난 뒤라는 뜻으로, 기제(忌祭)를 이르는 말이다.

공경함을 다하였고 이따금씩 오열하기도 하였다. 계씨와 한 몸처럼 서로 도와서 항상 선대의 덕을 높이고 선대의 아름다움을 잇는 것을 가지고 권면하였다. 계씨가 앞을 보지 못하게 되자 분적(分炙)[839]의 근심을 견디지 못하여 제대로 먹고 자지 못하기까지 하였으며, 계씨의 상에 곡할 때에는 몸이 수척해졌고, 계씨에 대한 그리움이 일 때면 번번이 눈물을 흘렸다.

여러 자제들을 교육하고 산업(産業)을 제정하여 유무(有無)를 함께 함에 지극한 사랑으로 감동시키고 믿음을 얻어서 내외척들이 화목하게 지내게 되었고, 은의(恩義)를 두루 넓게 베풀고 완급을 헤아려서 곡진히 구휼해주니 상사와 병고가 있는 자들이 모두 선생을 귀의처로 삼았으며 선생에게 의지하여 밥을 먹는 자들이 십 수 가구였다. 기사년(1809)에 크게 가뭄이 들었을 적에는 빈궁한 일족이 굶어 죽을까 염려하여 영읍(營邑)에 사는 종당(宗黨)에게 봉급을 내기를 권하고 식구를 계산하여 나누어주니, 빈궁한 일족이 이에 힘입어 전부 살 수 있었다. 충정공(忠貞公)의 후손은 숫자가 적은 데다 중간에 쇠퇴하여 진작되지 못하였고 종자(宗子)들이 또 외롭고 가난하니, 그들을 위해 의장(義莊)[840]을 경영하여 재물을 모으고 토지를 사서 구획을 세세하게 정하여 장차 대대손손 종친을 높이고 일족을 수합하는 모범으로

839 분적(分炙) : 형제의 병을 말한다.《宋子大全隨箚 卷11 卷之一百五十二祭文》

840 의장(義莊) : 친족을 구제하기 위해 설치한 전장(田莊)을 말한다. 송(宋)나라의 재상 범중엄(范仲淹)이 강소성(江蘇省) 소주(蘇州) 고소(姑蘇)에 전지(田地) 수천 묘(畝)를 사들여 의장을 만들고 조(租)를 거두어 족인 중에 나이와 덕이 높은 사람을 뽑아 이를 관리하게 해서 일가 중의 가난한 집의 관혼상제에 공급해주었다.《宋史 卷314 范仲淹列傳》

삼으려 하였다.

집안을 다스림에 법도가 있어서 안팎의 예법을 엄하게 하여 편한 복장으로 안채에 들어가지 않았으며, 아들과 딸이 조금 성장하면 자리를 붙이고 어깨를 나란히 하지 못하게 하고서 말하기를, "혐의를 구별하고 은미함을 밝히는 것[841]이 바로 집안의 급선무이다."라고 하면서 자제들을 가르치고 훈계하여 행실단속을 먼저하고 문예를 뒤로하며 절검(節儉)을 숭상하고 영예를 가볍게 여기도록 하였다. 자제들에게 허물이 있으면 곧 낯빛을 엄숙하게 하고 임하여 스스로 고칠 줄을 알도록 하였으며, 만일 놀고 장난하면서 단정하지 못하면 비록 어린 아이라 하더라도 반드시 꾸짖었다. 자신의 몸의 봉양은 매우 검약하게 하여 베옷은 다만 몸을 가릴 정도만 취하였고 아침저녁밥은 반찬 몇 그릇을 넘김이 없었으며, 방 안에는 장자(障子)[842]를 설치하지 않았고 해진 휘장을 써서 겨울추위를 막았으며, 궤안과 상자는 모두 질박함을 숭상하였다. 자제들이 수의를 마련하려 하자 선생은 삼베와 명주베를 가져다가 직접 살펴 재단하되 가선을 두르는 작은 것이라도 연경(燕京) 시장의 물건은 하나도 들이지 않게 하였으며 이를 인하여 후손들을 경계해서 길이 가법으로 삼게 하였다.

841 혐의를……것 : 예(禮)로써 혐의스러운 일을 분별하고 예로써 은미한 일을 밝히는 것이다. 이 말은 《예기(禮記)》 〈예운(禮運)〉에, "예라는 것은 인군의 큰 자루이니, 혐의를 구별하고 은미함을 밝히며 귀신을 대접하며 제도를 상고하며 인의를 구별하는 것이다.〔禮者, 君之大柄也, 所以別嫌明微, 儐鬼神, 考制度, 別仁義.〕"라고 한 데서 원용한 것이다.

842 장자(障子) : 병풍의 일종으로 가리개라고도 하는데, 여기에 좋은 글을 쓰거나 그림을 그리기도 하였다.

교유를 간략하게 하여 문을 나가는 경우가 매우 드물었으나, 사우에 대해서는 열정과 의욕이 있어서 지암(止庵 김양행(金亮行))・제헌(霽軒 심정진(沈定鎭))・근재(近齋 박윤원(朴胤源))・중주(中洲 이직보(李直輔)) 네 현자를 존경하여 섬겼으며, 확재(擴齋) 민치복(閔致福)[843] 공과는 교분이 더욱 돈독하여 말하기를 "백씨[844]를 잃은 후로 오직 민원리에게 자뢰하고 도움받기를 가장 많이 하였다. 내가 아는 바로, 이 이(理)의 본체에 대해 실제로 견득함이 있는 자는 오직 민원리 한 사람인데 수명이 길지 못해서 논저를 남기지 못했다."라고 하며, 슬퍼하고 애석해하기를 마지않았다. 항상 말하기를 "붕우가 오륜(五倫)에 나열되어 있어서 오륜이 이를 통해 확립된다. 그런데 성인이 멀어지고 가르침이 해이해져서 붕우의 도가 점점 쇠미해져 시대를 내려와 오늘날에 이르러서는 거의 없어져 버렸다."라 하고, 왕심보(王深父)가 '사람에게 사지가 있음은 그것으로 몸을 이루는 것이니, 전체가 갖추어지지 않으면 이를 폐질(廢疾)이라 이른다. 인륜이 결여된다면 어찌 세상이라 하겠는가.'라고 한 것[845]을 원용하여 경계하였다.

다른 사람들과 교유함에 오래될수록 더욱 공경하였으며 구차히 교제를 승낙하지 않았고 한 가지 선행이라도 있다는 것을 들으면 비록 소원하고 미천한 사람이라도 몸을 굽혀 자신을 낮추려고 하였다. 고구

843 확재(擴齋) 민치복(閔致福) : 1766~1814. 자는 원리(元履), 호는 확재, 본관은 여흥(驪興)이다. 김양행(金亮行)・이직보(李直輔)의 문인이다.

844 백씨 : 영재(寧齋) 오윤상(吳允常, 1746~1783)이다.

845 왕심보(王深父)가……것 : 왕심보는 왕회(王回, 1023~1065)로, 송(宋)나라 복주(福州) 후관(侯官) 사람이며, 심보는 그의 자이다. 이 말은 그가 벗에게 '오륜 중의 붕우유신의 중요성'을 논하며 했던 말이다. 《宋文鑑 卷127 告友》

(故舊)가 현달하게 되었으면 그에게 찾아가지 않았고 곤액을 당하거나 근심스런 일이 생기면 또한 반드시 그에게 마음을 다하였다. 때때로 동지들을 이끌고 한적한 절이나 숲속 정자로 가서 마음속의 회포를 펴고 명리(名理)를 실컷 담론하여 표연히 저 하늘의 노을 위로 올라가려는 감상이 있었다. 평소 산수를 좋아하여 인자(仁者)와 지자(智者)의 지취[846]를 깊이 터득하여 팔도의 여러 승경을 힘써 찾아서 마음에 맞는 곳을 만나면 문득 눈도 깜빡이지 않고 바라보는 감상을 두었으니, 이것이 이른바 '묘용(妙用)이 현행(顯行)하여 곳에 따라 충만하다'[847]는 것이었다.

본디 교목(喬木)의 세신(世臣)[848]으로서 기쁨과 슬픔을 국가와 함께

846 인자(仁者)와 지자(智者)의 지취 : 산을 좋아하고 물을 좋아하는 취향을 말하는 바, 《논어》〈옹야(雍也)〉의 "지혜로운 자는 물을 좋아하고, 인한 자는 산을 좋아한다. 〔智者樂水, 仁者樂山.〕"라는 공자의 말에서 유래한 것이다.

847 묘용(妙用)이……충만하다 : 천도가 유행하여, 솔개가 하늘에 이르고 물고기가 연못에서 뛰노는 것처럼, 자연의 모든 것에서 천도의 발현을 발견한다는 의미이다. 동숙중(董叔重)이 주희(朱熹)에게 보낸 편지에, "도의 체용이 유행하여 발현됨은 간단(間斷)이 없지만 사람에 있어서는 일상에서 보는 것이 애초에 이 마음을 벗어나지 않기 때문에 반드시 이 마음을 보존한 뒤에야 비로소 전체가 드러나서 묘용이 현행하여 활발발한 것이 응체되거나 장애됨이 전혀 없을 것이다.〔蓋以道之體用流行發見雖無間息, 然在人而見諸日用者, 初不外乎此心, 故必此心之存然後方見得其全體呈露, 妙用顯行, 活潑潑地, 略無滯礙耳.〕"라고 하였는데, 주희가 이 설을 매우 좋다고 평하였으며 《대학혹문(大學或問)》에도 채록하였다. 《朱子大全 卷51 答董叔重》

848 교목(喬木)의 세신(世臣) : 교목은 키가 큰 나무로, 여러 대에 걸쳐 중요한 지위를 차지한 신하를 배출하여 국가와 화복을 함께하는 유서 깊은 명문 세가(名門世家)를 비유하는 말이다. 《맹자》〈양혜왕 하(梁惠王下)〉에 "이른바 고국(故國)이란 것은 교목이 있음을 말함이 아니요 세신(世臣)이 있음을 말한 것입니다.〔所謂故國者, 非謂有喬

하여 국가를 근심하고 임금을 사랑하는 한결같은 생각이 단사(丹砂)처럼 빛났다. 매번 임금의 직무에 부족하거나 빠진 부분이 있음을 듣게 되면 번번이 여러 날을 화평하지 못하였고, 기근이 들고 역병이 돌아 국가의 운명이 철류(綴旒)[849]처럼 위태로워지면 혹 방안을 빙빙 맴돌며 날을 지새우기도 하였으며, 항상 자질(子姪)들을 경계하기를 "선비가 쇠미한 세상에 태어나서는 마땅히 절개에 죽고 의리에 죽으려는 마음을 잊지 않아야 한다."라고 하였다.

습속이 날로 낮아져서 화이(華夷)의 예방(禮防)이 엄격하지 못하게 되고 의리가 점점 어두워져서 선악의 구분이 밝지 못하게 됨에 있어서는 빨리 분변하고 확고하게 지켜서 세상을 깨우치고 미혹됨을 열어주고자 하였다. 밝은 지혜를 미루어 세상일을 살펴서 모든 일을 할 적에 시작과 끝을 연구하여 엄밀하고 견고하게 해서 어긋나거나 틈새는 부분이 없게 하였고, 득실과 이해에 대해서는 형세를 살펴 기미를 알지 않음이 없어서 거북점의 선견지명이 있었다.

항상 골육의 정에 이끌려 교외를 서성이면서 울적해하며 자신의 뜻대로 하지 못하였었는데, 만년에 상류에 터를 잡고 살려고 하였으나 끝내 결행하지 못하였다. 매번 서유자(徐孺子)가 몸소 농사지어서 자신의 힘으로 일군 것이 아니면 먹지 않았던 일[850]을 칭찬하였고, 천하의

木之謂也, 有世臣之謂也.〕"라고 한 데에서 유래하였다.

849 철류(綴旒) : 면류관에 구슬을 꿰어 드리운 술을 말하는데, 이리저리 흔들리는 모양으로 인하여 국가의 형세가 위태로운 것을 비유하게 되었다.

850 서유자(徐孺子)가……일 : 서유자는 동한(東漢) 시대의 현인(賢人) 서치(徐穉)로, 유자는 그의 자이다. 집안이 빈궁하여 직접 농사지어 먹고 살면서도 소명(召命)에 응하지 않아 '남주 고사(南州高士)'라고 칭해졌다. 《後漢書 卷66 陳蕃列傳》

일을 가지고 물으면 대답하지 않고서 말하기를 "내 진실로 고인에게 부끄러운 점이 있다."고 하였다. 일찍이 삼연(三淵)의 말 중에 '봄날 야전(野戰) 가운데서 소를 치면서 몸소 밭을 간다'라고 한 것[851]을 외면서 이것이야말로 실제에 힘쓰는 것이라고 하며 찬탄해 마지않았으니, 선생의 평소 성품을 알 수가 있다.

평소 겸양을 숭상하여 사도(師道)로 자처하려하지 않았다. 그리하여 비록 수학하기를 청하는 자가 있더라도 스승이라고 표방하는 것을 싫어하여 거절하였었다. 그런데 만년에는 책임이 더욱 무거워져서 사양할 수 없는 점이 있으므로 원근을 따지지 않고 이끌어주기를 게을리 하지 않았으나, 또한 폐백을 가지고 만나보는 것을 허락하지 않고서 말하기를 "귀함은 진실한 마음으로 서로 대하는 데 있으니, 어찌 굳이 허례허식을 앞세울 필요가 있겠는가."라고 하였으며, 재주의 고하에 따라 권면하여 나아가게 하고 이끌고 인도해주었다. 항상 배우는 자에게 먼저 명(名)과 실(實)을 분변할 것을 가르치면서 말하기를 "모름지기 위기(爲己)와 위인(爲人)의 구분에 대하여 못을 끊고 쇠를 자르듯이 하여야 도에 들어가는 데에 헤매지 않을 것이니, 그렇지 않으면 다만 말류를 따르고 그림자를 좇는 것일 뿐이다."라고 하였다.

851 삼연(三淵)의……것 : 삼연은 김창흡(金昌翕, 1653~1722)의 호이다. 이 말은 《삼연집 습유(三淵集拾遺)》 권31 〈어록(語錄)〉에 나오는 김창흡의 말로, 거기에 "지금 세상의 일은 위로 조정에서부터 아래로 사대부와 소민(小民)에 이르기까지 모두 허위를 숭상하지 아니함이 없다. 모든 일신상 일상의 처사에 허위 아님이 없는데, 오직 봄날 야전 가운데서 소를 치면서 몸소 밭을 가는 것이 그나마 마음에 든다.〔今世事, 上自朝廷下至士夫小民, 無非皆尙虛僞. 凡人身日用處事無非虛僞, 惟春日野田中, 叱牛躬耕者, 差强人意.〕"라고 하였다.

작은 집을 사서 거처하면서 그 재(齋)를 '관선(觀善)'이라 이름하고 그 안에서 수업하였으며, 또한 집안사람을 이끌고서 함께 오는 자가 있으면 그들을 위하여 살 길을 도모해주어 학업을 쌓는 데에 전심할 수 있게 해주었다. 관할하는 서원에 학규(學規)를 세워 모두 월강(月講)을 하게 하였으며, 간혹 직접 스승의 자리에 임하기도 하고 향음주례(鄕飮酒禮)를 행하여 풍속을 권면하기도 하였다.

약관의 나이에 문장 짓는 것을 좋아하여 작가의 규범을 터득했는데, 곧 그것이 심신에 무익하다는 것을 깨달아 절대 한만한 저술을 일삼지 않았다. 그러나 체재(體裁)가 간결하고 문리가 간곡하였으니, 유고가 17권이 있고, 《독서수기(讀書隨記)》 1권과 《잡지(雜識)》 2권이 집에 보관되어 있다.[852]

선생은 평소 호를 짓지 않았는데, 만년에 초당을 지어 거주하고서 편액을 '돈간(敦艮)'이라 하였으니, 이는 '그치는 도의 지극히 선함'으로,[853] 선생이 안신입명(安身立命)하는 바였다. 양명(陽明)이 우세하

852 유고가……있다 : 한국문집총간에 수록된 《노주집》의 저본은 1892년에 목활자로 인쇄된 초간본인데, 《독서수기》는 권22에, 《잡지》는 권23에서 권26까지에 실려 있다.

853 편액을……선함으로 : '돈간'은 《주역(周易)》 〈간괘(艮卦) 상구(上九)〉에, "멈춤에 독실함이니, 길하다.〔敦艮, 吉.〕"라고 보이는데, 정이(程頤)의 전(傳)에, "사람의 멈춤은 오래하고 끝마침을 어렵게 여긴다. 그러므로 절개가 혹 만년에 바뀌기도 하고 지킴을 혹 종말에 잃기도 하며 일은 혹 오래됨에 폐해지기도 하니, 이는 사람이 똑같이 걱정하는 바이다. 그런데 상구는 능히 종(終)에 돈후(敦厚)하니, 이는 그치는 도(道)의 지극히 선(善)한 것이니, 이 때문에 길(吉)한 것이다."라고 하였다. 간괘의 덕은 그침〔止〕인데 특히 자신이 있어야 할 제자리에 머문다는 의미가 있다. 상구가 가장 위에 있어서 그치고 머문 지가 오래되었는데도 여전히 그치고 있으므로 '돈간'이라고 한 것이

면 덕성이 사용된다.[854] 그러므로 선생은 일상의 말과 행실에 나타나는 것이 가는 곳마다 명통공부(明通公溥)[855]에 인접하지 않음이 없었으니, 이것을 가지고 구해본다면 선생이 선생이 된 이유를 거의 알 수 있을 것이다.

배위(配位) 숙부인(淑夫人) 안동 권씨(安東權氏)는 판서에 추증된 목사 권제응(權濟應)의 따님으로, 문순공(文純公) 권상하(權尙夏)의 현손이다. 자애롭고 정숙하여 남편과 손님처럼 서로 공경하였으며 집안일을 잘 다스리니 일가친척들이 모두 그의 어짊에 감복하였다. 향년 72세에 선생보다 1년 먼저 세상을 떠나서 선생의 묘소 왼편에 부묘하였다. 3남 2녀를 낳았는데, 장남 치성은 전 목사(牧使)로 영재공(寧

고, 이는 자신의 절개를 만년에도 끝까지 지킨다는 의미가 있기 때문에 길하다고 한 것이다.

854 양명(陽明)이……사용된다 : 이 말은 장재(張載)의 말로, 거기에 "천리 아님이 없으나 양명이 이기면 덕성이 사용되고 음탁(陰濁)이 이기면 물욕이 행해지니, 악을 다스리고 선을 온전히 함은 반드시 학문을 말미암아야 한다.〔莫非天也, 陽明勝則德性用, 陰濁勝則物欲行, 領惡而全好者, 其必由學乎!〕"라고 하였는바, 이는 '기질은 모두 하늘에서 받은 것이지만 양명한 기질을 받은 사람은 덕성을 사용하고 음탁한 기질을 받은 사람은 물욕에 구애되므로 물욕을 다스리고 덕성을 온전히 사용하기 위해서는 학문을 통해 기질을 바로잡아야 한다.'는 의미이다.《張子全書 卷2 正蒙一》

855 명통공부(明通公溥) : 정(靜)할 때 마음이 비어서 밝아지고 통하며, 동(動)할 때 마음이 곧아서 공정하고 넓어짐을 말한다. 이 말은 주돈이(周敦頤)의 《통서(通書)》에, "욕심이 없으면 정(靜)할 때에는 마음이 비고 동(動)할 때에는 곧을 것이다. 정할 때에 마음이 비면 밝아지고, 밝으면 통하며, 동할 때에 곧으면 공정해지고 공정하면 넓어진다. 밝고 통달하고 공정하고 넓어지면 거의 성인(聖人)이 될 것이다.〔無欲則靜虛動直, 靜虛則明, 明則通, 動直則公, 公則溥, 明通公溥, 庶矣乎!〕"라고 한 것을 원용한 것이다.

齋公)의 양자로 갔고, 차남은 요절하였고, 삼남 치익(致翼)은 지금 경모궁 영(景慕宮令)이다. 두 여서(女婿)는 현령 민치록(閔致祿)과 정언 김보근(金輔根)이다. 장남 치성의 아들 홍선(弘善)은 생원이고, 딸은 이종우(李鍾愚)에게 출가하였다. 삼남 치익의 아들은 경선(敬善)이다.

아! 선생은 세상에 드문 빼어난 자품으로 여러 대에 걸친 문헌(文獻 전적과 현자)의 성함을 계승하여 가정에서 전습(傳習 전수받은 것을 익힘)하였으며, 독실하게 믿고 배우기를 좋아하여 도체(道體)를 깊이 찾아 마음을 씀에 분산하지 않았다. 그리하여 마침내 책임을 등에 져서 젊어서부터 노년에 이르기까지 임중도원(任重道遠)의 자세를 지켜 급박하고 어려운 상황에서도 한 순간의 간단함도 없었고 반드시 인을 구하는 것을 근본으로 삼아서 인의 본체를 견득함이 철저하고 확실하였다. 이 때문에 곧바로 깊은 진리에 나아가 거함이 편안하고 자뢰함이 깊어서[856] 함양하고 발용하는 아름다움이 있었고 내외와 은현의 차별이 없었다. 천지가 만물을 내는 마음을 체득하여 지양(持養)하고 확충한 것[857]이 한결같이 성(誠)에서 나왔다. 자상하고 온화한 기운이 사체에

856 거함이……깊어서 : 자득을 통해 학문의 경지가 높아진 효과를 말한 것이다. 《맹자》 〈이루 하(離婁下)〉에 "군자가 깊이 나아가기를 도(道)로써 함은 그 자득(自得)하고자 해서이니, 자득(自得)하면 처하는 것이 편안하고, 처하는 것이 편안하면 자뢰함이 깊고, 자뢰함이 깊으면 좌우에서 취함에 그 근원을 만나게 된다.〔君子深造之以道, 欲其自得之也. 自得之則居之安, 居之安則資之深, 資之深則取之左右, 逢其原.〕"라고 하였다.

857 천지가……것 : 천지가 만물을 내는 마음은 곧 인(仁)으로, 주희(朱熹)가 이를 "천지는 만물을 낳는 것을 마음으로 삼고, 사람과 물건이 태어남에 또 각각 천지의 마음을 얻어서 이를 자신의 마음으로 삼는다. 그러므로 마음의 덕을 말하면 비록 총괄하고 관통해서 모두 갖추고 있지만 한 마디로 단정하면 인이라고 할 뿐이다."라고 정리한

펴져 있었으며 신실하고 온순한 덕이 여러 사람을 감동시켰다. 이렇게 겉과 속에 간격이 없고 체와 용이 모두 갖추어져서, 충후하고 인자한 가운데 자연히 강건하고 과감하며 정직하고 방정한 기운이 있어서 위엄으로 두렵게 하고 이익으로 유혹해도 지조를 빼앗을 수 없었으며 생사가 교차된다 하더라도 마음을 변화시킬 수 없었다.

집안을 다스림에 윤리가 매우 올바르고 은혜와 의리가 지극히 돈독하여 육순(六順)[858]을 미루어 한 나라를 교화시킬 만하였고, 천명을 즐기고 운명을 안다고 해서 남들과 근심을 함께함을 잊지 않았다. 그러나 때는 나아가기 어려운 바가 있고 도는 행해지기 어려운 점이 있어 가슴속에 감춰두고 산택에서 일생을 마쳐서 끝내 밝은 세상의 유일(遺逸)이 되어 황왕(皇王)의 정치를 펴려는 뜻을 조금도 드러내지 못하게 되었으니, 마땅히 천고의 지사(志士)들과 가슴속의 한을 함께할 것이다.

그러나 도가 행해지지 않음은 이를 밝히지 못해서이니, 요순의 유정유일(惟精惟一)의 전함[859]이 공맹(孔孟)을 기다려서 밝아졌고, 추로

바 있다. 《朱子大全 卷67 仁說》 지양은 경(敬)을 지켜서 본성을 함양하는 것이고, 확충은 선한 마음의 단서인 사단(四端)을 넓혀 채우는 것인바, 지양은 미발을 위주로 말한 것이고 확충은 이발을 위주로 말한 것이다. 《二程遺書 卷11》 《孟子 公孫丑上》

858 육순(六順) : 사람이 좇아야 할 여섯 가지 바른 도리로, 곧 인군의 의(義), 신하의 행(行), 부모의 자(慈), 자식의 효(孝), 형의 애(愛), 아우의 경(敬)이다.

859 요순의 유정유일(惟精惟一)의 전함 : 요 임금과 순 임금이 서로 전한 심법을 말하는바, 요 임금이 순 임금에게 선위(禪位)할 적에 "진실로 그 중을 잡으라.〔允執其中.〕"라고 하였는데, 순 임금이 우 임금에게 선위할 적에는 "인심은 위태롭고 도심은 은미하니, 유정유일하여야 진실로 그 중을 잡으리라.〔人心惟危, 道心惟微, 惟精惟一, 允執厥中.〕"라고 하여 12자를 보충하였다. 유정은 현재의 마음이 인심인지 도심인지를 정밀히 살피는 것이고 유일은 한결같이 도심을 따라 행하는 것이다. 《論語 堯曰》 《書經 虞書

(鄒魯 공맹)의 계왕개래(繼往開來)의 공[860]이 정주(程朱 정자와 주자)를 기다려서 밝아졌다. 낙건(洛建 정주(程朱))의 훈석천발(訓釋闡發 의미를 해석하고 천명함)의 뜻 또한 깊게 온축해두고서 백 세 뒤의 사람을 기다리고 있었는데, 의리는 무궁하고 견문은 국한되어 새는 틈을 땜질하는 데서 다소의 틈이 생겨나서[861] 심하면 자기 당으로 들어오는 자는 붙좇고 자기 당을 나가는 자는 더럽게 여겨서 손 가는 대로 제멋대로 써내서 성철의 가르침을 몰아다가 속박하여 자기 뜻을 따르게 하였다. 이리하여 위아래가 도치되고 붉은색과 흑색이 뒤섞어서 심지어는 주자를 가지고 주자를 공격하는 자도 있으니, 도술이 천하에 의해 분열되어 사문의 비색함이 극에 달하였다.

이에 우주간의 도리를 한번 정돈하지 않을 수 없었는데, 선생께서 마침 이 기회를 맞아 하늘이 맡긴 책무가 자신에게 돌아옴을 스스로 알고서 전일하고 정미하게 연구하였으며 마음을 비우고 뜻을 너그럽게 하여 자신의 견해를 고집하지 않고 글을 따라 뜻을 순히 이해하여 견고한 곳과 하자있는 곳이 절로 다스려지도록 하였다. 처음에는 오랫

大禹謨》

860 계왕개래(繼往開來)의 공 : 537쪽 주835 참조.

861 틈이……생겨나서 : 정주의 깊은 뜻을 자신의 좁은 견해로 해석하다가 흠결이 생긴다는 의미로, 정주의 뜻을 해석하다가 오히려 곡해함을 '틈을 땜질하다가 오히려 그로부터 틈이 생긴다'는 것으로 비유한 것이다. 이 말은 한유(韓愈)의 〈진학해(進學解)〉에, "이단을 배척하여 노불(老佛)을 물리치며 새는 틈을 땜질하고 그윽함을 펼쳐서 아득히 실추된 전통을 찾아서 홀로 사방으로 수집하고 멀리 계승한다.〔觝排異端, 攘斥佛老, 補苴罅漏, 張皇幽眇, 尋墜緒之茫茫, 獨旁搜而遠紹.〕"라고 한 것을 뒤집어 말한 것이다.

동안 분비(憤悱)[862]하던 곳이 끝내는 환하게 풀려서 형기신리(形氣神理)의 뜻을 밝히고 동정체용의 묘함을 다하여 '천지조화가 생성함에 두 근본이 없고, 도(道)와 기(器)가 나뉘고 합함에 두 가지 일이 없음'을 밝혔다.

또 세상 학자들의 주기론(主氣論)이 진망(眞妄)의 분별이 없어서[863] 잘못 전해져 이단의 자부(資斧)[864]가 되어 이(理)가 기의 주인이 된다는 뜻이 어두워졌는데, 선생께서 '이(理)' 자를 드러내 밝혀 심장을 쪼개고 골수를 뚫어서, 정주(程朱) 이래로 이 이(理)를 추려내어 고혈을 짜내며 부식시킨 참된 말씀과 올바른 가르침으로 하여금 여기에서 다시 밝아지게 하였으니, 그 공이 성대하다고 이를 만하다.

독서할 때 기술한 것과 사우들과 토론한 것을 보면 모두가 오묘한 도리와 정미한 뜻을 발명해낸 것인데, 그 아름답고 훌륭한 말씀에 절로 천기(天機)가 드러나서 옥으로 만든 자와 금 저울이 조금의 착오도

862 분비(憤悱) : '분(憤)'은 마음으로 통달하려고 해도 되지 않는다는 뜻이고, '비(悱)'는 입으로 표현하려 해도 되지 않는다는 뜻이다. 《논어(論語)》 〈술이(述而)〉에, "마음으로 통달하려고 노력하지 않으면 열어주지 않으며, 입으로 표현하려고 애태워하지 않으면 말해주지 않는다.〔不憤, 不啓; 不悱, 不發.〕"라고 하였다.

863 진망(眞妄)의 분별이 없어서 : 진실무망하여 전혀 차별이 없는 이(理)와 가선가악하여 본말의 차이가 있는 기(氣)를 구분하지 못한다는 말이다. 오희상이 보기에 태극과 오상을 구분하여 인성과 물성의 다름을 주장하는 임성주(任聖周)나 한원진(韓元震)은 모두 이(理)와 기(氣)의 불잡(不雜) 관계에 소략하여 기를 위주로 하여 이를 설명해서 이의 전체성을 간과한 잘못이 있다.

864 이단의 자부(資斧) : 자부는 물자와 도끼로, 물자와 기용의 이로움을 상징하는 말인바, 이단의 자부가 됨은 이단의 학설을 지지하는 논거로 이용된다는 의미이다. 《周易 旅卦 九四》

없었으니, 온갖 이치를 종합하고 여러 학설을 분석한 것을 보면 선현을 계승하고 후학을 계도하여 하나로 정하게 할 만하였다. 그런데 만년에는 더욱 수렴하고 요약하여 감추기를 더욱 엄밀하게 하여 '묵묵히 이룸이 덕행에 달려 있음'[865]의 풍도가 있었다. 그래서 박문(博文)과 약례(約禮)가 어우러져[866] 공부가 원하는 대로 이루어져서 조예가 지극하여 우뚝이 사백년 우리 도의 결실이 되었으니, 이 같은 분이야말로 참으로 당대의 저명한 진유(眞儒)이다. 하늘이 오늘날 선생을 내려주신 것은 장차 기수(氣數)의 국한을 통하게 하려는 것이니, 어찌 이유 없이 그런 것이겠는가. 만약 후세의 요부(堯夫)를 만난다면[867] 이 말이 과장된 것이 아님을 믿을 것이다.

나 또한 일찍이 선생께 가르침을 받았었는데, 말씀하기를 "근세에는 문식이 더욱 심하여 선대의 학자를 찬미하는 말에 적당히 헤아림이 전혀 없고 한결같이 과하게 높이는 것을 위주로 해서 이렇게 하지 않으면 '이것으로는 스승을 높일 수 없다'고 하면서 돌려가며 서로 인습해서

865 묵묵히……있음 : 이 말은 《주역(周易)》 〈계사전 상(繫辭傳上)〉에, "묵묵히 이루고 말하지 않아도 믿음은 덕행에 달려있다.〔默而成之, 不言而信, 存乎德行.〕"라고 보인다.

866 박문(博文)과 약례(約禮)가 어우러져 : 박문은 문(文)을 널리 배움으로 지공부를 말하고, 약례는 예(禮)로써 요약함으로 행공부이다. 이 말은 《논어》 〈옹야(雍也)〉 "문(文)을 널리 배우고 예(禮)로써 요약한다.〔博學於文, 約之以禮.〕"라고 한 데에서 온 말이다.

867 후세의 요부(堯夫)를 만난다면 : 후세에 자신의 뜻을 이해하고 알아봐 줄 사람을 만남을 말한다. 요부는 송나라의 학자 소옹(邵雍)으로, 요부는 그의 자이다. 소옹은 《황극경세서(皇極經世書)》를 짓고서 책 겉면에 "이 글을 요부에게 올린다.〔文字上呈堯夫.〕"라고 썼다고 한다. 《朱子語類 卷53 孟子三 公孫丑中》

마침내 하나의 허례의 투식이 이루어졌으니, 이 일은 실로 사문의 성쇠와 관련된다."라고 하였다. 내가 이 말씀을 늘 마음속에 간직하고 감히 잊지 않는다. 선생의 맏아들이 내가 선생께 지우(知遇)를 입었다고 하여 행장을 써줄 것을 부탁하니, 스스로 생각하건대 나는 식견이 얕고 필력이 졸렬하여 잘 관찰하고 잘 형용하지 못한다. 그러니 어찌 은미하고 그윽한 것을 드러내고 밝혀서 영원히 전해지기를 도모할 수 있겠는가. 삼가 내 견문이 미친 바와 평소 열복(悅服)했던 것에 나아가 이상과 같이 차례로 엮었는데, 글을 엮고 일을 나열함에 조심하고 조심해서 세교(世敎)를 근심하시던 선생의 고충을 우러러 받들어 지언(知言)의 군자를 기다리는 바이다.

지은이 **오희상(吳熙常)**

1763년(영조39) 5월 10일 유시에 서울 경행방(慶幸坊) 사저에서 태어나 1833년(순조33) 10월 7일 유시에 향년 71세로 별세하였다. 자는 사경(士敬), 호는 노주(老洲), 본관은 해주(海州)이며, 시호는 문원(文元)이다. 증조부 오태주(吳泰周)가 명안공주(明安公主)와 혼인함으로써 왕의 인척이 된 집안이자 재상과 문형 등을 배출한 명문가의 자제로 태어났다. 1800년(정조24) 천거로 세자익위사 세마(世子翊衛司洗馬)에 제수된 이래 평생 끊임없이 벼슬에 제수되었으나 몇 번 출사한 것을 제외하고는 번번이 사직을 청하고 학문 강학에 종사하였다. 가형인 오윤상(吳允常)에게 학문을 배워, 김창협(金昌協)에서 김원행(金元行)으로 이어지는 학맥의 전통을 잇고 이를 후대에 전한 노론 낙론의 핵심 사상가이자 문인 교육자이다. 매산(梅山) 홍직필(洪直弼), 숙재(肅齋) 조병덕(趙秉悳) 등이 그의 학문에 영향을 받았다.

옮긴이

이영준(李泳俊)

1983년 목포에서 태어났다. 고려대학교 한문학과를 졸업하고 동 대학원 국어국문학과에서 석사학위를 취득하고 박사과정을 수료하였다. 한국고전번역원 부설 고전번역교육원의 연수과정과 전문과정을 마쳤다. 현재 성신여자대학교 고전연구소 연구원으로 재직하고 있다. 번역서로는 《조선왕조실록》(공역)이 있다.

이정은(李貞恩)

1983년 경기도 포천에서 태어났다. 성신여자대학교 한문교육과를 졸업하고 동 대학원 한문학과 석사학위를 취득하였다. 한국고전번역원 부설 고전번역교육원의 연수과정과 전문과정을 마쳤다. 현재 성신여자대학교 고전연구소 선임연구원으로 재직하고 있다. 번역서로는 《도곡집》, 《매산집》, 《노주집》(공역)이 있다.

신상후(申相厚)

1981년 서울에서 태어났다. 이화여자대학교 철학과를 졸업하고 동 대학원 철학과에서 석사학위와 박사학위를 취득하였다. 한국고전번역원 부설 고전번역교육원의 연수과정과 전문과정을 마쳤다. 성신여자대학교 고전연구소 연구원을 지냈고, 현재 한국학중앙연구원 한국학대학원 교수로 재직하고 있다. 번역서로는 《주역정의》(공역), 《도곡집》(공역)이 있으며, 논문으로는 〈주희의 미발 지각론 연구〉, 〈조선조 낙학의 미발심론 연구〉, 〈왕필 『주역』 해석의 특징에 관한 연구〉, 〈강정일당의 공부론과 그 철학적 토대〉 등이 있다.

※ 각 권별 옮긴이는 권25 이영준, 권26 이정은, 권27 이영준·신상후이다.

권역별거점연구소협동번역사업 연구진

연구책임자 신영주(성신여자대학교 한문교육과 교수)
공동연구원 김용재(성신여자대학교 한문교육과 교수)
류준경(성신여자대학교 한문교육과 교수)
책임연구원 성백효
연 구 원 김형석 연석환
이영준 이정은
김성은
윤 문 윤은숙

노주집 7

오희상 지음 | 이영준·이정은·신상후 옮김
2023년 12월 31일 초판 1쇄 발행
편집·발행 학자원
등록 2011.4.6 제2011-14호
주소 (05355) 서울시 강동구 천호대로 1121
전화 02-6403-1000 | 팩스 02-6338-1001 | 이메일 hakjaone@daum.net

값 40,000원
ISBN 979-11-6247-312-2 94810
979-11-6247-248-4 (세트)